1. 华林山景

2. 丫口石

1.明代万年宫石坊额

2.明代万年宫牌楼

3.宋代召神台

1.华林山八百洞

3.胡献雅设色《春光·梅·石·鸟》图

2.华林书院遗址一角

4.胡仲尧供奉台座

1.修葺一新的耿氏夫人墓

2."过化存神"石碑

3.济美牌楼

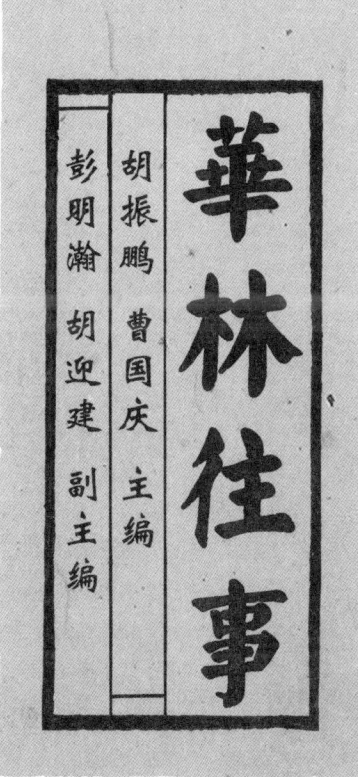

华林往事

胡振鹏 曹国庆 主编
彭明瀚 胡迎建 副主编

科学出版社
北京

内 容 简 介

绵亘在江西奉新、高安、宜丰之间的华林山，属赣西北九岭山系支余脉。华林山周围分布着诸多姓氏，胡姓是其中一大姓氏，以华林为堂号。华林胡氏自南唐在此建学，至北宋建立华林书院，大大促进了华林山周边地区文化、教育的发展，并形成了深厚的文化积淀。《华林往事》一书为一批有志于研究华林山的发展历史的文史工作者，历经数年，从史书、历代府县志、书院志、族谱、诗文集乃至联语等诸多史料中搜集、爬梳，并到实地寻访、考察，然后整理、撰稿而编成，其内容包括对文化、教育、风俗、人物、文物诸方面的研究。

本书适合于从事历史学、教育学、民俗学、地方志研究的专业工作者及爱好者参考、阅读。

图书在版编目（CIP）数据

华林往事／胡振鹏，曹国庆主编 . —北京：科学出版社，2010
 ISBN 978-7-03-028822-6

Ⅰ.①华… Ⅱ.胡…②曹… Ⅲ.①山–文化史–江西省 Ⅳ.①K928.3

中国版本图书馆 CIP 数据核字（2010）第 170022 号

责任编辑：孙 莉 郝莎莎／责任校对：陈玉凤
责任印制：赵德静／封面设计：谭 硕

科 学 出 版 社 出版
北京东黄城根北街16号
邮政编码：100717
http://www.sciencep.com

中国科学院印刷厂 印刷
科学出版社发行 各地新华书店经销

*

2010年10月第 一 版　　开本：787×1092　1/16
2010年10月第一次印刷　　印张：21 1/2
印数：1—1 600　　字数：510 000

定价：120.00 元
（如有印装质量问题，我社负责调换）

序

绵亘在江西奉新、高安、宜丰之间的华林山，属赣西北九岭山系支余脉。"山峰耸拔，高险奇秀"，风光旖旎，气候温和，千百年来，逐渐成为一座文化名山，这与生活在这里的众多耕读人家胼手胝足的勤俭劳动是分不开的，与历代先贤的苦心经营也是分不开的。华林山周围分布着诸多姓氏，他们在这块土地上和睦共处，胡姓是其中一大姓氏，以华林为堂号。

中国的胡姓源远流长，绵延瓜瓞，生生不息，在长期发展中，形成若干支派，如安定胡氏、晋陵胡氏、龙川胡氏、明经胡氏等。华林胡氏是其中的重要支派之一。始祖胡藩，在东晋末年辅佐刘裕南征北战，赐封华林山。唐末天下大乱，侍御史、华林一世祖胡城既不能治国平天下，挂冠而去，隐居华林山。胡城生有五子，在其夫妇督课下，五子以学而出仕，尔后分迁各地，唯胡珰独留华林。其时江西属南唐国版图，可说是南唐的大后方。南唐在中原混乱之际，保境安民，重文兴学，在庐山建国学，恢复科举制度，不失文明礼仪之邦，为此后北宋文化的高涨作了铺垫。

后来天水赵氏一统天下，偃武修文，士子归心，文质彬彬，光被华夏。因北方长期战乱，江南文化领先于北方，兴学重教，北宋朝廷需要倚重江南士人。其时胡城第五代孙胡仲尧与其弟仲容兄弟义居，聚族八百余人，和睦相处，成为一方教化的榜样。胡仲容之师徐铉说：华林胡姓"孝友姻睦之行，周旋揖逊之仪，内修于闺闱，外达于里间……言斯出矣，身则行之"（《华林胡氏书院记》）。华林胡姓族贤兴办塾学，"宾礼师儒，以训子弟"，既为教化一方，也积极为朝廷输送人才，宋太宗两次下诏旌表其家族之举。华林胡姓使塾学向前跨一大步所采取的举措是将之改为华林书院，不仅招收本族子弟，其他姓的优秀子弟也可来此求学，且免费提供食宿，可说是义学，也可说是推行平民教育，所以当时四方学子纷至沓来。后来胡仲尧被举荐为洪州助教，迁国子监主簿；仲容创建县城儒学孔圣殿，授秘书省校书郎，光禄寺丞。他们不仅为华林书院的兴建呕心沥血，也为洪州州学与县学的教育作出了贡献。

经过华林先贤的数代经营，华林英才辈出，赢得朝野的赞誉，众多名人乐于与华林先贤交往，当时出现了不少咏赞华林书院的诗文。北宋初名臣徐铉认为，华林书院"岂直豫章之气概，以占皇宋之文运矣"（《华林胡氏书院记》）。即是说，华林书院不仅表现出江西教化之气象，也是宋朝提倡文治、教化大行的象征，这一评价是相当高的。华林书院的兴盛标志着华林地区走向辉煌，然若无华林人的筚路蓝缕，重义兴学，必无华林书院的业绩与名声。华林山的开发与辉煌，送走了一批批读书人，他们走出江西，走向全国各地。历代在奉新乃至江西，地方官府与当地士绅为华林书院的修复与维护，也倾注了不少心血，并得到在外地的华林族裔的大力支援，从而为华林祖居地周边地区的文化带来巨大而持久的影响，令后人惊奇、景仰不已。

千百年来，华林山周围的胡姓人，与其他诸姓氏一道在这块热土上耕读，他们的勤劳勇敢、不屈不挠，为中华民族的发展作出过诸多贡献；在文明进化的旅程中，他们也以其创造性的才智学识创造过无数的辉煌，为文化殿堂增添了璀璨的瑰宝。至今，华林山仍流传着不少动人的掌故与传说，留下了让后人流连忘返的众多胜迹。

华林山自然景观优美、人文底蕴厚重，特别是华林书院的兴起，大大促进了华林山周边地区文化、教育的发展。书院的兴盛，与北宋文化的需求也是密不可分的，故其能得到朝廷的支持。书院的兴衰也折射了封建时代的沧桑世变，后人对其的研究需要从文化背景下予以观照。关于华林胡氏的发展，世代传承的脉络基本上也是清晰的，历代胡姓名人的活动、成就，值得后人缅怀、纪念，今人仍应传承光大。华林山周围一带的经济状况、文化沉淀，包括其宗祠、祭祀、婚丧礼制、风俗习惯，留下多方面的历史影像。祖祖辈辈的文化积累，为华林人的道德规范的形成、成长发挥过一定的作用，当然也有至今看来不合时宜之处。华林山文化，既有中华文化的共性，又独具个性。诸多往事与斑斑胜迹，后人寻绎其间，耳闻目睹，可以启迪人们的思考，值得人们去考察和研究。

有鉴于此，江西省人大常委会胡振鹏副主任与江西省文化厅曹国庆副厅长组织一批有志于研究华林山的发展历史的文史工作者，历经数年，从众多资料诸如史书、历代府县志、书院志、族谱、诗文集乃至联语等诸多史料中搜集、爬梳，并到实地寻访、考察，然后整理、撰稿而编成的《华林往事》一书终于完成。在我看来，该书既有存史求真的阐述，又有丰富史料的支撑；在文化、教育、风俗、人物、文物诸方面都有认真的研究；结构分明，考证确凿，细大不捐，以生动的文笔，娓娓道来，得桐城文派"义理""考据""辞章"之三昧。其引用的珍贵文献，蕴涵着诸多学科的信息，以管窥豹，从中折射了江西历史文化的发展，可说是一种乡邦之学的研究。该书也凸现了华林人尊老爱幼、尊师重教、兄弟济美、勤俭持家、见义勇为、爱国爱乡的诸多传统美德，这些美德能为社会主义道德建设所吸纳，有利于传承中华传统文化，为增进民族团结、促进社会和谐、实现祖国和平统一发挥有益的作用。此书出版之后，相信能引起文史界学人与广大读者的关注，我乐观其成，是为序。

胡振鹏

目　录

序 ··· 胡振鹏

第一章　华林胡氏 ··· (1)
　一、南朝华林始祖胡藩 ······································· (2)
　二、胡藩后裔至唐代的世系 ··································· (5)
　三、胡城至宋初的华林胡姓 ··································· (6)
　四、北宋华林书院的兴办 ···································· (11)
　五、两宋之际的胡直孺及其后裔 ······························ (19)
　六、两宋时期华林胡氏科举、仕宦及著述之盛 ·················· (25)
　七、元代华林山胡氏概况 ···································· (29)
　八、明代华林山周边地区胡姓概况 ···························· (31)
　九、华林胡雪二、陈福一、罗光权为首的农民起义 ·············· (36)
　十、清代华林山周边地区胡姓概况 ···························· (37)
　十一、民国时期的华林山麓 ·································· (48)
　十二、当代奉新、高安华林祖居地的现状 ······················ (49)

第二章　华林山书院 ·· (51)
　一、桂岩书院 ·· (51)
　二、华林书院 ·· (59)

第三章　文物古迹 ·· (77)
　一、地理形势 ·· (77)
　二、仙道古迹 ·· (80)
　三、耿氏夫人墓 ··· (107)
　四、建筑风采 ··· (113)

第四章　人物传记 ··· (118)
　一、胡藩 ··· (118)
　二、胡城 ··· (125)
　三、胡仲尧 ··· (127)
　四、胡仲容 ··· (131)
　五、胡直孺 ··· (137)
　六、胡俨 ··· (142)
　七、胡溿 ··· (147)
　八、胡雪二 ··· (152)
　九、胡立勋 ··· (157)
　十、胡献雅 ··· (160)

十一、幸南容 ………………………………………………………… (165)
　　十二、华林人物简传 …………………………………………………… (167)
　　附表：华林胡氏历代科举仕宦简表 …………………………………… (171)
第五章　风俗民情 ……………………………………………………………… (180)
　　一、节庆婚丧礼俗 ……………………………………………………… (180)
　　二、饮食文化 …………………………………………………………… (186)
　　三、"火纸"技术 ………………………………………………………… (188)
　　四、方言民谚 …………………………………………………………… (192)
　　五、风水文化 …………………………………………………………… (194)
　　六、宗教信仰 …………………………………………………………… (197)
　　七、崇儒读书风气 ……………………………………………………… (207)
　　八、家族规约文书 ……………………………………………………… (210)
第六章　文献汇编 ……………………………………………………………… (228)
　　一、谕诏赋赞 …………………………………………………………… (228)
　　二、谱序叙引 …………………………………………………………… (231)
　　三、人物传志 …………………………………………………………… (271)
　　四、华林书院诗集 ……………………………………………………… (287)
　　五、胡氏诗文 …………………………………………………………… (308)
　　六、友人诗文 …………………………………………………………… (313)
　　七、名胜古迹 …………………………………………………………… (322)
后记 ……………………………………………………………………………… (337)

第一章 华林胡氏

华林胡姓以华林山为堂号,是胡姓人数较多的一支,主要分布在江西、湖北、安徽、江苏、浙江等地。江西境内以赣西、赣北、赣中,特别是南昌、鄱阳湖周围一带的胡姓居多。

在赣西北奉新、高安、宜丰三县之间有华林山,属赣西北九岭山系支余脉(图版一,1)。此山又名浮云山,山西北为奉新县(赤岸、会埠、罗市、上富),山东南为高安县(伍桥、华林垦殖场),山西为宜丰县(花桥),"山峰耸拔,高险奇秀"(图1.1)。奉新古称新吴县,素有"仙源灵境之地,文物昌盛之邦"之美誉,高安、宜丰二县古代向属筠州(一名瑞州)。

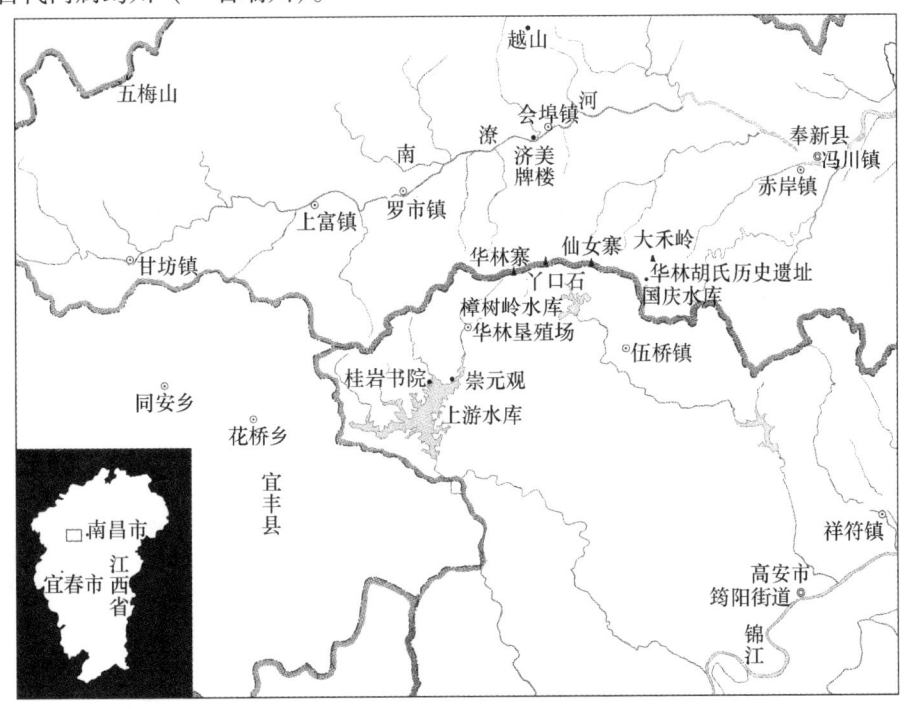

图1.1 华林地区位置示意图

华林山自然景观优美,人文底蕴厚重。因有道教传说中的人物踪迹,华林山成为一座道教名山。同治版《奉新县志》载:"华林山在县治西南五十里,高八十丈,周回五十里,半属高安。三峰秀拔,土人常伺云气卷舒,以验晴雨。"《寰宇记》曰:"昔浮邱公隐居之所,今南峰号为浮邱岭,吴猛于此立坛,基址犹存。"浮邱公,姓李,名不详,传说周灵王时偕王子晋上嵩山得道,后南来于此,是道教传说中的人物。吴猛,字世云,河南濮阳县人,东晋时道士,性至孝,曾为西安大洞君,40岁时,得至人丁义所授神方,再师从南海太守。后来许逊从他为师。

华林山中土地平旷，群峦环抱，祥云飘浮，别有一派洞天，浮云山因此而得名。《古今图书集成》"华林山"条载："其山山腰李八百石室上，每有紫云如盖，一名浮云山，南有浮云宫及吴仙坛。"李八百也是传说中的仙人，据图牒，他曾到过这里。葛洪《神仙传·李八百传》云："李八百，蜀人也，莫知其名，历世见之，时人计其年八百岁，因以为号。或隐山林，或出市廛。"早期道教派别有李家道，流行于魏晋，尊李八百为祖师，唐代赐号紫阳真人。山中胜迹有晋代崇元观及唐代浮云观、超果寺、李八百洞天、浮丘石室等。在华林山之东南，有元秀峰，"奇秀耸立，相传王母第九子元秀真人筑坛于此，以祭灵仙。稍下一阜为仙姑坛"（乾隆版《南昌府志》）。故徐铉所撰《华林书院记》中赞此地云："按图经，李八百、陶安公皆修真此山，足知人境不忘，灵光自待。天之所开，良不偶尔。"陶安公即传说中的修道升仙者。

华林胡氏即发祥于此山。在华林山的山脊上，有一块高达20多米的巨石，如利剑劈开，侧面平滑，推之则动，人称丫口石（图版一，2）。巨石间缝隙甚多，宽者尺余。山风吹来，缝隙间发出不同响声，忽如山尖鼓角之鸣。华林胡氏族谱中载有《丫口石》诗云：

旧石传名不计年，嵯峨高踞碧山巅。
苔痕翠滴松筠接，癣迹光涵星斗连。
远见山（一作三）尖分绝顶，近闻峭壁泻寒泉。
曾为罗武修真处，胜概千寻锁暮烟。

这一块巨石是华林胡氏的标志，见证了人间沧桑。第七句中的罗武，是传说中的南朝梁代姓罗的与姓武的仙人。同治版《奉新县志》还载有浮云宫道士夏之信以掌心雷治石精的故事："浮云之东有巨石，一分三尖，相传梁武帝时有罗、武二仙修炼于此，此石修成镇宅之物，后幻化成精，为害人间。夏之信以掌心雷劈开，妖祟遂止。"

一、南朝华林始祖胡藩

华林始祖为东晋、南朝之际的胡藩。其时东晋王朝式微，疆臣多趁机割据，或起而窥测帝位，加以卢循作乱，中原一带更是争战不休。最后，刘裕在胡藩等人的辅佐下，得了天下，历史进入南朝时期，史称刘宋。

《甘竹胡氏十修族谱》记载："（胡）藩字道序，号永维，事南朝宋三世。高祖时参相国军事，平乱有功，封阳山县男，食邑五百户，锡土豫章之西，爱新吴华林山水之美，遂就地居家。胡氏名华林世家，盖由于此。文帝元嘉四年，迁建武将军，后转太子左卫将军，十年卒，时年六十二，谥壮侯，有子六十人。"明代胡淡在《华林胡氏宗谱序》中写道："尝观谱系，由鼻祖藩世居邳州之宿迁，仕南朝刘宋，元嘉中为太子左卫将军，封土于豫章之新吴，卜筑于华林山麓，卒谥壮侯。"据此可知，胡藩先祖在江苏宿迁县，然又认为胡藩在封为阳山县男时卜居华林山，但阳山县并非在江西境内，而在广东省境内。既封在阳山县，又为何"锡土豫章之西"？豫章之西与阳山县并不相关。考查史籍，胡藩曾两次受封：一次是在中年平卢循之乱时，分封吴平县五等子；另一次是在晚年时。究竟应在哪一次，胡藩是否是在被封阳山县男之后来到华林而居此终世的呢？这颇有考索的必要。

据《宋书·卷五十·列传第十·胡藩》并参照《南史·第十七卷·列传第七·胡藩》传中记载，其生平大致如下。

胡藩，字道序，豫章南昌人。祖父胡随，任散骑常侍；父仲，任治书侍御。胡藩自少失去父母，居丧时因哀毁过度而被人称赞。太守韩伯见到他的叔叔、尚书胡少广说："卿的侄子将来必以义烈成名。"但直到他的两弟完婚后，胡藩才出去做了征虏将军郗恢的参军。郗恢在群雄争战中身亡后，胡藩又被任为桓玄后军军事。不久，桓玄从夏口袭击并打败了殷仲堪，拥有长江中上游一带地域，权倾一时，并奏胡藩为他幕下的太尉大将军相国参军事。当势力渐大的刘裕举起平乱旗帜，打败桓玄时，桓玄的部下四散，唯胡藩奔至芜湖追上桓玄。湖口桑落洲一战，胡藩战舰被烧毁，他身着全副铠甲潜入水中行走30多步登岸逃回家。刘裕正在用人之际，早闻胡藩在殷仲堪那里敢于直言无忌，并能为失败的桓玄尽其节义，便召他为员外散骑侍郎、参镇军军事。

胡藩随从刘裕，南征北战，彰显出他的军事才能，屡立战功，得到封赏。在征鲜卑族所建立的南燕国慕容超时，敌将重兵屯聚临朐，临朐一役凸显了胡藩的智勇，此役是刘裕北伐取胜的关键，胡藩因攻下城池立有大功。随后，胡藩又从刘裕讨伐卢循，在左里（今都昌老爷庙一带水域）频繁作战，因功被封为吴平县五等子，除正员郎，后转为宁远将军、鄱阳太守。

义熙八年（412年），胡藩随从刘裕讨伐刘毅。他对刘毅的判断表现出了他的远见。刘毅初在荆州，任都督荆宁秦雍四州兼荆州刺史时，回建邺扫墓，不上朝廷谒见。刘裕得知，在倪塘与刘毅相见。胡藩劝刘裕趁机杀之，刘裕未从。后刘裕对胡藩说："当初如果听了你的计谋，就不必今日举兵。"此处据《南史·胡藩传》，当时倪塘之会，两人还有一段精彩的对话。胡藩对刘裕说："你认为刘卫军在你之下吗？"刘裕说："卿认为如何？"胡藩答说："论豁达大度，功高天下，连百万之众，允天人之望，刘毅敬服你；至于涉猎文史纪传，一咏一谈，自许以雄豪，加以在缙绅白面之士面前炫耀，士人纷纷归心于他，刘毅岂肯居你之下。"刘裕说："我与刘毅都有克复之功，他的过失不明显，我不可图谋。"直到刘毅要求兼督交广，刘裕才以皇帝名义下诏宣布刘毅"谋为不轨"之罪，率军赴江陵攻打刘毅，刘毅兵败自杀。

义熙十一年（415年），刘裕攻打图谋割据的荆州刺史司马休之，胡藩任参军加建武将军。在作战中，胡藩机智勇猛，突破了敌人的天堑之防，大败敌军，司马休之逃奔后秦。在此战后，东晋朝廷加封刘裕为中外大都督，领司、豫二州刺史，又封为宋公，加九锡。次年，刘裕率大军北征魏国，胡藩代宁朔将军，参太尉军事。在战斗中，胡藩攻则勇武，以少胜多，令敌人见畏；退则有节，令敌不敢追击。例如与朱超石在蒲坂攻击姚业时，朱因失利而撤退，胡藩收容朱超石所弃军资粮食，徐徐而退，姚不敢追。元熙二年（420年）刘裕代晋为宋武帝。朝廷论平定司马休之与广固之战功，胡藩被封为阳山县男，食邑五百户。

元嘉四年（427年）迁建武将军，江夏内史。七年，征为游击将军，到彦之北伐时，南兖州刺史、长沙王刘义欣进据彭城，胡藩出戍广陵，行府州事，转太子左卫率。元嘉十年（433年）去世，享年62岁，谥曰"壮侯"。

从《宋书》与《南史》的记载来看，胡藩籍贯为南昌，出身官宦家庭。他早年失父，但有责任感，直到弟弟婚事完毕才出来做官。他有识人之略，明兵法之要；英勇善战，既曾破釜沉舟，决一死战，又能从容不迫，指挥若定。他初在桓玄处做事时，按史家正统说法，桓玄乃妄图篡位者，他也看出桓玄的图谋，但从一而终。桓玄败后，他始得随从刘裕，助刘裕得天下，先后在湖北江陵、江西彭蠡湖周围一带讨平叛乱，两次随从刘裕北上，出生入死。晚年在京城去世，其墓地据宋初乐史所撰《太平寰宇记》"洪州"部分载："胡藩，宋太守，冢在州南十九里。"若按史书，未有胡藩回归华林故里的记载。他被尊为华林胡姓始祖，究竟是在何时与华林有了因缘呢？

考《宋书·刘裕本纪》，刘裕于义熙五年（409年）攻南燕慕容超，义熙六年讨卢循。当时卢循企图趁刘裕北上之机乘虚而入，攻长沙、豫章郡，一度在桑落洲大败刘毅，刘裕急派沈田子等航海袭攻广州，并亲率大军自建邺西上，在安徽望江大雷湖大胜卢循，卢循逃至左里湖，又大败。胡藩也就是在此次征讨中跟从刘裕屡立战功而被封为吴平县五等子，随后又升为鄱阳太守。封地在吴平县，查臧励酥《中国古今地名大辞典》（商务印书馆，1931年）370页："吴平县，后汉时置汉平县，三国吴改为吴平县。隋废，入宜春。《清江县志》有'吴城在县西三十里'。《清一统志》谓即吴平。又今清江县西南五十五里有吴平墟，或亦古吴平县治也。"而吴平县与新吴县相近，即今奉新处。故笔者认为，胡藩应是在此次受封时选择华林山作为其卜居之处的。古吴平县在今樟树市西南，距华林山不远。至于封阳山县男，乃是在晚年论征司马休之之功与广固之战功时所封的，阳山县并不在江西，族谱中所谓"封阳山县男，食邑五百户，锡土豫章之西，爱新吴华林山水之美，遂就地居家"的说法并不完全准确，封在阳山，怎么会锡土于豫章之西？他与华林山有缘，应是在东晋末年的义熙六年（410年）。胡藩受封豫章之西，开基新吴华林，尽管他本人在此活动不是很多，但对于造福子孙，其意义甚大，影响甚远，荫庇甚宏，使华林胡氏在此兴家创业，发祥发展（图1.2）。

至于胡藩祖居地究竟是在高安还是在奉新县具体的什么地方，史书未载，而族谱所载均无确凿根据。

图1.2 通往浮云山的奉新县古道遗迹

二、胡藩后裔至唐代的世系

胡藩子孙辈情况,据《宋书·胡藩传》记载,大致如下:子隆世,嗣官至西阳太守;隆世卒,子乾秀嗣。藩庶子六十子,多不遵法度。第十四子遵世,为臧质宁远参军,去职还家,与孔熙先一同逆谋,高祖因胡藩为功臣,不希望暴露其事,派他到江州,以另一事为借口逮捕了他并加以杀害。二十四年,藩第十六子诞世、第十七子茂世率200多人攻破郡县,杀太守桓隆之、县令诸葛和之,欲奉庶人义康为首。其时,交州刺史檀和之至豫章,讨平了他。胡诞世之兄、车骑参军、新兴太守景世和景世弟宝世到廷尉处自首,被流放到边远的州府,乾秀夺国,被取消封地。直至世祖初,流徙者才得以回到原地。

按正史记载,胡藩有子60人,似不可能,即便皇帝多姬后,也不可能有这么多,疑为16人之讹。还有一种可能是其中有义子。胡藩有一些后代在江西,但也有不少迁往外地。

据华林族谱载,胡藩长子名镇,字定伯(一说伯定),号隆世,可知正史所载隆世乃其号,嗣官至西阳太守,后迁员外郎。这与正史所载胡隆世生平基本相同。正史所载为胡镇之子乾秀继承其封地。族谱中所载,以谐之为嫡嗣,则有可能谐之号乾秀。以下世系均依《胡氏族谱》(图1.3)所载:

图1.3 胡家村保存的《胡氏族谱》

胡谐之,胡镇之子,仕南齐,历官郡守、司马、将军、尚书等职,爵关内侯等官。识趣明达,人多称服。卒年五十一,谥曰肃,《南齐书》有传。

胡时显,谐之子,字远达,仕南齐,官京兆尹。

胡真,时显子,字守正。仕梁,官宁远节度使,迁容州刺史。

胡顺,真之子,字信受。仕梁,官州判官。

胡颖,顺之子,字能悟。仕陈,历官太守、都督、刺史等职。

胡湛,颖之子,字一清。仕陈,官永宁主簿。

胡兴,湛之子,字钦仁。仕隋,为竟陵尹。

胡宣,兴之子,字德。仕隋,任闽左金都尉。

胡秉,宣之子,字能执。唐太宗贞观(627~649年)中,为弘文馆校书。与李孝恭、高士廉合修天下谱系,胡氏乃得为一百八姓。

胡机,秉次子,字正发。唐高宗永徽(650~655年)元年,登进士第。累官至太子少保。

胡晟,机长子,字光永。唐高宗仪凤年间(676~679年),任延平尹。

胡元，晟之子，字应魁。武则天帝圣历年间（698～700年），官至楚江黄道御史，封东郡男。

胡曦，元之子，字晓明。唐玄宗开元年间（713～741年），累官至鸿胪寺卿。

胡杰，曦长子，字多能。唐肃宗上元年间（760～762），累官至秘书郎。

胡珣，杰之子，唐德宗贞元年间（785～805年），登进士第，累官至少府监，多政绩。

胡钲儒，珣之子，字国英。唐宪宗元和年间（806～829年），拜振武节度使。

胡钊，钲儒长子，字利用。官道州刺史。

胡克礼，钊之子，宇志颜。累官至吏部郎中。

胡明德，克礼子，字维新。累官至散骑常侍。

胡应民，明德次子，字仁化。唐宣宗时累官至广陵尉。廉谨有威，百姓歌颂。

舜臣，应民子，字宗向。唐懿宗咸通年间（860～874年），为太子中允。

胡清献，舜臣子，字足征。生于唐宣宗时期，懿宗时为饶州判官。"闻望昭隆，基址克拓。显诗书之门户，振仕宦之宗风。积庆有自，贤哲挺生。"（南宋淳祐六年胡逸驾《祭华始祖侍御史城公祖妣耿氏夫人二墓文》）娶李氏，生子七：魁、勉、魖、魅、魃、魑、魍。七字均北斗七星之名，取用为七子之小名。

胡魁，仕唐为江陵令，官南直太守，封金陵侯。有五子：瑄、玘、琳、瑞、琇。三世孙有胡远，字千里，徙平江，始为虹桥大平始祖。

胡勉，字汤老，即胡城，见下所叙述。

胡魖，有五子：瑶、环、璜、珂、璁。胡瑶有四子：英、雄、豪、杰。

胡魅，字秉永，仕唐为宁州（今修水）教授，迁赣州。有四子：松、柏、桂、柳。

胡魃，字荆方，仕唐为陕西洛县令，遂落户于此。有三子：炽、炎、焕。

胡魑，字陵初，唐天祐年间进士，居浙江。有四子：坤、溶、北、奎。

胡魍，字豹大，仕唐为交趾刺史，徙居成都。有二子：琛、琏。

从以上所列世次来看，胡藩之后代有7代生活在南朝时期，2代在隋朝，14代在唐朝。他们仕宦、散居在四方，并未在华林山生活过。

三、胡城至宋初的华林胡姓

唐末黄巢起义，天下大乱，后来镇南节度使钟传在江西割据一方。其后南唐立国，占有今江苏南部、安徽、江西一带，保境安民，重文兴学，在庐山建国学，恢复科举制度，一大批乡镇升格为县，吸纳众多士人入仕。

胡清献的次子、胡藩二十四世孙胡城（《华林胡姓族谱》均将"城"写作左边"高"下有"早"字，右与"成"字组合），字汤老，小字勉，家居南昌，生于唐僖宗乾符二年（875年）二月，唐昭宗天祐元年（904年）中进士，授国子监博士，迁侍御史。因唐亡以后天下大乱，其归隐始祖胡藩赐封地华林山，在那里定居繁衍，瓜瓞绵绵。胡城遂成为后世尊奉的华林胡氏一世祖。

《华林胡氏宗谱序》中云："至唐末及五季，有字城者，研穷六经，登天祐第，擢国子博士，转侍御史。"宋孝宗乾道三年（1167年），胡栝修胡氏宗谱时，确定尊城公为华林一世祖。之所以如此，乃是因为华林始祖胡藩封地在吴平县，卜居华林山，但他后来离开此地，去世之地与葬地也不在此，胡藩子孙数代未到华林山居住。而胡城定居在华林山，其后裔在此繁衍，世次清楚无误。

胡城娶耿氏，生有五子：珰、瑜、琼、珰、球。人称五骏。耿氏夫人（874～952年）温柔贤淑，教子有方，赠封徐国夫人。胡城退隐后，欲治国平天下而无能为力，士子用则行，舍则藏，唯以修身研学为务。他重视教育，创建家塾，在其夫妇督课下，"皆文学，登科第，荣被簪笏"。五子以学而出仕，蔚为华林胡氏五宗。大致情况如下：

长子胡珰，字可宗，号竹坡，生于唐昭宗大顺二年（891年）。据《华林胡氏族谱》载，胡珰中进士后，于后唐庄宗同光年间（923～926年）官至膳部员外郎。五子中唯因他为京官，归华林后，以承先祀。娶周氏、韩氏，同赠南昌县太君。生有长子胡令严，次子令赟。二子详情待后再叙。南宋时人胡逸驾在《祭华始祖侍御史城公祖妣耿氏夫人二墓文》中说："唯长子珰，独居华林，家风孝友，为大宗家。元秀峰下，建立书院，筑室百区，广纳英豪，藏书万卷，俾咀其葩，出其门者，为卿为相；闻其风者，载褒载嘉。"明代正统十三年（1448年）胡伯沂在《祭二世祖珰公墓文》中又说："我祖独留华林，嗣祖创业，筑室山峰；家传孝义，累世簪缨；建学招徒，玉树森森；四斋肄业，讽诵讴吟；名闻海宇，声蕃古今。"（《甘竹胡氏十修族谱》）

按：此处有两处需加辩证。其一，关于胡珰为京官一事不可靠，后唐庄宗同光年间，时在杨吴国顺义三年至五年，北方大乱，江西处于镇南节度使钟传割据一方时期，何来任后唐朝廷的京官？其二，南宋胡逸驾文中所谓"建立书院"，在当时胡珰还仅是建了"书堂"、"元秀居"，类似塾学。同治版《奉新县志》中所说："珰居华林，以书堂闻天下。"当是沿袭族谱之误，其时更未建书院，这从一些文献中可知。张栻诗云："华林兼是读书堂。"（《甘竹胡氏十修族谱·诗类》）可见当时家宅与书堂合而为一，而作为独立为名的华林书院还未形成。

胡城次子胡瑜，官邓城郎，开封府尹，陈留令，后迁居福建崇安，成为崇安陈留之始祖。生有三子：令仪、令浚、令熊。令仪生绍，绍生美弼，弼生罕浚，浚生以仪，以仪有子休徽，徽生良弼，任工部尚书。有子光岳，岳生世用，用生二子：建国、安国。胡安国精于《春秋》、《左传》。登绍圣年间（1094～1098年）进士，擢太学博士兼侍读，上时政二十二篇，加黄门给事，卒谥文定。长子胡寅，字明仲，号致堂，本为其侄，以为己子，官左奉议郎，礼部侍郎，迁祠部郎中。次子胡宏，字仁仲，号五峰先生，出生于崇安，补承务郎，究心经史，朝夕不辍，朱熹亦师从过他。后因授学迁居广丰乡胡坊，避地湖南，殁葬潭州湘潭龙穴山。父子兄弟渊源理学。幼子胡宪，号藉溪先生，绍兴年间（1131～1162年）官太常寺丞，作《正字》《正蒙》等书，父子配享孔庙，名光史册。令熊生宗谅、宗文。宗谅徙居丰城厚墩，宗文徙居丰城旗塘，有子宇明、宇初、宇仁。宇仁居荆州，传三世。仁楚居汜坊，四世宗武，居麻城。宗礼居黄埂，梦新居茶湖渡。

胡城的三子胡琼，字可尚，为常州刺史，遂迁其家在常州武进县安上乡胡桥，是晋陵胡氏始祖。有子胡持，持生修、微、徽、从、循。从徙宗城。徽生有五子：宏、宝、宁、寐、密。寐生有五子：禀、宿、餝、实、宾。胡宿生宗尧、宗路、宗质、宗炎、宗厚。宗尧生八子，后裔居南昌大垅、福建等地。这一支至明代出现一位名人胡濙，字源洁，明惠帝建文二年（1400）进士。历事六朝，官至少傅，兼太子太师。年89岁去世，赠太保，谥忠安。他热心弘扬华林胡姓，明英宗正统三年（1438年），他与奉新胡应麟合修宗谱。

胡城四子胡珰，南唐时官散骑常侍，迁江州节度使，遂居九江。生有四子：长子胡性，迁靖安南溪，子宾甫，甫生中立，立生长子亮；次子胡则，任工部侍郎，仍居九江。有子六丛，迁分宁，其后有一支迁江苏高邮，有一支迁海州，一支迁新建赵家围；三子胡彭，迁浙江之永康，其孙胡承师，任工部侍郎、学士；幼子胡彬，任江州刺史，迁居杭州，子人爵，爵生瑗，号安定先生。范仲淹向朝廷推荐他，以布衣身份授苏、湖二州教授，嘉祐年间（1056～1063）升侍讲，太子中允，配享圣庙。其子昱迁居南昌巷下；子衡，衡生至实，实生民，民生从照，从照生敬珣，敬珣生用成。成生六子：长兴祖，生三子：时中、梦龙、梦白。梦龙迁熊日中团。有三子：谊、咏、海。海生珂，珂生希宿、希圣、希贤。贤生惟性、惟和、惟忠。忠生仮，徙居上洛，成为上洛始祖。梦白公徙居土城，成为土城始祖。有二子：纯诗、纯生。其后裔有一支徙居嘉山，成为嘉山始祖。今永康、汤溪、绍兴、余姚等地的胡氏，很多是胡珰的后裔。

胡城五子胡球，字可奇，南唐时官武宁佐吏，后迁家于武宁住田。生子令端，端生聪、聘。胡端的长子胡聪生迪、遘。迪生廉、雅、珪、瑄。胡廉居住田厚坊，有子舜良，生安常，其后裔有一支迁黄陂，有一支迁桥岭，再迁茅田，分迁高陂、苔溪、杨坞石坳小塘下黄洞，仲明为黄洞大坪坳口及塘里之祖。遘长子咨，生舜英、大受。大受迁菖蒲坑英。次子说，生舜宾，其后裔迁安吉上宅、中宅。胡端的次子胡聘迁婺山燕窝内宅、外宅，并与为青林坑南领大山之祖。后裔分居分宁陂山、分宁角头山口、高坪、义浦等地。

胡城逝世后葬在七都大安山。一世祖胡城夫人耿氏殁后，有诗赞云：

　　夫人耿氏，淑善称贤。相夫名存，勤俭仍前。
　　训子有方，科第蝉联。徽音传播，亿万斯年。

图1.4　重修前的耿氏夫人墓地

耿氏墓今仍在奉新县西南10里赤岸九皋山上（图1.4）。据说司马头陀当时选此地风水宝地，以为此地纳修水、靖安、安义三县之水，并在钳记碑中说："南枥山旁一穴地，山明水秀浑不畏。子孙后代多仁义，久年方信读书贵。"其墓前原有拜堂、石兽与系马桩，四周有罗围，明末被损，"文化大革命"中全被毁。

华林胡姓祖居地究竟在哪里？华林山脉属赣西北九岭山系之余脉，由东到西有大狱岭、玄秀峰、华林寨三座主峰。胡城始居地似在奉新境内玄秀峰东侧下浮云山麓，有一块四面由九座小山围绕的百亩平旷之地，被称为"九龙聚会"之地，也称为"冲霄凤形"之地。据清代乾隆六年（1741年）胡盛泰所撰《华林祖居图记》中说：

其龙来自黄山，西起数峰，伏而又起二峰，而后为华林，像若凤形。上有罗、武二仙古庙，坛石现存。稍下数十武，其山之中落者，俨若凤体；其山之夹护者，恍如双翼，俗云冲霄凤形也。按毗陵胡氏族谱所载，二世祖字可宗公，葬于凤脑之下，前则正为祖居正堂，尚有义门遗迹，至左右龙脉之曲抱者皆为基地，东西异向，相对夹居，抑且环居皆山，无不峻秀，水则东出西转，方里五六而后下注案山之外，谓非洪之奇观乎？

按《华林祖居基址图》，祖居正堂坐北朝南，以正堂为中心，北面山上是罗、武二仙庙，稍下有胡珰墓茔（后迁奉新县城南津桥南），其东有丫口石，南面依次有中亭、槽门，共有井9处，散处祖居基地上（图1.5）。

2006年，胡耀邦故里、浏阳人胡德谦曾来踏访祖居地，撰有《华林胡氏故居记》，叙述颇详，文章最后说：

> 通过我们实地察看祖居基址，谓"九龙聚会"恰如其分。按形象而言，坳头岭即来龙过峡处，又起二峰。后峰为玄女秀峰，高达644米，前峰为浮云山；即祖居地后龙山，内青龙山即升仙岭，内白虎山从山高处分出一支案山环绕祖居地的前面，若平台、办公桌摆放在祖居前面，案山前沿有一个小山包，似帅印、似皇印摆放在办公桌上，遥望前方一片

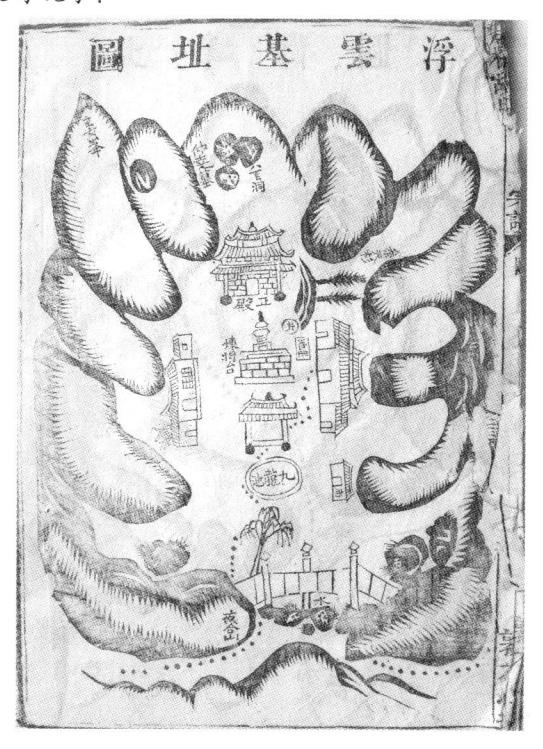

图1.5 清乾隆庚子修撰《华林胡氏宗谱》的浮云基址图

浩瀚，白虎山伸延到沧国庆水库。外青龙山，即华林山的主干脉，蜿蜒而下，后竿立一座562米的高峰，名"大获岭"，《华林墓址公图》称之为主岭，一直延伸到会埠镇车坪附近……

在华林山南麓，高安市华林镇周岭，也被当地认定为华林胡氏祖居地。据说，此地原名浮丘岭。其地有"朝仙桥"等石刻，有感恩寺遗址，有宋代造纸作坊遗址……

胡珰下一代生活在五代时期。迨至南唐，占有江南大部，在中原混乱之际，保境安民，重文兴学，在庐山建国学，恢复科举制度，一大批乡镇升格为县，吸纳众多士人入仕，故虽为江南偏安小国，尚能传承文明礼义，为尔后北宋文化的高涨作一铺垫。

胡珰长子名肃，字令严，以字行。生于后梁太祖开平元年（907年）丁卯。恭俭纯懿，行仁义，树敦谊，与宗人关系和谐。五代南唐时期，避地不仕。以孙克顺贵，赠虞

部员外郎。守华林故土。娶李氏、林氏，生子元凤、元麟。元麟字天机，娶余氏，生子名仲达，居稻田。

胡珰次子令赟，字武伯，行千六，后周世宗显德年间任潭州都督。致仕归华林，路经西山，见白鹿伏野，爱山水之胜，遂驻马而居此，建重楼峻阁，旁列讲舍数百间，以招延四方来学之士，好读书，贮书万卷，可与华林书院相媲美。此地被乡人称为"楼下"。

关于胡令赟，朱熹在绍兴年间所撰的《西川都统宰仲胡公传》中回忆他在潭州时感知到胡令赟政绩遗风百余年："余知潭州事，州父老颂歌令赟公政教，朝夕盈耳。余骇而异之，赟之先后夫岂无人？何独至今百十年来颂歌无二也。及览所著《军政要略》暨条则，用兵总以仁爱为先，其所顾恤，有父母所未及；其所教训，有师保所未详，不必异彼颂歌百年也。遂忆宰仲公叙谈间，曾云赟属其曾祖，并当年提督潭州等事，则恒言盛德之后多名贤，信不诬矣。"

令赟娶朱氏，生四子：崇、志、证、训。代有科名。长子胡崇，幼名元谊，字正，曾出任嘉湖县丞，大得民心，黄童白叟，口碑巷歌，洋洋盈耳。有五子：一、二、解、邦、五。长子一，仍居楼下。生安罕；次子二，生四子。其三子胡宠，徙南昌库前王坊，有三子：继祖、显祖、荣祖。宋真宗景德年间，其后裔有的徙居进贤县南台及竹源健武。这一支后裔有胡定礼，绍熙间中进士。其子元吉，嘉定九年（1219年）中进士。还有一些后裔居都昌塘家坑、进贤南山。南宋乾道年间有一支迁龙泉县溪南岸，有一支迁福建千羊街。胡二的四子胡廉，徙居武宁、靖安脑上。

胡崇的三子胡解，幼名三，字两参，易名解，字皆甲，改名之义在散逸自适，避轩独处，取名居易轩。曾对人说："学不为己，苟庸心于爵秩。"生有长子宙，生信，信生仕奇，迁居建昌钓台城山鹊巢；次子寀，生䇹，迁库下。三子胡宠（1103～1180年），生而颖异，举止不常。绍兴二年（1132年）中进士，任西川都统制，与宣抚使吴玠经略要地。吴玠死，他致仕归，居南昌县库前。曾往华林祭扫先茔，访故伯祖支裔，游览至库前。朱熹曾撰文记述他："然公虽离仕，英灵在蜀永赫。凡一兵之起，一敌之迎，无不趋祠叩胡爷爷以护之……公在里，闻予《资治通鉴纲目》成，不艰跋涉，造予取览，公之好学，至老不倦也。晤聚旬日，正色庄言，刚大为心。"（《西川都统宰仲胡公传》，见乾隆六年《西江胡氏大成谱》）其后代分居南昌龙山、武阳中洲、靖安脑上。这一支有胡则荣，任河南郡丞，奉议大夫。玄孙胡俊，任铅山县丞。四世有胡景彰，宝祐间进士，录事参军。五世孙胡霆可，开庆间进士。常可，辟举芦溪县丞，以道中咸淳间进士。

胡崇的四子胡邦，曾任嘉兴县尹，随其祖父胡令赟致仕归华林，路循西山之水岸，见其山麓地势雄峻蜿蜒，山河带砺，于是卜筑于此，与祖父一道修建书院。

胡邦的长子捷，生有七子，后裔分居吴城丁家山、楼下栖霞观、南昌东湖、东岸塘北。后裔有一支迁凤岐比垅磨盘山、皇岐南垅罗坊一带。

杨万里在《楼下三世祖邦公传》中赞这一支："科甲蝉联，簪缨奕叶，难以悉数。孰非邦公构创书堂之遗泽欤？赟祖武功显，缵壮侯之武烈；邦公以文教兴，大显侍御之文谟。邦与华林仲尧居虽异地，谊属同堂之弟兄，气合志同，书院彼此结构，翰墨互相辉映,科名各发,其祥丕显,宦族猗欤盛哉!世人因其楼曰'书楼',名其里曰'楼下'。至今犹啧啧人品,实由邦公之创始。"(乾隆六年《西江胡氏大成谱》)

令严长子胡元凤,字天瑞,生于后唐天成元年(926 年)。少有旷达气度,丰仪伟姿,英气照人,以孝著名。母林夫人多病,他侍药饵备极劳苦,虽洗涤烦琐小事,一切亲身而作,寒暑不衰。以子克顺贵,获赠朝散大夫、职方员外郎。元凤先后娶刘氏、涂氏、官氏、牛氏,生子八:仲尧、仲宣、仲华、仲容、仲雅、仲甫、仲先、克顺。八子除长子胡仲尧待下一节介绍外,其余情况如下:

次子胡仲宣徙居高安。生五子:长子用讷,后裔居新昌、湖广新化、宝庆、宜章、宜表、常德、邵阳、奉新、丰城、武宁、上高、苏州等地。次子用记,徙浙江绍兴。三子用讲,迁上高楼江铺。四子用诸,居上高上塘。五子用读,徙苏州。

三子胡仲华,宋太宗端拱二年(989 年)进士,知宁远县事,迁大理寺卿。娶龚氏,封徐国夫人,生子一,用时。胡用时生五子:渐、汴、涛、溙、沿。渐居新建县茅冈,复居华门。汴生玘珍,后裔分居东湖、沙埠塘、南昌县北梅。

四子仲容,先后官秘书省校书郎、光禄寺丞,娶陈氏,封宜丰县君,生二子:长子用礼,生深、海、湘。后裔分居南昌东湖、成都、袁州、萍乡、桐江、赣县、新昌、靖安等地。次子用晦,生三子:滉、沔、洵。第十六世孙胡仁朝于明洪武二年(1369 年)任武陵总兵,与耿夫人所生九子,皆因仕宦而迁徙湘西、鄂西、广西、贵州、云南、四川等。

五子仲雅,仲容之五弟,任国子监主簿,后知吉水县,徙居庐陵燕山。生二子,长子用先,知岳州巴陵县,升福建邵武同知。其子胡汪载柩归,道经江西乐安浯塘,厝枫山寺,结庐墓左守孝,后定居于此,为浯塘开基始祖。浯塘胡氏有乐安巨族、宦族之美称。子孙繁衍、名臣仕宦、代不乏人,如儒林郎大理事评事胡致中、御史胡镐、刑部主事胡士彦、明代刑部主事胡宗澄以及胡应麟、胡应瑞等先辈,《乐安县志》均有记载。用先传二十三世胡允钦、字建十,于明朝万历年间徙居湖南浏阳中和西岭,为西岭胡氏始祖。原中共中央总书记胡耀邦是华林城公三十九世孙、浯塘用先公三十四世孙、西岭允钦公十二世孙。

仲雅次子用方,官将仕郎,后授洪州助教。生有胡渭、胡淙、胡澄、胡泾四子。胡渭有子胡公寀,任新义军节度判官,遂落户于此地;胡淙有子胡公明,徙雄溪。胡澄生公旦、公行、公佐。胡泾生公师。

六子仲甫,有二子:长子用涉,迁华山之南。次子用砺,生四子:渑、涤、济、灉。灉生惠,惠生倬,倬生有四子,长子嗣立,迁建头湖皇恩塘。

七子仲先,有二子:长子用文,迁义宁州带溪,次子用廉,居义宁州三峰水口。

八子克顺,字孝若,后官朝散大夫,都官员外郎,上护军,知宜州。生有三子:长子湛,次子澈,三子清。

四、北宋华林书院的兴办

胡珰的第四代仲字辈大多生活在北宋初期。其时全国与江西的文化状况如何呢?天水赵氏一统天下，偃武修文，士子归心，始能文质彬彬，光被华夏。五代时北方长期战乱，造成江南文化领先于北方之局面，北宋朝廷势必倚重江南士人，如徐延休、徐铉、徐锴父子，扬州广陵人，一家三人曾隐居南昌西山。徐铉（917～992年），字鼎臣，性简淡质直，无矫饰，十岁能作文。初仕吴为校书郎。又仕南唐，为中书舍人，吏部尚书，与韩熙载齐名，人称"韩徐"。宋灭南唐后，徐铉北上，继续受到重用，官至散骑常侍，银青光禄大夫。为朝廷之文治不遗余力，著有《骑省集》。其弟徐锴，字楚金，精研小学，作《说文解字系传》。

胡藩二十八世孙、胡珰第四代孙、胡元凤长子胡仲尧（946～1007年），字光辅，奉新人。《华林胡氏族谱》中说他出生于后晋出帝开运三年（946年，按：此处当以南唐纪年，即李璟保大四年），在南唐后主李煜时曾作过寺丞。与其弟仲容兄弟义居一处，聚族八百余口。和睦相处，并成为一方教化之榜样。正如徐铉在《华林书院记》中所说："孝友姻睦之行，周旋揖逊之仪。内修于闺阃，外达于里闾，贤士大夫向其风，哲人君子论其世。"《宋史·列传·孝义》卷215载：

> 胡仲尧，洪州奉新人。累世聚居，至数百口。构学舍于华林山别墅，聚书万卷，大设厨廪，以延四方游学之士。南唐李煜时尝授寺丞。雍熙二年，诏旌其门闾。仲尧诣阙谢恩，赐白金器二百两。淳化中，州境旱歉，仲尧发廪减市直以振饥民，又以私财造南津桥。太宗嘉之，除本州助教，许每岁以香稻时果贡于内东门。五年，遣弟仲容来贺寿宁节。召见仲容，特授试校书郎，赐袍笏犀带，又以御书赐之。公卿多赋诗称美。仲尧稍迁国子监主簿，致仕，卒。

综括此段文字，其功业有四：一是大力兴学办书院，而且是免费供应游学之士的食宿费用，因而得到皇上嘉奖，众多公卿大夫官员的赞美；二是胡仲尧对朝廷忠心耿耿，每年以香稻时果进贡于内东门，寿宁节时又主动派其弟胡仲容赴京城朝贡当地土产。皇上召见时，先后赐以白金器、袍笏犀带、御书墨迹；三是爱惜人民，赈济饥民，或低价卖出以平抑粮价；四是热心地方公益事业，以个人物力、财力建造县城附近横跨冯水的南津桥。因而胡仲尧也受到多种嘉奖，得到好的待遇，正如胡栝在《华林胡氏族谱序》中所记载的："仲尧以三世义居、孝弟著闻，太宗朝，诏有司旌表门闾，俾本郡给复徭役，特授本州助教，后迁国子监簿。"

胡仲尧在浮云宫旧址创办华林书院。《续文献通考·学校考·书院》中云："华林书院在奉新县华林山，宋雍熙中光禄寺丞胡仲尧建。四方游学者常数百人。"从此文所述数百学生即可略知办学的规模。《奉新县志》载："华林书院在华林山。《宋史》'构学舍于华林山别墅'，即其地也。""华林书院在华林山，宋雍熙中邑人胡仲尧家塾。"《尧公支下清浮云租产记》中说："浮云宫即华林书院。余祖城公五世孙仲尧兄弟八人，聚族招贤读书讲学处也"（《甘竹胡氏十修族谱》）。谈到华林书院时，均言及胡仲尧。从史实看，华林书院创立之功在于胡仲尧，其播名于世之功亦首推胡仲尧。

《华林胡氏族谱》中有《华林书院图》一诗，对华林书院周围环境有所描绘："仰望浮云山，山腰绕白云。樵哥笑指引，深处是华林。"徐铉《华林书院记》中也曾写到："青山拥翠，绿树浮青。飞瀑散读书之声，虚亭动人文之色。"浮云宫旧址周边有九座小山，恰似九龙昂首，亦称"九龙聚会"。下为一水池，相传为神仙道士磨剑、淬剑之所。康熙版《奉新县志》载："剑池在浮云宫之前，一名九龙池。宋胡仲尧创华林书院于旁，从学者尝洗砚于此，又名墨池。"其地至今犹存"华林书院"青石牌匾。

华林书院究竟何时创办？在《四部备要·徐文公集》中收有徐铉《洪州华林胡氏书堂记》，在《全宋文》中也收有此文，题目为《洪州华山胡氏书堂记》[1]，"华"字后疑脱"林"字。两件落款均无时间。在《甘竹胡氏十修族谱》中收有徐铉《华林书院记》，落款处作"太平兴国元年，银青光禄大夫，散骑常侍上柱国徐铉记"。太平兴国元年（976年）距雍熙元年（984年）相差8年。可能正是在此时期内书堂改名书院。王禹偁所作《寄题义门胡氏华林书院》一诗与《诸朝贤寄题洪州义门胡氏华林书斋序》见于《小畜集》中，据徐规考证，诗与文同作于宋淳化五年（994年）。由此可见，或称书院，或称书斋，其名在宋初处于演变之中，人们往往混称其名。

华林书院是一所由家族兴办的学府，自从华林书堂改为书院之后，所招收的学生不限于胡姓，故四方来学者纷至沓来。其办学经费主要由胡氏本族分担，还接受一些亲友的投资与捐赠。华林胡氏在华林山周围一带也应有较广的田庄，如族谱中所载的"稻田"、"招宾"一带。据《甘竹胡氏族谱》卷三"祖山禁约"载："奉新华林胡氏祖山七座，即九皋山、大安山、华林山、冲霄山、凤形山、南垣山、郁竹山等。"据《族谱·地产志》记载共六处，即昭德观、半庄、学圣庙、惠安寺、百丈寺、大仪寺。这也是办学的有力支撑。

华林书院管理严密，据《华林胡氏大成宗谱》"世系录胡直孺条"中载："浮云祖居地分东男膳堂、西女膳堂，一日三膳，苍头击鼓、膳者咸集、莫敢混乱。正堂前有茶厅、茶厅前有小厅，小厅前有书院，书院前有凉亭、水阁。凉亭水阁前有客厅，客厅前有内竖门，内竖门前有鼓门。鼓门前有三重之玄门，玄门前有石梁。石梁门前有勾曲门，勾曲门前有槽门。每宾客至，以鼓为报，内堂方出迎宾。"由此可见，昔日祖居地华林书院建筑之宏伟，管理之有序。

其弟胡仲容，少从徐延休学《春秋》，得其传授而精通。他也是对华林书院与当地教育有极大贡献的人物。《宋史·列传·孝义》卷215载：

> 仲容字咸和，咸平三年，复至阙贡土物，改大理评事，屡被赐赉。仲容建本县孔子庙，颇为宏敞。后迁光禄丞致仕，天禧中，特赐绯鱼。卒年七十九。以弟之子用讷为后，试校书郎。仲容弟克顺，端拱二年进士，至都官员外郎、三司户部判官。仲容子用之洎从子用庄、用舟，并进士及第。

对此，一些史料对《宋史》有关胡仲容的记述也有所补充。

其一，胡仲容捐资创建的儒学孔圣殿，位于奉新县城西，又称"大成殿"、"文庙"，颇为宏敞。据《宋光禄寺丞仲容公传》载："宋初制，州以下满二百人乃得立学。奉新学自杨、吴时已失故址。咸平中，邑令徐用和谋迁于冯川南，未逮也。宋景德四年（1007年），（仲容）公始拓建孔子庙暨诸门人祠三十间，绘像七十一座，旁设诸生讲舍一百余号，笾豆、钟盘、管弦，罔不备矣。又置鲁《论语》、《尚书》、《周易》、《春秋》、《仪记》、《礼记》诸书，自为臆说，其言大要主明经而悉轨于孔氏。新吴文物之盛、风化之美，自公始。"胡旦为其作《儒学记》，其中云："宗人光禄寺丞胡公仲容，奉新人也。南昌望族，德业灵昌。皇帝雍熙，敕旌孝义。若弟若子，文章策名；亡长亡幼，礼让崇训。乡县渍于皇泽，家门蔼于素风。近古以来，所未有也。惟公身表人伦，志在礼乐，乃捐资若干金、粟若干石，访求孔庙遗迹，鼎建更新，创祠三十间，塑像自宣尼十哲以下七十余座，又建生徒讲舍一百余号，堂寝膳具，豆笾筐篚，鲜不备举……于是新吴之墟，人文为盛，谈经肄业，敦儒信道，彬彬然矣。"从此书院教育与县学教育相为呼应，造成士风彬彬、人文鼎盛的局面，以至《宋光禄寺丞仲容公传》中说："新吴文物之盛，风化之美自公始。"（清乾隆版《西江胡氏大成谱》）

其二，咸平三年（1000年），胡仲容奉兄命赴阙贡土物以贺寿宁节，改大理评事，屡被赐赉。皇上"给御书百轴，以光私第"（胡栝《华林胡氏族谱序》）。天禧间，迁光禄寺丞，赐御书百卷、御札行书二卷、白金祭器二百。

其三，胡仲容改大理评事时，"抗疏献规，天子所藉"（徐铉《华林书院记》）。可见他对当时朝廷的治国纲要时常提出建议，成为皇上所倚重的人物。

徐铉与华林书院情谊深厚，两次为华林撰记，赞扬"华林世家，山水特秀，英灵所钟"，"文学蝉联，簪缨累叶"，又说："惟君兄弟，忝在同盟"（均见《华林书院记》）。胡仲容早年师从徐铉。按《宋史》所载，徐铉身后萧条，无后代，由他的门人郑文宝护其丧至汴。其实还有一段史实《宋史》未载：胡仲容与幼弟克顺一道将遗柩运回，葬于南昌西山鸾冈（在今陆军步校附近），这里既是徐铉与其父徐延休、其弟徐锴早年隐居之处，也是其父与弟葬地。周必大《西山录》游记中载："又五里而远至鸾冈，三徐盖葬其旁。三徐者，卫尉卿延休、骑省铉、内史锴也。"[2] 胡仲容终其身祭祀徐铉。逝世前，还遗嘱将他葬于其师墓旁。其幼弟胡克顺将徐铉遗著编辑完毕后呈献朝廷。莫友芝《邵亭知见传本书目》卷十·集部三别集类："《骑省集》三十卷，宋徐铉撰。……天禧元年胡克顺编刊表进。"又据《香祖笔记》记载："《徐公文集》三十卷，南唐徐铉鼎臣著，宋都官员外郎胡克顺所撰。"可见，仲尧三兄弟与徐铉感情之深笃，非同一般。

华林胡姓族贤明白教育的重要性，数代经营，"宾礼师儒，以训子弟"，既为教化一方，也积极为朝廷输送人才。徐铉在《洪州华林胡氏书堂记》中说："筑室百区，聚书五千卷，子弟及远方之士，肄业者常数十人，岁时讨论，讲席无绝。又以为学者当存神闲旷之地，游目清虚之境，然后粹和内充，道德来应。于是列植松竹，间以花华。涌泉清池，环流于其间，虚亭茵阁，鼎峙于其上。处者无斁，游者忘归，兰亭、石室不能加也。"而《华林胡氏书院记》中写到："乃即华林之阳，开元秀之墅。祖孙一德，洙泗同风。传经者已数代，肄业者常千人。神存昭旷之源，目寓清虚之境。"由二记可见其环境之优美，读书之愉快，气氛之融洽，也可见从书堂时"肄业者常数十人"发展到书院时的"肄业者常千人"，学生增加之迅速可见一斑。

正如秘书丞高绅所吟诗句："元秀峰前累世居，圣朝旌表振门闾。"华林是胡氏累世聚居之地，他们在此绳其祖武，济美兴邦，并在华林仙源灵境之地创造出享誉千秋的书院文化和义门风范，取得了多方面的辉煌成就，成为朝廷树立重义兴学之典型（其时宋太宗两次下诏旌表其家族之举）。而且，仲尧、仲容兄弟俩不仅为华林书院的教育呕心沥血，也为洪州州学与奉新县学的教育事业作出了巨大贡献。正是由于以胡仲尧为首的胡氏家族的大力兴学，加上当时朝廷的大力扶植，华林书院将书堂扩建为书院后，很快达到鼎盛状态，北宋一朝出现"纷纷游客豫章回，俱道华林就学来"（宋湜诗句）的繁荣景象。

康熙版《奉新县志》卷三"建置"中说："书院在浮云山之东，筑室百区，藏书万卷，四方来学者数十百人，去而仕者多通显，临江冀公王钦若其徒也。王冀公既由科第秉国钧，而胡氏之季克顺亦以科第起，书院之名由是大著。"王钦若（962~1025年），临江军新渝（今新余）人，少年就读于此，后来官至参知政事，赐冀公。徐铉说他"尝发迹其地（华林），不十年遂参大政"（《华林书院记》）。他在《宋史》中被归为"佞臣"，但他编撰的《册府元龟》却是一部大型政书，是宋代重要文化工程。他曾有诗云：

　　文明尊北极，孝友播南昌。礼法儿孙睦，雍和道路扬。
　　地灵浮喜气，山近接岚光。投辖添宾榻，鸣驺启食堂。
　　纸窗刍酒响，竹径焙茶香。克己甘藜藿，矜贫济稻粱。
　　时平安九族，家裕庆千箱。每听游僧说，神清鬓未霜。

华林书院既赢得朝野之佳誉，也因而有众多名人乐于与华林族贤交往。一时各地至华林书院游历讲学的文人名士不可胜数，如杨亿、王禹偁、李虚已、晏殊、苏轼、黄庭坚等纷纷咏赞，留下了许多传世佳话。据胡栝所撰《华林胡氏族谱序》记载，因胡仲尧以三世义居、孝悌著闻，太宗诏有司旌表；胡仲容在寿宁节进贡时，皇上"给御书百轴，以光私第。公卿多赋诗称美之，故有《华林书堂诗集》"。康熙版《奉新县志》卷三"建置"中说："李文正公昉洎当时名士杨亿等，赋诗以美之者七十二人。"72人中，当时赋诗赞美者37首，以后邮寄者35首。淳化五年十月十五日，王禹偁撰写了《华林书院序》，后来收入《奉新县志》与《华林胡氏族谱》。

北宋初期的名臣杨亿（974~1020年），字大年，建州蒲城人。因父曾任玉山县令，他出生在玉山，幼年时在玉山读书。《宋史》有传云："淳化中，诣阙献文，改太常寺奉礼郎，仍令读书秘阁。献《二京赋》，命试翰林，赐进士第，迁光禄寺丞……明年三月……即以亿直集贤院。"此系西昆派首领。当时在浔阳还有一家著名的东佳书院，杨亿曾评说这两大书院"力敌以势均，复争驰而并骛"（《华林书院记》）。他还有诗赞华林书院：

　　闻说华林院，名将阙里偕。生徒似东鲁，书籍胜西斋。
　　俎豆儒风盛，埙篪乐韵谐。门闾双桂茂，编帙九流排。
　　讲学搴纱幔，题诗挂粉牌。荀陈传旧族，游夏结同侪。
　　红实洲生橘，清阴世种槐。夜蟾穿户牖，晴瀑泻岩崖。
　　远客来千里，新恩出两阶。横径定何日？凭此寄幽怀。

北宋初，名臣晏殊（991~1055年）所作一首七言排律是这样描写华林书院的：

　　西斋辉赫亘山隅，嘉致清风世莫如。乡党名流依绛帐，烟萝幽境似仙居。
　　趋庭子弟皆攀桂，弹铗宾朋总食鱼。汗简传经亚邹鲁，粉牌留咏尽严徐。
　　杯盘互进先生馔，门巷应多长者车。坟籍岂惟精四部，弦歌常见习三余。
　　玳瑁朱履延豪士，缥帙牙签列赐书。碧沼暮凉浮菡萏，纱窗秋静漏蟾蜍。
　　闲庭潇洒移泉石，华表崚嶒冠里闾。我恨羁游在芸阁，不陪诸彦曳长裾。

诗中也用了"西斋"这一地名，这是宋代文臣常常聚会之所。诗中写到乡党名流在此讲学，在此读书的子弟多能折桂考取功名，四方宾朋在此受到礼遇，由此可见书院的盛况。他恨自己在朝为官，不得与华林诸彦在一起交往。

又如秘书丞、翰林学士钱若水有诗赞云：

居近华林对白云，义风深可美人伦。儿孙尽得诗书力，门间偏多车马尘。
楼上落霞沾笔砚，池边怪石间松筠。乡闾岂独民迁善，阶砌无关鸟亦驯。
朱实垂庭红橘熟，清香袭坐药畦春。他年好卜为邻住，悔葺吾庐洛水滨。

诗中点明华林山高在白云间，赞扬其义风与读书之风，能移风易俗，悔自己居洛水之滨不如居此。

元丰七年（1084年），大诗人苏轼前往高安探望其弟苏辙，路过奉新，应胡氏之邀，"曾过华林书院来"，受到书院主人热情接待。讲学之余，他看到书院诸生纷纷到九龙剑池去洗涤笔砚，竟然将池水也染黑了，于是赋诗云：

曾过华林书院来，芙蓉洞口荔枝阶。藏书阁俯潆纡水，洗砚池连滑达苔。
凭翠楼中朝对弈，把清馆内夜衔杯。八方亭外五株桂，岁岁秋风一度开。

由名人诸诗可见此地名师广徒，朝廷旌表，科第蝉联，环境优美，士风彬彬，藏书丰富，俨然邹鲁礼仪之邦。

华林书院之盛，适应了当时历史发展的需要。五代十国，天下大乱，官学荒废，胡城归隐，聚族兴学，此为华林塾学之始。宋太祖以武功平天下后，重视文治，其时国家甫离战乱，百废待兴，官学无力一蹴而就，于是私学更进一步发展起来。正如吕祖谦在《白鹿洞书院记》中所说："窃尝闻之诸公长者，国初斯民，新脱五季锋镝之厄，学者尚寡。海内向平，文风日起，儒老往往依山林即闲旷以讲授，大率多至数十百人。"[3]宋太宗继位后，大兴教育，但由于学校荒废已久，人才供不应求，因此朝廷也深感必须扶植私学以应所急。在这种背景下，适应社会发展的需要，私学取代了官学的地位，得到较大的发展，其书院制度也逐渐完备（图1.6）。据马端临说，宋兴之初，"未有州县

图1.6 宋代江西四大书院之一的鹅湖书院景色

之学，先有乡党之学。……乡党之学，贤士大夫留意斯文者所建也。故前规后随，皆务兴起。后来所至，书院尤多，而其田土之锡，教养之规，往往过于州县学"（《文献通考》卷47）。同时，自唐末以来，等级授田制度受到破坏，社会上出现了不是以门阀品第为进阶高低的庶族士人缙绅，为了参与政权而兴学。此时，华林书堂在历数十年发展后，至胡仲尧扩建为书院，苦心经营，终于名满天下。华林书院的发展，恰如徐铉所说："岂直豫章之气概，以占皇宋之文运矣。"（《华林胡氏书院记》）他认为华林书院不仅表现出江西文教的气象，也可从中看出大宋文运蒸蒸日上。以此作为宋朝提倡文治、教化大行的缩影，评价何其高也。

关于胡仲尧其人，当地还留有他的一些传说。在浮云宫端，两山对峙而立，犹如两扇大门，相距约20余米，称为夜合山。相传以前每到半夜子时，两山自然合拢，故名。后来胡仲尧在此修一石桥，桥长约3.5米，由两块长方形花岗石合成。两山被石桥撑住，再也不能合拢，故石桥名会仙桥。又传说会仙桥原为两棵楮树生长攀接而成，一棵由南往北平行伸出，一棵自北往南平行过来，两树合拢成为天然木桥。夜半常有仙人在此桥上对弈，故称会仙桥。为防止夜合山夜间合拢后谷中涨水，胡仲尧便派人把两树锯断，改成石桥，夜合山也就不能合拢。石桥今已不存，但沟壑中仍留有石桥梁。

还有胡仲尧手植的两株千年杉树，号称江南杉王。两树相距4米，树高49.45米，树干苍劲挺拔，枝叶繁茂翠绿，如两巨人屹立在华林书院之右。其中一棵在1989年4月雷电烧毁，现存一棵常年碧绿，树身无毁坏之迹，为重点保护树木。

胡仲尧田庄在奉新县稻田一带。自华林古驿道途经浮云、高岭、下岭至稻田有15华里。交通便利，古代奉新南大道从东至西穿林而过，是奉新县城去高安、上高等地的南大门。这里地势平坦，土地肥沃，是华林胡氏在宋代"贡米"的原产地及"粮仓"。据《宋史·列传·孝义·胡仲尧》中载：淳化年间，宋太宗"许（胡仲尧兄弟）每岁以香稻、时果贡入内东门"。按当时宫廷礼仪，从东门入贡内廷，乃特殊恩遇。内廷用过华林优质大米，稻田村因此而声名远播。王禹偁赞华林书院诗云："力田岁取千箱稻，好事家藏万卷书。"宰相李昉诗云："岁收千箱稻，家贮一楼书。"镇南军节度使彭城郡王诗云："家备自收千顷稻，堂高唯架百家书。"可见耕读即种稻与藏书是华林胡氏的两大产业。据《稻田基址图》载，稻田祖居地房屋建筑群较多，有鼓门、勾曲门、槽门、正堂、内厅、小亭、茶亭、凉亭、书堂、水阁、月山别墅、月山乔木等。传说学者纷纷来此，在稻田洗笔，致有黑稻之祥。

在奉新县新兴乡，今会埠镇西庄村其地，是古代奉新通往宜丰的水陆交通要道，滨临河宽水深的南潦河，河中古时往来船只不断。华林胡氏在此设馆迎接来自全国各地的名公巨卿和游学之士，故地名"招宾"。

胡仲尧还为当地其他事业作过贡献。除前述景德四年（1007年）建南津桥之处，还将奉新乡十六都半庄捐施给昭德观，以供香花之费。当时计民粮48石、荫注陂1所。昭德观在奉新县西城，即刘仙福地。虽后来有增修，然遗迹皆胡氏所留，碑文砧记犹存。乾隆版《南昌府志·卷二十四·寺观》云："昭德观，在县治西文明坊，旧名阆业观，刘道成故宅也。梁大同中始建，唐末毁于兵，道士徐守正兴复，南唐时胡仲尧重修，宋大中祥符元年（1008年）赐今额，明洪武、成化间相继修建。"

胡仲尧娶江氏，生子三：用之、顺之、用庄。卒于宋真宗景德四年（1007年），葬在今奉新县浮云山李八百洞之右30米。《华林胡氏族谱》载："仲尧公卒，即葬于八百洞右，盖生既吟咏憩息于其间，死亦思羽化藏玉于其所。"晏殊为之作墓志铭，墓碑颜曰"宋国子监主簿胡公仲尧之墓"。墓碑系胡氏裔孙于清嘉庆六年（1801年）清明重立，墓上方镶嵌青石板，镌刻"毓秀天然"四字。墓旁有大槠树，浓荫遮天，宛若绿色大华盖。此墓在20世纪80年代被发现。新华社1986年5月6日电以"奉新县在雷家山上发现宋代教育家胡仲尧墓"为题对仲尧公及华林书院作了全面、翔实的报道。

胡仲尧长子胡用之，讳喜，字希颜。宋端拱二年，与叔克顺同登进士第。累官武胜节度推官。勋业不甚著，谱称其孝友慈惠，有祖父门风。他为方便华林胡氏族人祭祖，在奉新县城内创建胡氏大宗祠，位置在原惠安寺内。大安寺、昭德观皆其所施。娶马氏、夏氏、张氏，封卫国夫人，生有三子：凝、洞、况。胡凝官至郎中令。有子一，名良孺，字少吉，康熙版《奉新县志》载他"以汉州录事参军应诏论瑶华宫事，有'绿衣上僭'之语"。累官至河北西路提举。崇宁初年，入党籍，五年后，朝廷仍计划起用他，而此时已去世，葬在大荻林。胡良孺有子胡椿，字茂才，宣和间知新昌县，因宦而后卜居于当地，石溪胡氏为其后裔。

洞无后。

胡况是胡用之第三子，字孟棋，宋仁宗景祐元年（1034年）进士，官都水监、朝散大夫，赠少保、光禄大夫。娶龚氏，赠徐国夫人。生有二子。

长子胡僧孺，字唐臣，在元祐、绍圣年间声望甚隆，直孺所作十首诗中，有"阿兄惊世才"之句。陆游也曾说过："胡唐臣、少汲兄弟，俱为江西名士。"其朋友亦皆知名，不愧金昆玉友。生有三子，长子胡榆，次子胡南，幼子胡杰。胡榆中进士，生有三子，长子胡绍先，名功，徙南昌横冈之东，后迁敷登县瀛坊，至念九公，又迁泗溪。次子胡炜，生世兴，兴生二子，胡浚、胡沧。沧生楹权，权生士秀，秀生一龙，由横冈迁居灌城四都胡家坊。柏幼子胡叔荣迁雄田。僧孺次子南薰，生子绍祖，绍祖生纯清、纯瑜。纯清徙居丰城小华山胡家岭下。僧孺幼子胡杰，杰生绍福、绍庭，一道徙往江苏宿迁。

胡况次子直孺，至胡直孺，华林胡姓又再一次彰显名声。留待下述。

胡仲尧次子胡顺之，景德年间进士，任著作郎，徙居安义县磨下后岸。

三子胡用庄，进士及第，其后裔分迁武宁县、瑞昌县。

胡仲容的弟弟克顺以及仲容之子的情况，据《宋史·列传·孝义·胡仲尧》传后附载："仲容弟克顺，端拱二年进士，至都官员外郎、三司户部判官。仲容子用之洎从子用庄、用舟，并进士及第。"兹据《都官郎中克顺公传》补充：胡克顺，字孝若，端拱二年（989年）与侄用之同登陈尧叟榜进士第，拜宋州虞城主簿，迁知许州长社县，有循吏政声。后迁大理寺丞，历益州郫县、宁远、江宁、惠安诸县，人安其政，升秘书丞，知行在三司粮科院，权监二年，增课三十万缗，补闽州知州，徙眉州，入为三司户部判官，求补外任，知宣州任上卒。他重义疏财，交友以信。徐铉殁，他与兄仲容北上，将其遗体归葬西山鸾冈，终其身祭祀徐铉。他去世后，也葬在鸾冈，杨亿为之作墓志铭。奉新人立祠祭祀他，在学宫西庑其像。有二子：长子用舟，徙高安斜溪；次子用锡，知高安县，遂安家于此，生有三子：长子湛，次子澈，三子清。后裔分居建昌新塘、枧溪、湖北蕲州、星子象湖嘴、安义磨下、湖口柘矶、建昌县水坑、河垅、建昌滩头、灌江、雅溪、高坪、湖北洪湖乌林镇。现在仅在乌林镇就有上万人。

五、两宋之际的胡直孺及其后裔

胡直孺，其生平据《八世祖刑部尚书端明殿学士直孺公传》载：

> 公讳直孺，字少汲，别号西山老人。初父况易簣，公犹未生；嘱其母龚夫人曰："生男，以致仕官姻之；女亦必配良家子。"已而公生，龚夫人与其兄僧孺欲以恩官之；公方幼，坚辞之，自力为学，长工于诗，语出惊人。黄鲁直一见，击节叹赏，表其嘉者，刻石记之。好读书，于书无所不窥；善为文辞，悲壮沉雄，有扛鼎之力，如行云流水，自然成文。绍圣四年丁丑，擢进士第。初为洛州户曹；有大盗，夜杀人下眢井。缉盗不得，归狱于邻之疑似者，公白其冤。顷为《九城志》编修。议官者以元祐党人责轻，将重贬，公力为营救。迁御史，帅漕江西，移两浙发运使，入为户部侍郎。虏犯中原，奏用种师道，献策议合，迁工部尚书。复以龙图阁学士知婺州。改知南京，兼西路总管。虏再至，直孺率民兵入援，战于雍丘，兵溃见执，久之归国，著《生还录》以明志。钦宗抚慰曰："孤城围闭，天下兵至者，独卿与张叔夜耳。"张邦昌僭号，公叹曰："吾岂事伪主耶！"
>
> 高宗即位，赴行在，除知东平府。改洪州，奏虔、吉戍兵，削平巨寇。入为刑部尚书，兼经筵，侍讲禁中，论奏十事，推原道德之旨，喻古人成败之迹，陈当时世务之要，条划卓然，合当上意，以御用白团扇，书"文物多师古，朝廷半老儒"十字赐之。赠端明殿大学士，改兵部尚书，兼权吏部；进金紫光禄大夫，上柱国，加封开国公，食邑九百户，赐白米田租八百石以养。公卒，敕葬绍兴府云门乡白水塘；招魂冢于稻田。著有《西山老人集》二十四卷。

胡直孺在《宋史》中未立专传，但多处提及。兹以此传与《宋史》中的零星资料，简括胡直孺生平：宋绍圣四年（1097年）进士，先后任洛州户曹、编修、监察御史、江西漕运使、两浙发运使、户部侍郎、工部尚书、龙图阁学士、知婺州、知应天府、兼西路总管（《宋史》为东道都总管，当以《宋史》为是）。入南宋后，知东平府、知洪州，权礼部尚书、刑部尚书，经筵侍讲、端明殿大学士、兵部尚书兼权吏部，进金紫光禄大夫、上柱国，加封开国公。仕途中，先后在工部、礼部、刑部、兵部任尚书，可谓卓立功勋。但《宋史》由元人脱脱所编，居然未有胡直孺专传，人以为二十四史中最差一部，观此可知。

胡直孺处事明察秋毫，有谋略。最为人称道之处有二。

一是诗品、人品俱佳。他工诗文，语出惊人，"善为文辞，悲壮沉雄，有扛鼎之力"。黄庭坚《跋胡少汲与刘邦直诗》一文中说："少汲，后生中豪士也，读书作文殊不尘埃，使之不倦，虽竞爽者，未易追也。"[4]又元代方回《桐江诗话》中说："少汲宣和间在河朔作漕日,同官陈亨伯辈唱和山字韵诗。少汲最后成,人皆叹服。"孙觌在《西山老人文集序》中对直孺著述评价说:"少工于诗,出语惊人。鲁直一见,击节叹赏,指示佳处述数十语,表而出之,今刻石在焉。然公之学不专于诗,他文皆称是,笔力雄赡,操纸立就。所为赋颂表启记序铭赞之属盖数万言,如行云流水,自然成文,不见刀尺。"

二是他的人品峻洁,为人称道。当时元祐党人遭打击,苏轼、黄庭坚均罹其祸,他冒风险奔走呼号,营救元祐党人。黄庭坚有诗颂友情并赞其才华:

梦通南北昧平生,邂逅相逢意已倾。楚国山川千叠远,隋堤烟雨一帆轻。
我无健笔翻三峡,君有长才笑五兵。同是行人更分首,不堪枫树作离声。

他是在军事上勇赴危难。靖康元年,金人入侵,直孺率部会战雍丘(今河南杞县),斩敌千余。宋钦宗赞扬他在城被围时,挺身而起,勇敢地率领民兵(非正式军队)与张叔夜前来解围,解救帝驾之难。虽然他因兵败被抓获,然不屈不挠,逃脱后又奔赴高宗赵构所在处。

其论奏多为皇上采纳,金兵南犯中原时,他"奏用种师道,献策议合";在洪州时,"奏虔、吉戍兵,削平巨寇"。侍讲禁中时,宋高宗极为赞赏他的论奏十事,在已用的白团扇上书杜甫诗句"文物多师古,朝廷半老孺"赠给他。杨龟山因而撰有扇铭以颂之:

堂堂胡公,一世之杰。词润金石,忠贯日月。
抗节不回,光辅三叶。粹玉无瑕,至刚不折。
赫赫圣君,使臣以礼。前席亲贤,虚怀下士。
谠论屡建,嘉献日启。志合道泰,若石授水。
宝扇宸翰,颁自尚方。跄然凤舞,宛若龙翔。
帝宠既渥,臣躬有光。爰袭爰筐,子孙之藏。
伊昔太宗,师古崇儒。野老咏歌,质而不谀。
一时之盛,万代之模,君臣相得,异世同符。

胡直孺有四首诗见于胡氏族谱中,可见其才华。其中一首七律云:

章句飘飘续小山,古风萧瑟笔追还。
海鹏共击三千里,铁马同归十二闲。
功业会看钟鼎上,声华已在缙绅间。
他年记忆怜衰老,为报西川引一班。

这是赞扬友人的才华,互相慰勉。又有二首即兴绝句写景:

风云吹絮柳飞花,睡起钩帘日半斜。
四海随人双燕子,相逢处处作生涯。
冷酸梅子渐生仁,莺老花飞迹已陈。
一夜南风摇斗柄,明朝烟雨不关春。

前一首写他以四海为家,以燕子为譬;后一首以梅子酸比譬人生的酸苦。

胡直孺后封开国公,"食邑文安县三千六百户,宝扇御翰之颂,租田银器之赐,家业益丰,赀财充盈,租税二十余万,聚爨八百余口,第宅阀阅,迢遥半市"[5]。退仕后，居浮云书院，在奉新县法城乡建感慈院，在罗坊乡建石梁桥。娶吕氏，即中书令吕居仁之女，封和国夫人，生有七子。聚族五百余口。他对家庭教育训示谆谆，如绍兴七年十月他所撰《传家录》中说："诗书文章，仕宦忠义，此自传家，不当懈且怠也。其余兄弟雁行而立者，当自勉力资助，不可以市井存心，坐视弗顾，如秦人之视越人之肥，则非所望。"

胡直孺逝世后奉旨葬绍兴府云门外白水塘，这也是宋朝制度所规定的二品官去世后所葬之处须在京城方圆三百里内。招魂冢即衣冠冢葬在奉新稻田乡间。据《华林胡氏大成宗谱》（图1.7）载："稻田村在奉新县法城乡二十八都，因尚书少汲公招魂葬稻田永丰万石庄，长子杞随墓守服，遂为家焉。其先居者仲达公（元麟之子）也，后居者宣教郎也。"

图1.7 华林胡氏宗谱

其七子情况如下。

长子胡杞，字茂标，绍兴年间进士，初任修职郎，官至淮东总管，为政清廉，郡境安宁，民多称颂。后归隐奉新稻田永（一作"允"字）丰里万石庄。生有五子。

据《杞公传》载："杞公生五子：长曰彦辅，次曰彦德，三曰彦昭，四曰彦佐，五曰彦弼。子孙散居本邑者匪一，今店上、楼下、洞上、绕湖等诸支皆其后，远而迁徙他郡者尤不胜数。"（图1.8）

据《稻田基址图》载："稻田祖居地房屋建筑群有鼓门、勾曲门、槽门、正常、内厅、小亭、茶亭、凉亭、书堂、水阁、月山别墅、月山乔木等，占地面积较广。"又据湖南《武陵胡氏族谱》载："元至正二十九年（1292年）壬辰兵灾，华林胡氏、浯塘胡氏、武陵胡氏均惨遭屠族之灾。"在

图1.8 胡氏后裔居住地之一奉新县店上村景色

这次兵灾中，稻田祖居地被夷为平地，现墙基、石臼、石墩等遗物尚存。

胡杞的长子彦辅，生有五子：孟金、孟珍、孟璧、孟绍、孟鉴。

长子孟金生五子：子荣、子华、子俊、子材、子成。

长子胡子荣生三子：德耀、德辉、德明。长子德耀生从龙，迁湖广。从龙生子猛，

其后裔胡潮，徙安庄卫。次子德辉生二子，长子从虎，次子从豹。从豹生二子：臣尧、师尧。其后裔或徙天宝堆上，或徙黄沙堆，或徙黄沙毛洞。

从虎生五子，长子仪中，有子七人，长子启泰迁同安乡尚港桥；次子启洪，后十九世孙清宗，迁奉新上富，清月徙体棱上坊；启明徙严州府寿昌县；启连迁港畔，其子贤四居土陂。启清徙洛城；启生子文贞，居宣政乡段里，二十世正梧、正桐一同迁往白湖；启祖徙高安县进龙池上；正德、正雅迁四十二都益埔。

从虎的次子仪汉，仪汉生六子：启良、启能、启敌、启元、启敬、元青。启良生玉贵，玉贵生九青、九丹兄弟，一同迁居建康赤砂路，成为赤砂路支之始祖。启能徙西山；启敌徙镇远府；启元迁新兴乡上三门丰坑佥上小城洪塘；启敬徙龙高。

从虎的次子三子仪瑞，生俊卿、龙卿，迁蒋家园；仪记迁通城；仪讲有三子，以清居蕲水，以湖迁鸭儿塘，以明居比坪。

德明的儿子从彪，生二子。长子戴春，生有四子，启准迁衣袋坊，再兴、再盛同居尚港店上，再龙迁瓦溪。次子戴胜有二子，启净迁麻城，启道迁迁湖广换稻桥。有子胡华，他的三子胡宇、胡宥、胡容同迁山东，胡宜迁后坪。后裔情况待到元代部分再叙。

孟金的第三子胡子俊，生有四子：达翁迁阴村湖头，达志居稻田湖下。允安徙靖安杞林巷，允柏迁竹垣。

孟金的第四子胡子材有五个儿子：胡本昌迁黄沙荷本；胡荣迁高安竹垣；显秀迁乾州石子冈，又迁夏皮大源；显华徙靖安富仁都，有三子：五一迁同安乡澡口官源楼下，十七迁田东坳上，后裔由坳上徙湖塘。

彦辅第四子孟绍又生有四子：子富外出经商，至直隶（河北）英山县柳树荷坪；子林迁甘坊坪；子枢迁居至高安讨下，后又迁至新建县候溪，成为候溪一支始祖。有子（山夔）居吉安泰和县前村。

彦辅幼子孟鉴，生有三子：子开、子辟同居高安蔡溪；子际生宗夔，夔生爕，爕生南远，远生三子：朝俊、朝宗、朝礼。传八世，楚迁枣阳；簪居南皮；诚琳居岳州天平。

胡杞次子彦德，生有四子，长子宏叔，迁直隶（河北）光山县。二子成叔居后港。三子升叔，有五子，胡勤、胡宜、胡绍、胡荣、胡节。胡节生五子，迁南乡前坊。幼子达叔，各有所居。其中次子成叔，旷览山川之秀，于宋宁宗庆元年间（1195～1200年）卜居奉新后港之基，以彦德为后港开山之基祖（图1.9）。

图1.9 奉新县后港村出土的明代胡宾溪偕宋儒人墓碑

胡杞的三子彦昭，生有五子：长子元章，迁建昌敕仓；次子茂叔，三子元礼，四子安国，幼子汝霖。汝霖迁居奉新县新兴乡二十四都，今会埠镇西庄村招宾自然村。生有从道、贵全、济川、希远。从道生克勤、克明、克忠。克忠生贵明，贵明生南秀，南秀生文炳、文昌、文尉、文定。文定迁斛埇，二十世石峰迁居新昌县花桥。济川子允诚，迁南京新市街米巷口。其子大椿，复归南昌，徙塘口。有子二，长子应麒，次子应麟。

应麒生元恺、元恢、元性。元恺生希会，会迁樟树下；元恢生希圣、希名、希文、希孟、希周。希文生良辅，迁居巷西；希孟生良雄，迁居枫树下。元性生希俊、希冈、希吕、希恭。希吕生良成，赘迁省城西大街帅家巷。

次子应麟生元恂，恂生维贤，维贤长子良材，居中南房，次子良继居上南房。良材生克宪，居花门楼。

胡杞四子彦佐，生胡桌，迁大洲。

胡杞幼子彦弼，生公亮，公亮生胡钦、胡鉴、胡（金冬）。胡钦生仲质，仲质生商卿、献卿、常卿。常卿生晋伯、申伯、禹伯。禹伯生应凤，应凤生淳四、淳生。华叔生成翁、成翁生胡仁，迁进城乡石下。至存节，迁菱湖洞上亮。幼子胡（金冬）生胡椿，胡椿生澄、溥，胡溥迁城塘，生敬齐、伏齐，伏齐生朝俸。朝俸有二子，季远居瓦桥，季演居桐江。胡澄生煊，迁青山梓塘。

胡直孺次子胡相，字茂棋，官至西京总管，徙居南昌白石湖。有三个儿子。

长子彦明，改名绍闻，徙江西省橡桥，复居洪城大石门。子文庆，名璧，迁南昌车塘。胡璧生仲安，仲安之子德辉、德明。德辉有四子：宗贤、宗显、宗远、宗允。允子以岳，以岳有子思材、思齐。思材之子景德，景德之子志和，因赘徙南昌北梅。

次子彦辉，改名明道。明道有五子：璠、璵、琬、琚、瑛。瑛生守仁，徙白湖，复迁丰城龙雾洲。守仁有二子：权、炳。胡炳迁河塘。权有二子：东昇、东阳。东昇生百川、百行。百川生凌云、凌霄。凌云生春甫，春甫生朝用、朝后。朝用子庭芳，庭芳生叔瑗，叔瑗生德华，德华生经淮，淮生嵘冈，嵘冈生远堂，由龙雾洲徙南昌漳湖渡。朝俊子廷琛、廷珲。珲子叔玠，玠生从儒，迁大阳树。珲生叔珊，珊子春儒，儒生孔亨，亨子南雄，雄子肃振，振子惟荣，唯荣有子鸥，鸥生桂，桂生道传，道传迁邹坊渡。柄生章豹，章豹生君佐、君佑，佑居临江（今樟树市）。君佐生玉玺，玺有子德元。德元生仁卿，仁卿子元亨，亨生孔庸，庸生日叙，叙子傅良，良子俊彦，迁洋泮洲。朝宗迁刘家隔，复迁荆州草萍。

三子彦耀，名绍本，本生日新，徙南昌廿七都六图塘头。

胡直孺三子胡栝，字贡仲，后为避讳改名胡泳，字伯量。继承父志修谱。胡直孺因"惧族人散处，欣戚庆慰之礼，或不相及，恐久而至于路人，乃重修《胡氏谱图》，将以统其疏而合其离也"（《安定胡氏家乘序》）。胡栝继承其业，据此谱图撰修《华林胡氏大成谱》，尊城公为华林一世祖，还约请朱熹作《华林宗谱序》，论谱系之意义。胡泳从朱熹在白鹿洞书院讲学，因爱庐山山水之秀，将全家迁居庐山五老峰南麓之长岭、白鹿洞书院附近。朱熹去世后，他与同门友率其学生在书院每季一集，读朱熹书，往复问难，相乐以善，有过则规劝之。嘉定十一年（1218年），任白鹿洞书院堂长，鹿洞摩崖石刻至今仍保存有知军陈宓与胡泳、李燔等人会讲文字。后从祀白鹿洞祠。其后裔多居星子、都昌一带。

胡栝（泳）起初娶修江杨氏，生有三子：长子纯泰，任国子司业。纯泰生有二子：长子仕谦，迁南昌水南湾溪，为前族之祖；次子仕让，让生笲，笲生均绍，均绍生延寿、延仲。延寿居店头，延仲徙湾溪，后族之祖。

胡泳与杨氏所生次子纯礼，生有长子璩，居建昌小蟹，生有八子：涌、湍、泓、洸、澄、淮、汶、渊。渊生有六子：鼎如、申如、穆如、翼如、肃如。翼如迁南昌，为车塘之祖。有子洪镇、洪伯。伯子克恭、克敬。克敬徙居浣溪。肃如之子元甫，徙居进贤安泰。纯仁，任曲江主簿。纯礼的次子琇，生谩，谩生守祖。守祖生天民，天民生溢，溢生戴显，戴显生重芳、重庸。重芳生有四子，真一、真二、真四、真七，迁都昌土目，重庸生有子五，真三、真五、真六、真九。真九自土目迁康济桥。

胡泳与杨氏所生第三子纯仁，生有五子，璲、琪、琎、琦。琪迁南昌先贤里，有子安炳，炳生万金、显宗。显宗生诚仁、诚信。诚仁生启凤、启鹏。诚信生启龙。

胡泳继娶闵氏，生有三子：彦茶、彦荣、彦蕖。因爱匡山蠡水之秀，将全家迁居南康军（军治星子）小蟹，后又迁长岭，"先后相望，衣冠济美"。卒葬云岭山，祀于南康郡学乡贤祠，从祀朱熹白鹿洞祠，神主牌存于春风堂。

四子胡楫，字茂樾，号清川，自幼孝友，性情简澹。宋高宗绍兴二年（1164年），与兄杞同登进士，授宣教郎金书，知峡州军事，虞州通判，治行称善，人皆折服，赐绯鱼袋致仕。曾读其父御扇铭"忠贯日月"语而铭刻在心，不忘旦夕，并将其父遗稿编为《西山老人集》。后也归居稻田万石庄。生子仲益，任刑部员外郎，进吏部侍郎。为政清廉，处事明决，人皆信服。生子季明，为谏议大夫，生子南贵，任湖南安县丞。其后裔分迁义宁州带溪、阴村楼前、阴村墩上、塘边、南昌刘城等地。

五子胡枞，字茂炳，宋孝宗乾道年间（1165～1173年）登进士科，知铜陵县，卒于官，因而其家在当地落户。但《华林胡氏世系表》中载他回到了家乡，说法不一："任铜陵，调丹阳。绍兴初返华林，居甘竹。"胡枞来游祖居华林，途经甘竹，见其"青山环抱，茂竹奇秀"，且与华林祖居互为表里，遂卜居为家。其地属奉新县同安乡，位于县城西南赤岸镇境内。东临赤岸沿里村，南界高安伍桥镇，西北毗连会埠稻田村，北靠赤岸丁家村，距县城13公里。胡枞有三子：长子彦读，居安徽望江宿松，次子彦讷、三子正文同居安徽池州铜陵县。

南宋初，稻田村胡氏后裔胡孟鉴（胡藩三十五世孙、胡城第十一世孙）率两子即子开、子辟由奉新稻田迁往高安伍桥蔡溪，后渐繁衍为蔡溪胡村。胡孟鉴是为蔡溪胡氏始迁祖，但他因思恋故土死后葬回稻田；现该村有胡姓200多人。

六子胡根，字茂栋，任湘阴县丞。迁双峰，有三子：彦记、彦讲、彦诸。彦记生博，博生启良、启泰、启洪。启良生中顺、中馨、中详。中详徙湖广大治县。中顺生庆，庆生光伏，徙进贤白沙。光武、光宸一同徙湖广蕲水县。启泰迁浙江严州寿昌县。启洪有子中显，徙九江湖口矶。彦讲居高坪。彦诸迁新昌（宜丰）梅湾。

七子胡朴，字茂抟，任桃源主簿，后知崇安县事，卒于官。有四子：长子叔罕，居高安龙口。生有五子，后裔分别居新昌县、高安县、新淦县、庐陵高观、华阳、宝庆等。次子叔易，居高安麂日，三子叔布，居淦口象老，其后裔有一支迁常州府政城乡。

四子叔希，其后裔居南岭、象湖、瑶溪等地。

华林书院从胡仲尧兄弟创建到胡直孺为止百余年间，即在北宋一朝为鼎盛时期，以后逐渐衰落。至南宋绍熙元年（1190年）即胡直孺之后约50年，原书院所在地愈加残破不堪，地产为人侵占。"（仲尧）公已没二百年，其地莽为空烟惨淡之墟……余窥故壤，往往为兼并家所冒占。"（汤淳汉《重修华林书院记》[6]）幸好在绍熙年间，华林书院得到修复，乃是因秘阁史公远向胡直孺六世孙胡斧了解到华林书院的破败，华林书院地产被人侵夺，因移文奉新县，务必将侵占地归还。龙兴府主簿任礼臣得知后，也致函奉新县尉汤淳汉，动员一道捐俸修复。据汤淳汉《重修华林书院记》记载任礼臣提倡修复的过程：

> 令君任公礼臣，诗人也，时多感慨，叹古人之不复见，志之三年矣，而未有以发。会今太师秘阁史公远问胡公六世孙斧，恻然兴念，移文该县，乃欲尽括侵地以归胡氏，谓淳曰："此文教将兴之日，吾当捐俸共议建复，以成世美。"淳因得纪其岁月，以见令公之好德也如此。

在此记中，汤淳汉还详细描绘了华林遗址的地形地貌："由浮云山麓蜿蜒而下，结为华林，是为胡公仲尧旌表门闾之旧地，南垣（今会埠乡）磊落而上，背黄（公）山、面凤凰石，俯临墨池（九龙池），平眺砚峰，则书堂之遗址存焉。"汤淳汉，宋绍熙年间任奉新县尉。任礼臣，宋绍熙年间知龙兴府主簿，赐绯鱼袋。还有族人胡炳彝，为了将被侵占之地归还华林书院，尽心尽力。在此期间，奉新知县李兼绩，将赞咏华林书院的北宋72位名人诗作记刻于县署，取名《华林书堂诗集》。

至宋末，华林山上的胡氏祖居地连同书院均毁。华林书院因文治之科举教育而兴，而后来衰落。推测其原因：一是未能有名师到此讲学，风气不振；二是未得到统治者的有力扶持；三是华林胡氏人才不断外流。

六、两宋时期华林胡氏科举、仕宦及著述之盛

英彦辈出的华林胡氏，有宋一代，先后有55位进士。宋真宗曾有诗赞曰：

> 黄河曾见几番清，罕见人间有此荣。千里朱幡迎五马，一门黄榜占三名。
> 文星昨夜朝金阙，瑞日今朝拥朕庭。最喜状元并榜眼，探花俱是弟和兄。

据道光版《奉新县志·人物·进士》卷七以及《甘竹胡氏十修族谱》卷一中的《豫章世系详类》以及卷三《世宦表》记载，从太宗端拱二年（989年）至孝宗乾道二年（1166年）177年中，华林胡氏家族中的进士计有39名。

太宗端拱二年（989年）乙丑陈尧叟榜两名：胡克顺（胡仲尧弟）、胡用之（胡仲尧长子）、

太宗端拱六年一名：胡仲华（胡仲尧弟、胡仲容兄）按：宋端拱年仅两年，疑系淳化五年（994年）之误。据道光版《奉新县志·人物》卷七记载："宋湜解试，淳化五年甲午，胡仲华，字子实，官大理寺丞，《府志》一作进士。"

宋端拱年间一名：胡则。

真宗咸平三年（1000年）两名：胡用庄（胡仲尧幼子）、胡用时（胡仲华子）、胡

用礼（胡仲容子）按：《宋史·胡仲尧传》附《胡仲容传》云："仲容之子用之泪从子用庄、用舟并进士及第。"乾隆版《南昌府志》"胡用庄"条言其"有夙慧，九岁能诗，咸平庚子（1000年）廷试一甲第三人及第，除江州通判卒"。

据《甘竹胡氏十修族谱》卷一"华林详类"记载："用庄，仲尧幼子，讳磊，字敬夫。宋咸平三年，亲与弟用时、用礼同登进士，兄弟三人同榜，一时称极盛焉。殿试一甲第三名，即探花及第。擢侍御史，通判江州。"又据道光版《奉新县志·人物》记载，胡用庄为咸平三年庚子陈尧咨（叟）榜进士，而胡用时和胡用礼系景德二年乙巳李迪榜进士。上述二说不一，录作存考。

真宗景德二年（1005年）一名：胡顺之。按：据道光版《奉新县志》卷七"人物·进士"记载："胡顺之，字孝先，同安乡人。知浮梁县。仁宗初，迁太常博士。再上宰相书，乞太后还政，迁尚书屯田员外郎。数论朝廷事，为范仲淹所知。然挟术尚权，喜纵横捭阖，以失明废祀乡贤。"光绪《江西通志·卷六十六·胡顺之传》："知浮梁县，豪民臧氏素横负租，顺之率吏至其家掩捕，按致其罪，郡遣教练使诣县，入谒甚倨，乃数其罪，械而杖之，郡吏敛迹。历青州从事，大姓麻士瑶阴结贵侍，匿兵械，亲党仆从甚张陵，蔑州县，会杀兄子，事觉，众莫敢捕，顺之尽得其党，有诏鞫问士瑶论死。"

真宗天禧三年（1019年）一名：胡用舟（胡克顺子）。

仁宗天圣三年（1025年）一名：胡宿。

仁宗景祐元年（1034年）甲戌张唐卿榜两名：胡坯（胡用时孙）、胡况（胡仲尧孙）。

按：据《甘竹胡氏十修族谱》卷一《华林详类》记载，胡坯，"湜长子，榜名真卿。景祐甲戌登进士第。卒葬库前山。聚张氏，子一：演"。

仁宗庆历三年（1043年）一名：胡宗尧（胡宿长子）

仁宗庆历六年（1046年）一名：胡宗阳。

仁宗嘉祐二年（1057年）一名：胡宗哲。

仁宗嘉祐四年（1059年）一名：胡宗愈。

仁宗嘉祐六年辛丑（1061）王俊民榜两名：胡宗师、胡泽（胡仲尧孙）

据《奉新县志》卷七"人物·进士"记载："胡泽，字民望，用庄子，任南雄教授。"后裔徙居地不详。

英宗治平四年（1067年）三名：胡宗厚、胡宗回、胡宗愿。

英宗治平年间（1064～1067年）一名：胡宗炎。

神宗元丰二年（1079年）两名：胡端修、胡经国。

哲宗元祐六年辛未（1091年）马涓榜两名：胡宗隆（胡用时孙）胡文修。

据《奉新县志》卷七"人物·进士"记载："胡晋侯，用时孙，官剑南节度推官。"又据《甘竹胡氏十修族谱》卷一《华林详类》记载："宗隆，字淑子，讳梓，榜名晋侯。宋元祐六年登进士第。娶徐氏，子一：协。"

哲宗绍圣四年（1097年）丁丑何昌言榜一名：胡直孺（胡仲尧孙，按：应为重孙）

徽宗建中靖国元年（1101年）一名：胡交修。

徽宗崇宁五年（1106年）两名：胡唐老、胡世将。胡世将，字承公。其父曾梦见金甲二神说："吾唐世老将。"后生二子，便以此取名。世将中进士后，官至兵部侍郎，直学士院。绍兴八年（1138年），四川急需军帅坐镇，刑部尚书胡交修推荐他，遂任四川安抚制置使兼知成都府。父老欢忻说："不图今日再见吾父。"不久，吴玠去世，金兵攻陷同州，他当时驻守河池，有参谋孙渥劝撤保第二线，他指着坐帐说："吾誓死于此矣，毋多言。"分遣大将吴璘、田晟、郭浩、杨政出战，数路皆捷。朝廷命乘机出兵，军队入秦地，闻父亡，请求回家守制，然当时他自己也不幸去世（《忠献公世将传》，见乾隆六年《西江胡氏大成谱》）。

徽宗政和年间（1111～1118年）一名：胡枞（胡直孺五子）

徽宗政和七年（1117年）两名：胡公修、胡忱。

高宗绍兴三年（1133年）两名：胡楫（胡直孺四子）。

高宗绍兴十八年（1148年）一名：胡观国。

高宗绍兴年间（1133～1162年）一名：胡杞（胡直孺长子）胡彦益（胡直孺孙）

高宗绍兴二十一年（1151年）辛未赵逵榜一名：胡嗣立。道光版《奉新县志》卷七"人物·进士"记载："胡嗣立，授从政郎，任潭州浏阳令。"

孝宗乾道二年丙戌（1166年）萧国梁榜一名：胡价（胡直孺孙）。胡价，字集益，号仲藩，胡枞幼子，知湘阴县，当地大姓以武断相高，吏不敢过问。他置之以法，诸豪强才开始服从。后调任湖北宪参，提举陈谦将前往执行平蛮戎务，他告以郡县兵力薄弱，请召旁路诸军遣将分讨，遂能擒获首乱者与拒捕者数十人，其余百人尽降。胡价之功居高。著有《尚书要义》、《当世急务》、《湖北利害》《汉唐治安龟鉴》、《集宋名臣奏议》等。

理宗景定年间（1260～1264年）一名：胡元辅。

在新建县，有胡令赟后裔胡逸驾，于南宋嘉定七年（1214年）中进士，"与元吉兄弟同朝，扶宋末运，世守西山。孙坑冈下等处，皆其支派"（杨万里《楼下三世祖邦公传》，见乾隆六年《西江胡氏大成谱》）。他曾为南昌东湖世兴公铭墓，祭扫华林祖墓。在靖安县，有胡球的后裔胡敦实，字观光，绍兴间进士，在汉阳幕府中任职，后知临贺军，奏减上供之半，再知全州。学问精粹，通《左传》《史记》《汉书》，其诗文简古，著有《玉涧集》。其弟胡敦诗，字可兴，绍兴八年（1138年）进士，任清远县主簿。

从华林书院走出去的仕宦者遍布全国各地，据《甘竹胡氏十修族谱》"世宦表"记载，华林胡氏官员先后有180名，其中在朝廷的有138名，在地方为官者有42名。但这里面有相当一部分并非居奉新、高安的华林胡氏，兹据《华林详类》记载，真正在华林出生的较高级别官员主要有如下一些。

胡用礼（胡仲容子），字敬仲，以孝义著。知道州面，为政识大体，不尚小苟，民知向风，有文翁治蜀之遗风。与本州司马两人相结甚欢，司马旧无厅事，他力劝父老竞荷负瓦木，不到10天即完工。天禧年间，寇准罢相，他也被谪居。有子胡湘。

胡深（胡仲容孙），新义军节度使判官。

胡湘（胡仲容孙），字达淇，用礼子，发愤自强，卓有父风。大中祥符五年（1012年），以朝奉郎知新昌县，所有规划设施非一般官吏所能及。任满后，民众感其恩惠，攀辕乞留，于是卜居新昌东南石埠。后裔繁衍分为四支，分居治阳、棠浦、东港、梅湾。

胡直孺：刑、兵、吏三部尚书。

胡彦益，字集清，胡直孺孙，胡楫长子。少小聪颖，好读书，绍定年间中进士，擢刑部员外郎，进吏部侍郎，尚书。去世后葬稻田尖峰背。其子季明，任知制诰谏议大夫。孙南贵，任湖南公安县丞。

胡鉴（胡直孺第六代裔孙）：兵部尚书。按：道光版《奉新县志》作吏部尚书。

胡交修（胡直孺裔孙）：刑部尚书。

胡宗师（胡直孺裔孙）：吏部尚书。

另据《世宦表》记载，还有胡松年任过兵部尚书的，但生卒年不详。

宋代华林胡氏著述丰富，据不完全统计，其专著70部，单篇诗文56篇。正如《甘竹胡氏十修族谱·卷三·儒林表》小序中所说："盖闻阐孔孟之道者，程朱者也。岂吾宗为学尽可底于圣贤之域乎？然自藩公以来，代有闻人，立说著书，昌明博大，洵有先哲遗风，用是表之，以见家学之有自。"

胡直孺著述颇富，但大多散佚。据同治版《奉新县志》卷十五《艺术·书目》记载有《生还录》1卷、《西山老人文集》24卷，然今失传。另有《安定胡氏家乘序》、《直孺公传家录》、《与刘邦直诗》、《山字韵诗》、《春日绝句》、《送春》、《参前堂诗》，收入《甘竹胡氏十修族谱》，《山字韵诗》载方回《桐江诗话》，《春日绝句》见于张基邦《墨斋漫录》，《与刘邦直诗》与《参前堂诗》均见《黄庭坚文集》。按族谱中的《直孺公传》，他还编有《九城志》，惜久佚。

还有胡良孺，著有《论瑶华宫事》一文。胡勤修撰《胡氏大宗图序》，作于宋政和二年（1112年），曾任迪功郎。

胡价著有《尚书要义》、《当时急务十策》、《湖北利害十论》、《汉唐治安龟鉴》三十篇、《名臣奏议》五十篇、《甘竹胡氏一修族谱》。胡价，讳彦谦，字集益，号仲藩。胡直孺之孙。乾道年间（1166年）进士，初授桃源簿，后调长沙教官，摄令辰溪，知湘阴县，以参赞平蛮之功，擢守太（泰）安。光绪版《江西通志》有其传云："价之策居多，所著有《尚书要义》、《当世急务》、《湖北利害》、《汉唐治安龟鉴》、《集宋名臣奏议》。"康熙版《奉新县志》论其人："价谋俱多，天资沉静，居乡循谨，而当官临敌乃如此。"

早在北宋晚期，就有人编修胡姓宗谱。据清乾隆年间胡豪所撰《江省大宗祠修辑大成谱牒引》中说："宋徽宗勤公编修大宗图，唐老作大宗谱。"唐老即胡唐臣，直孺之兄，惜图谱均未见流传。直至南宋乾道年间，华林胡氏又开始了编纂族谱之举，这是华林文化的大事，这一传统一直延续下来。

关于《甘竹胡氏一修族谱》的编纂者究竟为谁，《甘竹胡氏十修族谱》中有三种说法，莫衷一是，今并录存考。

一说是胡栝创修。《十修族谱》中载有胡芳桂所说："考我甘竹胡氏之谱，昉于宋乾道知峡州军事梧源公，称为创修。虽派衍支分，而溯厥渊，实出华林一大宗耳。"胡和瑞《甘竹胡氏五修族谱序》中说："我祖和仲公徙居甘竹，其间瓜瓞绵延，散处郡邑者不下数十人。后梧源公虑族众之易淆也，爰修谱帙焉，盖宋乾道时也。"胡栝，字茂桂，一字贡仲，号梧源。后避讳改名胡泳。同治版《奉新县志》有传云："胡栝，直孺子。仕至峡州守。博学知典，故士大夫有疑事问之，辄得其要领，为人所称。"所作《华林胡氏族谱序》载《甘竹胡氏十修族谱》卷三。但一说他在朱熹讲学白鹿洞书院时前来听讲，因居星子长岭。他曾请朱熹为此族谱作序。《九世祖朝散郎栝公传》曰："祖讳栝，字贡仲，后避讳改名泳，字伯量，因折梧桐遇白鹿而号桐源先生，尚书公第三子。生于宋徽宗崇宁四年（1105年）。尝从朱晦庵学于白鹿洞书院。登绍兴初年乡第，任峡州太守，复授朝散大夫，迁秘书丞。为人有宿学，通晓典故，士大夫有疑事问之，辄得其要领，人多称道。乾道丁亥，修著族谱，尊城公为华林一世祖。徙居南康小蟹，继迁长岭。卒葬云岭山；陪享南康府圣府，从祀朱夫子洞祠，神主牌存燕室，曰春风堂。娶修江杨氏，生子三：纯泰、纯礼、纯仁；继娶闵氏，生子三：彦荣、彦荣、彦蓁。子孙散处本邑者匪一，而迁徙他邑者尤不胜数。"（《土目胡氏族谱》）

一说由胡栝与胡价合修。据《华林详类》记载："直孺三子，栝，同侄价纂一修族谱，序载谱后。"

一说系胡价主修。《十修族谱》卷一《历次修谱首事名数》中开头标明："第一修，价。"

又据《甘竹胡氏十修族谱》卷三，有胡纺所撰《胡氏大宗碑》，作于宋绍兴九年己未（1139年）四月。胡纺的生卒年不详，授右朝请大夫，历任直秘阁、淮南东路转运判官兼路提举、提刑兼领营田使。

七、元代华林山胡氏概况

元代50年间，华林胡氏陆续外迁不少。如据浏阳高坪胡氏族谱载，此地与萍乡上栗县等胡姓村落即在此期间自华林迁来。

胡直孺长子胡杞一支，四传至胡显华，博学鸿才，但未出仕。有子三人，其中有五一公，由稻田徙居浮云山麓，距华林书院甚近。自五一公传至云公，为筠阳教授。八传至神监，为皇厂执事。

幼子排行十七，自稻田徙靖安县富仁乡龟山为家。越二世，三九公又徙奉新县大分里。又越四世至胡保二，再徙田东。三传至胡伯遂、伯文，始居湖塘坳上，成为湖塘始祖。伯遂六世孙胡正业，又徙居新昌（宜丰）天德乡廖家洞。

胡直孺第四子胡楫，生子仲益，传至第四代为胡鼎，字仲珍，"湖南公安丞长子，幼循父命，勤于诗书，寒暑不少释卷，长成大儒，学富五车"（《十三世元都官郎中鼎公传》，见乾隆六年《西江胡氏大成谱》）。元代延祐年间中进士，任都官郎中，执政有道。曾编《华林书堂诗集》三卷，由奉新县尹谢恒山作序，梓行于世。又兴复义学故址。

胡鼎生文炳，能承父美，并助其父编《华林书堂诗集》。他有志于先人事业，废寝忘食以研文，长于文辞，有台阁气象。后于至治年间中进士，授潮州文昌县尹，治行专尚孝友，宽赋除苛，折狱明决，"治行似少汲，识度似光辅"。民众莫不以为善而讴歌之。卒葬法城乡下城湖尾。"新吴胡氏文物之盛，科第之显，有历隋唐宋元弗替者。"（《十三世元都官郎中鼎公传》）文炳夫人刘氏、舒氏，生有四子：邦祥、邦贵、邦彦、邦实。次子邦贵，卜徙祖居地塘溪，配谌氏，生子四人。胡邦贵因而成为奉新塘溪村华林胡氏聚居地始祖。据《华林胡氏族谱》载："塘溪在法城乡二十六都玄女峰之北，自侍御史城公时华林胡氏通往于此……至治三年（1323年），有文昌县令文炳公次子讳邦贵者，始为家焉。"即今会埠镇吟塘边。这里古时是奉新通往罗市、上富的南大道，也是华林古栈道的必经之地（华林古栈道经车坪、塘溪、吟村、稻田，沿大获岭山麓进入华林浮云山祖居地）。依据康熙版《奉新县志》地图对照，法城乡二十六都距今之会埠稻田村二里许，有水塘三十六口，祖居八景中有"云塘烟帆"一景，盖源于此（图1.10）。

图1.10 胡氏宗祠遗物——石香炉
（高34厘米、长180厘米、宽98厘米）

胡邦贵的幼子友闻，越三世有胡祺，辑毗陵胡氏谱，九世有胡兴云、胡兴爵，力图清理浮云山之产业。

元代书院日渐官学化，政府利用并控制书院。华林书院却无以为继。至治二年（1322年），华林书院再度衰败，令华林后裔至此，瞻顾"华林山麓、浮云之宫，即千百年来，犹当耿耿于残山剩水之间也"（《华林书院后记》，收入《甘竹胡氏十修族谱》）。

至治元年（1321年），承事郎、奉新县尹谢盘为光大华林文化，根据族裔胡鼎所藏资料，又一次将华林书院72首刻于县署，并撰有《华林书堂诗序》。第二年，江西等处儒学提举、翰林院官睢阳滕宾来此，又应邀为之作《华林书堂诗序》。

元初，奉新县华林胡氏有直孺八世孙胡文昌，官至淮西提干。至治二年（1322年），奉新县华林胡氏出了一名进士胡鉴。道光版《奉新县志·卷七·人物·进士》载："胡鉴，字贵明，一字宗愈，新兴乡人。累官权吏部尚书。"

据清乾隆年间胡豪所撰《江省大宗祠修辑大成谱牒引》中说，元文宗时曾由胡天相重修世系，但未见存。元文宗至顺年间为1330～1332年。

至大年间，甘竹胡氏族谱第二次编纂，主纂者胡继泰，行明二。同时他还撰有《甘竹胡氏宗谱记》。他去世后葬于奉新上田南庙山青龙嘴田畔。《十修族谱序》（胡芳桂）曰："元至大（1308～1311年）间八世祖继泰公踵事增华而再修之。"《十修族谱·卷一·历次修谱首事名数》亦注明："第二修，继泰。"此时与修族谱有关的文献还有胡性初所作《族谱序》，作于元至大元年戊申（1208年）仲春。胡性初，生平待考。

在星子的华林一支，即胡栝之后，传八世为重芳、重庸，皆能克绍先业。重芳生有四子：真一、真二、真四、真七。真四生了两个儿子，长子受一，次子受二，是为十世。时在元代末年，天下大乱，因为避难，两兄弟迁往都昌白凤乡土目，其后子孙蕃昌，称为大族。受一一家后徙居沙墩白石山。重庸生有真八、真九。真九一支后迁往星子县城，其后裔大多居星子城乡，但有两孙胡志广、志道也迁到都昌土目，爱苏山蠡水之胜而居，今仍有胡志广村。志道后来又迁往扬州，不久仍迁回都昌杜家嘴。

元代晚期，华林山成为兵家相争之地。至正十四年（1354年），红巾军李晋成、王普敬领兵坚守华林山，与元军对峙数年。至正二十九年（1369年），华林胡氏的稻田村一带村落被夷为平地，现仅存墙基、石臼、石墩、南垣、车坪书院遗址及华林古栈道、古井等。

八、明代华林山周边地区胡姓概况

明初，江西人口不少迁往外省，其中即有华林胡姓珰公的一支迁往湖北麻城，尔后渐迁湖北、四川、云南等地。明英宗天顺年间，胡甘、胡济兄弟由奉新华林书屋迁至湖南湘阴县洞井源、学堂坡，还有的迁往南昌东湖等地。

当元代时，胡杞之孙胡华迁居山东，后来他的幼子即仲尧十三世孙胡宜携其子竹野，由山东迁来尚讲店上，竹野生一贵，一贵生仕达、仕荣。胡仕达徙至靖安双溪，仕荣居店上，生钦，钦生澄、清、湍。胡澄登永乐二年（1404年）进士，任行人司，升湖广道御史，贤声异绩，流传人口。娶刘夫人，生二子：源静，处静。处生礼仪，表仪。清生性静，性生舜仪，凤仪。湍生三子：克守、仁静、克典。克典于景泰四年（1453年）选拔为贡生，登成化十三年（1477年）举人，知柳州上林县。十六世胡再兴、再盛由稻田徙居店上。再盛生秀甫、秀实。秀实生景元、景元生志静。志静生七子。此为直孺长子胡杞一支后代的大致情况。

永乐十五年（1417年），时任礼部尚书的胡濙（华林胡氏晋陵一支）因公来江西巡行郡邑，特地来奉新华林山寻根问祖。"恭率长少，敬谐几毕之傍，南枥大安山祖龙设奠拜扫，嘉培冢土。"（《华林胡氏宗谱序》）还撰有《祭唐封徐国夫人胡母耿氏墓文》《祭侍御史城公徐国夫人耿氏墓文》，作于永乐十五年（1417年）八月；所撰《华林胡氏宗谱序》作于正统四年（1439年）九月二十二日，分别载《胡氏族谱》卷一、卷三。他在《华林胡氏宗谱序》中说到："华林谱系，与毗陵所存之谱无毫爽……时奉谱来谒者，固欲求余识其册末，滨行之际，率尔书之，未尝存稿。正统三年戊午，华林族裔孙名棋者，不远数千里，录余昔日所书册末之语，来北京南宫拜谒，恳请重书，欲归绣梓，余惟愧不文，勉为书之，以纪岁月云耳。"文中提到的华林族裔孙名祺者即奉新塘边村胡祺，生于洪武二十二年（1389年），比胡濙小14岁。

胡濙（1375~1463年），字源洁，号洁庵。华林后裔，徙居常州。建文帝时进士，援兵科给事中。成祖即位，迁户科都给事中。永乐二十一年（1423年）转太子宾客，兼南京国子祭酒。宣宗即位，迁礼部左侍郎。宣德元年（1426年）进礼部尚书。四年，命兼理詹事府事。六年，又命兼领行在户部。景帝即位，进太子太傅，加兼太子太师。英宗复辟，称病辞职。卒谥忠安。著有《其轩集》。

明代奉新县的华林胡氏村落在情况大致如下。

招宾村，在明代成为华林胡氏又一重要聚居地。在奉新县新兴乡，今会埠镇西庄村招宾自然村。古时这里是奉新通往宜丰、铜鼓的水陆交通要道，奉新陆路的北大道，通过"济美牌坊"而过，牌坊旁是河宽水深的南潦河，河中古时往来船只不断。华林胡氏在此设馆迎接来自各地名公巨卿和游学之士，故名"招宾"。招宾其地落户建村。最早由稻田徙居于此的是胡汝霖，他是胡杞之孙。胡汝霖再传五世孙胡应麟，家资颇富，曾向官府捐谷一千硕以赈济灾民。明正统六年（1441 年），明英宗诏旌其门。《甘竹胡氏十修族谱》中载有《应麟公传》云："华林胡氏自咸淳（1266～1274 年）以来，浮云故居前剽于宋亡，后埗稻田，播迁于元至正之末，仅仅存者，唯招宾耳，不亦鲁殿之灵光乎！此又雍熙之后一观乎！"此后招宾成为华林胡氏又一个重要的祖居地。胡应麟曾于正统六年输粟千石助赈，天子特敕奖屠苏与羊酒。他曾与礼部尚书胡濙将华林胡氏族谱与毗陵胡氏族谱合谱修撰之举，并撰有《重修华林毗陵胡氏合谱引》、《祭二世祖珰公墓文》，分别作于正统元年（1436 年）春、正统十三年（1448 年）十月，载于《十修族谱》卷一。

还有稻田村，在华林故居北麓 15 里的奉新法城乡二十八都，今会埠镇稻田村距县城 15 公里。明代华林后裔始迁此为村。据《华林胡氏大成谱·迁徙志》载，最先由华林故居迁居稻田的是华林胡氏第二十九世孙胡元麟之子胡仲达。因胡直孺"招魂冢"葬在稻田，其长子胡杞曾随墓守护，遂以此地为家。由于后来的华林农民起义，稻田村毁于战火，华林胡氏后裔故土难离，纷纷迁徙至华林浮云祖居附近的下坑、上港、狮石等村。

南宋时由胡用之捐建的惠安寺以及寺后胡氏大宗祠，在明初得到重建。乾隆版《南昌府志》卷二十四"寺观"云："惠安寺，在县治西，宋祥符间（1008～1016 年）建，洪武初（1388 年）重建，嘉靖二年（1523 年）废，移大佛罗汉像于延恩寺。"

明正德五年至七年（1510～1512 年），华林书院"奉敕建为万年宫"（《甘竹胡氏十修族谱·租产记》），并立有万年宫牌坊。书院名存实亡，遗址成为道观。但不久即由于华林农民起义的爆发，万年宫也遭到了严重破坏，其建筑所剩无几。至明崇祯十五年（1642 年）九月，万年宫仅存东宅，"而书院仅为荒烟惨澹之墟矣"（胡之翰等撰《续兴华林书院记》，见《甘竹胡氏十修族谱》）。

明代政治腐败，由于统治者对思想文化自由的恐惧，从嘉靖至天启百年间，全国各地书院四次遭到厄运。所幸明代华林胡氏修建在奉新陆续修建了一些书院，虽然规模有限，数量不多，但也可见华林书院之传统不坠、胡氏后裔承传之努力。如嘉靖年间，胡庆源在官源下创办了元秀居书院。胡庆源（1502～1557 年）号一川，《甘竹胡氏十修族谱·卷一·水碓冈共官源详类》中记载他在"明嘉靖二十二年（1543 年）岁在癸卯徙居官源"。可知书院创办于他徙居官源期间。

崇祯十一年（1638 年），胡介仲在南风嘴水碓创办文陶书院。胡介仲（1583～1654 年）行家七，号陶轩，谱名旌节，邑庠生。《水碓冈共官源详类》曰："明崇祯戊寅年，手创南风嘴文陶书院一所。"

崇祯十一年（1638 年），胡一洪与胡胎云父子在竹下下手创建淡香斋书院。胡一洪（1575～1668 年）行周十，号华宇，乡饮大宾。《下坑叔昂公支详类》云："崇祯辛未年（1631 年）同弟宏宇创竹下新屋居焉。戊寅年又创淡香斋书院一所。公生平乐善循理，载诸邑志。崇祯壬午年（1642 年）五修族谱监定。"《十修族谱》卷三《书院志》云："一淡香斋，在竹下下手，胎云创建。"又《淡香斋、三立居二书院合记》曰："华宇公富而好礼，善积庆余，曾于崇祯戊寅手创淡香斋，即命郎君胎云公暨诸孙肄业其间，朝夕键扉，寒暑勿辍。"

明崇祯十五年（1642年），胡胎云、胡汝任创办续兴华林书院。胡胎云（1620~1664年），行登九，榜名大成，进士及第，官都察院观政。据《甘竹胡氏十修族谱·卷四·下坑振宗公支详类》云："（1615~1674年）明崇祯壬午年汇辑五修族谱，本年同族侄世相续兴华林书院。"胡汝任，行翰三，谱名世相，邑增广生。《官源振声公支详类》云："明崇祯壬午年汇辑五修族谱，本年同族叔大成首事续兴华林书院。"

明代中叶，在华林山麓兴建了一座华林胡姓纪念性的也是标志性建筑——济美牌坊。

济美牌坊位于会埠镇招宾村潦河北岸7米处，距县城28公里。是古奉新县北大道必经之地。据《华林胡氏大成族谱》载，明万历二十八年（1600年），当地官宦为纪念和表彰明从仕郎布政使司理胡士琇及其祖先、宋国子监主簿胡仲尧、宋光禄寺丞胡仲容而建造，取义于仲尧、仲容兄弟相济而美，"世济其美，不陨其名"。牌坊高12.2米，宽4.15米，建筑结构为正方形，由4根方形石柱构成4门，每门宽4米、高4米，4根方形石柱每方宽0.4米，每面由门楼式牌坊组合而成，榫式联结，造型精美。每门在门首镶嵌青石板各一块，第一层题"从仕郎布政使司理问所理问胡士琇"；第二层题"济美"两斗体大字；第三层镌刻"圣旨"二字。牌坊四角作挑檐状，4柱上下刻满莲花瓣状图案，横梁及二、三层间柱内外均刻有"龙凤呈祥"、"二龙戏珠"以及人物、花卉、禽兽和几何形穿花图案，千姿百态。牌坊上各层青石板上记载着华林胡氏千古流传的佳话：

> 宋国子监主簿胡仲尧……淳化中捐粟赈饥，活民数万；景德四年创南津桥；建华林书院，捐稻租八百担，饥四方来学之士。先是，雍熙二年诏旌其门。宋光禄仕丞仲容，仲尧之弟，景德四年拓地建圣贤祠三十间，像七十座，讲舍百余间，置养士田，始复南唐以来涂、廖之迹。明应麟，胡城第十七世孙，正统六年，输粟千石助赈，天子特敕奖屠苏与羊酒……

济美牌坊是江西省唯一的四方牌楼，极具文物价值。1984年，奉新县人民政府公布为重点文物保护单位，现为省级文物保护单位。

明代奉新县的华林胡氏士人，继续南宋以来的修谱传统，并发扬光大。

成化十三年（1477年），孙坑胡孟隽、孟孚二人与岗下胡允振、允廉合修谱系。万历十七年（1589年），胡坊胡汝焕重修华林族谱，见于清乾隆年间胡豪所撰《江省大宗祠修辑大成谱牒引》中。

明正统年间胡孟谦，庠生，是三修《甘竹胡氏族谱》的纂修，并由他作序。后赴秋闱不第，最后因病逝葬于奉新县湖井。《十修甘竹胡氏族谱序》云："明正统间（1436~1449年）十三世祖孟谦公因华林与毗陵合谱，而三修之。"《历次修谱首事名数》载："第三修，孟谦。"又经考证，《甘竹胡氏宗谱序》作于明正统四年（1439年），载《十修族谱》。此年，奉新县招宾支胡应麟与毗陵支、时任礼部尚书的胡濙重修《华林毗陵胡氏合谱》。究竟此谱与华林胡氏的三修有何区别，尚不太清楚。

嘉靖年间，《甘竹胡氏族谱》第四次修纂。主纂者胡振祖（1462~1542年）行仲一，号纳斋。享年八十，卒葬奉新县赤岸枫树坑。《十修族谱序》曰："迨正德（1506~1521年）遭兵燹之乱，我祖讷斋公虑其散佚，访求采辑，而四修之。"《甘竹胡氏五修族谱序》（胡和瑞）云："迨嘉靖戊子（1528年）祖讷斋公锐意兴厘，实为四修矣。"又《历次修谱首事名数》载："第四修，振祖。"

崇祯年间，甘竹胡氏族谱第五次修纂。主纂者胡和瑞，行室一，号养初，改名承我。《甘竹胡氏十修族谱》有传云："冠带荣身。崇祯壬午年（1642年）五修族谱鉴定。"《十修族谱序》"胡芳桂"亦云："至五修，养初诸公文章著述尤极一时之美，虽然莫谓后此之无其人也。"序中诸公系指同时一道修撰者胡之龙、胡大成等人。据《甘竹胡氏五修族谱》（明崇祯壬午岁仲冬月胡来宗撰记载："岁二月，云子、子展等历华夏，过鸣水，奔走采辑，锐意厘正。时得编录者若而人，参阅者若而人，证修、同修者又若而人。繇是举，数年莫毕之务，旬月而告成，请裁于族之长老。"云子即胡云子（1604~1654年）行列四，字云子，派名之龙。业儒，庠生。明崇祯十五年（1642年）五修族谱汇辑。《十修族谱》有传云："且凡励志诗书之士，每不能旁及于余艺，云子则兼治之而靡不精工。其操弦，则司马徽也；其手谈，则王中郎也；其书法，则欧阳询；其喷墨写意，则曹不与也。云子之足为人师资者，不特文章当法，其斧斤，即小技，亦当奉为宗匠也，可不谓之全才也耶？"又查族谱，新发现一篇佚文《甘竹胡氏五修族谱说》，载《十修族谱》卷三，作于崇祯十五年（1642年）仲冬月。

与他一道编辑者胡世相（增生），作《甘竹胡氏五修族谱跋》。另外，他还编有《四书辑录》、《四书大易语录》、《甘竹胡氏历年冠婚举子报名小引》，撰有《胡君淑光行状》。胡世相（1616~1674年）行翰三，字汝任。邑增广生。同治版《奉新县志》卷15《艺文·书目》载：《四书辑录》，增生胡世相撰。《十修族谱》卷四《官源振声公支详类》说他在"明崇祯壬午年（1642年）汇辑五修族谱，本年同族叔大成首事续兴华林书院，辑录《易经四书讲义》，功苦至老不倦。载邑乘。"《元秀居语录》序曰："壬子（1672年）春杪，特向汝任求其汇稿，乃随出凤昔所辑《四书大易语录》以示，予读之数月，顿觉向之有疑义者，尽涣然冰释。"

还有一位重要人物胡大成（1620~1666年），行登九，派名之诚，榜名大成。字子展，号胎云。明崇祯甲戌年（1634年）入泮，顺治庚寅年（1650年）补廪，甲午科（1654年）中式二十六名副榜，庚子科（1660年）中式52名举人，辛丑科（1661年）联捷51名进士，殿试三甲112名钦点都察院观政。同治版《奉新县志》与《十修族谱》均有传。族谱传云："刻有《淡香斋制艺》行世。明崇祯壬午年（1642年）汇辑五修族谱，本年同族侄世相续兴华林书院。"《元秀居语序》："族侄子展与重侄汝任，自幼好学，筑室于华林山之阳，互相磨劘，以底于有成。今子展捷隽南宫，已可谓不负所学；而汝任长困诸生，念古人穷愁著述，于是益自孜潜，积书于里右之元秀居，随其心之所得，笔之成帙，颜之曰《语录》，俾阅之者历历如数家珍，无不心豁而神怡。"后序及小引作于崇祯十五年（1642年）冬月，载《十修族谱》卷三。胡大成著述两部、文二篇：《淡香斋制艺》、《元秀居语录》。与胡汝任合纂《甘竹胡氏五修族谱后序》《续兴胡氏祠堂小引》。

《五修族谱》编录胡世宁（1621~1674年）行翰八，字予定，号作舟，庠生。去世后葬奉新县赤岸居右店前虎形山。他还撰有《祖妣邓孺人行状》,载《甘竹胡氏十修族谱》卷二。

五修族谱参阅胡之翰(1621~1696年)行公四,字子干。业儒,郡庠生。崇祯壬午年(1642年)五修族谱参阅。寿七十六。他还作有《续兴华林书院记》,作于修谱这一年九月,载《十修族谱》卷三。此文乃是他与胡一中、胡大成、胡世济、胡世美、胡之瓒等六人合撰。胡世美,行林四,字拙生。族谱编录,撰有《工费志》载谱后。胡之瓒字行登七,字三一,号存庵。业儒,庠生。五修族谱参阅。寿八十六,卒葬奉新县赤岸石垴陂。《甘竹胡氏十修族谱》还收有他的《甘竹胡公继桥行状》一文。

五修族谱汇辑者胡之琛,还作有《胡公绍桥哀辞》、《甘竹胡氏五修族谱后序》。之琛(1608~1675年)行本七,字献其。业儒。明崇祯十一年(1638年)入泮,崇祯壬午年(1642年)五修族谱汇辑。卒葬奉新县赤岸望石冈。所作哀辞及后序载《甘竹胡氏十修族谱》卷二、卷三。

五修族谱参阅者胡来宗,还作有《甘竹胡氏五修族谱序》。胡来宗(1594~1668年)行位八,字仲吉。卒葬奉新县赤岸对门松山。所作序文载《十修族谱》卷三。

另外,据翰林院编修周凤翱所撰《重修华林胡氏合谱序》,在万历年间,刑司寇胡汝焕曾合修华林胡氏宗谱,至崇祯九年又有胡来亨等人修《华林胡氏宗谱》,但均未见于奉新县的甘竹胡氏宗谱,当是另一处所修。

与华林胡氏族谱有关的文献还有胡仲谟所撰《华林稻田家乘序》,胡仲谟,进士及第,授承德郎,官云南按察司。生卒年不详,所撰序文载《甘竹胡氏十修族谱》卷三。

朝散大夫胡镇文两篇:《祭兵部尚书开国公祖妣开国夫人墓文》、《续谱序》。胡镇,生卒年不详。授朝散大夫,官浙江布政使司左参议。据《甘竹胡氏十修族谱》记载,所撰墓文作于明正德十五年(1520年)载卷一;所撰序文作于嘉靖七年(1528年)秋,载卷三。

明代在奉新的胡氏重要人物,如永乐二年甲申(1404年)曾荣榜一名:胡澄。道光版《奉新县志》卷七"人物·进士"记载:"胡澄,字景渊,同安乡人。官行人司行人。"还有乡进士一名:胡榆。

景泰年间,华林胡氏名士胡叔蔓,号素庵。《甘竹胡氏十修族谱》有传云:"祖蔓公嗜学,喜交游,与窗友吴淡庵、余浪庵两先生,号为松、竹、柏三友。""曾筑三庵轩于南岭北,自谓'三庵居士'。时人号曰'南岭三友'。岁时(明景泰间)伏腊,相与琴酒,娱情诗歌,赠答而已。且著《戒杀论》劝众,敦义方以训子,忠于持己,恕以待人,里党中咸仰望焉。"

在高安的华林胡氏人物,如胡旌节(1583~1654年),行家七,字介仲,号陶轩,居高安县。庠生,精医术,著有《医方》、《青囊词曲》。得年72岁,逝世后葬高安三十二都鸣水蛇形山。《甘竹胡氏十修族谱》有传云:"明崇祯戊寅年(1638年)一手创南凤嘴文陶书院一所,崇祯壬午年(1642年)五修族谱鉴定。"又据康熙五十一年(1712年)桂月胡斯锡所撰《席之公行状》记载:"岁在癸丑(1673年)侍先君读书于文陶院中,先君偶检笥中,得公手录《医方》及《青囊词曲》诸书,对之大泣,特语锡曰:'此尔大父(胡旌节)手泽也。'"

胡之骏（1602～1670年）行列三，字席之，号达斋。业儒行医而有著述。寿六十九，卒葬奉新赤岸居右店前。《甘竹胡氏十修族谱》有其行状曰："居恒每出其所辑《青囊葬经》及《医方药性》诸书，以教余曰：'此为人子所不可不知者。'以故乡有葬者，必相过卜吉；病者多给剂疗治。寿历七秩，总计五十余年中，盖无日不茶铛药炉之相随，管弦歌弄以自得也。"

明晚期，崇祯九年（1636年），华林胡氏在科举上再次辉煌。江西乡试，中榜者102人，其中华林胡氏中的胡来亨为第3名、胡奇伟为第13名，胡世邻为第35名，副榜中有胡衡。主考官、翰林院编修周凤翔大喜，将这四人召集畅谈，"择日集四胡生快谈良久，知胡氏在西江实称鼎族，皆侍御公裔，益叹明德达人，非虚语也"。他还应四人之请撰写《重修华林胡氏合谱序》，其中说："世代森森，英彦鹊起，固不独一端敏已也。胡氏之族，不诚云鼎族乎？"

九、华林胡雪二、陈福一、罗光权为首的农民起义

明代正德年间，华林后裔胡雪二与陈福一、罗光权（又名罗长一）聚众五万，在主峰结华林寨为大本营，历时三年，攻城略地，一时震惊省内外。起义过程大致如下。

胡雪二，绰号雪牙子，雪苟子，出身贫苦，他疾恶如仇，长大后身材魁梧，因不满豪强，在华林山抗粮抗租，劫富济贫。正德五年（1510年）七月，他与高安人陈福一、罗长一联合，"啸聚华林山"。以此为根据地，高举义旗，奉新、高安、靖安一带农民群起响应。起义的规模其对地方政权秩序的打击，可从起义的活动范围、攻守形势和基本力量得到大致反映。其攻守之势如下：

正德五年起义发生，农民群体相继加入，"远近响应者以数十群"，起义农民在这一年中，连续主动出兵攻击，攻占了奉新、靖安、新昌（今宜丰）、建昌（今永修）、武宁等县城。高安知县张（羽中）在县城四周"凿池立栅，以备冲突"。

起义军往往有恩必偿，有仇必报，将助敌为虐者捉住后"杀无赦"。对那些有利于地方、同情百姓的巨家大族，则保护之。距靖安玛瑙岩不远的北庄陈姓，累世以来，敦善行，乐施舍，修桥办学，不吝资财，遇到荒年民饥，常散发衣物，出谷赈济。胡雪二则找来一块白布，挥笔写上"积善人家不准丝毫妄动"10个大字，用竹竿套上，插在陈姓祠堂门前。义军路过其地，互相告诫，秋毫无犯。又传说胡雪二力可扛鼎，能吃会跑，飞檐走壁，左右胁下夹小篾盘，像鸟的翅膀，能腾空而起，经常往来于华林与玛瑙之间。

起义军初获小胜后，一方面，着力巩固阵地，以华林寨为主寨，驻以重兵，以仙女寨、鸡公寨、越王山、玛瑙寨为副寨，分驻兵力，互为配合，首尾相应；另一方面，伺机主动出击。

正德六年（1511年）四月，攻陷瑞州府（治今高安市），首战告捷。五月再攻，又凯旋而归。六月攻临江府（治今樟树市临江镇），亦旗开得胜。康熙版《临江府志》卷九载："贼入城，白昼磔人于市，未闻有断贼一指者。"七月，又先后攻下了上高县、新喻、分宜等地。攻城略地，"连劫库狱"（《明武宗正德实录》卷111），势如破竹。

这一带官吏或被杀伤、或遑然逃命得以逃脱。而临江知府吴宗周、瑞州知府邝瑶则被朝廷撤职。

正德七年，起义农民以防守和与官军作战为主，主要进行了两次较大的作战：前一次击败了江西按察司副按察使周宪、副总兵张勇指挥的官军进攻，俘杀周宪，取得重大胜利，致使诸路官兵"多观望"而畏缩不前，不敢接近义军寨垒，"无一人敢近垒者"；后一次与省外调来的狼兵、官军作战，因内部有人被收买而被偷袭，致使起义于此年九月间失败。

其基本兵力及驻防态势，史籍并无明确说法，虽有"聚众数万人"、"约三万人"等记载，但因或说一寨或言初起，故不甚准确。经考证，起义军兵力大约近五万人。义军以华林寨为主寨，在相连的高安、奉新、靖安境内建立仙女、鸡冠、玛瑙、越王四寨，互为呼应，所在的高、奉、靖地区，成为起义军较固定的活动范围。在三年时间里，东至永修，北到武宁，西临上高、宜丰，南达樟树、新喻，"攻掠州县"，"劫库释囚"（《明武宗正德实录》卷110），特别是两次攻下靠近南昌的瑞州府城和"杀死方面官"（《明经世文编·王晋溪本兵敷奏三·江西类序》），"江西大震"（高岱《鸿猷录》卷十二《平江西寇》）。

由于历史著述出自历代统治阶级之手，我们很难找到对华林起义农民军的正面评价，但其中的许多话语，仍然能够有力反证起义的声势和规模。例如，谷应泰在《明史纪事本末》中，认为江西正德年间的各支农民起义，以华林、姚源"二贼称最剧矣"（按："贼"、"盗"、"寇"等均为当时统治阶级对起义农民的蔑称）。而毛奇龄也留下了"江西盗起，而华林贼陈福一最骁"（《贞烈窦孺人传》，乾隆版《高安县志》卷25）的记载。因此，华林起义农民在统治者眼中，也就被官绅称为"华林大盗"、"巨盗"、"剧盗"，被认为"华林贼势猖獗"、实属"大患"等话语，反映出华林农民起义的确是一次实力不小、声势较大、给统治者造成了很大冲击的起义，是农民群众奋起以武力反抗封建统治压迫的斗争。

轰轰烈烈的华林农民起义被统治者镇压下去了。起义军三位首领中，罗长一、陈福一在华林死于与敌搏斗之中。据嘉靖版《靖安县志》载，胡雪二于正德八年（1513年）二月十九日在玛瑙寨与官军的血战中被捕就义。起义虽然失败，但其烈火余烬持续10年之久。《江西通志》载，正德十四年宁王朱宸濠反叛，曾派人往玛瑙寨与义军残部联络，可见当时还有影响；嘉靖版《奉新县志序》中说：华林起义军"啸聚剽掠十余年始散，民风至是一大变矣"。

现今华林山巅有块四五亩大的较为平坦之地，筱竹丛生，还有露出土面的屋基石，据说些即华林寨大本营。旁边，有处置敌人的断头石和万人坑。靖安县境内的玛瑙岩上，当年华林军的头寨、二寨、三寨的营盘也依稀可见[7]。

十、清代华林山周边地区胡姓概况

清代书院在顺治至康熙年间受到抑制，处于沉寂状态。到了雍正年间，清朝统治者迫于客观形势，又出于笼络汉族士大夫的需要，不得不开放抑制书院的禁令。清代后期，古代书院不能适应时代要求，西学东进之风，推动书院教育向近代学校嬗变，历史进入了新阶段。

康熙元年（1662年），奉政大夫胡明垣等登万年宫、寻华林书院旧址，见台池碑碣俱隐在荆榛中，慨然有盛衰之感。雍正九年（1732年）春，塘边胡盛玑与族人来华林山"追寻旧迹，一切隐于草莽，谁不为之心恻哉？"（《华林祖居图说》，见乾隆版《华林胡氏宗谱》）此年。知宁州清军厅胡熊改署奉新县事。胡熊是绍兴人，也是华林胡城后裔的一支，他非常高兴能到奉新县任职，《华林胡氏重修宗谱序》中说："擢职宁州，其与华林不甚相远，而予心窃喜，何图羁理簿书，屡欲命驾而未能。兹叨署篆新吴，而予心不胜愉悦，遂访宗公，拜扫旧垅，凭眺先迹，低徊留之，不忍遽去。"可见当时华林书院与祖居地的荒凉（图1.11）。

图1.11 奉新县店上村官厅遗址

修复华林书院，重振宗风，维系读书传统，仍然是清代以来胡氏后裔有识之士不断的努力。也许在华林山上办学不便利，众多小的书院、书屋在奉新各地兴起。但书院虽多，规模均不大，故或称书屋，或称别墅，或称精舍，且多为本族子弟读书处。兴办者多为胡氏下层士人，有的是贡生，但很多只是诸生（秀才）出身。

华夏书院 康熙二十三年（1684年），胡大用在奉新县华夏（地名）创建。胡大用（1651～？年），字子行，号藏庵，邑庠生。《华夏大雅公支详类》载："康熙甲子董建青龙贴书院一所。"又《华夏书院记》载："胡子行公，是公学博而识超，尊贤而重士，乃集青公之八世孙也。以诗书绍先业，即欲以诗书训后人。一日，谓兄弟子侄曰：'尝闻百工居肆以成其事，君子学以致其道，汝等肯合力以构学室乎？'众曰：'唯唯。'公曰：'筑室必卜基，以我观之，则贴上最善，汝等以为可乎？'众曰：'唯唯。其如各属秋业何？'公曰：'此胜举也。有不相让者乎？'于是出公银柒两，买田壹亩五分，使抹者抹，削者削，不数日而基址开。工师引绳，匠人运斤，不数月而学室遂成。由是怀书而来者，胡氏之子弟也；负笈而至者，四方之佳士也。升其堂，则见夫经史充栋；入其室，则见夫文章满箧。较之兰台石室，何多让焉。"据此，可知华夏书院即青龙贴书院。其规模尚可称。

师古轩书院 康熙四十年（1702年），胡世和创办，在官源本居之东。胡世和（1635～1767年）行林九，字梅卿。《官源振声公支详类》云："顺治丁酉（1657年）入泮，康熙辛未年（1691年）修浮云宫玉帝金容及神龛石座，道光十八年（1838年）裔孙等重修玉帝金容及神龛石座。又捐奉本处壬子田雷打石及港背垅晚租七石，以为永远香灯之赀。壬午创师古轩书院一所，同治丁卯（1867年）裔孙等重修并住居左边大石旁楼屋二重。己丑（1889年）重修水碓冈下首三板桥一座。"又《甘竹胡氏十修族谱》卷三《书院志》载："师古轩，在官源本居之东，梅卿创建，同治丁卯年（1867年）裔孙等重建。"

三立居书屋　位于竹下之东。书院创办人胡世谦（1658～1783年）行绕五，字受益，号顺庵。康熙五十三年（1714年）举人，候选知县。关于书院的创办时间有两种说法：一说是康熙四十一年（1702年）后创建，据《下坑振宗公支详类》中云：胡世谦，"康熙壬午后手创住居土库四进，及三立居、静远堂书屋。"一说是康熙三十八年（1699年）创建，据《淡香斋、三立居二书院合记》载："己卯冬，受益公复创三立居，去淡香斋不数武，崛然并峙，如长庚、启明东西相望。因携诸郎君朝斯夕斯，庭训一堂，咿唔之声朗朗，与淡香相唱和。"

静远堂书院　康熙四十一年（1702年），胡世谦又在竹下之东创办，一名静远轩。《十修族谱》卷三《书院志》中云："静远轩在竹下之东，顺庵创建。"

积余堂书院　康熙五十一年（1712年），胡斯颢创办，位于淡香斋之左。胡斯颢（1681～1724年）行皆五，字又程，号积余。《下坑振宗公支详类》云："康熙丁亥年（1707年）入泮，戊子年（1708年）补增生，壬辰年创积余堂书屋一所。"

博约书院　位于官源本居之东，原系胡汝任创办，后由其子胡斯预、胡斯潆重建于康熙五十一年（1712年），胡斯预（1651～1716年），行朴八，字瞿在。胡汝任长子。《官源振声公支详类》载："康熙壬辰年同弟斯潆创下首博约书屋一所。"胡斯潆（1666～1747年），行及十，字佐洪。胡汝任幼子。考博约书院，一名博约斋，据《十修族谱》卷三《书院志》记载："博约斋，在官源本居之东，汝任创建，康熙辛卯男斯预、斯潆重新之。"

有邻堂书院　位于上坑，始建于康熙二十一年（1682年）。书院创办人胡斯云（1660～1696年），行之五，字纪臣。《下坑振邦公支详类》载："康熙己巳年（1689年）入泮第一，考卷刊刻行业。壬戌倡首创筑有邻堂书屋一所。"

浣心堂书屋　位于甘竹，创建于康熙四十七年（1708年）。创建者胡慕瑗（1685～1716年），行传八，字次兰。《下坑转徙甘竹振祖公支详类》载："康熙己丑年（1709年）县试冠军，辛卯年（1711年）入邑庠生。戊子（1708年）偕弟创下首浣心堂书屋一所。"据此可知胡慕瑗之弟亦系书院创建者之一。胡慕瑜（1697～1722年），行攀三，字次佩。业儒生。

飞跃轩书院　康熙五十年（1711年），胡斯珂创办，位于官源上手龚家堆。胡斯珂（1660～1737年），行之七，字次石。《官源振声公支详类》载："康熙辛卯年，创飞跃轩书院一所。"

铁掩门前书屋　康熙五十八年（1719年），胡幼良在官源创办。胡幼良（1675～1732年），行经六，号少卿。《官源振声公支详类》中载："康熙癸未（1703年）入郡庠生，庚子（1720年）同兄建香火屋前新居二所。己亥年（1719年）建铁掩门前书屋一所。"

朴斋书院　雍正至乾隆初年间胡汝器创办，位于鸣水居左东。胡汝器（1701～1776年），行星九。《书院志》云："朴斋在鸣水居左东，汝器创建。"

淡宁轩书院　乾隆三十一年（1766年），胡斯泉创建，位于庙垴上。胡斯泉（1703～1767年），行殊九，字长沅。《后垴上振楚公支详类》："乾隆甲子年（1744年）重修祖祠，壬申年（1752年）创修香火前屋一重，丙戌年（1766年）倡首创下首学堂一所。"

凭栏得远峰书院 乾隆三十七年（1772年），胡周开创办，在甘竹新祠东侧。胡周开（1733~1775年），行武七，字九皋，《甘竹胡氏十修族谱》有其传云："君姓胡，名声闻，一名周开，九皋其字也。……于是构学舍于祖祠左，历聘名师，传以教之，盖欲有以绍先徽而光大其门第也。"《下坑转徙甘竹振祖公支详类》中也说："乾隆乙亥年（1755年）入国学，改名声闻。乾隆壬辰年（1772年）建祖祠左侧书屋三重，甲午年（1774年）重建文庙首事。"又《书院志》载："一凭栏得远峰，在甘竹新祠东侧，九皋建。"据此可知"祖祠左侧书屋三重"即"凭栏得远峰"书院。

泫可掬书院 乾隆四十四年（1779年），胡秀宣兄弟在甘竹之西创建。胡秀宣（1759~1794年），行为七，谱名开华，捐名瑛。《下坑转徙甘竹之贵公支详类》载："乾隆戊戌年（1778年）入国学生，辛丑年（1781年）七修族谱首士。己亥年同弟开端、开意建在兹斋芸窗一所。"《书院志》亦云："泫可掬在甘竹之西，秀宣兄弟创建。"据此可知，在兹斋芸窗即泫可掬书院。胡秀宣之弟胡开瑞（1765~1815年），行寓四，字兆祥，别字辑五，业儒。胡开意（1768~1807年）行花二，字克诚。

近居别墅 道光十八年（1838年），胡开辉、胡开俊、胡开俠、胡开倬四兄弟创办，位于甘竹之右侧，棣华园书院之左侧。《十修族谱》中"开辉"、"开俊"、"开俠"、"开倬"诸条均云："戊戌年仍在书屋（按：指棣华园书院）左侧，创近居别墅一所。"

小峰精舍 道光二十一年（1841年），胡懋金创办，在甘竹大祠左侧。胡懋金（1800~1872年），行轩三，字品三，号小峰。业儒。《下坑转徙甘竹之民公支详类》云："道光辛巳年（1821年）以派名由国学例授贡生，道光乙未年（1835年）郡伯张倡建义仓，以长子取名绍曾，乐输银三百两，汇奏奉旨旌奖乐善好施，议叙正八品职衔。本年出赀修门前横直石路壹佰数十丈。道光己亥年捐晚租八石助奉嘉福观以为香灯之费。道光辛丑年（1841年）创小峰精舍书屋及横屋一所。壬寅年（1842年）倡首督修本乡兴贤，捐送上车晚租十七石，又早晚租十一石，共计三十六石整。"

棣华园书屋 道光年间，胡开辉、胡开俊、胡开俠、胡开倬四人创办，位于甘竹之右侧。胡开辉（1786~1844年）行备七，字照南，号炯亭。《下坑转徙甘竹之民公支详类》："嘉庆乙亥年（1815年）入国学生，道光己亥年（1839年）八修族谱首事。"胡开俊（1794~1840年）行父十，字用章，号克斋。道光辛巳年（1821年）入国学生。胡开俠（1807~1843年）行用六，字灿章，号静斋，捐名锡恩。道光己亥年（1839年）入国学生。胡开倬（1810~1872年）行永七，字汉章，号云岩。业儒。考名炳椿，捐名焯心。道光己亥年（1839年）入国学生，八修族谱首事。同治壬戌年（1862年），冯宗师录取科举。

创办时间，一说道光庚寅年（1830年）创办。据《十修族谱》"开辉"条云："道光庚寅年同亲弟开俊、开俠、开倬创棣华园书屋一所。""开俠"条云："庚寅年同兄弟开辉创棣华园书屋一所。""开倬"条亦曰："庚寅年同亲兄开辉创棣华园书屋一所。"一说咸丰五年（1855年）创办，据《书院志》载："棣华园同近居书屋，在甘竹之右侧，照南同用章两兄弟创建于咸丰乙卯年，易为东旸别墅。"

春山别墅 道光二十九年（1849年），胡周层创办。胡周层（1805~1881年），行毕十，字翠峦，号春山。《下坑转徙甘竹振远公支详类》载："道光辛丑年（1841年）遵父（胡成授）命捐本邑登瀛集纹银壹佰两整，载邑乘。本年又遵例捐授未入流，请领敕轴赐封父登佐郎。道光壬寅年（1842年）将租陆石奉送本乡兴贤书院。道光己酉年创书屋、仓屋土库两所。"《书院志》亦云："春山别墅在甘竹祠后，周层创建。"据此可知，道光二十九年（1849年）胡周层所创书屋即春山别墅。

聊以居书院 咸丰元年（1851年），胡履信、胡履祥、胡履中、胡履文、胡秉哲、胡秉成、胡再赓等创办，位于下坑上首。胡履信（1802~1867年）行言六，字孚吉，号诚斋，派名开信。道光己丑年（1829年）创万寿宫首事，己酉年（1849年）捐授从九品职衔。胡履祥（1809~1862年）行生八，字道从，号识斋，派名开隆。《下坑之瑄公支详类》："咸丰辛亥年（1851年）同兄履信、弟履文、侄秉成，兄弟靠新屋左边创聊以居书屋两重一所，咸丰己未年（1859年）遵藩司劝捐军饷，例授从九品职衔。"《书院志》云："聊以居书院在下坑上首，咸丰辛亥年，履信同弟履祥、履文、侄懋应兄弟创建。"

锦居书院 光绪四年（1879年），胡咏清、胡必诚创办，位于竹下。《甘竹胡氏十修族谱》"咏清"条云："光绪己卯（1879年）遵父遗命，同叔必诚靠后头山土库左侧创建锦居书院一所。庚辰年（1880年）修族谱首事。丁亥年（1887年）重修浮云宫首事。光绪癸巳年（1893年）盛宗师岁试，入邑庠生。"考胡咏清之父，乃胡慕韶，锡光别墅创办人之一。

凌云书院 光绪二十九年（1903年），胡文星、胡文秀二兄弟创办，在官源。胡文星（1869年）行贻二，字拱辰，一字宿卿，捐名观澜。《甘竹胡氏十修族谱》卷九"文星"条："光绪癸卯年（1903年）遵父遗命同弟文秀创万公香火背后凌云书屋一所。"胡文秀（1879~？年）行诫七，字挹青，一字尉卿，业儒，捐名观涛。《族谱》卷九"文秀"条云："光绪戊申年（1908年）入国学生。光绪癸卯年（1903年）遵父遗命，同兄文星创万公香火背后凌云书屋一所。宣统己酉年（1909年）十修谱族首事。"

胡文星、胡文秀之父胡瑞详（1840~1895年）行肆四，号蔼廷。《甘竹胡氏十修族谱》卷九"官源来臣公支详类"云："光绪丁亥年（1887年）创香火右侧店屋一所。己丑年（1889年）重修本祭庙首事。宣统己酉年（1909年）赐赠登仕佐郎。"

华林书院 同治七年（1868年），创建重续，光绪二年（1876年）重修。据《甘竹胡氏十修族谱》卷三《书院志》载："重续华林书院，在刘家岭，同治戊辰年（1868年）甘竹支裔孙敬持倡首集七胜堂，众将置买刘家岭土库、屋宇、山场捐助，光绪丙子年奉新胡氏各支裔重修。"

另还有连兴别墅、锡光别墅，是否属于书院性质，有待考证。

清代奉新胡氏所办书院虽多，但规模甚少，有的还可能只是塾学性质，大多只是配合府县学的考试，这从创办人的文化程度本身就不高有关，但这种办学方式对农村教育有一定的积极作用。不过，在《华林胡氏族谱》清代部分，我们仍可以看出，当地华林胡氏对捐资兴学的热情。因为时代距今更近，这些资料得以保全，较之前代的缺载，似更幸运。兹录于下：

景生（1812~1887年）字际春，号小亭。道光壬寅年（1842年）捐助本乡兴贤书院田租二硕（《甘竹胡氏十修族谱》卷九《官源来臣公支详类》）。

懋金（1800~1872年）字品三，号小峰。道光壬寅年倡首督修本乡兴贤书院，捐送上车晚租十七石，又早晚租十一石，共计三十六石整（《胡氏族谱》卷七《下坑转徙甘竹之民公支详类》）。

周层（1805~1882年）字翠峦，号春山。道光壬寅年将租陆石奉送本乡兴贤书院（《胡氏族谱》卷三《下坑转徙甘竹振远公支详类》）。

国宾（1759~1840年）字德先，号崇轩。道光壬寅年将象嘴上上租叁石计田壹丘，恭送本乡兴贤书院（《胡氏族谱》卷四《下坑转徙甘竹振宗公支详类》）。

懋柏（1801~1886年）字新甫，号青山。道光壬寅年捐送本乡兴贤书院田南樟树丘早租二石（《胡氏族谱》卷七《下坑转徙甘竹之民公支详类》）。

懋祥（1809~1875年）字瑞芝，号兰香。道光壬寅年同兄懋袊捐三板桥早租四石及同处港里晚租一石，共计田二丘，恭送兴贤书院（《胡氏族谱》卷十《水碓冈之骏公支详类》）。

篮（1777~1846年）字临万，一字镂山，号享庭。道光壬寅年捐送本乡兴贤书院港背教子石晚租贰石伍斗（《胡氏族谱》卷十《竹下大成公支详类》）。

周瑞（1785~1850年）字祥征，号凤冈。道光壬寅年将门前早租贰硕伍斗计田贰丘，奉送本乡兴贤书院（《胡氏族谱》卷四《下坑振宗公支详类》）。

以上仅道光二十二年（1842年）这一年捐助的踊跃，即可见胡氏耕读人家对教育的重视。此风之延续，又从同治、光绪年间的捐助也可见。

懋胜（1815~1888年）字敬持，号小煦。同治甲子年（1886年）倡首将本居七胜堂置买刘家岭庄屋、山场、陆地捐送华林书院（《胡氏族谱》卷七《下坑转徙甘竹之民公支详类》）。

懋名（1838~1898年）字标榜，号炽斋。同治辛未年（1872年）同弟懋信将租二硕捐送本乡兴贤书院（《胡氏族谱》卷六《华夏大雅公支详类》）。

学诗（1849~1894年）字庭训，号诵三。光绪癸未年（1883年）捐泥塘早租陆硕助送本乡兴贤书院（《胡氏族谱》卷八《官源来宗公支详类》）。

秀升（1851~？年）字宝廷，号梅生。光绪辛卯（1891年），将晚租六石送与本乡兴贤书院（《胡氏族谱》卷八《下坑之瑄公支详类》）。

与北宋时期相比，此时的书院得不到最高统治者的支持，难以重振雄风。华林书院之衰败，正如其兴盛一样，亦是当时历史发展使然。书院自产生以来，始终是封建社会教育制度的重要组成部分，它的兴衰是与统治者的支持或抑制联系在一起的。如前所述，北宋初年，因历长期战乱，官学荒废，而国家初立，偃武修文，百废待兴，急需人才，于是统治者被迫促私学以应所急，华林书院随此而名播于世。然而对统治者来说，发展官学才是其控制文化与人才的根本，扶植华林书院等私学只是权宜之计。

清代华林山周边地区修谱频繁，奉新华林胡氏下层士人，不仅对兴学抱有热情，同时也积极修纂奉新县的华林胡氏族谱。据清乾隆年间胡豪所撰《江省大宗祠修辑大成谱牒引》中说，顺治三年（1664年），招宾支胡鼎曾重修世系。估计当时政局并不安定，也可能流产了。我们还可以从一些序文中可略见各支发展情况，叙述如下：

康熙二十四年（1685年），奉新龙高胡氏重修宗谱，请丰城涂旂撰序。这一支为宋代胡直孺第七子胡朴之后，十六传至启敬，启敬携其子玉琼、玉琇从稻田而徙居龙高，启敬成为龙高一支始迁之祖。龙高距华林书院仅十余里，水向东流，水口有水月寺。

乾隆四十五年（1780年），奉新龙高胡氏重修宗谱，请奉新县儒学教谕、候选宜丰知县胡驹龙作序。这一支为宋代胡直孺第七子胡朴之后，十六传至启敬，启敬携其子玉琼、玉琇从稻田而徙居龙高，启敬成为龙高一支始迁之祖。

胡杞后裔胡启元，徙新兴乡上三门丰垅岔上小城洪塘一支，至二十一世孙胡钦益，徙丰垅。二十五世孙胡来吉，徙坳土吉，为坳上之基祖。来泰徙小城，所以来泰又为小城之始祖。乾隆四十五年（1780年），这一支华林胡氏修撰《坳上小城谱》。

康熙二十三年至二十五年间（1683~1686年），在南昌胡氏宗祠重修华林胡氏总谱，由胡城二十七世裔孙胡尚斌等发起，向华林胡氏各支发起征稿，并请南昌知府储保育、高安县儒学训导、景德镇人朱苐、翰林院庶吉士朱珊撰序，华林族裔、高安胡横也撰有序。显示了华林胡氏在修谱大业上的凝聚力。仅在60年之后，乾隆六年（1741年），华林胡氏后裔又在南昌城中的胡氏宗祠联修《华林胡氏大成宗谱》，共有9省43县的华林支裔参加。此谱中有《华林祖居志》，其中云："吾宗代有迁徙，非不蔓延天下而要其始乎！于新吴华林其最先也，稻田、浮丘、塘溪、招宾次之，勋勋卓业，久为洪州之望族。"谱将成，分别请署南康府兼摄南昌县事商盘、知新昌县事钱志遥撰序，还有族人胡豪、胡富士通锦也各撰一序。

华林胡氏店上一支，在雍正九年（1731年）四月重修支谱。店上始迁祖为胡宜，与其子竹野同徙居于此。生子一贵，贵生仕达、仕荣，仕达徙靖安双溪，仕荣居店上，生钦，钦生澄、清、湍，分为三支。胡宜侄孙胡再兴，生上义，上义生景魁。再盛同兄接居尚讲店上，生秀甫、秀实，秀实生景元，景元生志静，志静生七子。

雍正八年（1730年），华林胡氏店上支裔孙胡盛泰（胡城第三十四世孙）发起重修《华林胡氏宗谱》，并由各支修支谱汇总，郡庠生胡廷机9胡城二十七世孙曾记述当时编纂时的情景："诸君子互相考订，核实辨真，存其旧而增其亲，视昔所修较为加详。"（《重修店上支谱后跋》）塘边胡良竑（胡城第二十九世孙）所撰《重修华林宗谱序》中也说到他"与族侄盛泰商诸各族君子，细检旧帙，重而新之，凡后增入者，令各备集，付局增订，讳字行次，官爵婚配，生卒徙葬种种详明，著为实录，后之览斯谱者，晓然祖之所出，厘然族之所分，而亲疏长幼一切无不自知者，孝悌之心油然而生，尊敬之念勃然而起"。此次修谱，其功甚伟，基本上将华林世系各支源流迁徙情况基本理清了，出力尤大者为胡盛泰，他还述有《源流说》一文，收入谱中。其时，绍兴人、知宁州清军厅胡熊改署奉新县事，应华林胡氏店上支裔孙胡盛泰之邀撰《华林胡氏重修宗谱序》。胡熊籍贯在绍兴，但也是华林胡城后裔的一支。谱后有胡盛翰所撰跋。由于任务艰巨，此谱直到乾隆七年（1742年），也就是从发起至此时，相隔了12年才得以梓行。

乾隆四十五年（1780年）重修店上谱，由胡城二十九世孙胡举桂撰序。他在序中提到，自宋以后，华林胡氏修谱有十九修，但经研究发现，还是有很多遗漏，如城公之后六世孙胡顺之；七世宗文、宗武、尚卿、冲公；九世（木云）、（木集）、（木义）、椇、十一世纯瑜、十二世启洪、朝乾、十三世均用、宇宥、十五世子仁、子纲、十八世九祐、吉凤、岭渊、龄春、良立等29人均夫载，可见修谱之艰难，而要借此机会以欧、苏二种修谱体式补载。

乾隆四十五年（1780年），在南昌江西省华林大宗祠发起联修，将联修知单散给各支，云集响应，"吊众支之谱而增删之，征文考献，积卷万轴"，此谱大致有纶诰、褒封、科名、爵位、迁徙、儒林、节孝、懿范、苦节、稼稿、学校、丘墓、祖宗居趾并附有图，还有家规等。详见胡豪所撰《江省大宗祠修辑大成谱牒引》。

同治九年（1870年）秋，胡楫、胡杞二支后裔按省城所修体例重修华林胡氏谱，主要有华林山周边地区奉新及附近县的坳上、小城、洪塘、龙高、店上、绕湖、湖塘、官源楼下、后港、菱湖、洞上、石下、墩上、塘溪、下山各支募集财力开局修撰。

乾隆四十五年（1780年），华林塘边胡氏由胡恒德、森德、钦德鸠集胡杞、胡楫二支后裔重修华林胡氏塘边支谱。请潮州文昌知县、胡文炳第十八世孙胡秀位撰序。

另有华林塘溪一支，在雍正九年（1731年），也由元代进士、文昌县令胡文炳第十六世耿胡盛玑重修塘溪支谱，并为之作序。

塘溪一支，在清代有胡道谦，生有三子，幼子胡济，生有二子，次子胡敬，迁居下山，成为下山始居祖。乾隆四十五年修谱，由此支的胡城三十四世孙胡汝琪、汝达撰序。

湖塘一支，于雍正九年（1731年）重修支谱。请筠阳知县胡裕美作序。50年后，即乾隆四十五年（1780年），再修湖塘支谱，由胡盛秀、胡俊宗、胡秀长撰序。

华林绕湖一支，在乾隆十五年（1750年），由胡焯与其侄煜甫重修绕湖胡氏支谱，请刑部主事徐冕作序。

乾隆四十五年（1780年），奉新后港华林胡氏修谱，由这一支始祖成叔的后裔胡（火延）撰序。

华林胡氏官源楼下一支，为胡直孺长子胡杞四传至胡显华之子五一公，由稻田徙居浮云山麓，距华林书院甚近。自五一公传至云公，为筠阳教授。八传至神监，为皇厂执事。九传至胡政，落户在湖北监利县。十世孙胡秀春，落户贵州铜仁府填桥坪，均已科名鼎盛。雍正九年（1731年），在华林的这一支有胡良孟，修《华林胡氏官源楼下支谱》，请奉新知县胡孙谟作序。胡孙谟，毗陵人，也是华林胡氏胡琼一支后裔。当年他到任时,"甫下车,谒圣庙,则见乡贤祠内受享于学宫者,胡氏之祖若宗,实居其半也"。

华林祖居此时期濒于荒凉,华林后裔只有编纂图志以存仿佛。正如乾隆六年(1741年)胡盛泰在他所撰的《华林祖居图记》中所写:"华林吾家之祖居也。昔南朝刘宋,有藩公之居邳者,封土新吴,见其田壤腴沃,山清水丽,遂卜为家;厥后侍御之贵,益振家声;五传仲尧兄弟,聚爨致义门之表,兴学来朝士之什。八传少汲,更有宸翰之赐、米租之颁。其为簪缨累世,实有不能枚举者,斯固宗祖功德之所致也,抑由华林英灵之所钟乎?余与族内诸公追寻旧迹,一切隐于草莽,为之心恻焉。……奉邑名区之传,诚有莫过于此者,家声地望,并著于千秋不朽。为胡之后者,有不为之绘图形以纪其盛,使后之人顾祖基而奋志,睹先烈而兴思哉!吾宗其共识之。"(《甘竹胡氏族谱》)绘图乃是对前人的一种缅记。

乾隆四十五年(1780年),官源一支华林胡氏修谱,由胡五一之裔孙选缙撰序。这一支在清代出仕者唯有胡云与胡监二人。

乾隆四十五年(1780年),洪塘一支修谱,此支为胡城廿一世孙胡钦谅始迁至古家渡,至其后裔延保见洪塘其地山清水秀,势阔形幽,始徙于此。

华林甘竹一支,康熙年间,甘竹胡氏族谱第六次修纂,主修者胡世谦。胡世谦(1658~1682年)字天益,号顺庵。康熙壬戌年(1682)何中尊正案第一名,戊子科(1708)中式副榜第十名,己丑年(1709年)国子监考取第一名,拣授教习,改授教谕,康熙甲午科(1714年)中式第七十名举人,会试候选知县。他还著有《胡天益文集》、《试科文草》、《胡公仲观墓志铭》、《哭二胞兄胡公翼上文》、《哭四胞兄胡公以燕文》、《六修宗谱祀祖疏》。

乾隆版《南昌府志》传云:"胡世谦,字天益。奉新人。父大成,辛丑进士。家多藏书。世谦幼辄博览,长更该洽,才思藻发。康熙甲午举人。年七十余,犹随计吏北上,跨骡行风雪中,踞鞍顾盼,无倦色。世谦风标岸异,须髯如戟,善草书,尤工画梅,年八十余卒。所著诗文,临川李绂为之序。"据《甘竹胡氏十修族谱》卷四《下坑振宗公支详类》记载,胡世谦壬午(1702年)后手创三立居静远堂书屋。善书画,工诗文,刻有《试科文章》行世。又康熙间进士庄清度在《甘竹胡氏六修族谱序》中云:"世谦等虑族大则人繁,人繁则心焕,亟亟有事于六修之举。"《十修族谱》卷一"历次修谱首事名数"亦注明:"第六修,世谦。"

另考《胡公仲观墓志文》、《哭二胞兄胡公翼上文》、《哭四胞兄胡公以燕文》、《六修宗谱祀祖疏》均系佚文。其中墓志文载《十修族谱》卷一;二"哭"分别作于康熙三十六年(1697年)和康熙三十二年(1693年)均载《十修族谱》卷二;《六修宗谱祀祖疏》作于康熙五十一年(1712年),载《十修族谱》卷三。

清代乾隆年间,甘竹胡氏族谱第七次修纂,主修者胡绍宗。据《十修族谱》卷四《官源振声公支详类》记载,胡绍宗"乾隆辛丑(1781年)七修族谱首事。嘉庆癸亥(1803年)督修一川公支祠,撰有《浮云宫许仙真君序文》,镌石于神龛座右"。胡绍宗(1726~1820年)行翔六,原行高六,字衍思,派名周纲,号三立,考名绍虞。李太尊取录正案第一名。乾隆甲申年(1764)岁试入泮,王宗师观风第一名。乙酉科

（1765年）南城县蒋公呈荐，庚子科（1780年）奉新县郝公呈荐。寿九十五，卒葬奉新县赤岸王家山。他还撰文四篇，即《浮云宫许仙真君序文》、《仲玉公偕配陈孺人传》、《哭胞叔子升公文》、《太叔祖母徐孺人节孝传》，均载《十修族谱》。

参与者还有胡景淑。《甘竹胡氏十修族谱》卷七《下坑转徙甘竹之民公支详类》："景淑"条云："道光己亥年（1839年）修族谱首事。"

道光十九年，甘竹胡氏族谱第八次修纂。主修者：胡篁（1777~1846年）行直十，字临万，一字镂山，号享庭，派名开福。嘉庆己未年（1799年）吴宗师入郡庠生，庚申（1800年）呈荐，己卯（1819年）甲午（1834）两科备荐。享寿七十，卒葬奉新赤岸枫树坑下罗围右侧。《十修族谱》有传云："道光己丑年（1829年）倡首建修万寿宫，壬寅（1842）捐送本乡兴贤书院港背教子石晚租贰石伍斗，己亥年（1839年）纂修八修族谱。"《甘竹胡氏十修族谱》"胡家乘"条中云："迨八修，克承厥志，则高祖享庭公也。"参与其事者还有胡开辉。《下坑转徙甘竹之民公支详类》："道光己亥年（1839年）八修族谱首事。"胡开倬也是八修族谱首事。

同治年间，甘竹胡氏族谱第九次修纂。主纂者胡善卿（1843~1893年）行席八，字庭辉，号晓霞，别号华林山人。同治己巳年（1869年）府试郡伯许录取第十名，甲戌年（1874年）县试邑侯王录取第一名，本年许宗师岁试入邑庠生，丙子（1876年）己卯（1879年）两科备荐。卒葬奉新赤岸袁树嘴。《十修族谱》有传云："光绪庚辰年（1880年）九修族谱纂修，壬辰年（1892年）清理县市先贤祠首事。"又《十修族谱序》"胡芳桂"条云："享庭公、晓霞公各膺八修、九修之任。"

胡芳桂、胡文瀚、胡家乘等合纂《甘竹胡氏十修族谱》。

胡芳桂（1856~？年）派名景醉，行路七，捐名春华。业儒。二次参加修纂族谱。《甘竹胡氏十修族谱》有传："光绪庚辰年九修族谱首事；光绪戊子年（1888年）梁宗师科，入南昌府学第七名；宣统己酉年（1909年）十修族谱协修。"胡文瀚（1864~？年）行庸九，字广川，一字西园，别字须员，庠名文翰。《甘竹胡氏十修族谱》有传略云：光绪辛卯年（1891年）龙大宗师科试调覆第一名，取入邑庠生。光绪丁未年（1909年）学博曾印志蹯举报优行，光绪戊申年（1908年）由湖北赈捐局加捐贡生。宣统己酉年（1909年）十修族谱协修。胡家乘（1880~？年）行答六，字修齐，一字晋卿，派名学谱，捐名家范。《甘竹胡氏十修族谱》有传云："光绪庚子年（1900年）与重修尊胜寺佛殿中重首事。乙巳年（1905年）黄宗师科试入邑庠生，丁未年（1907年）蒙学博曾绮葱夫子举报优行。宣统元年（1909年）十修族谱协修。"宣统元年秋月，他所撰《甘竹胡氏十修族谱序》说："乘不才，生数公后，碌碌无闻，徒事笔耕舌耒，虽不忘敦睦之训，而于敬收之谊，抱歉殊深。今年春合族议修谱事，乘以受太守涂钝庵先生西席之聘，未克，随诸君后，幸诸君不弃，每置酒呼乘。酒酣时，除水源木本外，无一语也。乘藉以得敦睦之怡。盖诸君之力居多，至于收族敬宗，乘何有焉。"序中诸君指胡芳桂、胡文瀚等人。

总计整个封建时代，奉新的华林胡氏族谱共修10次，即南宋1次，元代1次，明代3次，清代5次。之所以冠"甘竹"之名，乃因当地有甘竹村，为修谱所在村落。

清代奉新华林胡氏著述甚多，兹列如下。

胡一中著有《大全》、《临场近艺》、《蒙引》、《元秀居语录序》、《存疑》。胡一中（1623～1697年）行严十，字彝公，号云庵子，庠名避讳。顺治八年（1651年）游郡庠科场，九次不第，卒年七十五，清康熙进士、翰林院检讨张懋能铭其墓，铭曰："时戊辰（1688年）春，搜其畴昔所著诗文辞赋并每科拟作《临场近艺》汇为若干卷，袭而藏之。"又《元秀居语录序》云："因罗《大全》《蒙引》《存疑》诸书，亟为纂辑。"《甘竹胡氏十修族谱》有传云："先生殆江右南昌府庠而奉邑渊博士也。尝读书于浮云山之石室，遂自号为'云庵子'云。性嗜酒，醉则焚香读《离骚》，声如金石琅琅然，旁若无人。善诗歌，下笔辄多惊人句。以故一时亲友无论近与远，知与不知，皆争慕之。间有窃其余沥，转相唱和者，亦足以著声于世。"考《元秀居语录序》，系佚文，载《十修族谱》卷一。

胡斯颢著有《试牍》、《制艺》。胡斯颢（1681～1724年）行皆五，字又程，号积余。康熙四十六年（1707年）入泮，次年补增生，后补廪生。《十修族谱》有传云："斯颢有声黉序，补郡廪膳生，著有《制艺》若干卷。考《制艺》一名《近艺》，丁酉年（1717年）荐卷主司批云：'浑灏流转，大有韩苏气味。'"《甘竹胡氏十修族谱》卷四《下坑振宗公支详类》"斯颢"条云其"刻有《试牍》行世"。然疑为同书异名。

胡景淑著有《兵灾行》七古一首。胡景淑（1818～1879年）行雨八，字春惠，号畹香居士。议叙正八品职衔，捐名寿棠。同治元年（1862年）遵藩司筹饷，例入国学，本年恩科乡试备荐。同治五年（1866年）何宗师取为科举第八名，终年六十二，葬奉新县赤岸甑簪山。《甘竹胡氏十修族谱》卷七《下坑转徙甘竹之民公支详类》："景淑"条云："道光己亥年（1839年）修族谱首事，著有《兵灾行》七古行世。"

胡斯锡著《席之公行状》。胡斯锡（1655～1728年）行虽七，字与龄，号逸斋。业儒。据考证，此文作于康熙壬辰岁（1721年）桂月，载《甘竹胡氏十修族谱》卷二。

胡慕瑷文一篇：《先君麟尔公行状》，按：胡慕瑷（1685～1716年），行传八，字次兰。康熙四十八年（1709年）县试第一。康熙五十年（1711年）入邑庠生。康熙四十七年（1708年）偕弟创浣心堂书屋一所。此行状载《甘竹胡氏十修族谱》卷二。

胡大用撰有《华夏迁祖集青公二世祖叔蔓公合传》《华夏胡云翁行述》分别载《十修族谱》卷一、卷二。胡大用（1651年）行松四，字子行，号藏庵，庠生。《华夏胡云翁行述》一文系与胡大捷合撰。胡大捷（1656～1728年），字子克，号昌庵。礼部儒士。

胡明垣《唐封徐国夫人胡母耿氏墓碑记》，作于康熙元年（1662年）仲秋月，载《十修族谱》卷一。胡明垣，进士及第，授奉政大夫。

胡泰来著有《堂兄敬夫公小记》《希显公墓志铭》，载《甘竹胡氏十修族谱》卷二。胡泰来（1649～1728年）行衣十，字履升，号搓元。康熙十七年（1678年）循例捐纳典史，二十一年（1682年）考授正八品告降从九品。康熙四十八年（1709年）一月任福建福宁州卢门司巡检，指陈地方利弊，百姓均沾惠政，上司屡次优奖。葬本邑袁树嘴吁。又据同治版《奉新县志》卷十"人物"记载："胡泰来，同安乡人，由掾史官福建福宁州卢门巡检。"

胡芝瑞主纂一部、文四篇：《甘竹胡氏七修族谱》，《九皋公传》、《长沅公传》、《家父七秩诞辰征文事实节略》、《伯祥公祠堂记》。胡芝瑞（1743 ~ 1793 年）行统五，字炳文，一字碧崖，官名之瑞。《奉新县志》卷十一“人物”载：“胡之瑞，由监生遵川运例捐从九品。”今《十修族谱》有传略：“由国学捐授府照磨，庚子年（1780 年）董建本邑文庙明伦堂，辛丑（1781 年）首事七修族谱。丙午（1787 年）赴京，值楚粤请员，两次引见、拣用，事详县志。卒京邸，归葬本邑窑前。”

胡鼎实著有《阴阳宣义碑志》。胡鼎实，胡价之曾孙。其所撰碑志载《甘竹胡氏七修族谱》卷一。

胡斯彬著有《胡公文祥行状》。胡斯彬（1689 ~ 1737 年）行原十，字兼上。业儒，雍正戊申年（1728 年）入泮。卒葬奉新县赤岸后龙山。所撰行状载《甘竹胡氏十修族谱》卷二。

胡世仪著有《鼎建胡松轩公支祠序》。作于康熙三十三年（1694 年）夏，载《甘竹胡氏十修族谱》卷二。胡世仪（1640 ~ 1697 年）行晓一，字羽上。顺治十八年（1661 年）入县学，康熙二十年（1681 年）补廪生，癸亥、甲子（1683 年、1684 年）两科呈荐。卒葬奉新县赤岸小获庄右茶子山[8]。

十一、民国时期的华林山麓

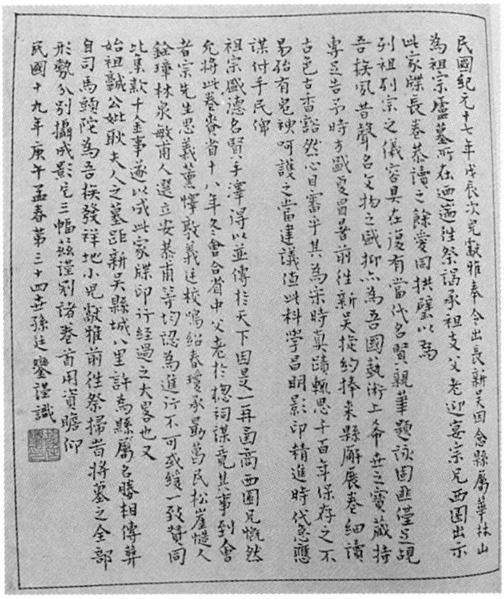
民國紀元十七年戊辰次兒獻雅奉令出長新吴回念縣屬華林山
為祖宗廬墓所在迺遍往祭謁承祖支父老迎宴宗兄西園出示
此家牒長卷恭讀之餘愛同拱璧以為
列祖列宗之儀容具在復有當代名賢親筆題詠圖畫讚之瑰
吾族夙昔聲名文物之盛抑亦為吾國藝術上希世之寶藏特
寄呈吾弟時方盛夏冒暑前往新吴提約捧來縣廨展卷細讀
古色古香豁然心目審乎其為宋時真蹟輒思千百年保存之不
易殆有鬼神呵護之當建議值此科學昌明影印精進時代急應
謀付手民俾
祖宗盛德名賢手澤得以並傳於天下因是一再函商西園兄慨然
允將此卷齎省十八年冬會合省中父老於總祠謀竟其事到會
者宗先生思義董憚敦義廷校鴻紹春瓊承勛萬民松崖燧人
銓璋林泉敏甫人選立安恭甫等均認為進行不可或緩一致贊同
共集款千金事遂以成此家牒印行經過之大略也又
始祖諴公妣耿夫人之墓距新吴縣城八里許為縣屬名勝相傳葬
自司馬頭陀為吾族發祥地小兒獻雅前往祭掃昔將墓之全部
形勢分別攝成影片三幅茲謹刻諸卷首用資瞻仰
民國十九年庚午孟春第三十四世孫廷鑾謹識

图 1.12　胡献雅民国年间编纂的《胡氏家牒》跋

民国时期，即从 1912 ~ 1949 年，华林山麓周围胡姓文教不兴，景况萧条，周围胡氏村落的发展也处于缓慢状况，一些文物古迹也处于无人保护的状态。

1928 年，华林后裔、南昌人胡献雅出任奉新县长时，曾至一世祖胡城夫人耿氏婆婆墓前祭谒。在赴族人父老公宴时，族人胡西园出示家藏《宋代名贤题咏华林胡氏谱牒》真迹长卷，此卷最早年月是宋雍熙四年（987 年）二月十五日敕特新兴授试秘书监、校书郎胡仲容诰，最终有胡玠草书朱熹春夏秋冬四景七律四首诗，乃国内名族传世瑰宝。他大喜过望，立即招集族人父老多人讨论商量，用新印刷法按原样用石印法印行，以便广为流传，于 1930 年印刷成一巨册，请胡献雅父亲胡廷鸾作跋，记叙影印过程（图 1.12）。

1938 年，日寇窜扰奉新，将胡姓宗祠与此卷真迹全部焚毁（图 1.13、图 1.14），当时不少村庄被烧毁，如胡姓店上村，20 世纪 20 年代有 400 多人，至此时，该村房屋全毁，人员外逃，后来陆续返回者 20 人，至今人口也仅百余人。

图1.13 奉新县随湖村民国年间建造的胡氏宗祠

图1.14 掩映于绿树青草中的奉新县随湖村

十二、当代奉新、高安华林祖居地的现状

华林山是胡姓发祥地，沉寂百年之后，在20世纪80年代再次重振名声。在奉新县赤岸浣溪村南枥九皋山上仍存千余年古墓——一世祖胡城夫人耿氏墓，现经修复并修建配套工程耿氏园林、拜祖殿等，距奉新县约2公里。公路旁边占地20亩大型停车场，用大理石砌成的牌坊，高9.6米，长13.6米，牌坊正中上方刻有胡耀邦夫人李昭题词"耿氏林园 李昭 2005年4月"。沿路上行，有占地百亩广场，广场东北面栽有松柏树，广场西面是仿古建筑，约2层楼高祭祖殿，殿内存放胡城、耿氏夫人两位塑像，墙壁四周有古华林书院图，济美牌坊，万年宫牌坊等图片文字。广场南面一椭圆形喷泉，正中间竖立石碑曰"圣旨唐敕封徐国夫人胡母耿氏"，两边有"华林"二字，石碑旁有2匹石马，再往南上台阶便是新修耿氏之墓。墓碑曰："唐敕封徐国夫人，华林胡氏，一世祖母，耿氏（874~952年）之墓，华林胡氏宗亲联谊会、奉新华林书院管理会、华林胡氏文化研究学会2005年清明重立。"

华林村是胡氏主要聚居地之一，在奉新县城西南的赤岸镇境内，东临赤岸沿里村，南界高安伍桥镇，西北毗连会埠稻田村，北靠赤岸丁家村，村部距县城13公里。村内有华林书院、华林祖居及书院景区内的大部分景点，县城至华林书院景区的华林大道贯穿全境。

据新编《奉新县志》大事记载，1984年12月8日上午10时，中共中央总书记胡耀邦在省、地委领导陪同下来到奉新视察工作，听取县委书记工作汇报，对奉新县如何发展小水电作了指示，离前与党政军和单位负责人及保卫人员合影留念，还令其儿子交了中餐伙食费，于当天中午12点40分离开奉新赴南昌。他是新中国成立以来第一位视察奉新的中共中央总书记。

1989年5月，时任统战部部长的胡德平（胡耀邦长子），来高安市寻根问祖。24日，前往伍桥镇蔡溪胡村。2003年10月，由中国光彩事业促进会资助修建通往蔡溪胡村的七公里长水泥路竣工，命名为光彩路。时任全国工商业联合会党组书记的胡德平再次前来出席典礼并参观农村新貌。

2004年6月，奉新县华林书院风景名胜区管委会成立，对华林书院、耿氏园林等

图1.15 迁居各地的华林胡氏后裔回乡祭祖的碑林

处进行高起点规划。为便于国内外华林胡氏后裔寻根问祖和华林书院景区开发,经上港、下坑、狮石村绝大多数华林胡氏后裔请求,奉新县政府批准,三村合并后名为"华林村"(图1.15)。

2004年10月,在高安华林镇举办首次华林胡氏文化研讨会。2005年、2006年清明节,先后在赤岸耿氏园林举行规模盛大的胡氏文化节,海内外华林胡姓后裔5万人次来此寻根祭祖。2007年10月7日,胡德平一行再次来到奉新县参观华林书院遗址,拜谒耿氏夫人墓。

华林胡氏以华林山为灵山秀水,开山立业,不断繁衍发展;历代华林胡氏以注重读书兴教、修德行善而又勤劳刻苦著称,人才辈出。从奉新走出去的华林胡姓人,活跃在政治、军事、文化诸多领域内,作出了许多重要贡献。

华林胡氏兴办的华林书院,给华林胡姓带来的影响巨大而深远,也带动了当地文教事业的发展。那里至今流传着不少当年的故事,废墟旧迹,依稀可辨,令后人景仰、缅怀不已。在重视以人为本的今天,在国学热升温之时,华林书院当年崛起与发展的必然性、成功的经验,书院教育的价值与意义,对今天构建和谐社会仍有相当的启迪作用。我们正需要一批文史工作者为之挖掘、整理华林书院史料,研究华林胡姓的历史。这种研究需要一种献身精神与耐心、毅力。我们还期待更有后来者。

注　释

[1] 曾枣庄、刘琳主编:《全宋文》,第一册卷23,巴蜀书社,1988年,421页。

[2] 周必大:《西山录》,见胡迎建选注:《江西古文精华·游记卷》,江西人民出版社,1995年,41页。

[3] (明)郑廷鹄编:《白鹿洞志》卷9,《白鹿洞书院志五种》,中华书局,1995年,263页。

[4] 刘琳等校点:《山谷全集·内集》,25卷,四川大学出版社,2001年。

[5] 清同治版《甘竹胡氏十修族谱》,卷3。

[6] 汤淳汉:《重修华林书院记》,见清同治版《甘竹胡氏十修族谱》卷3。

[7] 何友良:《华林农民起义:一次有重要影响的农民斗争》,《华林胡氏文化研讨会文集》,2004年打印稿。

[8] 徐冰云:《华林书院考述》,中国戏剧出版社,2008年。

第二章 华林山书院

从目前学术界的研究成果来看，中国书院产生于唐代，源出于私人治学的书斋与官府整理典籍的衙门。据史料记载，民间书院早于官府书院出现。民间书院大约起源于隋末唐初，源出于读书人个人的书斋。一般来说，书斋是个人读书之处，不向社会开放，当书斋向社会开放、成为公众活动场所时，书斋就演变为书院，不仅读书人可以进出，儒生、道士、和尚等也可出入其间。唐代有案可查的民间书院有40所。书院的另一个源头是官府丽正、集贤书院，由朝廷整理图书典籍的机构脱胎而来，集藏书、校译、刊书、讲书等功能于一体。唐玄宗开元六年（718年），迁书东宫丽正殿，置修书院于著作院，乾元院更名丽正修书院，设置院使及检校官，改修书官为丽正殿直学士。至此，丽正书院成立，朝廷正式采用书院名称。开元十三年，唐玄宗改集仙殿为集贤殿，丽正书院为集贤院。从开元六年到开元二十八年（718~740年），唐朝中央政府用了22年的时间，由丽正书院到集贤书院、从京师长安到东都洛阳，完成了"书院"这一全新机构的创设工作，官府的书院逐渐成为定制被纳入大唐帝国的政体中。其后，五代、两宋、金和元各政权都在中枢机构中设有集贤殿书院，虽然隶属关系、职责有所变化，但因袭唐朝旧制是确定无疑的。

江西地处长江的南岸，在唐、两宋、元、明、清历代政权的版图中，江西均占有非常重要的地位。从中国经济发展来看，在武则天时期之前，中国的经济重心在黄河流域，而且历史越往前，黄河流域的经济地位越重要。从武则天时期开始，长江流域的经济水平开始超越黄河流域，经济重心也从黄河流域转向长江流域，而且历史越往后，长江流域的经济地位越重要。文化是经济发展的集中体现，中国书院的发展史也基本遵循了中国经济的发展史。在中国书院发展过程中，基本上是以长江流域为中心向四周辐射的，长江流域占有特别重要的地位。江西地处长江流域的中心地带，江西经济的不断发展和在各政权经济地位的不断上升，也促进了江西书院的发展。在长达千余年的中国书院发展过程中，江西一直是全国书院发展的中心地区，拥有独特的历史地位，出现了许多名闻天下的书院和众多的著名学者。地处现奉新和高安两县、市交界处的华林山地区的唐代桂岩书院、宋初华林书院就是其中的代表。

一、桂岩书院

桂岩书院是江西历史上第一所具有教育功能的私家书院，也是中国历史上最早的家族书院之一，并且历宋元至明，屡废屡兴。作为江西历史上创办时间最早、名称延用时间最长的家族书院，桂岩书院的兴复历程及其在江西书院发展史上的地位令人瞩目。

（一）私家书院的肇兴

书院是中国传统社会中独立于学校教育体系之外的教育组织。它以儒学为灵魂，以藏书、讲学为基本职能，是学校教育组织的一个重要补充。

书院名称始于唐代。元人欧阳玄尝云："唐宋之世，或因朝廷赐名赐书，或以故家积书之多，学者就其书之所在读之，因号书院。"[1]中国古代书院有两个源头：一是官府；二是民间。官家书院的源头是唐代的丽正、集贤书院，由朝廷整理图书典籍的机构脱胎而来，设有学士、直学士、侍讲学士、修撰、书理、知书、书直、定御书、拓书手、装书直、造笔直等职，集藏书、校译、刊书、讲书等功能于一体。唐玄宗开元六年（718年），迁书东宫丽正殿，置修书院于著作院，乾元院更名丽正书院，设置院使及检校官，改修书官为丽正殿直学士。至此，丽正书院成立，这也是官家书院之始。稍后，又在京城长安与东都洛阳分置两所丽正书院。开元十三年，玄宗召集都知丽正修书事张说等大臣，商讨封禅之事，赐宴集仙殿，改集仙殿为集贤殿，丽正书院为集贤院，期以集天下贤才以济世。开元二十四年，在长安设立兴庆宫集贤院。开元二十八年，又增设华清宫集贤院。求贤若渴之诚，人才需求之大，由此可见一斑。至此，官家书院逐渐成为定制而被纳入帝国政体之中。不过，唐代的官办书院主要是掌校刊经籍、征集遗书、辨明典章，以备顾问，其"建于朝省，为修书之地，非士子肄业之所也"[2]。其后，五代、两宋、金元各朝都在中枢机构中设有集贤殿书院，虽然隶属关系，职能有所变化，但因袭唐朝旧制却是肯定的。

民间书院的创立要早于官家。其源头是私学，是读书人的个人书斋。一般而言，书斋是自用的，并不对外。而当书斋向社会、向家族子弟开放，成为公众场所时，书斋就演变为书院。唐代的民间书院见于方志材料的有41所，见于唐诗的有14所，院址可考的有48所，具体分布是：山西1所、山东1所、贵州1所、河南2所、河北2所、广东2所、浙江5所、福建6所、四川6所、陕西7所、江西7所、湖南8所。这些书院具有以下几方面的特点：一是俱为私人创建，没有官府参与，纯属个人行为。当时，或冠以人名，如陕西九宗书院，江西李勃书堂、陈氏书堂；或志以地名，如浙江蓬莱书院、山东胶东书院、福建松洲书院；或因景因物而名，如江西桂岩书院、湖南石鼓书院。二是聚徒讲学，例如，东佳书堂（义门书院）"聚书千卷，以资学者，子弟弱冠，皆令就学"，松洲书院为"陈响与士民讲学处"。三是地域间分布不平衡，呈现出北方少南方盛的局面，这与唐中叶以降北方地区连年战乱、大批士族南迁、经济重心南移的趋势相吻合。

图2.1　江西宋代四大书院之一的鹅湖书院

江西是书院大省，也是私家书院肇兴之地（图2.1）。近年有论者指出，唐代江西的私家书院数量应为9所，除学界公认的桂岩书院、景星书院、李勃书堂、飞麟学堂、登东书院、东佳书院、皇寮书院外，还应加上施肩吾石室书堂和郑谷仰山书堂。邓洪波的《唐代民间书院研究》、李劲松的《唐代江西石室、仰山二书堂（书院）考》倡此说。其实不然，石室书堂和仰山书堂分别是施肩吾（780～870年）、郑谷（849～911年）归隐后的私人读书处，不具备教学功能，此书堂非彼书堂。此说盖以论者误将伪书作信史、曲解史料、牵强附会所致，笔者将另文论述。依据方志材料所做的统计（表2.1），已知唐代的7所江西书院比较集中地分布在江州（3所）、洪州（2所）、吉州（2所）。

表2.1　唐代7所书院分布表

名　称	创建人	时　间	地址	史料出处
桂岩书院	幸南容	元和九年（814年）	高安	同治《高安县志》
景星书院	李　渤	长庆二年（822年）	浔阳	同治《九江府志》
李渤书堂	李　渤	长庆二年（822年）	德安	同治《九江府志》
飞麟学塾	程　焰	乾符五年（878年）	洪州	道光《新建县志》
登东书院	解世隆	乾符末年（879年）	庐陵	道光《新建县志》
东佳书院	陈　崇	大顺元年（890年）	德安	同治《德安县志》
皇寮书院	刘庆霖	唐	庐陵	道光《新建县志》

由上可知，桂岩书院在中国书院的开篇之章占有重要一页，它也是已知的江西第一所私家书院，开整个江西家族办学风气之先，比长庆二年（822年）由李渤创建的景星书院、李渤书堂早8年，比乾符五年（878年）程焰创建的飞麟学塾早64年，比乾符末年解世隆创建的登东书院早65年，比890年由陈崇创建的、被北宋文学家杨忆誉为鼎峙江南东、西路三大书院之一的东佳书院早76年。它还是有唐一代华林山周边高安、宜黄、奉新一带唯一见诸史料记载的书院，继桂岩书院之后，直到五代时期这里才出现三所新书院，它们分别是后梁时由张玉创建的留张书院（今宜黄境内）、后唐时由胡玘创建的华林书院（今奉新境内）、罗靖创建的梧桐书院（今奉新境内），桂岩书院执华林山周边方圆数百里地区书院教育之牛耳数十年（图2.2）。

（二）桂岩书院的兴复

历史上桂岩书院迭废迭兴，先后三次由幸氏家族在高安境内华林山南麓创建兴复。

桂岩书院始建于唐代。元和九年（814年），唐高安郡洪城（今高安县华林山镇）人幸南容（748～819年）卜桂岩之地"开馆授业"，"日偕兄弟子侄肄业其中"[3]，是为桂岩书院创建之始。幸南容是当朝博学鸿儒，据族谱材料记载，幸南容名圭，又名显，字惕微，郡望渤海，贞元九年（794年），以平权衡赋、风光草际诗登进士第，初入魏博节度使幕府，后为太常寺卿、国子祭酒兼太子宾客。幸南容与柳宗元同榜，并结为"道义交"、"共励名

图2.2　华林山古道石阶

节"。《刘宾客嘉话录》记幸南容、柳宗元等及第后曾题名大雁塔,柳宗元尝作《送幸南容归使联句诗序》,称:"渤海幸君,登太常之籍,膺邯郸之召,北会元戎,直道自达,吾侪器其略;南聘天朝,相礼述职,公卿多其仪。"[4]幸南容故世后,世人痛悼儒林失去宗师,有"遍野愁云锁帝乡,九天圭壁失光芒,儒林不见儒冠主,朝苑唯存翰墨香"之语。[5]

图2.3　华林山溪涧秋色

桂岩之地,是办书院的理想场所,据方志材料载,在高安郡北60里的两山之间,"一山自右而左者如笏外蟠两溪,一山自左而右者如带上……环两山之间,厥地邃而深,水泉清冽而草森林敷茂者"[6]。这里空气清新,风景宜人,没有城市的喧嚣,是一处世外桃源(图2.3)。唐代以降,后世对书院地址的选择,无不对自然环境倍加考究。例如,白鹿洞书院,"四面山水清环合,无市井之喧,有泉石之胜"[7],这样的地方无疑有助于涵养气质、陶冶性情、启迪文思。桂岩书院自幸南容创办,延续传承三代,至幸南容孙幸轼。幸轼也是一位学者,博雅强记有祖风;通文史,博地理,善哲辩。咸通七年(866年)中三史科,中和二年(882年)为太子校书郎,"家徙于郡,而书院自是芜"[8]。公元814~822年,幸南容所建桂岩书院前后存续60余年。

桂岩书院重修是在南宋理宗时期,由幸氏后裔幸元龙具体筹划。幸元龙(1169~1232年),行千六,字震甫,号松垣,上距幸南容已历14世,为南宋名臣,"翰墨文章,卓冠一时"。庆元五年(1199年)进士,调湘阴簿。居家十余年,嘉定七年(1214年),出为京山县丞;九年,调随州州学教授;十五年,知当阳县;十七年,通判鄂州。宝庆二年(1226年),两次上书,并致书宰相史弥远,为真德秀、魏了翁等鸣不平。史党劾其越位言事,勒令致仕,时年五十八。绍定四年(1231年),再上书,请戮史弥远以谢天下。次年卒,年六十四,著有《松垣文集》。幸元龙为人正直,指陈时政,忠义激发,吴潜曾因此为其上《乞裒万顷幸元龙遗泽表》。所上奏疏与致朝臣的多封书信,论述宋金蒙三方形势,力主乘金之虚,收复中原。其《论取士法疏》,揭露当时荐举的弊端,均能指切时事,有为而发。在书院筹建过程中,幸元龙得到故交周必大的赞赏与支持,周必大曾为酝酿重修的书院题匾"桂岩书院"。然而,重修书院,非一日之功,直至嘉定辛未年(1211年),幸元龙官归故里,待次林泉,重修桂岩书院的夙愿才有机会付诸实践,"乃剪草莱,凿山取径,列以青松,开以冬青,半山刱小亭曰紫翠,迂回而行,东至于古松,枝叶婆娑,清风间生,殷殷有鸣琴声,松下有小坡……路折而西,青杉夹道,至于旧址,兰蕙幽芳,竹柳疏雅,因植桂百株草堂数间,为斋者四,讲隶有舍,庖膳有所"。于是,桂岩书院在废圮200余年后得以在旧址上重修,"日偕兄弟子姪肄业其中"[9],名士魏了翁为重修的桂岩书院题匾"桂岩精舍"[10]。桂岩书院再修是在明成化年间,幸氏后裔幸楚德、幸顺迪父子接力在原址再修桂岩书院,"薙草莱，畚瓦砾，中植书院，傍翼四斋，购芳桂数百株环植周围"[11]，但规模与声望已今非昔比。

（三）桂岩书院创建的历史条件

幸南容能够在"瘠土僻处"的高安郡、名不见经传的华林山，创建江西最早的一所家族书院，是唐代科举兴盛、华林山一带官学落后、幸氏家族雄厚的财力以及幸南容个人特殊的经历与才能等诸多因素综合作用的结果。

唐代科举浸盛是桂岩书院得以创建的时代背景。一般认为，中国科举制度始于隋大业三年（607年），以设进士科为标志，唐代科举多因隋制，至唐代开元年间朝廷已经建立起一套较为完备的科举考试制度。一方面，唐代科考向社会所有成员开放，唐代科举考试的人士包括两类，"由学馆者曰'生徒'，由州县者曰'乡贡'"[12]，"乡贡"与"生徒"获得了相同的科举应试机会。另一方面，唐代科考标准更为客观，一改以前选官以德为第一标准、以才为第二标准、学识仅为第三标准的做法，把考核学识放在首位，"一切以程文为去留"[13]。渐趋平等的考试资格和日趋客观的录取标准，使唐代科考制度公开、公平的原则基本得以确立，从而从根本上打破了世族豪门对国家政治权力的垄断，向社会全体成员敞开了跻身政权机构的大门，"朝为田舍郎，暮登天子堂"成为可能。在传统察举选官角逐中处于劣势的庶族地主家族阶层，有可能通过帮助子弟由科举入仕而提高家族地位与声望，甚至于贫寒之家通过家族子弟中颖异隽秀者由科场而入官场来改变家族处境也并非不可能。这种情况激发了社会上人们读书的热情，"父教其子，兄教其弟，无所易业"的现象渐成风气，对学校教育的需求也与日俱增。

为满足社会上人们空前的读书求仕需求，早在唐高祖时就下诏全国郡县置官学，但唐代官学教育发展很不平衡，地处南方一隅的江西属官学教育相对落后地区。据史志记载，有唐一代江西仅有三所府学（南昌、抚州、袁州）和四所县学（南昌、新淦、新喻、都昌）。袁州府境内奉新、高安、宜丰三县交界之处的华林山，官学教育则更为落后，唐代奉新、高安、宜丰三县俱无县学，"奉新县儒学，宋咸平元年县令徐用和始建"、"宜黄县儒学宋皇佑初县令李祥建"、"高安县儒学，宋淳熙十六年县令陈璟附建于州学讲堂之右"。袁州府学直到天宝五年（746年）才得以创建，就现有的史料来看，这是华林山周边乃至整个袁州府的第一所官学。华林山一带落后的官学教育很难满足当地士子读书求仕的需求，官学教育留下的空白为家族办学提供了广阔空间。开元二十一年（733年）朝廷下诏"许百姓任立私学，欲其寄州县受业者亦听"[14]，家族办学成为合法行为。

创建家族学校以弥补官学教育的不足，仅仅有客观需求和合法身份是远远不够的，还必须有相应的办学经费和办学人才，高安洪城幸氏正是一个拥有丰厚家资和办学人才的家族。首先，据族谱记载，高安洪城幸氏祖居沧州青池，万岁通天元年（696年），幸茂宏任南昌府丞，因而举家迁居高安洪城，其曾孙幸南容历官邯郸郡守、太常卿，最后以国子祭酒致仕。从幸茂宏至幸南容，幸氏家族虽然在高安洪城居住仅四代，但家族中两代为官，为幸氏家族积累了相当丰厚的家产，族谱中记载的幸家"溉田千顷，不假凿筑"。这样的富裕之家在"瘠土僻处严碾，无轻肥利妙之产"的高安郡堪称"名门望族"，柳宗元称赞幸氏"江南一时阀阅称显者以公家为最"，幸氏家族有足够的财力支持书院的创办。其次，幸南容具备了创建书院的经验与才学。他曾任宪宗朝国子监祭酒多年且颇有官声，"一时礼教为之重新，始复太宗旧制，且师道尊严，践履笃实，超然物表，顿洗陋习。太学诸生咸沐作育之化焉"[15]。多年管理国子监的经历，无疑使幸南容积累了丰富的教育教学经验。仕宦生涯还为幸南容培植了相当广泛的人脉，结交了不少名人显贵。他与柳宗元、刘禹锡、李绛等人同年上榜，"四人相得益欢，自誓生死无相背负"，幸南容致仕时，"同升之友是用，荣其趣舍，惜其离旷，卜兹良辰，咏叹其美"[16]，幸南容归隐之后，柳宗元依然"与公音问不绝"。后人称其有裴（度）谋、颜（真卿）节、房（玄龄）才、狄（仁杰）德。国子监祭酒的崇高地位和广泛的社会交往，使幸南容具备了创办华林山地区首家家族书院所必需的经验保证和社会支持。宪宗元和九年（814年），幸南容告老还乡，"脱去樊笼"一身轻，是年江西历史上第一所家族书院便在华林山之南的高安洪城诞生。

（四）桂岩书院的办学宗旨

桂岩书院的办学背景决定了它的办学宗旨必然是帮助子弟获取功名，"一意诗书为功名"[17]是幸南容创办桂岩书院的初衷，也是历代桂岩书院的办学传统，决定着桂岩书院教育内容的选择。

桂岩书院的创办者幸南容本人就是科举考试的受益者和践履者。自幸茂宏之后，幸家已经两代与官场无缘。幸南容"少颖异，卓荦不群，日记数千言。稍长，益笃于学，文名籍甚"，中年后更是致力功业，勃发进取，以乡贡身份屡试科场，终于在年近五十时，登德宗贞元九年（793年）进士。凭借自身日记数千年的背诵功底和文名籍甚的文学修养，幸南容以进士科及第，科举考试的成功使幸南容完成了重返官场振兴家族的重任。艰难的科考求仕经历，使幸南容深知创建书院对子弟入仕和家族兴旺的重要作用。在幸南容近20年的仕宦生涯中，最为人所称道的是他作为国子监祭酒的经历。国子监教育与国家取士紧密相连，国子监学生的主要任务就是参加科举考试，或由此入仕："各试所司业，登第者白祭酒，上于尚书礼部。"或落第出监："凡六生有不率师教者，则举而免之；其频三年下第，九年在学及律生六年无成者，亦如之。"[18]国子监教师的考核标准也主要是看其培养学生的科举及第率。国子监祭酒的身份，使幸南容洞悉科举考试的奥妙，深谙科举考试的要旨。应对科举考试的能力与经验是幸南容个人才学的最重要的组成部分。特殊的个人经历与才学，促使幸南容将桂岩书院的办学目的定位为"一意诗书为功名"，这也成为以后桂岩书院的办学传统。嘉泰年间进士及第幸氏后裔幸元龙，也是科举取士的拥护者，他所著《论取士法疏》力辩荐举之弊与科举之利，认为"于贪吏布满天下者，皆基于荐举之公道废。欲革贪吏莫若罢荐举而用试法"，旗帜鲜明地表达了褒科举、抑荐举的态度，所以，当他结束仕宦生涯告老还乡、退隐华林之后，效仿其祖先，以敦促本族弟子读书求仕为己任，在原址上重修桂岩书院并"日与诸子弟课书其中，相勉以振祭酒遗绪"，告诫族人"凡事不必与人争，一意读书科举有名，此乃大争气也"[19]。

以求学入仕为办学宗旨的桂岩书院,其教育内容的选择势必由科举考试的内容来确定。唐代科举考试的众多科目中,以明经科和进士科为主,明经与进士的考试内容在唐玄宗时已基本确定下来:明经先试帖经,再试墨义,最后试策;进士则先试帖经,再试诗赋杂文,最后试策。明经重帖经,进士重诗赋。帖经需要熟读、背诵经传,诗赋则需要文学素养和才能。由于时代久远,资料阙如,后人难以从课程设置、教材选择等视角探讨桂岩书院的教学内容,但从某些侧面材料仍可窥其知识教育的核心内容主要是背诵功底和文学修养。有史可藉的幸氏家族成员的知识结构和能力水平,应该是桂岩书院知识教育水平和教育内容的反映与体现。幸南容作为桂岩书院的创办者和教育者,被时人称赞为"少颖异,卓荦不群,日记数千言"、"文名籍甚"、"宇量汪汪,问学渊涵"[20]。可见,记忆与能文是桂岩书院第一代先生主要能力水平的集中体现。有什么样的老师就会有什么样的学生,桂岩书院培养出来的佼佼者、咸通七年进士、官至校书郎的幸轼为时人所称道是"博洽强记有祖风"[21],过人的记忆能力成为幸轼登科及第成功步入仕途的凭藉,也是他有幸在地方史志中留下一笔的重要原因。重修桂岩书院的幸元龙,不仅在书院选址上与幸南容相同、在书院环境方面力求与幸南容相仿,在教学内容上也与幸南容一脉相承,"日与诸子弟课书其中,相勉以振祭酒遗绪"[22],幸元龙之子幸溥中也同样"有乃父遗风"。不同时代桂岩书院的弟子有着相同相近的素质和能力,善于强记、长于辞藻,这是以求学入仕为教育目的的桂岩书院为应对科举考试而作出的必然选择。

(五)桂岩书院的地位与影响

唐代桂岩书院作为一个率先顺应时代发展趋势而生的早期书院,一个满足乡党子弟求学入仕现实需求的民间书院,一个在数十年间雄踞一方无以匹敌的地方书院,在中国书院史的开篇之章占据重要一页。

它首先是一所家族书院,开启了幸氏家族崇学重教的家风,使家族后裔持久受益。《松垣公家训》明文记载:"洪城幸氏,自我祖南容公以来,簪组奕奕,代不乏贤,其于传家世典翊化维俗之道秩如也,子姓遵循至今,式成礼让之风。予兄弟父子滥叨科第,偕子姓恪恭惟谨。"它直接帮助本族不少子弟在科举考试中取得成功,顺利步入仕途。幸南容之孙幸轼,咸通七年进士,历任殿中侍御史、著作郎。幸元龙之父幸邦国登宋乾道间特科进士,任礼部主事。元龙二弟幸仕龙,登嘉定四年进士,任竹山县令。三弟幸友龙任兵部赡军承信郎。四弟幸从龙登嘉定十年进士,任户部监税。元龙长子幸溥中,中嘉定十三年进士,官至郁林知州,次子应中为宝庆二年进士,官至严州通判。侄子建中为绍定五年进士,任鄱阳知县;侄子匡中为端平二年进士,官至工部侍郎。洪城幸氏俨然为科举世家,雄踞一方。

桂岩书院也是向社会开放的以科举考试为目标的地方书院,在唐代"学子之负籍寻师者,亦或依附其名而求著籍"[23]的大背景下,卸任国子祭酒的号召力吸引了不少外地、外姓学子前来桂岩书院求学,对此,桂岩书院以千里来客如海纳的胸襟向所有求学者敞开大门,书院出现了"长途游客如织"、"四方学子云集"的局面,以致昔日"无王公国都之近,车舟孔道之往来"的高安洪城一时间也变得"桥通车马往来频,雕鞍影衬长虹丽"、"应桥车马驰逐,长途游客如织"[24]。桂岩书院在华林山一带的教育中占据重要地位,得到了广泛的社会认可,在很长一段时间里,高安洪城调露乡的人们将桂岩书院的创建者幸南容作为先贤加以奉祀,以此表达他们对幸南容创办书院惠及一方的感恩之情。最早祭祀幸南容的地方是唐代洪城调露乡的二贤祠,"唐二贤庙在高安调露乡,先是幸南容建,祀应智顼,宝厯丙午里人并祀南容"[25];调露乡附近的村民还在春、秋两季,在幸南容卜地选址筹建书院时杖履所憩之处举行盛大的祭祀活动,这个习俗至少延续到了南宋[26];清代,高安洪城调露乡乡贤词共奉祠先贤34人,幸南容列首位,"乡贤祠祀幸南容以下凡三十四人"[27]。幸南容所获得的尊敬与祀奉,实际上就是桂岩书院历史地位的最好印证。

在中国书院史的开篇之章占据重要一页的桂岩书院,在随后中国书院史的发展历程中却渐行渐弱,虽在宋代幸元龙、明代幸顺迪先后重修桂岩书院,但其地位和影响已今非昔比,以至最终逐渐淡出了人们的视野。这一方面是由于随着大批书院的出现,桂岩书院自然失去了一方书院教育独尊的地位,但更重要的是由它自身存在的对家族力量过度依赖等弱点造成的。

首先,桂岩书院是一所家族书院,家族资产与人才是它得以创建、生存和发展的前提。但是,家族书院与家族发展之间的互动具有双重性,既是相辅相成的,又是相互制约的。一方面,家族中的物质财富与杰出人才,是家族书院得以创建与发展的前提,书院教育的成功、族中子弟科举及第也在一定时期和一定范围内巩固家族地位、提高家族声望。但是,另一方面,书院教育的成功又使家族中最优秀的子弟因步入仕途而导致小家庭外迁,从而使家族中最有能力维护家族凝聚力、最有可能提升家族社会地位的成员游离于家族之外,最终导致家族书院难以维系。幸氏家族富有的家族资产和官至祭酒的幸南容,曾是桂岩书院得以创建不可或缺的物质和人才保证,桂岩书院的创办也大大提高了幸氏家族的在华林山一带的声望。在幸南容之前,幸氏家族无一人入高安县志人物传,桂岩书院创办之后,幸南容、幸轼祖孙两人入高安县志人物传,幸南容还作为先贤被祭祀。可是,随着幸轼科考成功、获官太子校书郎后,幸轼一家迁出高安洪城,导致前后存在了60年的桂岩书院最终被废弃。桂岩书院的这种命运,可以说是家族书院的宿命,书院办学的主体如果不能超越家族,就无法摆脱家族盛而书院兴、家族散而书院废的结局。

其次,桂岩书院是一所以应对科举考试为最高目标的书院,而书院发展与科举考试的关系也是双重的。科举取士制度"造就了一种古典意义上的选举社会,极大地刺激了中国古代教育的发展"[28]。其中也包括家族书院的发展。但同时"科举考试同学校教育关系的过分'亲密',也造成了学校教育的危机,学校对知识和思想的生产与再生产以及保存与传递的社会功能也迅速地萎缩了"[29]。科举制度无疑是桂岩书院产生的原始动力,但同时也将桂岩书院的知识教育限定在科举知识的范畴之内,桂岩书院的教育内容与科举考试内容的趋同性,使桂岩书院的教育活动限于背诵而缺乏创新,囿于辞藻而缺乏思想,导致桂岩书院教育生命力的衰竭,最终难以与超越了科举考试樊篱而得以自由思想、自由辩论的书院媲美。

二、华林书院

华林书院位于江西奉新县华林山元秀峰下,原名华林书堂,又名华林学舍、华林书斋,为家族型书院,南唐前期胡珰创建,始创年代在南唐保大四年(946年)以前,其时书院"筑室百区,广纳英豪,藏书万卷,俾咀其葩。出其门者,为相为卿,闻其风者,载褒载嘉"[30],名闻天下。其曾孙胡仲尧、胡仲容兄弟"以私财建庙学数百楹。……聚族数千指,筑室百区,藏书万卷,号华林书堂。四方来学者,常数十百人"[31]。在中国书院史上,华林书院占有重要的地位。杨亿称其为鼎峙江南名书院之一,官至散骑常侍的宋初文学家徐铉称其"岂直豫章之间气概,以占皇宋之文运矣!"[32]宋太宗、宋真宗也大加表彰,王公大臣、文人墨客更是云从而影随,为书院作文题诗赞誉的共有72人。其中官至大宋宰相的有王钦若、陈尧叟、张齐贤、晏殊、吕蒙正、向敏中等;大文学家有苏东坡、黄庭坚、杨亿等。这些人中有的到过华林书院讲学,并与华林胡氏关系密切。书院传到胡仲尧的曾孙,官至南宋刑、兵、吏三部尚书胡直孺手中时,达到全盛时期。但随着胡氏子孙外出做官的日渐增多,昔日"同居共爨八百口"的华林胡氏逐渐迁往各地。曾经风风光光、热热闹闹的华林山开始沉寂下来。从胡仲尧兄弟兴办华林书院到胡直孺将书院的大部分财产交给浮云宫管理,前后约有160多年。其后虽然有过几次小小的兴复,但已是每况愈下。明代正德五年(1510年),华林农民起义爆发,浮云山是起义军的主要据点,几经战火,书院名存实亡,一蹶不振。清康熙元年(1662年),胡氏后裔、奉政大夫胡明垣来到浮云山,寻找书院旧址,却只见残墙瓦砾、荆棘丛生,不禁感慨万千。现仅存遗址,近年奉新县政府已斥资重建华林书院景区。

(一) 书院的性质

华林书院为华林胡氏所建,是一所典型的家族书院。中国传统社会的价值观是以伦理为准则的,核心是人伦关系,基础是家庭。"父子有亲,君臣有义,夫妇有别,长幼有序,朋友有信。"这"五伦"就是从家庭关系向外推向国家和社会的,所以自古以来中国传统家庭都讲究修身、齐家、治国、平天下,身不修,何以齐家?家不齐,何以治国平天下?这在中国长达几千年的封建社会是一个公认不变的准则。在这个准则中,个人的修养是基础,也是最重要的。如何使自己家庭、家族子弟成为一个知书达理并具有高素质的人,使家庭、家族能够强势地繁衍下去,是摆在每个家长和族长面前必须解决的问题。基于人类这种最基本的生存、繁衍要求,书院教育受到当时每个人、每个家庭和家族的高度重视,尤其是有钱有势的家庭和家族,基本上都想方设法让自己的子弟接受最好的教育,或把自己的子弟送出去接受教育,或自办私塾和家族书院。唐宋以降,随着书院的兴起,兴办家族性质的书院于是成为众多中国士人的热烈追求。许多家庭、家族即使倾家荡产也在所不惜,因为他们心中有最大的期待。所谓家族书院是指同一父系的血亲组织所创建、所共享的书院,一般有一个家庭创建供其一家使用、一个家庭创建供其整个家族使用、合族创建合族使用三种基本类型。家族书院相对于学者个人读书、治学的书斋而言，它有服务于整个家庭、家族的公众性与开放性，但这种公众性与开放性相对于以地缘维系的村社书院来说又显得很有限，它仅止于由血缘维系的一族一姓而已。不论哪种类型的家族书院，都有以下几个基本特点：

一是血缘家族性。家族书院的创办经费都由家族提供，书院主持者为家族成员或受聘于家族成员，其服务对象为家族成员的后代，非其族姓则不得入学，因特殊原因接收他姓子弟或游学之士入学则是特例，不能以常理看待。

二是以教学授受为主要任务。家族书院的目的都很明确专一，就是培养好家族的下一代，使其具有较高的文化知识和良好的道德修养，提高整个家族的总体素质，为家族的生存、繁衍提供更为强盛的生命力。这种明确而专一的目的，决定了家族书院坚持以教学授受为主的特点。在科举时代，其教学成果主要反映在家族子弟能否考取功名，与现代学校的高考升学率基本一致。

三是供奉先祖。祭祀是书院三大基本功能之一，但家族书院除了一般书院祭祀先圣先贤外，还要祭祀家族的祖先，元代一些家族书院甚至就是为祭祀自己的祖先而创建的。

四是普及性教育。在家族书院中就读的学生为族中子弟，年龄都不大，多属蒙童之列，决定了家族书院的教学程度一般都不高，属于启蒙和普及性教育，能进行较高层次教学或研究的较少。

五是具有延续性。家族书院源于家族长者对后辈光宗耀祖的期待，是家族求生存发展的本能需要，是一种自发的、自觉的行为，只要家族不出现大的变故，一般都可以持之以恒地坚持下去，多者可以坚持几代甚至更久。

长江流域最早的家族书院建于唐元和九年（814年）的桂岩书院，为江西高安人幸南容创建。华林胡氏是当地的大姓，"南昌旧都，胡氏大族，一门尚义，四世不析"[33]。自唐末传到北宋胡仲尧兄弟时，华林胡氏已历五代八九十年了。在这些年代中，华林胡氏数百人同居共爨，从来没有分过家，"孝友姻睦之行，周旋揖逊之仪，内修于闺阃，外达于里间，贤士大夫向其风，哲人君子论其世"[34]。这样的家风，正是当时朝廷所倡导的，也是人们所推崇羡慕的。这种家风为兴办家族书院创造了条件。但要保持这种家风，兴办书院就成了当时胡氏家族的最佳选择，于是胡仲尧、胡仲容兄弟倾其家财在华林书堂的基础上创建华林书院。如果把华林书院的情况与家族书院的特点相比较，那么可以清楚地看到，家族书院的五大基本特点华林书院都具备，只是有些方面华林书院做得更好，比如，华林书院在其兴盛时期各地游学之士云集，其公众性和开放性就远超一般的家族书院；从华林书院走出了很多进士，其教学水平和教学成果就远比一般家族书院要好；华林书院存在时间较长，其延续性远比一般家族书院要好。因此，从这个意义上说，华林书院是一所典型的家族书院。

（二）书院办学宗旨

"修身、齐家、治国、平天下"，是中国封建社会教育的最高理想，也是每个读书人的最大追求。因此，"修身、齐家、治国、平天下"自然成为华林书院的办学宗旨。自汉武帝罢黜百家、独尊儒术以来，以仁礼为核心的儒家思想一统天下，成了官方哲学和中国人的精神支柱,学而优则仕是读书人的理想与目标。隋唐以后,科举制取代九品中正制,朝廷大量开科取士,广开士人入仕之门,科举成为士人入仕的官方途径。因此,灌输仁义、礼信、修身、养性的儒家思想和治理家族就成为家族书院教育的基础。在修身齐家的基础上,家族俊秀参加科举,中进士后可以入朝为官,光宗耀祖。华林胡氏在当时是个大家族,胡珰和胡仲尧、胡仲容兄弟情愿倾其家产兴办书院,就是想通过对家族子弟的教育,提高家族的文化水平,培养家族成员儒家思想素质,参加朝廷科举,打开入仕之门,达到光宗耀祖、壮大繁衍家族的目的。徐铉在《华林胡氏书院记》中将胡氏家族创办书院的目的说得很透彻:"士君子承先世之泽,服圣贤之教,修身治心,行之本也;睦亲敦伦,孝之大也;化民成俗,仁之至也","御札赐书,日星并耀;宸章圣藻,金石同辉;期有光于前人,不无望于奕世。为胡氏后者,庶几勉之"。正是因为华林书院重视对学生的"修身治心"、"睦亲敦伦"和"化民成俗"的教育,从北宋初期的教育成果看,不仅有众多的青年才俊高中进士,入朝为官,还得到宋朝皇帝多次嘉奖,72位朝廷宰相大臣、文人名士齐唱赞歌,一时荣耀无比。"一科五弟,天开列宿之文;七世同居,星载少微之曜。……孝友姻睦之行,周旋揖逊之仪,内修于闺阃,外达于里间,贤士大夫向其风,哲人君子论其世。近古以来,未之有也。"[35]从华林书院的教学成果看,确实达到了"日星并耀"、"金石同辉"和"修身、齐家、治国、平天下"的教学目的。

(三)书院的环境

只有选择好的地理位置才能使书院的文化与思想得到协调性的展示。古代书院的创建者都喜欢把书院建在风景优美的地方,所以一般与寺庙、道观毗邻(图2.4)。江西书院大都建在山上,例如,白鹿洞书院建在庐山,鹅湖书院位于鹅湖山,华林书院坐落于风光旖旎的华林山上。宋绍定元年(1228年),奉新邑尉汤淳汉云:"由浮云山岗麓蜿蜒而下结为华林,是为胡公仲尧旌表门闾之旧地,南垣磊落而上,

图 2.4 华林山秀美风光

背黄山,面凤凰石,俯临墨池,平眺砚峰,则书堂之遗址存焉"[36],比较准确地标明了华林胡氏祖居和华林书院遗址的地理位置。华林山也是一座道教名山,山上道家仙迹很多。传说黄帝时的仙人浮邱公、王母九子玄秀真人,夏朝前的隐士李八百、仙姑李明香,晋代时的道士吴猛、仙人陶安公,隋代的罗、武二仙,唐代道士张惠感等,都曾在此修炼或隐居。如此多的仙道乐居之所,风光当然不俗。"青山拥翠,何减桃源之墟;绿草喷香,进入佳人之梦。佳景迥异,雅致不常"[37],"神存昭旷之原,目寓清虚之境,青山拥翠,绿树浮岚,飞瀑散读书之声,虚亭动人文之色"[38],可见书院风景之美丽宛如世外桃源。在这样的环境中读书,言行为之感染,心灵为之净化,可以说是一种享受。除了大环境优美外,书院的创办者还十分讲究书院环境的绿化美化。"于是列植松

竹,间以葩华。涌泉清池,环流于其间;虚亭菌阁,鼎峙于其上。处者无斁,游者忘归,兰亭、石室不能加也。"[39]这里松青竹翠,泉涌池清,亭台楼阁鼎峙其中,四时花卉杂缀其间,充满了诗情画意。从保留下来的诗文也能想象书院当年的景致。陈尧叟诗说这里"旌阙书亭焕水乡,四时烟景似沧浪",宋湜诗说这里"四时花木绕书台",张孝隆诗说这里"四季闲花扑鼻香"。阳春三月,钱若水诗说这里"清香袭坐药畦春",胡用庄诗说这里"绿罗丛中著朱衣",杨亿诗说这里"阶下芝兰增挺秀,门前桃李旧成行",孙何诗说这里"讲易高堂绕芰荷",苏轼诗说这里"芙蓉洞口荔枝阶";深秋时分,晏殊诗说这里"碧草暮凉浮菡萏,纱窗秋静漏蟾蜍",苏轼诗说这里"八方亭外五株桂,岁岁秋风一度开";隆冬季节,陈尧叟诗说这里"玉浆寒色连纱砌",钱若水诗说这里"池塘怪石间松筠",冯起诗说这里"竹翠松寒笼药圃,水清山秀绕书堂"。这些文人墨客笔下的华林书院,四时景色各异,简直就是人间天堂。

（四）书院的建筑

华林书院位于祖居正堂座向左侧一山坡之中,其建筑是一组横亘成片的建筑群。"创祠三十间,塑像自宣圣十哲以下七十余座,又建生徒讲舍一百余号,堂寝、膳具、豆笾、簠簋鲜不备举。"[40]上述建筑均已荡然无存,今仅见华林书院遗址、"华林书院"四字匾额、石门槛、石门枕、天井、石碾、石磨等,华林书院门首右侧,有两株千年古杉,据说为胡仲尧亲手所植,两株树相距4米左右,枝叶繁茂翠绿,线状披针如锯,树干苍劲挺拔、直插蓝天,像两个巨人屹立在华林书院之右,其中一株于1989年4月被雷火击毁。根据华林书院遗址和《华林胡氏族谱》中绘制的《华林书院位置图》及《华林书院建筑分布图》所标示的内容（图2.5）,结合族谱所载宋代名公巨卿书院题咏诗中所描述的景观,书院建筑情况大致如下:

图2.5 家谱中的《浮云仲尧公书院图》

书院主体为挑檐式古建筑,书院正堂一进三栋,左右各两栋,共七栋。除主体建筑外,还有旌表义门、书亭、水阁、山斋、草堂、仓廪、庖厨、客馆、曲槛、御书楼、义门台、月山别墅、召神台、万年宫、会仙桥等一组建筑群。左边山头为升仙岭、浮云观、陶仙亭,山下会仙桥、御书楼等建筑,布局精巧,错落有致。书院门前有一对气势峥嵘的华表,亭亭玉立,辉映门闾;旁边有"九龙剑池",因士子常在池中洗涤笔砚,致池水变黑,亦名"墨池"。另外还有一口养鱼池,与"墨池"相对,池水碧波晶莹,登高望远,仿佛是华林山这条巨龙的一对眼睛。万年宫牌坊前雄踞一对石狮,栩栩如生,给书院增添了几分庄严肃穆的气氛。书院门上镶嵌着一块巨匾,横书"华林书院"四字,两边有联云:"壮候有子六十人,安定门风开泰始;侍御同居八百口,华林事业振雍熙。"

院内建有观园,巧置假山池沼,遍植奇花异卉。书院门外辟有广场,天天门庭若市，车水马龙，川流不息。"始居浮云书院，家置租税五十余石，聚爨五百余口，第宅阀阅，迢遥半市，东男膳堂，西女膳堂，一日三膳，苍头击鼓，膳者咸集，莫敢混乱。正厅前茶厅，茶厅前小厅，小厅前书院，书院前凉亭、水阁，凉亭、水阁前客厅，客厅前内竖门，竖门前鼓门，鼓门前三重之元门，元门前石梁，石梁前勾曲门，勾曲门前糟门，每宾客至，以鼓而报内堂，方出迎宾也。"[41] 华林书院楹联

图 2.6　华林书院遗址一角

云："前川栽成君子竹，联桥挺出大夫松。"晏殊有诗"门巷应多长者车"以记其实，钱若水有诗"门巷偏多车马尘"以叙其盛（图 2.6）。

（五）书院的藏书

藏书是古代书院最基本的三大功能之一。藏书和读书人是书院不可或缺的组成部分，书院的藏书对书院的老师和学生来说是开放和有序的，开放是指书院的藏书是为书院师生的教学、学习和学术研究服务的，有序是指书院的藏书有管理制度，书院师生借阅藏书需要办理一定的手续。古代书院十分重视藏书事业，书院通过收藏、借阅典籍图书等活动，将各种图书典籍集中起来，并通过接受捐赠、刊刻、购置等手段不断丰富藏书。许多书院建有专门的藏书楼，以保存、借阅图书。古代许多书院藏书之精、数量之多、花费之大是现代人难以想象的。华林书院创建时，书籍通过雕版印刷术印刷，出书是一件很困难的事，书籍数量有限，书很珍贵。但书院如果没有藏书，一方面满足不了教学需要，另一方面在地方上也没有什么地位。

图 2.7　乾隆庚子年编修的《华林胡氏宗谱》胡仲尧画像

华林书院的创建者在书院兴办之时，就十分重视书院的藏书事业。华林书院的藏书主要来自两个方面：一是自购。胡仲尧（图 2.7）兄弟在华林书堂藏书的基础上，倾其家产创建华林书院，大量聚书。"至宋景德中，邑人国主簿仲尧，光禄寺丞仲容，以私财建庙学数百楹。……筑室百区，藏书万卷，号华林书堂"[42]；"其别墅有华林山斋，聚书万卷，大设厨廪，以延生徒"[43]；"于广野之旁，大启学舍，聚书数万卷，延宾几百人"[44]。以上史料对华林书院的藏书数量上尽管说法不一，有的说是万卷，有的说是数万卷，但万卷是可以确定的。二是皇帝赐书。华林书院在宋初教学成果斐然，影响很大，皇帝经常进行褒奖，其中就包括赐书。"宜乎赐书在室，太宗御书一百二十卷，御曾以札行书一卷赐胡氏，六阙在门，东南之人，高山仰

止,公卿大夫以下,多其实行,争遗声诗"[45],明确记载宋太宗赐书120卷给华林书院。仅就以上两种渠道的藏书,可知华林书院的藏书至少有1万多卷。在宋代,尤其是北宋,历史文献中确切记载藏书数目的书院并不多,从河南睢阳书院的1500余卷、浙江南园书院3万卷、浙江南峰书院在1265年藏书达到10 950卷、江西贵溪石林书院数万卷这些数字来看,华林书院在北宋时期至少1万多卷的藏书,规模是相当可观的,与其当时在全国书院中的地位也是相称的。

(六)书院的经费

书院办学经费是书院赖以生存和发展的基础。书院的创建、维修需要经费;聘请老师和管理人员需要经费;要普及家族教育,吸收贫寒子弟入学需要经费;奖优罚劣,提高教学质量需要经费。没有经费,书院是不可能生存的。刘伯骥先生对清代书院经费的来源曾作过统计,共有38项之多,其中以田租、官捐、绅捐等为最多。两宋时期政府对书院基本实行支持的政策,尤其是北宋初期,政府大力提倡民间兴办书院,为民间书院的发展创造了良好的环境。同时两宋时期又是我国封建社会经济文化较发达的时期,庶族地主势力得到较大发展,他们与退休的官员和地方官员共同构成了士绅阶层的主体,经济实力的扩张必然反映在对教育的强烈渴望上,一批有实力的士绅自动捐资兴办书院,以教育本家族子弟。因此,在北宋初期,民间书院的经费主要是士绅的捐资和从家族土地中专门划出的学田,与后来的政府划拨的学田有所不同。华林胡氏是一个累世聚居的大家族,经济实力雄厚,家风淳朴,为当地风范,兴办家族书院既有经济实力,又是家族强势繁衍生存的必要。因此,兴办家族书院就成为胡氏家族的当务之急,胡珰到胡仲尧兄弟倾力兴办书院的做法也充分证明了这一点。华林书院的经费主要来自两个部分:一是胡珰、胡仲尧兄弟的个人财产。他们兴办书院时,不仅大兴土木建学舍,而且大量购书,仅这两项就是一笔大开支,所以史载胡仲尧兄弟兴办华林书院是倾其家财;二是置办家族学田。胡仲尧兄弟可以倾其家产兴办华林书院,但书院建成后日常教学经费也是一笔大支出,这是胡氏家族不得不考虑的问题。胡氏家族采取了置办学田的办法来保证书院的日常支出,维系书院的生存。据史料记载,胡氏家族将华林山下800石田租划给了华林书院作教学经费。从当时来看,每年800石田租确实是一个不小的数目,一方面说明胡氏家族在办学方面舍得花本钱,另一方面也说明华林书院的规模确实很大。

(七)书院的祭祀

祭祀是古代书院的三大基本功能之一,是中国书院教育的重要特色。中国书院在一千多年的发展过程中,形成了独具特色的祭祀系统。一般来说,书院祭祀的对象分三类:一是孔子和他的弟子,多以颜渊、曾参、子思、孟子"四圣"配享;二是本学派的创始人或代表人物;三是与书院有密切关系的重要人员。祭祀活动相当隆重,一般书院多根据《礼记》的规定,行"释奠"、"释菜"之礼。"释奠"是隆重的典礼,用全羊、全猪供祭,"释菜"是日常常行之礼,用枣、栗、兔、鱼等供祭。祭祀前,全体参加者要沐浴更衣,祭祀时要焚香、燃烛、揖拜、唱赞歌等。可以看出,书院的祭祀有很浓的承传学统和彰显地方文化的色彩,其传承性与地域性特色十分明显。在中国书院发展过程中，形成了几个各具特色的地方学术传统和地域文化，如赣学与赣文化、蜀学与蜀文化、湘学与湖湘文化、徽学与徽文化、浙学与浙江文化。书院的祭祀活动，对保存地方文化和学术传统有重要的促进作用，如江西的书院祭祀朱熹、陆九渊，湖南的书院祭祀周濂溪、胡安国、张栻，四川的书院祭祀三苏父子，浙江的书院祭祀吕祖谦、陈亮等。家族书院在一般书院祭祀活动的基础上，还增加了祭祀祖先的内容，祭祀祖先主要是提高后人的家族荣誉感，培养见贤思齐的上进心，从而提高学习的自觉性和积极性，达到家族兴办书院的目的。作为一所典型的家族书院，华林书院也十分注重书院的祭祀活动，其祭祀对象为家族先祖和先圣先哲先贤。"惟公身表人伦，志在礼乐，乃捐资若干金，粟若干石，访求圣贤遗址，鼎建更新。创祠三十间，塑像自宣圣十哲以下七十余座……二仲释菜，遵访成规，刊为令典，令佐行礼。"[46]可见华林书院不仅与其他书院一样重视祭祀活动，而且规模还很大，仅家祠就有30间，先圣先哲先贤塑像70余座，更为重要的是祭祀礼仪已经程序化，成为定制。

（八）书院的管理

中国书院的管理体制产生于唐，基本定型于宋，是一个由产生、形成、演进并完善的渐进过程。宋代尤其是南宋，是书院管理体制形成并得以确立的重要时期，其管理方式借鉴官方学校、禅林精舍、道家清规，形成各种管理制度。以吕祖谦乾道四年、五年为丽泽书院制定的《规约》、朱熹的《白鹿洞书院揭示》、陈文蔚的《双溪书院揭示》、徐元杰的《延平郡学及书院诸学榜》以及《明道书院规程》为代表，淳祐五年（1241年），宋理宗将《白鹿洞书院揭示》亲书颁行太学，成为天下书院和官学共同遵守的教规，书院完成并确定了自己的管理体系。这个体系组织严密，分工明确，便于操作。其基本制度包括五个方面：一是以山长负责制、堂长负责制为代表的管理体制及其与之配套的组织系统，它从组织上保证书院的管理有序有效地进行；二是师资管理，主要是山长的遴选，或重学行，或重科举出身，从制度上提出资格的要求，确保书院的学术研究及教学水平能够达到一定的标准；三是生徒管理，入院肄业要经过考试，且有名额的限制，学业德行各有要求，言行举止皆有尺度，建立了考勤、奖惩制度；四是教学管理，山长授课依课程定期进行，有授讲、签讲、复讲等方式方法，生徒学习按早上、早饭后、午后、晚上四节，各定功课，形成"日习常式"，每月定期考试；五是经费管理，经费的筹措，常年开支的分配，各有定规，它从经济上保障书院的正常运行。作为家族书院的代表，尽管目前还没有详细的史料记载华林书院的管理制度，但从时代、名气、性质与之相近的德安义门陈氏东佳书堂的管理制度中，我们可以分析出华林书院的一些管理方法。唐大顺元年（890年），陈崇制定的《江州陈氏家法》中，有两条涉及东佳书堂的管理。具体内容是：

一、立书堂一所于东佳庄，弟侄子姓有赋聪明者，令修学，稽有学成者应举业。除现置书籍外，须令添置。于书生中立一人掌书籍，出入令照管，不得遗失。

一、立书屋一所于住宅之西，训教童蒙，每年正月择吉日起馆，至冬月解散。童子年七岁令入学，至十五岁出学。有能者令入东佳。逐年于书堂内次第抽二人归训，一为先生，一为副。其纸笔墨砚并出于宅库，管事收买应付。[47]

以上史料说明东佳书堂由书屋、书堂构成一个高低有别而又相互联系的教学体系，书屋训教童蒙，书堂是级别更高的教育场所（图2.8）。7～15岁入书屋就读，15岁后有能力者入东佳书堂就读。入学者为本族子弟。由书屋进书堂就读实行考试制。书籍管理"于书生中立一人掌书籍，出入令照管，不得遗失"。书屋教师"逐年于书堂内次第抽二人归训，一为先生，一为副"。书籍由家族购买，纸笔墨砚等必需的开支由家族负担。华林书院与义门陈氏的东佳书堂同为家族书院，同在江西这一地方，同是著名书院，在很多方面情况相近，在族长的统一领导下，书院的管理制度应该与东佳书院基本相同：一是书院管理制度的制定由家族负责，家族是书院的最高领导人。二是书院的日常经费由家族学田承担。三是书院可能与东佳书院一样，是一个高低有别而又相互联系的完整教学体系，书院招收的学子为胡氏家族适龄子弟。据《华林胡氏族谱·书院志》载，胡仲尧不仅创办了一所华林书院，而

图2.8 奉新县随湖村民国年间建造的"遗经书屋"

且在会埠稻田创建了郁竹书院、南恒书院和车坪书院。四是书院教学、用餐制度严格。书院用餐实行男女分开的东、西膳堂制，"东男膳堂，西女膳堂，一日三膳，苍头击鼓，膳者咸集，莫敢混乱"[48]；女生要垂帘听课，"乡党名流依绛帐"[49]、"讲学搴纱幕"[50]。五是老师待遇十分优厚。华林书院除了正常的教师外，还经常有高水平的人士前来讲学，外请老师在吃、住、行和俸禄方面给予特别待遇，"弹铗宾朋总食鱼"，"玳瑁珠履延豪士"[51]。六是书院书籍应有专门的管理制度。华林书院的书籍在万卷以上，这么多的书籍没有专人负责管理肯定不行，可能与东佳书堂差不多，设专人管理。

（九）书院教学特色

华林书院在北宋初期名声显赫，是当时朝廷大力褒奖、士大夫极力推崇、莘莘学子倾心仰慕的一所著名书院。"岂直豫章之间气概，以占皇宋之文运矣"[52]，其盛况可见一斑。华林书院有这样的地位，是与其鲜明的教学特色分不开的。分析起来，华林书院在教学方面主要有以下五个特色。

一是与科举紧密结合。隋唐以降，士族制度日渐衰落，庶族地主势力得到迅速发展，反映在选官制度上，就是自魏晋南北朝以来维护士族利益的九品中正制被废止，取而代之的是科举制。科举制发端于隋代，至唐代日益得到完善，一大批原来经济实力雄

厚而没有政治地位的庶族地主子弟,通过科举制而进入朝廷的官僚体系,扩大了统治阶级的统治基础。唐太宗曾高兴地说过天下士人皆归其所用的话,可见科举制在吸纳人才方面的功用。民间书院创建者的主体是乡绅,而乡绅的主体又是庶族地主。庶族地主有经济实力,但没有与其经济地位相适应的政治地位。他们创办书院的主要目的有两个:一个是提高本族子弟的整体素质,有利于本族的繁衍与生存;另一个就是入仕做官。"学而优则仕"是中国人尤其是读书人根深蒂固的思想,通过参加科举登科入仕,出将入相,光耀门庭,对家族和学子本人来说,都具有巨大的吸引力。北宋初期,由于国家初创,百废待兴,国家无力兴办官学,采取支持民间书院、以书院学子参加科举的政策,为庶族地主子弟入仕创造了极为有利的条件。承唐末和五代之乱的宋初,书院能得到飞速发展,是与政府扶持书院的政策密切相关的。华林胡氏从渊源上来说,发端于刘宋,由军功起家,应属于庶族地主之列。尽管华林胡氏发展到北宋初期已是当地大族,经济实力强,但政治地位并不高。兴办书院,使本族子弟通过科举进入仕途、光大门庭,是华林胡氏提高家族政治地位的唯一选择,也是当时切实可行之路。华林胡氏的这一强烈愿望,在北宋初期正好与朝廷支持书院的政策相一致,使华林胡氏通过科举入仕的愿望得以实现。从华林书院的藏书、师资(大量游学之士)、皇帝褒奖、大臣名人赞词、中进士的人数来看,与一般家族书院以蒙童教育为主、教育水平低完全不同,华林书院在当时是一所顺应时代发展需要、与科举制结合密切、教学水平高、影响大、成绩出众的家族书院。

二是推崇理学。在中国思想史上,两宋时期的理学占有重要地位。自汉武帝确立儒家在国家哲学的独尊地位以来,儒家文化就一直是中国封建社会的主体文化。书院兴起以来,不论朝代如何变更,儒家文化始终规定了书院的办学宗旨、教学内容、教学形式和方法。到了北宋,周敦颐、二程兄弟等一大批思想家以儒家思想为基础,吸收佛、道两家之长,创立了理学。到南宋时,朱熹、张栻、吕祖谦、陆九渊等一批大师继承发展了北宋时期创立的理学,使之发扬光大,成为国家占统治地位的显学,直到明代王阳明创立心学。从理学的发展脉络来看,北宋时期是理学十分活跃的时期,对理学的讲授和研究,是书院教育的基本内容。同时,书院也是理学传授和传播的重要阵地。书院的教育宗旨是明人伦、辩义利,重视明道致用,因此书院的教育内容主要是《四书》、《五经》等儒家经典及理学大师对儒家经典的研究成果,如《大学》、《中庸》、《论语》、《孟子》,周敦颐的《太极图说》、《通书》,程颐的《伊川先生外书》。华林胡氏为"南昌望族,德业灵昌,皇帝雍熙敕旌孝义,若弟若子,文章策名;无长无幼,礼让崇训","创祠三十间,塑像自宣圣十哲以下七十余座",而"孔子之庙,在先朝诏州县并建,与社稷同独"[53],可见华林胡氏不仅家大业大,而且深受儒家思想影响,讲人伦、重礼义,祭祀孔子等先圣先贤先哲,家风之好,连皇帝都给予褒奖。这样的家族兴办的书院,自然是以儒家思想为指导。因此,不论从封建伦理道德需要上,还是从科举需要和当时书院发展趋势上看,华林书院都应是一所推崇理学的书院。

三是崇尚文学。在推崇理学的同时,华林书院十分注重文学,把文学作为教学和研究的重要内容。这首先是科举的需要。自唐代开始,以诗词为主要内容的进士科目日益受到社会的推崇,唐代在诗歌创作方面达到顶峰。北宋重文轻武,尊文崇道,承唐代诗歌辞赋之盛风,诗词成为科举的重要内容。要想考中进士,必须在诗词等文学方面下工夫。华林书院是一所与科举紧密结合的书院,要想在科举中取得好成绩,在学好儒家经典的同时,还必须学好诗词散文等文学课程,华林书院的学子们在书院可以尽情地呼吸文学的芬芳气息,这可从被邀请到华林书院讲学的全都是文学家一事中得到证明。当时诗人曾致尧曾说华林书院"宾友尽为文苑客",他们个个都"沉意诗书苑,游心翰墨场"[54]。他们对历史上著名的文学家充满了景仰敬慕之情,"若把公卿名刻石,共瞻驷马慕相如"[55],不羡公卿,只慕相如,爱好文学,直言不讳。另外,华林胡氏还花巨资收集、刊刻当时大臣名家对华林书院所作的诗集。据史料记载,时在朝公卿大臣作诗赞美者72人,官至宰相的有宋琪、吕蒙正、张齐贤、向敏中、王钦若、晏殊、陈尧叟等。在中国文学史上声誉最大的除苏东坡、黄庭坚外,王禹偁、杨亿、刘筠、乐史等都有赞诗,共得诗37首,后邮寄者又得诗35首,共72首。"所得诗什,自旧相、司空而下,作者七十二人,铨次官位,灿然成编"[56],"于今寥歌不绝,又得三十余篇,议载刊刻"[57]。华林书堂诗集有上、中、下三卷,华林书院诗序有序一、序二两本,诗集和诗序都请名人作序,说明胡氏家族对文学的重视。72首诗见诸于《奉新县志》和《华林胡氏族谱》。宋绍熙中(1190~1194年),奉新县令李兼绩,利用当时名人优势,将72首诗记得于县斋,号《华林诗堂集》。其次是胡氏家族的爱好。除与参加科举的实际需要外,华林胡氏家族本身也对文学情有独钟,"家崇孝悌,户习诗书,弦歌之教,讲颂之声,无时或息,猗欤盛哉"[58]。正是这种喜欢诗书的良好风尚,保持了华林胡氏儒雅淳厚、若弟若子、长幼有序、礼让崇训的家风。

四是开放式教学。古代家族书院的教育对象为本族孩童,学生人数少,一般在几人至二三十人之间,老师一般是1~2人。家族书院的性质、教学的性质和师生的人数等因素,决定了家族书院的教学一般是封闭式教学,即学生只是本族子弟,外族子弟一般是不招收的,老师或为本族的读书人,或为专门外请的先生。家族书院这种教学模式,决定了书院教育属于启蒙性,无力直接参加科举,所以学生到了一定年龄就要外出到官学深造。北宋初期,由于官学不兴,民间书院取代了一部分官学的功能,比如,书院学子没有后来的一些条件限制,可以直接参加科举。政府的这一政策,使宋初一部分民间书院按照参加科举的要求来办学,教学水平得到较大的提高。华林书院就是这部分民间书院的佼佼者。要使书院的教学水平达到科举的要求,就必须改变书院的封闭式传统教学方法,大量聘请名师前来讲学。华林书院也是这么做的。"四方来学者,常数十百人"[59],当时诗人曾致尧也说华林书院"宾友尽为文苑客",这起码说明了几个问题:华林书院向"四方来学者"开放,说明开放的地域很宽、广度很大;来华林书院讲学、求学的"尽为文苑客",说明崇尚文学风气很盛;来华林书院"常数十百人",说明来求学、讲学的人数多、规模大,要知道,当时书院学生一般只有几人至二三十人,"常数十百人"的流动性师生数字在当时不说是最多,也绝对不是一般书院能比拟的;来华林书院"常数十百人",说明华林书院学术交流活动非常活跃;"别种梧桐养凤凰","玳瑁珠履延豪士",说明华林书院在吸引高素质教师方面舍得花本钱;每年用华林山下八百石田租作为书院的日常办学经费,说明华林书院在教学方面开支确实很大。可以说,正是因为华林书院有海纳百川的胸襟,才有活跃的学术氛围,才能引来高水平的教师，才能有科举的丰硕成果。

五是重视女子教育。"女子无才便是德"是中国封建社会的传统，也是中国传统的准则之一。在中国封建社会，女子的许多人身权利是受到限制的，受教育权就是其中之一。因此，在中国漫长的封建社会，女子是不能正式进学读书的。但华林书院在历史上的独到之处，就是重视女子教育，此为全国首创。我国历史上著名书院很多，但至今尚未有史料证明有招收女生的先例。华林书院作为一所家族化的书院却破天荒地做到了，累世聚居的华林胡氏，女性也有受教育的权利，也可以进书院读书，书院中的女生也跟男生一样，享有书院的各种待遇和权利，若有名流来讲学，她们便列绛帐、纱幕以听，书院举行盛宴，她们照例参加。这在当时的条件下，书院的创办者如果没有开明的思想是做不到的。"始居浮云书院，家置租税五十余石，聚爨五百余口，第宅阀阅，迢遥半市，东男膳堂，西女膳堂，一日三膳，苍头击鼓，膳者咸集，莫敢混乱"[60]男女膳堂分开，固然反映了主办者"男女授受不亲"的封建思想，但也说明是为女性作了专门筹划和安排的。"乡党名流依绛帐"（晏殊诗），"讲学搴纱幕"（杨亿诗），写的就是书院女生列绛帐、纱幕听课这件事。宰相向敏中题诗"花凝玉勒含烟露，酒泛金樽醉绮罗"[61]，说的就是女生参加书院盛宴时的场景。随着女生学风的形成和发展，书院的女教师也应运而生，担任书院女教师的大多是华林胡氏家族的"奇女子"，她们天资聪慧、持躬淑顺，被华林世家称为"巾帼宗师"。有趣的是，这些"巾帼宗师"既是其子女的启蒙教师，又是丈夫的亲密同学，她们在胡氏家族与华林书院间架起了一道教育桥梁。

（十）书院的道教色彩

从书院的选址来看，道教色彩非常浓厚。华林书院坐落在华林山上，而前面已说过，华林山自古就是一座道教名山，是道家圣地（图2.9）。"昔浮邱公隐居之所，今南峰号为浮邱岭，吴猛于此立坛，基址犹存"[62]；"浮云山在县西南甲子十里，周回二十里。上常有紫云如盖，土人以占晴雨，辄应。其山腰有李八百石洞，南有浮云宫、投龙洞，西有呀口石，宫前有剑池、丹井、会仙桥诸胜"，"玄秀峰在县西南三

图2.9 浮云观（宫）遗址

十五里，华林山之东南，奇秀耸立。相传王母第九子玄秀真人筑坛于此，以祭灵仙。稍下一阜为仙姑坛"[63]。书院建在道教名山上，不仅说明书院创办者信奉道教，而且书院的师生天天在这样的环境中读书生活，耳濡目染，也会深受道教影响。从华林胡氏家族的墓葬来看，道教色彩也非常明显。"仲尧公卒，即葬于八百洞右。盖生既吟憩于其间，列亦思羽化藏玉于其所"[64]，书院创办人死后即葬于八百洞右，无疑是想沾点道家的"仙气"，反映了胡氏信奉道教的虔诚心理。从华林书院的题咏来看，宋代许多名公巨卿留下了不少关于华林书院与道教的诗句。翰林学士中书舍人张洎写道："草堂临洞壑，仙药满庭除。近接真灵境，时回长者车。"翰林院知制诰钱易写道："云影阴书晃，松

光湿道衣。"这些充满浓郁道教色彩的诗句,也证明了华林书院与道教的息息相通。从对道观的捐助看,华林胡氏对道家情有独钟。"直孺公克忠于国、惟孝于家,念祖垅而兴思,顾丘墓而怵惕,于是易书院为宫观,捌租于主持,山上八百香火有资,山下八百资盛有供。"[65]胡直孺决定举家外迁时,易书院为宫观,将书院和田产悉数捐与,可见书院与道观的关系非同一般。

(十一) 书院的教学成果

华林书院经过胡仲尧兄弟及其子孙们的辛勤努力,通过北宋王朝的多次旌表,经过名公巨卿的大力扶植,经过学者名流的精心浇灌,规模越办越大,"传经者已数代,肄业者常千人"[66]。学者洗墨于稻田致呈黑稻之祥,可见人数之多,规模之大。胡氏一门先后有55人在宋朝高中进士,受到宋朝皇帝的多次赞赏。宋太宗敕旌表华林胡氏义门学,又面赐袍笏、御书百卷、御札行书两卷、白金祭器二百,以光私第,华林"义门"、"义学"从此名扬天下。宋真宗咸平三年(1000年),胡仲尧三子胡用庄、胡仲华的儿子胡用时、胡仲容的长子胡用礼兄弟三人同时高中陈尧叟榜进士,一甲第三名探花是胡用庄。宋真宗亲笔作诗赞道:"黄河曾见几番清,罕见人间有此荣。千里朱幡迎五马,一门黄榜占三名。文星昨夜朝金阙,瑞气今朝拥朕庭。最喜状元并榜眼,探花俱是弟和兄。"这些高中的胡氏子孙,多数都成为国家的栋梁之材,成为刺史、尚书、宰相的也不乏其人,故宋真宗又作诗赞道:"忠烈膺天宠,褒封胜景居。文章华上国,孝义表门闾。世沐唐虞化,家传邹鲁规。一门三刺史,四代五尚书。他族未闻有,朕今只见胡。"宋仁宗题诗赞曰:"御宝印封给儒才,雨露恩深一叹开。上国风光归故里,表门钦赐九天来。"宋孝宗御笔赞:"朕笔亲题灿锦霞,满封官职遍天涯。名垂万古应难朽,庆衍千秋宰相家。"《宋史》将胡宿、胡宗愈、胡松年、胡直孺4人列入宰辅(图

图 2.10 乾隆庚子年编修的《华林胡氏宗谱》胡直孺画像

2.10)。当时在朝的公卿大臣为华林书院赋诗赞美者有72人,一时传为佳话。在宋太宗端拱二年(989年)胡克顺、胡用之叔侄二人同榜高中进士时,有名士作诗以贺:"秋闱共听鹿鸣歌,春榜同登进士科。四海二雄今绝少,一门双第古无多。蛟龙并起青云表,鸾凤联飞碧海阿。想得严亲知此地,也应含笑沐恩波。"杨亿把华林书院与义门陈氏的东佳书院、南康义门洪氏的雷塘书院列为江南的三大名书院。华林胡氏发展到此时,可谓是恩宠备至,无与伦比。正是因为创办书院,华林胡氏才能"簪缨累世";正是因为创办书院,华林胡氏才能登峰造极!这正好应验了地理学家司马头陀在为耿氏夫人选择墓地时说过的一句话:"子孙后代多仁义,久年方信读书贵。"作为一所家族化的书院能够达到"孝弟声华辉北阙,门闾显赫耀南方"[67]的效果,在当时来说是十分难得的。

(十二) 书院的繁衍

华林书院是一所规模宏伟、名闻全国的书院,自宋初创立,至明正德年间结束,其间经历了三个朝代,前后断断续续存在了600余年时间,尤其是在北宋时期延续了100多年。在它的深远影响下,奉新的书院不断繁衍,胡氏书院更是瓜瓞绵延。据《江西通志》(光绪版)、《南昌府志》(乾隆版)、《奉新县志》(同治版)以及有关族谱记载,自华林书院创办以后,胡氏后裔继承仲尧之志,先后在华林山周围创办过29所书院,连同华林书院、南恒书院、郁竹书院、车坪书院,共33所书院。这33所书院,同宗共祖,是一个庞大的、从低级到高级的完整的教育体系。现将29所书院情况简介如下:

(1) 兴贤书院。书院位于甘竹西房前,始创于南宋,重修于道光壬寅年(1842年)。书院创办者胡价(? ~1224年),讳彦谦,字集益,号仲蕃,胡直孺孙。进士及第,初主桃源簿,后调长沙教官,摄令辰溪,擢守泰安。《江西通志》有传。书院重修者胡秉忠(1796~1872年),行亨四,字荩臣,小字少庭,派名懋忠。族谱载:"道光丙申年(1836年)许宗师科入邑庠生。庚子(1840年)初增广生。本年及癸酉年(1836年)两科备荐。同治甲子科(1846年)呈荐,咸丰丁巳年(1857年)奉办团练,道宪吴春天准赏给军功六品衔。乙丑年(1865年)由本邑团局捐授贡生。道光己亥年(1839年)与八修族谱首事。壬寅年(1842年)倡首督修本乡兴贤书院。"

(2) 元秀居书院。书院位于官源下手,明嘉靖年间创建。书院创办人胡庆源(1502~1557年),行仁三,号一川,《十修族谱》卷一《水碓冈共官源详类》云其"明嘉靖二十二年(1543年)岁在癸卯,徙居官源"。由此可知,书院应创办于胡庆源徙居官源之后的一段时间。

(3) 续立华林书院。书院位于浮云八百洞前,由胡胎云、胡汝任二人创办于明崇祯壬午年(1642年)。胡胎云(1620~1664年),行登九,字子展,榜名大成。进士及第,官都察院观政。据《十修族谱》卷四《下坑振宗公支详类》载:"明崇祯壬午年(1642年),汇辑五修族谱,本年同族侄世相续兴华林书院。"胡汝任(1615~1674年),行翰三,谱名世相,邑增广生。《官源振声公支详类》云:"明崇祯壬午年汇辑五修族谱,本年同族叔大成首事续兴华林书院。"

(4) 文陶书院。书院位于南凤嘴水碓冈,创建于明崇祯戊寅年(1638年)。书院创办人胡介仲(1583~1654年),行家七,号陶轩,谱名旌节,邑庠生。《水碓冈共官源详类》载:"明崇祯戊寅年(1638年),手创南凤嘴文陶书院一所。"

(5) 淡香斋书院。书院位于竹下下手,由胡一洪与胡胎父子创建于明崇祯戊寅年(1638年)。胡一洪(1575~1668年),行周十,号华宇,乡饮大宾。《下坑叔昂公支详类》载:"崇祯辛未年(1631年)同弟宏宇创竹下新屋居焉。戊寅年(1638年)又创淡香斋书院一年。公生平乐善循理,载诸邑志。崇祯壬午年(1642年)五修族谱监定。"《十修族谱》卷三《书院志》云:"一淡香斋,在竹下下手,胎云创建。"又《淡香斋、三立居书院合记》载:"华宇公富而好礼,善积庆余,曾于崇祯戊寅年(1638年)手创淡香斋,即命郎君胎云公暨诸孙肄业其间,朝夕健扉,寒暑勿辍。"

(6) 华夏书院。书院又名青龙贴书院,位于华夏,由胡大用创建于康熙甲子年

(1684年)。胡大用(1651~?),字子行,号藏庵,邑庠生。《华夏大雅公支详类》载:"康熙甲子董建青龙贴书院一年。"又《华夏书院记》载:"胡子行公,是公学博而识超,尊贤而重士,乃集青公之八世孙也。以诗书绍先业,即欲以诗书训后人。一日,谓兄弟子侄曰:'尝闻百工居肆以成其事,君子学以致其道,汝等肯合力以构学室乎?'众曰:'唯唯。'公曰:'筑室必卜基,以我观之,则贴上最善,汝等以为可乎?'众曰:'唯唯。其如各属秋业何?'公曰:'此胜举也,有不相让者乎?'于是出公银七两,买田壹亩五分,使捄者捄,削者削,为数日而基址开。工师引绳,匠人运斤,不数月而学室遂成。由是怀书而来者,胡氏之子弟也;负籍而至者,四方之佳士也。升其堂,则见夫经史充栋;入其室,则见夫文章满箧。较之兰台石室,何多让焉!"

(7)三立居书院。书院位于竹下之东。创办人胡世谦(1658~1738年),字天益,号顺庵,康熙甲午(1714年)举人,候选知县。关于书院的创办时间,有两种说法:一说康熙壬午(1702年)后创建,《下坑振宗公支详类》云:胡世谦"康熙壬午后手创居土库四进,及三立居、静远堂书屋"。一说康熙己卯(1699年)冬创建,《淡香斋、三立居二书院合记》云:"己卯冬受益公复创三立居,去淡香斋不数武,崛然并峙,如长庚、启明东西相望。因携诸郎君朝斯夕斯,庭训一堂,咿唔之声朗朗,与淡香相唱和。"

(8)静远堂书院。书院位于竹下之东,康熙壬午(1702年)后创建。书院创办人胡世谦。考静远堂书院,一名静远轩。《十修族谱》卷三《书院志》云:"静远轩在竹下之东,顺庵创建。"

(9)积余堂书院。书院位于淡香斋之左,由胡斯颢于康熙壬辰年(1712年)创办。胡斯颢(1681~1724年),行皆五,字又程,号积余。《下坑振宗公支详类》云:"康熙丁亥年(1707年)入泮,戊子年(1708年)补增,壬辰年创余堂书院一所。"

(10)博约书院。书院位于官源本居之东,原系胡汝任创办,后由其子胡斯予、胡斯溁重建于康熙壬辰年(1712年)。胡斯予(1615~1716年),行朴八,字翟在,胡汝任长子。《官源振声公支详类》载:"康熙壬辰年同弟斯溁创下首博约书院一所。"胡斯溁(1666~1747年),行及十,字佐洪,胡汝任幼子。考博约书院,一名博约斋,据《十修族谱》卷三《书院志》载:"一博约斋,在官源本之东,汝任创建,康熙辛卯男斯予、斯溁重之。"

(11)有邻堂书院。书院位于上坑,始建于康熙壬戌(1682年),书院创办人胡斯云(1660~1696年),行之一,字纪臣。《下坑振邦公支详类》载:"康熙己巳年(1689年)入泮第一,考卷刊刻行世,壬戌倡首创有邻堂书院一所。"

(12)浣心堂书院。书院位于甘竹,创办于康熙戊子(1708年)。书院创办人胡慕瑷(1685~1716年),行传八,字次兰。《下坑转徙甘竹振祖公支详类》载:"康熙己丑年(1709年)县试冠军,辛卯年(1711年)入邑庠生,戊子偕弟创下首浣心堂书院一所。"据此,可知胡慕瑷之弟亦系书院创办人之一。考其弟胡慕瑜(1697~1722年),行攀三,字次佩,业儒生。

(13)飞跃轩书院。书院位于官源上手龚家堆,由胡斯珂创办于康熙辛卯年(1711年)。胡斯珂(1660~1737年),行之七,字次石。《官源振声公支详类》载:"康熙辛卯年创飞跃轩书院一所，康熙庚子年（1720年）施驾山祖师殿僧田租四石。"

（14）铁掩门书院。书院位于官源，始建于康熙己亥年（1719年）。创办人胡斯骕（1660~1737年），行经六，字幼良，号少卿。《官源振声公详类》载："康熙癸未（1703年）入郡庠生，庚子（1720年）同兄建香火屋前新居二所，己亥年（1719年）建铁掩门书院一所。"

（15）朴斋书院。书院位于鸣水居左东，创建于康熙至乾隆年间。首创人是胡汝器。胡汝器（1701~1776年），行星九，《书院志》载："一朴斋在鸣水居左东，汝器创建。"

（16）凭栏得远峰书院。书院在甘竹新祠东侧，始建于乾隆壬辰年（1772年）。书院创办人胡周开（1733~1775年），行武七，字九皋，《十修族谱》有传，传云："君姓胡，名声闻，一名周开，九皋其字也。……于是构学舍于祖祠左，历聘名师，传以教之，盖欲有以绍光徽而光大其门也。"《下坑转徙甘竹振祖公支详类》云："乾隆乙亥年（1775年）入国学，改名声闻。乾隆壬辰年（1772年）建祖祠左侧书屋三重，甲午年（1774年）重建文庙首事，又修门前石路数拾丈。"又《书院志》载："一凭栏得远峰，在甘竹新祠东侧，九皋建。"据此可知，"祖祠左侧书屋三重"，即凭栏得远峰书院。

（17）泫可掬书院。书院在甘竹之西，由胡秀宣兄弟创建于乾隆己亥年（1779年）。胡秀宣（1759~1794年），行为七，谱名开华，捐名瑛。《下坑转徙甘竹之贵公支详类》云："乾隆戊戌年（1778年）入国学，辛丑年（1781年）七修族谱首士。己亥年（1779年）同弟开瑞、开意，建在兹芸窗一所。"《书院志》载："一泫可掬，在甘竹之西，秀宣兄弟创建。"据此可知，在兹芸窗即一泫可掬书院。考胡秀宣之弟胡开瑞（1765~1815年），行寓四，字兆祥，别字辑五，业儒。胡开意（1769~1807年），行花二，字克诚。

（18）春山别墅书院。书院在甘竹祠后，道光己酉年（1849年）始创。创办人胡周层（1805~1881年），行毕十，字翠峦，号春山。《下坑转徙甘竹振公支详类》载："道光辛丑年（1841年），遵父（胡成授）命捐本邑登瀛集纹银壹佰两整，载邑乘，本年又遵例捐授，未入流，请领敕轴赐封父登仕郎。道光壬寅年（1842年），将租陆石奉送乡兴贤书院。道光己酉年创书屋、仓屋土库两所。"《书院志》云："一春山别墅，在甘竹祠祠后，周层创建。"据此，在道光己酉年胡周层所创书院即春山别墅书院。

（19）小峰精舍。位于甘竹大祠左侧，道光辛丑（1841年）由胡懋金创办。胡懋金（1800~1872年），行轩三，字品三，号小峰，业儒。《下坑转徙甘竹之民公详类》云："道光辛巳年（1821年）以派名由国学例授贡生，道光乙未年（1835年）郡伯张倡建义仓，以长子取名绍曾乐输银三百两，汇奏奉旨旌奖乐善好施，议叙正八品职衔。本年出赀修门前横直石路壹佰数十丈。道光己亥年（1839年）捐晚租八石助奉嘉福观以为香灯之费。道光辛丑年（1841年）创小峰精舍书屋及横屋一所。壬寅年（1842年）倡首督修本乡兴贤书院，捐送上车晚租十七石，又早晚租十一石，共计三十六石整。"

（20）淡宁轩书院。书院位于庙垴上，乾隆丙戌（1766年）始建。书院创办人之一胡斯泉（1703~1767年），行殊九，字长沅。《庙垴上振楚公支详类》载："乾隆甲子年（1744年）重修祖祠，壬申年（1752年）创修香火前屋一重，丙戌（1766年）首创下首学堂一所。"《书院志》云："一淡宁轩，在庙塆上，众建。"

（21）师古轩书院。书院在官源本居之东，康熙壬午年（1702年）始创。书院创办人胡世和（1635～1711年），行林九，字梅卿。《官源振声公支详类》载："顺治丁酉（1657年）入泮，康熙辛未年（1691年）修浮云宫玉帝金容及神龛石座。又捐奉本处壬子田雷打石及港背垅晚租七石，以为永远香灯之贽。壬午（1702年）创师古轩书院一所，同治丁卯（1867年）裔孙等重修并住居左边大石旁楼屋二重，己丑（1709年）重修水碓冈下首三板桥一座。"又《书院志》云："一师古轩，在官源本居之东，梅卿创建，同治丁卯年（1867年）裔孙等重建。"

（22）棣华园书院。书院位于甘竹之右侧，由胡开辉、胡开俊、胡开佽、胡开倬四人创办。胡开辉（1786～1844年），行备七，字照南，号炯亭。《下坑转徙甘竹之民公支详类》载："嘉庆乙亥年（1815年）入国学生，道光己亥年（1839年）八修族谱首事。"胡开俊（1794～1840年），行父十，字用章，号克斋，道光辛巳年（1821年）入国学生。胡开佽（1807～1843年），行用六，字灿章，号静斋，捐名锡思。道光己亥年（1839年）入国学生，八修族谱首事。同治壬戌年（1862年）冯宗师录取科举。关于书院的创办时间，史料有两种说法：一说为道光庚寅年（1830年）创办。据《十修族谱》"开辉"条云："道光庚寅年同亲弟开俊、开佽、开倬、创棣华园书院一所。"一说为咸丰乙卯年（1855年）创办。据《书院志》载："一棣华园同近居书院，在甘竹之右侧，照南同用章两两兄弟创建于咸丰乙卯年（1855年），易为东阳别墅。"

（23）近居别墅书院。书院位于甘竹之右侧，棣华园书院之左侧。道光戊戌年（1838年）创办。书院创办人系胡开辉、胡开俊、胡开佽、胡开倬四兄弟。《十修族谱》中"开辉"、"开俊"、"开佽"、"开倬"诸条均云："戊戌年（1838年）仍在书院（指棣华园书院）左侧创近居别墅一所。"

（24）聊以居书院。书院位于下坑上首，咸丰辛亥年（1851年）创办。书院创办人有胡履信、胡履祥、胡履中、胡履文、胡秉哲、胡秉成、胡再赓等。胡履信（1802～1867年），行言六，安孚吉，号诚斋，派名开信。道光己丑年（1829年）创万寿宫首事，己酉年（1849年）捐授从九品职衔。胡履祥（1809～1862年），行生八，字道从，号识斋，派名开隆。《下坑之瑄公支详类》云："咸丰辛亥年（1851年）同兄履信、弟履文、侄秉成，兄弟靠新屋左边创聊以居书院两重一所。咸丰己未年（1859年）遵藩司劝捐军饷，例授九品职衔。"胡履中（1814～1844年），行鸟二，字致和，号瑞斋，派名开凤，同治乙丑年（1865年）以子秉成职赐赠登仕佐郎。胡履文（1816～1875年），行帆七，字焕章，号朗斋，派名开文。胡秉哲（1820～1890年），行村九，字才华，一字春山，派名懋盛。胡秉成（1838～1893年），行遥四，字心泰，一字小山，派名懋应。胡再赓（1844～1885年），行馨四，字载歌，一字颂臣，派名懋赓，胡秉成之弟。《书院志》云："一聊以居书院，在下坑上首，咸丰辛亥年（1851年），履信同弟履祥、履文、侄懋应兄弟创建。"

（25）连兴别墅书院。书院在下坑，同治壬申年（1872年）创建。书院创办人有胡履文、胡懋唐、胡懋庆、胡懋阴、胡秉哲、胡秉成、胡再赓、胡开贤、胡开缓、胡懋梧、胡懋凤、胡周明等。《十修族谱》卷三《书院志》载："一连兴别墅，在下坑，同治壬申（1872年）连兴甲会，众建。"

（26）锡光别墅书院。书院在竹下上首龙颈下，光绪丁丑年（1877年）创办，创办人有胡慕韶、胡余波、胡咏清、胡咏梅、胡景运、胡景回、胡必诚、胡景湖、胡景炳、胡景炽、胡懋迪、胡景升、胡秉礼等。光绪己亥年（1899年）移基重建，重建人有胡文澜、胡文蔚、胡绍虞、胡绍瑗、胡文波、胡文江、胡景连等。《书院志》载："一锡光别墅，在竹下上首龙颈下，光绪丁丑年（1877年）彝忠公裔孙创建。"

（27）锦居书院。书院位于竹下，光绪己卯年（1879年）始建。创办人胡咏清、胡必诚。族谱："永清"条云："光绪己卯（1879年）遵父遗命，同叔必诚靠后头山土库左侧创建锦居书院一所。庚辰年（1880年）九修族谱首事。丁亥年（1887年）重修浮云宫首事。光绪癸巳年（1893年）盛宗师岁试，入邑庠生。"考胡咏清之父，乃胡慕韶，锡光别墅创办人之一。

（28）凌云书院。书院在官源，光绪癸卯年（1903年）始建。创办人系胡文星、胡文秀两兄弟。胡文星（1896～？年），行贻二，字拱辰，一字宿卿，捐名观澜。族谱卷九"文星"条载："光绪癸卯年（1903年）遵父遗命同弟文秀创万公香火背后凌云书院一所。"胡文秀（1879～？年），行戒七，字挹青，一字尉卿，业儒，捐名观涛。族谱卷九"文秀"条载："光绪年间入国学生。光绪癸卯年（1903年）遵父遗命，同兄文星创万公香火背后凌云书院一所。宣统己酉年（1909年）十修族谱首事。"

（29）重续华林书院。书院位于刘家岭，同治戊辰年（1868年）创建，光绪丙子年（1876年）重修。据《十修族谱》卷三《书院志》载："一重续华林书院，在刘家岭，同治戊辰年（1868年）甘竹支裔孙敬持倡首集七胜堂，众将置买刘家岭土库、屋宇、山场捐助，光绪丙子年（1876年）奉新胡氏各支裔重修。"

注　释

[1]　（元）欧阳玄：《圭斋文集》卷5，《文贞书院记》，四部丛刊初编（第78册），上海商务印书馆，1912年。

[2]　（清）袁枚：《随园随笔》卷14，江苏古籍出版社，1993年，198页。

[3][6][8][10][11][26]　（清）张朋翯：《高安县志》卷22，《桂岩书院记》，同治十年刊本，中国地方志丛书（第847册），台湾成文出版有限公司，1992年。

[4][16]　（唐）柳宗元：《送幸南容归使联句诗序》，《柳河东集》卷22，上海人民出版社，1974年，381页。

[5]　《雁门世派幸氏宗史》卷首，《浙东徐文华挽文贞公诗》，敦本堂，1995年。

[7]　（宋）朱熹：《晦庵集》卷99，《白鹿洞牒》，文渊阁四库全书本（第1145册），台湾成文出版有限公司，1992年。

[9][22]　《雁门世派幸氏宗史》卷首，《宋通议大夫清节公传》，敦本堂，1995年。

[12]　（唐）欧阳修：《新唐书》卷99，《选举志》，文渊阁四库全书本（第272册），上海古籍出版社，1988年。

[13]　（宋）陆游：《老学庵笔记》卷5，三秦出版社，2003年，第197页。

[14]　（宋）王溥：《唐会要》卷35，《学校》，中华书局，1985年。

[15][17][20]　《雁门世派幸氏宗史》卷首，《唐故开国子祭酒文贞公墓志铭》，敦本堂，

［18］（唐）张九龄等：《唐六典》卷21，《国子监》，文渊阁四库全书本（第595册）。
［19］《雁门世派幸氏宗史》卷首，《松垣公训》，敦本堂，1995年。
［20］（明）凌迪知：《万姓统谱》，文渊阁四库全书本（第595册），台湾成文出版有限公司，1992年。
［23］吕思勉：《隋唐五代史》，上海古籍出版社，1984年，第1271页。
［24］《雁门世派幸氏宗史》卷首，《柳桥车马》，敦本堂，1995年。
［25］（清）于成龙：《江西通志》卷18，《祀庙》，清康熙二十二年刻本，中国地方志丛书，台湾成文出版有限公司，1970年。
［27］（清）于成龙：《江西通志》卷19，《学校》，清康熙二十二年刻本，中国地方志丛书，台湾成文出版有限公司，1970年。
［28］于述胜：《中国的教育传统与教育创新》，《华东师范大学学报》2003年第1期。
［29］赵国权等：《教育与思想世界》，《河南大学学报》2005年第11期。
［30］（宋）胡逸驾：《祭华林始祖侍御史城公祖妣耿氏夫人二墓文》，宣统《甘竹胡氏十修族谱》卷一。
［31］［42］［59］（元）谢盘：《华林书院诗序》。
［32］［34］［35］［38］［39］［52］［66］（宋）徐铉：《华林胡氏书院记》。
［33］［43］［56］（宋）王禹偁：《华林书堂诗集·卷上序》。
［36］（宋）汤淳汉：《重修华林书院记》。
［37］《附尧公支下清浮云租产记》。
［40］［46］［53］［58］（宋）胡旦：《儒学记》。
［41］［48］［60］《华林胡氏族谱》，卷2，第251页。
［44］［45］［57］（宋）孙谨：《华林书堂诗集·卷中序》。
［47］（宋）陈崇：《江州陈氏家法》。
［49］［51］（宋）晏殊诗。
［50］（宋）杨亿诗。
［54］吴淑：《题华林书院》。
［55］（宋）孙迈：《题华林书院》。
［61］（宋）向敏中：《题华林书院》。
［62］《太平寰宇记》。
［63］《南昌府志》，乾隆版。
［64］［65］《华林胡氏族谱》。
［67］（宋）张孝隆：《题华林书院》。

第三章 文物古迹

一、地理形势

江西地处我国的中东部，东、南、西三面环山，东之武夷山脉，西之罗宵山山脉。罗宵山山脉北续的九岭山大部属东北方走向，西北部伸入江西，分南北两支：北支蜿蜒于铜鼓、修水、武宁与奉新、靖安之间，地势较高；南支经宜丰经奉新、高安间，即华林山，余脉过安义，东延入新建和南昌市湾里区为西山。

华林山脉西东横置，西接宜丰，北为奉新，南为高安。清代同治十年修纂的《奉新县志》（后引同一版本）记："华林山在县治西南五十里，高八十丈，周回五十里，半属高安。"清代同治十年修纂的《高安县志》（后引同一版本）载："华林山，治西北八十里，半属奉新境。"奉新、高安两地山连地毗，交往频繁，人熟族亲，文化融汇，习俗相近。尽管如此，华林山北南的奉新、高安两地，还是各自呈现出独特的地理面貌。

奉新县（图3.1）百丈争雄，九仙俪美，道路四达，商贾流通。奉新西接修水，北境靖安，东抵安义，南邻高安、宜丰[1]。总体看来，地形呈长条形，东西长，南北宽，三面环山，西高东低，逐渐向中、东部倾斜。县境的主干河流南潦河，源自西塔乡，西向东行，通贯全县，进入安义，接北潦河，汇成潦河，经永修县吴城镇西流入鄱阳湖。

高安（图3.2）境内地形北高南低，中间舒缓平坦，低山丘陵与河谷平原相间，北界华林山；南有蒙山、末山余脉逶迤；中部偏南有荷岭、枫岭横亘其间。河流以锦河、

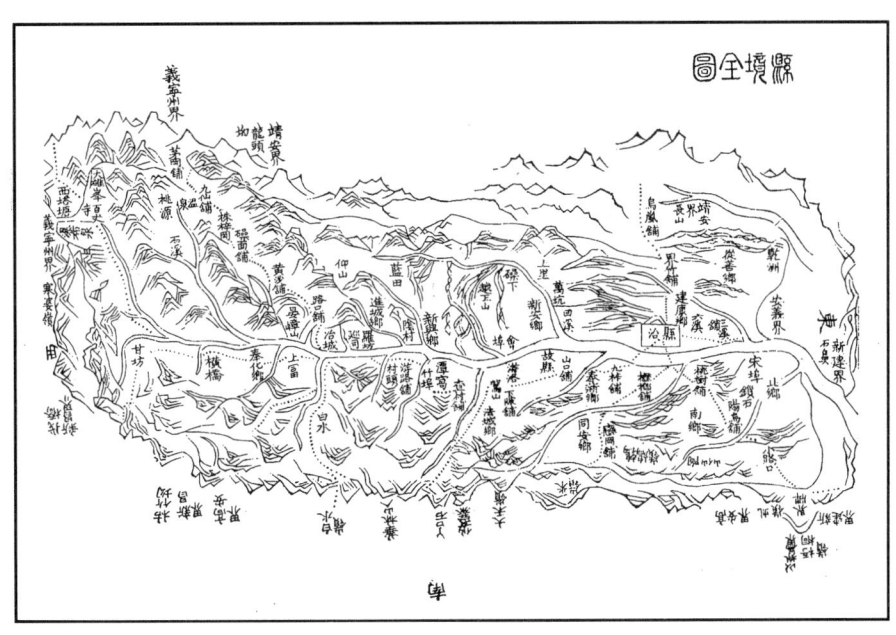

图3.1　清代奉新华林山及周边地图

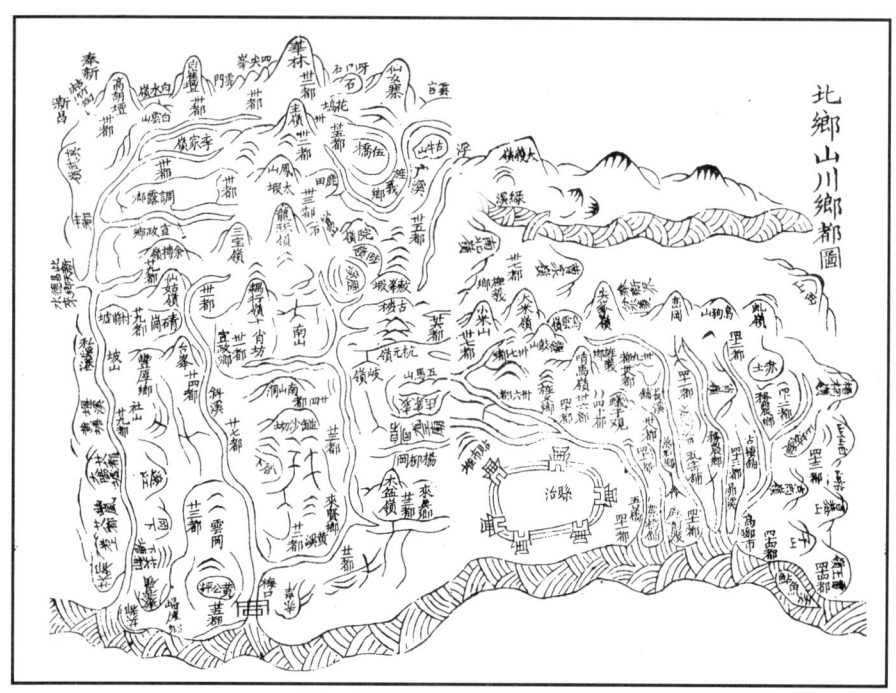

图 3.2　清代高安华林山及周边地图

肖江为主。《高安县志·山川志》载:"锦江源出袁州府万载县龙河渡,流至上高凌江,合新昌滕江,历郡城(高安)而东,汇于南昌之象牙潭,而入章江。"肖红经境内南部边缘,向东流至丰城市泉港注入赣江。

华林山地区春秋时曾属楚,秦属九江郡。汉景帝三年(公元前154年),江西西北一片区域设立海昏县,和帝永元十六年(104年)海昏分置建昌县。汉灵帝中平二年(185年)分海昏、建昌两地,设置新吴县,县治在今奉新会埠,仍属豫章郡。唐中宗神龙二年(706年)县治迁至冯川。南唐保太元年(973年),杨吴帝位禅李昇让于南唐,为避讳,遂更新吴为奉新。此后奉新长期隶属南昌府。

高安建县始于汉高祖六年(公元前201年),取名建成。东汉末年,三国鼎立,建成县属孙吴。黄武年间(222~228年),从建成县分置出上蔡县,又折出宜丰、阳乐(今万载县)两县。两晋、南朝时期,建成县仍属豫章郡。唐高安地设置靖州,先改名米州,继改名筠州。武德八年(625年)废靖州,复高安县,隶属洪州。南唐保大十年(925年)复置筠州,治所高安,领高安等四县。宝庆元年(1225年),因"筠"字与理宗赵昀名同音,且恰逢州治后山的碧落堂发现一株十四茎灵芝草,视为祥瑞之兆,乃改筠州为瑞州,高安仍是县名,为瑞州治所。明清两朝改路为府,高安归瑞州府治。

华林山山势延绵,多呈现对称直线坡或凸状坡,坡度60°以上,十余座海拔600米以上的山峰山姿各异,植被多样。最高峰华林寨海拔816米,自然植被以灌木、毛竹为主。华林山属江西古老的花岗岩体型低山地貌。花岗岩生成于地壳内部,经受的温度高、压力大,比较坚硬,地下花岗岩在地壳的变动过程中露出地表,形成山地花岗岩景观。当花岗岩出露地表并处于强烈上升时,如流水沿垂直节理裂隙下切,形成石柱或孤峰。石柱、孤峰又丛集成为峰林,当流水沿花岗岩体中近于直立的剪切裂隙冲刷下切时,形成近于直立的沟壑,沟壑越来越深,形成两壁夹峙,向上看天如一线,民间名为"一线天"。在华林山上,大自然的鬼斧神工、天然杰作时有可见,海拔 624 米的丫口石就是这样的一处天然景观。

"丫口石在浮云山西,一石分三尖。"[2] 这是远处眺望丫口石最直接的感受,故百姓形象名之。其处在华林山脉中段的山峰之上,位于浮云山西面,华林胡氏祖居地离其不远(图 3.3)。丫口石乃由表面岗层受地壳运动影响分裂的巨石矗立而成,其中数块巨石搭构成一种罕见天然景观。岩石群由 8 块巨石自然叠成,竖石最高有 64 米,底座直径达 103 米。岩石割裂,巨石错构,巷道纵横,石缝交错,宽者大过 1 米,窄处不足 1 尺,拾足其上,

图 3.3 华林胡氏祖居地周围山峦

侧身挤过,抬头仰望,一线天奇观进入眼帘。此时山风徐徐吹来,顿感神怡情悦;而每当大风狂扫之际,丫口巨石就会发出特殊的声响,若隐若现,如鼓角之鸣。

由于个人感受差异,观察远近、角度高低的不同,人们面对丫口石,会产生千姿百态的具体意象、景观变幻,浮想联翩,或似乌鸦张嘴,仰口向天;或似神剑劈开,四分五裂。南北方向看去,犹如龙盘虎踞,仰天长啸;东西方向观看,实是巨石层叠,自然造化,魅力无穷。亲临此景,感慨万千,会使人有"丫口石峰下,万岭不思游"的感叹。

丫口石恰好置于奉新、高安两地分界的山脊,登峰举目眺望,北朝奉新,南面高安,山色美景,尽览无余。丫口石形成的奇妙景观,是大自然的神妙造化。千年来,丫口石身躯伟岸,屹立不动,成为华林山上最瞩目的地标景物;千年来,丫口石成为华林地区百姓心目中的神物,更是华林胡氏子孙寻找始祖踪迹的标志。

《华林胡氏宗谱》录有《丫口石赞》诗:"旧石传名不计年,嵯峨高踞碧山巅。苔痕翠滴松筠接,瘢迹光涵星斗连。远看三尖分绝顶,近闻峭壁泻寒泉。曾为罗武修真处,胜概千寻锁暮烟。"它既对丫口石的自然面貌作了形象的描绘,也对其人文内涵作了点题。丫口石形姿耸立,构象奇绝,高山之巅,云烟笼罩,自然会吸引追逐神术仙技先民的注意。此处很早就成为方术道士修炼、祭神的场所,"相传梁时罗武修道之所"[3]。丫口石奇特的形状难免使人产生奇怪的想象,有人以为此乃石精怪物。唐代浮云宫道士夏主信就曾在丫口石前,运用"掌心雷制石精"法术来降服石怪,据说他便在此呼风唤雨,雨涝祈晴,长旱祷雨,总是灵验。长期以来道士在此施术,加上民间的各种传说,百姓对丫口石产生了崇拜、敬畏之情。明代正德年间,华林山暴发了大规模的农民起义,有一个名叫陈福一的人,自称为神,通天接地,利用人们的畏惧心理,竟在丫口石前杀人祭祀神灵,达到恐吓民众的目的[4]。

二、仙道古迹

文明曙光未现之时，先民充满了对大自然的好奇，孜孜不倦地探索自然、人类之谜。在此过程中，文明与迷信同伴，智慧与愚昧交织，探索与困惑相随，产生了原始宗教萌芽的土壤。中国古代出现了方术、阴阳术、神仙术等形形色色的原始巫祝神术。

早在公元前21～前11世纪，夏商奴隶社会巫祝、鬼神崇拜兴盛。《周易·观卦象辞》说："观天之神道，而四时不忒（不差错），圣人以神道设教而天下服矣。"主持神道的人为巫祝。巫以歌舞降神，祝以言辞悦神。巫祝还替人治病、卜筮吉凶、画符念咒等，这些法术统称巫术。

方仙道出现于春秋战国时期，甚至更早，由于神仙思潮的影响，苍莽大地上已出现了一批倾慕和追求神仙术道的群体。《庄子》中生动具体地描绘了这些"神人"、"至人"、"真人"的情况和生活。《楚辞》中也说他们"羡往世之登仙"。这些方士、神仙家、阴阳家、方技家、术数家等，习练登仙之术，追求长生不死。中国各地留下许多古代神仙术士的遗迹，民间世代传说他们的故事。

自战国神仙家兴起以后，人们逐渐形成一种观念：神仙是一些能轻身飞举的超人，他们居处于天界，常"乘云气，御飞龙，而游乎四海之外"。由此形成了道教长生成仙的基本信仰。在漫漫的历史长河里，这种神仙及道教文化融会于中华民族的民风习俗之中，潜移默化地渗入了人们的思想观念。

自古以来，江西山秀水灵，吸引着大批神仙方士依山结庐，傍水筑室，餐霞饮露，开灶炼丹，留下了大量的神仙遗迹。道教形成后，历代黄冠羽流经营山水天地之间，于洞天福地之中建宫立观，如同人间仙境，为江西名山胜水平添了许多神秘的色彩。

华林地区山峦回复，密林幽深，石怪洞深，溪涧抱绕，古木葳蕤，遮天蔽日，翠竹掩映，苍松挺拔，云蒸霞蔚，雾罩霭拥。山中常常出现云气蒸腾和风物变幻的自然现象，使人容易感到变幻莫测和迷惑不定，是产生神仙信仰的最好土壤。华林群山留下了不少神仙踪迹、道教遗址，民间传说世代不绝。其中以浮云山最为著名，因一年四季浮云不歇，"每有紫云如盖"，而得此名。它位于奉新县西南的赤岸乡、会埠乡与高安的伍桥乡、华林镇之间。因而，二地早期的主要神仙传说大体相同，只是枝末细节略有区别，两地的传说、古迹既有重叠，又有联系。

华林胡氏祖先生活的地区，浸透了浓厚的仙道文化。当他们定居下来时，一方面，要开垦田地，建立基业，为衣食住房等基本的生活需求忙碌；另一方面，在长期的生活过程中，家族成员必定会从当地的文化之中吸取养分而成长壮大。反而言之，胡氏家族形成的家族文化又会反哺当地的文化，使之成为地方文化的一部分。我们通过了解华林地区的仙道文物古迹，就会加深对此的认识。

（一）八百洞

八百洞（图版三，1），全称李八百洞，是浮云山中浮云观西面一个幽深的岩洞，古代列入奉新八景之一，即"八百洞天"。相传高士孙智谅接受张天师法妙之书，后将此书藏于此处,故又有"天师石室"之别称。

中国道教历史悠久,在其历史发展过程中,道教宫观遍及全国各地,规模不等,形制各异。总体看来,中国道教宫观分成三类:宫殿式,建筑豪华,气度宏大;普通式,建筑一般,结构尚全;简朴式,朴素茅庐,自然洞穴。在建筑规模上,三者有很大区别,前者奢华,后者简陋,但它们的目的与功用却是一致的。《易·系辞》中说:"上古穴居而野处,后世圣人易之以为宫室。"大山深处的洞穴成了仙人、道士最佳的居所,因为它不仅可以遮风避雨,消暑取暖,还能够幽深入地,或可通达天庭,正所谓洞者"通"也。

葛洪《抱朴子内篇·道意》在谈到李家之道何时兴起时说:"吴大帝时,蜀中有李阿者,穴居不食,传世见之,号为'八百岁公'。"人们每每问他问题,李阿并不答话,只观察他的表情就可占卜吉凶。如果脸色欣喜,那么办事吉利;假如容颜悲戚,那么办事就有凶险;倘若李阿含笑,就有大喜事;若是微微叹息,就有深深忧患。《四川通志》载:"夏李八百,蜀人,初居筠阳之五龙岗(今高安城区),历夏、商、周,年八百岁。一云动则八百里。时人因号李八百。或隐山林,或居尘市,又修炼于华林山石室……"《奉新县志》载:"李八百,名常真,蜀人,自称年八百岁,故人以为号。又传,白鹿先生谓陈抟曰'神仙李八百,动则八百里'。二说未详孰是。"总之,根据华林山地区民间传说,李八百原在四川,后至江西,长期活动于浮云山中,石洞就是他长期修身之地。

洞口通高 1.08 米,宽 3 米。洞岩坚硬,色泽如铁,巨石横卧,恰成门额。上部题刻文字(图 3.4),横书四个大字"八百洞天",下部镌刻:"蜀士李八百,自夏后戊戌隐此,至大宋癸亥嘉泰三年(1203年),三千三百八十六年。住山蜀弟子闵中敬题。"古代华林山道士早将李八百简略传记于壁石之上,后人观此怎能不信?游览洞口,四周阴森,古木参天,巨藤如莽,而察洞内,则晦暗不明。《奉新县志》载:"洞口甚隘,入首层下十余步,乃得一洞,宽丈余。复有一门如前,缒下而入,阔亦如前。至三、四层,其门益隘。望下有水光荡漾,游者至此,不敢复下矣……"面对此洞,难说究竟洞有多深?通向何处?至今人们还未作过真正的科学调查。据说"此洞穿数十里,与瑞州(今高安)相通,内有石室,淅沥泉流"。石洞奇特,深浅莫测,洞洞相连,洞中有洞,五花八门,明洞、暗洞、大洞、小洞、石洞、土洞、长洞、短洞、水洞、旱洞,不能一一而论。总之这些洞环环相扣,层层重叠,成为天然迷宫。

图 3.4　八百洞口上方石刻文字

华林山南侧的高安,也有一些传说的李八百遗迹。有人认为李八百故宅在高安,位于府西三里,此地后来改为妙真宫,清代转为府治衙门。在清代,宫内李八百的旧迹还一直保留,府署后有李八百炼丹的水井、高台[5]。早在宋代,杨万里为此写下一首题为

《辞栖真室》的诗:"李真宅子故依然,道院西偏古洞前。一日身游八百里,三番花落九千年。剑池丹井俱苍藓,绛节霓旌已碧天。借问飞仙那用步,步行犹是地行仙。"[6]当地百姓相信,这位超人李八百就是蜀中八仙之一"铁拐李"的原型。

在瑞州府治高安城后,有一座山名碧落山。此山下也有李八百洞,据说宋代苏轼、黄庭坚亦为其撰赋作诗。明代梁潜在《碧落清隐记》中写道:"世传蜀人李多真修真其中,多真年八百岁,故洞以是得名。又云多真尝诣陈图南,及门而返,图南追之不及,遇白鹿先生问焉。先生曰,我神仙李八百也,其行动八百里。多真女弟明香亦隐于华林山之玄秀峰凤凰冈,乃其故宅即今所谓碧落山也。"[7]

李明香,李八百之妹,人们都说她起初修炼于华林书院上方、元秀峰之后的明香仙坛。元秀峰位于奉新县治西南35里,华林之东南。相传王母第九子元秀真人筑坛于此,以祭灵仙。稍下一阜即为仙姑(明香)坛,有不少文人为此作诗,例如,明代廖楫《仙坛月珮》:"翩翩仙子下瑶坛,月满长空听珮环。宝镜寒光秋杳杳,瑷琚清响夜珊珊。素娥天上鸣鸾过,金母云中去曲还,满耳冷风吹不断,尘凡无路得追攀。"明代阴铿亦有描写:"元秀峰头夜气清,天峰环珮响青冥。裾联玉蕊飞明月,地涌金莲聚列星。遗玦尚怀仙子赠,鸣珂只许素娥听。麻姑有约朝真去,遥想灵音彻帝扃。"[8]李明香最终于元秀峰南60里五龙冈设坛醮祭,丹成道备,冲举成仙。唐天宝中,即在其地修建元阳观,清代更名妙真观。宋代苏辙还把浮云山的李八百洞和高安县城的府宅联系起来,且将李八百和李明香一并写入《李八百洞》诗中咏唱:"洞府山川百里余,洞门藤蔓锁烟霞。神仙不与人间异,弟妹还应是一家。"[9]

华林山地区民间相信,八百洞内神物接二连三出现,百姓拾之,幸福安祥,传道人得,道法大显。唐会昌年间,一位姓龚的奉新乡民在八百洞内拾得《六丁祷雨诀》,每逢干旱,诵念此诀,天便会下雨,旱灾消除,土地丰收。唐代咸通五年(864年),进士朱元真在洞口获石函一盒,开启石函察看,内有经卷二帙。函上题款:"真风显色性。"他认真解读,细加琢磨,顿时明白,色代表朱(赤色),性者姓也,大阐道教乃朱姓者,其寓意自己将来可以大显道法。于是,朱元真赶紧返回高安,走乡入村,解道阐经,当地道教大为兴盛,朱元真也成为一位道术颇高的道士,名显于世。

民间流传八百洞故事甚多,在此选录一则。洞口左上方现今还长着一棵二树相缠的树藤,当地人名之藤枫树,此藤为一条青藤树与一棵枫树缠结而成。人们相信吴猛与李名香一起长期修道,两人感情弥深,在人间无法结为夫妻,于是成仙上天远去。吴猛乃化为青藤树,李名香则变成枫树,两树相缠,枝连干合,恰如唐代诗人白居易《长恨歌》中所描述的:"在天愿作比翼鸟,在地愿为连理枝。"实际上,这是百姓借当地仙人传说,寄托了人们对世间美好爱情的向往和追求。

(二)陶仙观

陶仙观,坐落华林山北麓的陶仙山上,位于奉新县城南面15里,山高不过10丈,周回6里,峰峦起伏,山覆绿荫。它又名"立云观"。《南昌府志》(乾隆版,下同)记:"立云观在陶仙山上,相传即陶安公故宅。"唐代天宝年间(742~755年),始名陶仙观。北宋治平三年(1066年)皇帝赐额。明代洪武三年(1370年)名为潘亦清者将其重整修葺一新。陶仙观曾经占地广阔，面积超过五亩，建筑气势不凡，参拜求道者络绎不绝，一直香浓烟袅，是当地著名道观之一。可惜千年古迹毁于20世纪的中日战争。

《奉新县志》收录了关于陶安公的传说。陶安公，新吴人，隐遁民间，以陶为业，不为人知。一日开炉冶铁，置炉生火，焰高火烈，浓烟滚滚腾起，烟聚天空不散，宛若一把巨大的紫伞张盖于炉上。熊熊的烈火、冉冉的浓烟、飞迸的火星，惊动了天界的玉皇大帝。玉皇大帝欣赏陶安公的高超技艺，特派朱雀下凡降旨，征召陶安公上天。朱雀下来鸣唱："安公安公，冶与天通。七月七日，以迎汝赤龙。"七月七日一到，赤龙果然降临，安公跨龙乘飞，上升成仙，当了天宫冶炼匠师。陶安公有二女，皆随其冶炼修道，功告成仙。奉新留有多处陶安公仙迹，他曾在浮云山上修炼，路经建康乡的曼寿观，并在此住宿。

实际上，陶安公是我国古代一位知名的神仙人物，不少地方流传他的故事，保留了与他相关的古迹。《列仙传》旧题为西汉刘向撰，现研究者疑为汉魏间文士所作而托名刘向。它是我国第一部较有系统叙述神仙事迹的著作，共叙述了70位神仙的姓名、身世和事迹，陶安公名列其中，后来被收入《道藏》第138册中，成为道书。他认为修道成仙不论身份高低，经过一定修炼，或有了某种机遇，人人都可脱胎换骨、超凡飞升。陶安公虽然出身低微，但努力修行终于飞天。

《列仙传》中陶安公的故事基本与《奉新县志》记载相同，只是送别场面更为隆重、热烈。大雨之中，陶安公骑上赤龙飞向东南，万人倾城而聚集送别，众人崇敬仰视，齐声高呼别辞："安公纵火，紫炎洞熙。翩翩朱雀，衔信告时。奕奕朱虹，蜿然赴期。倾城仰觐，回首顾辞。"

历代文人墨客不乏唱咏陶仙观的诗篇，如明代诗人余纫兰《陶仙观》一首：

孤峰大石尚巍然，世远难穷炼药年。
铁冶曾传青鸟信，林邱那复赤龙腾。
元符缥缈云霞外，帝象微茫剑鼎前。
嘉尔胸中多逸兴，同来岩下看洪泉。

明代诗人谌象贤有《游陶岭》一首：

突兀层峦倚碧空，登临一啸来天风。
远观山色有无际，近看村烟断续中。
炉石苔封留胜迹，涧泉波静倒苍穹。
安公已乘赤龙去，欲访仙踪何径通？

方仙术是原始的道教文化之一，兴起于战国末，是指从事方术、方技等道术的人，时称方士。他们探索天文、医学，从事神仙、占卜、相术、堪舆等技艺，举行服食、祭祀仪式，追求成仙变神、以长生不老为最终目的。道教形成以前，广袤的华夏大地上苍莽的丛林山野到处留有方士的足迹。他们不畏艰险，风餐露宿，日曝雨淋，食果嚼根，虔诚地寻求通往成仙升天的路径。华林山地区云飘雾笼，很早就有许多方士来此寻找圣地，安脚立足，追寻神仙，欲达理想。陶安公就是最早来到华林山的方士之一。奉新陶安公故事的流传，以及保存的相关古迹，都反映了当地早期宗教的传播，还有奉新数千年的民风习俗的积累过程。在这片文化沃土上，华林胡氏子孙吸取了丰富的文化的养料。

(三) 吴仙坛

华林山之中，胡氏祖居地浮云山附近，留下了不少神仙人物遗迹。浮邱岭就是其中之一，黄帝时仙人浮邱公曾来此隐居，山因名之浮邱岭，其住过的石洞亦称浮邱石室。后来唐代孙智谅在此洞投龙，故又称投龙洞。《太平寰宇记》曰："昔浮邱公隐居之所，今南峰号为浮邱岭，吴猛于此立坛，基址犹存。"《奉新县志》转引《寰宇记》亦有类同记载："昔浮邱公隐居之所，今南峰号为浮邱岭。吴猛于此立坛，基址犹存。"[10] 吴猛选择了前辈浮邱公炼丹宝地继续设坛修道，以后有人慕吴猛之名，在其所居的仙坛遗址建筑道观，名为"吴仙观"或"天仙观"[11]。

吴猛（生卒年不详），字世云，豫章人（今江西南昌人），晋朝著名道士。晋时豫章郡管辖今赣西北一大片地区，若以现今行政区划具体来定吴猛的县市地籍并非易事。奉新县志以吴猛遗迹为据，将其归为新吴（今奉新县）人；《高安县志》则云，晋时建城（今高安市）也属豫章，吴猛师傅丁义系高安人，则吴猛也应为高安人。其实吴猛籍属何地无关紧要，重要的是人们认同吴猛与许逊作为华林山地区道教传播的开拓性人物，而且是当地道教文化中颇具影响的人物。华林山地区留下了他们的许多遗迹，流传着许多与他们有关的故事，民间百姓永远纪念吴猛传道济民的功绩，尊称吴猛为大洞真君。北宋徽宗政和年间，吴猛被封为神烈真人。

《晋书》立有吴猛传。吴猛性情善良，小时候以孝道闻名，人们津津乐道的中国古代"二十四孝之一"的"恣蚊饱血"故事的主人翁就是吴猛。吴猛8岁时已经非常懂事，孝顺长辈，体恤父母，分担忧愁。那时，吴猛家中贫穷如洗，睡觉没有床榻，更谈不上布置围帐。每到夏天夜晚，蚊子恣虐成群，总是使人无法入睡。这时吴猛总会任凭蚊子叮咬，不去驱赶，以便让它们吸血吃饱，期望这样就可以让蚊子少叮咬父母，让他们能够得到休息。

吴猛曾在吴国任西安令，40岁时遇到同乡丁义，接授神方，又拜南海太守鲍靓为师，得到秘法云符。晋武帝时，吴猛同许逊（旌阳）谒谌母，再受孝道明王之法，因而道术高超，身有异术。有一次，吴猛从外地返回豫章，一条江河横置面前，江水翻涌，波涛甚急，却无舟楫可借。就在人们感到无助之时，吴猛就以手中白羽扇画水而渡，目睹这一奇事的人们都甚觉神异。关于吴猛神出鬼没的故事还有不少。一曰：一天暴风骤起，大雨倾盆而下，吴猛只是提笔随意画出一张符纸，将其掷于屋上，一只青鸟飞来衔去，须臾风止雨停。二曰：吴猛去见西安令于庆，其已死三天，吴猛认定于庆不应死去，于是上天为于庆诉讼。人们只见吴猛在于庆的尸体旁睡了几天，后来于庆竟然复活再生，两人一同起身离去。江州刺史庾亮遇上重疾，听到吴猛如此神奇，便派人迎接他来，见面便问自己的病情。吴猛认为自己已经寿算当尽，推辞不告，要求其准备棺木、寿衣。一个月后吴猛逝世，但外观仍然活生。未到大敛时，他的尸体便不见了。识道之士认为这是庾亮的一个不祥之兆。不久庾亮果然一病不起[12]。

吴猛有一女，名彩鸾（生卒年不详）。丁义之女秀英曾从彩鸾学道于华林山的白鹤观。《奉新县志》记，唐太和年间（827~835年），金陵书生文箫来到南昌，住在城南紫极宫里。一日游新建西山，邂逅从西山下来的吴彩鸾，此地故名"彩鸾冈"。《南昌府志》记："彩鸾冈，在县西八十里逍遥山左，仙女吴彩鸾与文箫相遇于此，上有会仙亭故址。"《真仙通鉴》十分详细生动地记录了二人的爱情传说。每年新建西山都要举办一个盛大的节日，即八月十五日，这一天是许真君上升之日，百姓蜂拥而至，文人仕女也都云集游帷观，人们联袂踏歌，谓之"酬愿"。文箫随着人流步入游帷观，沉浸于节日热闹气氛中，无数人物在文萧面前一一闪过。霎时间，文箫忽见人群中有一美艳绝色的女子，她正踏歌翩翩起舞，歌词含以文箫名姓，且有神仙之语，歌云："若能相伴陟仙坛，应得文箫驾彩鸾。自有绣襦并甲帐，琼台不怕雪霜寒。"文箫听过甚觉奇异，始知其名为吴彩鸾。于是他决定等到夜半人散时分跟随彩鸾探个明白。子夜，彩鸾与友伴相别，独自一人手持蜡烛，穿过松林，拾阶登山，山高地升，渐入仙境。文箫悄悄跟随，见到彩鸾的蜡烛燃尽之时，仙童们打着火把前来迎接，面对神异的场景，文箫不禁发出惊叹的声音而被人发现。因文箫突闯神界，彩鸾泄露天机，得罪众仙，遭到惩罚，被贬人间，谪为民妻。

在人间，吴彩鸾与文箫生活极为贫困，彩鸾不得不以抄写孙愐《唐韵》为生。每日彩鸾运笔如飞，一天抄完一部，可以卖钱五缗，可是每天挣钱只够维持一日生计，只好天天抄书换钱，如此不懈坚持十年。吴彩鸾有诗表白其心迹："心如一片玉壶冰，未许纤尘半点侵。霾却玉壶全不管，瑶台直上最高层。"传说南昌城紫极宫内的写韵轩（亭）就是两人抄写韵书的地方，这一处地方成为当地名胜，"虞集记，龙兴紫极宫写韵轩，高据城表，面西山之胜，俯瞰长江，间乎民居官舍之中"[13]。

后来，彩鸾与文箫偷偷迁移至奉新县北部的药（越）王山，其地势"峭壁屏列，其巅夷旷"，是一座神奇秀美的大山。两人借住于山麓村民邹举家中，受到了多方关照。他们经一段时间的修炼，得道成仙，各跨一虎离去，后人誉为"神仙眷属"。二位离去之时赠送邹举仙丸一粒，希望邹举服之永葆青春，颜面不衰，并题《别邹举》诗，以分别答谢："一班复一班，隐入药王山。世数今逃尽，烟萝得再还。箫声凝露滴，鹤翅接云闲。一粒主人药，服之能驻颜。"邹举也写诗一首抒发情意："箫声凝露湿，鹤背伴人间。一粒仙人药，服之能驻颜。"

人们在世传文箫彩鸾升仙的药王山的石上，似乎还可找到二虎留下的脚印，名之仙虎迹。彭铎云作诗《峰虎迹》："箫鸾已去杳难攀，万里云霄见两斑。独驾灵凤超物表，空留陈迹向人间。岩肩画锁藤萝合，薛磴寒垂鹤翅还。下界蹄涔空满地，仙游谁解觅元关。"

至今华林山地区，人们还在讲述吴猛神道的传说，传颂吴彩鸾和文箫浪漫的爱情故事。

（四）昭德观

昭德观，原名闾业观，遗址位于奉新县城西门（今奉新县二中前），始于南朝，终于民国，延续1500余年，香火不断，历史悠久，闻名遐迩，是奉新最著名的一所道观。昭德观濒临赤河，地势平坦，南面华林山，背靠狮子山，竹树葱茏，烟霞蒸映，既是人间佳境，亦是仙界福地。在此道士传道布法，修身养性，炼丹悟真。

此地最早修道成名者乃南北朝道士刘道成。刘道成，新吴人，举明经，晋朝任官职,至陈州(今河南周口地区)刺史。他无意仕途,辞官归家,居于县西文明坊,修黄老之术,皈依大罗真符。他经过多年潜心修身养性,终于丹成功就。永嘉二年八月十五日,刘道成携全家在南乡的崇灵观(宋政和中赐额崇虚观),即东白源,升天而去。道书名此地为第三十六福地[14]。

道教所称"洞天",意即山中别有洞室通达上天,贯通诸山,为天上群仙统治之所。"福地"意为得福之地,居此可以受福度世,修成地仙。道教的洞天福地,根据《云笈七签》所载,有十大洞天、三十六小洞天、七十二福地之多。在这三十六洞天、七十二福地之中,有5座洞天和12座福地分布在江西境内,有些还是洞天福地兼而有之。刘道成飞天之处定为三十六福地之一,成为道教的圣地之一。东白源三十六福地的定位,表明了刘道成是中国道教史上一位不凡的人物,这也显示了昭德观在道教宫观中的地位。

刘道成丹成天隐之后,大同元年(535年)梁武帝萧衍在其长期修道之地创建道观祭祀,名"阊业观",唐末不幸毁于兵灾。之后"有道门都监余守微者,剪除宿莽,草创精庐,苦节忘形,五十余载,修心以化俗,传法以度人。入室弟子龚绍元、吴绍甄皆能肃奏真科,祇禀遗训,惟乡人之善者,知岁计之有余"[15]。

胡氏家族仰慕刘仙人的名声道术,慷慨大度,捐钱给粮,修葺观宇。南唐时重修昭德观,胡氏大出其力,倾注资财,贡献最大,其具体功绩徐铉《洪州奉新县重建阊业观碑铭》记载周详,"凡殿堂、门阙、星室、厨廪,延袤周徧,殆且百区。三尊众真,羽仪侍卫,精严肃穆,不可为状"。誉赞胡氏"彼美胡君,州闾之英。世味道腴,家传义声。归诚玉阙,奉赞金籙。易此颓构,化为殊庭。乃眷福乡,实惟南楚。闲馆相望,飚轮交午。真图秘篆,唯仁是与。刻颂贞珉,永归终古"[16]。阊业观修成之后,李主赐诏褒美,徐铉书碑文祭祀。为确保阊业观香火旺盛,永续不息,胡仲尧"并施以半庄租田,民粮四十八石,千古遗惠,未有穷者"。胡仲尧长子胡用之,承续家风,继续捐施资财给阊业观[17]。

北宋大中祥符元年(1008年),宋真宗赐匾阊业观,额名昭德观。北宋以来,昭德观一直香火旺盛,众多谒拜者趋至。文人来此游山览胜,观林赏泉,吟诗作赋;信徒来此祈神求福,祷天告地,抚慰心灵。北宋元丰七年(1084年)四五月间,苏轼不远千里,省亲高安,探望遭贬的弟弟苏辙,并专程来到奉新游玩。苏轼会见奉新县令李志中,并与其一起拜谒了昭德观。观中有一口水井,名之刘真君丹井,为刘道成炼丹时所用。苏辙欣然饮用了甘甜味美的丹水,寓意对刘仙人的仙风道骨表示敬仰之情。时过境迁,刘真君丹井也在历史岁月中被淡忘,为沙土所掩盖,一度消失于人们视野。明代弘治年间,知府祝瀚派人在观中掘井,入土深挖数丈,竟掘到印一枚、剑一把,知此为先辈道人之遗物,人们得此,欣喜不已。这两件文物翻开了昭德观历史的一页,于是人们将其奉为圣物,珍视无比。知府祝瀚将剑留于自己,作为仕途之福佑,人生之伴侣,而印仍归存于昭德观中[18]。

南宋建炎、绍兴年间,昭德观一度衰落,道士熊元泽来主持观事,胸有宏图,复整观宇,筹建道藏,然而大功未成,便撒手仙去。唐若仲、陈端一继续其未竟事业,嘉定十一年(1218年)终于大功告成。藏楼气势宏大,饰金镂花,昭德观面貌为之一新。

华林山南的高安人幸元龙为此撰《昭德观道藏记》以作纪念。陈端一道法高深，阐太乙清微之法，飞符檄最灵，北宋政和年间赐号灵宝大法师，遂为天下道都之祖，至今宗其观。[19]宋代白玉蟾曾来到昭德观，作诗一首留于观中："我见仙郎不足夸，面颜玉炼灿丹霞。新开天上图书府，旧是云中鸡犬家。三十六年心似铁，百年万事眼前花。如今渐觉逢迎懒，一日两番蜂报衙。"[20]

南宋后期，邹道士主持昭德观，因其道术高深，素谙医学，积极为人治病祛痛，具有手到病除之奇效，广受百姓爱戴，深得民间敬慕。南宋名人文天祥曾作《隆兴邹道士序》一文，大力称赞邹道士炼丹治病救民的行为，曰其丹"则高士之丹，非仙人之丹也。仙人之所谓丹，求飞升也；高士之所谓求丹，伐病也"。邹道士将其道术施于民间，为百姓解除疾苦，故被誉为高士而非仙人，因高士行为高尚，非逊于仙人。

明代洪武初，道士李心易、章志德相继主持昭德观，大力缮修房屋，使元代遭受战乱损坏的昭德观得到恢复。成化年间，彭昱、王秉章先后主持，重新修筑观舍，昭德观规模有所扩大[21]。明代后期，昭德观发展较为平稳，不但建筑规模较大，而且道士人数有了扩充。嘉靖元年（1522年），原位于本县福地东白源的崇元观也一度并入昭德观[22]。清代时，当地乡绅富户给予昭德观大力捐助。乾隆二十二年（1757年）上富刘氏重修昭德观正宇并门首牌坊，嘉庆庚申年（1800年）刘氏复修，徐成业捐建二门一重。到了民国年间，昭德观全毁不再重建，现已无存。

胡氏家族与昭德观关系十分密切，千年来成为昭德观的主要捐助者。清乾隆修撰《华林胡氏宗谱》曰："昭德观，在县西域，即刘仙福地。宋时殿宇皆仲尧父子所建，后虽别有增备，遗迹皆吾胡氏所留。"徐铉《洪州奉新县重建闾业观碑铭》对此记载更为详细，建筑的规模、布局与内部陈设等，历历在目，如临其境。由于历代胡氏家族长期供给昭德观的香火之资，同时也参与了昭德观的管理，清代有着确切的记录。清乾隆庚子年《华林胡氏宗谱·重修胡氏清源谱序》记："今（清乾隆年间）浮云、昭德观且共维持，不敢失坠。"胡氏子孙把维持昭德观作为家族之大事，不敢轻视，倾其财力。"观傍西屋宇，历为胡氏裔修葺。"[23]可见清代胡氏家族一直秉承祖先规训，竭力维持昭德观的香火不断。《奉新县志》卷4《建置·寺观》载："咸丰八年，胡姓支裔清查（昭德观）产业，呈县存案，另招主持。"就是因为观中产业主要来源于胡氏家族，清代胡氏就拥有昭德观人事财产的管理权力，乃至决定昭德观的主持人选。胡氏家族与昭德观千年携手，共同促进道教在奉新传播和发展。

（五）崇元观

崇元观位于华林山之西南的高安境内白鹤山。《江西通志》（文渊阁四库全书清雍正版）载："白鹤山，在（瑞州）府城西北七十里。"其为晋时丁义真君女秀英炼丹之处，因"世传东晋时丁仙姑骑白鹤白日飞升"，故又名白鹤观。南朝梁太清二年（548年）在此地重建崇元观。此观一面依山，三面环水，地僻境幽，古树参天，白鹤栖息。古代桂岩书院位于白鹤山西面一公里处。

早在晋代，丁义就来到此地修炼道术，因而这方土地实是华林山早期道教圣地。据《高安县志》记载，丁义，高安丁坊人，精通医术。亦被称"翠岩道人"，且被誉为

"至人"（意为至高无上之人）。丁义穷其毕生精力，潜心修道，钻研《易经》，写下《易山诗讲》6卷、《仙人寄语》1卷、《仪园诗稿》4卷。丁义传授神方给吴猛，吴猛后成为净明道宗师许逊之师，故丁义的地位极高。

丁义生有一子四女。子名丁奎，曾经担任过公安县令，性格闲逸，无拘无束，琴艺极好，淡漠仕途，后弃官而去，潜修至道。新建、丰城交界地有一所黄堂观，是许真君访丹阳黄堂谒拜谌母后所立之祠。丁奎在黄堂观学习了许真人的九转丹术，再前往太极观修行。丁奎曾藏琴于石室中，每当夜深人静之时，石室中总是有火燃起，发出光亮，于是有人偷偷走近窥看，发现火中正在烹煮白色的石头。传说有人站立在塔岭之上，曾目睹过丁义、丁奎二仙真容，故此岭名为琴岭。先前人们在崇元观前，还可以寻找到丁义、丁奎当年用过的洗药池、磨剑石等遗迹。在听说这些故事和目睹这些遗迹后，后人陈后山不禁感叹赋诗一首："琴岭嵯峨八面山，丁王遗迹有无间。烧丹石上苍苔合，洗药溪边白水闲。云锁洞门人已去，月明华表鹤空还。岩扉不掩春长在，老欲青松几枝残。"

丁义之女秀华、秀英，容貌姣美，非同寻常，却离世远俗，追仙寻道，立下誓言，终身不嫁。秀华跟随李八百之妹李明香，学道于浮华林山上的元秀峰，后来也在五龙岗上得道成仙。秀英则从吴猛之女彩鸾学道于白鹤观，道成后于东晋永和二年（346年）八月十五日，与彩鸾结伴乘鹤西去。人们把秀英所遗留的仙衣，安葬于观旁其父亲的墓葬旁边。宋代文人杨万里为此赋诗《白鹤仙迹》赞道："仙徽立范示清操，白鹤鹏飞显志高。戏怪丹中存炼竈，笑称岭上著神毫。半间烟雨空尘土，一点风云毁诏毛。试问度秋诚几度，充霄精力不为劳。"[24]宋代高安名人幸元龙专门为崇元观写记。高安的胡氏后裔，原新溪乡的胡邦彦曾施家财给崇元观，塑造神仙之像，祈求福佑[25]。

崇元观原占地6000多平方米，分为上殿、下殿，附建有丹井、药池等。丁氏后裔在此建筑，世代祭祀。原来观内兴建有丁仙福地牌坊，早已毁圮，无迹遗存。《明一统志》曾记载的秀英炼丹井，现淹没在20世纪50年代新建的上游水库之中。

崇元观被列为高安古代八景之一，即华林灵迹，其与荷山象石、仁济鲸涛、白鹤仙踪、集仙古柏、飞跃文峰、来苏古渡、花坞贞泉构为高安名胜之地。据《高安县文物志》载：相传西王母第九子玄秀真人跨白鹤来华林山，筑醮坛山上，镌有"以祭灵仙"四个大字。前人有诗赞："共说西王母，有子跨鹤来。山深藏窈霭，林静长莓苔。丹灶泥封旧，元坛劫水灰。莫云仙迹幻，咫尺有蓬莱。"此乃"华林灵迹"的由来。清代徐尚孝写有《华林灵迹》诗："拦辔蓬瀛芝作车，琅玕楼阁是仙家。沧桑几度人如昨，留取丹田养白鸦。"现今道观无存，留下的只是美好记忆。

（六）投龙洞

投龙洞位于八百洞天左侧，《奉新县志》记载，投龙洞在元秀峰南五里，是浮邱公栖息之地，原名浮邱石室。唐玄宗在53岁生日时，请孙智谅投金龙于浮云山的浮丘石室，以祈长生不老，浮丘石室于是有了新的名字"投龙洞"。

投简科仪是道士向天、地、水等三处投放简文的仪式，具体地说，是三官信仰的科仪。它大约形成于唐以前，唐、宋曾经广泛流行。投简的原因，按照唐末、五代杜兴庭的说法，居于三元的天地水三官，把系着人们的生死寿夭，罪善吉凶，人们应投简以告。"故山简投诸洞天府，奏天官上元也。水简投灵泉水府，告水官下元也。土简投坛宅，告地官中元也。"投简仪式是将写有消罪愿望的文简及玉璧、金龙和金钮用青丝捆扎，举行醮仪后，投入名山大川、岳渎水府，作为升度之信，以奏告三元。投简科仪极为隆重，在所投的场所前以酒果、肴馔、汤茶等醮献。正式投前需发愿，念投简颂咒，读简文。

薛驹《东斋纪事》云："道家有金龙玉简，学士院撰文，具一岁斋醮，投于名山洞府。金龙以铜制，玉简以阶石制，即此所谓投龙也。"皇家、官府，民间俱可进行投简活动，只是投简所附还的信物必须略有区别。金为坚刚之物，能通灵合神，所以用金铸龙形，投之洞府山川，告盟三元。其龙所用金属，视斋主而定，如朝廷用纯金，公侯大臣用合金，士人、庶人以银鎏铜或镀金。金龙大小随简而定，其简长1尺2寸，象12辰，广2寸4分，法24真气，厚2分，象2仪，上下正方，法日之方景；简的用材也是随斋主而定，朝廷用玉板，公侯庶人则用洁白似玉的槿木板；简分山简、土简、水简三种，山简封于山间绝岩之中，土简埋于坛所土中，水简投于江河湖泊之中。山简用苍玉做成圆璧，土简用黄玉制成方璧，水简用黑玉做成六角形，以五行成象。

《江西通志》记唐玄宗时孙智谅在华林山投龙洞所投金、简的形制如下：简重3斤12两，长1尺3寸2分，宽4寸3分，厚4分。上面还刻有圈纹，径2寸8分。简上镂刻84字："大唐开元神武皇帝李隆基，本命乙酉八月五日降诞。夙好道真，愿蒙神仙长生之法。谨依上清灵文，投刺浮邱公石室，位忝君临，不获朝拜。谨令道士孙知谅，赍信简以闻，惟金龙驿传。戊寅八月丁酉朔五日辛丑告文。"唐昭宗景福二年（893年），道士费冲虚来此躲避兵灾，拾得玄宗时所投金简、玉环而献之。时任江西观察史的钟传（今江西上高人）奉诏将其安置在紫极宫，然后迅速报告朝廷。不久，朝廷又下诏命，将其再次投于洞中。北宋大中祥符三年（1010年），真宗也曾遣使投金龙于投龙洞。虽然浮云山未纳入福地洞天之列，唐宋二朝皇帝均在此投简，可知此地道教的地位非同一般。[26]

我们无法从现存文字的描述中得到投龙洞金简的实际形象，不过在其他地方留存相同时代的金简实物却有助于我们对投龙洞金简的了解。河南省博物馆收藏有一通投龙金简实物，1982年5月在河南登封中岳嵩山峻极峰北侧发现，为道士胡超奉武则天之命投于嵩山。金简长36.3厘米，重247克，双钩镂刻文字63字："上言：大周国主武曌，好乐真道，长生神仙，谨诣中岳嵩高山门，投金简一通，乞三官九府除武曌罪名。太岁庚子七月甲申朔七日甲寅。小使臣胡昭（超）稽首再拜谨奏。"[27]嵩山金简的发现，为我们了解唐代道士于天下名山大川斋醮投龙的活动提供了具体的实物，也为我们研究华林山投龙洞金简提供了形象的资料。

明代诗人陈容为华林投龙洞作诗一首，题为《浮邱石室诗》："何年仙子住清都，千古休论事有无。宝简尚存唐镂刻，金龙犹记宋祥符。藤悬夜月猿呼伴，花落寒风鹤哺雏。灶冷丹成人去后，洞门长锁白云孤。"诗人不愿去追究久远的仙人逸事。唐、宋二代，浮云山上确实发生过投简科仪盛事。而今因山高林密，禽兽出没，仙道者早已离去，投龙洞已失去往日风采，只有飘浮的白云与投龙洞相伴。

（七）浮云观（宫）

华林山是指从宜丰县向东延伸的一段连绵不断的九岭山山脉，其位于奉新和高安之间，浮云山只是中段的一座山峰。浮云山山高林茂，秀丽幽深，古树藤缠，云雾缭绕，变幻莫测，静穆之中，神来仙安，结庐筑坛，修道炼丹，授徒布道，是一处建道设观的好地方。浮云山不仅环境优美，而且天高云厚，营造出一种神秘的氛围，有助于烘托真人、至人、神人乘云雾、骑日月、御飞龙而游乎四海之外的意境，符合庄子描述的理想仙境。

关于浮云观（宫）的具体地点，地方志书有不同记载。"浮云观在高安县西北华林山，《明统志》唐孙志谅于元秀峰创室修行，人见其上尝有云气，因名。"[28] "浮云宫，在奉新县西华林山，有浮丘石室及李八百洞，又有剑池，丹井。"[29] "浮云山在县西南四十里，周回二十余里，上常有紫云如盖，土人以占晴雨，辄应。其山腰有李八百洞，南有浮云宫、投龙洞，西有丫口石。宫前有剑池、丹井、会仙桥诸胜。"[30]《江西通志》中的"浮云观"与"浮云宫"同指一处，均是华林山中浮云观（宫）。此种名称的差异是因其正处奉新与高安两县交界的山脉而产生的不同称谓。嘉庆年《华林胡氏重修宗谱》记："浮云宫，即华林书院，上有元女秀峰、明香仙坛，西有丫口石，东有天师坛。坳头山中有剑池一处、九龙池一处、墨池、丹井、丹台、会仙桥、八百洞、夜合山、投龙洞、引鹤松多景。诗赋具载邑志。"《奉新县志》："浮云宫在同安乡。"[31]

古代华林山地区散布众多道观，平地、山麓、山腰和峰顶无处不有。奉新境内冯水河畔的昭德观名气最大，华林山麓高安一侧的崇元观历史悠久，浮云观（宫）则地势最高，山高雾浓，一年四季常有"浮云"笼罩其上，故称其"浮云观（宫）"。由于其时间跨度很长，发展过程十分复杂，与胡氏家族关系最为密切，且附近道教遗迹极为丰富，因而它是古代华林地区的一处重要的道观。

图3.5 浮云山中坳头景色

浮云观（宫）在奉新县赤岸镇上港村湾里村北4公里的浮云山隅之中，即浮云山的坳头山中（图3.5）[32]。其中间有一块约百亩大的平地，周围数座山峦围绕，三面连续延绵，南面独自敞开，背面宛若依靠的圈椅。目前我们所知浮云观最早的道士是张惠感，据说其为天师道创始人张道陵第十四代孙，继承祖上衣钵，得其家法真传，在华林山地区传教布道。他先在山下高安的崇元观修道养性。唐朝初年，他觉得地势高耸的浮云山上环境更宜，云飘雾聚，景幻无穷，于是迁移至浮云观继续修道炼丹，期望上升到一个新的境地。

唐神龙元年（705年），武则天闻张惠感道术高超，遂召其来京城，封为国师。当其登上明堂，就有吉祥的云朵飘浮，神异的飞龙和白鹤在周围翱翔，营造出一派浓厚的神仙韵味。此后张惠感又奉诏离开京城，前往亳州（今属安徽）传道。他进到大清宫修金录斋，在九井前置醮坛准备做法事。当时正值寒冬季节，井口白雪皑皑，井里冰水凝结。不一会，此前干枯已久的九井出现了异样，井下突然阵阵滚动，犹如千军万马鏖战正酣，紧接着泉水翻腾喷涌而出，原来水里竟有二龙戏逐[33]。张惠感的高超道法使武则天感到十分惊讶、佩服至极。张惠感奉诏荣归浮云观时，武则天厚赐张惠感绢500匹以示奖赏。唐玄宗天宝年间（742～755年），忽有神人下降于坛，告诉张惠感："你辛勤修炼道行多年，受到了众多神仙保举，明天在鹦鹉鸣叫之时，你就可以飞升而去。"时辰到来，万物显灵，云霞纷纷，张惠感迎着阳光，升仙而去。

张惠感在华林山修道时，身旁有一位小徒弟相随从。徒名孙智谅，高安人，人性聪慧，悟性极好，初学道于奉新县奉新乡的真静观，后跟随张惠感进一步学习道业，并得张惠感的真传。几十年来，孙智谅一直在浮云观修炼不懈，道术渐高，名声远扬。唐开元二十五年（737年），玄宗皇帝派洪州（今南昌）观察使韩朝宗礼迎孙智谅进京，此时孙智谅寿高120岁。玄宗皇帝看见孙智谅白髯长须，精神饱满，面光红润，声音洪亮，步履矫健，惊讶不已，不禁问起修身之道、长寿之诀。唐玄宗问道："您有什么妙术保养玉体，做到长寿不老？"孙智谅漫不经心，随口回答："只是常年居于山中，吃些水果、饮点泉水罢了。此次进京途中走了数日，沿途只食二粒枣子而已，未曾进食其他东西。"听过此言，玄宗皇帝自然感慨万千。人间皇帝可谓能够呼风唤雨，驱使天下，怎就不能享寿万年呢？见到唐玄宗心情愉快，于是"孙真人智谅请观额，赐曰浮云"[34]。唐玄宗妥善安置孙智谅在肃明观居住修道，同时特意遣内侍郭道赟送孙智谅大枣二盘，以作仙食。

同年六月，时值天下大旱，久不逢雨，作物枯萎，民不聊生。唐玄宗忧心万分，再次在内庭召见孙智谅，请孙智谅设法降雨除旱，渡过难关，安定社稷。孙智谅连夜布置醮坛，施展道术，瞬间天气急转，风起云涌，霖雨普降，大旱解除，于是龙颜大悦。经过此事，唐玄宗对孙智谅的法术愈加佩服，尊敬有加，竟不自觉地问起了治国之策。哪知孙智谅一身道骨仙气，轻描淡写，平静地回答："我一心一意不懈地追求圣人之道，其他事情一无所求。"唐玄宗被孙智谅的超凡气度所折服，后来欣然同意其离开宫廷，返回浮云山，继续自由自在的道士生涯。唐玄宗除厚赏孙智谅帛500匹之外，另送紫衣一袭以示特别优待。至德年间（756～757年）唐肃宗再次下诏请孙智谅进京弘道扬法。在浮云观，孙智谅长期修身炼丹，这时炼丹大功已成，心正气定，婉辞肃宗，征召不就，成道仙去时，享年140岁。[35]孙智谅专心致道，心无杂念，既不趋势依附，也不逐名谋利，是一位道中真正的高人。其身在浮云观，誉满华夏。

浮云观高道辈出，其主事主持过许多重大的法事，名声远播。例如，唐玄宗53岁生日时，请孙智谅投金龙于浮云山的浮丘石室，以祈长生不老。其他道士也修法高深，常施法术，惠及乡里。浮云观道士夏主信能运用异术掌心雷制服石精，至今在丫口石尚存有其遗迹。他还有祈晴祷雨的法术，每次施法总见成效[30]。

山不在高，有仙则名。浮云山上有许多高道仙士活动其中，留下了许多踪迹。浮云观由此名声大振，因而全国各地的览胜觅仙者络绎不绝地来到华林山，晋谒浮云观，其中不乏名高位显者，据说唐宣宗李忱就是其中的一位。唐宣宗，名李忱（810～859年），唐宪宗第十三子，唐穆宗长庆元年（821年）三月，封光王。当时宫廷内部权力争斗激烈，为了保全性命，李忱自小装痴卖傻，消除侄儿武宗的顾忌。后来，皇位争夺进入白炽化阶段，李忱更加忧虑。他请高人指点避祸之法，高人在他掌心写下了"百丈"二字。唐穆宗长庆三年（823年），才13岁的李忱，便"托名忱僧，云游天下"，来到了奉新百丈山。在奉新期间，李忱饱览山色之美，寻访古迹名胜，从百丈山周游转至浮云山，参八百洞天，谒浮云观，并赋《浮云观》诗一首：

> 道人西蜀来，自谓八百岁。
> 爱此华林幽，穴居聊避世。
> 真风度万劫，神仙邈相继。
> 灵岫摩天空，鸟道入云际。
> 石镈紫苔封，泉泓墨龙憩。
> 碧桃花未开，白鹿迹已逝。
> 春风撼山馆，急雪舞林际。
> 涤除衣上尘，刮尽眼中翳。
> 何当赠刀圭，岂复便俗吏。
> 吾不学李宽，盗名取嘲戏。

诗中追记李八百从蜀地来此修道，喜爱华林山的美景，处处如同仙境，四季景色变幻，美不胜收。李忱的情绪也被这清山秀水景物所感染，表示不愿为逐取世俗的利益让人取笑。以后历代各朝不少文人墨客来浮云山游览，咏诗抒情。

南唐在浮云观活动的道士还有沈麟。沈麟，字廷瑞，高安人，吏部侍郎沈彬之次子。其父沈彬（生活在唐末南唐），喜仙游山水之间。唐乾符中，沈彬南游湖、湘，隐云阳山数年，又游岭表，约20年，始还家乡。沈麟喜好饮酒，不食五谷杂粮，一年四季总穿一身单衣，风雪冰寒亦是如此。偶有人赠送衣服给他，他或将这些衣服转给孤寡穷人，或遗弃不用，几十年习性不改。人们还传说沈麟脚不穿鞋，赤足一天可以行走数百里，风餐露宿，经常往返于玉笥山和浮云山之间。

唐代以后，位于江西西北部的浮云山名声不小，浮云观是浮云山道教重要的活动场所，许多高士道人相聚此处。沈麟在浮云山修道当然与浮云观不无关系。沈麟长期修道，潜心追求，孜孜不倦，不为常人了解。有一天，县衙正在审案，沈麟酒酣径直入内，坐于台阶之上，世俗之事全不放在眼中。县官见此一脸不高兴，却无可奈何，只能戏谑一番，"你姓沈，自号道者，那你要到什么时候才能修得道成呢？"沈麟随口咏诗一首作答："何须问我道成时，紫府清都自有期。手握药苗人不识，体含金骨俗安知？"大意是说道成时机自会来到，不过你这样的俗人怎会理解我学道的修炼历程。沈麟借酒抒情，写出了不少带有浓厚道意的好诗，《全唐诗》录有其诗四首。

北宋王朝对道教实行崇奉、扶持政策，浮云观获得了较大的发展机会。坳头山平地的中央土台上，约位于万年宫牌楼正后方约38米之处，有一处北宋时代的重要文物，一座四方塔式石构建筑（图版二，3），朝向基本与万年宫牌楼一致。其位土墩基座之上，土墩高1米、边长4.5米，石塔通高2.7米、檐宽1.3米，华林胡氏家谱中名之"召神台"（图3.6）。召神台用麻石构建，四方形体，卯榫结合。主体四角方柱，上架二根额枋，方柱之上承一斗五栱，上置四角攒尖屋顶，屋面瓦垄沟脊分明，屋檐飘出，四角高耸。建筑四面封闭，中开壸门，一实三虚。从门洞向内看去，三面内壁浮雕神仙之像。下方须弥座，分成七层，上枋与下枭均为莲瓣纹，束腰四角花卉纹。其建筑风格和形制特征属于宋代无疑。

方形石塔下方深层土中，埋有一方石碑，奉新县华林书院景区管委会工作人员曾经掘土露石，其上文字部分漫漶不清，无法全文通读。碑石上有些文字可以认读，题名《华林山浮云观新建石坛功德记》，

图 3.6　召神台全景

为道士贾从正撰写，落款为"乾兴元年正月十有五日记"。文中记叙了唐至宋，历代道士艰辛创建、维持浮云观的事迹。[37] 由此可知，此石坛约为北宋乾兴元年（1022 年）所建，是胡氏祖居地现存最早、纪年明确的一件文物，异常珍贵。其对研究浮云观（宫），乃至华林胡氏家族历史有重大价值。在方志和家谱中，浮云观的创建的确切时间不十分明晰，碑上所记"唐开九年（721 年），孙天师奏置是观焉"。故可以相信，隋唐时期浮云观已具相当规模，开元九年已得到官方认定。

召神劾鬼是道士的一项重要道术，早在商代就有所谓"尊鬼而尚声，声召风，风召气，气召神"[38] 的说法，原指方术通过声音、风动、气流来与神鬼相接沟通。法术高超的术士"有召神劾鬼之法，又有使人见鬼之术。俗人闻之皆谓虚文，或云天下无鬼神，或云有之，亦不可劾召，或云见鬼者，在男为觋、在女为巫，当须自然，非可学而得"[39]。后来的道士也都是用尽心力学习，宋代的《云笈七签》讲了任敦的故事。任敦，博昌人，年轻时在罗浮山学道，后来移居茅山南洞。他修习步斗之道，还有洞玄五符，最后能做到劾鬼召神，隐身分形。他因有异术，在深山里的居舍连虎狼也不敢侵扰。

召神台是浮云观和后来万年宫道士在露天举行道术活动时的重要建筑。虽然现今我们无法复原当年道士在此举行仪式的具体形式，但我们可以想象：在这云雾时而聚集，时而飘散的浮云山上，祭神的香烟冉冉升起，随着道士脚出禹步，口中吟诵咒语，感觉世界中虚拟出一幅上天众神齐聚的景象，神台内壁坐立的神仙正是描绘了这种场景。神灵的降临，可以帮助道士呼风唤雨，降鬼驱魔，解苦救难，祛病益年。

宋熙宁元年（1068 年），道观规模扩大，浮云观又诏增"寿圣"二字。南宋绍兴年间（1127～1162 年），胡直孺离职闲退回到家乡奉新浮云山祖居地休养，不久直孺举家外迁浙江临安（今杭州）。因所生 11 子皆入仕途担任官职，且在外定居安家，因而在离开故地之际，胡直孺一直考虑妥善处理家财，如何回报胡氏家族长期生活的这块土地。胡直孺在深思熟虑之后，精心对祖产作了妥善的安排，决定将浮云山上祖居的房屋、800 石田租的土地，还有山下 800 石田租土地一次性全部赠给了浮云观的道人张人学，以供其招纳道徒，增建道观使用。《胡氏家谱》载："直孺公克忠于国，惟孝于家，念祖垅而兴思，顾丘墓而怵惕，于是易书院为宫观，掷租以主持，山上八百香火有资，山下八百粢盛有供。"

南宋前期每石米价格约为 1～2 贯，皮谷每石价格则为 500～1000 文，偏远农村地区皮谷石价更低。而同一时期的农村普通劳力的工钱每日才 50 文左右。从当时社会的物价情况比较可知，胡氏家族捐出了一笔巨额资产，浮云观因得到这么一笔巨大的财产捐助，经济实力大增。这是浮云观历史上最大一次的扩张，道观用地面积扩大，房屋建筑大增，道观资产充裕，香火愈旺。

元朝建立后，对江南的天师道格外支持，使天师道成为最有影响的一个派支。华林山上有天师道人活动的遗迹，现距奉新县城约 25 公里，浮云山华林胡氏历史遗址的东北方只有几公里的华林山高峰之一的大获岭之巅，有一块长方形花岗巨石。石体质地坚硬，西边面较为平整，高 1.52 米，宽 6.2 米。石壁上阴刻行草书体，直书文字 12 行，计 58 字："大元后至元庚辰（1280 年）五月，主持铁舟邓元凯、提点雪田邓禹孙联名钦受圣旨，住山九月，登坛行香，令工刊石，以记岁月云。提点杨昭灵立。天顺元年（1457 年）二月。"此幅摩崖石刻距今 550 多年，字体清晰可辨，笔画遒劲有力。它是明代天顺年间补刻，记录了元代年间在华林山上的一段重要道事活动。邓元凯和邓禹孙受元朝皇帝指派，来到华林山进行了为期 9 个月的筑坛祭祀。作为一处有关华林山道教活动的记录石刻，具有重要的文物价值，1984 年奉新县人民政府将该石刻列为重点保护文物。

摩崖石刻的存在说明元代华林山地区的道教兴盛，朝廷极为重视这一地区的道教活动，浮云山的道观也有了新的发展。浮云观"元至正间（1341～1368 年）改为宫"[40]。浮云观被敕封为"浮云宫"，观与宫虽一字之差，意义却非同一般。"宫"为帝王之居，也是祭神之场所，多为帝王敕封之大型神宇。"观"又称"楼观"，原为古代登高瞭望之处，也是迎候天神之所，后世将道教庙宇笼统地通称为宫观，所以"观"改"宫"标志着级别的提高、地位的升级。道观地位的提升与其高道的出现是密不可分的，元代浮云观（宫）有一位编写道史著作的杰出人物，他就是赵道一。

赵道一，号全阳子，元代人，浮云观（宫）道士，籍贯生平不详，然而其一部重要的道教著作广为流传，使赵道一身名大显于世。赵道一因感佛家有《释化通鉴》记载教门人物，而道教仙道人物著录不全。因此倾其全力编著《历世真仙体道通鉴》53 卷、《历世真仙体道通鉴续篇》5 卷、《历世真仙体道通鉴后集》6 卷，均载《正统道藏》洞真部记传类。

此书成于至元甲午（1294 年），集历代仙传之大成，收录道教人物始于轩辕黄帝，终于金蓬头，男仙 781 人，女仙 120 人，共计 901 人。全书由《正编》、《续编》、《后集》三部分组成。《正编》53 卷，他在《仙鉴编例》中称该卷收录"始自上古三皇，下逮宋末元初。其间得道真仙事迹，乃搜之群书，考之经史，订之仙传而成"。首为轩辕黄帝传，继记众多古仙，再记汉至宋末诸道士（加神仙传说人物）；《续编》5 卷，收录包括王嚞和北七真在内的宋末元初诸道士传记；《后集》6 卷，专收历代女仙、女道士之传记。此书为现存神仙、道士传记中收集最富，记述较为平实的一部。收载时限之长，人物之多，为《列仙传》、《洞仙传》、《续仙传》、《三洞群仙录》等诸书所不及。特别是它所收载神仙之外的道士传记之多，更非他书可比，这就为道教研究提供了较多的珍贵资料。南宋末元初的庐陵人刘辰翁（1234～1297 年）、邓光荐（1232～1303 年）

为此书作序。序作者皆为当时的江西文化名人，刘辰翁，著名诗词家；邓光荐，爱国诗人，词作家，第一个为文天祥作传的人。邓光荐在序言中称："浮云山道士赵全阳（号全阳子）著《仙鉴》，编纂详，考订核，可谓仙之董狐矣。"

浮云宫"宫前有剑池、丹井，旧有三堂，俱毁于元季"[41]。从中我们可以知道，浮云宫及承用的胡氏家族房屋和地产的情况，以及胡氏始居地的一些重要的生活设施在南宋末元初受到破坏后还得到部分保留。而元末的这次兵燹，则进一步加剧了浮云宫破坏的程度，胡氏始居地的遗留之物也已经所剩无几了。

（八）万年宫

世代更替，物有轮回。浮云观经过南宋全盛时期，元代恢复、徘徊、维持，明代又进入了一个发展阶段。然而元末奉新地区遭兵燹洗劫，许多地方遭受毁灭性摧残，许多建筑被夷为平地。如胡氏祠堂，它是华林胡氏一处最重要的建筑，位于奉新县城儒学的西面，胡氏家族的重要人物胡仲尧、胡仲容、胡克顺、胡直孺均在祠中受到祭祀，曾起到沟通血脉、联络亲情的作用，也不能幸免于难[42]。此次灾难不仅仅局限于此，胡氏家族的核心物质文化遗产之一，浮云山上的浮云观（宫），也蒙受灭顶之灾，几乎被夷为平地。

朱元璋在夺取政权过程中，以及明代建立后，都充分利用了民间道教的力量，道教受到明代统治者的重视。明洪武元年，华林山地区社会秩序刚刚稳定，道教就开始得到恢复。道士陈云隐就在废墟之中、遗址之上，着手重建浮云宫，其任主持时间较长，且有所作为。陈云隐大施道法，募集钱款，及时重建浮云宫。香火能够再续只旺，就足以说明他是一位道行高深的道士，在地方民众声誉颇高，具有很大的影响力。陈云隐不仅研究道学，还喜欢阅读儒家书籍，透出兼道兼儒的特质。他在追求上天成仙的人生目标时，并没有忽视世间百姓的生计。每逢乡里旱灾严重、民众生活困难之时，陈云隐总是及时施法祈雨，帮助解除旱情。当地百姓对其灵验的法术惊诧不已，愈加信服陈云隐。

县志记载，此时浮云宫归为"正一丛林"，即纳入了正一道的管理。明初朱元璋对待正一道采取了尊崇和抑制的双重政策，命张天师"掌天下道教事"，正一天师从此由道教一派之首领升格为整个道教的统领，获得了从未有过的崇高地位。从这种意义上来说，浮云宫纳入正一道中，但浮云宫的道学并不等同于正一派，其一直有着自己的渊源和地域特点。

明代中叶，由于历朝皇帝的喜好，道教的发展也进入了一个极盛的阶段，全国各地道教都得到了较大发展，有着悠久历史的华林山地区道教亦呈现了新面貌，其重要的标志就是浮云宫规模的恢复、新的建筑兴起。明代弘治年间，孝宗朱祐樘在当上皇帝几年后，也继承了其父宪宗崇尚道教、喜好方术的衣钵，大开广建斋醮风尚，大量传升僧道官。上行下效，地方道教亦盛，浮云宫的山门就是在此背景下建立起来的。

万年宫的山门——牌楼（图版二，2），处于坳头山平地的中轴上，位置稍偏前，朝向南面，约偏东20°，正对谷口。如今我们目睹牌楼时，岁月的沧桑，风雨的侵蚀，使得它已衰败难掩；丛生的杂草，攀附的枝藤，掩饰了它的真面貌。当年万年宫牌楼的耸立，昭示明代浮云山道教曾有短暂的复兴。

牌楼面宽3间，一字排开，通高6.43米，通宽10米，中间宽3米，次间高2.5米、宽2.9米。四根条形麻石直立作为方柱，构成开通的山门。现今两边的侧柱为块石砌垒，次间已被青砖砌墙封闭，石灰钩缝，显然系损坏后仓促修复。牌楼上方内收，次间不升，中间高耸，形成三层，卯榫构接。下层中嵌横长匾额，两侧透空；中层排列4只一斗四升的斗栱，中嵌长方匾额，两侧上有屋顶飘檐；上层并立2只一斗四升的斗栱，上承庑殿顶面。

牌坊门是中国古代的一种建筑形式，起源于衡门和华表柱。衡门为两根立柱上架一根横梁，侧安门扇。华表最早则为一对树立的木标杆，作为地段区划的重要标志建筑，在牌坊门基础上，其形式进一步发展，又有牌坊和牌楼之区别。前者只用华表柱加横梁，横梁上不起楼，即不加斗栱及屋檐；后者则是横梁之上有斗栱和屋檐起楼。万年宫牌坊门，上有斗栱，且有双檐屋顶，因此其应为牌楼，确切名称为"万年宫牌楼"。

不少宫观前建有牌坊门和影壁，这是因为道教以为影壁藏风聚气，还有避邪功能。牌坊门则是道士们观星望气，迎候神仙之处，宫观多建牌坊门，即其大门，称为"山门"。山门多为三个门洞，这样既符合对称的格局，又寓示进山门，过了三界，即无极界、太极界、现世界，这样才称得上是真正的出家道士。

图3.7 万年宫石匾

牌楼石上阴刻楷体文字，深浅浮雕图案。下层横位长方青石匾额（石匾松脱已存放他处）长170厘米、宽66厘米、厚4.5厘米。其两面均刻有文字，中间双钩"万年宫"三个大字，两侧单线刻字。一面右题"四十七代天师张真一书，本宫进道堂道士游大昌"，左题"师刘永恒、王静中、王大模，弟江世和抽已财创立"，外框单线，围以云纹（图版二，1）；一面（图3.7）右题"大明弘治七年（1494年）"，左题"甲寅岁冬月竖"，外框双线。匾额两侧有一楹联，曰"八百洞通三岳境，九重恩赐万年宫"。中层内嵌纵位长方匾额，正背两面均刻大字"敕"。右边刻"北位清高，冯水一方之胜"，左边刻"圣恩重立，浮丘亘古之光"，上方横梁上刻"大明弘治七年，甲寅岁冬月"。

牌楼中间两柱地面前后置扁平抱鼓石增加牌楼的安稳。抱鼓石外边为卷云轮廓，浅刻卷云纹抱鼓。上部下层前后两面均为身隐的双龙逐云珠。两侧立柱卷云纹，上方横梁龙叶纹，中间一行文字"本宫住持游大昌立"。中层底梁饰仰莲纹。牌坊中间两柱前有石狮一对，通高138厘米、狮高98厘米。两狮一雌一雄，蹲坐支立，雌者（图3.8）左足下抚幼狮，雄者（图3.9）右脚下踏一球。狮子嘴阔口张，鬣毛长卷，颈戴项缨。下有须弥座，座高45厘米、长105厘米、宽61厘米。

我们从牌楼上的文字可知，其建于明代弘治七年，此时改名万年宫，由游昌大主持，牌楼由刘永恒等师徒四人出资修建，并请天师张真一题额。张玄庆（？～1509年），第47代天师，字天锡，别号真（正）一，又号七一丈人。成化十四年（1478年）诰授"正一嗣教保和养素继祖守道大真人"，领道教事，并受蟒衣、玉带之赐。他博学

图3.8 万年宫牌楼前石制雌狮

图3.9 万年宫牌楼前石制雄狮

多闻,擅长诗画,于明弘治三年设斋醮于朝天宫。明代正一道受到统治者的特别重视,掌管天下道教,拥有种种特权。张真一的题字说明万年宫地位不低,确实属正一道统领。

万年宫牌楼体量较大,颇有气势,重檐庑殿,高耸飘凌,构形复杂,繁简有紊,配置适当,纹饰讲究。浮云山上胡氏祖居地完整保存下来的古代建筑数量屈指可数,而万年宫牌楼时代较远,纪年确切,形制特殊,纹样精致,文字较多,内容丰富,对研究华林山地区古代文化,特别是浮云山的道教和华林胡氏的历史有重大价值,1984年2月已被奉新县人民政府公布为重点文物保护单位。这座牌楼必须得到妥善的保护,只有维持原貌才会彰显其真正的历史、科学和艺术价值。

胡氏族谱记:"正德年间,奉敕建为万年宫。斯时也,王命赫赫,既如云汉之彰天;祖德巍巍,复祝永年于万古。纶音降自九重宸章,光烛蔀屋。"事实上,早在十多年前的弘治七年建成的牌楼上就已题为"万年宫",楹联叙说了浮云山道教的渊源,地方的名胜,以及受到皇朝的恩赐。"恩赐万年宫"与"圣恩重立",可以确证万年宫不是建于正德年间,而至少要早至弘治年间。万年宫牌楼是一个地标性的建筑,是进入万年宫的大门。只有在万年宫建成香火再续,且已用此观名后,此牌楼的建立才会有意义。万年宫建立应始于明初,在元代浮云宫遗址上重建,观名仍为浮云宫。在道士陈云隐之后,还有道士林何、孟津建筑观殿,增置田业。宣德年间当地发生饥荒,浮云宫捐出稻谷九百石赈灾救民[43]。这可说明此时浮云宫规模不小,业产可观。经过几代道士百余年的努力,到了明中期,万年宫步入了明代以来的最盛期。

道教的宫观建筑是从中国古代传统的宫殿、神庙、祭坛建筑发展而来的,是道教徒祭神、礼拜、隐居、修炼之场所。在道教宫观的布局、体量、结构、装饰上,既十分鲜明地继承了我国传统的建筑思想、建筑格局和建筑方法，也注入了道家与道教的审美思想和价值观念，形成了自己独特的风格。"天人对应"思想，是道教宫观建筑和布局的重要依据。也是道教宫观建筑的重要特点。后来的道教宫观便本着"法天、法地、法道、法自然"的思想，顺乎"自然"之规律来建造。

神仙信仰是道教的主要特征，宫观是道士修炼和祀神的专门场所，其核心内容和主要功能也体现在道教的神仙信仰上。道教历来有36洞天、72福地之说。相传这些洞天福地都是仙人居住游憩之处，是通天之境，故后人多在这些地方潜修炼养，兴建宫观。因而，万年宫的核心建筑应是供奉神灵的宫殿，并且作为万年宫的主体建筑，其他部分建筑与其配套，相互呼应，在此之中道士来完成一系列的道事活动，使道教神仙信仰具象化表现。

中国古代建筑在长期的历史发展中形成了自己独有的建筑文化传统和建筑规律，宗教建筑成为中国古代建筑的重要部分。道教宫观增添了自己宗教的一些内容，在大多数情况下，根据八卦方位，乾南坤北，以子午线为中轴，坐北朝南的布局，使供奉道教尊神的殿堂都设在中轴线上。两边则根据日东月西、坎离对称的原则，设置配殿供奉诸神，这种对称的布局，体现了"尊者居中"的等级思想。对称的建筑也表现了追求平稳、持重和静穆的审美情趣。在大的宫观中，道众住房多在宫观之东部。按照阴阳五行思想，东方作青龙，为木，属阳，正符合道士修炼达到"纯阳"、返还于"道"的目的。西跨院则为配殿，或是作为云游道众和香客们的临时客房。道教认为这种格局对应了木、火、金、水四正，加上中央土，五行俱全。大的宫观由数间四合院、三合院纵向铺开，层层院落依次递进，形成鳞次栉比的发展势态。道教认为这样可以聚四方之气，迎四方之神，也便于区分神的等级。

坳头山的明代万年宫地表建筑除牌楼以外，其他建筑已荡然无存，被夷为平地。依照坳头山的地势和方位，根据中国古代建筑分布的格局，主体建筑似乎应该在山坳平地的中轴线上，即位于万年宫牌楼、召神台之后。如今召神台之后无任何明显建筑遗物，平地荆棘丛生，山坡树木茂盛，人为的破坏与自然的侵蚀仿佛扫荡除去了原有的一切，沧桑的岁月消退了人们的记忆。在没有大规模进行考古勘探或科学发掘的情况下，我们仍然竭力寻找宫观建筑留存的蛛丝马迹，确实还是有不少的收获。根据地面尚存的遗迹，也找到了一些观宫建筑的遗物和遗址，其中最为重要的就是东面小山坳的建筑遗址。

图3.10 道观前的石阶

我们从坳头山平地走入，踏步数级石阶（图3.10），一处明显的建筑基础遗址展现在人们面前。不大山坳的一小块平地正好容纳了整个建筑，山体宛若从后伸开双臂相拥。主体建筑平面（图3.11）呈长方形，纵向布置，长35米、宽19.5米，面积达682.5平方米。建筑基础较为清楚，残墙、柱础、础间石块、天井、石坛等历历可辨，并可见分成前后两部分。具体来说，房屋中间布柱，四周围墙。正面门墙稍有后缩，向外八字状敞开，形成约45°。三门中间宽阔，门宽1.76米、门槛高0.26米、厚0.16米，侧旁稍窄（图3.12）。两面侧墙偏前各开一门。屋内柱础大致分为纵向4列，或因天井、石坛减柱，实际上与两侧墙一起形成面阔五间的格局，明间宽5.8米、次间3.1米、稍间4.7米。最多横向柱础9行，间距不一，与前后墙形成进深10间的布局。从大门走进，进入前部天井，长8.5米、宽4.43米、深0.38米，块石铺底平整，天井后有一座石坛；再后又一天井，井后为主坛。其构架具体形式现不得而知，应为穿斗架梁式。另外主体建筑两侧，相隔间距10米处，各有两栋附属小型青砖平砌的房屋（图3.13），有的完全倾圮，地表建筑无存，有的墙体大部尚存，只是屋面全塌消失。它们应为主体建筑的配套用房。

我们认真审视此建筑遗址和细致鉴定其中的遗物（见后清代华林胡氏官源支重修道观记事碑），可

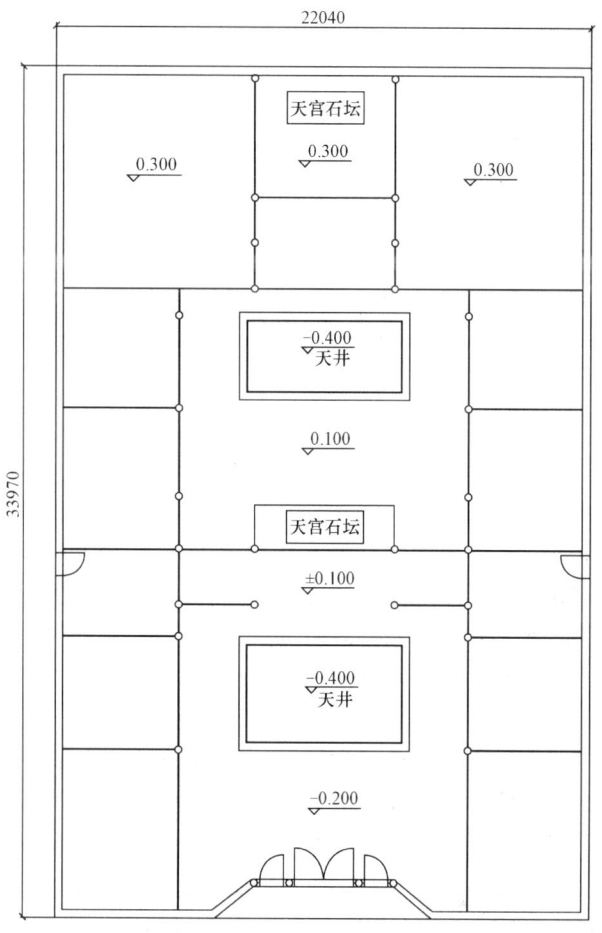

图3.11 建筑遗址平面略图

以确定，此为祭礼性的建筑，而非一般的民居建筑，此建筑应是明代万年宫建筑的一部分，至于其在整个万年宫建筑格局中处于何种地位，以及其是否在浮云观（宫）或华林书院遗址上重建或改建，笔者无法肯定。当年浮云山上胡氏祖居地的产业全数捐给浮云观，浮云观（宫）在南宋末、元末遭受破坏或毁灭，"又考华林轶事，书院之故壤，即今浮云旧基"[44]。"盖浮云宫者，即华林书院旧址也。"[45] 我们以上所述的明代万年宫与浮云宫，及前身华林书院的建筑有一定联系毋庸置疑。至于它们的具体关系，仍有待进一步研究。

建筑遗址的右前方不远处有一棵杉树，树高49余米，眉围4.25米左右，地围4.66米左右，树干挺直，耸入云中，故胡氏族人称其为"参天树"。树干下段直上不生枝杈，上段水平分出若干枝节，疏而不密，起显高大，针叶青翠，更出生机。这棵巨杉在浮云山地表之上，犹如鹤立鸡群，特别引人注目。相传它是胡氏先祖胡仲尧亲手种植的，现已历经千年，仍然生机盎然。杉树原本两棵，胡氏族人亦名其"双宝树"，两树相距4米左右，其中一棵于1989年4月遭到雷击枯萎，一棵神树的消失，在胡氏族人心目中难免会引起人们的联想与好奇。

图 3.12　道观大门石槛　　　　　　　　　图 3.13　道观旁遗存的小房

正德二年（1507 年），华林山地区爆发了一场空前的农民起义，起义军的声势如江河之水汹涌澎湃，给当地带来了空前的浩劫。社会秩序大乱，万年宫遭遇冲击。浮云山上当年胡氏家族捐给浮云观（宫）的田产被蚕食一空，几乎尽为他人强占。胡氏家谱就此有详细的记载：正德"越二年，山贼蜂起，阿房罹楚项之灾，邱亩饱饿虎之腹。麦秀之悲，良有以也，黍离之慨，岂徒然哉！"附近一些乡民乘农民起义道士逃离之机，毁坏宫殿，瓜分万年宫承续浮云宫用作香火的田产。动乱平息之后，万年宫几无产业，香火熄灭不燃，胡氏族人遂向官府告发，衙署却置之不理。

胡氏家族举全族之力，不惜倾财荡产，坚决告官诉讼。胡氏族人佑兴、祖庭、彩庭、仁庭和耀会等人请来南昌举人良臣帮助清理，山上田产原各有八百石，现在仅存六石半，而且土瘦地偏，可谓丧失殆尽。万年宫住持李显熊也出面一同起诉，状告无良乡民霸占观产。终于有幸依赖冯姓县官公正审理，涉案者得到了应有的处罚，田产大部归还。胡氏家谱所录雍正九年（1731 年）作的序中记载，直孺四子楫支后裔、元代进士文昌令文炳公次子邦贵徙居住于塘溪，"逼近浮云书院"，利用居住近靠万年宫的便利，自觉保护万年宫不受侵害。文炳公九世孙"兴云、兴爵力清浮云之产，至今香火有供，非其以孝相尚，而以义相率有如是乎"[46]。这里记录的应是明代约嘉靖前后万年宫又受蚕食，胡氏子孙参与追讼，维护万年宫财产之事。光绪版《华林胡氏大成宗谱》载，明天启二年（1622 年），胡氏子孙胡佑兴、胡良臣、胡虚信三人同清浮云山租产，兼清仲尧公墓。

在清代万年宫香火仍然延续，但可能规模不如明代。我们在遗址上发现一些相关的建筑构件、附属物件。其中有三块铭文碑石，散落于草丛之中，大小形制几乎一致，横位长方块石，竖刻文字，楷书，从右向左，20 余字，字大清晰。三块石碑具体如下：

（1）长 185 厘米、宽 57 厘米、厚 12 厘米。文字是："官源　胡世和公支重修玉帝壹尊、内侍二位、天宫壹座，享祀千古。嘉庆元年十月吉旦。"其周边深刻，中间圆起，不失秀美（图 3.14）。

（2）长 186 厘米、宽 57 厘米、厚 17 厘米。文字是："官源　凤山公支祭会捐修许祖神像、印剑、二仙、天宫石座。嘉庆元年仲冬吉立。"其刀法深峻，笔画直挺，遒劲有力（图 3.15）。

图 3.14　清代华林胡氏官源支重修道观纪事碑之一　　　图 3.15　清代华林胡氏官源支重修道观纪事碑之二

（3）长 185 厘米、宽 57 厘米、厚 12 厘米。文字为："官源　一川公支捐修神像三位，天宫石座。嘉庆元年季冬吉立。"（图 3.16）

2004 年 4 月，浮云山附近的村民游佳钦等在房屋旧基址上开垦菜地时，挖出一块大石碑。碑名为《捐修许仙真君神像并龛座碑记》，全文共有 516 个字，刀法犀利流畅，文字苍劲有力，记叙了许仙真君的生平、落座浮云的始末，以及华林胡氏后裔"乐善好施"的传统美德等内容。它是

图 3.16　清代华林胡氏官源支重修道观纪事碑之三

清嘉庆二年（1797 年）华林胡氏官源支裔胡绍宗题刻的。

"新吴之西有同安，同安之西有官源楼下，胡氏姓地近浮云。……由浮云蜿蜒而下，有大石坪，不越数武，楼下是焉。"[47]官源即位于浮云山麓，国庆水库下方，现为奉新赤岸镇湾里村。关于其世系源流，谱中记载甚详。"知楼下之胡，则始于十三世显华之子五一公，由稻田徙居浮云山麓而名之者也。复追而溯之，又知稻田则由八世尚书直孺公长子杞公自华林而迁毗陵，皆出侍御史城公后，而官源楼下则又华林之条分而缕析者也。"[48]因知官源胡氏后裔始于五一公，元代自稻田迁来此地。

从上述四通石碑的文字，我们可以确认，清代嘉庆初年，华林胡氏官源宗派数支后裔在万年宫频繁举行规模不小的祭祀活动，重修神像，举行仪式，缅怀祖先。此次参加的胡氏支派至少有凤山支派、胡世和公支派、凤山公支派和一川公支派等。这些文物填补了文字不载的历史，充实了万年宫的研究资料。他们重修的玉帝、许逊及众神像，还有天宫，都是万年宫中重要的祭物。奉新县志记，清代同治五年（1866 年），同安乡的胡氏后裔胡懋松又出资重修万年宫，这说明清代胡氏仍是万年宫的重要捐助人。

乾隆庚子年修撰的《华林胡氏宗谱》的一篇谱序载："今浮云、昭德观且共维持，不敢失坠。"浮云观在华林胡氏后裔心灵里占有重要的地位，成为他们的精神家园之一。因而历代胡氏子孙尤其是浮云山附近居住者，将维持观（宫）之存在，香火之旺盛，视作祖先之嘱咐、生平之责任。同时我们还从这条文字中看到，虽然明代浮云宫已改名万年宫，那里早已竖立万年宫牌楼，但胡氏子孙依然习惯称其为浮云观（宫）。

建筑遗址的右侧（房屋本体方位）现存高台一座（图版三，4），用条石垒成，前面錾刻五个楷书大字"仲尧公祖座"，上三下二排布。胡仲尧是胡氏家族中的重要人

物，华林书院在其手中发扬光大，家族科举成绩斐然，人才辈出，培养出一批儒士高官，因而华林胡氏家族受到皇上褒奖，闻名遐迩。实际上，胡仲尧在胡氏祖先中的地位与城公不分上下，其逝世后，族人善择墓地，隆重安葬。清嘉庆间修撰的《华林胡氏重修宗谱·施产志》记："仲尧公卒，即葬于八百洞右，盖生即吟咏憩息于其间，死亦思羽化，藏玉于其所。"胡仲尧墓位置李八百洞座右侧30米处（图3.17），坐北朝南，偏东10°。谱载地名雷家山。现存墓碑为清嘉庆六年（1801年）华林胡氏奉新塘溪、后港、坳上、店上支、新建楼下支及小城、绕湖支裔清明重立。墓碑刻"宋国子监簿胡公仲尧之墓"，碑高38厘米、宽90厘米。碑不大，冢不高，这丝毫不会让人淡忘其伟绩大业，创书院、建路桥、捐观庙，不仅对胡氏家族贡献巨大，而且对振兴地方文化也功不可没。站在胡公墓处，俯瞰胡氏祖居旧地，一览无余；举目向下南望，云遮山隐，田地河水尽收眼底。旁边不远之处竖有一块碑石（图3.18），高80厘米、宽38厘米，刻有"毓秀天然"四个大字，道出了这里的优美景色。这恰如胡氏族谱中歌咏的："青山拥翠，何减桃源之墟；绿草喷香，时入幽人之梦。佳景迥异，雅致不常，其脍炙人口者久矣。"故其被视为古代华林八景之一。

图3.17　清代所立胡仲尧墓碑　　　　　　　　图3.18　毓秀天然石碑

胡仲尧生前居住这里，可以吟咏歌赋，逝后安葬于此，希望羽化升天。胡氏先祖与道教关系极为密切，胡仲尧也虔诚信道，对于捐助奉新的道观不遗余力。昭德观的基业主要是宋代胡仲尧父子奠定的，为建道观捐出十六都的半庄，田租48石，另附灌溉水塘1口。万年宫中增置胡氏重要先祖胡仲尧牌位，加以祭祀。这既是胡仲尧生平之夙愿，生前不能升天成神，死后终于入宫受拜，这也反映出胡仲尧在家族中的威望和影响，从中可以看出万年宫及前身的浮云观（宫）与胡氏家族的联系。这所道观主要依仗胡氏家族供养，其也成为胡氏家族的祭神之地。

万年宫遗址台阶之下有水井1口（图3.19）。井口条石砌成，长方形，长100厘米、宽100厘米。井浅不深，内中有水，满近口沿，伸手可及。井水清澈，供给充足。《奉新县志》记载"（浮云）宫前有剑池、丹井"，方位正合，丹井即此井。因为道观用水主要来源于此井，或用于炼丹，故名。

图 3.19　水井　　　　　　　　图 3.20　店上村胡氏旧居遗址及水井

在华林山地区，不论山隅之中，还是平地之上，井水都是人们日常饮用、生活用水的最佳水源。江南地区雨水充沛，地下水位高，井水干净卫生，又取用方便，几乎村村都掘井取水。现在奉新胡氏居住村庄还保留了不少古井。店上村水井（图 3.20）石圈为口，直径 96 厘米、高 60 厘米。井壁上刻"咸丰三年（1853 年）清公支立"。后港村方口水井（图 3.21），高 50 厘米、长 123 厘米、宽 118 厘米，由石板卯榫结合而成。井边有同时凿制配套使用的一方水池，高 54 厘米、长 84 厘米、宽 57 厘米。水池为一块整石挖空而成，其上刻有"胡母刘氏六旬寿修"。华林山地区水井形式多样，井口结构不同，人们把水井作为生活的重要设施，凿井引水也是一件利民积德的善事。

万年宫遗物还有一些，如浮雕人物建筑石构件一块（图 3.22），四方体，高 40 厘米、长 30 厘米、宽 28 厘米。上下平齐，一角之内凿刻浮雕人物。一人跪屈其中，头低面侧，下肢跪立，身体挺直，双肩负重；右手相辅，向上托举，左臂后置，手挽孩童。构件表面遭自然侵蚀，显出斑斑剥痕。它浮雕高透，身姿形象，表情传神，是一件工艺水平不错的石雕作品，从一个侧面反映了万年宫建筑艺术的高超。

图 3.21　后港村胡氏使用的水井　　　　图 3.22　浮雕人物石构件

石池（图 3.23）长 169 厘米、宽 82 厘米、高 46 厘米、厚 8 厘米，椭圆形，内呈海棠形，口敞开，腹弧收。底有一圆孔，口沿有 2 条凹形流槽。这是江南地区百姓常用的濯洗衣物的水池，在各地并不鲜见。不过在奉新县，这种石质水池也可用于道观佛寺，用作信众焚香祭祀的香炉。笔者在奉新县百丈寺主殿前就见有此用法，故这方石池用作香炉不无可能。

石磨（图 3.24），生活用具。仅存下部，上部不见。磨盘外径 75 厘米、内径 40 厘米，槽宽 10 厘米、深 8 厘米。磨盘周附流槽，一侧开口。

图 3.23　石池

图 3.24　石磨

图 3.25　石碾

圈形石碾（图 3.25），生活用具。外直径 4.3 米、内直径 3.5 米，槽宽 18 厘米、深 20 厘米。碾石不存。

（九）许逊遗迹

华林山区唐宋时道风盛行，道观众多，华林周边的奉新、高安、宜丰的其他地方亦是如此。宋代奉新县境内的道观除了前述的浮云观、昭德观之外，还有许多，县志中有名可查者就有以下几处：

真静观，在奉新乡，唐孙智谅得道于此。开元中（713~742 年）赐此额；

玉虚观，在法城乡，旧名灵仙观，梁承圣年间（552~553 年）创建，为许逊驱逐蛟龙的地方。景云观，在建康乡，旧名拔茅观。曼寿观，在建康乡，旧名延平观，相传吴彩鸾、陶安公曾经过此地。希夷观，在同安乡，旧名毛仙观，相传许逊与毛仙曾在此地谈道论经。永福观，在同安乡，旧名龙仙观。嘉福观，在奉新乡，旧来仙观。景福观，在南乡，陶安公两个女儿冲举成仙的地方，旧名会仙观。青霞观，在新安乡，相传赤松子传道处。元道观，在南乡石湖，旧名龙泉观。真常观，在新兴乡越王山，旧名招仙观，即文箫、吴彩鸾跨虎之地。仙游观，在进城乡，旧名龙泉观，许逊逐蛟至此。北宋治平年间（1064~1067 年）这些道观赐予额名；

招仙观，在南乡泗源。柏林观，在北乡，许逊获剑于此，然后划地出泉以治疗疾病。大元观，在新安乡，旧名崇真观，相传许逊、叶元师炼丹于此。北宋熙宁年间（1068～1077年），这三处道观赐予额名；

葆真观，在从善乡，旧名尹仙观，相传尹仙炼丹于此。宋大观元年（1107年）赐额名；

崇虚观，在南乡，旧名崇灵，即东白源，道书第三十六福地，刘道成飞升处也。北宋政和年间（1111～1118年）赐予额名[49]。

方志中奉新地区留名的道观中，唐代数量不多，而宋代则如雨后春笋般遍及各乡，且受赐额名，即得到官府的认可，具有一定规模，名声在外。当然，这些宋代道观创建的时间应该早于赐额的时间。据史籍记载，道仙方士很早就在华林山地区活动，两晋时期已建成颇具规模的道观。唐代江西地区道教的兴盛地区有麻姑山、龙虎山、西山三地。华林山区道教主要受西山影响，唐代发展，宋代渐盛，宫观分布山乡，道风吹播民间。

宋代年间，高安道观众多，名声显著者为数不少。文人官宦在高安的题文留墨为我们客观了解宋代高安道教的盛况提供了资料。北宋元祐八年（1093年），黄庭坚为时守筠州的柳侯子仪新成的燕居之堂作《江西道院赋》，对高安民风有过描述，"江汉之俗多礼鬼，故其民尊巫而淫祀。虽郡异而县不同，其大略不外是矣。若乃高安之域，豫章之别，虽风气之未远，亦美俗之可悦"[50]。苏辙在《筠州圣寿院法堂记》中写道："昔东晋太宁之间，道士许逊与其徒十有二人散居山，能以术救民疾苦，民尊而化之。至今道士比他州为多，至于妇人、孺子，亦喜为道士服。""高安虽小邦，而五道场在焉。"宋代文人贤士已对高安道风的炽盛作了真实的记录。

在华林山地区流行不少仙人方士的传说，其中以有关许逊的故事最多，不少名胜古迹与此相关。剑池，位于奉新县南乡罗塘大泽村，深达一丈，水积五尺，石岩为底，呈色纯紫。民间传说，许逊在柏林得到宝剑一把，来到此地，性情所至，尝试剑锋，剑劈入石，石裂泉涌，积水为井，故名剑池。[51]候龙渡，在奉新县西10里奉新乡，相传许旌阳候蛟于此。[52]新兴乡芦茨山元真观，建于元泰定年间（1324～1327年），据说许逊曾在此处逐蛟，因而建观以示纪念。这种情况正如邓梓的《元真观记》中所说："自世传许旌阳伐蛟于洪，而洪之封内，往往指其遗迹以为祠观之设，其大者为玉隆万寿宫，次专总奇胜，崇构宏敞者不可悉数。"华林山地区的许多道观正是如此。这些遗迹包含了丰富多彩、神奇动听的许逊的故事，如谈道求仙、炼丹养气、获剑试锋、候龙降至和逐蛟除害。许逊的传说在华林山地区流传广泛而且深入民间，成为当地百姓的一种重要信仰，融入了民间的习俗之中，潜移默化，左右人们的思想和行为，产生这种现象与其独特的历史时代和地域文化有关的。

西山风光旖旎，溪漳蜿蜒，谷壑幽深，岩石突兀，云雾缭绕，风光掩映。且处南昌附近，交通方便，但远避嚣尘，古时就成为修道者的一块宝地，也是一座道教之山。山中许多风景名胜均与仙道相关：

洪井，亦号洪崖山，传为黄帝之臣洪崖采药炼丹处；

鸾岗为洪崖先生乘鸾休憩之处；

采鸾岗传说吴采鸾与文箫相遇之地；

鹤岭，昔王乔所降经过于此；

葛仙峰，葛稚川洪修真处。

西汉末年，南昌县尉梅福不满王莽专政，退隐在西山的飞鸿山修习道学，岭下建梅仙观，遂改名梅岭。主要的道教名胜古迹有太平观、紫阳宫、邓仙洞、真君墓、云隐洞、潘仙洞、秦人洞等。

逍遥山，道家以为第四十福地。山之阳为许旌阳玉隆宫；

翻车冈，世传许真君仆许大运米至此，闻真君上升，仓皇奔归，遂覆车于此。

猴岭，与鹤岭对峙，宋熙宁中王迪挂冠隐此，跨鹤遍历诸峰峦而去。[53]

徐铉墓，在新建县西山鸾冈。徐铉与胡氏家族关系甚厚，为胡氏撰写了《洪州华山胡氏书堂记》、《洪州奉新县重建闾业观碑铭》，宣扬胡氏家族的功绩。胡仲尧之弟胡克顺"重义疏财，交友以信"。当其挚友徐铉逝于邠州时，无家无子，逝无葬身之地，胡克顺千里迢迢赶至汴州迎护其归南方故土。因徐铉亦慕道教，故特选西山之鸾岗为其葬地，并终身守护，春秋祭祀。胡克顺于天禧中得徐铉《骑省集》稿本，刊刻表进，使其始行于世。胡克顺死后亦葬于西山之鸾岗。

西山道教一派最重要的人物为东晋时的许逊，净明教祖，少好道术，26岁师事道士吴猛，又与地理学家郭璞结为好友，遍求名山胜地，得逍遥山下金氏桐园为栖身修道之地。据《云笈七签》卷27《洞天福地》记载，西山为道教三十六小洞天之中的第十二小洞天，曰"天柱宝极玄天洞"，也是道教七十二福地之中的第三十八福地。净明道"观肇于晋，而兴于唐，尤莫盛于宋"[54]。进入宋代，净明道的伦理教义开始加速发展，形成"忠孝立本，方寸净明，不用修炼，自然道成"的修道方法，在儒家思想影响下，并与儒家相结合产生的新道派，对后世影响很大。实际上，净明道通过吸纳儒家的道德伦理演而变成儒家化的道教。

西山邻近南昌，相距只有30余里。其凭借优越的地理位置，依靠南昌作为江西政治、经济、文化中心的便利，广泛接收外部信息；凭借四通八达的交通条件，与庐山（今属九江）、龙虎山（今属鹰潭）、阁皂山（今属樟树）、麻姑山（今南城）等道教圣地频繁交流，与江西临川、崇仁、修水、金溪等理学重镇进行沟通，西山道士全方位地与外接触，吸取自身发展需要的文化。宋元时形成以西山为中心的净明道。

江西中北部开发较早，农业、手工业、矿冶等经济比较发达，为这一地区宗教的发展，尤其是道教的传播，奠定了可靠的经济基础。民间积蓄的财力为宫观建设、道教传布、斋醮法事等活动提供了物质保证；赣北风景秀丽的名山大川远离都邑喧闹之地，成为江西早期道教的重要选择之地；西山作为江西一派道教的发源地，不断向四周传播发展，邻近之地自然受到波及风化。华林地处赣北，毗邻西山，经济较为发达，山色景物宜人，自然成为江西早期道教热点地区之一，在宋代道教较为兴盛。

华林胡氏先祖热心宗教，对道教更为积极，捐财助力，后裔子孙秉承家风，千年延续，未曾中断。浮云观（宫），即明代改名的万年宫，是胡氏家族大力支持并参与管理的重要道观之一，几乎可以说成为胡氏家观（宫）。现存于万年宫遗址上，在清代嘉庆年间华林胡氏官源支捐款出钱修观的石碑文字的"玉帝"、"许祖"，以及嘉庆二年（1797年）的《捐修许仙真君神像并龛座碑记》都明白揭示，宫中尊奉主要之神为许真君,并奉许逊为始祖。道教宫观供奉的神祇很多,可谓纷繁复杂,一所宫观不可能囊括无遗。实际上,各地的每所宫观除了供奉上述主要的最高神仙之外,可根据自己的需要,选取一些不同的神仙供奉。浮云观(宫)除最高神玉皇大帝之外,许真君就是其供奉的独特地方神仙。

其实,许真君早就是胡氏先祖尊奉的道教主神,胡氏先祖不仅给奉新本地的观宫捐献钱财,而且为西山祖庭也出过大力。据《西山万寿宫通志》记载,许逊升天后,东晋太元元年(376年)信众在许宅故地建许仙祠以为纪念。南北朝时改称"游帷观";唐咸通中(860~874年)名"铁柱观";宋大中祥符二年(1009年)改名"景德观";大中祥符三年(1010年)升观为宫,真宗御书"玉隆"赐额;宋政和六年(1116年),徽宗诏令仿洛阳崇福宫重建,赐御书额曰"玉隆万寿宫";

元人记:"观肇兴于晋,而盛于唐,尤莫盛于宋。宋祀将四百,而是宫之营缮见于纪载者二,大中祥符之缔构,其力出于郡人光禄寺丞胡公仲容,而王翼公实记之;政和丙申之恢拓,其费出于系省之官钱,其图准西京崇福之旧制。"[55]宋代万寿宫二次大规模的建设中,有一次是华林胡仲容个人出钱完成的,另一次则是使用官钱实现的。大中祥符年间万寿宫开始得到皇家重视,处于一个大转变时期,因而这一次所花财力不少,胡仲容贡献颇大。

胡氏家族后裔子孙崇敬许逊,入道信奉净明道的事例最明显见于《奉新县志》所录邓梓文记。奉新县新兴乡芦茨山有一所元真观,传为许逊逐蛟的地方。元泰定间(1324~1327年),道士胡明德创建此观。胡明德原为延真观的道士,观址相传吴、许二真人逐蛟入穴,以巨石书符镇之。于奕正《天下全石志》:"奉新有唐镇蛟石碣。宋延真观铁柱铭,胡世将书。"泰定元年(1324年)胡明德领道徒泛游山林,见昔日许逊折芦为茅,剪茨为镞,以御蛟龙之遗迹湮没无闻而憾,遂创建元真观。"明德族出华林,有儒者气象,教所授,以文逸,元同法师之号云。"[56]笔者以为明德崇拜净明道并非个例,当然有家族之背景。

明德为华林胡氏后裔,习道且有儒者文雅,这在后来的浮云宫道士身上也可见到。"陈云隐,住浮云宫,道行卓异,好读儒书。"[57]明代初年浮云宫的这位道士,不仅深研道经,道术高超,行为奇异,施法惠民,还喜读儒家书籍,汲取孔孟之道,体现出亦道亦儒的个性。净明道融会道、儒、释,倡导三教归一,这是其特点。道教的净明、儒教的忠恕、佛教的大乘,三教之旨,殊途同归。

三、耿氏夫人墓

耿氏夫人(878~956年),华林胡氏先祖城公妻,生于唐僖宗乾符五年(878年),殁于后周世宗显德三年(956年),享年78岁,唐代敕封为徐国夫人。她倾其毕生心血,勤劳持家,贤惠有德,团结族人,五代同居,聚族八百,科第中举,旌表义门。谱中赋赞:"淑哉我母,德合坤贞。相夫名就,训子多方。簪缨累世,科第蝉联。俎豆血食,亿万斯年。"[58]华林胡氏族谱专辟"内则表",将族内贤德超群、贡献卓著的女性纳入其中,耿氏夫人位至第一。有记曰:"耿夫人侍御城妻,有内则。子五:珰、瑜、琼、珏、球,子孙蕃衍,几遍天下。至今八百余年,犹称耿氏婆婆云。"[59]耿氏夫人威望极

图3.26 整修一新的耿氏夫人墓

高,族人敬重,华林胡氏后裔,人数千万,散居大江南北,遍及四海内外,世世代代尊称耿氏夫人为"耿氏太婆"。此称呼饱含了族人对这位为家族发展作出卓越贡献的女性的崇高敬意。

耿氏夫人逝后,族人沉痛哀悼,子孙极为悲痛,祭祀盛大庄重。族人请风水大师司马头陀精心挑选墓地,择定良辰吉日安葬,铭记耿氏夫人功劳,永远寄托绵绵哀思。耿氏夫人墓地(图3.26;图版四,1)位于南枥九皋山,即今赤岸镇西源村民小组属地,在奉新县城西南约6公里处。其地势不高,丘陵相连,林树翠阴,胜形未减,背有依靠,周似圈护,坐南朝北,前面开阔。谱之《邱垅志》记载:"徐国夫人耿氏,葬本邑奉新乡(今赤岸镇)南沥九皋山。子向。五代时异人司马头陀所扦也。"[60] 耿夫人墓周围护石之上,刻有司马头陀题写的诗文,"南枥九皋一穴地,山明水秀浑不畏。后代子孙多仁义,久年方信读书贵"。离墓地不远处,原有九皋庙(现已不存),可为人们前来祭扫时为其提供餐宿等帮助。历史上,每逢清明等一些特殊日子,华林胡氏后裔总是汇聚一堂,场面壮观。

华林胡氏后人编写的家牒,给我们提供了20世纪耿氏夫人墓茔的真实景象。民国十九年(1930年),胡献雅,华林胡氏35代裔孙,编印《胡氏家牒》一册,主要录入先祖仪容和历代名贤手迹,采用当时的先进技术印刷,其中有数张清楚的墓地照片。胡献雅父亲——胡廷銮先生,江西南昌地方绅士,是一位曾经参与辛亥革命的地方著名爱国民主人士,专门为《胡氏家牒》作跋。胡廷銮先生在跋中述说了其次子胡献雅编印此册家牒照片的由来。民国十七年(1928年),胡献雅来到奉新担任公职期间,利用空余时间,前往耿氏夫人墓祭扫,并用当时的照相机拍摄图片若干,选录其中三张照片印于谱前。

胡献雅(1902~1996年),江西近现代著名艺术家,籍贯南昌,祖先出自奉新华林胡氏。1925年毕业于上海美术专门学校,得益于国画大师刘海粟、潘天寿的亲自教诲,以画会友,广结翰墨之缘,与徐悲鸿、张大千、傅抱石等过从甚密。其书、画、诗俱佳,堪称三绝,是当今我国国画画坛上屈指可数的名家之一。胡先生曾担任江西省第一届至第四届政协委员、江西省第五届人大常委、中国文联委员、中国美术家协会理事、江西文联副主席、江西省美术家协会主席、江西文史研究馆名誉馆长等职务。

1928年胡献雅先生所摄的这几张照片,真实、直观地将耿氏夫人墓的历史状况呈现于人们面前,为我们了解20世纪乃至前代耿氏夫人墓的情况提供了难得的资料。耿氏夫人坟墓封土高起,其上立有一块碑石,顶端加饰飞角双檐,上刻碑文。坟前方正面以条形麻石砌成护墙,墙面宽大,两侧八字敞开,表面雕刻纹饰。墓前不远处,另竖立一块高大石碑,正中刻写文字"华林唐敕封徐国夫人胡母耿氏",右边一行"乾隆五十六年岁次辛亥",左边一行"夫人墓下各支重立"。

当年墓旁还竖立一块细长四方石柱(图版四,2),一面直刻四个楷书大字"过化存神"，字体苍劲，笔画深峻，至今它仍然立于耿氏夫人墓园中，谒者可以有幸目睹它的风采。"过化存神"出自儒家圣贤的经典，《孟子》之《尽心》曰："夫君子所过者化，所存者神。"意思是说，圣人经过之处，使人们深受德化，长久停留之处，让人们感到圣德神秘莫测。《论语·学而》有言："夫子之求之也，其诸异乎人之求之欤？"宋代朱熹《集注》曰："圣人过化存神之妙，未易窥测。"大意是：圣人具盛德，所经之处，人人无不被感化，心所存主之处，神妙莫测。耿氏夫人平生言传身教，形成了忠义、孝友、清廉、贞洁、乐善、好施、和睦、重教的华林胡氏家风，在华林胡氏家族子孙眼中树立崇高的形象，在他们的心中占据极为重要的位置。耿氏夫人被列为胡氏重要先祖，族人视其为圣人，成为天下华林胡氏子孙祭祀的主要对象。她在维系华林胡氏家族血缘纽带、增强宗族凝聚力、传承优良家风中，起着不可替代的作用。子孙们从她身上吸取力量，并贯穿于他们的行为举止，始终展现出他们积极的人生状态。因此"过化存神"是对耿氏夫人品行的褒赞。在以男人为中心的中国古代社会，家族祭祀最为重要的对象却是一位女性，这是非常奇特的现象。这客观上反映了耿氏夫人在宗族的核心地位，实质上是对她为家族所作贡献的尊重。其形成必定有其特殊的历史过程，具体的原因值得人们深入研究（图3.27）。

图3.27 重新前的耿氏夫人墓前石构件

耿氏夫人墓地封土不高，却气势不乏，营造的环境虽不奢侈豪华，却可神存理化。千年来，耿夫人墓地受胡氏族人的保护，历代官府给了关照，墓地原址未受大的侵害破坏，周围地貌不曾发生大的改变，近年修整一新，香火再续。千年来，耿氏夫人受到华林胡氏后裔凭吊瞻仰，这里成为华林胡氏子孙的一方圣地。在这里，胡氏后人祭扫墓地；在这里，胡氏后人追寻祖先；从这里，胡氏后人传承家风；从这里，胡氏后人再创明天。数百年来，华林胡氏后裔子孙，世系传递，支派分折。不论定居故里，还是迁徙外地；不论显达富贵，还是百姓平民，为了寻找身体中血液流动的源头，为了寄托心中永远存留的思念，他们都会来耿氏夫人墓前祭扫朝圣。一年年时光流逝，一代代后裔迁徙，祭祀连续未断，参拜者络绎不绝。

华林胡氏族谱部分记录了迁徙外地的子孙来耿氏夫人墓地祭扫活动的情况。胡宠，六世裔孙，绍兴二年进士，曾任四川都统，南宋绍兴十二年（1142年）八月，致仕归农后，当年夏日承父命来到奉新始居地，涉览山川之秀，阅历风景之美，念水木之本，尽仁孝之意。其曾祖赟公为珰公次子，仕归还乡，路经江西新建（今新建县）西山，见白鹿伏野，爱山水之胜，遂驻马而居。胡宠时已迁南昌之库前。此次他特地在华林始祖侍御城公、夫人耿氏二墓前，虔诚致祭。祭文曰："粤稽我族，始于满公。沿传历代，享祀昌隆。隆生六朝，壮候藩公。膺封阳山，卜居豫章。越廿五世，诞生成公。祖妣耿氏，五桂灵锺。华林门第，江右称雄。或因仕宦而迁徙，或遇胜而竖塘……"[61]

胡逸驾十二世裔孙，为赟公支裔，登嘉定进士，任朝散大夫、军器监丞、新除知辰州军事。其乡族情深，联谊毗陵及南邑之东湖胡氏同宗，曾为东湖世兴铭墓，名存勒石[62]。南宋淳祐六年（1246年）七月，胡逸驾还专程到城公、耿氏夫人二墓奠祭，祭文曰："呜呼！岷山导江，始自滥觞。至于末流，浩渺无涯。千岁乔木，干霄蔽云。赫赫吾宗，实由藩公。自侍御而光其绪，至夫人始大其家。家于此土，有林曰华。庆生子五，支分派衍，绵绵如瓜。"[63]时值奉新富民侵占夫人耿氏墓地，华林子孙申诉告官，逸驾亦鼎力相助，施加影响，官司最终胜诉，耿氏夫人墓地得以保护。

胡濙，晋陵忠安公，琼之后裔，极得成祖朱棣的赏识和信任。永乐五年，成祖派遣胡濙颁御制诸书，并访仙人张邋遢，遍行天下州郡乡邑，隐察建文帝还是否在世，在外时间达10年之久，至永乐十四年才返回京城。后来亦领受旨意，长期在各地访问寻探。永乐十五年（1417年）八月，胡濙以礼部左侍郎身份"奉使道经华林，访求宗属，得谱系之详，喜文献之不泯。于是躬率少长，敬诣九皋之傍南枥大安山祖龙，设奠拜扫，加培冢土"[64]。亲往耿氏夫人墓拜扫，隆重举行仪式，虔诚恭祝告词："原吾所自，史不绝书。刘宋壮侯，食邑纡朱。越唐侍御，夫人实配。厥子五人，各令避地。长名珰，亦在南唐。膳部员外，躅留豫章；瑜复陈留，琚徙江州，后迁分宁；武宁寓球。惟我祖琼，派分晋陵，子孙贵盛，簪绂频仍。濙也不才，忝窃科第，复荷殊恩，谬跻显仕。奉使公余，祖垄是趋。幸获瞻拜，孝诚少摅。望我同宗，子孝臣忠。无忝吾祖，万世兴隆。"[65]

胡濙的奉新之行，游览山水，祭扫墓地，联谊宗亲，合修宗谱，孝慈著绩。这极大地提高了奉新华林胡氏家族的地位，地方官吏对胡家祖坟和所属山地，尤其是对耿氏夫人墓的保护大大加强，遏制了侵蚀蚕食的行为。明永乐十五年（1417年）南昌府奉新县官吏专门颁发了胡氏祖山禁约，全文如下[66]：

为禁约事

近奉钦差侍郎巡按江西道御史胡（濙），有同宗祖茔一所，座落奉新乡十三图地，地名九皋南枥大安山，并华林、冲霄、凤形、南垣、郁竹等山。

近年来，因族星散，人居窎远，照管不及，致被他人樵采樵牧、掘坑取土。非为触犯坟茔，抑且有伤风水，致干不便。

奉此参照前事，合行备榜禁约。仰本县各处里才坟邻，务要用心守护。如有无知之人，仍前樵采薪牧，取土挖坑者，拏获赴官，或指实陈告，将犯人依律治罪。须至榜者。

永乐十五年八月十二日

胡濙对胡氏关照未曾中断，对耿氏夫人墓地的保护没有松懈。正统十三年（1448年）胡濙因公事繁忙，无暇返乡再次祭拜祖宗之墓，故特委托弟胡安来奉新祭扫。奉新知县袁彰率领县衙一批官员陪同来到侍御史城公、徐国夫人耿氏二墓前祭奠，曰："大丈夫树勋业于当时，名闻遐迩，固荷天地之生成，实赖祖宗之默佑，若大伯宗胡公濙是也。公以日奉天颜，勤劳国事，弗克躬诣摅诚，特遣弟安拜祭。知县袁彰、县丞胡珵、主簿赵文彦、典史周友等，备员兹土，理宜助祭。"

在胡濙返乡之前，耿氏夫人墓地处在纠纷之中，永乐十三年（1415年）胡氏族人正在清查九皋山祭奠契约，有族人泊沂为九皋山祖茔倾注精力，积苦讼间，毫无怨悔。

但墓地仍是纷争不停，族人疲于应付。[67]胡溁的出现，使奉新地方官府极为重视，明断官司，布告乡里，亲作表率，明代耿氏夫人墓地及其他祖地不受侵犯。胡溁凭借其声望和地位，为提升华林胡氏家族形象、保护胡氏祖茔作出了很大的贡献。

光绪版《华林胡氏大成宗谱》孝悌表载："于明万历戊子（1588年）胡汝汉扫奠先茔，散九皋碑石遗迹犹存。"正是有了明代有效的保护，清代耿氏夫人墓地才能完好遗存。康熙元年，华林胡氏的湖北黄陂后裔明垣，来奉新九皋山追寻先祖遗迹，"以是伏祖夫人之垅而叩之，英灵不爽，千年如在，当亦欣然色喜乎！"[68]为了守护耿氏夫人墓，胡氏家族配置守护人。墓地东侧有一个小村庄，名称守坟里，乃因为耿夫人守墓而得其名，村民姓李、涂。高安华林胡氏编修的家谱中还保存了有关族人与守人墓及损墓人的签约。它不仅记录了胡氏族人保护耿氏夫人墓地的过程，也是研究民间乡风民俗的绝好材料，特录于下[69]：

照后约

立照后约人李承德、承龙等

今立照后约一纸，为因徐国夫人胡母耿氏夫人墓山。在守坟里居地之前，李承德、承龙等因创造房屋急需石用，有人将耿氏夫人墓山石挖卖李承德、承龙等，不合误买。现经胡府支裔经公理论，只得请中向胡府言情，建醮禁山，赔情息事。嗣后，有在胡山动一石一草者，须得代为照管，专人向胡府报信。如有隐瞒，即难辞咎。除央中和息外，立此照后约存。

据

见约人：余薇垣　名用中生员

余励堂　名泰和举人

李悟斋　名杜举人

同治九年冬月日立

李本立亲笔　即承德之子

看山约

立看山约人李、涂二姓众

李正兴、涂义和支裔等，今看到徐国夫人胡母耿夫人墓山，全嶂缘因胡氏支裔去墓窎远，李正兴、涂义和支裔等居住守坟里，切近墓前。现因挖石及误买事，胡府支裔经公理论，两姓请中赔情，建醮立约息事。今经众劝息，李、涂二姓众等情愿管墓山。嗣后，倘有在胡府墓山动一草一木者，即为李、涂二姓众等是问。除经中和息外，立此照看山约存。

据

见约人：余薇垣　名用中生员

余励堂　名泰和举人

李悟斋　名杜举人

同治九年冬月日立

涂文质亲笔

耿氏夫人墓表现出浓厚的风水文化。风水是我国古代一种独特的风俗文化，唐代以来江西地区尤为流行。唐末杨筠松为躲避战乱，携带宫廷风水秘籍，南下江西赣虔大地，精研山川气势、观景参悟、立论著说，被尊为江西派祖师。杨筠松的到来，给本已盛行的江西堪舆学说起到了推波助澜的作用。此派主要活动于山川地区，注重自然地貌，亦谓"形势派"，着眼于山川形胜和建筑外部自然环境的选择，主要操作方法是"相土尝水法"和"山环水抱法"。其理论是"负阴抱阳"、"山环水抱必有气"，分"觅龙、察砂、点穴、观水、取向"地理五科。古代风水学影响遍及江西各地，华林山所在的赣西北地区也不例外。

以阴阳论宅，活人住屋为阳宅，死人葬地为阴宅。阴宅营建，安慰生者，还与生者的贫富贵贱、吉凶福祸联系起来，故阴宅风水术兴盛。选定阴宅的主要方法至少有"寻龙、观砂、看水、择穴"四个步骤：

"寻龙"把山势起伏绵亘，逶迤曲折的脉络称为龙脉，顺此寻找生气集聚的吉穴；

"观砂"去观察墓地周围大小山峦的走向和形态，墓穴生气才能凝聚，不会散去；

"看水"即是审视周边的水形和水象，设法与墓地协调；

"择穴"就是综合分析龙、砂、水后，确定吉穴的具体点位。

阴宅选地追寻"龙真、水抱、砂环、穴的"风水宝地的方法至少从唐代开始，在江西许多地方流行，华林山地区亦不例外，华林胡氏族谱的先祖坟墓均标明了座向，这说明坟墓位置的选定和具体朝向都是风水先生精心设计的。"徐国夫人耿氏墓，葬在南沥九皋山。子向，五代时异人司马头陀扦定也。"[70]

司马头陀，名曦，是唐末、五代时江西一位著名的风水先生，精通堪舆，即俗称风水，主要活动于江西北部、赣西北与邻近的湖南地区。据说其走遍了豫章的山山水水，经其堪舆的地方超过170处，后来经证实非常灵验，丝毫不虚[71]。司马头陀将其一生堪舆心得进行总结，撰成《地理括》一卷、《六神回水决》一卷、《括地记》一卷。

民间流传不少有关他的趣闻轶事。在奉新县西四十里的中会村，有一汪清澈的深潭，名为"马投潭"，此因司马头陀曾从此入水而得名[72]。

司马头陀面相勘地的故事流传最广。一日，司马头陀从湖南来到奉新百丈山，参见百丈禅师，选定灵佑去沩山做住持，大阐宗风，开创了禅宗五家七宗中的沩仰宗。因而后人有诗曰："住山骨相无人识，何处头陀忽扣关。第一座中闻謦咳，已知输却大沩山。""踢倒净瓶呼木楔，华林已坐一生穷。却教一座为山主，都在头陀相法中。"[73]

司马头陀相地评语总是形象准确，人们无不信服。新建县有一座双峰寺，建寺之前，头陀也曾来此察勘，赋说其地，"石鼻双峰，如鼓如钟。匪公匪侯，梵王之宫"。其后果然应验头陀所说，建成名寺，香火旺盛[74]。

司马头陀相中的耿氏夫人墓地也是一方风水宝地，正如其诗所云："南栃九皋一穴地，山明水秀浑不畏。后代子孙多仁义，久年方信读书贵。"族人以为胡氏的发达与其祖先墓地的风水有不可分割的联系，耿氏夫人尤为重要。南栃九皋的耿氏夫人墓地附近虽无占高山峻岭之利，却得山明水秀之势，这在风水学里最为关键。正如明代缪希雍在

《葬经翼·望气篇》中说:"凡山紫气如盖,苍烟若浮,云蒸蔼蔼,四时弥留,批无崩蚀,色泽油油,草木繁茂,流泉甘洌,土香而腻,石润而明,如是者,气方钟而未休。"葱绿的山岗,明丽的秀水,万物勃勃生机,预示家族兴盛。果然华林胡氏后人既有仁,又有义,子孙科弟中士,显贵发达无穷。

四、建 筑 风 采

(一)南津桥

南津桥位于奉新县城西门南潦河之上,乃胡氏先祖仲尧公父子捐资而建,桥之北岸附近原有孔圣殿、昭德观、惠安寺。奉新县境呈封闭的盆地地形,四周高山峻岭,相连环绕,北耸药王山,西立百丈山,南起华林山,东面较低,丘壑敞开。这种地势造成四面之水汇聚盆地的情况,形成境内最大河流南潦河。《太平寰宇记》载:"县冯水,汉迁江东冯氏之族于海昏西里,赐之田,曰冯田。水因以名。"[75]南潦河起源西部百丈山,自西向东而流,沿途汇入涧水溪流。源出于县西南的华林山之华林水,亦"潆迂过同安、奉新(今赤岸)二乡,至冯水,与冯水合流而东"。

南潦河流至县城时水量增大,水面宽阔,河面宽度达300余米,平时晴旱之日,雨水细缓之时,南潦河似乎羞涩,水流无息,波浪不涌。一旦雨天连绵,或淫水不止,或暴雨骤至、倾盆而下,则南潦河水泛滥,汹涌澎湃,灾害无穷,百姓遭殃。江西春夏多雨,据现代科学测量,年均降水量1341~1940毫米。雨量分布不均,山区多,平原少,九岭山一带年均降水量多达1800~2000毫米。一般在4月份左右开始进入梅雨期,5、6月份为全年降水最多时期,平均月降水量在200~350毫米,最高可达700毫米。这一时期多大雨或暴雨,暴雨强度为日降水量50~100毫米,最大甚至可达300~500毫米。可想而知,每当洪水汇来之时,古代的南潦河恰似一匹不驯的野兽,南冲北撞,导致河岸崩塌、梁断桥毁。

南潦河将奉新一分为二,划成南北两片,沟通南北的重要交通是县城的桥梁。北宋太平兴国中(976~984年),山源水涨、长风架浪,将建在南潦河上的桥梁冲刷得荡然无存。两岸交通完全阻隔,商旅不行,货物积压,行人滞留,踌躇两岸。或以舟济渡江,时有风浪翻卷,船覆人亡之危险。由于重新造桥,工程浩繁、费财巨大、旷时日久,官府不敢加税增赋集资,百姓不愿出工出力帮忙,建桥一时空白无望。而此时"我华林胡氏仲尧慨然奋发,以千金之诺、括囊竭产而不顾,善利既济之为心者哉"。胡氏倾出家族财力,精心准备,组织建桥,聘请巧匠,精选良材,利用冬季涸水时节,一月之内,一座宏伟壮观的崭新大桥又重现于南潦河之上。大桥建成之时,仲尧"弟秘书省校书仲容,请于杨文公亿为之记,名其桥曰安固"。北宋雍熙三年(986年),杨亿撰《南津桥记》记载了胡氏家族的功德,对这种公益性的社会行为给予了高度称赞。

胡氏先祖建桥之外,"至若县学、佛寺、道观,皆其所创"。古人认为建观庙、修路桥,办学校三项大事是积德修善行为的具体体现,华林胡氏家族努力实践,件件善事,造福地方,方便乡亲。2003年奉新县人民政府在南津桥遗址上游约20米处建成一座雄伟的现代大桥(俗称"上桥"),用不着再去担心因水患而造成桥梁毁坏、道路阻妨的灾害。古代胡氏为民修建桥梁的故事将会传颂久远。

(二)济美牌楼

济美牌楼(图版四,3)坐落在奉新县会埠乡招边宾村旁潦河北岸水畔约7米处,一座牌楼平地耸立,飞扬拔起,气势非凡,颇为壮观。它是奉新县最具特色的一座古代牌楼,也是反映华林胡氏历史的重要文物。

牌楼通高12.2米,宽4.15米,建筑结构奇特,4根方形石柱,边宽0.4米,在正方平面上呈四点分布于四角,构成四面双柱单间三层的方体门式牌楼。整个牌楼用条块石件通过卯榫咬合,成为一座体型巨大、四门敞开的方体石质建筑。它是江西省唯一的古代四方牌楼,在全国众多明、清牌楼中也属少见,极具文物价值,1987年被评定为江西省重点文物保护单位。

图3.28 济美牌楼特写

牌楼每面形状相同,上部柱间梁枋相连,下部柱间敞开为门,门高4米、宽4米。上部三层向上逐层收进,每层均装饰高浮雕的图案。上层斗拱双檐顶面,下方中间门首镶嵌石板,上镌刻"圣旨"二字最大,其上另有"济美"楷书大字,最上横行题刻"从仕郎布政使司理问所理问胡士琇"(图3.28)。

胡士琇为华林胡氏后裔,明代晚期担任朝官理问一职。理问所在元代就已设立,掌勘核刑名、诉讼。明代沿用,明布政使司理问所设理问一人,官从六品。胡士琇官位不高,政绩不显,但乐善好施,造福桑梓,朝廷褒奖,名扬天下。《江西通志》载:"学田,明邑人胡士琇等捐助,现(清代)存田一倾五十九亩零。"[76]胡士琇慷慨倾资献财,捐助儒学,发展教育,培养人才,善行显著,受到旌表,名列《明史》孝义中:"其输财助官振济者,则有……万历间,少卿吴炯,浙江董钦等,临清张氏,江西胡士琇、丁果、娄世洁、黎金球、山西孙光勋、高自修,亳州李文明,顺义杨惟孝。……皆旌为义门,或赐玺书褒劳。"[77]

《左传·文公十八年》载:"昔高阳氏有才子八人,苍舒、隤敳、梼戭、大临、尨降、庭坚、仲容、叔达,齐圣广渊,明允笃诚,天下之民谓之八恺。高辛氏有才子八人,伯奋、仲堪、叔献、季仲、伯虎、仲熊、叔豹、季狸,忠肃共懿,宣慈惠和,天下之民谓之八元。此十六族也,世济其美,不陨其名,以至于尧,尧不能举。舜臣尧,举八恺,使主后土,以揆百事,莫不时序,地平天成。举八元,使布五教于四方,父义、母慈、兄友、弟共、子孝,内平外成。"此为"世济其美"的最初出处。对于"世济其美,不陨其名",古人解释说:"世济其美,后世承前世之美。"

华林胡氏历来乐善好施,创办书院,培养人才;尊孔建庙,修建儒学;建桥修路,捐献家产;灾年开仓,赈济民众。胡士琇继承祖先慈心永存,关爱常在的美德,参与社会公益，善举不断。明代万历年间，胡士琇义举受到朝廷表彰后，就在家乡兴建了这座纪念性牌楼。牌坊（楼）是中国古代特有的一种建筑样式，在民间牌坊（楼）具备纪念的意义，向人们讲述一个个人物和家族的故事。故济美牌楼既可宣扬历代胡氏祖先义行、增加族人的荣耀感，也可长久提示后人，一如既往将胡氏善行发扬光大（图3.29）。

图3.29 济美牌楼特写

牌楼北面内刻有历代胡氏家族几次主要善行，对牌楼上雕刻的图案作了清楚的注释。其内镌刻文字如下：

一宋国子监簿仲尧（华林祖史□五世），末弟朝□大夫官□□□，淳熙中捐粟赈饥，活民[数]万。景德四年创南津[桥]，建华林书院，捐稻田[租八]百石，□四方来学[之士]。先是，雍熙二年，诏[旌其门]。

一宋光禄[寺]丞仲容（仲尧之弟），[四年]，拓地建圣庙□□三十间，像七十座，[讲舍百]余间，置养士田。始复□□以来沦废之迹。

一明应麟[仲尧十七世孙]，正统[六年]，[输]粟千石助赈。天子特敕奖□劳以羊□。

一明从侍郎理问士琇□□□□□□陵令□□□□□□遗志，于万历二[四]年捐金千两[创]□□田租三百二十余石□银二十两赡学。复输粟二百石备赈。例得□二十七年为竖枋，以示表扬。

始祖唐华林御史[城公]七世孙太学生士奇（[琇]从弟）。万历二十九年辛丑孟秋□。

《南昌府志》载："旌德楼，曰济美，在新兴乡，明巡抚陆万垓为胡士琇立。"[78]从其正式名称"旌德楼"一看便知，其为表彰胡士琇善行、宣传胡氏家族义举的牌楼，当地百姓则以牌楼上"济美"一词名之，更为通俗易懂。

在济美牌楼的中、下层石柱和横梁的内外面，雕刻各种花卉、禽兽等形态各异的吉祥图案，有"狮子绣球"、"龙凤呈祥"、"二龙戏珠"、"寿子富贵"、"福喜平安"等，以及包含丰富多样的、传统题材的人物、花卉、禽兽和各种几何形花卉图案。

牌楼上雕刻图案主要描绘了几段华林胡氏家族的故事。南面第二层横梁上的图案为朝廷派人乘八匹快马、千里传送喜报到华林的热闹情景。这是描写宋雍熙二年（986年），华林胡氏三位子弟同年并登进士第的盛况。宋太宗写诗赞曰："黄河曾见几番清，罕见人间有此荣。千里朱幡迎五马，一门黄榜占三名。……最喜状元并榜眼，探花皆是弟和兄。"

牌楼上石刻人物造型别致，栩栩如生，虽经400多年日晒雨淋，图案的状态几乎没受影响，流畅的线条、遒劲的刀法、生动的表情、优美的姿态，依然清晰可辨。朱颜"圣旨"旁雕刻着精美的腾龙。

牌楼是一种集建筑与雕刻艺术于一体的门洞式的纪念性建筑物，一般使用木、石、砖材料，而块石卯合构筑方式最为多见，因稳定性好、长久耐用受到广泛应用。民间建造牌楼有一定的规程，因有特殊事迹受到皇帝表彰，呈报官府批准后动工。胡士琇因万历年间捐钱助学，开仓赈灾，得到官府表彰后，于万历二十九年秋建成牌楼。牌楼上叙述的文字，精美的图案，将其义行广告天下，成为一座特别的纪念建筑。梁思成对牌楼形成的文化源流作过总结："牌楼为明清两代特有之装饰建筑，盖自汉代之阙、六朝之标、唐宋之乌头门、棂星门演变成型者也"。明清两代兴建牌楼盛行，今日留存于世者不在少数，但像济美牌楼这样独特的形制，如此特殊的雕工，可谓凤毛麟角。

济美牌楼位于南潦河旁，在奉新通往宜丰、铜鼓的北大道上。路上行人经过不断，河中船只东西穿梭，人们皆能看见耸立的牌楼，欣赏到宏伟的建筑，品读一段段关于胡氏家族善举的文字，观摩一幅幅有关胡氏家族义行的画面。济美牌楼成为一道倡道义、举美德的宣传栏，一座永载胡氏善绩的纪念碑。

注　释

[1]　陈兰森、王文湾修，谢启昆纂：《南昌府志》卷2"疆域"，清乾隆五十四年（1783年）己酉刊本。

[2][3][8][10][18][26][30][51]　吴懋先修，帅方蔚纂：《奉新县志》卷1"舆地、古迹"，清同治十年（1871年）辛未刊本。

[4]　孙家铎修，熊松之、彭桂馨纂：《高安县志》卷4"山川"，清同治十年（1871年）辛未刊本。

[5][33]　《高安县志》卷28"仙"，辛未刊本。

[6]　杨万里：《诚斋集》卷25，《高安县志》，卷26亦录。

[7]　梁潜：《泊庵集》卷4，文渊阁四库全书（清雍正版）。

[9]　《高安县志》，卷26"诗"，辛未刊本。

[11][12][14][19][35][36][57]　《奉新县志》卷16"杂志、方外"，辛未刊本。

[13]　《江西通志》卷38，文渊阁四库全书清雍正版（下同）。

[15][16]　徐铉：《洪州奉新县重建阎业观碑铭》，《骑省集》卷26，文渊阁四库全书（清雍正版）。

[17]　《六世节度使推官用之、探花用庄传》，《西江胡氏大成谱》，清乾隆六年修撰。

[20][23][31][41][42][43][49][56]　《奉新县志》卷4"建制—寺观"，辛未刊本。

[21][53]　《南昌府志》卷53"仕迹"，辛未刊本。

[22]　《江西通志》卷111，辛未刊本。

[24]　杨万里：《一憩亭集》，亦载《高安县志》卷28"仙"。

[25]　《高安县志》卷27"古迹"，辛未刊本。

[27]　陈垣编纂：《道家金石略》，文物出版社，1988年，第93页。

[28]　《大清一统志》卷251，文渊阁四库全书（清雍正版）。

[29]　《明一统志》卷49，文渊阁四库全书（清雍正版）。

[32]　"坳头山"名见于清嘉庆年修撰《华林胡氏重修宗谱·施产志》有"浮云宫"条。其地原有一村名"坳头村"，张姓为主，明代始来此居。前些年全部陆续迁出，村已不存。

[37]　奉新县华林山风景名胜管理局的胡小义先生抄写了碑文。

[38]　顾镇：《虞东学诗》卷12，文渊阁四库全书（清雍正版）。

[39]　葛洪：《抱朴子内外篇》卷1，文渊阁四库全书（清雍正版）。
[40]　《南昌府志》卷24"寺观"，辛未刊本。
[44]　《绕湖重修支谱序》，《华林胡氏宗谱》，乾隆庚子年修撰。
[45]［48］　《重修华林胡氏官源楼下支谱序》，《华林胡氏宗谱》，清乾隆庚子年修撰。
[46]　《重修塘溪支谱序》，《华林胡氏宗谱》，清乾隆庚子年修撰。
[47]　《官源楼下记》，《华林胡氏宗谱》，清乾隆庚子年修撰。
[50]　黄庭坚：《山谷集》卷1，文渊阁四库全书（清雍正版）。
[52]　《南昌府志》卷11"津梁二"，辛未刊本。
[53]　《南昌府志》卷6"山"，辛未刊本。
[54]　《道藏》，第10册，第547页。
[55]　柳贯：《玉隆万寿宫兴修记》，《待制集》，卷14。
[58]［59］［60］　清乾隆庚子年修撰《重修华林胡氏宗谱》。
[61]［63］　清嘉庆庚午年修撰《华林胡氏重修宗谱·祭文》。
[62]　清嘉庆庚午年修撰《华林胡氏重修宗谱·流源说》。
[64]　胡溁：《重修华林昆陵合谱序》，《华林胡氏家谱》，清乾隆庚子年修撰。
[65]　《奉新县志》卷16"杂志、龙墓"，辛未刊本。
[66]　清乾隆庚子年修撰《华林胡氏家谱》。
[67]　清嘉庆庚午年修撰《华林胡氏重修宗谱·孝弟表》。
[68]　《唐封徐国夫人胡母耿氏墓碑记》，《华林胡氏重修宗谱》清嘉庆庚午年修撰。
[69]　《华林胡氏九修家谱》第四章《契约、审语、断案、里地及各支迁徙考》。
[70]　《华林胡氏家谱·邱垅志》，清乾隆庚子修撰。
[71]　《江西通志》卷106，辛未刊本。
[72]　《江西通志》卷7，辛未刊本。
[73]　王庭珪：《庐溪文集》卷24。
[74]　释大欣：《龙兴路新建县双峰寺记》，《蒲室集》卷9，文渊阁四库全书（清雍正版）。
[75]　《太平寰宇记》卷106，文渊阁四库全书（清雍正版）。
[76]　《江西通志》卷17，辛未刊本。
[77]　《明史》卷296《孝义》，列传第184，文渊阁四库全书（清雍正版）。
[78]　《南昌府志》卷5"建制"，辛未刊本。

第四章 人物传记

华林胡氏作为一个地域文化的代表，有其自身的特色，与许多古村落的文明、文化有所差异。它没有特定的村落、特定的人群以及族聚文化所依赖的大宗祠，它注重的不是物质家园，而是精神家园，维系他们族属亲情的是家谱或修族谱。华林祖居地是块风水宝地，但由于受到其地理自然条件的限制无法满足人口繁衍发展的需要，于是那些通过读书而在各地做官的人就以官居地为家繁衍发展，这也就形成了其第二个特点：积极进取、向外开拓。古往今来，华林人才辈出，为了对华林人物有一个全面的了解，本章将分三部分：重点人物立传；华林人物简传；华林胡氏科举仕宦简表。我们从众多人物中挑选 11 个重点人物立传，以期对华林的人文有一个较直观的了解。原则上是：时间跨度上始于开山祖，下断于民国；空间上以华林地区为主。幸南容为私家书院之宗，生活于华林地区，对后来胡氏华林书院的发展起了重要的作用；胡溆虽是华林胡氏毗陵支后裔，但他情系华林，对华林的影响深远；胡献雅的大半生生活于新中国时期，但其生于晚清，民国时期以实际言行表现了对华林族祖的亲情。故将这几位也选入此传记中。

一、胡　藩

图 4.1　华林胡氏家谱胡藩图像

胡藩（371~433 年），字道序，号永维，豫章（今江西南昌）人。据说是汉代胡威的后人。其祖胡隋，任九江散骑常侍；父胡仲任（隋子），任治书御史。胡藩年幼时父亲就去世了，他和兄弟等都由其叔父尚书少广抚养成人。胡藩生活在晋末南北朝时期，其时战事纷繁，他一生的言行是与其生活的大时代息息相关的（图 4.1）。

（一）年少信烈不寻常

少年时的胡藩，孤龄幼俊，聪达颖悟，孝亲事友，甚得声誉。他父亲死时，胡藩已极度悲伤，在后来守孝的这段日子里（按照古时的礼仪，父母等亲人死后，子女要为之守孝，时间一般为三年），因思念亲人过度而伤及自己的身体"居丧以毁称"[1]。他的这种德行孝举得到了当时人们的称道，时任豫章太守的韩伯（韩伯，字康伯，颍川长社人。母殷氏，高明有行，家贫窭。及长，清和有思理，留心文艺。其舅殷浩），见到胡藩，对其进行一番审察后，对胡藩的叔父少广说："卿此侄当以义烈成名。"胡藩聪明多有谋略，知识渊博，见多识广，州府长官感其年轻有志，想把他征召到政府部门工作（魏晋时期，对有德行孝举及学识渊博之人，常采取荐举、辟征等方式征召到政府部门授予职官），他没有应召。他不是不想出来做事，但同时也想照顾好二弟，更主要的原因是他有自己的想法和志向。作为兄长，他要关心好自己的弟妹们，古有"父不在，长兄为父"的说法，因此他只有等到其二弟成年完婚后，才能放心去做自己的事。时晋末天下大乱，北面的几个少数民族时常南下，危及东晋政权，民生疾苦。胡藩常慨然，有忧天下之心，于是他就参加了雍州刺史郗恢领导的对鲜卑人姚苌所建立的前秦政权的军事行动。郗恢北伐失败，后在各地英雄交错称雄的争斗中被殷仲堪杀害。

胡藩不仅关心家人兄弟，对朋友也直爽、以诚相待。当时胡藩还在郗恢军中任职，趁空时请假回家省亲，借路过江陵的机会去看望在荆州刺史殷仲堪手下任职的表哥，即其姑姑的儿子罗企生（罗企生，豫章人，多才艺。初拜佐著作郎，殷仲堪镇守江陵，引为功曹，累迁武陵太守，未到郡而桓玄攻仲堪，仲堪以企生为参军），此时罗企生为殷仲堪的参军。殷仲堪听说胡藩要来，甚是高兴，相邀见面，相互间谈了些对时局的看法，因为豫章太守的舅舅是殷浩，而殷仲堪是殷浩的侄儿，又是表兄罗企生的举荐提携者，故而当说到桓玄和殷仲堪的关系时，胡藩坦陈直言，说："桓玄意趣不常，每怏怏于失职。节下崇待太过，非将来之计。"[2] 意思是说：桓玄的意气志向不寻常，对自己的现实职位也总是不满意，而仲堪你对他又推崇太过，这样将来对你不会有好处的。正所谓忠言逆耳，仲堪听后，心里很是不高兴，脸色也变了。胡藩为什么会如是说？这要从桓玄青年时的好玄谈及借助殷仲堪势力得以发展说起。殷仲堪（？~399年），陈郡（今河南淮阳）人，他"能清言，善属文"[3]。历任佐著作郎、太守等职，孝武帝时为都督荆、益、宁三州军事，设荆州刺史。桓玄为桓温之子，起初仕途失意，弃官返回荆州，与殷仲堪交往很深。桓玄"常负其才，以雄豪自处"[4]，在荆楚数年，优游无事，荆州刺史殷仲堪很推崇他，甚至还有些敬畏，"荆州刺史殷仲堪敬惮之"[5]。殷仲堪借用桓玄的才学，而桓玄则利用殷仲堪的兵势想有所作为。首先，公元397年，王恭举兵反对东晋朝廷在司马道子父子专权时要求削弱地方州吏实权的王国宝，时桓玄本无地势，而且在殷仲堪的地盘上借助殷的兵势随同殷一起参与王恭的举兵事宜，并开始得到朝廷的认同而出名。而此时的桓玄豪纵、矜重，故而仲堪的亲党多次劝其杀桓玄，殷仲堪不听。其次，第二年（398年）桓玄又随同殷仲堪参与王恭反司马道子父子的举兵，此次因王恭手下的将领刘牢之的反戈而失败，殷仲堪、桓玄、杨佺期三人退回寻阳（今江西九江）结盟，桓玄为盟主，此时"玄逾矜重"，且常以自己"自出华胄"[6] 而侮辱杨佺期出自寒士，杨多次要杀他，都被殷仲堪劝禁。最后，当殷仲堪看到桓玄的跋扈后，就与杨佺期婚盟共同对付桓玄，但在出兵时又疑心甚重，致使"佺不能独举"。殷仲堪对桓玄的跋扈一再隐忍，这就是胡藩说仲堪"节下崇之太过"的原因。殷仲堪为胡藩的直言相说而不高兴，胡藩预料殷氏将以失败告终，这不能不使他为表兄罗企生的安危担忧，并希望企生能及早为自己的将来和安危作好规划，以免后悔不及，"若不早规去就，后悔无及"[7]。399年，荆州发大水，殷仲堪把仓库中的粮食全拿出赈济饥民，桓玄趁机从夏口（今属汉口）出兵，火并了杨佺期及殷仲堪。罗企全对殷仲堪的忠心不二，使他不愿投入到桓玄的门下而被桓玄所杀，"企生果以附从及祸"[8]。

郗恢对鲜卑作战失败，后被殷仲堪谋害，而桓玄的实力不断扩大，胡藩此时在桓玄的手下从事，及桓玄与殷仲堪火并时，胡藩已为桓玄的后军军事。桓玄取胜后，掌控了朝政，胡藩也先后被封为转参太尉、大将军、相国军事。桓玄僭位后，骄奢淫逸，游猎无度，夜以继昼，百姓疲苦，朝野劳瘁；同时又不断对因其诱导而从朝廷倒戈过来的刘牢之等许多北府兵将领进行迫害，搞得北府兵中将领们人人自危，为此北府兵中的中下级军官刘裕、何无忌（刘牢之外甥）、刘毅等人于东晋安帝元兴三年（404年）分别从京口（今属镇江）、广陵（今属扬州）起兵反桓玄，桓玄战败，将奔离京城建康（今南京），胡藩在南门处紧紧拉住桓玄的马缰说："今羽林射手犹有八百，皆是义故西人（因意气相投而跟随桓玄起事的荆州人，荆州位于建康的西面，故而称西人），一旦舍此，欲归复得乎？"[9]此时桓玄也不答话，只是拿着马鞭指着天而已，似乎是说一切都由老天注定。在慌逃中胡藩与桓玄走失了，但胡藩并没有逃走，而是沿着西进的方向不断追进，直到芜湖又与桓玄相见，落荒中的桓玄见到胡藩甚是高兴，对身边的张须无说："卿州故为多士。"[10]桓玄一路西上，至江州（今九江），刺史郭昶之给其器用兵力及纠集残散兵力共计数千人，派何澹之、桓道、胡藩等人守湓口（今九江西），义起将领何无忌、刘道规等用火攻之，破何澹之、胡藩于桑落洲（今九江东），进师寻阳（今九江）。胡藩舰毁人完，他跳水潜行30余步才登上岸，迫于义军的紧紧追逼，无法继续西进追随桓玄余部，只得怏怏而返。

（二）忠勇征战被赏识

胡藩曾担任桓玄的大将军、相国参军。刘裕赶走桓玄后，听说胡藩为人正直忠诚，所以也没有追究他的过去，反而对他赏识重用。胡藩也没有辜负刘裕的厚望，跟随刘裕征战：讨南燕慕容超、攻打卢循、讨伐刘毅及司马休之、北伐后秦等，屡立战功。

京口起义后，刘裕灭掉了篡夺东晋政权的桓玄势力，北府兵军权实际掌握在刘裕一人手中。义熙四年（408年），刘裕被任命为扬州刺史、录尚书事，此时刘裕已操控了东晋的军政大权。为了政治及现实的需要，刘裕开始着手北伐。当时，南燕主慕容超趁东晋政权衰乱之际，不断派兵侵扰东晋边境。义熙五年（409年）二月，南燕兵又大掠淮北，关押阳平太守刘千载、济阴太守赵元，驱掠千余家。为了打击南燕鲜卑慕容氏势力，保障东晋东北边境地区的安宁，同年四月，刘裕率领的北伐部队从建康（今南京）出发，由淮河进入泗水；五月至下邳（今属山东），留下船舰辎重物质，率领步军、轻骑进抵琅琊（今山东临沂），越过大岘（今山东沂水县北）；六月至东莞（今山东沂水）、临朐（今属山东）。临朐一战，实属艰难，南燕在临朐一带布有重兵，刘裕所率的军队在此，"累月不决"[11]，损失惨重，前进受阻，后续又远，刘裕坐立不安，胡藩根据这种情况想到了历史上韩信攻赵国的方略，于是对刘裕说："贼屯军城外，留守必寡，今往取其城，而斩其旗帜，此韩信所以克赵也。"[12]他说的是，韩信被刘邦任命为大将军以后，很快就表现出了自己的军事才能，他率领汉军定三秦。汉当时是在西边，赵就是河北邯郸这一带地方。刘邦平定三秦、魏这样一些地方以后，就命令韩信出兵去攻打赵国。出兵走什么地方呢？当时如走太行山，则要从太行山的一个关隘出兵，这个关口叫做井陉口，非常险要，路很窄。井陉口背山面水、地势险要，赵国在此聚集重兵把守，号称有20万人。赵国的广武君李左车要求赵王坚壁清野，不要轻易出战："我方兵众粮足，而韩信率军远道而来，供给不上，与其周旋，到时粮缺惊慌，将不战而胜。"而赵王、成安君并未按此策略执行。韩信探得后暗喜"还报，则大喜"[13]，将兵在距井陉30里的地方安寨，夜晚挑选两千轻骑各带一面红色旗帜趁夜从山涧小道接近城池，并在背水之地布阵作退却接应之用。第二天大早宣布大餐，说："今日破赵会食。"[14]餐后率领大军敲锣打鼓向井陉进发，以浩大声势诱引赵军出城而攻，按计划韩军退却至水边而无后路，此所谓"置之死地而后生也"，韩军虽然人少，但人人各自为战，赵军也难取胜而回城，及至城下发现城上全是韩旗，则赵军不战自乱。刘裕采用胡藩的计策，派胡藩等率50人悄悄地进城，"率向弥、胡藩等五十人攻临朐城，克之"[15]。"高祖乃遣檀韶与藩等潜往，既至，即克其城，贼城陷，一时奔走，还保广固累月。"[16]临朐一仗在北征南燕中起了决定性的作用，"斩其大将段晖等十余人，其余斩获千计"[17]，击溃了南燕军队的主力，接着进围南燕都城广固（今山东益都）。广固被围后，南燕派出去求救兵的尚书令韩范等人也被东晋兵抓获，在外无援兵，内部意见又不一，众叛亲离；再加上北方民众对东晋北征军的大力支援，"河北居民荷戈负粮至者，日以千数[18]"，义熙六年（410年）二月，广固城陷，南燕被东晋所灭。东晋军队围攻广固已数月，城陷后，刘裕曾想屠城以祭，得韩范的谏说而幸免。据载，在攻陷广固的前夜，众将在刘裕军帐中议事，忽然有一只大如鹅的黑色鸟飞入刘裕军帐中，大家都为之惊讶，认为这是不祥之兆，而只有胡藩与众不同，立马起身庆贺道："苍黑者，胡虏之色，胡虏归我，大吉之祥也。"[19]事情的发展果然如胡藩所说，"明旦，攻城，陷之"[20]。胡藩的这一解说，对久攻不下、人马疲惫的征战将士来说无疑是一剂兴奋剂，起到了战前的动员作用，增强了必胜的信心，对作战中的将士发挥潜能起到了不可低估的作用。

北征南燕之时，聚结于广州等地由卢循领导的农民起义军分别从江西、湖南两地挥师北上，攻占了豫章（今南昌）、寻阳（今九江）及湖广多地，顺势沿长江东下直逼东晋都城建康（今南京）。义熙六年（410年）十二月，卢循、徐道复率义军数万，连舰而下，与刘裕所率的晋军先后大战于大雷（今安徽望江县）、左里（今江西鄱阳湖口），义军损失数万人。胡藩参与了左里一役"从讨卢循于左里"，立有大功。从公元409年的北伐到410年的征讨，胡藩跟随刘裕南征北战，"频有战功"，进而不断得到封迁，先后被封吴平县五等子，除正员郎，寻转宁远将军，鄱阳太守。

胡藩的果敢智略在随后的征战中不断表露。在对刘毅的决策上连高祖刘裕都说："昔从卿倪塘之谋，无今举也。"[21]刘裕与刘毅都是北府军将领刘牢之手下的中下级军官，在联合起兵反桓玄后，各自的势力都不断得到壮大，刘毅与刘裕共成大业，虽功劳不及刘裕，但他非常骄傲、不服刘裕。此时的刘毅已是荆州刺史，兼督荆、宁、秦、雍四州军事，他表现出多种异常不服之事，刘裕念及多年征战情意一直忍让。刘毅在初任荆州刺史时，就表现出来："表述东道还京辞墓，去都数十里，不过拜阙"[22]，近距离都不相拜会，反而是刘裕到倪塘去会他，胡藩看到事情的苗头及后果，劝说刘裕趁机除掉刘毅，以解后患，"高祖不从"[23]。公元410年在与卢循之战中，刘毅被卢循击败于桑落洲，幸赖部下救护才得以生还。他自知大势已去，越来越激愤不平，交结尚书仆射谢混、丹阳尹郗僧施等阴谋除掉刘裕，又在他镇守的江陵，树置亲信，排斥异己。此时，刘裕终于不能容忍刘毅的所作所为，于安帝义熙八年（412年）九月，以诏令形式先诛谢混及刘毅之弟刘藩,随后亲率大军从建康溯长江而上讨伐刘毅,刘毅战败自杀。

义熙十年(414年),刘裕讨伐继任荆州刺史司马休之,司马休之派儿子司马文思和竟陵太守鲁轨率兵迎战。交战中,刘裕的女婿徐逵之大将兵败被杀。刘裕大怒,亲自率领各路大军渡过长江,攻打江陵,但司马文思严密布防,刘裕的军队在崖壁下无法攀登上去,刘裕命令胡藩派人率先登岸。胡藩看了看光滑笔直的崖壁和岸上重重的堡垒,不禁有些犹豫,胡藩不是怕死,而是崖壁太陡峭,无法上去。刘裕见他这个样子,火冒三丈,马上命人要把胡藩推下去斩首。胡藩当然不服,说道:"我不怕死,与其这样屈死,我宁愿战死在敌人的阵地上。"胡藩的话刚一说完,刘裕就要亲自登岸督战,众将劝阻无效。谢晦抱住刘裕,不让他登岸,刘裕怒喝道:"你再不放手我就斩了你!"谢晦回答说:"天下可以没有谢晦,但不可没有您,谢晦死就死罢,不足可惜!"正说着,那边胡藩已用尖刀在崖壁上凿出几个小洞,洞的大小只能容下脚趾,然后脚登着这些小洞,飞身跃上江岸,后面的人紧跟着也上去了。岸上的人倚仗着天险有些大意,都没想到刘裕的士兵会突然出现在岸上,趁他们还没反应过来,胡藩已经挥刀杀了过来,跟上来的士兵也都拼死一战。司马休之的士兵逐渐抵挡不住,纷纷后退,刘裕指挥大军发起猛攻,终于平定了司马休之的叛乱,而建立首功的正是胡藩。

义熙十二年(416年),已经掌握了东晋军政大权的太尉刘裕为了代晋称帝,意欲立功以威服天下,于是趁羌人所建立的后秦皇帝姚兴刚死、儿子们为争位相互攻伐之机,统兵伐秦。这年八月,宁朔将军胡藩跟随刘裕北伐关中,率领军队沿黄河逆流而上。魏军也派出军队屯驻黄河北岸,监视东晋军队,并专门派几千骑兵沿黄河跟随东晋船只,以防晋军渡河偷袭。刘裕军队的船只都是逆流西上,只能派士兵在南岸用绳子拉着船前进,有时绳子绷断,船只飘到北岸,船上的士兵便立刻被魏军杀死。有一次,一只装满器械粮草的辎重船又被暴风吹到北岸,被魏军获得,胡藩忍不住心中的愤怒,率领着十几个人驾着小船冲过去,魏军的骑兵有五六百人,看见他们很不以为然,哈哈大笑。胡藩擅长射箭,他一登上岸就搭弓放箭,一下射倒了十多个人,魏军骑兵大惊失色,赶紧后退,辎重船又被夺了回来。后来他又与朱超石一起追击魏军,在半城,他们率领的五千士兵被敌人的几万骑兵团团围住,形势十分危急。胡藩和朱超石身先士卒,奋勇拼杀,结果以少胜多,大败敌军。就这样,东晋大军顺利地逆水而上,使已经深入后秦的军队有了可靠的后援。

胡藩屡次征战,战功赫赫,所以刘裕十分赏识他,任命他做参议军事,封他为阳山县男,食邑五百户。

(三)功列身前伟荫后

刘裕通过一系列的征战,逐渐掌握了东晋政权,义熙十四年(418年)北伐关中南归后被封为相国、宋王,加九锡(九锡是古代天子赐给有功或有权势的诸侯大臣的九种器物,后世权臣篡位之前总是由天子先赐给九锡),两年之后,他代晋称帝,是为武帝,国号宋,改年永初。宋武帝刘裕即位不满三年,于永初三年(422年)五月病死,其长子刘义符即位,是为宋少帝,次年,改元景平。刘义符擅长骑射,精通音律,但无心于朝政,即位后,贪于逸乐,游戏无度,导致朝政昏乱。公元424年,辅政大臣徐羡之、傅亮等联合中书舍人邢安泰、潘盛及将军檀道济和谢晦废黜少帝刘义符，将刘义符以及其弟庐陵王刘义真一并杀害，拥立刘裕第三子刘义隆为帝，即宋文帝，年号元嘉（424～453年）。刘义隆即位后，想到两个哥哥被杀，不能容忍大臣专权，捕杀了徐羡之、傅亮，讨伐谢晦，并继续实行刘裕的政策，加强吏治，发展生产，政治较平稳，社会经济逐渐繁荣，百姓安居乐业，夜不闭户，堪称一时之盛，史称"元嘉之治"。"江左风俗，于斯为美，后之言政治者，皆称元嘉焉。"[24] 胡藩遇事沉稳，虽然宋初皇权更迭，政治不稳，但他并未受到太大的影响，只是在少帝景平元年（423年）遇到些波折，"坐守东府，开掖门，免官，寻复其职"[25]，惊而无险，之后在文帝的平稳统治下，不断得到升迁（图4.2）。

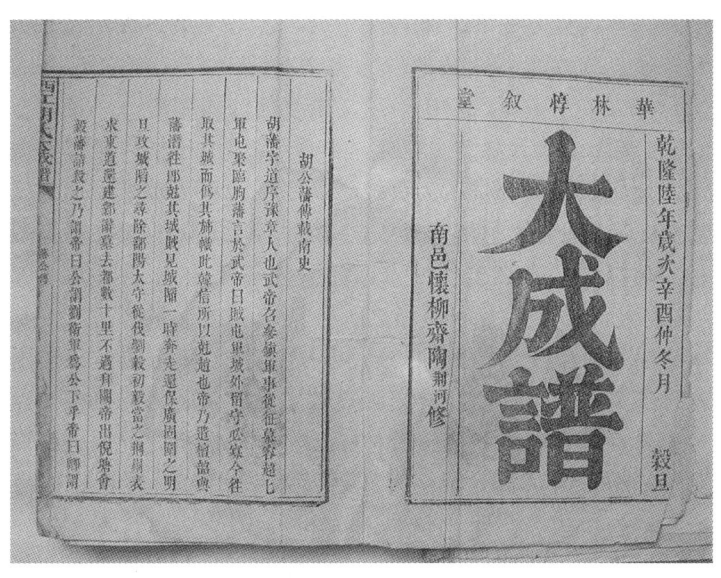

图4.2 华林胡氏家谱胡藩传

元嘉四年（427年），胡藩被迁为建武将军、江夏（今属武汉）内史。元嘉七年（430年），征为游击将军，之后不久，镇守广陵郡、并行使州府职权，转太子左卫率，即太子的侍卫官。南朝宋时，太子设有左右卫率，左卫率七人，右卫率二人。封胡藩为左卫率说明了文帝对胡藩的人品行事的肯定及嘉许，希望其在太子的身旁而能对太子的成长有所影响。但事实上，太子刘劭不成器，不但把文帝所开创的良好的政治局面毁于一旦，即使文帝自己也死于非命，于元嘉三十年（453年）被太子刘劭所杀，刘劭的弟弟刘骏发兵斩杀了刘劭，自立为帝，就是宋孝武帝（这些都是后话）。元嘉十年（433年），胡藩病死，时年62岁，谥号曰"壮侯"（谥就是古代帝王、贵族、大臣等死后依其一生所行事迹给予的称号，《礼记·乐记》："故观其舞，知其德，闻其谥，知其行也。"）。可见，皇上对胡藩的评价是很高的。按规定有爵位者死后其爵位由嫡长子继嗣，胡藩长子胡隆世继嗣，隆世死，由隆世子乾秀继嗣，后由于胡藩的其他儿子的不法之事乾秀的爵位被夺。

胡藩最早是从江苏邳州来到华林山定居的，他生了60个儿子，被后世尊为奉新"华林胡氏始祖"。藩长子镇，字伯定，号隆世，宋文帝时任西阳（黄州府西阳郡）太守,宋明帝泰始中为员外郎;藩三子锹,字仲器,号景世,官至车骑参军、新兴太守。

胡藩子女众多,"藩庶子六十人"[26],胡家在当地功高爵显,人多势众,弟子中有些过着锦衣玉食的生活,"多不遵法度",仍想仿其父举霸业而得功名,而在兴平之世这些言行则为逆谋。胡藩的第十四子胡遵世,先为臧质宁远参军,任参军期间对军事的管理、征伐等诸事务有所了解,深感职位的迁升遥远而缓慢,于是辞职回家,与孔熙先共同谋逆,没等举事就被收压,刘裕考虑到胡藩是功臣,"高祖以藩功臣,不欲显其事"[27],对其子主计谋逆之事不想彰显,就让江州州府以其他的事由将其子遵世收杀。而从者孔熙先被赦免,数年后孔熙先又参与举义康之事。彭城王刘义康,为文帝刘义符之弟,记忆力过人,一闻必记,偶遇一次,便终身不忘;生性豪爽,招贤纳士,属下都乐意为他尽力。义康本人爱好吏职,辅佐文帝时,专心文案,无不精到,处理政务很有条理,因此朝野辐辏,权倾天下。又他以为兄弟最亲,与义符之间不再讲究君臣的界限,有倾主之嫌,于元嘉十七年(440年)义康改任江州刺史,出京镇守豫章(今江西南昌),实际上是被幽闭了。元嘉二十二年(445年),太子詹事范晔等人谋反,牵涉到义康,皇上下诏,义康及子女都被罢为百姓,从宗室簿籍上除名,流放安成郡(今江西安福)。由于孔熙先及王国寺女尼法静等人的牵扯,胡藩众子与许多拥戴义康的人士相从甚密,也积极参与拥立义康之事。二十四年,胡藩第十六子胡诞世、十七子胡茂世"率群众二百余人攻破郡县,杀太守桓隆之、令诸葛和之,欲奉庶人义康"[28]。正好交州(今越南北、中部和中国广西的一部分)刺史檀和之移职豫章,遂由他率兵将事讨平,被镇压。这种逆谋之事,往往将会招致灭族之灾,文帝考虑到胡藩跟随先帝南北征战而拥有的功爵声誉,没有过度地牵连其他子弟,但胡诞世之兄时任车骑参军、新兴太守的胡景世及其弟胡宝世由皇上下诣交由廷尉办罪,"并徙远州",以分散胡家族众势力;胡藩之孙所嗣爵位也被夺,即"乾秀夺国"。

胡藩是一位军事家,他爱新吴华林山水之美而家焉,与其南北征战的经历和华林山的雄伟以及华林山所处的地理位置有关。首先,华林山位处湘、鄂、皖、赣相交的赣西北的九岭山系之余脉,距南昌60余公里,出山向东控豫章(今南昌)肘掣寻阳(今九江);向西北达湘鄂控汉水,取荆州。其次,寻阳、荆州等地广民富,占据长江中游,控制着长江上下游的水陆交通,据有了荆州之地,就有了称雄的资本,胡藩跟随刘裕所征讨的刘毅、司马休之就前后任职为荆州刺史。是故长江中游是古今兵家必争之地,位置十分显要。最后,就华林山本身来讲,方圆数百公里,是一个可屯兵数十万,进可攻、退可守的军事要地。于是,他就在华林山的玄秀峰下,一块四周由九座小山包围着的广达数十亩的平旷之地上起家而居,此地就成为华林胡氏的祖居地(图4.3)。

图4.3 华林胡氏祖居地遗迹俯瞰

二、胡　　城

胡城（875~946年），又名魁，字汤老，号嵩山，胡藩第二十五世孙，胡清献次子。登唐天祐乙丑（905年）进士，唐亡，归隐华林故居，潜心教育子孙读圣贤书，子孙多发达，开创华林胡氏的新局面，胡城被称为华林胡氏一世祖。

（一）祖泽荫厚功名路

唐朝哀帝李柷天祐二年（905年），对华林胡姓子民们来说又是一个好年兆。是年的春天似乎来得格外早，青山逶迤，绿树吐翠，在绿氤蕴绕与烂漫山花簇拥之中的九龙聚集之地——华林村犹如过年般的热闹，人们精神昂扬，面带喜气。妇女儿童喜洋洋，男人们也衣冠整齐，相互庆贺，随着一队马儿的到来，鞭炮齐鸣，锣鼓喧天，捷报飞至："胡城中进士咯！"山村热闹，群山沸腾，"胡城中进士"这一声音在山谷中回旋共鸣，慢慢上升，弥漫整个华林的山山水水。这是华林村自胡克礼于唐朝大和年间（828~835年）中进士之后的近半个世纪以来又一次中第，是华林胡氏家族功名路上的又一次辉煌。胡城中进士与其祖、父辈们的教导，兄弟们的竞赛激励是分不开的（图4.4）。

胡城的祖父胡舜臣在唐懿宗李漼咸通年间，官至太子中允。其父胡清献，唐懿宗时官至饶州府判官。清献有七子，传说是其妻徐氏梦北斗七星入怀而生七子，所以七子均以北斗七星命名，

图4.4　华林胡氏家谱胡城图像

清献退休后复居祖居地奉新华林，致力于子孙的教育，于唐僖宗中和元年（881年）创办了胡氏家族私塾，悉心教导，七子都有所为，走上了仕宦之路。长子魁，又名赞，唐登会元，任江陵令，官至南直太守，封金陵侯；三子魌曾任主簿，吉州刺史、治郡有功，封庐陵侯；四子魌唐为宁州刺史；五子魍唐为陕西路州县令；六子魋唐天祐四年进士；七子魕，唐为交州（今越南北、中部和中国广西的一部分）刺史。胡城的这些兄弟们，因唐末战乱，路途不通，都在各自的官宦之地居家繁衍，只有胡清献的第二个儿子胡城归居祖地华林并繁衍发展。

（二）乱世归隐课子业

胡城"少时义方，以仁孝闻"，30岁时中进士，可谓青年得志，春风得意，初任国子监博士，后迁侍御史。他本想通过自己的努力，施展自己的才华，希望在功名路上越走越宽，能为国为家都有所贡献，然而时运不济，风雨飘摇中的唐末王朝没能给他一个和平的发展舞台。此时胡城的亲身经历与其所处的历史环境，借用宋代文天祥《过零丁洋》中的一句诗来描述再适当不过："辛苦遭逢起一经，干戈寥落四周星。"唐朝末年，藩镇割据，各立名号，皇帝只是徒有其名而已。天祐年号始于唐昭宗李晔，昭宗在位时

间为889~904年，他先是被宦官囚禁，被迫传位给太子，后来又得以复辟，不到一年，再次被宦官劫往凤翔，因朱温挥军"迎驾"而复出。天祐元年（904年），朱温又胁迫昭宗移驾东都洛阳，长安城的居民也一同迁走，甚至连建筑物都被拆毁，投入渭水漂运至洛阳。正月二十一出发，四月初十在风雨如晦的天气里昭宗进入东都洛阳城。同年八月昭宗被朱温谋害，第二天，年仅13岁的李柷被立为帝，是谓唐哀帝，年号仍为天祐。哀帝天祐四年（907年）朱温夺唐哀帝皇位而即位，改年号为开平，定国号为梁，史称"后梁"。不久，朱温又杀死了哀帝。历时289年的唐朝终于名存实亡，从此拉开了中国历史上"五代十国"的序幕。

面对战事翻云覆雨式的变化，胡城已是报国无门，又不愿仕于夺位后的后梁朱温政权，于是他"悬车不仕，避地新吴，爱华林山势之美，家焉"[29]。胡城归隐华林故居后，致力于华林的建设与教育，此时的胡城，年约三十四五岁，年轻有为，成为中兴华林的中坚力量，集家长与村长的实权于一身，实行耕教合一，这也是中国古代大家族管理中比较通用的形式。第一，胡氏村民的食宿统一安排，即单个家庭对生产生活资料的占有极少。已婚男子都可以有一单独的寝室。寝室顾名思义就是晚上睡觉的地方，白天人们是极少进入寝室的，按照古代礼仪，白天夫妻一般是不同时进寝室的。其余未成家者过集体生活。饭食则由妇女们负责做好，依照长幼顺序食用。第二，在分工上协调合作。男女老少的分工不同。男主外，主要负责农耕采伐、道路的开拓、村庄的建设与安全保卫；女主内，由胡城的妻子耿氏（878~956年）夫人统管，负责蚕养麻织、生活上的敬长哺幼、衣食的调制等。第三，创建私塾，课业子弟。其教育有点全民性的特色，每月都要进行"睦族敦俗"教育，讲评一些好的人事以激励族民。女子们则由耿氏夫人带领共读"女子经文"，教导她们要做贤妻良母、和睦相处、尊老爱幼、相夫教子等。小孩们要进行蒙学教育，选拔贤弟子以读书为主，攻读圣贤书，课举子业，走仕宦之路，以此来强村兴族。在胡城及耿氏夫人的带领和引导下，华林村呈现出一派欣隆景象，士子们发愤图强。张贴于私塾里的颜真卿的名句"三更灯火五更鸡，正是男儿读书时。黑发不知勤学早，白首方悔读书迟"，时时警醒着学子们，"头悬梁，锥刺股"的读书精神随处可见，以致洗砚池的水流灌于稻田，稻米都成了乌黑色的，"夫人耿氏取烹以励诸子，命曰'黑精饭'"[30]。社会公共管理体系没有建成或能力有限时，靠单个人的力量是很难成事的，更何况是在为生存而所需的生活资料的获取以及人身安全都难以保障的情况下，胡城的这种管理模式无疑是先进有效的。它能聚集众力协调合作，如读书人虽然同样要参加一些劳作，但不必为生存而挂心，可以专心于读圣贤书，课举子业（图4.5）。

图4.5　华林胡氏始祖胡城耿氏夫人墓前碑石

（三）花开华夏话五宗

胡城与夫人耿氏生有五子：胡珰、胡瑜、胡琼、胡珰、胡球，他们个个都有所成就。长子胡珰，以孝著称，进士，后唐同光时（923～926 年）曾官至膳部员外郎，子孙世居华林；其余四子皆随仕路为迁徙，次子胡瑜，后唐天成间（926～929 年）官至陈留（今河南省开封市陈留镇）县令，是为陈留、同安（今属厦门）之共祖；三子胡琼，天成时官至常州刺史，家毗陵（今常州），为华林胡姓毗陵支始祖；四子胡珰，官至江州（今九江）节度使，徙九江；五子胡球为武官，官至散骑将军，徙武宁。这五子后发展成"华林五宗"，遍地开花，繁衍发展，他们的子孙都与华林联系密切，寻根尊祖，合修族谱，共倡族兴。

胡城所创建的私塾，他要求子弟读书、习举子业，走科举仕宦之路而兴族的发展方向以及他的大家庭管理的管理模式，在华林胡氏的发展道路上得以继承并发扬光大。此后，代有中第者，形成了祖孙五代义门义学，聚族八百余口、同居共爨的盛大局面。

胡城在华林胡氏的发展中起着承上启下的作用；华林胡氏在修族谱的过程中，胡城以前的世系不清楚，而胡城以下的谱系支派世系则较清楚，是故胡城被称为华林胡氏一世祖。宋代胡直孺的儿子胡杞第一次修族谱时把胡城尊称为华林胡氏一世祖，以后的族谱都依此延续，"胡氏谱忠安公，以公为一世，故称世祖"[31]。

三、胡 仲 尧

胡仲尧（946～1007 年），字光辅，胡城第五世孙。其祖胡令严，父胡元凤。仲尧有兄弟八人，他为长，皆贤。他贤能有度，行善义举，倾力创建华林书院，培养出了大批人才，成为北宋著名的教育家，《宋史》有传，得到宋真宗的旌表，官至国子监主簿。

（一）家传儒风、泽惠乡间

公元 946 年，华林胡氏大家中又迎来了一个呱呱坠地的小男孩，他的到来为这个家庭增添了不少欢喜，这小孩就是后来的胡仲尧（图 4.6），为这个家族的发展发挥了举足轻重的作用。胡城与耿氏夫人生有五子，长子胡珰留居祖地华林，其后子孙椒蕃，瓜瓞绵延，到胡仲尧时"凡五世聚族，至八百余口，共餐不分，家政简肃，恭俭惠和，有淳古之风"[32]。家族继续保持了耕教相结合的发展方式，胡清献创办的私塾通过胡城、胡珰发展成为华林学舍，对族人不断地进行儒学教育，把子弟们个个培养成贤良之士。经过家族的细心培养教育，弱冠之时的胡仲尧

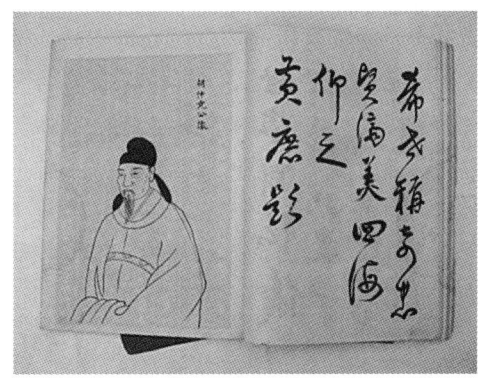

图 4.6　胡氏家谱中胡仲尧图像

已名声在外。时北宋已于公元960年建都开封，长江以南乃为南唐李氏所经营，北宋建隆二年（961年）南唐皇帝李璟死后，李煜继帝位于金陵（今南京），这就是人们所说的亡国之君李后主。李煜天资聪明，为人仁厚孝顺，善作诗文又善于写字作画，因此在他身边网罗了一批文人墨客，如韩熙载、徐铉等。当他听说胡仲尧的贤能后，想把仲尧也网罗过来，"李煜尝闻公行谊，拜士丞，不受"[33]。胡仲尧没有接受，也许是他已看出南唐的帝祚将为时不久，事实也确是这样：虽然南唐以臣事宋，但宋朝还是于开宝八年（975年）挥师金陵，将李煜俘至宋都开封。

胡仲尧虽然没有接受南唐的封官，但他开始以一个名士的善举影响着乡邑，做了许多惠及乡民、淳风化俗的好事，如修昭德观、建南津桥、捐粟赈饥等。他的这些善行义举惠及乡邑的黎民百姓，并起到了淳风化俗的作用。昭德观"南唐时胡仲尧重修，李主赐诏褒美，徐铉作碑记"[34]。昭德观古时为人们祈祷之地，是个精神活动之所。据《奉新县志》载，昭德观原为西晋邑人刘真君故居，其修炼得道升天后，后人将其建成为观，虽经不断修建，也已凋残，县邑高士胡仲尧认为昭德观是"集灵之馆，祈福之场"[35]，倘若"陋而不虔，民将安仰"，于是对此旧观进行大规模的修建，"凡殿堂、门阙、居室、厨廪"等整修好，"易此颓宇，化为砾庭"，是故徐铉对其有很高的评价："彼美胡君，州闾之英。"胡仲尧不但重修了昭德观，还考虑到如何维持等后续问题，于是又施于半庄田，以民粮48担以供香火之费，可谓考虑周到。徐铉被胡仲尧此等善举所感而欣然提笔作了《昭德观碑记》。

南津桥位于奉新县城西门潦河之上，潦河的上游叫冯水，发源于百丈山，流经百余里至奉新县城西而分为南北二支，曲折而东又合流汇于鄱阳湖。南津桥旧名安固桥，"先是，邑人胡氏出家财而营创"。宋太平兴国年间（976~983年），奉新县发大水"山源涨出，长风架浪，巨石磅礴以相推，大木轩昂而杂下，所值者立为齑粉，所赴者荡然藩篱……斯桥飘荡无遗余焉"[36]。洪水把人们赖以通津的桥给冲毁了，自此只能以船渡河，出行极不方便，"羁游者揽辔踌躇，负贩者临川叹息……往来患之，非一朝矣"[37]。不论是出门旅游者，还是商贩常常苦于无桥，而望河兴叹。人们都希望有座桥，然而由于河面宽阔，工程费用较大，"用度实繁，县吏不敢赋于人，居民不肯一其力"[38]。看来这桥政府及民众都无法修建了，就在人们大失所望之时，胡仲尧出面担此重任，"胡氏慨然奋发，将续嗣于前劳"[39]，倾力建桥。他要求建桥的材料要好，工匠又要精良，"构匠聿求班输之巧"，希望能找像鲁班一样的能工巧匠，经过一段时间的准备构建，等到冬季涸水时节，一鼓作气"未逾月而桥成"。不但速度快，且质量又好"基局之固，必可致于悠久……蔓延几于百步，蜿蜒平视，若牵牛之渡河"。此桥的建成给人们带来的方便不言而喻，"足使行李似安于枕席，王命不壅于置邮……憧憧行人，绝濡轨褰裳之患"[40]，就是说从此来往行李安全、邮路通畅，行人也不用提衣挽袖了。

以胡仲尧为代表的胡氏家族勤耕力读，敦行懿德，在奉新县有诸多的善行义举，成为人们心中的楷模。杨亿对其品行作了高度的概括和评价："胡氏代被美化，从容素域，腴田力稿，乡里息虞之争，方领高冠，子弟成邹鲁之俗。岁若小歉，则以渖糜以活人；官或仰屋，则出红粟以助国。""至若县学、佛寺、道观，皆其所创。南津石梁固其利济之本心也。"[41]

（二）倾力办学，桃李芬芳

胡仲尧不仅以善行义举闻于乡，更主要的是他有着开阔的视野、超群的胆识，"倾尽家产而创建华林书院"，培养出了大批的人才，让华林胡氏的人文极盛一时，也让自己闻名于世，得到皇帝的旌表而得赐、封官。其祖胡清献为了能教育好自己的子女办起了私塾，七个儿子不负其用心，都走上了仕途。胡城于天祐四年中进士，仕于晚唐，因战乱而回家继承父辈的私塾之事，五子皆贤，发展成华林五宗。留居祖地的胡珰把自家的私塾发展成华林学舍，进一步将其发展扩大，不难看出教育已经是家族发展中的一件大事：读书不仅能明理，可以提高整体的素质；更重要的是还可以科考仕进做官，是和平时期人们进入统治集团的最好途径。胡仲尧生长于一个世代重儒学的家庭中，他对教育为家族所带的好处是非常熟悉的：不论是在祖辈、父辈，还是自己的同辈兄弟中，很多人都是以儒业而进入仕宦阶层的，家族也是以儒业才能继续成为乡邑的士家大族。他认识到乱世要用人才，国家处以兴平时更需要人才，所以他一直没有停止对教育的投入，如建大成殿，尤其是因创建华林书院而名留千古。

华林书院是胡仲尧、胡仲容兄弟二人倾尽家产将其曾祖胡珰的华林书舍扩建而成的，是北宋时期一所震惊文坛、闻名全国的书院。华林书院之所以有名，是因为其有许多独特之处。

首先，书院的建筑融人文于自然之中。华林书院位于胡氏祖居地华林山上，这里青山拥翠、风光旖旎。书院主体为挑檐式古建筑，正堂一进三栋，左右各二栋，共七栋。除此之外，还有旌表义门、书亭、水阁、山斋、草堂、仓廪、庖客馆、御书楼等附属建筑，其间"列植松竹，间以葩华"[42]。构建者充分考虑到周边环境因素，把人文与自然相结合，融人文于自然之中，正如陈尧叟赞华林诗中所说的："旌阙书亭焕水乡，四时烟景似沧浪。"

其次，书院在办学理念上有新的突破。华林书院是家族化的书院，而又突破家族的樊篱。这可以从以下几个方面分述之。

一是表现在学员的组成上，有男有女。在"女子无才便是德"的封建社会，女子是不能进学堂读书的，而在累世聚居的华林胡氏，女性也有受教育的权利，也可进书院读书。据《华林胡氏族谱》载："始居浮云书院……聚爨五百余口，第宅阀阅，迢遥半市，东男膳堂，西女膳堂"，男女膳堂分开，固然反映了主办者"男女授受不亲"的封建思想，但也说明为女生作了专门筹划和安排。女生同男生一样享有书院的各种待遇和权利，若有名流来讲学，她们便列绛帐、纱幕以听，所谓"讲学搴纱幕"（杨亿诗），写的就是这件事。书院举行盛宴，她们照例参加，向敏中在《题华林书院》一诗中，有"花凝玉勒含烟露，酒泛金樽醉绮罗"之句，对此有形象的刻画。从这点上来说，华林书院是我国历史上许多著名书院中至今所知接收女生的先例。同时华林书院又具有海纳百川的气势和胸襟，"广延墨客收经籍"，吸收了大量的游学文士，"四方之士来此游学者常数百人"。经过胡仲尧兄弟及子孙们的辛勤努力，通过北宋王朝的多次旌表、名公巨卿的大力扶植、学者名流的精心浇灌，华林书院越办越大，徐铉在《华林胡氏书院记》中就有记述"传经者已数代，肄业者常千人"，以致学者洗墨池水流入稻田致呈黑稻之祥，可见人数之多，规模之大。

二是教学内容与形式独特、新颖。胡仲尧办学的目的就是"修身治心"以达"睦亲敦伦"，徐铉在《华林胡氏书院记》中写得很清楚："士君子承先世之泽，服圣贤之教，修身治心，行之本也；睦亲敦伦，孝之大也；化民成俗，仁之至也。"它与其他大多数书院以研究和传播理学为内容不同，文学成为其教学和研究的主要内容，士子们在书院可以尽情地呼吸文学的芬芳气息，被邀请到华林书院来讲学的全都是文学家，他们个个都"沉意诗书苑，游心翰墨场"（吴淑题华林书院诗），诚如当时诗人曾致尧所说的，"宾友尽为文苑客"。在形式上它开放纳才，兼收并蓄，注重交流，广邀名流来讲学。例如，先后到此书院讲学或题诗赞许它的有宰相陈尧叟、张齐贤、晏殊、吕蒙正、王钦若、吴潜、向敏中以及文学家苏东坡、黄庭坚、杨亿、王禹偁等；诸公衮衮，盛极一时。有些还留有美好的诗篇。到此读书的学子游士们，也无衣食之神劳，书院里供给食宿，给他们资助。招待上宾，更是大设厨廪，高规格，"弹铗宾朋总食鱼……玳瑁珠履延豪士"（晏殊题华林书院诗），这一措施给华林书院增添了活力，引进了人才，造就了大批俊彦硕儒。胡氏子弟们大批中了进士，如仲尧的第二子胡用庄，于咸平三年廷试第三人及第，即探花；景德二年胡仲容之子胡用礼、胡仲华之子胡用时及胡顺之叔侄三人同时中进士；新喻人，后官至宰相的王钦若也是从华林书院走出去的。

图4.7　华林山竹笋

三是"举于义，践于行"，以实际行动进行美德教育。华林书院坐落于华林山上，并不在通衢大道或集市旁，维持它们生存的主要是农业，山上有的是树木竹林及一些四时山果（图4.7），而耕地、稻田不多，多数稻田是位于山下地带。胡氏建华林书院就已经不容易了，"倾尽家财"，加上还要维持四方来学之士的食宿费用、宴待上宾就更非易事，他们把最好的800石稻田给了书院以作维持书院得以正常运转的资产，"公与弟建华林书院，积书万卷，捐稻八百石以俸四方来学之士，时居之者常数千人"[43]。以胡仲尧为首的胡氏家人勤劳勇敢而至家产日丰，"力田岁取千箱稻"（王禹偁赞华林书院诗），对施于乡邑的善行义举极为大方，而自己则过着较简朴的生活。他们以实际行动为学子们作了榜样。

（三）泽德留芳　皇帝旌表

胡仲尧以大家风范、儒雅佳士、孝行善举而行于邑、名于时，受邑人之尊敬，得帝王之旌表。南唐时李后主（李煜）闻其善行而旌表于他，并要给他封官（授寺丞），仲尧辞而未受。宋太祖因"陈桥兵变，皇袍加身"得天下，他常思前朝——唐的失因在于藩镇拥兵自重，进而"杯酒释兵权"，制定了重文轻武的治国之策，大推"淳风化俗"之教。由华林书院培养出去的王钦若，中进士后，奉职于朝，官至内翰，他把胡仲尧聚族五世义居、倾力办华林书院之事上奏朝廷，雍熙二年（985年）八月初二日，宋太宗敕旌表华林胡氏义门义学，敕曰：

非孝义，不足以敦本；非教化，不足以维风。今据内翰王钦若奏称：'豫章胡仲尧，一门孝友，百忍传家，筑室聚书，招贤纳士。……克称朕心，宠宜尔下。理当旌以义门典宜，恩以敕建浩赉（注：这件事族谱上记载如此，但在时间上有出入，王钦若是在太宗淳化三年（992年）中进士，太宗雍熙二年（985年）他还未中进士，但以文学才能稍有名气）。

洪州府将此浩荡皇恩驰告华林，华林胡氏极为荣耀，胡仲尧进京谢恩，皇帝赏"赐白金器二百两"[44]。胡仲尧于淳化年间发廪赈饥及建南津桥等善行，由洪州府上奏朝廷，胡仲尧再一次得到太宗皇帝的嘉奖，授予了官职，并得到了向皇帝贡献土特产的权利，"太宗嘉之，除本州助教，许每岁以香稻时果贡事"[45]。发展到今天，奉新贡米已畅销各地。

宋太宗咸平三年（1000年），太宗大寿，胡仲尧派遣其弟胡仲容进京祝贺皇帝寿节，胡仲容得到太宗皇帝的召见，对皇帝的询问对答晓畅，被封官，并得皇帝赏赐的御书、袍笏犀带。由此，华林胡氏名噪寰宇，当朝名公巨卿70余人赋诗赞扬华林。稍后不久，胡仲尧升迁为国子监主簿，在此职位上致仕（退休），死后被祭祀于奉新县乡贤祠。

胡仲尧聚族同居，疏财行善举义，倾尽家财建华林书院，之后还在会埠稻田村创建了郁竹书院、南垣书院和车坪书院，为华林胡氏的发展奠定了坚实的基础，从此华林胡氏代有贤人，薪火相传。胡仲尧是宋初一位颇有影响的教育家，他以毕生的心血，描绘了一幅我国古代教育的宏伟画卷。由于办学成绩卓著，他曾先后两次得到宋太宗的诏书旌表。北宋诗人黄庭坚也曾以饱蘸深厚的感情，为胡仲尧题了一首诗：

    监簿仲尧公像赞
   炎宗振兴，胡运昌隆。
   延徒讲学，降诏旌门。
   同居五代，共爨旌门。
   久而弥盛，世代科名。

四、胡　仲　容

胡仲容（965~1024年），字咸和，胡城第五世孙，仲尧四弟。精勤治家，夙修儒业，与兄仲尧倾力创建华林书院，建县学，屡受皇帝嘉赐，官至光禄寺丞致仕。他毕其一生修铺着华林胡氏的兴盛之道（图4.8）。

（一）仁义之举，时人敬佩

胡仲容，生而颖慧，从小受到仕义至孝家风的熏陶和家学的教导，及长儒雅有度，敬祖亲兄，仁待乡民，有好声誉。他与弟胡克顺千里归葬徐铉之举更让时人称赞，他们与徐铉的交谊可溯源到其父徐延休。其时的洪州府（今南昌），地处江南，战事较少，文风较盛，徐延休仕于洪州，他精于《春秋》，胡仲容与弟胡克顺曾拜师于他，深得教诲，"先是学士徐铉，父卫尉卿延休，精《春秋》，公与弟克顺师之，独得其传"[46]。

徐延休本为广陵（今扬州）人，唐朝乾符年间（874～879年）进士，攻文辞，才高道直，有名于时。徐延休，官卫尉卿，赠左仆射。他来洪州，个中有些曲折：唐僖宗中和二年（882年），时任抚州刺史的钟传驱逐了江西观察使高茂卿，占有洪州，"钟传虽起于商贩，尤好学重士，时江西士流有名第者，多因传荐，四运腾然，谓之曰英明"[47]。徐延休在唐昭宗时不得用，朱全忠专权时，徐延休离开了朱全忠的亲吏蒋玄晖而投靠钟传，他已将洪州视为自己的第二故乡，其夫妇死后葬于洪州，是故可知徐铉与华林胡氏关系密切之源。

这里要特别说明的是，在时间上各资料之间的记载有差异：①《族谱》中《宋光禄寺丞仲容公传》记载，胡仲容天圣二年（1024年）卒，时年59岁。晏殊（991～1055）在《光禄寺丞仲容公墓志》也记其"卒之年五十有九"，按此推理胡仲容应出生于965年。②《宋史》

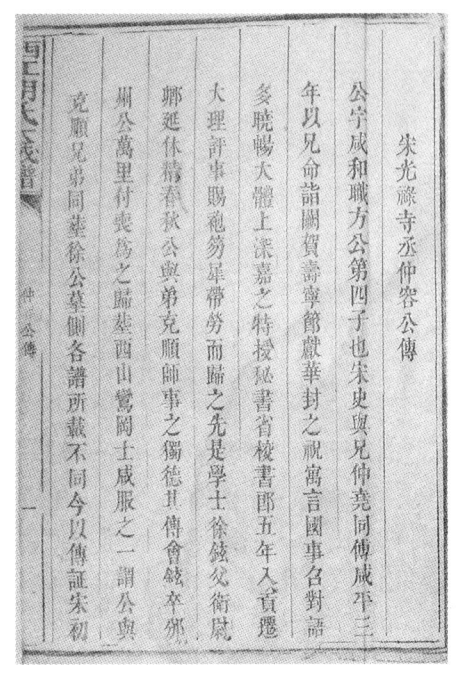

图4.8　华林胡氏家谱中胡仲容传

记"天禧中，特赐绯鱼，卒，年七十九"，说明其出生于945年，而其兄胡仲尧才出生于946年，此处卒年"七十有九"有误。③《新昌县志·卷13·胡湘》载"祖仲容，从卫尉卿徐延休学《春秋》，得其传"。④《四部丛刊初编》中的《徐公文集·洪州西山重建应圣宫碑铭》有"乃以庚申岁（当为960年）迁奉松槚，卜兆于鸾冈之阳"的记载，说明其父于960年之前就已辞世。以上各种记载时间上出入较大，难定一是，而《新昌县志》及族谱都载有"从卫尉卿徐延休学《春秋》"之事，故取族谱所载之事。

徐铉（917～992年），字鼎臣，文学家。仕南唐，官至吏部尚书。随李煜归宋，为太子率更令，累官散骑常侍。淳化初坐事外贬，卒于邠州（治今陕西彬县）。这说的是淳化二年（991年），庐州女僧道安告徐铉强奸一案，虽经王禹偁等人直辩（《宋史》卷293《王禹偁传》及卷441《徐铉传》），最终还是被外放，年事已高，加上心情不好，于第二年卒于此地。徐铉无子，死后由胡仲容与其弟胡克顺千里之遥护柩葬于洪州西山鸾冈，使他们父子同归。"会铉卒邠州，公万里付丧，为之归葬西山鸾冈，士咸服之。"[48]"徐铉殁，无子，克顺葬之西山原，春秋时祀，终身不废。"[49]克顺不但归葬了徐铉，还每年都到其墓上祭祀，实是可贵。胡克顺还对徐铉的遗著进行了整理编辑，"徐铉《宝臣文集》，宋都官员外郎胡克顺所辑"[50]。

（二）精勤治家，夙修儒业

胡仲容与兄各有所长，仲容善于殖业理财，是胡家的大主管。胡家居于华林山上，交通不便，可是胡仲容能充分发挥山地优势，调理资源，各得其所。山上林木资源富有，竹林成片，山果、竹笋等土产较多，山多地阔可供开垦的土地多，经过家人的不断开垦和耕作，田亩不断增加，且土质肥沃，"腴田力耕"，"岁收千箱稻"，加上良好的仁孝节俭的家风，家业不断增多。为了家学得以相传、子孙儒孝蕃昌，仲容与兄胡仲尧"倾尽家产"把华林学舍扩建为华林书院。华林书院规模大，在此求学、讲学者多，徐铉在《华林书院记》中说"传经者已数代，肄业者常千人"，他们的食宿全由书院统包，要解决这些经济问题，必须要有一定的资产相助。仲尧兄弟早已考虑到这些问题，"捐稻田八百石以俸四方来学之士"，使书院得以运转和发展，因家庭聚族五代同居共餐，仁孝风敦，兴学传儒，于雍熙二年（985年）得到皇帝的旌表。淳化年间的降价出粟赈饥以及雍熙年间修南津桥的耗费等都少不了仲容的打理运作，尤其是修南津桥费用大，连县衙都不敢号召修建，"然而工筑至大，用度实繁，县吏不敢赋于人"，"峨峨虹桥，有千金之浩费"[51]。胡仲容不但运筹帷幄于后，还直接参与县城学宫的建造。尊敬先贤圣哲是学校教育的重要之事，是礼乐建设的首要之事，有助于淳风化俗，所以胡仲容于景德四年（1007年）建大成殿，也叫孔圣殿，俗称"圣殿"、"文庙"，就是我们现在所讲的学校。时人胡旦为其作《儒学记》说："惟公身表人伦，志在礼乐，乃捐资若干金，粟若干石，访求圣贤遗址，鼎建更新。"新建的大成殿规模宏大，设备齐全，"创祠三十间，塑像自宣圣十哲以下七十余座，又建生徒讲舍一百余号，堂寝、膳具、豆笾、簠簋鲜不备举"，并制定规章制度，"遵访成规，刊为令典"[52]。胡仲容还提供教科书，把自己对这些上古著作的理解附上，"又置《鲁颂》、《论语》、《尚书》、《周易》、《春秋》、《仪礼》、《礼记》诸书，自为臆说其言大要，至明经而悉轨于孔氏"[53]。"新吴文物之盛、风化之美，自公始。"[54]胡旦在《儒学记》中也给予了高度的评价："于是新吴之圩，人文为盛，谈经肄业，敦儒信道，彬彬然矣。"

（三）贤能行高　旌门赐官

前面已说过，华林胡氏于北宋太宗雍熙二年得到皇帝的旌表，自此胡家已是大家鼎族，既是地方上的乡绅，又是朝廷树立旌表的榜样。

淳化五年（994年）十月十七日是宋太宗55岁生日，胡仲容奉长兄胡仲尧之命"诣阙贺寿宁节，献华封之祝"[55]。寿宁节是太宗皇帝的生日，这可是很隆重、很有讲究的节日。自唐玄宗以后，中国帝王的生日一直是历代宫廷中最为盛大的节日，与元旦（即春节）、冬至并重，合称宫廷三大节。帝诞日在中国历史上出现过许多称谓：唐时称为千秋节、天长节、庆成节，宋时称为长春节、寿宁节、寿圣、天宁节，元时称名圣节等，到明、清时期才统一称为万寿节，而太皇太后、太后、皇后的生日则统称为千秋节。宋太宗刚即位时，称帝诞日为乾明节，淳化元年春改乾明节为寿宁节。北宋皇帝的圣寿宴场面很大，教坊艺人歌舞不绝，使臣、名儒诣阙称贺，并在宾客接待处学习排练有关礼仪，"前一日，习仪于驿"。寿日，宰相与亲王及外国使节坐于殿上，群僚和外使随员坐于殿下两廊，配以食果美酒，贺酒共有七杯（次），以歌舞、杂戏及称贺相间，甚是热闹。可能太宗皇帝近来心情相当好，会召见各来贺人员询问相关的国事家事，当胡仲容被召见而自报了来自洪州奉新华林胡氏家门时，太宗的记忆中也许想起了这个华林胡氏以前曾被降诏旌表过，便说胡氏不但仁孝共居，为当地的兴学、仁教礼乐

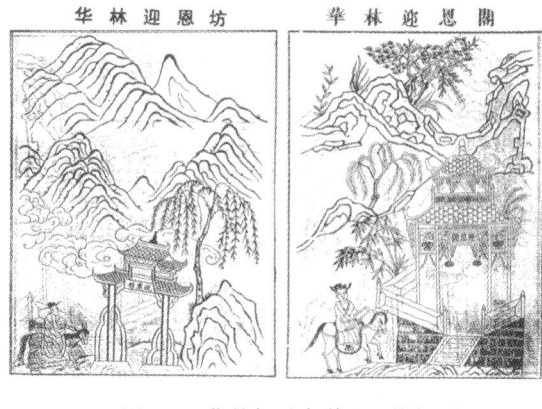

图4.9 华林胡氏家谱迎恩坊阁图

做了大量的义举善事,还办了个很大的书院,培养出了不少人才,朕身边的王钦若爱卿就是从那里培养出来的。太宗又想试试胡仲容的才华,就多以国事相问,仲容不愧是个贤才,回答问题时语言通晓流畅,深得太宗皇帝的首肯,被授予秘书省校书郎之职。"寓言国事召对,语多晓畅大体,上深嘉之,特授秘书省校书郎。"[56]同时胡仲容还得到皇帝大量的礼品赏赐:面赐袍笏、御书百卷、御札行书二卷、白金祭器二百,以光门第(图4.9)。

华林胡氏又一次得到朝廷的表彰与赏赐,轰动朝野,时在朝公卿大臣亦嘉其行谊,作诗赞美华林胡氏者有72人。其实,当时在朝公卿大臣只作有37首,后来邮寄来了35首。后来这35首诗是怎样来的呢?据宋淳化五年(994年)礼部员外郎王禹偁《旌表义门胡氏华林书堂诗集卷上序》说:"今岁寿宁节,胡氏子有献华封之祝者,上益嘉之。制授秘书省校书郎,面赐袍笏犀带,劳而遣焉。且颁御书,以光私第。由是有位于朝者,有名于时者,校书皆投刺谒之。"胡仲容把当时有地位、有名望的人都一一登记好,写好了许多名片,然后逐一地登门投刺(刺就是我们今天所说的名片)拜谒。听说是皇上旌表的胡仲容大人登门索诗来了,他们都十分客气,来不及作诗的人,多数都要求胡仲容留下地址,答应写好后按地址邮寄。

雍熙二年太宗的降诏旌表,胡仲容进宫谢恩,被皇上许以香稻时果充贡。时不时能送些地方产物进宫充贡,当然皇帝看中的不是物产的多少,而在于它是表现皇帝亲民的一种方式、一种治理国家的手段。地方上以仁、孝、礼、义、诗、书起家的大族,多受皇帝表彰而被树为榜样,这样有利于国家的和平安宁、长治久安。咸平三年(1000年),胡仲容进宫贡土物,再一次得到皇帝封官赐物,"迁大理评事,赐袍笏、犀带",官袍、笏、犀带都是官宦人员权力与地位的象征(笏,古代大臣朝见皇帝时拿的手板,用玉、象牙或竹制成,上面可以记事)。胡氏的族谱上还留有当时的圣旨内容:

敕命秘书省校书郎进大理寺评事,兼光禄寺寺丞胡仲容,宋真宗皇帝诏曰:

今旨,上灵垂佑,瑞命继臻。合普庆于寰区,用推恩于表春。咨于胡仲容,凤修儒业,素若懿规。孝弟之声闻于同里,高尚之迹贲于邱园。列官清置,前者已旌其素。屡入贡天朝,今日躅以异数。可特授大理寺评事,兼光禄寺寺丞。

胡仲容以光禄寺寺丞致仕,就是现在所说的退休。真宗天禧年间(1017~1021年),朝廷还顾念着洪州奉新的胡仲容,"特赐绯鱼"[57]。

仁宗天圣二年(1024年),胡仲容过世,时年59岁(《宋史》上说为79岁)。死后葬于洪州西山鸾冈徐铉墓侧,从这也可知其与徐铉的友情之深。晏殊为其写了墓志铭,评价甚高:"昆仲济美,晨昏著称。肆习先王之风,蔚成仁者之富。"[58]人们为纪念他,把他祭祀于奉新县乡贤祠,仲容妻陈氏被封为宜丰县君。其后,兄弟子孙登科。子用礼,与从兄子用庄同年进士及第。其孙胡湘，知新昌（今江西宜丰县）县，"县民感其恩惠，攀辕气留，遂家焉"，为华林胡氏宜丰开居祖。时人李迪有《光禄寺丞仲容公像赞》诗：

> 伯埙仲篪，声达皇京。华林有学，大季诏旌。入贡天朝，献规帝钦。赞诗附谱，德重名馨。

对其一生作了较完整的总结，给予了极高的评价。

附：王钦若传

王钦若（960~1025年），字定国，临江军新喻（今江西新余）人。宋太宗赵光义淳化三年（992年）进士。官历三朝，曾前后三次为宰相（包括一次为副宰相），即宋真宗赵恒咸平四年（1001年）为参知政事。天禧元年（1017年）八月至天禧三年六月，任尚书左仆射兼中书侍郎同平章事，即左相。宋仁宗赵祯天圣元年（1023年）九月至天圣三年十一月复相。同年十一月病逝。谥号文穆。王钦若身材矮小，颈上有肉瘤，被人称为瘿相。

宋太祖建隆三年（962年）的一个大雨夜晚，王钦若降生。王钦若6岁时母亲去世了，12岁那年他的父亲也过世了，他是由祖父抚养成人的。他从小很聪明，会读书作文。稍长，到离他老家不远的华林山胡氏华林书院读书，在那里他如鱼得水：众多的藏书、优美的环境、良好的学风与师资，这些给他身心的成长创造了条件，他如饥似渴地汲取知识。他18岁那年，宋太宗率军进兵太原。太原为西北重镇，宋太祖曾于开宝二年（969年）攻太原未果，宋太宗在即位的第四年（979年）就亲征太原，"五月城下，御制平晋赋及七言诗，命从臣和"，① 王钦若作《平晋赋论》进献皇上，他的文采得到了"性嗜学……多艺能"②的宋太宗的赏识，留下了好的印象。说起王钦若的才华，还有一个故事：登第以前的王钦若，曾在某幕府家做事。当时宋真宗还是寿王，任开封尹。有一天晚上，寿王突然来到幕府家，左右没料到寿王的到来，立即顺手拿起身边的纸屏障风。寿王看到纸屏上题有一联："龙带晚烟离洞府，雁拖秋色入衡阳"，大加赏爱，说："此语落落有贵气，是谁的诗？"幕府回答："是我的门客王钦若的诗。"寿王就召见了王钦若，"智数过人"的王钦若给寿王留下了深刻印象，这似乎也对以后他们君臣之间的默契有所预示！

太宗淳化三年（992年）32岁的王钦若中了进士甲科第十一名。据说，当时在殿试中还考了第一名，中了状元；只因他与同中一甲的袁州窗友许载两人太高兴了，纵情喝酒，袒腹失礼，太宗怒，下旨再试，丢了状元。

王钦若中进士后，任亳州（今安徽亳州市）推事判官，监管会亭仓库，允许农民破例交纳湿谷。其恤民之举得到宋太宗准许。任满后，王钦若入朝陛见，被擢为朝官，任秘书省秘书郎。至道三年（997年）三月，太宗死，真宗即位。五月，王钦若升任太常丞，判三司都催欠凭由司。为显皇恩浩荡，他奏请蠲免了部分民众的税收，此事使王钦若获得真宗的宠爱。

---

① 《四库全书·玉海·卷193上》。
② 《宋史·卷4·太宗》。

咸平三年（1000年），王钦若在四川为官时，当时正是王均率领的士兵和农民起义被镇压之后，凡死刑以下，依次减等判罪，宽宥余部，免去欠租。第二年四月，王钦若从四州召还，真宗在崇政殿召见，即日任为左谏议大夫，参知政事。

真宗景德元年（1004年），契丹大举入侵。在宰相寇准的主张下，真宗同意亲征。王钦若守御天雄军，指挥若定，使契丹兵有后顾之忧而不能长驱直入。因守天雄军有功，景德二年（1005年）正月，王钦若被召回到汴京，得到升官和赏赐。

景德二年（1005年）九月，领帝命，他与杨亿等主持修纂《册府元龟》大部头类书，此书历时8年而成。《册府元龟》共1000卷31部1116门，有940余万字。这部书材料丰富，引文整篇整段，自上古至五代，按人事人物，分门编纂，以年代为序，可以说概括了全部17史，对宋前史籍的辑佚和校勘工作很有价值。

大中祥符元年（1008年）正月，王钦若用伪造天书、泰山封禅的办法，帮助真宗"镇服四海，夸示戎狄"。同年，真宗命王钦若主编《道藏经》，祥符九年（1016年）修成。

真宗天禧元年（1017年）八月，真宗任王钦若为宰相。王钦若的为相，以实际言行突破了宋代皇帝的一些不正确的祖制。宋太祖规定，南人不能任宰相，宋真宗曾想提王钦若为相，就问宰相王旦，王旦回答说："臣见祖宗朝未尝有南人当国者"①真宗遂止。王旦死后，王钦若终于当上了宰相，成为宋代第一个南方人出身的宰相，这一突破为此后南方人做宰相开辟了道路。天禧三年（1019年）六月，王钦若受到私藏禁书的道士谯文易的牵连而被罢相，外放杭州为官。在杭州，他增加酒税，社会安定，狱中无犯人，受到嘉奖。天禧四年（1020年）年九月，真宗召王钦若回京。十月，以太子太保任资政殿大学士。十二月，真宗患病久，事多遗忘，丁谓为相，掌握朝政。真宗欲任王钦若为相，下诏学士院降旨。丁谓违命，任王钦若为山南东道节度使、判河南府（今河南洛阳）。在洛阳，王钦若禁止拘留逃犯的妻子示众，使犯罪减少，狱空，再次受到诏奖。

仁宗天圣元年（1023年）九月，王钦若复相，他根据平时百官进叙皆有常法，写了《叙迁图》呈上，以便皇帝阅览。王钦若在被从江宁（今南京）召回汴京（今开封）的途中，看到沿途百姓的疾苦，曾上书请求减免百姓的一些赋税，得到仁宗的诏许。天圣二年（1024年）三月，王钦若等上《真宗实录》150卷，王钦若是监修官，于是被加封为司徒、冀国公。

天圣三年（1025年）十月，王钦若兼任译使。十一月初一，他感染疾病而归。王钦若患病期间，仁宗亲临视疾，赐白金5000两。十一月初十，王钦若卒于家，年64岁。赠太师、中书令，谥"文穆"，遣官护葬事。王钦若死后，皇太后车驾临哭尽哀，天子素服，三日不视朝。"录亲属及所亲信二十余人，国朝以来，宰相恤恩未有钦若比者。"②

---

① 《宋史·卷283·王旦》。
② 《宋史·卷283·王钦若》。

五、胡 直 孺

胡直孺（1073~1149年），字少汲，晚号西山老人，胡城第八世孙。绍圣四年进士，带过兵过仗，历官御史、刑部尚书、兵部尚书、吏部尚书，封开国公。他是奉新华林胡氏有宋一代官高爵隆者。他的行谊及官宦生活折射了北宋后期的政治、军事、经济等情况，可以说是北宋后期历史的微缩。

（一）力学有志终登堂

胡直孺出身于仕宦之家，其祖胡用之是胡仲尧长子，端拱二年进士，官至国子监簿；父胡况，景祐甲戌（1034年）进士，都水少监。胡况有两个儿子：胡僧孺、胡直孺，长子僧孺，官至河北西路提举，胡直孺为遗腹子，就是说，直孺还未出生时他的父亲就过世了，临终时，胡况仍牵挂着这个还未降临的孩子，对妻子龚氏说："如生的是儿子，要选配那退休官员的女儿；生的是女儿，也一定要许配良家子弟。"这真是天下父母心啊！在龚夫人的教导和兄长僧孺的关心下，年少的胡直孺好学、懂事、有志。本来龚夫人及其兄长僧孺想利用家里先人的功德请朝廷恩赐来封官职，取得俸禄（按古代有关规定，就是世代官宦之家，可以利用祖上的荫德，经过有关手续，子孙可以得到朝廷的恩赐、封官，选用到政府部门工作），直孺年少有志，坚决不同意以这种方式取得功名，他希望靠自己的努力，读书博取功名。自此，他为学逾力，功底扎实，常语出惊人，诗文极好。当时的诗文大家黄庭坚看过直孺的诗文，非常赞赏，并把直孺的佳作刻在石板上予以表扬。黄庭坚（1045~1105年），字鲁直，号山谷道人，晚号涪翁，洪州分宁（今江西修水）人。宋英宗治平四年（1067年）进士，曾任集贤校理、国吏编修官、鄂州太守。他推崇杜甫，拜苏轼为师，与张耒、晁无咎、秦观同为"苏门四学士"，主张"无一字无来处"，是江西诗派的开创人，与苏轼齐名，世称"苏黄"。能得到他的首肯与称赞着实不易，这一方面说明胡直孺的诗文的确好；另一方面又表现出具有大家风范的黄庭坚对后学人士的关心，以不同的方式鼓励后学者。胡直孺喜欢读书，涉猎面广，善文辞，"好读书，于书无所不窥"[59]。他的文章辞意激昂，既有扛鼎之势，又像行云流水般自然。孙觌在《西山老人文集序》中给予高度的评价："然公之学不专于诗，他文皆称是。笔力雄瞻，操纸立就，所为赋颂、表启、记序、铭赞之属，盖数万言，如行云流水，自然成文，不见刀尺。"[60]虽然这是对胡直孺后来诗文的评价，但从这也可看出直孺早期诗

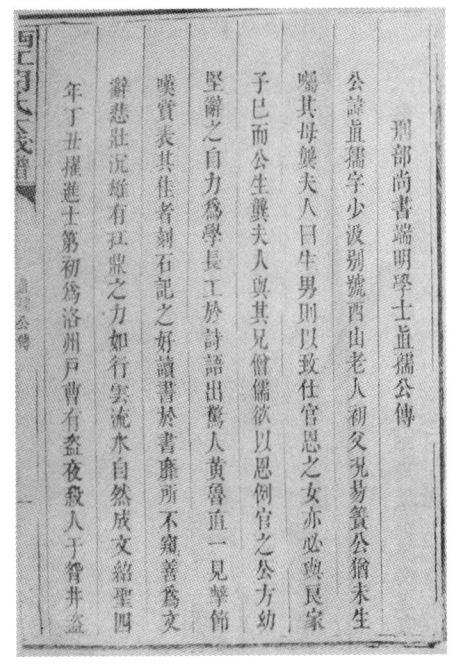

图4.10 华林胡氏家谱中胡直孺传

文基础的扎实。宋哲宗绍圣四年（1097年），胡直孺考中进士，此年为江西新干何昌言榜进士（图4.10）。

（二）收放仁度为事勤

胡直孺中进士后，初任洺州（今河南洛阳）户曹。户曹就是负责掌管户籍、赋税征收、国家与各单位郡县的会计预算等的官员。上任伊始，直孺就碰上一个案子：有一强盗夜晚杀了人，并把死尸丢在枯井里。有人发现死尸后就报告了官府，经过一段时间的侦察后，捕吏还是抓不到强盗，于是就把邻居等相似之人抓来抵充。直孺认为人命关天，来不得半点马虎，否则会让枉者受冤。他经过认真细致的审理，认为此邻居不是杀人行盗者，辩白了邻人的冤枉，也得到了当地人们的好评。不久他调任《九域志》的编修，《九域志》为全国的山川地理书籍，古代需要有才识之人才能被任为国家级的书籍的编修工作。其时，北宋朝廷党争激烈，"时议重贬元祐党人，直孺为之营解"[61]。监察官员以为对元祐党人的责罚太轻，要加重处罚。直孺为此四处奔走呼号，极力营救元祐党人。新党人士对元祐党人的迫害一直延续到北宋灭亡以至影响到南宋早期的政治，这与宋代的政治有关：鉴于唐代中期以来出现的朋党倾轧，宋朝的最高统治者一直以来都非常重视防范群臣结党营私，奉行"异论相搅"的治国方略，并将其提升到祖宗家法的高度，然而事实并未如愿。要说元祐党人得从王安石变法说起。

熙宁二年（1069年），年轻的神宗皇帝启用王安石为相进行变法，因对变法的看法不一，变法遭到许多朝中重臣的反对，如司马光等。为了使变法能够顺利进行，反对变法者统统被贬官外调。因变法过于迅猛，且启用的年轻变法派人员的素质参差不齐，出现了许多伤农的负面影响，变法效果不尽如人意。元丰八年（1085年），38岁的神宗死后，由年仅8岁的哲宗赵煦继位，改年号元祐（1086~1097年），由英宗皇后高太后听政，高太后对变法素来不满，于是原来反对变法的旧党如司马光、文彦博等随之而起。旧党上台后，废除新法、恢复旧制。"不数月间，新法划革殆尽"，这被称为"元祐更化"，对新党进行打击报复，贬逐新党。元祐八年（1093年）高太后死后哲宗亲政，改年号为"绍圣"，意为继承父亲神宗的事业，并立刻召回新党官员章惇、蔡卞、黄履和张商英等人。这些人在经历了元祐时期反变法派的残酷迫害后，政治性格在党同伐异的过程中遭到了严重扭曲，当他们复出时，与亲政的哲宗一样有着强烈的报复心理。旧党统统被贬流放于外，还以被贬者的姓名来确定贬所，如苏轼贬儋州（今海南儋州），是因为苏轼字瞻，"瞻"、"儋"类似；黄庭坚贬宜州（今广西宜山），因为"宜"字似其字鲁直之"直"字。甚至连死人也不放过，已故司马光和吕公著等人均被追贬和削夺恩封。在此种情况下，胡直孺并没有因新党得势而违心逐流，相反认为对元祐党人的处罚过重，并为之四处呼号。

元符三年（1100年）正月，年仅25岁的哲宗驾崩，在向太后（神宗皇后）的辅佐下，19岁的赵佶（徽宗）即位。向太后倾向于反变法派，所以在此阶段，对元祐党人的打击稍温和。胡直孺为元祐党的呼号正合上意，而被迁为察监御史（监察御史属察院，品秩不高而权限广）。不久向太后死，情况又有所变化，直孺也从朝官变为外调官，出知平江府（今苏州），由于他勤政为民，不久又升为江湖淮浙发运使，入为户部侍郎。

胡直孺从内心多希望对元祐大臣的责罚能有度，于国，元祐大臣大多是一心为国操劳的重臣君子；于己，黄庭坚是胡直孺师长辈的好朋友，彼此都有诗文相唱和及书信往来。后黄庭坚死于贬所宜州，朝廷分别于崇宁二年（1103年）、三年（1104年）和宣和六年（1124年）下诏禁止苏轼和黄庭坚等人的著作。建炎初，胡直孺帅洪州时，收集整理黄庭坚的诗文为《豫章集》，命汝阳朱敦孺、山房李彤编集。

（三）执笔握剑勤王事

生活于辽统治下的女真族，于徽宗政和五年（1115年）建立金王朝，徽宗宣和七年（1125年）二月灭辽，扫除了辽的残余势力后，于同年十月兵分两路进攻宋朝。消息传到开封，北宋君臣慌作一团，此时，胡直孺向朝廷上奏，启用种师道，很符合皇帝的意思，达到了预想的目的，抵御了金兵的进攻，解除了京城开封的被围，胡直孺也不断得到升迁，"金人南侵，凑用种师道策合议，迁工部尚书，龙图学士"[62]。这里我们来介绍一下种师道：师道，字彝叔，其祖种世衡，父种谔，均为军事将领，世代经营着北宋王朝的西北，种氏家族是大宋王朝抵御西夏的一道坚固屏障。像父祖辈一样，种师道及其弟种师中常年驻守西北，与西夏对峙。徽宗朝，种师道因为得罪了权臣蔡京，被打入党籍之中，十多年得不到重用，后来宦官童贯统兵数十万攻打西夏，种氏家族、姚氏家族等当地武将世家成为他依靠的主要将领。由于朝廷中对攻打西夏的意见不一，种师道受排挤而赋闲于家。身为大宋北方边陲的最高军事统帅的童贯，未作任何准备，当金兵真的进攻时，借机逃离，使前线军队陷入无人指挥的混乱状态……宋廷再次危急之时，复启用种师道。靖康元年正月，金军包围北宋都城开封，慌乱中，钦宗急忙下令各地勤王。静难军节度使种师道和另一位西北武将世家子弟承宣使姚平仲等统领精兵入援，当赶到洛阳时，前方传来消息金兵已屯扎开封城下，种师道一面督促士兵火速前进，一面派人四处张榜宣称："种少保带领西北军队百万前来勤王"，金军不敢与之交锋，下令将军营从开封城下向北迁移，种师道趁机率领部队顺利进入开封，由于有主战派李纲及种师道的防守，各地勤王兵的不断到来，金朝答应宋朝的求和。金军北撤，第一次开封之围得解。

靖康元年（1126年）九月，北宋王朝为了抵御金兵的再次进攻，在军事部署上作了些调整安排，"建三京及邓州为总管府，分总四道兵。……以知大名府赵野为北道都总管，知河南府王襄为西道都总管，知邓州府张叔夜为南道都总管，知应天府（今河南省的商丘市）胡直孺为东道都总管"[63]。北宋王朝也曾三次派兵解太原之围，因宋朝在军事体制上有"将从中御"的祖宗家法，就是不管前线战事如何，都必须严格按照出阵前皇帝下发的阵图进行，加上文官统军，不熟军事，各地协调又不一致，三次解围都失败了。靖康元年八月，金太宗下诏第二次侵宋，太原在金兵西路军的围困下，坚持8个月后于九月三日被金兵攻下，金军东路军接着又攻下了真定（今河北正定县）。种师道得知真定继太原之后失守，就一面檄召新近建立的四道总管司中的南道总管和西道的陕西制置使，要他们立即带勤王兵前来保卫开封；同时向宋钦宗上奏指出金兵一定会大举南侵，必须认真对待。然而钦宗以议和为主，不作任何准备。南道总管张叔夜、陕西制置使钱盖，在得到种师道生前（此时种师道已因年高病逝）发出的檄文后，随即统率军马奔赴开封，而把持着军政大权的唐恪、耿仲南等，竟以割让三镇的求和使臣已经派出，这时聚兵开封城下，岂不激怒金人为由命令西、南两道军马不得妄动，已经出发的回归原处，两道兵马遂即散归。而金人交替使用边打边和的策略，一边以议和麻痹北宋君臣，一边指挥金兵迅速向开封推进，金兵于靖康元年冬闰十一月二日开始再次围困开封时，城下一个勤王兵也不见。面对金兵的到来，钦宗忙发勤王诏命，南道总管张叔夜接到勤王诏命后，令长子伯勇领前军，次子仲雍领后军，自领中军，合3万人，转战至南薰门外。东道总管胡直孺与其子胡杞，于十一月初三，亦率兵入卫，情况紧急，来不及集兵，"乃以南京（即南京应天府，今河南商丘）戍卒四千民兵三千赴之"[64]。直孺率军三千前来勤王（而《三朝北盟会编·卷66、卷72·靖康中帙》都写"直孺自应天府以一万兵来勤王"），行抵拱州（今河南睢县），碰上了完颜宗弼率领的金军，直孺率军力战，斩首千余级。第二天再战时，金兵的步、骑兵合击，且人数又增多，宋军虽力战，从早上一直战到中午，但最后兵败。胡直孺也被金兵俘获。胡直孺在金营中被困了一段时间后，金兵统帅考虑到胡直孺的年龄大才让他回来，"帅矜其老得回"[65]。胡直孺回归后写了《生还录》以表心迹，钦宗安慰他说："孤城围困，天下兵至者独卿与张叔夜耳。"[66]从时间上推算，胡直孺不迟于1127年（靖康二年）正月十日，钦宗第二次去金营的时间回归。因为钦宗于正月十日去金营后，再也没有回来。靖康二年二月六日，金人废钦宗及徽宗为庶人，立张邦昌为伪楚政权的头目。胡直孺表现出仍为大宋臣子的气节，他感叹说："我怎能事伪主张邦昌？"

二帝被掳后，中原抗金势形仍此起彼伏，高宗建炎元年（1127年）五月一日，康王赵构即位，行在（即皇帝行宫所在地）南京应天府（今河南商丘市），直孺赶到应天府高宗赵构的行在事君，授官知东平府，改知洪州，兼江南西路兵马都总管安抚使，封开国男，食邑三百户。他又奏请在虔（今赣州）吉（今属吉安）驻兵，削平大股寇贼。当时江西境内的虔、吉农民在宋军的抢劫中被迫起义。宋高宗建炎四年（1130年），孟太后一伙被金兵追赶，跟随她的一部分军队沿途抢掠，激变虔、吉二州的农民起义，共有山寨500余座，相为里表，后被岳飞镇压。

高宗绍兴二年（1132年），胡直孺内调京师任刑部尚书，兼任经筵官，在宫中陪侍皇帝讲书。其间论奏十事，主要内容大致是推究道德意义，说明古人成败的事迹，陈述当前重要的政务等，条理清楚明白，深得高宗皇帝的心意。于是高宗在自己所用的团扇上写上"文物多师古，朝廷半老孺"10字赐给他，其意是他要仿效唐太宗思古崇儒之道，以表述尊儒之意。绍兴四年（1134年）八月十五日，因"奏谏：言天下十事有德，进封开国公，食邑三千户"[67]，祖父得到封赠，直孺祖胡用之赠学士，父胡况赠尚书。没过多久，又改任胡直孺为兵部尚书，兼吏部尚书，升金紫光禄大夫，上柱国，加封开国公，食邑九百户（注：谱中不同的地方所记户数有不同，诰封中为九百户；仕绩中又是三千户），又赐白米田租八百担，给他养老。卒赠端明殿大学士。胡直孺死后有两个墓：一个是皇帝敕葬的绍兴府云门乡白水塘直孺敕葬墓，另一是奉新县稻田村的直孺招魂冢，葬的是直孺的衣冠用物。胡直孺著有《西山老人集》24卷，现已失。户部尚书孙觌（字仲益）为《西山老人集》作序，给予了很高的评价（图4.11）。

图 4.11　奉新百丈寺

（四）道德文章荫子孙

胡直孺本为文官，在宋代以文官统军的家法下，他依靠不平凡的才能成为东道都府总管，成为一名文人统兵之帅；靖康元年，率三千兵士前来勤王，面对强大的金兵，英勇抗击，虽兵败被抓也不事伪主，紧追宋室，一路勤事；累功升官而不傲，"以礼与人相终始者"[68]；侍讲论奏，引古通今，封爵致隆而系家。他关心家乡，为家乡的淳风化俗等有许多善行义举，为家族绵昌而计今划后，子孙众多，且多贤能。

早在任江湖淮浙发运使时，胡直孺就曾到老家给祖宗上坟祭祀，"日过家上冢"。建炎中知洪州到老家，给祖宗上坟祭宗，和族人叙旧论今，联络感情，欢集三日，"后帅洪州复至邑，召宗族父老燕集三日而罢，时人以为荣"[69]。

胡直孺关心家乡的建设，在乡邑各地大行善举义行：建成法城感慈院、罗坊石梁桥、增修百丈寺及江西大仪寺等。

宋高宗绍兴年间（1131～1162年），胡直孺有一段时间退养于浮云山祖居地。因他所生的儿子皆有成就，多入仕途做官，随官地而迁居；其他儿子也都从华林祖地迁出，辟居于多处。直孺和其长子杞也从祖居地迁居到了华林山北麓的稻田居住，为稻田村始祖。直孺在举家外迁时，因挂念浮云山为祖坟所在，于是将山上800石田租和山下的800石田租赠给了道士张文道创观之用，以期其看护华林祖居地（图4.12）。

图 4.12　华林胡氏浮云山祖居地

俗语说："仁者佑其后也。"胡直孺家和子贤，他的夫人吕氏是中书令吕居仁的女儿，诰封和国夫人，勤俭持家，生有七子，皆被簪缨。长子杞，绍兴二年进士，官至淮东总管，于宋孝宗乾道三年（1167年）初修大宗谱，第一次以勉公作为华林一世祖；次子相，官至西京总管；三子栝，授秘书丞；四子楫，与兄同登绍兴二年进士，授宣教郎；五子枞，授铜陵县令，遂家于彼；六子根，任湘阴县丞；七子朴，授福建崇安县令。直孺继配饶氏，生有四子，四子均迁居于他处。直孺子孙昌盛与其家教密不可分，从《直孺公家传录》可知他对家庭子女的教育方略：出仕居家都要勤责于事，按现在的话来说就是要做到敬业爱岗，"出仕，则致其事于朝；处家，则传其事于子"。号召兄弟之间要互相帮助，"其余兄弟雁行而立者，当自勉力资助；不可以市井存心，坐视弗顾"，并说"诗书文章，仕宦忠义，此自传家，不当懈且怠也"。

六、胡 俨

胡俨（1361~1443年），字若思，号颐庵，南昌人，为城公十三世孙。明代文学家、天文学家。洪武举人。学问渊博，于天文、地理、律历、医卜无不究览。永乐初，经钦天监考试，授翰林检讨，与解缙等同直文渊阁，参预机要，又拜国子监祭酒。朝廷大著作多出其手，为重修《太祖实录》、编《永乐大典》和《天下图志》的总裁官，有《颐庵集》。

（一）仁孝师表 勤政惠民

胡俨出身于元末世儒之家。母徐氏，知书达理，曾口诵《孝经》、《论语》教子。家学相传，得天独厚。胡俨自幼笃学好古，天文、地理、律历、医卜等诸子百家之书，无不遍览、无所不通，更兼天资聪颖，读书作文，思若泉涌，乡里许多有名望的贤达长老纷纷折辈（降低辈分）与他结交。

明洪武二十年（1387年），胡俨考中举人，授华亭（今甘肃平凉地区）教谕，便能"以师道自任"[70]。在华亭任教谕期间，他总是严格要求自己，以身作则，为人师表。胡俨的母亲于洪武癸酉年（1393年）去世，他便回家服丧，古代服丧期一般为三年，期满后到朝廷报到，被派到长垣（今长垣县，位于河南省东北部，属新乡市）为教谕（教谕是学官名，是县学的教授，相当于教委主任，有时是县学校长）。长垣离家有千里之遥，往返家乡不便，于是他提出要求在离家近一些的地方为官，以便照顾长辈和家庭。胡俨是仁孝之人，加上明朝立国不久，朝廷也提倡以仁孝化俗，于是他这一就近教学的申请得以实现而被改派到余干县做教谕。作为掌管教育的官吏，允许就近做官还是从胡俨开始的，"学官许乞便地自俨始"[71]。三任教谕生涯，无疑为他以后出任祭酒、管理国学积累了经验，打下了基础。

建元元年（1399年），胡俨调任桐城知县，在桐城为官三年，清正廉洁，力稼穑，重农桑，政绩卓著，尤其是亲率百姓开辟桐溪，引水自流，灌溉农田，造福一方，600年来源流不息，兴利不衰，至今桐城的翻身、三里、文昌等村的数千亩农田仍得益于其浇灌，为桐城人民所赞颂。

桐城城郊西南，依山接畈，先民垦殖经营，然缺乏灌溉的水利设施，虽广种但薄收。胡俨来桐上任后，得知此情，便亲往实地察看，经访问咨询"三老"（三老是指具有官方身份但又不是纯粹的吏，他们通常颇有资财，有相当的文化和议政能力，在当地较大的地域范围内对民众有号召力，因而是乡族势力的代表人物），如果调龙眼河水济之，则可解西南郊农田之渴。集思广益，胡俨遂决定由城北观野岩引龙眼河水，经城中至城西南部。胡俨的倡导，合民心、得民意，一呼百应，民众纷纷投入艰苦的辟山开渠引水战斗，历时数月，一条源自城北，折向城中，穿巷傍街，流向西南，长数华里的桐溪终于通往干渴的田畴。桐溪利用地势引水自流，渠道时隐时现，溪水时缓时急，常年流动，其设计之合理、施工之精巧，为古代水利工程之精粹。桐溪的开通，不仅解决了城郊西南农田干渴之忧，大大提高了作物的收成，也因其穿城而过而为桐城古城增添了活力和生机。胡俨曾作《桐溪》诗四首，其一云：

一溪流水碧如蓝，日暖溪花醉欲酣。
山鸟犹鸣人迹绝，时看麋鹿下烟岚。

胡俨勤政爱民，深得百姓的爱戴。其间桐城出现了老虎伤人的事，胡俨斋沐以祭告神灵，老虎便逃遁了。当然对于胡俨的斋沐以祭神，老虎并不知道，也不会害怕，老虎逃走也只是一种巧合，但从这里可知胡俨对老百姓的关心。所以当胡俨要离开桐城时，淳朴而勤劳的桐城民众，怀着难分难舍的心情，含泪倾城出动欢送离桐赴京的知县胡俨。桐城人把他供入乡贤祠来祭祀。民心是把尺，民心是杆秤，民心是掂掇为官者的度量衡（图4.13）。

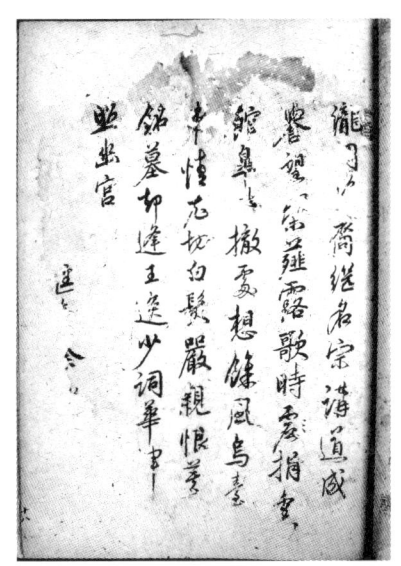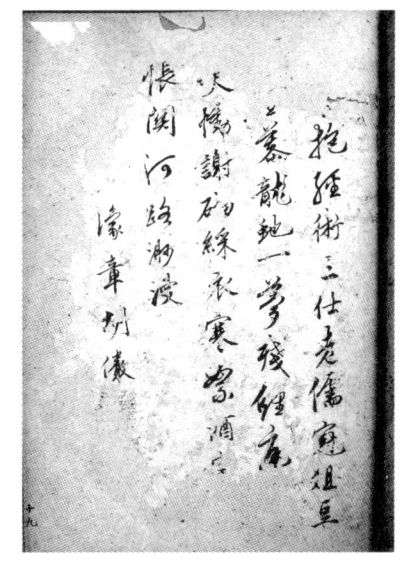

图4.13　胡俨行书

建文四年（1402年），副都御史练子宁向朝廷举荐胡俨，说："胡俨饱学明理，可以通达仙人。他足智多谋，可以运筹帷幄。"于是朝廷便召胡俨到京为官，当朝廷诏书到达时，燕王朱棣的军队已打过长江。同年六月十三，朱棣统率军队，开进了明朝国都南京的金川门，一时间京城里战马嘶鸣，矛戈相击。经过激烈的战斗，朱棣终于占领了南京城。

(二) 朴诚于事　躬行于君

明成祖朱棣继位后，一方面对那些不肯归附自己的大臣严加惩治，无所不用其极；另一面又尊儒纳士，广罗人才，对前朝愿意归服的朝臣、儒士加以起用，择才而授职。朱棣对胡俨的到来甚是高兴，说道："听说胡俨懂得天文，让钦天监考考他。"（钦天监是中国古代国家天文台，承担观察天象、推算节气、颁布历法的重任）钦天监对胡俨进行了一番考察之后，回奏明成祖说，胡俨确实懂得天文学、气象学，因而授予他相应的职位。八月初一，成祖选命侍读解缙、编修黄淮入直文渊阁，同预朝廷机密重务。由于有解缙的举荐，胡俨被授为翰林检讨，与解缙等人一起在文渊阁任职。九月间，皇帝又命侍读胡广、编修杨士奇、检讨金幼孜和胡俨等同直文渊阁，参预机务。七人朝夕侍从左右，协助皇帝办理政事，因其在大内殿阁行事，故称"内阁"，内阁参预机务从此开始。后来，胡俨又任侍讲，晋升为左庶子（是属于东宫属官，职能是掌侍从赞相，驳正启奏，就是跟随在太子身边，辅佐太子，对于不正确的可以驳回纠正，将太子的言行好坏上奏天子）。此时，胡俨的父亲亡故，他在服丧期满后又出来做官，仍在文渊阁任职，接受皇帝的垂询，提供咨询。在任阁职期间，他有什么见地、看法，都常常不抢先发表意见，显得忠厚诚朴。

永乐二年（1404年）九月，胡俨拜国子监祭酒，不再参预政务，专心负责国子生的训导政令。当时，国子监订了些很严厉的法规，如将借故退学的国子生发往边疆服役。胡俨上任伊始，便奏请皇上废除了这一使学子斯文扫地、"天理"难全的苛法，表现出儒师的胆识和对人才的爱护。胡俨为人处世的宽厚认真，深得明成祖朱棣的称赞，常命随行而事，永乐七年（1409年）皇帝到北京，把胡俨召到行宫，这次北京之行是永乐帝要迁都北京的前奏。永乐十五年（1417年）开始大规模营建北京，经过近四年的建设，永乐十九年（1421年）明正式迁都北京。永乐帝一方面加紧建设北京，同时为了确保北京的安宁先后进行了一系列的军事活动。北方的蒙古是对明王朝最大的威胁，为此明成祖率兵亲征，五入漠北。永乐七年，成祖命丘福率军10万征讨鞑靼，不料全军覆没，因此才有了朱棣亲征之举。永乐八年二月，朱棣亲率50万大军出征，太子（后来的仁宗朱高炽）留守南京，命胡俨以祭酒兼侍讲的身份，执掌翰林院，同时辅佐皇太孙（后来的宣宗朱瞻基，就是人们常说的宣德皇帝）留守北京。由于有像胡俨这样的贤臣辅佐太子、太孙留守后方，皇帝可以安心于军事，这次亲征大获全胜。永乐十九年迁都北京后，胡俨改任北京国子监祭酒。

胡俨"居国学二十余年"[72]，博学多才，是教育家兼文学家，"在朝称馆阁宿儒，朝廷大著作多出其手"[73]。重修《太祖实录》、《永乐大典》、《天下图志》，胡俨皆充总裁官。说起《永乐大典》，那可是一部了不起的闻名世界的类书。永乐帝朱棣得皇位后，雄心勃勃，下诏编纂一部类书，想要将中国古代典籍尽量收集齐全，于是命解缙与胡广、胡俨、杨士奇等为总裁官，前后参与者近3000人，历时三年多，于永乐五年（1407年）十一月大典得以编纂完成。《永乐大典》一个显著的特点是有22 877卷，又凡例、目录60卷，全书分装为11 095册，引书达七八千种，字数约有三亿七千多万，是我国历史上最大的类书，具有很高的学术价值。因兵燹灾害，目前据估计存世的《永乐大典》约 800 册，只是原来的 6% 左右。新中国成立后，中华书局曾将《永乐大典》存世残本予以影印出版。

永乐二十二年（1424 年）朱棣在第五次亲征归途中，感觉身体不适，突然病逝。明仁宗即位，改元洪熙。此时胡俨已经 65 岁，宦海为官已 30 年，虽荣耀于身，然也身心疲惫。胡俨以年高体弱、身体有病为由，向皇帝请假休养，皇上对胡俨进行了旌表奖励，授予太子宾客职（太子宾客是太子东宫属官，掌调护侍从规谏等），仍然兼任祭酒官职。不久他就退休了。仁宗在位仅一年时间就因病去世，时年 48 岁。1426 年，宣宗朱瞻基继承皇位，改元宣德（1426～1435 年），胡俨做过宣宗皇帝的老师，他们彼此都很熟悉，宣宗召见胡俨，任他为礼部侍郎（礼部侍郎，就是礼部的副职，具体职责就是管理礼部，管典礼、科学、学校等具体事务），胡俨没有接受，向皇上辞谢后返回家乡南昌。

（三）师范天下 启予后人

胡俨为人中庸，为事勤谨。他博学多才，是教育家兼文学家，不论是在为官期间还是退休后，都在关心着教育事业，他注重"师道"、讲究"师法"，以自己的践行塑造出为人师表的榜样。

胡俨退休后过着简单淡泊的生活，他在离家 10 里的城南灌城乡悬榻里觅得废官舍一栋稍加修葺，淡泊静养，终其一生。胡俨这种归隐思想在其退休前 10 年就有所表露，永乐十四年（1416 年），胡俨遂将自己为洪崖所作的数篇诗文及当时阁僚为洪崖而作者合为一卷，请中书舍人画家陈宗渊绘《洪崖山房图》。《洪崖山房图》是陈宗渊唯一的传世作品，为其受友人胡俨之请按实景创作的，画面上山峦起伏，江面开阔，景色壮观，反映出江西一带的风貌特征。胡俨怀着还乡归隐之情，在家乡筑室名"洪崖山房"。洪崖山位于江西南昌城西山之中，峰峦秀拔，林壑深窈。此图表达了胡俨内心对归隐洪崖、耕桑读书、为太平之民的向往之情。胡俨十分珍爱此作，多次在图后题诗。图中抒写了胡俨身居庙堂、心怀归思的志向和情怀，同时也反映了在明初严酷的政治环境中文人士大夫思隐的心态。

他在家居 20 年中，四方的大官重臣都用对待老师的礼节对待他。胡俨与他们交谈，却不谈及自己的官宦经历。他淡泊明志，从不追名逐利，一年四季衣物食用只求温饱而已。正统八年八月胡俨逝世，享年 83 岁。《明史·艺文志》载胡俨著有《颐庵集》30 卷，但流传至今的仅有《颐庵文选》，2 卷，其中包括诗、词、辞、赋、序、记、墓志、碑铭等各种文体。其诗风颇近江西诗派，词旨高迈、寄托深远，文章则气格高老、律度谨严。他博学能文，琴、诗、书、画无不通晓；精于草书，行书矫健而苍，楷书精熟而整；工竹石兰蕙，极有意致；以水墨秃笔写羊、鹿，甚生动（图 4.14）。

当初胡俨担任湖广主考官时，看到杨溥的文章，十分惊讶，在文章上题批道："必能为董子正言，而不为公孙之阿曲。"[74] 就是说杨溥做官后一定能像董仲舒一样说正直公允的话，而不做公孙弘那样曲意阿附的事。世人认为胡俨慧眼识才。后来杨溥官居内阁，胡俨还只是祭酒，但杨溥终生向胡俨执弟子礼，胡俨也不因为杨溥位高权重就觉得有什么不妥。

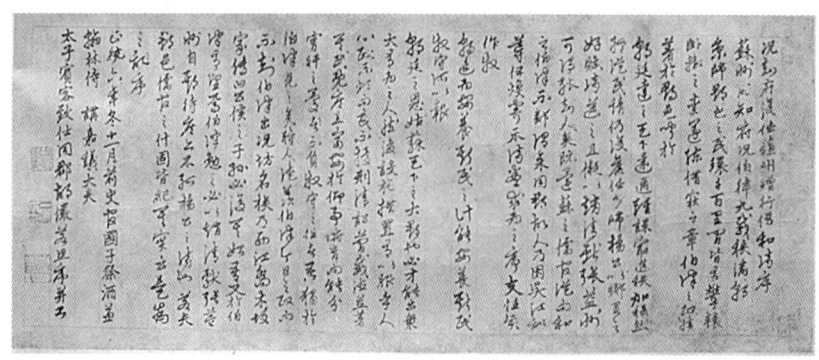

图4.14 胡俨行书《况知府复任苏州赠行倡和诗》

胡俨入仕后,从政时间较短,除知桐城县4年,任翰林院检讨与解缙等名儒同直文渊阁参与机务1年多之外,大部分时间从教。他的教育生涯大致可划分为三个阶段:第一,从事县学教学(30~39岁)。任华亭教谕、长垣、余干教谕。第二,任国子监祭酒(44~65岁)。"久居国学二十余年,以身率教,动有师法"[75],可见他对国学的贡献不小。第三,家居为师(66~83岁)。他66岁"辞归,家居20年,方岳重臣咸待以师礼"。他甘处淡泊,节俭守要,且常常应人之求,题记作序,撰碑立传,以其威望和特有的方式方法,教育后生晚辈,影响时人学子,促进办学和教化事业的发展,可以说是"静"亦有师法。例如,《送赵季通调北京国子司业序》、《弋阳县重修儒学记》、《重修新建县儒学记》、《重建白鹿洞书院记》等一些文章都是此时所作的。

胡俨注重"师道",讲究"师法",这是由他的师道观所决定的。他在《送赵季通调北京国子司业序》中指出:"故君子所为,不求近效,当要其成。要其成,古有其道。古人道亦曰:严师为难,师严然后道尊。"强调师法的尊严,主张师者对于学子的严格督导和教训,认识到一个"严师"的艰难。所以他三任教谕,能"以师道自任";久居国学,亦能"表率学者"、"师范天下";辞归家居,又能不断保持和完善一代"儒师"的自我形象。所谓"师道",也是就"师"与"道"两者的关系而言的。胡俨从古人的遗训中,也从教学的实践中,认识到师的重要作用,师以传道,师以明道,师严然后道尊。他所要振立的师"道",既是为师之道,也是为臣之道、为人之道,归根结底,也就是圣贤孔子之道。

在教育目的上,胡俨主张:"明体适用"、"学以致道"。"体"是指封建道德的准则,"用"则是指准则的应用。他在为一些官员倡修儒学或书院的题记中,除了赞扬有司的善政外,无一例外都是强调教育的目的、功效的。譬如,他在《弋阳县重修儒学记》中说:

语曰:"百工居肆,以成其事。君子学以致其道。"学宫之修,复固有司之善政,学者从事于斯,岂徒尚夫宫室之美观也哉!藏焉修焉,一志虑之,专以戒夫游惰之失。胥靠胥训,味圣贤之言,以求夫义理之奥。磨碾切磋,深造自得,乃有以开明其心志,而义精仁熟则于应事接物之际皆得其宜……此明体适用之学。诸君子笃志不倦,必获其效。

认为学校教育就是要使学子努力去探求品味圣贤之言的义理奥秘,开导启发他们的思想志趣,做到义精仁熟,这样应事接物才能适宜得体。他在《重修新建县儒学记》中很明确地说了教育的目的:"故学舍虽有迁易而道则无古今,今求其道者图书俱在。图衍《太极》书,体夫诚而天地万物之理无所不该,推之于用,则修齐治平,自身而家而国而天下,亦举而措之耳。"明确地提出了学习的目的就是要获得修身、齐家、治国、平天下之道。他还认为,教育的根本宗旨就是要通过教师及教学设施的建立,造就和培养对国家有用的人才。

七、胡 濙

胡濙(1375~1463年),字源洁,号洁庵,武进(今属江苏)人,是城第三子胡琼的后代,为华林成公二十一世孙。胡琼在后唐天成年间官至常州刺史,家毗陵(今属常州)而繁衍。明文学家、医学家。建文二年(1400年)进士,授兵科给事中。成祖即位,受命暗访建文帝踪迹,14年乃还,帝疑始释。仁宗、宣宗、景帝时,历南京国子祭酒、礼部尚书、太子太师。英宗复位,称病辞归。历事六朝,任职60年,中外称其德。卒,赠太保,谥"忠安"。著述有《卫生易简方》、《芝轩集》、《澹庵集》等。

(一)寻仙匿踪十数年

据《明史》记载,胡濙出生时与其他小孩子有所不同,他刚出生时头发全是白色的,满月后才变黑,当时人们感觉奇异而寄予不同的厚望。

胡濙的青少年时代是明初的洪武年间(1368~1398年),此时,经过明太祖朱元璋的整治,国家统一,社会安定,经济得到了恢复和发展,吏治较之前大为清明。洪武三十一年(1398年)朱元璋过世,皇太孙朱允炆继位(因年仅38岁的皇太子朱标于1392年已英年早逝),年号建文。建文帝即位后着手解决洪武时期弊政中遗留的两道难题:一是如何改变太祖建国以来形成的动辄杀戮的严峻政治氛围;二是如何解决太祖分封宗藩形成的尾大不掉的局面。首先,大开科举考试,并下诏要求荐举优通文学之士,授予官职,大力加强文官在国家政事中的作用,身边几个被委以重任的大臣就是饱读诗书的才子,如黄子澄、齐泰、方孝孺等。其次依靠齐泰、黄子澄等人将削藩付诸实际行动,建文元年(1399年)七月,早有预谋且实力最强的燕王朱棣在姚广孝等人游说下以"清君

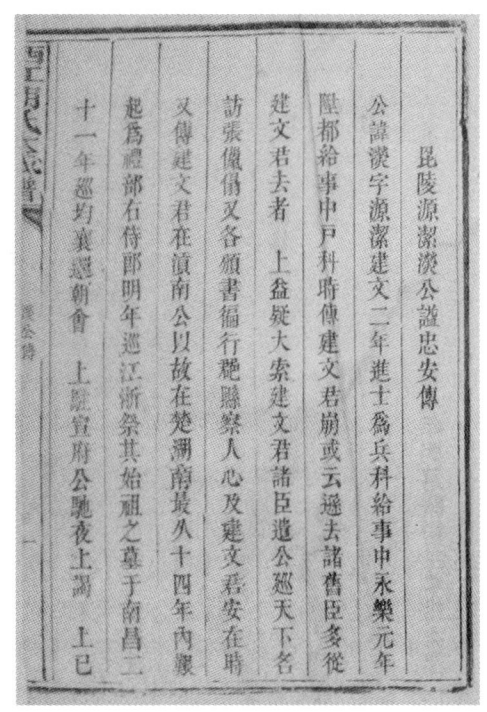

图4.15 华林胡氏家谱中胡濙传

侧"为名举兵事,从而拉开了长达四年的叔侄战争,史称"靖难之役"。就是在这种背景下,胡濙于建文二年(1400年)中进士,授予兵科给事中(兵科,官署名,中央六科之一,与兵部相表里。协助皇上处理有关兵部政务,监察并纠劾兵部官吏和工作。给事中,官名,明代分吏、户、礼、兵、刑、工六科给事中,掌侍从规谏、稽核六部,有封驳章奏之权)。建文四年六月,朱棣赢得了这场战争,改年号永乐,永乐元年胡濙迁为户科给事中(图4.15)。

永乐五年(1407年),朱棣派胡濙带着御制文书巡游全国,表面上是去寻找仙人张邋遢(即张三丰),实际上是去找寻建文帝的下落。朱棣为何要去找寻建文帝呢?永乐三年(1403年)六月朱棣以"靖难"之名推翻侄儿的统治而取得了皇位,正当其进入南京城时,建文帝皇宫起火,有的说是建文帝自焚而死,可是又未能找到其尸体,同时又有一些异样的传言;有说他已剃度出家为僧;有说他在一些臣子的拥立下已出海了。已坐上皇位的朱棣对种种言说内心总觉有些不安,朱允炆下落不明,是朱棣的一大心病,在长时间无法找到朱允炆后,朱棣一面派郑和下西洋寻其踪迹;同时派胡濙遍行天下州郡,假借求访张三丰之名隐查建文帝安在,这种"隐查"来无影去无踪,比公开设关卡查户口更可怕。后来,许多迹象表明,建文皇帝可能到了云南,朱棣又派出严震以出使安南为名到云南各地密访。为什么派胡濙去呢?这是因为胡濙为人沉稳,"喜怒不形于色"[76];再一是他既不是靖难嫡系,也不是重臣之后,在朝中是个不甚起眼的人物,无人在意,让他去执行这样秘密的任务是再适合不过的。胡濙开始忠实地履行他的职责,他"遍行天下州郡,隐查建文帝安在",这期间胡濙的母亲病故,胡濙请求回家治丧都未被允许,而是继续着这个秘密探寻工作,直到永乐十四年才被召回朝,提升为礼部左侍郎。到了永乐十七年,朱棣再次派胡濙巡视江、浙、湖、湘等江南各府,这次

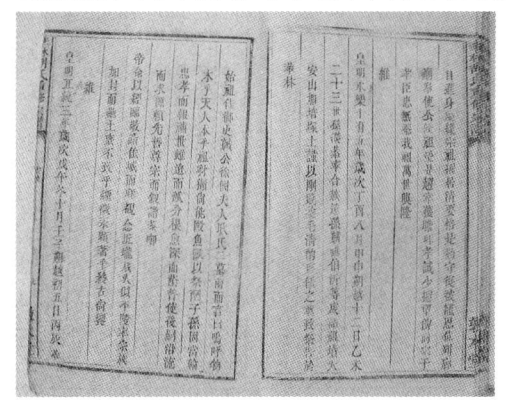

图4.16 华林胡氏家谱中胡濙祭祖之事

外出时间短一些,但也到了永乐二十一年才被召回。胡濙进京时朱棣已经就寝,听说胡濙回来了,连忙起身让人把胡濙召进宫去,胡濙把在江南的见闻一一上报,两人一直谈到四更时分,胡濙"漏下四鼓乃出",由此可见永乐帝对这件事的重视程度。他们两人谈了些什么,不得而知,总之通过这次谈话后,永乐帝对建文帝的种种疑虑不再有了,"至是疑始释"。此后,永乐帝也没有再派郑和下过西洋。真是:寻仙匿踪数十年,了确君王事一桩(图4.16)。

胡濙与永乐帝谈了什么?没有任何记载,但我们可以根据事物的前后发展情况及他们的为人风格作出一些推理:胡濙的使命是寻找建文帝,他虽然让朱棣等了16年,但确实带给了他答案,即他找到了建文帝,已经完成了使命,否则胡濙是绝对没有胆子擅自离职守的,而朱棣在深夜被吵醒还如此兴奋,两人还谈了数个钟头。这里我们可作几个推理:如果胡濙没有找到建文帝,那他不敢擅自离职急忙赶回;如果找到的建文帝死了,那他不需要讲这么长的时间,胡濙为人沉稳寡言,身负绝密使命,绝对不是一个喜

欢说废话的人。最后是他找到了建文帝，且建文帝与他谈了许多看破红尘的话，既不会出来公开身份，更不会对朱棣产生什么不利的影响，唯有这样谈话的时间可能要长些。

（二）宽厚于人慎于事

朱棣有三个儿子：长子朱高炽，次子朱高煦，三子朱高燧。朱高炽身体肥胖，不善弓马，没有上过战场，特别是上了年纪之后有些行走不便，朱棣不是很喜欢他。朱高煦则能征惯战，在"靖难之役"中数次救朱棣于危险之中，颇为成祖所倚重，成祖答应事情成功以后立他为太子，后来却没有册立。朱高煦心怀怨恨，因此和赵王朱高燧联合起来离间太子，太子随时面临被废的可能，所以朱高炽日子也过得艰难。永乐十五年（1417年），太子监国南京，朱棣命胡濙巡视江、浙、湖、湘等地，特意嘱咐他在南京多停留几日，调查在南京监国的朱高炽的情况，胡濙调查后，给成祖上奏了封密书，其中禀告了太子朱高炽诚敬孝谨的七件事例，听到这些，成祖这才没有怪罪朱高炽。

永乐二十二年（1424）七月，朱棣在第五次亲征北漠回师途中病逝。仁宗朱高炽即位，他把胡濙召至身边工作，任命胡濙为行在（皇帝的行营）礼部侍郎，后转为太子宾客、兼南京国子监祭酒。仁宗任用贤臣、重农恤民、宽刑省狱、洁身自省等，可惜的是，他在位仅一年时间就因病去世，仁宗长子朱瞻基继承皇位，年号宣德（1426～1435年）。

宣宗即位后，仍命胡濙为礼部左侍郎，此时胡濙人还在南京。第二年胡濙来朝后，宣宗就把他留在身边工作，也就是行在礼部，不久胡濙就被升为礼部尚书（主管朝廷中的礼仪、祭祀、宴餐、贡举的大臣）。在宣宗身边，他的两个叔叔汉王朱高煦和赵王朱高燧一直没有放弃争夺皇位的念头，宣德元年八月，朱高煦仿照朱棣起兵举事，面对如何平定朱高煦的叛乱，朝廷意见不一。为了吸取建文帝的教训，胡濙与杨荣、夏原吉等为首的大臣则力主以建文帝为前车之鉴，要宣宗亲征。朱高煦未预料到年轻之君宣宗会亲征，竟然没有了主意，在封地乐安（今山东惠民）束手就擒，宣宗这次亲征，兵不血刃地平息了叛乱，减少了许多不必要的耗费与伤亡。事平之后，宣宗给予胡濙许多赏赐，"赍予甚厚"[77]。胡濙至勤为事，深得皇上的信任与喜爱，宣德二年（1427年）胡濙得到宣宗皇帝赏赐的位于长安右门外的住宅、两个看门人及银质奖章。在胡濙生日的那天，皇上派人做好酒菜送宴至胡濙家以示庆祝，可谓荣宠至此。宣德四年（1429年），胡濙又兼理詹事府事。宣德六年（1431年），胡濙又兼行在户部事务。宣宗仁政爱民，任用贤臣，在他周围有一大批著名的大臣，在君臣的不断努力下，社会、经济得到进一步的发展，出现了历史上有名的"仁宣之治"。这些大臣为"仁宣之治"的缔造作出了重要的贡献，所以宣宗曾经在宴请胡濙、杨士奇、夏原吉及蹇义四人时说："海内无虞，卿等四人力也。"[78]

宣德十年（1435年），宣宗逝世，遗诏传位9岁的太子朱祁镇，年号正统（1436～1449年），国家重务奏白皇太后（仁宗皇后张氏）。张后将朝政委任于内阁诸臣，召英国公张辅，大学士杨士奇、杨荣、杨溥及礼部（兼户部）尚书、太子詹事胡濙等人至前，对英宗说：此五人是先朝留给皇帝的大臣，有事必须与他们商议，非五人赞成不可行。他们继续着宣宗时期的政策，然而随着社会经济的繁荣，奢靡现象有所发展，各种费耗增大，因此朝廷下诏节俭、减少不必要的费用。胡濙上书要求减少一些上贡物品，以及汰去自法王以下番僧四五百人，这样就减少了许多费用。正统五年（1440年），山西遭遇大灾，民生维艰，朝廷下诏宽恤于民，减免些赋税，然而接着又颁发了要求下面为宫廷采购物料的命令，胡濙认为朝廷颁发的指令前后相矛盾，这怎能取信于民？上书请求朝廷罢免采购物料一事，得到了首肯；他还就军队中营求差遣等一些扰民之事上书，都得到许可。胡濙为朝中老臣，关心民生疾苦，多次就负民、扰民之事上书请求，得到了继续推行"仁宣"以来恤民政策的皇上的批许。世事多磨，历事多年的宽厚老臣胡濙也难逃此一劫：礼部的印鉴不见了，皇上为免事情进一步扩大而特下诏不要追查，命令再改铸一个就是，可是新铸好的印鉴又不见了，言事官要求追查责任，作为礼部尚书的胡濙自然难辞其咎，"被劾下狱"。不过事情有了转机，不久，不见的印鉴又找到了，胡濙官复原职。正统九年（1444年），胡濙已70岁，向皇上请求退休，此时朝廷中，太皇太后张氏于两年前已去世，三杨也先后淡出政治舞台，朝中历经数朝的股肱之臣少之又少，胡濙的退休要求没有得到皇上的准许。

正统十四年（1449年），也先率兵进犯，英宗年轻气盛，在宦官王振的唆使下，草率决定亲征，在亲征途中又未能采纳大臣的建议而听信于王振，致使明军被也先兵围于土木堡。土木堡地势高而无水，明军全军覆灭，英宗被俘。亲征失败的消息传到北京，文武百官相聚号啕大哭。随后，群臣集会商议，讨论作战和防守的方略，侍讲徐珵提出迁都南京，胡濙不赞同，并说："文皇帝（朱棣）把陵墓定葬于北京，就是向子孙们表示把都城定于北京的永久之计。"兵部侍郎于谦也指出："京师是天下的根本，放弃京师，人心就会涣散的。北宋南渡的结局，就是前车之鉴。"胡濙与于谦固守北京的建议得到了其他一些大臣的赞同，为防守北京统一了心志，"（胡濙）与于谦合，中外始有固志"[79]。最后，在君臣军民的共同努力下，抵御了也先的进攻，取得了北京保卫战的胜利。

英宗被俘，受命留守北京的英宗亲弟朱祁钰即位，称景帝，年号景泰（1450~1456年）。景帝即位后，胡濙又一次得到升迁，进为太子太傅。虽然胡濙官职有加，不变的是他为人的宽厚，不论是在君臣之间还是同僚之间都如此。英宗还被禁于北时，杨善出使也先，胡濙上言应附带些衣服和食物给上皇，没有得到答应。在迎接朝见英宗的礼仪上，景帝与大臣又产生了矛盾。作为礼部尚书的胡濙既要考虑到皇室的宗亲礼仪和大臣的意见，又要顾及景帝的想法，提出了一套可行的方案，绝大部分得到景帝的同意。礼部给事中刘福等人上书认为迎礼太薄，触怒了景帝，景帝说："刘福等人只顾说礼仪太薄，他们的意思是什么？有何居心？礼部要仔细调查。"胡濙赶紧出来为他们解围说："皇上，这些大臣没有别的意思，他们考虑的只是想让皇上兄弟间更显亲近些而已。"最终还是英宗在几封书信中称自愿迎奉从简才缓解了局面。见面时，仿唐朝天宝之乱后玄宗、肃宗禅让之礼，英宗与景帝之间禅让。随后英宗幽居南宫，在第二年元旦及英宗的万寿节（生日），胡濙先后两次上书希望群臣百官能到延安门拜贺英宗，未能得到批准。景泰三年，景帝废英宗长子朱见濬为沂王，册立自己的儿子朱见济为太子，给大臣们加官加俸，任事的文臣中就以王直与胡濙权力最重、威望最尊了。胡濙、王直晋为太子太师。

1457年正月十七日，副都御史徐有贞、武清侯石亨、太监曹吉祥等趁景帝病重之际发动政变，拥立英宗复辟，史称"夺门之变"或"南宫复辟"。英宗改年号为天顺（1457～1464年），意指顺天之意再为皇帝。此时的胡濙八十有二，年高体弱，身体有病，又一次请求退休。英宗许可胡濙退休，并"赐玺书、白金、楮币、袭衣"等；同时还派官员护送其回家；因其功德，有一子得到朝廷授予的官职。

（三）多栽桃李少种棘

胡濙一生为官历经六朝，近60余年，在这半个多世纪的官宦生涯中，他待人做事都以仁厚为先，朝廷上下都称其好德，"中外称耆德"。他的厚德给家人也带来了平安福禄，父母及祖父母都得到诰封。宣德二年，胡濙祖胡原祥被追封为尚书，祖母被追封为尚书夫人，父胡彦德被追封为尚书，母被追封为淑人。洪熙二年妻范氏被封为淑人。胡濙兄弟四人，他排行老二。退休后与三个兄弟在家安度晚年，这三个弟兄都70余岁，须眉皓白，他们燕聚一堂，因而称为"寿恺"，即寿乐之意。7年后，89岁的胡濙过世，朝廷追赠为太保，谥号"忠安"。他的著述有《卫生易简方》、《芝轩集》、《澹庵集》等。其中《卫生易简方》是胡濙任礼部侍郎时出使四方，留心医学20余年中，广泛收集各地民间单方、验方编成此书。书中分为诸风、诸寒、诸暑、诸湿等145类病证，共396方，主张方宜简易，多数方剂药仅一二味，且多为易得之品。本书还附有服药忌例22条及兽医单方47首。现存多种明、清刊本，建国后也曾出版过。

胡濙"历事六朝，垂六十年"，位高权重，荣耀身前死后，德披子孙家人，这在古代是不多见的。当有人向他请教为官之道时，他说的不是"忠君爱民"之类的堂皇言论，而是将自己的心得和盘托出，据沈周《客座新闻·胡忠安公格言》所载，胡濙所讲的心得是"多栽桃李，少种荆棘"。胡濙的这句格言，确实浓缩了他丰富的居官经验。从建文二年（1400年）考中进士，到天顺元年（1457年）引退，胡濙在朝半个多世纪，先后侍奉过惠帝、成祖、仁宗、宣宗、英宗、景帝6位皇帝。在漫长的仕宦历程中，胡濙也碰到过几次政局骤变，如成祖起兵夺位、景帝临危登基、英宗夺门复辟，但每次他都平安过渡，甚至从中获益。除了因缘巧合外，恐怕与他对上"善承迎"，对下"喜怒不形于色"[80]，因而获得"耆德"的美誉大有关系。

从以下例子中，可以看出胡濙的处世方式。在景帝奉迎英宗回朝这一事上，千户龚遂荣给大学士高谷写了一封信，在信中说奉迎上皇（英宗）的礼仪要隆重，并具体说了唐肃宗迎玄宗的故事。高谷上朝时把信带给王直看，王直与胡濙想把这事告诉皇帝，被都御史王文所阻止。这件事被给事中（官职名）叶盛得知，同为给事中林聪就弹劾王直、胡濙、高谷等人，说：他们都是"股肱大臣"，有什么听闻应该上报，而不应在私下有所议论。后来，王文很讨厌林聪，找到林聪的一些罪状想杀了他，胡濙不肯署名，而又不想直接拒绝王文，于是称病多日不上朝。皇上就派人来看望胡濙，问患的是什么病，胡濙回答说："老臣实际上是没有病，只是听说有人要罪杀林聪，心里很担心而已。""聪由是得释。"从这可看出胡濙既救了人，让人从内心感激他，而又不使另一方产生反感，真可谓圆滑老道，同时也说明了他处理问题的能力高超，既解决了问题，又保全了双方。

胡濙在工作中,对清廉而又有能力的官员也极力提拔与荐举。况钟就得益于他的举荐。况钟,字伯律,江西靖安人,郎中官。宣德五年,明宣宗感到各地郡守大多不称职,又恰逢苏州等九府缺少知府,这九府都是重要难治之地,于是命令六部及都察院大臣推荐属下廉正有能力的官吏补各府的空缺。况钟得到尚书胡濙等人的举荐,升任苏州知府。在苏州,况钟为政细心而周到,他兴利除害,不遗余力;铲除豪强,扶植良善,民间将他奉若神明。胡濙不妒忌同僚,不与他人争名利,反而为他人美言。杨善,北京大兴人。为人机智,但没有真才实学,英宗复辟后,他执掌左军督府。尚书胡濙在英宗面前称赞杨善迎驾归国的功劳,于是英宗又晋升杨善为礼部尚书。

胡濙栽桃种李不忘宗族文化的建设,追根溯源,敬祖兴族,多次祭拜华林一世祖,倡议合修宗谱。永乐十五年(1417年)八月"余奉使,道经华林,访求宗属,得谱系之详,喜文献之不泯"[81]。于是亲率少长,敬诣九皋之傍南栎大安山祖垄,设奠拜扫,加培冢土。到耿氏夫人墓前奠祭,仪式隆重,祭文说:"大明御宇,启后光前;至濙愚鲁,才不逮古……子孝臣忠,无忝我祖,万世兴隆。"[82]胡濙的奉新之行,极大地提高了奉新华林胡氏家族的地位。在胡濙返乡之前,耿氏夫人墓地处于纠纷之中,族人疲于应付,胡濙的出现,使奉新地方官府极为重视,明断官司,布告乡里,亲作表率,永乐十五年(1417年)南昌府奉新县官吏专门颁发了胡氏祖山禁约,规定耿氏夫人墓地及其他祖地不受侵犯。

第二年胡濙又率合族远孙"祭告于始祖侍御史人徐国夫人耿氏墓前"[83]。明正统三年,在胡濙等人的倡议下,毗陵胡氏与华林胡氏在南昌合修总谱,胡濙写了序文,序文中无不流露出他敬祖亲宗的情感,他说今天的昌盛来源于祖上的荫德及祖宗忠孝勤俭好传统:"夫自吾始祖而下,积累之久,以至有今日之盛……为心修身,慎行战兢,自持为务,以绍隆先业而垂裕于后昆哉。若然,自今以往,愈久而愈贵盛,胡氏之昌,盖未艾也。"[84]他还请当朝的一些名臣硕儒为华林胡氏总谱写序,如杨士奇、杨溥、杨荣、王英、王直等。正统十三年(1448年)胡濙因忙于国事,特派弟胡安前来城公夫妇二墓前祭拜,奉新知县袁彰、县丞胡王已、主簿余镛、典史周友等也前来助祭于二墓下。

八、胡　雪　二

胡雪二,明代奉新人。在华林胡氏的族谱中未有记载(中国古代各族的谱系中,把他们认为犯了王法或有忤逆之人黜出谱外),可他却是个响当当的人物。他于正德五年(1510年)领导华林农民起义,行迹遍及周边数县,破府县、劫库狱,聚至数万人,声势浩大,震撼了明朝统治者,最后于正德七年失败了。他以自己的言行在当地书写了一段历史,影响着当地的人们,丰富了这一地区的文化。

(一)人祸天灾紧相逼

华林胡氏素以"诗书继世,忠厚传家"而著称,然而就在这历代备受朝廷恩宠的华林胡氏后代中,明朝中叶竟然出了一个公开与朝廷作对的胡雪二,他以另一种方式表现了其英雄的一面,组织并领导了轰轰烈烈的华林农民起义,在历史上留下的光辉是谁也抹不掉的，客观地、历史地追溯其起义的原因，是多方面的，有普遍的原因也有特殊的原因：

首先从大环境看，此时的明代，政治混乱，朝纲不振，国库空虚，土地兼并严重。明代从1368年建立至此已有100多年，社会经济得到不断的发展，经过"仁宣之治"，社会经济达到了空前的繁荣，随之而来的是生活的侈靡和土地兼并的逐步凸显，大量土地流向皇室勋贵、官僚地主手中。另外，自成祖朱棣以来，朱元璋制定的祖制受到破坏，宦官逐步受到重用，至英宗时王振专权，导致正统十四年（1449年）发生"土木堡之变"，几乎断送了大明江山，土木堡之败是明朝由盛而衰的分水岭。宦官专权与特务政治进一步结合，特务组织成为宦官专权的利器。汪直和梁芳是成化时期的两个宦官。汪直干预政治，控制西厂（皇帝的特务机关），他被皇上委派巡边时，负责边疆防务的巡抚都御史们往往出城二三百里迎接，"望尘跪伏"。梁芳则利用为皇宫采办宫中奢侈品的借口出京，在地方大肆搜刮，还利用宪宗对道教和佛教的迷信，修建宫观庙宇，从中贪污。有人说在梁芳的挥霍下，内库中前几朝累年积蓄下来的7窖金子都花光了。成化时期"传奉官"的开创，即皇帝不经吏部、不经选拔、廷推和部议等选官过程而直接任命官员，使一些才能、品德低下的人员进入文官队伍，腐败进一步严重。成化帝为皇庄设立的正名，从而使皇室搜刮土地的风气进入一个高潮，上行下效，皇帝既然带头兼并土地，藩王勋戚、宦官也纷纷请求皇帝赐给土地，于是有所谓的王田、官庄之说。据统计，到弘治十五年（1502年），全国官田的面积达到民田的1/7，土地兼并无疑激化了社会矛盾。

孝宗弘治十八年（1505年）16岁的朱厚照即位，即武宗皇帝，年号正德（1506～1521年），年少的武宗受宦官的唆使，不顾朝臣的极力反对而沉湎于玩乐。不留恋象征权力与地位的紫禁城，而喜欢自己营建的两个小天地——豹房和在宣府的镇国府，连日不上早朝，为后来的世宗、神宗的长期罢朝开了先河。朝纲混乱，国库空虚，土地兼并进一步加剧，进一步激化了社会矛盾。在京城附近的河北霸县就出现了刘六、刘七领导的农民起义。统治阶级这种巧取豪夺，对农民实行残酷的政治压迫和经济剥削，是导致农民起义的根本原因，也是华林农民起义的一般原因。

其次，华林农民起义，还有两个特殊的原因。

一是统治者偏见，使得本地区的农民承受更大的负担，赋税苛重。地主阶级对农民的经济剥削本来就很重，到了明朝，奉新、高安、靖安等县农民所受的经济剥削更是大大加重了，压得农民喘不过气来。元朝末年天下大乱时，南昌、瑞州和袁州三府归陈友谅占有，陈友谅为了同朱元璋争天下，将这些地方的田赋比宋、元时期增加了一倍左右。例如，瑞州府高安、上高、新昌（宜丰）三县的赋额，由宋元时的125 700多石，增加到225 300多石；南昌府包括义宁州长和南昌、奉新、靖安等一州七县，其中除武宁县没有增加外，其他州县都成倍地增加了，其原有赋额159 100多石，而官民米却增加到460 200多石；就奉新和高安二县来说，奉新县由原来的32 500多石，增加到53 000多石；高安由原来的57 300多石，增加到118 700多石。从田亩来看，以高安为例，当时一般没有加征的县都是每亩征粮五升或六七升，而高安隆庆二年（1568年）每亩却征收1斗7升。元朝垮台后，朱元璋建立了明朝，"因恶陈友谅"，上述三府加征的税粮没有减除，照样征收，因此，这三府各县的税粮比起全省其他府县就特别重了。广大农民辛苦劳作一年，仍食不果腹。据《高安县志》（同治版）载，明朝隆庆二年高安"每亩获稻不过二石"，而万历十九年只"岁收亩可一石一斗"。农民这点可怜的收成，除了"主佃各半"外，还有派船耗米、机兵民夫费用等种种苛捐杂税。官方的《减浮疏呈》也不得不承认："厥田下下，厥赋上上，盖江省之所未有者。"

二是连年的自然灾害，是起义的直接导火线。自正德元年至五年，奉新、高安、靖安等一带自然灾害连年不断，人民生活处在水深火热之中。同治年间编的《高安县志》记载得很清楚："正德元年夏旱，秋七月大水山崩，漂没庐舍，禾未刈者，立而生秧。……三年春，民饥。秋七月，竹生花结果，春之可以炊食，是年大旱。……四年秋，地震。五年，民大饥。"同样，同治年间编的《靖安县志》及《奉新县志》都有此灾情的记载："正德元年大旱。五年民大饥，遂起为盗，有玛瑙岩之变。"《奉新县志》（同治版）："正德五年，奉新大饥。"

繁重的赋税和连年的自然灾害，迫使奉新、高安、靖安三县民不聊生，广大农民无法生存，才走上了官逼民反、聚啸山林的道路。

（二）振臂高呼聚华林

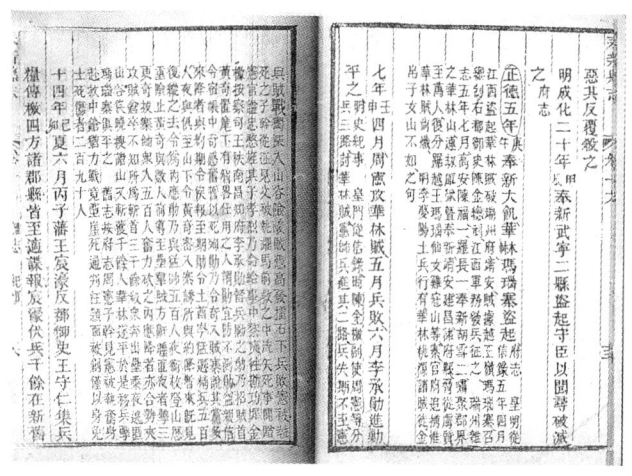

图4.17　同治《奉新县志》记载胡雪二起义之事

明朝弘治、正德年间，全国各地农民起义烽烟四起。正德五年（1510年）四月，奉新的胡雪二振臂高呼，举起农民起义的旗帜，在奉新的华林山、越王山和靖安的玛瑙岩结寨，抗粮抗租，劫富济贫，反抗明王朝的统治（图4.17）。这年的七月，高安的罗长一、陈福一又举义旗"啸聚华林"。由于起义的目标一致，这两支义军很快结合到一起，形成以胡雪二、陈福一、罗长一为首的，以华林山为主要根据地的声势浩大的华林农民起义军。奉新、高安、靖安等县农民云集响应，仅几个月，起义军的队伍由开始的几百人就发展到5万多人。

为了更好地争取群众，起义军在斗争中注意使用策略，对一向作恶多端的恶霸豪强，无论亲疏，坚决打击。高安宣政乡地主邹基美，凭借邹家姓大人多、自己有一身好武艺，欺骗拉拢一些人同义军对抗。义军在掌握这些情况后，派人仔细侦察，打听清楚了他的下落，乘隙奇袭，将其抓获并处决了。天德乡生员姚一桂，他积极协助知府邝璠进剿为军。起义军将他捕获处决了，就是胡雪二的亲舅也是义军的打击对象。起义军有仇必报、有恩必偿，对那些有利于地方、同情百姓的巨家大族，则保护之。距靖安玛瑙岩不远的北庄陈姓，累世以来，敦善行、乐施舍、修桥、办学，不吝资财，遇到荒年民饥，常散发衣物，出谷赈济。胡雪二找来一块白布，写上"积善人家不准丝毫妄动"10个大字，用竹竿套上，插在陈姓祠堂门前，义军路过其地，互相告诫，秋毫无犯。

正德六年（1511年）四月，义军攻陷瑞州府，首战告捷。五月再攻，又凯旋而归。六月攻临江，旗开得胜。《临江府志》（康熙版）卷九载："贼入城，白昼磔人于市，未闻有断贼一指者。"七月，又先后攻下了新喻、分宜、上高等县城。起义军所到之处，官兵望风披靡，所向无敌。只经过几个月时间，包括奉新、靖安、建昌（今永修）在内的周围10多个府县，都被起义军攻陷。义军的声势让周边县府官兵吓得要命。义宁州（今修水），义军没去进攻，当华林军进攻瑞州城时，义宁州守牛鸾就作了相应的准备，派周季珊统兵3000余人守茅竹山（奉新、修水两县交界山），朝夕设备，几一年余。

华林农民起义军攻城掠寨，声势浩大，让明王朝闻风丧胆，当时"四方告急无虚日"，明武宗朱厚照慌了手脚，派右都御史陈金等到来江西督师征讨。正德七年（1512年）四月，江西提刑按察使司副按察使周宪奉命率大军前来华林进剿。官军凭借武器的优势，先攻下了仙女、越王、鸡公三个副寨，义军死伤千余人。周宪妄图一口把义军全部吃掉，在陈金的指使下，于同年五月分兵三路向华林主寨进攻。胡雪二洞悉周宪的行军方略，决定诱敌深入、各个击破，于是放出风声，说义军已经弹尽粮绝，惶恐万分，同时又作好作战准备，严阵以待。周宪急于邀功请赏，当其他两路官军尚未到达时，自率一路人马，孤军向华林寨进军。当周宪进入深山狭谷时，早已埋伏好了的义军从天而降，他们"凭高发擂石下如雨"[85]，杀声四起，震撼山谷。周宪知道中计了，急命官军后撤，但义军已截断谷口，在义军的奋勇拼杀下，官军死伤惨重，周宪也被义军头目丁大全俘虏，成为义军的祭祀品。周宪的儿子周干原是随军来保他父亲驾的，见父亲被执，前来抢救，但当他刚从岩壁上爬下时，义军万箭齐发，他从岩石上摔下一命呜呼。这次战斗，官兵"死伤者二百九十人"[86]，义军大获全胜，华林军"势复振"，气更旺。

明王朝一方面对周宪父子进行旌表追赠，另一方面又即时命令南昌知府李承勋会同按察使王秩，再次率军进剿华林军，并从广西田州调来了一些训练有素的土族兵（号称"狼兵"）前来助战。李承勋，字立卿，湖北嘉鱼人，弘治六年（1493年）进士，《明史》对其有较高的评价：是一个有才华、有能力，且操守品德都好的官员，"有操执，为政不苛。……沉毅有大略。……承勋官四十年，家无余资"。面对这样一个有经验且老谋深算的对手，华林军真正遇上了劲敌。李承勋与王秩率军来到华林山麓安营扎寨。他不急于进攻，首先单骑入营，收编周宪残部，壮大自己的力量，在华林山各要隘布下重兵，将华林寨团团围住；其次是暗使离间计，搞策反活动。华林军小头目黄奇（《明史》为王奇，《奉新县志》为黄奇）是个动摇分子，李承勋把他弄到手后百般笼络，并留他在自己营帐中交臂同宿。黄奇被李承勋的假仁假义感动了，甘心做了起义军的叛徒，愿为李承勋效命。李承勋和王秩潜入起义军大本营策反部分动摇分子作内应，他们经过了一段时间的阴谋后，确定了里应外合的时间。

在经过相当长一段时间的准备后，某日二更时分，李承勋开始进攻华林军，各路兵马部署停当后，命令土族兵酋长岑猛选精兵五百，在黄奇的带领下诡谲地进入华林山，约至三更时分，才摸到了义军大本营所在地。义军在胜了周宪一仗后滋长了些骄气，又受李承勋围而不攻策略的蒙蔽而放松了应有的警惕，再加上连日来的紧张劳累，时值三更，正是酣睡的好时刻。官军和叛徒正是抓住了义军的这些弱点，趁隙向义军进攻。他们摸索到寨栅时，不见放哨的，只听得鼾声一片，于是拔寨入内，以锣响三声为号，冲杀进去，内应者早有准备，一闻锣声，跃然而起，内外配合，大打出手。义军从梦中惊醒过来，仓促应战，死伤惨重，被“斩首三千余级”[87]。虽然在格斗中有大部分义军乘夜冲了出去，潜伏在岩洞深林之中，准备重整旗鼓，同敌人决一死战，但次日拂晓，官军乘势搜山，又被“斩获千余人”（图 4.18）。

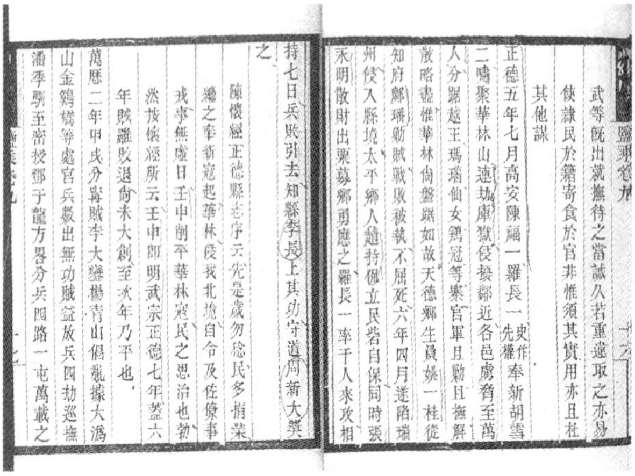
武等既出就撫待之當誠久若重違取之亦易
使隸民於籍寄食於官非惟須其實用亦且杜
其他謀
正德五年七月高安陳福一羅長一（史作先權）奉新胡雪
二嘯聚華林山連劫庫獄侵擾鄰近各邑虜脅至萬
人分踞越王瑪瑙仙女鷄冠等寨官軍且剿且撫解
散略盡惟華林尙盤踞如故天德鄉生員姚一桂從
知府鄭瓛勦賊戰敗被執不屈死六年四月遂陷瑞
州侵入縣境太平鄉人趙持佩立民砦自保同時張
永明散財出粟募鄉勇應之羅長一率千人來攻相
持七日兵敗引去知縣李長上其功守道周斯大奬
之
陳懷經正德縣志序云先是歲勿稔民多揭桀
竊之奉新寇起華林侵我北境自令及佐僚事
戎事無虛日王中創平華林寇民之思治也勃
然按懷經所云王中即明武宗正德七年盡六
年賊雖敗退尙未大創至次年乃平也
萬歷二年甲戌分宜賊李大鑾據青山倡亂據大鴻
山金鷄嶺等處官兵數出無功賊益放兵四劫巡撫
潘季馴至密授鄧子龍方畧分兵四路一屯萬載之

图 4.18　《盐乘》记载胡雪二起义之事

义军在华林寨的主力被镇压下去了，胡雪二被迫放弃华林寨，退守玛瑙寨。正德八年（1513 年）二月二十九日，官军对玛瑙寨发动了更大规模的进攻，义军虽然厉兵秣马，同官军奋力拼搏，但终因寡不敌众，最后失败。

（三）缺纲力单不逢时

历时 4 年、席卷 10 个州县的轰轰烈烈的华林农民起义像历代的农民起义一样，被统治阶级扼杀了。起义的三位首领先后牺牲，罗长一、陈福一在华林死于同敌人的搏斗之中，胡雪二也于正德八年二月二十九日在玛瑙寨与官军的血战中被捕，英勇就义。华林农民起义失败的原因是多方面的。

首先，它缺少一个纲领。没有纲领就没有目标，也不可能有紧密的组织及阶段性的发展方向和步骤。没有很好地发动群众，没有让农民看到他们的希望所在，因而不能吸引广大农民自觉自愿地参加到起义队伍中。其次是核心组织不严密也不完备，没有一个较好的智囊班子。没有完备的组织也就缺少了责任的划分与负责人。例如，打败了周宪，滋长了些骄气而没有做好相应的疏理与引导；对李承勋围而不攻的策略缺少应有的认识和警惕；对内部人员没有较好地沟通了解，对未知事件的预防不够等。再次是没有很好地巩固战斗成果，建立相应的根据地。他们以华林山为基地，向周边攻城掠寨，在攻下的城池中未建立政权组织机构以巩固作战成果，使之成为华林外围的一道防护屏。最后是有“生不逢时”之感，即华林起义举事不逢时。正德年间，社会矛盾比较激化，各地起义此起彼伏，但未出现全国性大的起义事件，没有形成彼此间的相互支持和牵制的作用，整个社会仍然完全在明朝政府的掌控之中，许多事情还在半萌芽状态就被消灭了，这是起义失败的重要原因。

华林农民起义虽然失败了，但其烈火余烬持续了 10 年之久。《江西通志》载，正德十四年宁王朱宸濠反叛，曾派人往玛瑙寨与义军残部联络，可见当时其还有影响。嘉靖版的《奉新县志序》中说得更明白：华林农民起义"啸聚剽掠十余年始散，民风至是一大变矣"。人们不再逆来顺受，为了生存与希望，那种反剥削、反压迫的抗争的火种在人们心中燃烧。至今，当地的百姓中仍传诵着义军的许多感人故事。其中义军首领胡雪二的"草鞋退兵"、"掩面斩老庚"等故事被人们广泛传诵。宝峰寺中的一对铁瓶也传与胡雪二有关。传说胡雪二手下有个姓何的士兵，听说宝峰寺的马祖塔下埋的都是金银财宝，就暗中串通了几个贪财之人，趁着胡雪二应高安农民起义领袖陈福一的邀请外出时，深夜潜入寺内，想毁马祖塔盗取金银财宝。他们举起铁锤砸下去，只听"轰"的一声巨响，塔内冒出一团炽热的火焰，几人的眼睛全被烧瞎了。消息传开，众皆议论纷纷。胡雪二首领得知详情，惶恐不安，急忙携带香烛，还铸了一对大铁瓶亲自到宝峰寺焚香赔礼。从此以后，这对大铁瓶就一直放在大殿两侧，成了寺内一大景观。流传于当地的关于胡雪二本人的故事也增添了不少传奇色彩：他个子魁梧，力可扛鼎，能吃会跑，善飞檐走壁，左右胁下夹个小箩盘，像鸟的翅膀，能腾空而起，经常往来于华林与玛瑙之间。这流露出老百姓的一种良好愿望，希望英雄永生不死。

现今华林山巅有块面积为四五亩的较为平坦之地，有露出土面的屋基石，据说，这就是当年起义军的跑马场，也是华林寨的大本营。旁边，有处置被俘官军的斩将石，以及义军起义失败后人为纪念他们将他们合葬的万人坑，也有明朝廷为被义军活捉后处死的督军周宪所立的碑。靖安的玛瑙岩上，当年华林军的头寨、二寨、三寨的营盘也依稀可见。

九、胡　立　勋

胡立勋（1753～1857年），号建亭，高安杉林人，为华林城公第二十九代孙。兄弟五人，他最小。他年少失父，遂弃儒从商，与数兄在汉口经商，不出十数年，家业颇丰。善行隐德，人皆称颂；延师课子，捐资援官，隆极一时。

（一）家窘弃儒而经商

胡立勋小时家境并不很富裕，但他家在当地还是很有影响的，这是其父祖们乐善好施、秉公立事形成的威德。其祖胡举礼，敕赠儒林郎，在本地有一定的社会影响力，热心于公众事务，在他的倡议下修葺宗祠庙宇以敬祖祭神，在路旁建风雨亭为行走在路途中突遇风雨的人们提供蔽风挡雨之所，秋夏则于亭中施茶以解路人之渴，他就是这样一个"怜人之乏，济人之急"[88]的人。胡立勋的父亲胡攀登也是一个大方之人，"乡邻有急，解囊赠之；戚族有争，捐金息之"[89]。而自家并不富裕，居家都"节俭自持"。胡举礼生下立勋五兄弟，对他们寄予了厚望，希望他们能读书走举子路，即读书考中举人、进士而做官。这些孩子也没有辜负父亲的期望，一个个就师读书，"辄成诵"。然天不借人以时，处于壮年时的胡举礼过早去世，此时胡立勋还很小，"幼而失怙"[90]（图4.19）。

为了生活，能让小弟们继续读书，五兄弟中的老大胡大勋与老二胡国勋"客于楚"[91]，"列肆于汉"，他们开始在汉口从事的是小手艺活计，因工艺精湛，生意不错，为时人称道，"至今楚汉经商与桑梓往来者，啧啧称道之"[92]。遗憾的是老大年青寿短，

图4.19 华林胡氏奉新民居一角

35岁客逝于他乡，胡国勋把大哥送回家乡安葬后，安排老三胡集勋在家照顾母亲等老人及小孩，自己则带领老四胡克勋、老五胡立勋继续到汉口做生意。胡国勋年青时书读得不少，游览过的地方也较多，遍游湖湘各地，并把各地的见闻记录下来，这些见闻录为其儿侄辈的外出带来了诸多的方便，"尝自年少时，越荆湘，渡洞庭，危险百出，不可名状。……又自出笔记山川胜迹脞（脞 cuǒ，细仔的意思）录，一目了然，犹身历之。后子若侄往来江湖，故履险如平地焉"[93]。重要的是他的阅历使他处难不乱，在家庭遭受到多重变故时能肩负全家重任，带领几个小弟谋生创业。他在创业初期时也备尝艰苦，经过七八年的努力，于乾隆己亥（1779年即乾四十四年）在汉镇开设了"万顺"商号。几兄弟同心协力，内外经营，不出几年"家业渐底饶裕"[94]，随着家业的不断壮大，几兄弟继承了父祖辈的仁德之心：广为散财济世、助危救难、修桥拓路等善举，为世人称道。老五胡立勋，在万顺商号经营顺利的情形下，把工作重点从经商转到孝亲教子的传统世道上来了，从汉口回到了家乡。

（二）事亲教子求功名

胡立勋回家后，与在家的兄弟们共同致力于家乡的建设，孝善敦行，率自为先，居家和敬，数十年如一日，其孝友闻名于乡里。因父亲死得早，母亲含辛茹苦地支撑这个家，把他们抚养成人，兄弟几个把母亲的辛苦记在心里，当他们的生活状况得到改善时就回头来善事母亲。立勋在侍候母亲期间，尽量满足母亲的心愿，母亲生病了，自己端汤侍药，以至"衣不解带者数月"，及至其母去世时，他也"柴殷骨立"[95]。胡立勋对待长辈孝顺，对晚辈的成长也甚为关心。他与留守于家的三哥胡集勋在离家不远的山坳中构建家塾，取名叫"染稻轩"，其"义盖有取于染工修质，稻孙嘉种之意"。也就是说，通过这私塾的熏染教导后，子孙们就像是好的种子会结出丰硕的成果一样，个个都会有出息。他们不吝费用，聘请名师讲学，如当时奉新有名的王孝廉和章明经二宿老都聘讲于此。子侄们一个个也都学有所成，"诸犹子，泮壁林立"，或例贡生，或学列明经，职居司马参军，或荐举，积学训导，或候选布政司经历等。

胡立勋家族以商而富，不吝以家财周济乡邻，积极参与族中乡村事务。首要的是筹荒有策。荒政（即预防和处理灾荒之政），中国古代历朝都把它作为民间第一要事，因而有设立社仓之法。清朝中后期弊政较多，社仓之法不行，乡里稍微遇到饥馑，大多饿殍。于是乡村中的有识之士、缙绅们承担了这一重任，他们以自己的见识和能力管理乡村、筹措诸事。他于丰年储米粟若干，遇到灾荒计口以给。嘉庆七年（1802年），高安遇到灾荒，人们受灾严重，无以为生，胡立勋兄弟开仓以济，"全活者不下数千人"[96]。凡乡邻有急，常周济给之。

行商而富，富而举善，为人称道，然而总是缺少应有的社会地位，于是富人多与政治联姻，捐财纳官，取得一官半职或仅仅是个名誉。中国古代以农为本，以商为末，把职业分为士、农、工、商四类。最高等的当然是做官的士大夫；经商能致富，但缺少社会地位，所以许多商人在发财后，以财纳官，以取得一定的社会地位。胡立勋兄弟五人，年少家贫，弃儒经商，没能以儒仕进，故其对下辈的教育极为关心，延请名师，以期他们能走科举仕进之路。同时，兄弟五人也以种种方式取得功名：老大胡大勋及老二胡国勋都是将仕郎，老三胡集勋及老五胡立勋被赠朝议大夫，老四胡克勋诰封奉直大夫。

（三）商兴善举他乡地

汉口"万顺"号商行是胡立勋家族所开的，胡立勋在老家居住的十数年间，"万顺"商号的业务主要由其二哥胡国勋料理，二哥年老归居老家，这样胡立勋又带领子侄们于汉口经商。他着力培养年青人，把主要事务都交由他们去处理。正当事业蓬勃发展时，一场意外火灾将其商店毁于一旦，嘉庆十五年（1810年），"汉市灾，公店货悉毁"[97]。碰上这事，怎不叫人心痛！在大家都为之忧愁时，胡立勋安慰大家说："毁就毁了吧，就当是天意，顺受吧。"他带领大家重新振作，不出数年，生意不但恢复了，且比以前有所扩大。随着生意的发展、他的善心使然，胡立勋疏财仗义毫不吝施。有一河南客商，全家侨居于汉口，与胡立勋较熟悉，胡立勋曾借给他"数千金"做生意，此客商依此而致富，然而遭遇了一场火灾，资产全毁，家中老少无以为生，并打算把子女卖给他人，胡立勋知道后，赶紧前往慰藉，把当初的借据取出烧了，不但不要他偿还，还赠送了大量的钱财，使这河南客商一家得以回到家乡。

他还捐巨资修复汉口万寿宫。在古代，有江西人聚集的地方就有万寿宫。明清时期，江西经济发达，经营瓷器、茶叶、大米、木材和丝绸的赣籍商人行走全国，并在全国其他地方都修建了万寿宫，万寿宫也成为外地江西同乡的"江西会馆"，故亦称江西庙、江西同乡会馆、豫章会馆等。汉口万寿宫建于清康熙末年，同治年间编写的《夏口县志》说："万寿宫，清康熙年间，由江面西南昌、临川、吉安、瑞、抚州、建昌六师各商号集资建成。"正大殿祀奉许真君（即许逊，晋代道士），是当时武汉首屈一指的宫殿式建筑。由于年久失修，万寿宫已斑驳陆离，维修工程浩大，费用巨繁。开始由胡立勋的四哥胡克勋出五百金率先倡议，汉地赣商纷纷响应，但所募集到的资金与所需要的费用还相差较大，尚有"费用累万资不给"，在这巨大的资金缺口面前，胡立勋又捐出了大多数，这样才使工程得以竣工。

他修桥补路等行善义举很多。例如，汉口有一大型码头以及打扣巷的小码头，因年久失修，部分地区已坍塌，严重影响了人货通行及航运的安全，胡立勋就出资购石、请人将坍塌的地方修砌平整。在汉口经商的几十年间，凡是有因公私往来而囊中羞涩者，只要找到胡立勋，都将得到他的帮助，无人不称意而去。至于遇到贫困之人，胡立勋则以财物赈济，让他们能渡过一时难关；要是碰上一时遇到困境之人，胡立勋就给予财物借贷，以解燃眉之急。凡此种种德行好施行为举不胜举，他只用心做而不求人知，是故"汉之人咸称颂勿衰，乃知公之德于此"[98]。

(四) 子孙倡达皆商儒

胡立勋兄弟几人因商而富，富而善行，仁德至福，惠及子孙（图4.20）。子孙瓜瓞绵延，森森玉立，不说其他兄弟，光胡立勋就有三子、八孙、十五曾孙、三元孙。三子是：长献朝，候选布政司经历；次焕朝，太学生，赠文林郎；三如玉，太学生，敕赠修职郎。八孙是：长照离，邑优增生；次秉纯，太学生，敕封文林郎；三照奎，拔贡生，候选教谕军功六品；四照旭，庠生；五照书，郡优增生；六照昕，附贡生，候选训导；七八照枢、照荃，俱业儒。从这里我们可以看出：这些子孙虽然读书，有些还敕赠有一些封号，但多数还是经商，以商而立，商儒互掺。

胡立勋几兄弟因生活艰苦而经商，致富后又督导子孙认真学习，希望他们走儒业仕进之道，以提升家族的社会地位。他们因商而儒，然后成为儒商，这是我国封建社会后期商儒互掺发展的一种模式，具有一定的代表性。

图4.20　华林胡氏奉新民居透雕花卉石窗

十、胡　献　雅

胡献雅（1902～1996年），字正民，江西省南昌人，为华林胡氏城公三十五世孙，1925年毕业于上海美术专科学校。曾任立风艺术专科学校（简称立风艺专）校长、教授。新中国成立后，历任景德镇陶瓷学院教授。曾担任江西省第一届至第四届政协委员、江西省第五届人大常委、中国美术家协会理事、江西省美术家协会主席、江西省画院名誉院长、江西省文史研究馆名誉馆长等职务，是我国著名的国画家和美术教育家。擅长花鸟、山水、草书。有《胡献雅画集》、《胡献雅画选》。

(一) 年青志筹　才华展露

胡献雅，1902年农历十月初十生于南昌县胡惠元村，是辛亥革命老人、著名爱国民主人士胡廷銮的次子。他自幼颖慧，酷爱诗文书画，初涉文坛，诗词就为家乡耆宿俊彦所推重，尤其钟情中国画艺术。个人的天赋，加上深厚家学的滋养，使他的艺术才华很早就得到充分发展。家乡丰厚的人文积淀更给了他独特的艺术感悟。1922年，胡献雅毕业于江西省立二中。1923年，他以优异成绩考入刘海粟创办的中国第一所高等美术学府——上海美术专科学校。在这所造就了许多驰名海内外的杰出画家的现代美术学校，胡献雅系统地掌握了现代美术理论，受到正规的美术训练，为其以后的国画创作奠定了扎实的基础。他的才华和勤勉，也深得刘海粟、潘天寿等先生的器重。毕业后，他来到上海、南京等地，以画会友，广结翰墨之缘，与潘天寿、徐悲鸿、张大千、傅抱石、张书等过从甚密，成为事业上的知己。在这样的特殊环境中，他耳濡目染，潜移默化，积学致远，终于跻身于大家行列，成为20世纪30年代早期中华全国美术协会第一届理事，赢来了硕果累累的丰收季节。

1932年，胡献雅在上海推出首次个人画展，一举成名。1933年胡献雅所作的大写意花卉《牡丹》被选送到加拿大万国博览会展出，荣获金奖。正值而立之年的胡献雅，以充沛的精力投入到书画艺术中，短短几年里，在沪宁两地连续6次成功举办个人书画展，这充分说明了他在艺术创作上的勤奋和创造力。他的大写意作品，笔墨奔放、潇洒而不失浑厚，自成一家，受到广泛好评。当时社会各界的知名人士，如于右任、何香凝、孙科、冯玉祥、胡适、茅盾等都纷纷前往参观胡献雅的书画展览，并热情订购画作，这无疑大大提高了他的社会知名度。在1934年的南京个人画展中，胡献雅的书画作品竟然销售一空，成为当时艺坛少见的盛事。除了从事书画创作，胡献雅还广泛参加各种艺术交流和进步社会活动。为推动中国美术事业的迅速繁荣和发展，他与张道藩等数十位知名艺术家和社会活动家联名发起成立全国美术协会，并当选为中华全国美术协会第一届理事（图版三，3）。

（二）支援抗战　艰苦办学

1937年，抗日战争爆发。7月，国共两党领导人在庐山举行抗战谈话会，为了助兴，胡献雅欣然在庐山举办大型个人画展，成为谈话会期间一道亮丽的人文景观，受到中外人士的欢迎。

1938年，胡献雅全家来到广西桂林，这里是抗日战争时期的大后方，汇聚了来自全国各地的著名学者和艺术界的精英，他积极参加救亡宣传，与这些流亡学者、艺术家共同声讨日寇暴行。1939年，胡献雅举家回到江西临时省会泰和县，他担任江西省各界民众抗敌后援会秘书长，为抗战奔走操劳；他还出任南昌旅泰同乡会会长，为大家仗义解难。作为江西省文运会美术研究会会长，胡献雅主持江西美术界抗日宣传与学术团体工作，利用自己的艺术才能和社会号召力，为抗日宣传作出贡献。为支援抗战，1940年9月，著名画家胡献雅及其女胡席珍在吉安商会举办义卖画展，将所得款捐赠前方将士添置寒衣。1940年和1941年，胡献雅先后在泰和和赣州举行个人义卖画展，社会各界踊跃参观，纷纷解囊购画，对胡献雅的义举给予大力支持，仅南洋华侨巨子陈嘉庚一人就订购了1000多块银元的画作。胡献雅将义卖所得捐献给前方浴血抗战将士，表达了一位艺术家的拳拳爱国之心。

即使在战乱的年代，从事着纷繁的社会工作，胡献雅也始终没有停止自己的艺术锤炼。避乱桂林期间，阳朔的奇山异水，大大丰富、滋养了他的泼墨山水艺术的内涵。就在这一时期，他成功地在桂林举办了个人画展。多年以后，胡献雅曾以《忆写漓江》七绝一首表达了自己对漓江山水的深深怀念之情：

　　不到天南四十年，漓江景色梦魂牵。

　　卧游放笔追心印，带水螺山落眼前。

战争带给人们的巨大灾难也深深地刺激着艺术家的心灵，他的这一时期的画作上，不时出现有"醉后"字样的题款。以花鸟、山水见长的胡献雅，这一时期画出了《历尽人间劫》这样的直面现实的力作和《风吼马啸》这样场面宏阔、壮怀激越的奔马图。

为推动赣地书画艺术的复兴，胡献雅于1943年在泰和创立了立风艺术专科学校，自任校长和国画教授，并担任主要课程的教学。在抗日战争的艰苦岁月里，胡献雅白手起家，倾其家资，募集捐款，克服了重重困难，表现了巨大的创业勇气。他曾作诗记述立风艺专草创时的实况：

> 挑砖运石不辞艰，蔀屋新成八九间。
> 菜地并花园尽利，课堂兼膳屋无闲。
> 亦知安拙非时当，且觉崇居异世艰。
> 学行一堂相砥砺，相期大德不逾闲。

在十分困难的办学条件下，立风艺专注重办学质量，延聘了梁邦楚、康庄、燕鸣、胡华国、余塞、齐宪模、胡江非、张孟纶、余心乐等一批书画名家和文史名师任教，先后培养了300余名美术高级人才，填补了江西美术高等教育的空白。

胡献雅倡导"以德育人，德才兼备"的教育思想，不拘一格发现和培养人才。当时立风艺专有一名校工叫吴振邦，他酷爱绘画艺术，经常爬窗上梯听胡献雅上课。胡献雅发现后，请他进教室，并在黑板上即兴画了一匹奔马，要吴振邦临摹。当看到吴振邦用笔墨勾勒的《奔马图》时，胡献雅高兴地认定他是"可造之才"，于是免其学杂费，供其寝食，使吴振邦这位穷人家的"崽俚仔"迈进了神圣的艺术殿堂，最终成为一位知名画家。

1943年，在创办立风艺专的同年，胡献雅受聘为国立中正大学名誉教授。为庆祝中美和中英平等新约的签订，他受教育部之命，创作大幅《雄鹰》、《红梅》国画各一幅，并由中正大学校长胡先骕题签，由外交部赠予美国总统罗斯福及英国首相丘吉尔。当时国内曾放映在伦敦赠画盛况的电影纪录片。《红梅》现被珍藏于大英博物馆内。1945年抗战胜利后，立风艺专由泰和迁到南昌。1946年，胡献雅在南京举办规模盛大的个人画展，为立风艺专筹集资金。当时正值抗战结束，国民政府刚从重庆迁回南京，胡献雅个人画展是抗战胜利后南京出现的第一个个人画展，有力地支持和推动了战后文化重建和书画艺术的复兴。

（三）热爱祖国　艺称中外

1948年，全国解放形势发展迅速，知识界高层有些动荡，但胡献雅回绝了要他"走出去"的劝说，执意留下来。新中国成立后，47岁的胡献雅风华正茂，他以旺盛的精力从事书画创作，创作了大量既有时代气息又继承传统技法的优秀作品。1949年后，他的作品多次入选全国及江西省美术作品展览。1955年以后，胡献雅先生参加筹建江西景德镇陶瓷学院，并一直担任该院国画教授。在长期的教学中，他始终强调画理画论的研习与万里写实践履的关系，强调人品与艺品的关系，强调继承与创新的关系，并总结出勤学苦练、循序致精、丰富画外修养、虚心请教的绘画"四要素"。他以自己深厚的艺术修养和丰富的教学经验培养了一批批优秀学生，深受学生敬重和爱戴。

1960年江西省以胡献雅先生为领衔人物,参加北京人民大会堂江西厅的布置,他绘制的《雄鹰》、《荷鸟》等数幅国画及书画屏风三套,为江西厅争得了一等厅的荣誉,并受到嘉奖(图4.21)。

他于1957年与1980年先后两次在南昌举办过个人画展。1982年《纽约华侨时报》连续三次刊登胡献雅先生画作,并撰文评述"胡献雅大师是中国老一辈国画家中的佼佼者"。1984年5月,胡献雅书画作品在北京展出,主要作品有《奋起》、《紫藤燕子》、《红墨》、《墨荷》、《忆写漓江》、《风雨含鄱口》、《鱼乐》等。著名评论家蔡若虹看完展览后,深情地拉着胡献雅的学生孙宪的手说:你要好好照顾胡老,他是我们的国宝。1988年应日中友好协会邀请,经中华人民共和国文化部批准,胡献雅先生在日本奈良市举办画展,日本美术界盛赞"胡献雅是中国画坛巨匠,'当代八大山人'"。

图4.21　胡献雅松鹰图

1996年,胡献雅以95岁高龄在景德镇逝世。临终前,他把自己的69件精品佳作无偿捐献给景德镇陶瓷学院,地方政府在陶瓷学院建立了胡献雅书画作品陈列厅,长期陈列其书画作品供后人观摩学习,并出版有《胡献雅画集》等。

(四) 汲古凝今　彰显自我

作为中国老一辈书画家中佼佼者的胡献雅先生。他的书法和国画渊茂深邃,迥异侪辈。他的书法雄健朴厚,气贯韵连,自成面目。他推崇王羲之、颜真卿、怀素的书法品质和格调。王羲之的《兰亭序》、《十七贴》的神化莫测的境界,激发起他潜移默化的心灵感应;颜真卿的《麻姑仙坛记》、《祭侄文稿》的浑厚强劲的风神,贴合了他遒劲郁勃的气质灵感;怀素的《自叙帖》、《苦笋帖》的飞动圆转的变化,启发了他挥洒自如、内敛超逸的运笔态势,加上碑碣铭石、云峰残石的手扪心领,使他的书法自然流露出独自的线条和韵律。例如,他所书写的《重阳有感》行草27字,气融笔辣,首尾相应,不粘不脱,笔法精到。如枯藤盘曲,似古柏虬交,疾势如风雨而骤至,涩势似金鼎而凝重。露锋与藏锋,连笔与断笔,提与按,中锋与侧锋以及逆与顺,快与慢,起与收都讲究势方韵圆的法度。作品神完气足,既具无拘无滞之风度,又显高山坠石之力量,无造作扭捏之嫌,整篇气息纵逸潇洒,展示出作者磊磊落落、侃侃大度的精神风采。滕王阁、黄鹤楼、西安碑林、长江三峡等地都留下了他的书法碑刻。

而他的国画艺术的最大特点是寓繁于简、寓实于虚,平淡中返璞归真,形成了雄浑简练的艺术风格。在长期的绘画艺术实践中,胡献雅注重继承传统,广泛吸收八大山人、徐渭、石涛、吴昌硕诸家之长,取精用弘,自出新意;无论是奇峰峻岭、暮云苍霭,还是花卉野禽、翠鸟鸣啭,都可以感觉到作者创作的饱满激情和妙悟通神的艺术境界。例如，他的《荷花长卷》水墨花鸟画，以荷叶田、荷蕾含放、荷杆穿插、翠鸟顾盼、野鸭小憩相组合，通过不同形状的墨块和不同层次的墨色渲染，以及动静对比、虚实对比、大小对比、黑白对比，表现出盛夏荷塘的美妙景致。这幅佳作与张大千的《荷花长卷》有异曲同工之妙。

胡献雅先生笔下的水墨梅、兰、竹、菊、牡丹、蔬果之类，亦都能在继承传统笔墨的同时，运用独自的造型语言，寄托自己的真情实感，形成一种全新的艺术面貌。

胡献雅还曾致力于将国画艺术与现代瓷绘相结合，他大胆地以大写意的国画技法用于陶瓷绘画，创造出一批艺术精品。雄健的笔墨、遒劲的书法，跃然陶瓷器皿之间。他着意于在彩绘艺术上有所创新，对陶瓷彩绘作了很深入的研究。因此，他画的红柿瓶、葡萄六角瓶、红梅盘、青花山水盘等，不仅笔墨生动，色彩鲜明，而且与器物造型结合得十分妥帖、巧妙。

坐落于南昌南郊的青云谱，据说是八大山人当年的隐居地。从青少年时代开始，胡献雅就喜欢到这座环境幽雅的道观，体悟前辈艺术大师的艺术真谛。1978年的一天，77岁的老画家再次来到这座已辟为"八大山人纪念馆"的院落时，当年那种奇妙的艺术感受仍在，他即席挥毫泼墨，完成了得意之作——《竹石鸡雏图》。这幅画汲取了八大山人笔墨精华，又跳出了八大山人的藩篱，形成自家面目，涉笔成趣，妙入化机，堪称花鸟画的杰作。

（五）赣水红土　殷殷乡情

被誉为"西江第一楼"的滕王阁是当年胡献雅经常去的地方。他喜欢登上高阁临江远眺，对景写生。尽管这座重修于清代同治年间的建筑，历经岁月沧桑，早已失去了昔日的风采，但在胡献雅心目中，它永远是家乡深厚人文传统的象征。一天清晨，胡献雅又一次登上高阁，凭栏望远，薄薄的晨雾刚刚散尽，远近景物在朝阳下是那样清新，临江柳荫浓郁，江渚桃花掩映，平静的江面点缀着数片白帆，三五只飞鸟轻掠而过。再远处，近郊的西山在一片烟云中若隐若现。这简直是一幅绝美的江南诗意图！胡献雅意兴昂然，对景挥毫，画成而逸兴未尽，自题五言绝句一首：

　　浦柳散轻烟，江桃灿朝日。
　　放笔写风光，西山云际出。

后来这座上下两层的清代建筑毁于战事。时过境迁，岁月流逝，但当年登临滕王阁情景仍是历历难忘，挥之不去。1978年，老画家作画"忆写昔日登滕王阁写生情景"，并将那首当年有感而发的五言题句重录其上。这不是一段仅属于个人的生命记忆，更体现了老画家对家乡人文传统的深深忆念。

"文化大革命"时期，他曾被下放到景德镇远郊江村。他白天劳动，晚上在山上草棚中驱赶野猪。但即使身处逆境，他仍然始终以豁达开朗的心态，一边劳动，一边勾勒画稿。田间的野花、溪中的游鱼、荷塘里的翠鸟、山坡上的杂树……他随处留意观察，心摹手追，大自然的一草一木，都使他流连忘返。

其水墨山水画《新吴秋意》却另有一番秋天的景致。奉新古称新吴，1928年胡献雅奉父命前往耿氏夫人墓前祭谒，并拍照以示纪念，在奉新县赤岸镇胡家村所藏民国谱中就有此照及文字说明。

民国纪元十七年戊辰，次儿献雅奉命出长新吴……始祖成公妣耿氏夫人之墓，距新吴县城八里许，为县属名胜，相传葬自司马头陀，为吾族发祥地，小儿献雅前往祭扫，旨将墓之全部形势分别摄成影片三幅，兹兹谨刻诸卷首，用资瞻仰。民国十九年庚午孟春，第三十四世孙廷銮谨识。

胡献雅把他对故乡的热爱之情融于画意之中。画中几叶残荷、残杆以及岸边的菊花、河边的芦苇、山上的竹子、空中的飞鸭，衬托出深秋的宁静，给江南山水平添了几分特有的韵致。

十一、幸　南　容

幸南容（746～819年），又名幸显，字惕微，高安华林乡洪城村人，贞元九年（793年）进士，历官太常寺卿、国子监祭酒兼太子宾客。公元814年，68岁的幸南容告老还乡，在洪城"筑书院以授业"，首建我国最早的书院之一——桂岩书院，讲学授徒，成为一位在我国历史上影响较大的唐代教育家。他死后，被唐宪宗封为渤海郡开国子文贞公。

（一）家学渊博以文名

据《通志·氏族略》记载：幸姓，望出南昌、雁门。幸氏一世祖——偃公，公元前1079年，武王之弟偃因镇守朔北雁门有功，武王之子周成王赐其叔偃为"幸"姓，故偃是幸氏的鼻祖，其子袭父职并传13代。镇守古沧州的幸氏缘何在江西高安华林山落地生根？据高安市洪城村幸南容的后代幸友金所藏的那本穿越时空的《幸氏宗史》记载：公元前625年，偃的十四世孙幸尚玑任楚国大夫，游历到此觉得此地山水灵隽。6年之后将死去的父亲葬在洪城村，因此定居在此，发脉于洪城。故而现在一般认为幸姓起源于江西南昌。唐朝总章年间（668～669年），世居江西高安幕山的幸南容的祖父幸茂宏迁居四川，然于万岁通天元年（696年），因其在南昌做官又迁返高安居住，"茂宏丞南昌，因家高安之洪城里"[99]，于是幸茂宏成为江南幸姓始祖。

幸氏家族显阀于时，柳宗元说幸南容为"南昌郡丞茂宏公曾孙，江南一时阀阅称显著以公家为最"。作为称显江南的望族，其田园之富，佃客之多可想而知。洪城就是一个大庄园，其间祠宇、古刹，依山临溪；瀑布、泉流，落涧穿谷，"凝溯大陂，石闸天成"，"溉田千顷，不假凿筑"。来往的宾客多为达官贵人，"桥爱车马往来频，雕鞍影衬长虹丽"，幸氏过着优裕的生活。幸南容少年时就显示出了过人的聪明，好像天生就是读书和与文字打交道的料。据说他在小不点的年纪，便可"日记数千言"，这是甚为了得的背书功夫，记性佳乃过去读书人的基本底子。年岁稍长，幸南容修学著文更是肯花力气，已在远近博得了一些文名。据《高安洪城幸氏宗谱》所载：柳宗元《唐故开国子祭酒文贞公墓志铭》称，柳宗元在给幸南容撰写的墓志铭中曾说："公居胶庠时，以能文著，宗元甫龄，闻公盛名，每致翘慕，比应京试，得接公颜，宇量汪汪，问学渊源，质之素闻，若合左券，倾盖之顷，即不忍释去，遂为故交，相与讲论不置。"由此可见，在中举之前，幸南容因为学问渊博，文章出名，曾在京都或地方的学校任教。

（二）经术治政严师道

德宗贞元九年（793年），幸南容与柳宗元同登穆寂榜进士，此时幸南容已47岁，比柳宗元大26岁。《刘宾客嘉话录》载幸南容、柳宗元等及第后曾题名大雁塔。幸南容与柳宗元、刘禹锡、李绛等同榜，一起结为"道义交"，"共励名节"。而幸南容尤与柳宗元关系密切。"君果联名穆寂，宗元亦获附骥，又与同年李绛、刘梦得四人相得益欢，自誓生死无相背负。"[100]

一中进士，就可以做官了，幸南容在官场上显示出了自己的政治才能，"以经术历事两朝，文事武备"。据《高安洪城幸氏宗谱》所载，崔群《唐开国子祭酒文贞公传》云，幸南容先守邯郸郡，后召为太常卿。他在邯郸做郡守期间，崔群评价他在那个岗位上"异政卓能，名播海内"，是干得很不错的。他后来又被朝廷召到京城出任太常卿。此职专管朝廷内部礼仪秩序，极易得罪人，须是特别能干的人才可坚持。而且自唐德宗末年以来，太常官工作不得力，朝中管理散漫，官员上班不守规矩，朝仪礼乐也无所谓，以致"赞相失职，朝仪废弛"。一心想励精图治的唐宪宗登基后，发掘能员任太常卿。幸南容欣然受命，果然不负所望，"整肃朝仪，赞相礼乐，百官得其职，朝不易班，位不乱次"。吐蕃犯唐时，朝廷又派他出使讲和，幸南容"气直词壮，不辱使命"。柳宗元《送幸南容归使联句诗序》云："渤海幸君，既登于太常之籍，又膺邯郸之召，北会元戎，直道自达，吾侪器其略；南聘天朝，相礼述职，公卿多其仪。"[101]

唐宪宗深为幸南容的绩效满意，于元和四年（809年）提拔其为国子监祭酒兼太子宾客。国子监是国家最高学府，国子监的主管官员称为祭酒。幸南容工作做得有声有色。崔群称赞说："一时礼教为之重新，始复太宗旧制。且师道庄严，践履笃实，超然物表，顿洗陋习。太学诸生咸沐作育之化焉！"[102]正如他的朋友柳宗元所称："德日著，名日彰。"可见幸南容不愧是位学有专长、德高望重的名师。他也是国子监的一位出色的祭酒，幸氏在办学育人上充分显露出卓越的才华，也积累了一套成功的经验，在当时影响很大。宪宗皇帝在诏书中高度评价他"在翰林有论恩之益，兼官僚有辅导之功。掌教成钧，师道惟严"，在治经施教、诲人育才的实践中，深谙搜经藏典、储书教士的要旨，把培育人才当做乐事。

（三）尽得余辉育人才

幸南容生活于唐代中期的盛世，此时政局稳定，经济发展，社会文化空前繁荣。这既为其才华的展示提供了舞台，也为其退休后的生活确定了目标。712年，李隆基与姑母太平公主发动政变，赶走了少帝李重茂，杀了掌管大权的皇后韦氏，继承父亲李旦的皇位，不想713年，太平公主欲再次政变，已是经过风浪的李隆基先发制人，赐其死，诛其党，唐代由此进入了开元至天宝长达40余年的鼎盛阶段。因政权稳定，唐玄宗便在长安城内设官办的丽正书院、集贤书院，校刊、收藏经籍。这一举动，刺激了中国的文人骚客，由此天下文风、学风更盛。这从当时的现实主义诗人白居易发起"新乐府运动"、韩柳的"古文运动"，便可以管窥出唐德宗贞元年间（785~804年）到唐宪宗元和年间（806~820年）唐朝文化空前繁荣的景象。

幸南容居官21年，政绩斐然。元和九年（814年），幸南容68岁高龄告老还乡回到高安洪城。柳宗元在《送筠州大司成幸南容归序》中表达了对幸南容的敬意和羡慕，敬仰的是其政能学养，羡慕的是幸南容从此脱离了"樊笼"，免除了为官时的各种制约。幸南容目睹朝廷对科举致仕者重用有加，所以回家后仍潜心教育，不改初衷，在高安市城北30公里之外的华林山乡，创办了历史上名重一时的桂岩书院。他搜藏经籍，开馆授业应对科举考试，成为中国最早的聚徒讲学书院之一。一时之间，远近文人学者蜂拥而来，幸氏洪城"应桥车马驱逐，长途游客如织"，此举也为幸家累世累代兴办家族教育开创了新风。元和十四年（819年），幸南容病逝，幸南容之子至善请柳宗元作《唐故开国子祭酒文贞公墓志铭》。朝廷追封其为渤海郡开国子文贞公。桂岩书院为社会造就了大批的读书仕人，仅《幸氏宗史》记载的幸姓，受读于桂岩书院而中进士者达50多名。受桂岩书院办学影响，唐宋时代江西就先后办起了皇寮、义门、梧桐等书院，对华林山的胡氏华林书院的产生与发展起到了不可估量的作用。教育由此被推向了社会。如今，桂岩书院已然不复存在，只依稀留有跑马坪、歇豪亭、紫翠亭、花园等附属建筑的痕迹。

幸南容可谓是历史上终身从事教育工作的杰出人才，无论是中举前的学校任教生涯，还是中举后担任国子监祭酒，主管全国教育的辉煌岁月，抑或是退休回家创办桂岩书院的历史遗迹，大量事实说明，他是中国历史上屈指可数的终生潜心教育事业的伟大教育家之一。难怪幸南容死后皇帝追谥他为"渤海开国子爵"。《高安洪城幸氏宗谱》载有浙东名人徐文华挽诗："遍野愁云锁帝乡，九天奎璧失光芒。儒林不见儒冠主，翰苑惟存翰墨香。丹桂几株悲夜雨，芳兰深径泣寒霜。可怜桃李思春冷，挥泪扪墙欲断肠。"诗的字里行间表达了当时一代名人学者对幸南容去世的痛惜和勉怀，肯定了他在历史上作为教育家的地位和作用。

十二、华林人物简传

胡珰（891～946年）　字可宗，号竹坡，胡藩第二十六世孙，胡城长子，世居奉新华林。南唐时曾官膳部员外郎，赠少保，卒谥文献。先葬华林山冲霄风形风脑下，后改葬奉新县城南津桥南。原配周氏，续娶韩氏，赠南昌县大君，生令严、令赟。熊和《膳部员外郎王当公像赞》云："奇才命世，山斗文章。华林衍庆，百世其昌。"

胡元凤（927～？年）　字天瑞，号竹亭，胡令严长子，生八子，时称"八仲"。原配刘氏，生仲尧、仲宣；续娶牛氏，生仲先、克顺。以子克顺贵，赠朝散大夫、尚书员外郎，卒葬仙女峰北。王禹偁《尚书员外郎元凤公像赞》："堂堂胡公，周困急穷。义方训子，诰赐被荣。羡胡有凤，愧荀无龙。传家诗礼，福禄来崇。"

胡仲雅　字维常，号东明，仲尧之五弟，官吉水县令、国子监主簿。由奉新稻田宦徙庐陵燕山，配王氏、涂氏，生子二：长子用先（谱名用简），仕巴陵令、升福建邵武同知。御史胡镐、工部主政胡澄、刑部主事胡士彦、原中共中央总书记胡耀邦皆其后裔。次子用方，官将士郎，授洪州助教，后裔徙金陵、雄资等地。

胡克顺　字孝若，胡仲尧之弟，端拱二年（989年）登进士第，曾授宋州虞城簿，擢知许州长社令，历迁大理丞、秘书丞，补润州刺史，后至都官员外郎，三司户部判官。《奉新县志》（康熙版）有传云："克顺重义疏财，故人徐铉没，无嗣，克顺为葬西山鸾冈，终其身祭祀之。"又据《香祖笔记》载，徐铉《宝臣文集》系胡克顺编辑而成。张咏《户部克顺公像赞》云："公生有为，公出不偶。三司绩著，两榜名标。富而好礼，贵而不骄。令闻令望，久而名昭。"

胡用庄 字敬夫，《南昌府志》（乾隆版）"胡用庄"条载其"有夙慧，九岁能诗，咸平庚子（1000年）延试第三人及第，除江州通判卒"。《奉新县志》（康熙版）载，胡用庄"自幼颖异，出语惊人，九岁时父命赋红蕉，援笔立就"。其《红蕉》诗云："谢家池馆遇芳菲，破绿抽心一片绯。恰似九衢三二月，绿罗丛里著朱衣。"一时传为美谈。胡氏族谱中载有黄庭坚《御史用庄公像赞》，云："翩翩公子，总角能文。探花声重，御史权尊。史北同捷，祖宗咸钦。御书有赞，名显都京。"

胡用礼 字敬仲，以孝义著称。咸平三年（1000年），与从兄用庄、用时，三人同登进士第。历官道州刺史。为政识大体，不尚小苛，把自己的办公地自题为"平易堂"，治理道州三年，惠政于民，深得百姓称道。

胡湘 字达淇，洪州奉新人。祖仲容，从卫尉卿徐延休学《春秋》，得其传。父用礼，咸平三年（1000年）与兄用时同登进士第，官至道州刺史。胡湘受家风影响，发愤自强，大中祥符五年（1012年）中进士，以朝奉郎来令新昌。在新昌（今江西宜丰县）其间，有所作为。《新昌县志》载："凡所设施皆非常吏所及，任满将去，县民感其恩惠，攀辕乞留，遂卜居县东南石埠家焉。"胡湘成为华林胡氏宜丰开居祖。

胡僧孺 字唐臣，北宋末年奉新同安乡（今赤岸镇）华林村人，胡直孺之兄，曾任河北西路提举。陆游在《跋胡少汲小集》中云："少汲（即胡直孺）之兄名僧孺，字唐臣，在元祐（1086～1093年）、绍圣（1094～1097年）间亦知名士。少汲十诗中一篇所谓'阿兄惊世才'者也。"陆游还在《跋李朝议帖》中提到："胡唐臣、僧孺，少汲直孺兄弟，为江西名士。其朋友亦皆其名，朝议公盖其一也。"今仅见其《八百洞天》诗一首。

胡良孺 字汉臣，胡直孺从弟。官汉州录事参军。《奉新县志》（康熙版）载其："以汉州录事参军应诏论瑶华宫事，有'绿衣上僭'之语。"又据《江西通志》（光绪版）载："胡田，字云从，奉新人。元丰间参鄜延副总管，曲珍军事，败夏人于金汤，以功进忠训郎左殿班，直转右侍禁。元符间（1098～1100年）同从弟良孺上书论瑶华宫事，编管本州。"著有《论瑶华宫事》。

胡栝（1105～？年） 字贡仲，一字茂桂，后为避讳，改名泳，字伯量，号洞源，胡直孺三子。乡进士，任朝散郎，迁秘书丞，后知峡州军事，迁居南康小蟹，继迁长岭，卒葬云岭山，为江西土目胡氏始祖。《奉新县志》（同治版）有传云："胡栝，直孺子。仕至陕州守。博学知典，故士大夫有疑事问之，辄得其要领，为人所称。"宋乾道丁亥（1167）主修《华林胡氏大成宗谱》。

胡敦实 字观光，靖安人。绍兴年间（1131～1162年）进士。时秦桧当权，有一名叫何兊的人"以献言得罪"，秦桧想治其罪，有司推荐胡敦实办理，胡敦实力辞不受，结果被降职。后知临贺（广西壮族自治区贺州市）军事，上奏请减上供之半，以宽民力。又知全州。《江西通志》载："敦实学问精粹,深于左氏、班史、诗文,皆简古。有《玉涧集》。"

胡价 讳彦谦,字集益,号仲藩,胡直孺孙、胡枞子。南宋乾道丙戌（1166年）登进士第,初授桃源簿,后调长沙教官,摄令辰溪,知湘阴县,以参赞平蛮之功擢守太安。《江西通志》（光绪版）有传云："价之策居多,所著有《尚书要义》、《当世急务》、《湖北利害》、《汉唐治安龟鉴》及《集宋名臣奏议》。"

胡宠（1103~1180年） 字宰仲,生而颖异,举止不常。绍兴二年,与张九成同榜进士。绍兴五年,因尚书左右仆射并兼知枢密院事赵鼎、张浚交疏上荐,授西川都统,与宣抚使吴玠共同经略西川,两人见识相同,曾说："经略中原,关中为要;经略关中,西蜀为要;经略西蜀,荆襄为要。今吾二人岂能筹望他人经略我哉。惟期不失所经略关中而已。"勤劳王事,尽瘁匪躬从,使金人图蜀之意未能得逞。绍兴十一年,胡宠虑劳而病,致仕归里,"继忠诚而生爱,踵华林祭先茔,访故伯祖支裔,游览至库前卜居,以贻孙子,又谋大而模广"。胡宠离仕后,蜀人将其祠于乡贤祠,英灵在蜀永赫。"凡一兵之起,一敌之迎,无不趋祠,叩胡爷爷以护之。"

胡大成（1620~1664年） 行登九,字子展,号胎云,榜名大成。清顺治辛丑科（1661年）进士,都察院观政。《奉新县志》（同治版）有传。族谱传云："刻有《淡香斋制艺》行世。明崇祯壬午年（1642年）汇集五修族谱,本年同族侄世相续兴华林书院。"他还与胡世相著有《元秀居语录》,该书序云："族侄子展与重侄治理任,自幼好学,筑室于华林山之阳,互相磨砻以底于有成。今子展捷隽南宫,已可谓不负所学;而汝任长困诸生,念古人穷愁著述,于是益自孜潜,积书于里右之元秀居,随阅之者历历如数家珍,无不心豁而神怡。"另有《甘竹胡氏五修族谱后序》、《续兴胡氏祠堂小引》传世,载《十修族谱》卷三。

胡世相（1615~1674年） 行翰三,字汝任,谱名世相,邑增广生。明崇祯壬午年（1642年）,他与族叔胡胎云（1620~1664年）（行登九,字子展,榜名大成,进士及第,官都察院观政）做了两件大事:一是完成了华林胡氏的五修谱;二是在祖居地八百洞前续修了华林书院。著有《四书辑录》、《甘竹胡氏五修族谱》、《四书大易语录》、《甘竹胡氏历年冠婚举子报名小引》、《胡君淑光行状》、《甘竹胡氏五修族谱跋》等。

胡世谦（1658~1738年） 字天益,号顺庵,康熙壬戌年（1682年）何中尊正案第一名,戊子科（1708年）中式副榜第10名,己丑年（1709年）国子监考取第一名,拣授教习,改授教谕。康熙甲午科（1714年）中式70名举人,会试候选知县。《南昌府志》（乾隆版）、《奉新县志》（同治版）均有传。府志传云："胡世谦,字天益,奉新人。父大成,辛丑进士。家多藏书。世谦幼辄博览,长更该治,才思藻发。康熙甲午（1714年）举人。年七十余,犹随计吏北上,跨骡行风雪中,踞鞍顾盼,无倦色。世谦风标岸异,须髯为戟,善草书,尤工画梅,年八十余卒。所著诗文,临川李绂为之序。"县志卷15《艺文·书目》载:"《胡天益文集》,举人胡世谦撰。"另著有《甘竹胡氏六修族谱》、《试科文草》、《胡公仲观墓志铭》、《哭二胞兄胡公翼上文》、《哭四胞兄胡公以燕文》、《六修宗谱祀祖疏》。

注 释

[1] [2] [7] [8] [9] [10] [12] [16] [19] [20] [21] [22] [23] [25] [26] [27] [28]　《宋书》卷50"胡藩",中华书局,1974年。

[3]　《晋书》卷84"殷仲堪",中华书局,1974年。

[4] [5] [6]　《晋书》卷99"桓玄",中华书局,1974年。

[11]　《宋书》卷45"向靖",中华书局,1974年。

[13] [14]　《史记集解》卷92"淮阴侯列传"。

[15]　《宋书》卷45"檀韶",中华书局,1974年。

[17] [18]　《宋书》卷1"武帝",中华书局,1974年。

[24]　《资治通鉴》卷123"宋文帝元嘉十五年"。

[29] [31]　《西江胡氏大成谱·世祖唐侍御成公传》,乾隆六年版。

[30]　《华林胡氏重修族谱·源流说》,嘉庆庚午(1810年)修。

[32] [33] [45]　《西江胡氏大成谱·五世祖国子主簿仲尧公传》,乾隆六年版。

[34] [35]　《奉新县志》卷4"徐铉〈昭德观碑记〉",同治版。

[36] [37] [38] [39] [40] [41] [43] [51]　《奉新县志·杨亿〈南津桥记〉》,同治版。

[42]　《四库全书·集部·骑省集》卷28"洪州华林胡氏书堂记"。

[44] [45]　《奉新县志·胡仲尧》,同治版。

[46] [48] [53] [54] [55] [56]　《西江胡氏大成谱·宋光禄寺丞仲容公传》,乾隆六年修。

[47]　《旧五代史》卷17"钟传",中华书局,1976年。

[49] [50]　《奉新县志·进士·胡克顺》,同治版。

[52]　《奉新县志·学校·胡旦〈儒学记〉》,同治版。

[57]　《宋史》卷456"仲容"。绯鱼,即绯鱼袋。绯,赤色也叫做绯色,颜色在浅红深红之间。鱼袋,唐朝时用作一种符契,刻着官员的姓名,作为凭证,起初叫鱼符,用袋装着,随身携带,所以叫鱼袋。宋朝也依唐朝,还在袋子上用金、银做成鱼形的装饰,系在公服腰带上,吊在后面,用来分明贵贱。袋子的颜色,大概三品以上用紫色,上饰金鱼,称紫金鱼袋,或紫鱼袋。四品、五品用绯色,饰银鱼,称为绯银鱼带,或绯银鱼袋。

[58]　《华林胡氏重修宗谱·晏殊〈光禄寺丞仲容公墓志〉》,嘉庆庚午修。

[59] [61] [62] [64] [66] [69]　《奉新县志·胡直孺》,同治版。

[60]　《奉新县志》卷15"西山老人文集序",同治版。

[63]　《宋史》卷23"钦宗",中华书局,1977年。

[65]　《四库全书·名贤氏族言行类稿》卷6。

[67]　《华林胡氏重修宗谱·诰封》,嘉庆庚午修。

[68]　《奉新县志》卷16"珊瑚钩诗话一则",同治版。

[70] [71] [74] [75]　《明史》卷147"胡俨",中华书局,1974年。

[72] [73]　《南昌府志》卷51"胡俨",乾隆刊本。

[76] [77] [78] [79] [80]　《明史》卷169"胡濙"。

[81]　《华林胡氏重修宗谱·晋陵源洁忠安公胡濙序》,嘉庆庚午。

[82] [83]　《华林胡氏重修宗谱·历代祭文》,嘉庆庚午。

[84]　《华林胡氏宗谱·重修华林毗陵合谱序》,乾隆庚子年修。

[85] [86] [87]　《奉新县志》卷16"纪事",同治版。

[88]　《高安胡氏七修宗谱·敕赠儒林郎杉林和圃公暨安人刘太君合传》,1915年。

[89] 《高安胡氏七修宗谱·敕封司马香远公胡先学暨安人刘太君合传》，1915年。
[90] [95] [97] [98] 《高安胡氏七修宗谱·诰授朝议大夫胡公建亭暨胡母漆、周薛恭人合传》，1915年。
[91] [92] [93] 《高安胡氏七修宗谱·将士郎昆圃胡公家传》，1915年。
[94] 《高安胡氏七修宗谱·诰封奉直大夫杉林勉斋公胡先生传》，1915年。
[96] 《高安胡氏七修宗谱·赠朝议大夫统斋公妣罗太恭人合传并序》，1915年。
[99] [100] 《高安洪城幸氏宗谱·唐故开国子祭酒文贞公墓志铭》，引自彭石居：《柳宗元的佚文〈幸南容墓志铭〉》，《文学遗产》，1989年第5期。
[101] 《四库全书·集部·柳河东集》卷22"送幸南容归使联句诗序"。
[102] 《高安洪城幸氏宗谱·唐开国子祭酒文贞公传》。

附表：华林胡氏历代科举仕宦简表

年 份	朝代及皇帝年号	人 名	类 别	仕宦及著述
420~479	南朝·宋	胡藩	军功	封壮侯
420~479	南朝·宋	胡镇		西阳太守
420~479	南朝·宋	胡锹		车骑参军
420~479	南朝·宋	胡铠		刺史
420~479	南朝·宋	胡遵世		宁远参军
479~502	南朝·齐	胡谐之		郡守、司马、将军、尚书，爵关内侯
479~502	南朝·齐	胡时显		京兆尹
483~493	南朝·梁武帝	胡真		宁远节度使、容州刺史
483~493	南明·梁武帝	胡顺		怀州判官
557~589	南朝·陈	胡颖		历官太守、都督、刺史
557~589	南朝·陈	胡湛		永宁主簿、吴兴太守
581~618	隋	胡兴		竟陵尹
581~618	隋	胡僧洗		濮阳郡公
581~618	隋	胡宣		任闽左金都尉
627~649	唐太宗贞观年间	胡秉		弘文馆校书
650~683	唐高宗时	胡烈		蜀主将
650	唐高宗永徽元年	胡机	进士	累官至太子少保
650~683	唐高宗时	胡原详		礼部尚书
676~679	唐高宗仪凤年间	胡晟		延平尹
698~700	唐武则天帝圣历年间	胡元		楚江黄道御史、封东郡男
713~741	唐玄宗开元年间	胡曦		鸿胪寺卿
760~762	唐肃宗上元年间	胡杰		秘书郎
760~762	唐肃宗上元年间	胡元印		刑部尚书
786	唐德宗贞元二年	胡珣	进士	官至少府监
786	唐贞元二年	胡则		集贤学士
806~820	唐宪宗元和年间	胡铧儒		振武节度使

续表

年 份	朝代及皇帝年号	人 名	类 别	仕宦及著述
618~907	唐	胡钊		官道州刺史
827~835	唐大和年间	胡克礼		官至吏部郎中
827~835	唐大和年间	胡明德		官至散骑常待
847~859	唐宣宗时	胡应民		官至广陵尉
859~874	唐咸通年间	胡舜臣		太子中允
860~874	唐懿宗	胡清献		饶州判官
618~907	唐	胡魁		官南直太守、封金陵侯
904~907	唐天佑年间	胡魋	进士	
904~907	唐天佑年间	胡鼍		交趾刺史
904~907	唐天佑年间	胡城	进士	授国子监博士、迁侍御史
904~907	唐天佑年间	胡魋		封庐陵侯
904~907	唐天佑年间	胡魁		宁州刺史
904~907	唐天佑年间	胡魃		陕西路州令
923~926	五代同光年间	胡珰	进士	膳部员外郎
926~929	五代天成	胡瑜		开封府尹、陈留令
926~929	五代天成	胡琼		常州刺史
937~975	五代南唐	胡珆		散骑常侍、江州节度使
937~975	五代南唐	胡球		武宁佐史
954~959	五代后周显德年间	胡令赟		潭州都督
951~960	五代后周	胡令绵		京济州城令
951~960	五代后周	胡令弦		茶陵县令
907~960	五代	胡令持		太傅歧国公
907~960	五代	胡令性		望江令
907~960	五代	胡崇		嘉湖县丞
960~1127	北宋	胡令严	赠	以孙克顺赠虞部员外郎
960~1127	北宋	胡元凤	赠	以子克顺赠职方尚书员外
960~1127	北宋	胡令彬		江州刺史
960~1127	北宋	胡令潘		衡州刺史
986	北宋雍熙三年	胡仲容		光禄寺丞
988	北宋端拱元年	胡令则	进士	工部侍郎
988~989	北宋端拱年间	胡承师	进士	吏部郎中
988~989	北宋端拱年间	胡则	进士	
989	北宋端拱二年	胡克顺	进士	都官员外郎、三司户部判官、朝散大夫
989	北宋端拱二年	胡用之	进士	国子监傅（武胜节度推官）
960~1127	北宋	胡元麟		太仆寺典簿

续表

年 份	朝代及皇帝年号	人 名	类 别	仕宦及著述
960~1127	北宋	胡邦		嘉兴主簿
960~1127	北宋	胡仲雅	乡进士	吉水县令
960~1127	北宋	胡休征		侍郎
990~994	北宋淳化年间	胡仲尧		国子监傅
994	北宋淳化五年	胡仲华	进士	大理寺卿
1000	北宋咸平三年	胡用庄	探花	侍御史
1000	北宋咸平三年	胡用时	进士	潮州刺史
1000	北宋咸平三年	胡用礼	进士	道州刺史
1005	北宋景德二年	胡顺之	进士	知浮梁县、迁大常博士、尚书屯田外郎
1009	北宋祥符二年	胡用讷	进士	校书郎
1012	北宋祥符五年	胡湘	进士	知新昌县
1017	北宋天禧元年	胡令仪	进士	淮南转运使
10017	北宋天禧元年	胡元凤		朝散大夫
1019	北宋天禧三年	胡用舟	进士	
960~1127	北宋	胡用晦	乡进士	光禄少卿
960~1127	北宋	胡思国		光禄大夫
960~1127	北宋	胡国俞		广东司理
960~1127	北宋	胡国忠		杭州通判
960~1127	北宋	胡用锡		通直郎高安令
960~1127	北宋	胡用简	乡进士	将仕郎
960~1127	北宋	胡用先		知岳州巴陵县、升福建邵武同知
960~1127	北宋	胡用方	乡进士	洪州助教
960~1127	北宋	胡用涉	乡进士	
960~1127	北宋	胡用砺	乡进士	文定县令
960~1127	北宋	胡深		新义节度判官
960~1127	北宋	胡澥		淮江海运使
960~1127	北宋	胡浑		承务郎
1034	北宋景祐元年	胡况	进士	都水少监、朝散大夫赠少保、光禄大夫
1034	北宋景祐元年	胡渭	进士	
1034	北宋景祐元年	胡圮	进士	
960~1127	北宋	胡凝		刑部郎中令
960~1127	北宋	胡云从		左侍禁
960~1127	北宋	胡文从		西蜀团练使
960~1127	北宋	胡德从		石首训导
1034	北宋景祐元年	胡汛	进士	

续表

年　份	朝代及皇帝年号	人　名	类　别	仕宦及著述
1034	北宋景祐元年	胡凡	进士	
1038	北宋宝元元年	胡公采	进士	新义军节度判官
1049～1053	北宋皇祐年间	胡昱	进士	
1061	北宋嘉祐六年	胡泽	进士	剑南节度推官
1086	北宋元祐元年	胡国宝	进士	知制诰
1086	北宋元祐元年	胡端儒	进士	观文殿学士
1091	北宋元祐六年	胡宗隆	进士	剑南节度推官
1091	北宋元祐六年	胡珍	进士	
1097	北宋绍圣四年	胡直孺	进士	工部、礼部、刑部尚书，经筵侍讲，兵部尚书兼权史部，进金光禄大夫，上柱阁，加封开国公。著有《生还录》1卷，《西山老人文集》24卷等
960～1127	北宋	胡良孺		汉州录事，著有《论瑶华宫事》
960～1127	北宋	胡僧孺		河北西路提举
1100	北宋元符三年	胡榆	举人	
1104	北宋崇宁三年	胡崇儒	进士	青州刺史
1111～1117	北宋徽宗政年间	胡枞	进士	铜度令
1119～1125	北宋宣和年间	胡椿		新昌知州
1121	北宋宣和三年	胡彦先	进士	
1129	南宋建炎三年	胡柏		进忠校尉
1132	南宋绍兴二年	胡杞	进士	淮东总管
1132	南宋绍兴二年	胡楫	进士	宣教郎，知峡州军事、虞州通判、赐绯鱼袋致仕
1132	南宋绍兴二年	胡宰仲	进士	西川都统
1138	南宋绍兴八年	胡敦诗	进士	清远县主簿
1143	南宋绍兴十三年	胡清叟	进士	羽卫大夫
1131～1162	南宋绍兴年间	胡栝	进士	陕州守
1131～1162	南宋绍兴年间	胡彦益	进士	吏部员外郎，吏部侍郎，吏部尚书
1131～1162	南宋绍兴年间	胡敦实	进士	知临贺军，再知全州，著有《玉涧集》
1127～1279	南宋	胡相		西京总管
1127～1279	南宋	胡友		中散大夫
1127～1279	南宋	胡宣		徐州府推官
1127～1279	南宋	胡德铭	贡生	衡阳县令
1127～1279	南宋	胡樗		宣教郎
1127～1279	南宋	胡能		崇州助教
1151	南宋绍兴二十一年	胡嗣立	进士	浏阳县令

续表

年 份	朝代及皇帝年号	人 名	类 别	仕宦及著述
1156	南宋宝祐四年	胡元一	进士	
1127~1279	南宋	胡元礼		馆州教谕
1127~1279	南宋	胡元奎		训导
1166	南宋乾道二年	胡彦谦	进士	太安知府
1166	南宋乾道二年	胡价	进士	知湘阴县、迁湖北宪参、著有《尚书要义》、《当世急务》、《湖北利害》、《汉唐治安龟鉴》、《集宋名臣奏议》等
1127~1279	南宋	胡根		湘阴县令
1127~1279	南宋	胡朴		崇安县令
1172	南宋乾道八年	胡济	进士	
1181	南宋淳熙八年	胡元衡	进士	中书令
1190~1194	南宋绍熙年间	胡纯泰		国子司业
1127~1279	南宋	胡纯仁		曲江主簿
1190~1194	南宋绍熙年间	胡定礼	进士	翰林学士
1127~1279	南宋	胡彝		朝议郎
1127~1279	南宋	胡浩		邵州司理
1127~1279	南宋	胡季玉		吏部员外郎
1127~1279	南宋	胡季明		谏议大夫
1127~1279	南宋	胡仕诚		昭信校尉
1127~1279	南宋	胡仕刚		后军府经历
1127~1279	南宋	胡仕隆		校尉
1127~1279	南宋	胡仕谦		连城知县
1127~1279	南宋	胡立方		通直郎
1127~1279	南宋	胡义方		通判
1127~1279	南宋	胡彬		江州刺史
1127~1279	南宋	胡卿		典军校尉
1127~1279	南宋	胡振		分宜主簿
1127~1279	南宋	胡援	乡进士	
1127~1279	南宋	胡潭		秦州检判
1209	南宋嘉定二年	胡栋	举人	
1214	南宋嘉定七年	胡逸驾	进士	朝散大夫
1214	南宋嘉定七年	胡煜	进士	江夏令
1216	南宋嘉定九年	胡元吉	进士	莱州刺史
1127~1279	南宋	胡叔罕		台谏大夫
1218	南宋嘉定十一年	胡执中	进士	
1223	南宋嘉定十六年	胡用集	进士	监察御史

续表

年份	朝代及皇帝年号	人名	类别	仕宦及著述
1228	南宋绍定元年	胡大训	进士	
1241	南宋淳祐元年	胡仲云	进士	刑部尚书
1241	南宋淳祐元年	胡世才	进士	湖州府尹
1244	南宋淳祐四年	胡德高	进士	直隶大夫
1260	南宋景定元年	胡从式	进士	
1265~1274	南宋咸淳年间	胡敬方	进士	临江太守
1267	南宋咸淳三年	胡宗礼	举人	道州知州
1274	南宋咸淳十年	胡希仁	进士	
1276	南宋景炎元年	胡宗显	进士	文林郎
1276	南宋景炎元年	胡翼如		豫章教授
1127~1279	南宋	胡宗澄		户科都给事
1127~1279	南宋	胡宗宝		杞邑尹
1127~1279	南宋	胡权		太常寺博士
1127~1279	南宋	胡弼		持节郎
1127~1279	南宋	胡中立		常州府置制
1278~1279	南宋祥兴年间	胡秀三	进士	江陵令
1206~1368	元	胡南贵		湖南公安丞
1314~1320	元延祐年间	胡鼎	进士	都官郎员，编有《华林书堂诗集》3卷
1206~1368	元	胡通		公安训导
1314~1320	元延祐年间	胡仲珍	进士	都官郎中
1322	元至治二年	胡鉴	进士	吏部尚书
1323	元至治三年	胡文炳	进士	文昌县令
1206~1368	元	胡文昌		淮西提干
1206~1368	元	胡文瑜		守备
1206~1368	元	胡文迪		涿州知州
1206~1368	元	胡文清		教谕
1206~1368	元	胡文卿		训导
1330~1333	元至顺年间	胡玉山	进士	临安府尹
1341~1368	元至正年间	胡云	进士	筠阳教授
1368~1398	明洪武年间	胡鼎实		宏文学士
1368~1398	明洪武年间	胡伯谅	人材举	吴县丞
1387	明洪武二十年	胡俨	举人	国子祭酒、入内阁办事
1368~1398	明洪武年间	胡珏	人材举	郎中
1368~1398	明洪武年间	胡琪	举人	工部员外郎
1403	明永乐元年	胡钟	进士	按察司检事
1404	明永乐二年	胡澄	进士	湖广行人司

续表

年 份	朝代及皇帝年号	人 名	类 别	仕宦及著述
1403~1425	明永乐年间	胡以谦	举人	盐场副使
1368~1644	明	胡启龙	举人	
1412	明永乐十年间	胡启迪	进士	贵州御史
1432	明宣德七年	胡抚	举人	襄阳推官
1447	明正统十二年	胡灌	解元	
1453	明景泰四年	胡淳	举人	大昌教谕
1460	明天顺四年	胡泾	进士	
1464	明天顺八年	胡深	进士	
1465	明成化元年	胡震	举人	
1465~1487	明成化年间	胡端	举人	海州同知
1465~1487	明成化年间	胡文亨	举人	阳山知县
1465~1487	明成化年间	胡俭	进士	
1465~1487	明成化年间	胡明	举人	
1477	明成化十三年	胡克典	举人	知柳州上林县
1487	明成化二十三年	胡伦	进士	户部主事
1498	明弘治十一年	胡潘	举人	
1501	明弘治十四年	胡文琅	举人	遂溪县令
1502	明弘治十五年	胡镇	进士	浙江布政司左参议
1508	明正德三年	胡洁	进士	
1510	明正德五年	胡汝麟	举人	
1510	明正德五年	胡廷赐	举人	
1511	明正德六年	胡尧元	进士	广西左参政
1512	明正德七年	胡资世		蒲溪县令
1513	明正德八年	胡舜卿	举人	
1522	明嘉靖元年	胡初	举人	
1540	明嘉靖十九年	胡惟立	举人	德化县令
1543	明嘉靖二十二年	胡凯	举人	南京抽分主事
1544	明嘉靖二十三年	胡惟中	进士	刑部主事
1552	明嘉靖三十一年	胡宗正	举人	
1567	明隆庆元年	胡志相	举人	
1567	明隆庆元年	胡仕朝	举人	
1568	明隆庆二年	胡绪	进士	兵部尚书
1574	明万历二年	胡汝宁	进士	吏科都给事
1573	明万历元年	胡大化	举人	
1368~1644	明	胡大		通道知县

续表

年 份	朝代及皇帝年号	人 名	类 别	仕宦及著述
1576	明万历四年	胡来享	举人	
1577	明万历五年	胡汝焕	进士	刑部尚书
1368~1644	明	胡汝龙		光禄寺丞
1579	明万历七年	胡奉明	举人	威远知县
1585	明万历十三年	胡绩	举人	
1591	明万历十九年	胡尚志	举人	
1594	明万历二十二年	胡渐鸿	举人	
1594	明万历二十二年	胡从治	举人	
1594	明万历二十二年	胡钦相	举人	
1597	明万历二十五年	胡维翰	举人	宁鄢西二邑令
1612	明万历四十年	胡士凤	举人	
1613	明万历四十一年	胡维霖	进士	福建布政
1618	明万历四十六年	胡暹	举人	
1621~1627	明天启年间	胡日琦		镇远军总兵
1636	明崇祯九年	胡来享	举人	
1636	明崇祯九年	胡世邻	举人	
1636	明崇祯九年	胡衡	举人	
1637	明崇祯十年	胡奇伟	进士	
1368~1644	明	胡士琇		从仕郎布政使司理
1639	明崇祯十二年	胡宁	举人	浙江道监察御史
1368~1644	明	胡应朝		青阳令
1368~1644	明	胡贵星		石首县令
1368~1644	明	胡清漾		右卫参军
1368~1644	明	胡文质		锦衣卫千户，封武略将军
1368~1644	明	胡端		海州同知
1646	清顺治三年	胡献论	举人	
1654	清顺治十一年	胡维羡	举人	
1660	清顺治十七年	胡起龙	举人	
1661	清顺治十八年	胡大成	进士	都察院观政
1696	清康熙三十五年	胡以性	举人	分州同知
1699	清康熙三十八年	胡胪腾	进士	
1609	清康熙四十八年	胡泰来		卢门巡检
1614	清康熙五十三年	胡世谦	举人	
1807	清嘉庆十二年	胡鼎元	举人	考选卫守分府
1825	清道光五年	胡照奎	拔员	朝考二等候选教谕

续表

年 份	朝代及皇帝年号	人 名	类 别	仕宦及著述
1821~1850	清道光年间	胡紫	增贡	署理南昌府进贤县学教谕,赣州府龙南县儒学训导
1821~1850	清道光年间	胡照昕	附贡	候选光禄寺署正加二级
1864	清同治三年	胡汝经	举人	工部虞衡司主事加二级
1870	清同治十八年	胡照枢	举人	铅山县教谕,建昌永新县训导
1862~1874	清同治年间	胡汝庄	太学生	分发广东候选补巡检
1862~1874	清同治年间	胡汝兰		候选从九职
1862~1874	清同治年间	胡焜	太学生	候选盐运使司历
1862~1874	清同治年间	胡秩谟	太学生	授州同衔加二级
1862~1874	清同治年间	胡汝屏	廪贡生	道袁州府宜春县儒学训导
1862~1874	清同治年间	胡汝输	附贡生	加同知衔
1862~1874	清同治年间	胡汝谐	太学生	加同知衔任湖北莆州府蕲州通判
1897	清光绪二十三年	胡汝铤	拔贡生	候选直隶州州判
1902	清光绪二十八年	胡敦性	恩科举人	候选直隶州州判、高安勤学所所长
1875~1908	清光绪年间	胡敦伦	太学生	候选州左堂
1875~1908	清光绪年间	胡敦厚	太学生	湖北安陆府经历候选知县
1875~1908	清光绪年间	胡步云	军功	五品衔新军卫队左队队官
1616~1911	清	胡维新		长汀县令
1616~1911	清	胡维元		汉州府推官
1616~1911	清	胡维龙		扬州通判
1616~1911	清	胡维诚		嘉定丞
1616~1911	清	胡维光		德安府教授

注：（1）本表根据乾隆六年修《西江胡氏大成谱》、嘉庆十五年修《华林胡氏重修宗谱》、1996 年《华林胡氏九修宗谱》（1996 年出版）、《华林史话》（中国文化出版社，2007 年）等书籍资料统计整理。

（2）本表中的"华林"是一个地理概念，指华林山及周边这一区域范围，那些迁居到外地的，如江苏、湖北、吉安等地的华林胡氏后裔仕宦人物没有收入此表，然而华林胡氏后裔在迁居中常出现回流交叉现象，这样在人物的取舍上不可避免会有些出入。又，古代因科举而仕宦之人，他们在年龄上的差距很大：有 20 岁之前中举登甲的，而三四十岁登科者也大有人在，五六十岁仍在登科路上穷追者也不少，甚至七八十岁皓首以求者也有。例如，本表中的胡世谦（1658~1738 年），为了中进士，"年七十余，犹随计史北上，跨骡行风雪中，踞鞍顾盼，无倦色"。他们在中举登第之前，多数人已是儿女众多，甚或有些已是子孙满堂，所以在列举外迁人物时，此表收入到其子辈。例如，胡琼在任常州刺史后，举家迁居于常州，他的儿子胡令持仍收入此表。

（3）中国古代选贤方式因时不同：汉代有举贤良方正、孝廉，以及后来的秀才、茂才，九品中正等。隋朝开科举之制，辅之以荐举，唐、宋及后各朝多沿袭此选贤之制。

第五章 风俗民情[1]

一、节庆婚丧礼俗

清嘉庆十九年甲戌岁（1814年）冬月立胡氏《家训十条》开篇言："今将举涣然不一之人，合智愚贤否之异，欲其皆敦伦饬纪、守礼畏法，亦甚难矣。然亦何难之有？世之庸妄自处、罔知讳忌者，大抵习俗使然，未经训迪耳。"[2]

由此可见，古代中国比较有智慧的统治者非常重视社会风俗的作用。在治国之术的选择上，用良风善俗化治社会往往被视为高明之术，单纯依赖律法徒刑治国则常被视为治国乏术、末流或暴君。所以，一地风俗的厚薄，往往被作为衡量守土之官优劣的标准；守土之官，也以训俗、厚俗为做官处事首务。有些学者认为中国古代不是法治国家，其实不然，古代中国不仅法制理念很强，而且有比"以法治国"更高一级的治国理念，即以法制所求，化作风俗使然；以严法，化为礼法；以生硬方式迫人守法，变为人人习惯性的循规蹈矩。当然，不可否认，许多礼法是悖于人性和公平正义的，但这不等于说中国古代的法制理念和方式无一可取，完全是糟粕。

用良风美俗化治社会的方法就是以士大夫的礼法家范为天下楷模，师儒为以身作则的表率在民间劝导（图5.1）。符合儒家要旨的良风善俗的具体内容和化治社会的方式则常常简略表现在年复一年重复进行的岁时节庆、婚嫁丧葬等各种风尚礼俗的仪式之中。可以这样说，一套完整的岁时节庆、婚嫁丧葬的各种礼俗仪式就是儒家经典"礼"的浓缩演绎，一切天理、人伦皆内蕴其中。同时，一年的岁时节庆与农业生产也有密切的关系，事关以农立国的经济命脉，因此，倡导岁时节庆风尚也有劝导农桑之意。因此，古代士大夫特别注重岁时节庆、婚嫁丧葬的各种礼俗仪式，而士家大族的礼仪往往能够"风化"天下。例如，华林胡氏祖先、晋代征南大将军胡奋，其女胡芳被选入晋武帝后宫，赐封贵妃。依宫例，中选者"以绛纱系其臂"。唐杜牧曾为此事作诗："绛纱犹封系臂时。"后来"绛纱系臂"即成胡氏"定亲之礼"[3]。

华林胡氏重新勃兴于唐宋之时，正是中古封建礼法日臻肃严之际（图5.2）。当时华林胡氏家族涌现出许多在朝野俱有声望的名士，例如，宋初创办华林书院的胡仲尧（946~1007年）、胡仲容兄弟，两宋之交的胡僧孺、胡直孺（1073~1149年）兄弟及其子孙，都算得上是当朝出类拔萃的优秀人物。他们世代相沿，不遗余力地劝导善行义举，倡行儒家礼法，对华林胡氏后人和华林周边邻族、邻区产生了深刻的影响。《宋光禄寺丞仲容公传》载胡仲容事迹："宋景德四年（1007年），公始拓建孔子庙，概诸门人祠三十间，绘像七十一座，旁设诸生讲舍100号，笾豆、钟盘、管弦，罔不备矣。又置《鲁颂》、《论语》、《尚书》、《周易》、《仪礼》、《礼记》诸书，自为臆说其言大要，至明经而悉轨于孔氏。新吴文物之盛，风化之美，自公始。"

图 5.1　华林胡氏家谱中的宗祠图　　　　图 5.2　华林胡氏家谱的旌表义门坊图

胡直孺于绍兴七年（1137年）所撰《传家录》，被收入历代胡氏族谱中。在这篇《传家录》中，他强调了岁时和礼俗在一切家事中的重要性："出仕，则致其事于朝；处家，则传其事于子。子而嫡，是宜传者也。一家之事，靡不付焉。祀飨之四时，戚疏之五服，舍宇之缮修，井灶之污洁，臧获之劳逸，衣服、牛羊、晨昏、畜牧，农事之春秋，园蔬之早晚，人情之施报，予舍之有无，金谷出入，岁时聚散……"这一切家事，对于在野治家之人，都必须细究妥当，务求"从心所欲"，皆能符合时节和礼俗。其实，这就是古今世间所称誉的"人情练达"[4]。

乾隆六年修订的《西江胡氏大成谱》载有《空青先生宅相三十六善论》，首列第一善就是"居家尚礼义"，后列的内容包括"居丧循礼"、"祭祀必恭必敬"、"幼者举动禀命于尊长"、"常畏清议、畏法度、畏阴隲"等各种善行。

清嘉庆十九年胡氏所订族规《家训十条》也颇具其祖先遗意。《家训》说明了"岁时伏腊"在"风化""化治"中的关键作用："予族自分居以来，生齿甚繁，人心不古，苟无训迪之方，何由使人皆为善去恶乎？兹特立家训十条，岁时伏腊，共相晓谕。俾族人重礼教，崇信义，不至有放僻邪侈之行，岂不幸哉。"对于岁时节庆，《家训》强调了《周礼》的"先王亲亲睦族之道"："吾族自迁居以来，吊死问疾，庆贺酬答，患难相救，祭祀同福，岁时伏腊，彼此馈遗……此种风俗尚有义门遗规存焉，故特表之以为后人式。"对于婚嫁："男婚女嫁，不可轻许，必择其门户，顺其拜礼，与众酌量而后行。"对于祭祀："时祭、月祭，其事不一。……吾族已有春、冬二祭……后日子孙，宜守此二祭于勿替。至各门私祭，有扯散其会者定为不昌。"[5]

华林胡氏作为历史上一个名门望族，对华林地区、奉新其他地区，乃至高安、宜丰等周边地区的影响是长远的。华林有许多传统的岁时节庆风俗，有的与邻乡、邻县大同小异，有的则有比较浓郁的地方特色。以下约略叙之。

（一）岁时节庆风尚

过年（现称"春节"） 过年是一年之中最隆重的传统节日。按奉新、高安、宜丰等地正常的岁时节庆习俗，农历腊月二十四日开始过年，当日称为"过小年"，白天三牲祭先祖，晚上喝"胶牙汤"。自此日始，各家各户开始打扫庭院茅厕，洗刷家具门窗，以及洗晒衣服被子，同时杀鸡杀鸭，筹办各种过年时的吃用年货。旧年最后一天（三十，月小则二十九）为"除夕"，家家户户忙于糊"门神"，贴对联。当日晚餐吃"团圆饭"。晚上合家围炉"守岁"，保持满屋灯火通明。在睡觉之前，家长要给家中未成年人分发"压岁钱"。午夜过后，家家燃放爆竹，以贺旧年圆满过去，然后就寝。

华林地区旧年的最后一天"团圆年"多提前一天过，因为人们害怕"山贼"在这个吉庆的时刻来打劫。而对于欠债难以偿还的穷人来说，过年最是难过的时节，往往要躲过"小年"和腊月三十（月小二十九）这几天，新年初一才敢露面。

正月初一（旧时元旦），东方未发亮之前就起床，按约定时刻鸣爆，称为"开财门"，或称"开门红"，风俗日薄之后，大家不守约定，都赶早燃放爆竹。开门后，各户摆设香案于庭前，燃烧香烛，以果饵祭拜神灵祖先。早饭后，各晚辈依序给本家长辈拜年。平辈一般以作揖为礼，晚辈给长辈贺年则须下跪。初二始给外家亲戚拜年，初七后谓"拜晚年"，可拜至正月十五。

初七（人日）称为"满上七"，初一燃点奉敬祖先的香烛至这一天才撤下，此前七天之内蓄积的各种垃圾到这一天才能清扫。

正月十五（上元日），各家用石磨磨粉做"元宵"，晚上"吃元宵"。当日洗澡换衣服，不喝酒，不吃荤，举行祭祀"灶神"仪式。入夜点灯，聚众敲锣打鼓，闹至半夜才散。

初七到十五，为大闹花灯时期，一般为白天耍狮灯，晚上耍龙灯，或称板灯者，灯后随着各种菩萨。十五元宵日达到高潮，各户人家这天晚上整个屋内，乃至床顶、床底都要点灯，庭前则燃起明火，人们抬起菩萨挨户"烤火"（将菩萨抬举游过火堆），不断地鸣喜爆，庆贺新年圆满。

立春 每年立春到来时刻，人们点香烛、鸣鞭炮、摆春酒、吃春卷、耍春灯，谓之"迎春"。

惊蛰 当日在墙角、夹缝、洞穴撒上石灰粉。据传，这样做可在这一年中避免虫蛇的伤害。

清明 清明时节家家户户多用三牲、米酒、香烛纸箔祭祀祖坟，并除草修沟，重整墓地，名曰"扫墓"。

立夏 这一天，家家都要吃一顿米粉肉（俗称"米糁肉"）。

端午（五月初五）　这一天户户门插菖蒲、艾叶，扎粽子（俗称"角黍"）、煮咸蛋互相赠送。或有用艾草煮水洗澡者，据说健身之外，还可驱邪。早起合家饮雄黄酒，名曰"开聋"。

六月六　读书人曝晒书籍，农民曝晒稻谷，妇女曝晒衣服。

中元日（七月十五）　家家都要为去世的亲人设酒食、点香烧纸，以祭奠亡灵。自己也吃米粉，粉间染以红色。

中秋（八月十五）　各户设香案迎月，在月亮底下摆果、饼、酒、茶，对饮赏月，亲友间也互赠月饼。

重阳（重九）　饮茱萸酒。

冬至　是日，本姓族人聚集本姓祠堂，祭祀先祖。清明、中元、冬至为一年中三次祭祖之日。

（二）华林周岭的糕点花范模

华林周岭村的糕点花范模是华林地区时岁节令的产物（图5.3）。每逢岁时节庆，华林人都要用花范模做些精致的糕点，祭神供祖，仪式结束后，男女老少即将神、祖"食余"的供品拿来"自享"。以下花范模图片摄自华林周岭村。

花范模产生于民间，追根溯源，应该起源于古代献祭捏塑面食的遗风，在民间已经使用了2000多年了。古代献祭时，捏塑面食为供品。这些祭灵、祭祖的面食模式，逐渐由"享神"供品衍化为大众每逢时岁节令时自食"自享"的糕、饼、面

图5.3　舂米用的石臼

点。随着"食量"的增加，需用"批量生产"，于是发明了"范模"。随着人们的审美意识的增强，又由"范模"衍生出精致的"花范模"。花范模也广泛应用于官家和民间了，广泛应用于月饼、面点、米糕等各种糕点了。清人所撰《调鼎集》中记载了"水晶月饼"和一般素月饼的制作方法：用上好白细面擀成饼后包馅，然后"印花"，即指用花范模做月饼。该书中记载了清代扬州一盐商一家就有近百种糕点，多用花范模做成。

花范模为手工雕刻而成，制作材料多为各种硬杂木和枣、梨等果木，官家所用或为贵重木材，大众化的型材多为粗简。一般刻有吉祥图案或福、禄、寿等文字，可谓花样百出，争奇斗艳（图5.4～图5.7）。

由于各地的文化习俗差异，不同地方的花范模也具有浓郁的地域特色。华林周岭村的糕点花范模就与众不同，它的一个明显特征就是仙道风气浓厚，因为自古以来，华林山区就是一座闻名天下的道教名山。经过上千年日月的浸染，仙道思想已深深结蒂于民间草根社会中。

图 5.4 鲤鱼、花瓣花木模

图 5.5 仙人花木模

图 5.6 骑鹤仙人花木模

图 5.7 仙鸟、双喜花木模

（三）婚嫁丧葬礼俗

1. 婚嫁礼俗

古代婚姻制度，礼法所规，凭父母之命，媒妁之言，讲究循礼，门当户对。

第一道程序是纳采、问名、行聘，亦称"订婚"。双方家长意向达成后，男方准备好事先议定的金银首饰、衣料、酒肉和糕饼之类礼物，雇鼓乐送至女家，互换庚帖（帖载姓名、出生年月）。行聘即是订好终身。

第二道程序是择吉请期。男方择好迎娶日期，写成请帖，再随送礼物至女家；女方回送允期帖。贫者则礼物从略。

第三道程序是冠笄。古代冠笄之礼本来行于成年之时。然在民间古礼久废，即是士大夫之家，也仅存简略仪式，往往在男婚前一日、女婚前两日行冠笄之礼。

第四道程序是行"合卺之礼"。结婚日男方彩轿迎接新娘，女方以妆奁随轿送至男家。妆奁厚薄视女家经济实力和对女儿的感情厚薄而定。新娘至婆家后下轿入屋内行"合卺（成婚）之礼"，然后去厅堂跪拜天地祖宗，互相对拜，并拜父母和亲戚长辈，再设宴款待新人。晚上行房，双方才正式见面认识。

第五道程序称"过门"。合卺之后三日，夫随女回娘家做客。婚礼到此才算全部完成。

总之，婚礼礼节繁缛。一般而言，往来礼俗繁简、礼财厚薄取决于婚家穷富。

2. 丧葬祭祀礼俗

择吉而殓：死者殡殓时，一要选择吉日吉时，讲究排场。入殓之日，本族长幼毕集，丧家设"殓饭"款待，主人及全族人都穿丧服，并讣告外姓戚友。

治丧受吊：亲友送奠祭礼品，丧家"裂缯帛答之"为谢。

醮祭超度亡灵：请道士打锣3～4天醮祭或请和尚念七天经"超度亡人"。

发引（安葬）：亲友五服以内的后辈戴白帽，血亲着白衣，随棺木后送葬，沿途散发纸钱（火纸折叠，外系白纸条）。中途设"路祭"。

受佛教、道教和堪舆之术的影响，"停柩待吉（吉时、吉地）"之风盛行。习俗易人，在所难免，不光是华林胡氏，古代整个江西地区此风炽烈。其事可见清代高安朱铁梅纂《江城旧事》。

士大夫家，各立祠宇，祀木主于寝堂，谓之祠祭。私居则各祭其先祖及五祀神祇。不论贵贱，因时随分荐享。市人村夫，所奉仪文品物，丰俭不一（图5.8）。

一般而言，士大夫家多能谨遵《文公家礼》。贫穷人家，礼节从简。

图5.8 华林胡氏宗祠中的铁香炉

二、饮 食 文 化

图5.9 华林的竹林资源

华林山区拥有丰富的竹林资源（图5.9），竹林资源为华林地区的人们生活增添了不少的色彩。"闽笋"与"火纸"就是华林山区的毛竹赐予华林人的两件宝物。

成竹（即毛竹）是人们制造农具、家具甚至于建造房屋的天然优质材料；竹笋长高脱下笋壳、长成木质纤维分桠之后到开大叶之前，华林人称其为"竹麻"，用它做成"火纸"外销赚钱；而竹笋，聪明智慧的华林人把它做成了美味佳肴——"闽笋"（图5.10）。

"闽笋"的制作过程大致经过蒸熟、压榨、晒干或烘干三个步骤。具体操作如下：

（1）将从山上挖取的新鲜春笋剥壳去兜，然后放入洗净的甑内用清水蒸4个小时；

（2）确认蒸熟后，取出置于冷水中，打通每只笋的笋节（以便透出笋内热气，以后逸出水分），用冷水漂上10个小时左右；

（3）待笋完全漂凉透后，从冷水中捞出笋，装进笋刁内压紧，不留空隙，半个月时间内，不断地加压；

（4）从刁（压笋干的木斗）内取出曝晒，晒至八成干；

（5）复刁一次，以免变形；

（6）再次从刁内取出后完全晒干，即为"闽笋"成品。

遇上阴雨天气，即使用烘烤的方法做"干"。无论是曝晒还是烘烤，都需要保证笋干完全干燥通透。一般而言，当笋干的肉厚部分已经十分坚硬的时候，就算是十成干了。留待日后食用的"闽笋"制作好后，严加密封，以防霉变。

"闽笋"是用新鲜的春笋（头年立冬后的笋称"冬笋"，次年立春后的笋叫"春笋"）制作而成，制作时间在每年的清明开始后的半个月之内，因为那时正是春笋勃发之际。

"闽笋"色泽金黄，呈半透明状，脆嫩甘甜，数百年来，它不仅是华林人的美味佳肴，还一直深受南昌及长江中下游地区的人们喜爱。

图5.10 华林山年长竹笋的毛竹林

从"闽笋"的制作可以知道,"闽笋"其实就是一种毛竹笋干。为什么华林的毛竹笋干会被称为"闽笋"呢?原来,它的"身世"与客家的一段历史息息相关。

很早以前,"闽笋"因列名"十番素物"之中而闻名于中国历史上。之所以冠之以"闽",是因为它的原产地本是福建的武夷山区。明代以前,"闽笋"有"八闽山珍"之称,当时已驰名国内外。

明清之交(主要在康熙三十年后),福建客家人大批迁入江右南昌府(七县一州),主要落户武宁、奉新、靖安三县和义宁州(今修水)、铜鼓厅等地山区。其中,福建华安县归德乡移民主要落户在奉新县华林山区。据学者查考地名志论证,原归德乡客家人在奉新县华林山区一带(石溪、澡溪、七里、西塔、仰山、上富、罗坊等地)所建立的客家基础村在100个左右[6]。

福建归德客家入居华林山区,给这片土地增添了不少新的活力,对这个地区产生了不可忽视的积极影响。一是客家人非常重视对子弟的文化教育,促进了这一地区文化教育事业的发展。还在乾隆初年刚入居这片新地不久,他们就与赣省土著竞争科考资源。光绪年间,他们捐资在上富办西坪书院,对归德籍客家子女读书实施免费教育。第二大贡献就是将"八闽山珍"——"闽笋"的制作方法传到了华林山区。

时至如今,华林山区的"闽笋"制作已有400年的历史。华林的"闽笋"因具有肉干透明、肉质脆嫩、不变质、不变味、耐贮藏等特点而闻名于世,远销中外。历年的产量在数百万斤以上。

冬笋是华林人冬季菜桌上最诱人的主菜。冬笋味道鲜美可口,色、香、味俱佳,含有丰富的蛋白质、钙、磷、铁等,营养价值高,可作为主料做成典型地方风味菜肴,也可与多种菜肴搭配成菜。从山上挖取后,冬笋不需要特别的加工,只要脱壳去蔸,就可切片入菜,可炒、可煮,也可入汤。只要加入冬笋,菜肴大多都会甜醇至极,增色、增香不少。冬笋不仅是华林人的香甜美味,早在古代,其声名也已远播南昌及长江中下游各地。冬笋同样可以制成可口的笋干。

事实上,华林人一年四季的菜桌上都离不开笋。春笋也可以直接新鲜食用,味道也很鲜美可口。除此之外,华林山区的人们还食用茅竹笋、竹根笋。现在,大量的毛竹春笋被做成罐头远销国内外。

华林人偏爱辣香,每菜多以辣椒为佐。素菜烹调简单,荤菜烹调方法常见的有小炒、红烧、清炖、清蒸、油炸等。农村小康之家,喜腌腊肉、猪头、猪肝、猪心等,以备随时待客。

传统的风味佳肴以炖蹄花最为著名。旧时仕宦人家请客、过年节或做喜庆宴会,都做"蹄花酒宴"。较富裕人家过年,也多做"蹄花团圆酒宴"。百姓每逢婚嫁寿喜宴,普遍用蹄花。炖蹄花,制法简单:取猪前蹄花一只(约4斤),刮洗干净,放入清水锅内,撒下少许细盐,先用武火(大火),后转文火(小火),炖至酥烂,将蹄花起锅盛入盘内,锅内留适量原汁,随将先配好的佐料(酱油、甜酒酿、姜末、味精等)倾入锅内调匀,舀入盘内,浇注蹄花即成。其特点是酥烂不腻,香醇味鲜。

三、"火纸"技术

如前文所言,华林山区拥有丰富的竹林资源,不仅使华林地区人们饮食文化多姿多彩,还赐予了华林人另一件宝物——"火纸"。

"火纸"的制作原料是"竹麻"。华林人把毛竹的竹笋长高脱下笋壳、长成木质纤维而分桠之后,到开大叶之前的嫩竹,称为"竹麻"。(但在明代宋应星的《天工开物》中,"竹麻"却是指用嫩竹打成的纸浆,例如,《杀青》篇说:"竹麻已成,槽内清水浸浮其面三寸许,入纸药水汁于其中。")用"竹麻"做成的"火纸",又称"千古纸",其制作方法与其他竹纸相同。"火纸"的制作工艺流程如下:

(1)砍竹(图5.11)。芒种季节,上山砍伐竹麻。一般选用"初解箨尚未分枝"的嫩竹(华林山区俗语称作竹麻)作料。

(2)漂竹(图5.12)。将斩斫好的竹麻放入漂塘之内,"注水其中漂浸,恐塘水有涸时,则用竹枧通引,不断瀑流注入"。浸漂时间大约百日左右。

图5.11 斩竹漂塘

本节所附古书中插图引自宋应星的《天工开物》一书
(以下不再注)

(3)扦竹杀青。将浸漂过后的竹麻扦开成麻片("麻片"即是"纸料"),"洗去粗壳与青皮,是名杀青"。

(4)熬竹麻。有两种方法。清末、民国时造火纸的这一程序比较简化,即将竹麻放入湖塘内,用石灰生熬上一个多月时间。石灰的使用量,按每担纸料施用30斤左右的比例执行。一担纸料,即是500斤麻片。但据《天工开物》记述,明代时却是通过"煮楻足火"的方式熬竹麻的(图5.13),即在杀青之后,"其中竹穰形同苎麻样,用上好石灰化汁,涂浆入楻桶,下煮火,以八日八夜为率"。

(5)沤竹麻。捞上熬过的竹麻,洗净,华林山区民国时简化的工序是再沤一个月左右;而明代《天工开物》载,洗净的竹麻再浆柴灰水,再入楻桶蒸煮,并不断用草

图5.12 华林周岭的引水竹枧

木灰水淋之，沸水淋之 10 余日，促其发酵臭烂。

（6）舂竹麻。将沤过的烂熟竹麻用水碓舂泥面（图 5.14、图 5.15）。

（7）抄纸。将竹麻泥面取出放入纸槽内，搅拌均匀，加入杨桃水，再用竹帘逐张抄起。"累积千万张"后，以板压榨干水汽（图 5.16）。

图 5.13　煮楻足火

图 5.14　舂烂熟竹的水碓

图 5.15　古水碓遗址

图 5.16　荡料入帘

图5.17 透火焙干

（8）晒纸。"用轻细铜镊"分张牵起，晒干，即成"火纸"。遇阴雨天气，即用火烤干，《天工开物》称为"透火焙干"（图5.17）。

华林的"火纸"并不是高档的书写用纸，它主要用于求神拜佛、丧葬祭祀礼仪活动，即是民间所谓的"纸钱"。一部分也用做干货食品柜台上的包装用纸。为了装运方便和美观，绝大多数"火纸"做成把纸，并分成头、二、三印数等。尽管"火纸"不是高档纸，它仍然是山区人们的一项重要的经济来源，它不仅供应华林山区本地及周围邻县人们使用，还通过赣中北商贸中心涂家埠和吴城为转运站，大批销往南昌，乃至湖南、湖北、安徽等省。因为外销数量巨大，"火纸"为华林人带来了不菲的财富。根据调查，就是到了迷信用纸数量大减、近代科学和工业传入我国已达相当程度的民国元年（1912年），华林地区的"火纸"每年产量仍高达350万斤，除本地、邻县使用30万斤外，其余320万斤远销外埠。当时，华林地区一带仍有熬麻湖塘35万口，纸槽4500个，年沤麻量105万担（每担500斤）。各地纸商群集罗坊、上富、横桥、甘坊、路口，收集大批"火纸"，转运外埠。至抗日战争后期的1943年，由于战乱，销路阻断，"火纸"产量一度降至最低点，年产仅45万斤。新中国成立后，"火纸"的生产有所发展，1956年，又恢复至年产274万余斤。但原生态的生产方式为机器制造方式所替代，"火纸"生产也为纸浆生产所替代[7]。

华林山区生产火纸始于何时，历史文献没有明确的记载。但宋应星的《天工开物》（图5.18）即已提到"火纸"之名："若火纸、糙纸，斩竹、煮麻、灰浆、水淋，皆同前法，惟脱帘之后，不用烘焙，压水去湿，日晒成干而已。"宋应星生活在明代末年，其家就住在华林山区的邻边之地，他在记述中国南方竹纸生产状况时，只简略说"凡造竹纸，事出南方，而闽省独专其盛"。至于其生活的本土地区——华林山区当时是否生产竹纸，他没有特别指出，只是强调了中国竹纸生产中福建"独专其盛"的地位。

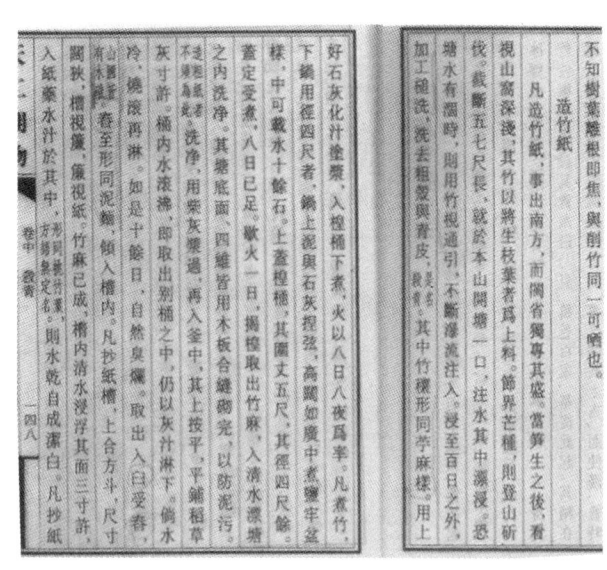

图5.18 《天工开物》中有关竹纸工艺的记载

中国文物信息网 2008 年 3 月 31 日所发《江西高安华林发掘造纸作坊遗址》一文称，2007 年 9～10 月，江西省考古所通过对高安市华林镇周岭村的 16 座水碓遗址、沤竹麻坑和纸槽房遗址进行试掘和考查，证实华林山区周岭村早在明代中晚期就已经有了生产竹纸的活动。文物考古研究人员在位于周岭村东南 500 米处一个小山谷中的福纸庙造纸作坊遗址上（图 5.19），在 250 平方米发掘面积中，发现了非常丰富的造纸遗迹：沤竹麻坑、烧灰碱的灰坑、蒸煮竹麻遗留的大片烧土区、晒料与拌灰的工作台以及沤竹麻坑的尾砂坑等。除此之外，还有一些挡土墙、排水沟和柱洞、柱础等房屋遗迹。

遗址中出土的遗物有陶器、瓷器、铜器、铁器、珠宝玉器等，其中还有不少明代以前的遗物。各种器物中，大量的擂钵引人注目。宋元时期，擂钵为"斗茶"功夫中研磨茶饼的工具。后来，擂钵被移借到造纸工艺中研磨纸药。"纸药"一词，最早出现在宋应星的《天工开物》中：在漂浸竹麻泥面时，"入纸药水汁于其中（形同桃竹叶，方语无定名），则水干自成洁白"。据专家考证，宋应星所言"纸药"的原料就是"羊桃藤"或称"杨桃藤"（图 5.20）[8]。杨桃水汁纸药的应用是造纸术中一项重要的发明，早在宋应星记载它之前，已广泛使用于中国民间土法造纸的工艺流程中，只是尚未正其名而已。编于 1502 年的《徽州府志》记载元朝制造供内府用的楮皮纸时说："（楮皮浆面制成后）乃取羊桃藤捣细，别用水桶浸妥，名曰'滑水'，倾槽内与白皮相和。"在更早的南宋人周密的笔记《癸辛杂识》中，则指出中国古代用于造纸中常用的植物添加料是黄葵，如无黄葵，杨桃藤、槿叶和野葡萄也可替代。而事实上，华林山区人历来就是将造纸用的"纸药水汁"简称为"杨桃水"。这种"纸药水汁"其实就是从杨桃藤中提出的一种黏液。它的功能是作为一种悬浮剂，把它加入纸槽内，可使纸浆中的比重大于水的纤维延长悬浮时间，不沉于槽底絮结，而保持均匀分散的漂浮状态，以抄出厚薄均匀的纸来。

图 5.19　华林周岭福纸庙造纸作坊遗址

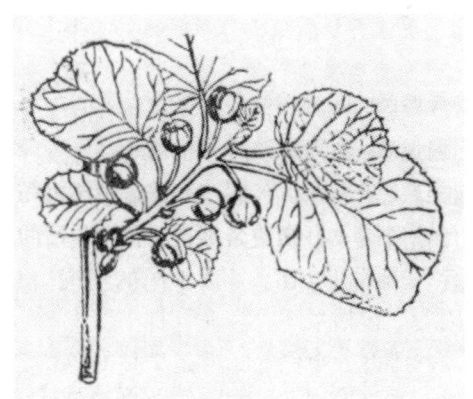

图 5.20　"杨桃藤"

（潘吉星：《中国造纸技术史稿》，文物出版社，1979 年，第 203 页）

华林造纸作坊遗址是我国首次经过科学发掘并得到专家认证的明代造纸作坊遗址，对探讨我国造纸术的发展史有着重要的意义。这也是迄今为止我国发现的时代最早的一处造竹纸作坊遗址。其作坊遗迹基本上反映了从伐竹到制浆的整个造纸工艺流程，几乎可以再现明代宋应星《天工开物》"杀青"篇中有关制造竹纸的情景，为研究中国古代民间土法造竹纸工艺提供了鲜活的实物资料。

也许，当年宋应星之所以没有特意提到自己生活的本土地区生产竹纸的状况，是因为华林山区主要是生产"火纸、糙纸"的缘故，何况那时华林山区的"造纸工业"还是草创时期，自然无法与"独专其盛"的福建比拟了。

华林山区丰富的毛竹资源除了用于生产火纸外，还给当地人们的家居生活产生了深刻的影响。成竹（即毛竹）是人们制造农具、家具甚至于建造房屋的天然优质材料。例如，农家中的箩、晒簟、禾折、撮箕、竹筛无一不是竹制品，竹床、竹凳在华林人的家中也不少见，用竹片为骨隔墙也是常见的。竹木枝节碎料还是华林山区常用的燃料。

由于山区田土瘠薄，古代山区人们又没有修筑水库蓄水的观念，雨过天晴之后溪水倾泻即尽，雨季过后山区水源不足，历史上的华林人各随地利，只会顺从天时，往往不能完全以耕田种地为生。山岭高地，风劲地寒，只种一季晚稻；山下秋季无水，也是一季。所以，自古以来华林山区少丰年。男耕女织农业时代，即使是白天耘田，晚上绩麻，昼夜不休，生活仍然不能丰裕。在这种情况下，聪明智慧的华林人以做手艺和卖山货来丰富自己的生活。据传说，古代的华林人有喜学手艺的风气。

华林的"山货"，从广义上来说，包括林木、香菇、木耳、猎物等各种自然资源性土特产品，以及各种油料、火纸、闽笋、木炭等各种衍生土产品。

华林的林木资源最为丰富，杉木、松木、毛竹生长极为广泛，一年四季都可以砍伐。此外，山上还有栎木、檀木、枫木、荷木和樟木等各种经济价值巨大的优良杂木。

四、方言民谚

由于封建的自然经济长期统治，居民流动性少，一山一水之隔的乡村，甚至于同居一地区的各宗族之间，都有方言上的差别（图5.21）。华林山区西部、南部与上高、宜丰口音接近，山区北部与奉新县其他地区的语音相近。一般而言，相邻地区的方言差别是，对同一事物的名称，字同音不同，一般表现出语音的快慢、长短、粗细不一的差异，当然，也有字音都不同的情况。总的来说，华林的方言属于赣方言（古称傒语）。因为，包括奉新、高安、宜丰、上高方言，都统一属于赣方言。

唯有一个例外，就是华林的福建归德移民，讲的是"归德话"，则属于客家方言系统，与赣方言大不相同。

华林山最高峰800多米，周围50里，山峰秀拔，天气变幻无常（图5.22），往往就在山民眼前演绎。山民日常观测云气卷舒，反复测验晴雨，日久经验丰富，遂编成谚语流传。因此，气候农谚特别发达，为华林地方一大民俗特色。现录部分如下：

图 5.21　奉新县胡家村遗存的古代民居　　图 5.22　云波诡异的华林山

清明开火天，谷雨整高田。
清明前，好种棉；清明后，好种豆。
芒种火烧天，夏至雨涟涟。
小满不满（小满会下雨），芒种不管。
"懒龙"朝东，下雨也不凶。
光清明，暗谷雨。天发黄，雨水涨。
立冬无雨一冬晴。
云走东，雨成空；云走西，雨渐渐。
西山落雨满天红，不下雨来便刮风。
日久突然星满空，明朝会更凶。
早上红云雨不停，傍晚红云会天晴。
乌云夹白云，不遭风来也遭淋。
春雾晴，夏雾雨，秋雾茫茫晒死鬼。
雷公先唱歌，有雨也不多。
春天孩儿面，一天要三变。
春南（风），夏北（风），要雨便得。
天上起了鱼鳞斑，明朝晒谷不着翻。
一冬无雨雪，尽在正二月。

云走上，水汪汪；云走下，晒曝瓦。
星子稀，晒死鸡；星子密，戴斗笠。
烟窗不出烟，不久变阴天。
春刮东风雨绵绵，夏吹东风井断泉。
太阳月亮披外衣，不是刮风就下雨。
久雨见星光，明日雨更旺。
云叠云，雨淋淋；雨夹雪，落不歇。
鱼鳞天，不雨也风颠。
先雷后雨，当不得一夜露水。
立夏不下（雨），犁田莫耙（会旱）。
春社无雨莫作田，秋社无雨莫铲园。
日落火烧云，明日晒死人。
小满日头晒曝皮。
清早地罩雾，只管洗衣服（冬天）。
东虹晴，西虹雨，南虹北虹涨大水。
云走东，暖烘烘；云走西，穿蓑衣。
有雨天顶光，无雨四周亮。
虹高日头低，早晚披蓑衣。

霜降不打禾，一夜少一箩（迟禾）。
先分（春分）后社（春社），没米过夜；先社后分，米谷倒扔。
东闪晴，西闪雨，南闪火开门，北闪雨淋淋。
春刮南风雨淋淋，夏刮南风天空晴；秋吹南风雨淋淋，冬吹南风天不晴。

月光谚：初一不见，初二一线，初三、初四峨眉月，十五、十六月团圆。三九二十七，月在半夜里出。

冬至谚：一九至二九，霜风不出手；三九二十七，檐前倒挂笔（冰凌）。四九三十六，黄土起白肉（冰冻）；五九四十五，黄狗子冷得吾啊吾；六九五十四，皮头长嫩刺；七九六十三，行人脱衣衫；八九七十二，农夫田里治；九九八十一，街头浪子笑吃吃。

五、风水文化

明代杨士奇撰《华林胡氏族谱序》:"华林,今南昌奉新之境。其谱云,先世家邳之宿迁。至刘宋太子左卫将军藩有功于朝,赐土于南昌,乐华林山水而居之,遂终焉。"

乾隆辛酉年(1741年),胡盛泰撰《华林祖居图记》:"昔南宋(六朝的刘宋)时,有藩公之居邳者,封土新吴,见其田壤腴沃,山清水丽,遂卜为家。""余于族内诸公追寻旧迹","于草莽之中","势犹有可像形者,其龙来自黄山,西起数峰,伏而又起二峰,而后结为华林,像若凤形。上有罗武二仙古庙,坛石现存,稍下数十武。其山之中落者,俨若凤体,其山之夹护者,悄如双翼,俗云冲霄凤形是也。按毗陵谱载,二世祖字可宗,公葬于凤脑之下,前则正为祖居正堂,尚有义门遗迹,至左右龙脉之曲抱者,皆为基地。东西异向,相对夹居,抑且环居,皆山无不峻秀,水则东出西转,方里五六而后下注案山之外,谓之洪之奇观乎"[9]。华林的"冲霄凤形"山现在仍然依稀可辨,至于"罗武二仙古庙"今已不存,坛石则至今犹在。

其实,华林胡氏族谱中所录之文记述胡氏祖居地望的还有更早的文献。例如,宋淳祐十一年岁冬月安定胡智堂云峰氏记《邳州宿迁华林谱序》:"华林胡尚书记:始祖胡有万,自华林山而立基,其地山形乃飞凤(始祖胡藩自华林山而立基,其地形飞凤朝天之像,有高人指出,会出一门三刺史,四代五尚书)。"及至隋朝,"有罗尚书,武指挥,俱以罚作小军,能明地理,二人游至华林胡宅,见其山水秀丽,意欲修行,训示吾祖有万:此地可贵不可富,惟向奉新稻田,明堂容万马,水口不流针。若向彼处建基立宅,主有千石租粮"。后三年果富。徙居全国各地的胡氏后裔俱得富贵,于是拨"华林山八十四亩荒田,米一百担,喜舍罗、武二人。后梁武帝慕仙,立一坛、一寺、一宫,缘少田粮,不能久盛,僧道少住,宋淳祐十一年,钦奉谕旨,重建坛庙"云云。

以上为杨士奇转录胡氏族谱文,持论较为慎重;胡盛泰着意描绘、图形"家声地望",是想使胡氏"后之人顾祖基而奋志,睹先烈而兴思"。所作《图记》虽然有所附会,但不属于凭空想象,一是根据家乘、听闻,二是亲历祖居地勘察,参照、对比、印证之后,才下笔作文,因此,其记较为可信;而上引宋淳祐十一年云峰氏记《邳州宿迁华林谱序》所述之事时间颠倒,事实混乱。当然,不管历史上的华林胡氏先祖卜地择居的具体事实细节如何,以上各种文献所述之事,大体反映了华林地区风水文化发展的历程。这个历程,与整个中国的风水文化的发展脉络是完全吻合的。

《诗经》记载了公刘迁豳时的历史事实:夏代时,后稷曾孙、周人先祖公刘居住于邰,因受夏人的欺逼,带领族人迁居到豳(今陕西旬邑)。公刘带着族人刚来到豳时,看中了一块很大的平地。但在决定定居于此之前,首先是"陟则在巘,复降在原"(先爬上山顶,又下山站在平原上,观察地势);当他看到有许多泉水在流淌,平地阔大,觉得可以居住许多人,于是又爬上南面的山顶上,看中了一块近山的高地,觉得可以修建城池和房屋("逝彼百泉,瞻彼溥原,迺陟南冈,乃觏于京");最后,"既景迺冈,相其阴阳,观其流泉,其军三单,度其隰原,彻田为粮,度其夕阳",即他又爬上山顶,去观察地势高低,阴阳向背,地气冷暖,泉水流向多寡,军事防护利弊,田赋税粮厚薄等等，加以考虑到离渭河不远，终于选定了那块龙兴之地[10]。

《诗经》中有关公刘的记载说明，早在夏代之时，选址定居的风水术已经是一门十分实用的、复杂的、成熟的科学技术。可惜的是，这门朴素的技术，到后来由于术士的参与、贵族的垄断、统治阶级神化和维护自己政权的需要，被掺入了许多迷信的毒素，科学的选址定居技术衍变为相地卜居、占葬的伎俩。

六朝刘宋时，华林胡氏远祖胡藩（太子左卫将军），以武功赐土豫章之西，食邑500户，见华林山水之美，筑室而居，是为华林胡氏肇基之祖。这一点毫无疑问，不仅族谱有记，也有正史记载。华林胡氏始祖胡藩生活的年代，是一个王道衰落、"妖大就是仙"的时代。当年的胡藩不应该仅仅是喜爱华林山清水秀，他之所以择居此地，绝不是并无其他意图。作为一个优秀的军事家，胡藩在当时选择地近浔阳和豫章（长江上下游控扼之要）、地势险要的华林山区作为息影之地，广蓄妻妾，多生子孙（多达60个），显而易见，他也是怀有周族始祖公刘之志的。胡盛泰撰《华林祖居图记》说："昔南宋（六朝刘宋）时，有藩公之居邳者，封土新吴，见其田壤腴沃，山清水丽，遂卜为家。"显然他是把胡藩当做华林胡氏的"公刘"来赞扬的。

六朝时期，玄学兴盛，山水美学发展，促进了风水术的进一步发展（图5.23）。欣赏山水之美，与卜地而宅，在当时实际上就是合二为一的事。胡盛泰说"（胡藩）见其田壤腴沃，山清水丽，遂卜为家"，说得还是符合历史事实的。至于后文所述华林"冲霄凤形"之象，应是宋元之后的东西了。宋代以后，理学和心学的太极、阴阳八卦理论渗透到风水文化中，指南针罗盘广泛使用于堪舆活动中，风水学理论更为繁冗复杂，风水文化中科学的东西也就完全被遮盖了。胡盛泰所述从一个侧面反映了华林风水文化与整个中华民族的风水文化发展是同步的。

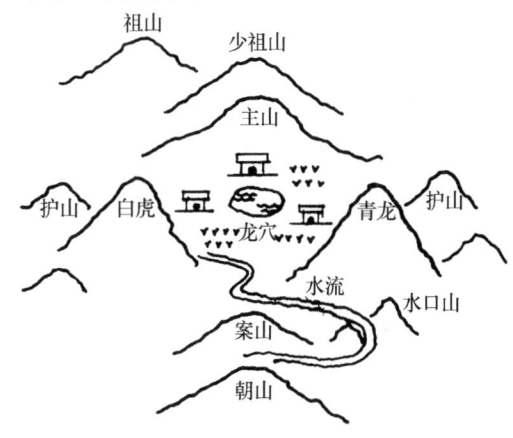

图5.23 中国风水文化中传统的"风水宝地"范式

华林胡氏族谱载：一世祖胡城之父、胡氏二十三世祖清献公（唐僖宗年间仕唐饶州判官），时值时局混乱，于是重建华林祖居地，以让子孙避乱生息。死后，其子依其嘱，将他葬于华林凤形山。907年，唐朝灭亡，胡成回乡修建"潜园"归隐，又进行了一番"卜宅"活动。这说明华林胡氏的风水活动由"卜宅"发展到"卜葬"。例如，一世祖耿老夫人墓，葬的就是一块风水宝地。毗陵谱载：二世祖可宗公，"葬于凤脑之下"。

唐宋之际的胡氏"簪缨累世"，尤其是宋代华林胡氏魁伟英特之嗣屡现，更强化了华林胡氏对风水文化的信仰。明代以后，华林胡氏后裔由于人口日繁，部分人向外迁移。有的在选择新的居住地时，都会追溯和遵行先祖卜居华林的先例。有的眷恋华林祖基这块"风水宝地"，仍然"附山而居"，不愿远徙。胡氏后裔中，还出现因专研风水术而知名于世的学者。

高安伍桥蔡溪胡村所保存的胡氏《家谱》记载了华林胡氏一支搬出山外选择新址时依附祖居地的地理形势、不愿远迁之事："按吾族龙脉，来自华林，迄岈口石，行至仙女、雷山二峰，其间绣参锦错，山环水绕，巍峨耸峙，脱卸潇洒，始结为花园下屋。自仙女峰，优游渐行，逆至樟树岭，波浪千层，烟霞五色……"[11] 蔡溪胡村就定址在祖基案山外风水出口，"附山"而村。

《四库全书·抑庵文集》后集卷27录明代王直《华林胡处士墓表》：华林胡氏宋代名宦胡珰的后裔胡原，"字文端，自幼谨敏，喜读书，选取为郡博士。子以心疾辞，闲居博览载籍，读郭璞'葬书'，有感于乘生气之说"，认为"凡人造居宅，亦犹是也，岂独死者所藏者，求之笃造之深"[12]。他掌握的辨方、正位之术非常灵验，如屋主采纳他的建议，改作一下房屋的朝向，往往就能得富贵，又能以人出生年月日时考星辰所值，而论其吉凶，亦有奇验。

图5.24 华林周岭村古建筑上的八卦风水构件

作为华林地区历史上的名望大族，胡氏重视风水、喜好卜宅卜葬的家族文化，深深影响了华林地区其他族姓（图5.24）。爱好风水、笃信风水，成为华林地区鲜明的地域风俗。尽管农耕时代物质生活匮乏，人们无论对生居建筑还是死葬阴宅，都怀抱虔诚之心、慎重之心，殚精竭虑地去安排自己生前死后的"大事"。由于技术和物质条件的浅陋，华林历史上的"风水佳构"已无多少可观的遗存（图5.25），但也有说得上的神奇之"境"，如高安华林乡的艮山石斋墓，就算得上是一个"千年奇观"。

石斋墓的墓址枕山面谷，位于艮山村东南约1公里的山谷峻崖之上，地址的宏观气势雄伟非凡。墓穴长方形，长2米、宽0.55米、深2米。令人惊奇的是，墓穴直接开凿在山体上一巨大的天然花冈岩石上。穴顶用榫母石盖封。墓穴上筑石亭，亭平面正方，高3米，硬山顶，四方立柱，开间2.5米，青石榫卯结构。亭前从墓底伸出整块青石板作祭台，犹如山崖飞檐，下有两根石柱斜撑承托。青石墓志铭嵌于石亭后西侧的山崖之上。

石墓近围的微观景象亦十分可观，擎天巨石突兀，修竹大木葱茏。墓底更有乾坤，一股清泉穿流而出，悬崖飞溅而下。

图5.25 华林周岭村地沟中掘出的厌胜定基的铁砧

据地方文献记载，墓主熊廷祥，瑞州高安县调露乡（今华林艮山村）人。其人聪明善言，心胸坦荡，风趣幽默，然而"性甘淡薄，无意任进士"，隐居华林，躬耕终老，人称"石斋高士"。熊氏生于明代万历十年（1591年），卒于清代康熙十三年（1674年），经历两个朝代、六个皇帝的沧桑巨变，享年84岁。此墓修于其死前15年，即顺治十七年（1660年），历时数载。

据说，此墓一经修缮，即引起世人的关注。1663年，即他死前的11年，筠州司马笪与龄前来拜访他，还特意爬上他的墓址去观赏他的墓穴。参观以后，对其墓穴大兴慨叹、仰慕、赞叹不已，事后作文又作歌，在历史上平添一段奇趣。文曰："人见石椁石坟者有之，未见凭空凿石而穴者也。""真古今之所未有。""奇而正，正而华，环石皆竹木，森森磷磷，一石亭蹲其上，十数里环而望之，如在天上，意已罕矣！石斋百年后，藏至于中，亦乐矣！"《石斋墓歌》曰："不到石斋墓，不见此山奇僻处。譬如读书，不读石鼓与丘坟，不知古人变幻突兀处。石下常生有蒂云，石旁沾着无根树。骨骼遒劲毛爪寒，山鬼吞声巨灵怖。艮山前后万窍风，石斋墓上一方雾。一方雾，千秋众人慕。"[12]其事不仅载于清同治年间编修的《高安县志》、《瑞州府志》，《艮山熊氏族谱》也有记载。艮山石斋墓至今犹存，真是"千秋众人慕"。

六、宗教信仰

英国著名的人类学家、功能主义创始人马林诺夫斯基（1884～1942年）说：神话是一种"社会宪章"；"社会宪章""不断产生于现实信仰中，而信仰需要社会奇迹、社会地位、先例和带禁忌的道德法则来支撑。"因此，神话来源于现实生活的需要，反过来，它也反映了一个社会的信仰和现实生活的需要。

这种观点与马克思主义的宗教学说也有相通之处。恩格斯就认为，宗教虽然离物质生活最远，表面上好像同物质生活毫不相干，其实，它是现实生活的反映。毫无疑问，马林诺夫斯基关于神话是一种"社会宪章"之说，也适用于解释中国古代社会历史发展中的神话传说。

众所周知，华林是一座有名的道教名山，山清水秀，历史上遗留下来的仙踪道迹颇丰（图5.26）。而每一处仙踪道迹，大都有一段虚实相杂的传说附丽，是神话还是历史，已经很难考证清楚。其灵其异，历代府志县志都用了不少笔墨记载。这些文字记载大体反映出历史上华林主流社会的"宪章"和信仰；除此之外，华林地区民间世代

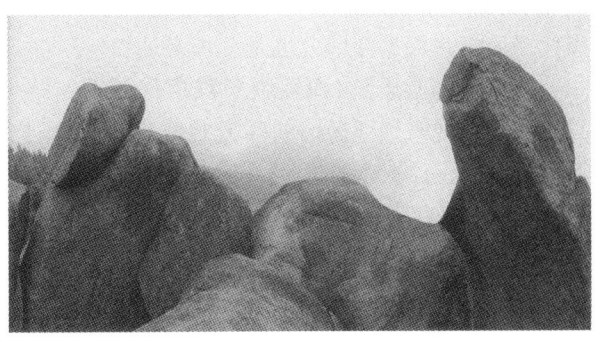

图5.26 华林灵异之石

口耳相授的还有一些未能见诸文字的传说，这些则是华林草根社会信仰和崇拜的神灵传奇。

（一）主流社会的神仙世界

与中国其他地区的人们一样，历史上华林地区的人们也深受中国传统的儒家文化影响，尤其是宋、元、明、清各代，崇儒、"读书世其家"的风尚浓厚。

然而，由于钟灵毓秀的华林山就是一座道教名山，历史上华林地区道风盛炽，仙踪道迹处处，中国土生土长的道教对华林人的影响也非同小可。当然，道教给华林人的影响，对不同层次的人们来说是不同的。对于草根社会的人们来说，道教只是画符、捉鬼、喝神水治病、打醮和超度之类的东西；而对于主流社会来说，道教则是一个神仙世界。

华林山区遗留下来的历史上的道教痕迹，有黄帝时浮邱公、西王母第九子玄秀真人、夏朝前期寿星李八百和仙姑李明香兄妹等诸多仙人隐居、修炼遗迹，也有晋代道士吴猛、许逊、隋代高人罗、武二仙、唐代道士孙智谅和张惠感等许多半人半仙的活动踪迹和遗址。在这些有形的物质遗址上，附丽着许多美妙的历史传说，寄寓着华林人们许多无形的渴望。

华林主流世界的神话传说大体上分长寿、宣道、作法祷雨和得道升天数种类型。

1. 华林山的"八百洞天"、浮邱石室和浮云宫，传承着系列长寿的神话

华林山南峰山腰，有号称"八百洞天"的石洞。石刻铭记："蜀士李八百自夏后戊戌（公元前2133年）隐此，至大宋癸亥嘉泰三年（1203年），三千三百八十六年。"铭记者为"住山蜀弟子闵中"敬题。《神仙传》也有记文："李八百，蜀人也，名真，历夏、商、周至秦汉，或隐于山林，或出于市廛，计其年不下八百岁，日能拐行八百里，故以李八百为号。"事有具体时间，记者有名有姓，有实实在在的遗址，有文献相证，在西方近代生命科学东传到中国来之前，确实难以教人不相信。据《奉新县志》（康熙版）载：历代名士，包括唐宣宗、潘兴嗣、胡僧孺等封建时代的精英人物，对这个神奇的山洞都崇敬不已，留下许多著名的抒怀题咏。

传说更早的时候，黄帝时的仙人浮邱公曾在华林山浮邱岭的浮邱石室隐居修炼。《列仙传》云："王子乔（周灵王之子）好吹笙，道人浮邱公接以上嵩山。"黄帝时的人周代仍活着，可见浮邱公也是个长寿仙翁。

据《奉新县志》（康熙版）载唐代初期，第14代天师张惠感带着小徒弟孙智谅从高安的崇元观来到浮云山的浮云观修身炼丹。神龙元年（705年），武则天诏张惠感到京城任国师，浮云观交由徒弟孙智谅接管。开元二十五年（737年），唐玄宗派洪州（今南昌）观察使韩朝宗礼迎孙智谅进京，其时孙智谅已有120多岁。见到远道迎来的老寿星，唐玄宗不失时机地向孙智谅问长寿之道。近300年后，到了宋代，祥符三年（1010年），宋真宗也如法炮制，"遣中使任文庆亦投金龙于中"，以求长生。浮邱石室以后遂改名投龙洞。

从以上系列亦真亦幻长寿神话的演绎中，我们可以体会出演绎这些神话故事的人们对长寿的渴望和努力的追求。值得指出的是，古代帝王投金龙于仙人洞之事，历史上确实不乏其事。不过，所投金龙，实为金柬，不是为求长生之法，而是帝王们向天告罪求饶、以免天罚的表示。

2. 帝王问道，法师宣道的神话

《奉新县志》（康熙版）载：唐玄宗派人迎接浮云观法师孙智谅入宫后，曾向孙智谅问治国之道。孙智谅的回答简明扼要："圣人之道，在一心不他求也。"孙智谅答对得体，加上祷雨成功，大得玄宗欢心，因此获赐衣帛，浮云观也得赐"浮云"匾额一块，因此得以留名青史。唐至德年间（756~757年），肃宗李亨又诏孙智谅进京，此时孙智谅已病卧不起，未及奉诏即逝，卒年140余岁。又传，元世祖在灭宋之前，曾派人问道于第35代天师张可大。天师预言20年后，世祖将一统天下。元定江南后，天师道因功得宠。浮云观升级为宫，被敕封为"浮云宫"，并得赐"万年宫"匾额，修建"万年宫"牌坊。

历史上元灭宋，乃至后来的朱元璋击败陈友谅，都曾得到过天师道徒的暗中支持，这是历史事实。而在传说中，天师的预言被看做神的预示，只是在神化张天师的通天法力而已。

3. 法师作法祷雨的神话

《奉新县志》（康熙版）载：华林浮云观为孙智谅师徒修炼之所，"唐开元初，有孙天师者，名智谅，受张天师（第十四代天师张惠感）法妙之书"。这种法书即是"作法祷雨"之书。后来孙智谅被唐明皇请到京师宣道，适逢久旱不雨，唐玄宗于是在内阁诏见他，请他于夜间作法祷雨，"一会果然天降大雨"，明皇一时龙颜大悦，厚赐遣归。

孙智谅死前，将此"法妙之书"藏在李八百曾修炼过的八百洞天，所以八百洞天"又名'孙天师石室'。会昌中，县之修德乡有邑人龚氏入室中，获《六丁祷雨诀》，凡遇亢旱，祷辄应。咸通五年，进士朱元真于洞口获石函，内有经二卷，遂携还高安，阐受经教，道法盛行，名显于世"。

4. 得道升天的神话（图5.27）

据《南昌府志》（乾隆版）载："玄秀峰在县西南三十五里华林山之东南，奇秀蠹立。相传王母第九子玄秀真人筑坛于此，以祭灵仙，稍下一阜为仙姑坛。"《奉新县志》（康熙版）载："仙姑即李八百之妹，明香真人也。尝修炼于此，后于高安五龙冈冲举。……"《中国人名大辞典》载："李明香，晋朝蜀地人。初修道于华（林）山之玄秀峰。"每当月明之夜，可以耳闻目睹李仙姑的环声佩影，后人遂将此命名为"仙坛月佩"。

道教土生土长于中国，与世界其他任何宗教的思想内质截然不同。但它与西方基督教的成长经历颇有相似之处，即产生之初，它是下层草根社会的宗教，具有强烈的叛逆性，后经改造，为主流社会所接受和利用。

在中国古代封建专制集权的体制格局中，生活在水深火热之中的草民、穷蹙失意的士大夫，都需要一种超脱的精神寄托，即使是得居庙堂之高者，也需要一种心灵抚慰。历史上，高官作怨文不乏其人，"难得糊涂"得到普遍的认同就是明证。从古代中国的文化生态而言，两千年以来，一直居主流地位的儒家文化过分强调"入世"

图5.27 宋代召神台

精神，在其熏染之下，世人"入世"的企图心过于强烈，主张"出世"的仙道思想自然而然成为一种最好的心灵救赎"良药"。

毫不讳言，道教在发挥"抚慰"功能的同时，对于人民反抗封建压迫的斗志也具有麻痹作用。马克思主义认为，宗教是一种精神鸦片。作为一种宗教，道教也具有精神鸦片的功能。惟其如此，它才会为主流社会改造利用。从华林地区主流社会构筑的以上法师代天宣道、代帝王向天求恕、代民作法祷雨、得道升天的系列神话可以看出，道教无处不在地为神化封建皇权、维护封建皇权效力：它的一切活动宗旨就是证明皇权通天，帝王是天的儿子，即"君权神授"。因此，道教一直为主流集团呵护着，唐、宋、元各代皇室对华林山区道院宫观多有匾额玉帛赏赐，地方士绅也不吝家财鼎力相助。宋绍兴年间（1131~1162年），胡直孺退养于浮云山祖居地，因所生11子皆入仕而宦徙各郡邑，在其举家外迁时，念其祖茔所在，将山上800亩田租和山下的800石田租捐给了浮云观。明、清之世，奉新县官府设有道会官，管理华林山区道观和道士。清同治五年（1866年），奉新同安乡（今赤岸镇）职员胡懋松重修华林道宫，华林胡氏后裔官源胡一川的后裔则捐修华林天宫石坛。直到民国时，天师道宫才失去其威风赫赫的风采。

应该说，在中国古代历史上，草根社会无数次反抗封建压迫的斗争都具有正义性，也是非常必要的，短期内具有扼制腐败更加泛滥、宽缓压迫的作用。但是两千多年的农民革命斗争史证明，革命的结果只是一个新的腐败专制王朝取代了一个旧的腐败专制王朝；所谓的"替天行道"，实质是争当"天之骄子"而已。无论汉代秦，还是明代元，只是改名换姓而已，体制依然，运行格局依然。这是因为，在长达两千余年的封建社会中，备受压迫的草根虽然是革命力量，但并不是新的生产力，并不具有新的思想，不能创造新的生产关系，即并不是新的生产关系的代表者。革命的成功，只是意味着被压迫者上升为压迫者的身份的转化，体制依旧。从这个方面来说，道教的"稳定"功能倒是有一定的积极性，避免了中国历史上更多的刀兵水火之灾和生灵涂炭。

同时，道教"稳定"人性的功能，对于那些骄奢淫逸、对权势有强烈贪欲但又具备一定内省人格的贵族来说，也有一定的教化和抑制作用，在一定程度上减少了统治集团内部争权夺利的互相杀伐，避免了历史上更多无意义的动荡，为保障草根社会生活的相对稳定发挥了一定的作用。

（二）草根社会的神灵

华林地区草根社会也有自己世代口耳相传的神话传说，这些传说故事虽然有些没有见诸文字，有些也是"仙道"的传奇，但也承载着历史的痕迹，折射出他们的内心世界。

华林草根社会信仰和崇拜的神灵和传奇明显有别于主流社会的"神仙"世界。他们主要信仰和崇拜的是自然的神力和本土为民除害的"神道"——吴猛和许真君，崇尚的是善行和美德，也不乏浪漫的爱情。他们很现实，又在子虚乌有之境向往维系精神平衡，寻求人性的洒脱和尊严。他们信仰和崇拜的传奇主要有以下几类。

1. 崇拜自然的神力

草根社会也相信"仙道"的法术，但他们更信仰和崇拜的东西是"风雨雷电"、"神鹰"和"神泉"等自己极为熟悉的自然物的神力；他们有明确的憎恶对象——给自己带来不幸的系列"山妖精怪"，即一些形象狰狞或与阴暗联系在一起的东西，如石精、老鼠精、乌鸦精等。华林民间流传的这类传奇故事最典型的是两个有关丫口石的。

丫口石传说之一（图5.28）：

很久以前，华林山脚下有个夏家村，村里有一个会医道、通法术的能人，名叫夏子清。夏子清年幼的时候是个孤儿，为人非常孝顺，又十分勤劳，夏母一贯为人厚道。因此，九龙仙女决定帮助夏家母子。在夏子清14岁那年，九龙仙女教他学会了医道和驱使风雷雨电的法术，并赐给了一把无坚不摧的金斧。从此，他就成了华林山区救难降魔的大救星。成年以后，他娶了一位心地善良的妻子，后来又有了一位聪慧的女儿，取名夏秀萍。夏子

图5.28　华林胡氏祖基地界标——丫口石

清也教给女儿一些武艺和法术，以便救难降魔的事业后继有人。

有一年，华林山中突然来了个妖精。这个妖精原本是泰山的一只石老鼠，经过多年修炼，掌握了一些本领，就偷偷地从泰山潜逃到了华林山，纠集了一批小妖精，成了气候，便出来祸害人间。石鼠精逢年过节就要吃一对童男童女，谁家娶亲嫁女，新娘要让它先睡三天。如不照办，就兴风作浪，呼风唤雨，弄得山洪倾泻、田地遭受冲刷、民居塌毁。华林山周围一时民不聊生，许多人家只得背井离乡，四处逃生。

有一天，山下有一家人的女儿按预订婚期次日就要出嫁了，但一想到石鼠精，就烦恼不已。夏子清知道后，决定趁机除妖。他让略懂些武艺、法术的女儿夏秀萍装扮新娘，照常做喜事。在前后两个晚上的三更时分，先后将妖精的手、尾砍伤。由于妖精眼明手快，最终还是逃走了。

石鼠精见硬来不行，就决定用三年时间偷学夏子清的法术，然后再行报复，于是就摇身变成了一个十二三岁的面相清秀少年，穿着破烂衣服，装扮成一个孤儿，来到夏家附近流浪，自称名叫"石少青"。结果被心地善良的夏子清的妻子收留做干儿子，与夏秀萍以姐弟相称。

石少青进入夏家后，施展一切伎俩，讨好夏子清，不时地缠着夏子清教些法术。在夏子清家住了快满三年时，一天他趁夏子清出去行医之时骗得师母信任，从屋后的竹节中窃取了夏子清的天书，高兴地跑回山洞，又现出了石鼠精的原形，肆无忌惮地继续为祸百姓。

为了为民除害，夏子清不顾个人安危，决定只身去华林山石洞赴石鼠精设下的"鸿门宴"。在风雷雨电和神鹰的协助下，他机智地与石鼠精和一班小妖在石洞中英勇搏斗，但力不敌众，身负重伤，最后，在及时赶来援助的朋友黄土将和女儿夏秀萍的帮助下，终于将石鼠精与小妖们一网打尽。

黄土将用神鞭打死石鼠精的最后一鞭是抽在鼠精的鼻子上。石鼠精断气时，张着大嘴，一死就再也合不拢了，后来石鼠精就化成了"丫口石"。不幸的是，一生降魔救难、救人无数的夏子清也由于伤势过重永远地闭上了双眼。

丫口石传说之二（图5.29）：

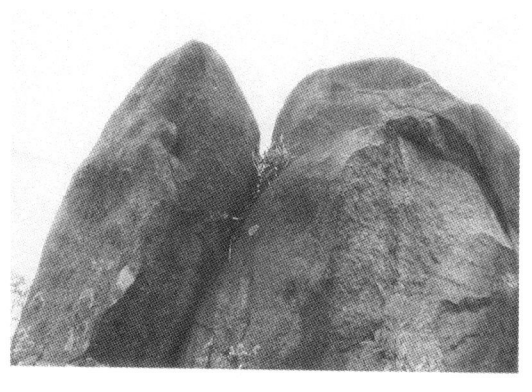

图5.29　不同角度的丫口石

很久以前，华林山丫口石附近的村庄里生活着一对恋人：姑娘叫金凤，聪明美貌；少年叫银虎，英俊勇敢。两人从小青梅竹马，天生一对，相亲相爱。两家父母早早地就给他们定了亲，就在婚期临近的时节，为了把喜事办得风风光光，银虎进入深山打猎，希望打些珍禽异兽多赚些钱。

正在这时，丫口石的石精修炼成精，开始迷恋女色，眼看着金凤长得亭亭玉立，如花似玉，便打起了金凤的坏主意。在银虎进山后不久，石精就化作一只又大又黑的乌鸦，天天绕着金凤飞，并不停地叫唤："金凤，你嫁阿（我）！金凤，你嫁阿！"每一次都遭到金凤的严正拒绝。

石精恼羞成怒，施用魔法，使金凤的娘和爷先后病倒了，并威胁道："你嫁阿，你嫁阿，不嫁阿，害娘爷！"

金凤眼见着娘和爷的病情越来越沉重，心如刀割，只得同意丫口石精的求婚。临走的时候，金凤对娘爷说："女儿眼看就要走了，二老要多保重。阿什么也不要，只带一袋油菜子，阿一路走，一路撒，明年三月油菜花开了，娘爷一定要银虎哥沿着油菜花来救阿啊！"金凤向娘和爷磕了个头，把油菜子藏在身上，上了石精的迎亲轿。一路上，金凤在轿里只顾偷偷地往地下撒菜子。

金凤被青面獠牙的石精用法力摄入石洞后，机智地与石精周旋。她以死相逼，要求石精答应一定要等到明年三月以后才成亲的条件，石精同意了。

一个月后，银虎兴冲冲地满载而归。在得知金凤被妖精掳去的事后，气得七窍冒烟，他天天上山寻找金凤的下落，但他怎么也找不到石精的住处。

阳春三月来临的时候，金凤撒下的油菜子终于生根发芽，很快就长成了一条金色的油菜花彩带。银虎立即沿着油菜花彩带出发了，他手拿利斧，肩扛鸟铳，背着干粮，日夜兼程、大步流星地往前赶。他一路披荆斩棘，攀悬崖，跨险壑，吃完了干粮，但仍然忍饥挨饿地继续赶路。

一天，他又饥又渴，头晕眼花，感觉到身子马上就支撑不住了，正在此时，却惊喜地发现路旁有一泓清泉汩汩地往外流，他就势趴在地上，照着清泉喝了个饱。原来这口泉水是一眼神泉，泉水喝下去以后，银虎顿时觉得力大无比，浑身有使不完的劲。他抬一抬腿，一步就跨出了一丈多远，拿出斧头向一块石头试劈了一下，石头竟然"轰"的一声裂开了。意外地得到了神力，他高兴极了。很快，他就来到了油菜花消失的地方——一块巨石旁。

凭借神力，银虎站在石洞外就用鸟铳击毙了隐藏在石洞中的石精，然后，又用利斧劈开石洞，救出了自己日思夜想的恋人金凤。一对有情人终成眷属。银虎借助神力劈裂的"丫口石"，再也合不拢了，它成为世世代代的华林人自主信仰的千年不易的见证。

夏子清为民除妖和银虎魔穴救妻等故事的背后，映射的是千百年来华林人的不幸和幻想。这类"山怪妖精"劫新娘的故事编排着不同的虚拟情节，表述着相同的事件，实际上是华林地区历史上反复演绎的华林人辛酸史的浓缩。

所谓"山怪妖精"，实际上就是古代历史上华林地区有权有势的土豪劣绅，以及啸聚山林的土匪。这些"精怪"不仅在经济上鱼肉草民，而且承袭野蛮时代欺男霸女的恶劣余习，对草民进行人身侵犯和侮辱。在这黑暗的时代，草民却仍然能坚守自己的美德和操守，以自己微不足道的力量去舍命相搏。在力量悬殊的局面中，草民要取得胜利，一方面盼望能够有"为民除害"的强势人物出现，另一方面就只有幻想得到某种自然神力的援助了。而历来自称草民"父母"的官府"牧守"，却不在草民的希望之中。

从这个角度视察，华林草民社会的神灵崇拜是非常朴素的，比中国民间普遍对开封府的"包公崇拜"情结更具历史认知价值，其文化意识本身更具进步意义。

2. 崇尚善行和美德

从以上华林人津津乐道的两个传奇故事中可以看出，华林人是非常崇尚善行和美德的，例如，夏子清一家三代，勤劳、朴素、厚道，子孝母慈，舍己救人；银虎、金凤对爱情无限的忠诚，等等。

除此之外，华林草根社会对获得自己认可的地方乡绅的善行也很崇尚。华林民间广泛流传着两个有关宋代名绅胡仲尧的传奇故事：

其一，"夜合山"的传说。华林山浮云宫前有两山对峙，相距约20余米。以前每到半夜子时，两山会自然合拢，有如人间夜深人静就关门闭户。后来胡仲尧在这里修了一座石桥，两山被石桥撑住，便再也合不拢了。

其二，"会仙桥"的传说（图5.30）。华林山浮云宫、夜合山之间有座桥，是浮云山出入必经之路。古时此桥为两棵楮树自然攀接而成，一棵由南往北平行伸出，一棵自北往南合拢，成为一座天然木桥。夜半常有仙人在此桥上对弈，故称会仙桥。为防止夜合山一到夜晚合拢后谷中涨水，胡仲尧便派人把两树锯断，改成石桥，夜合山也就不能再合拢了。这座石桥后来取名"会仙桥"。

图5.30　华林石梁结构的"会仙桥"

胡仲尧生于华林地区名望硕族胡氏。胡氏家谱载：唐宋之际胡氏世代同居，"义居累叶"，"聚族千口"，孝友风闻朝野。《奉新县志》亦载：晚唐至宋，华林胡氏七世聚族而居，家口800余人同食。胡仲尧兄弟素有善行，宋淳化年间（990~994年），洪州旱灾，胡仲尧开仓贱卖家粮，赈济饥民，后来又出家产，建造南津桥，以方便乡邻。建于明代万历年间的"济美牌坊"上的石刻也清楚地记载了华林"宋国子监簿仲尧"的"济美"善举："淳化中，捐廪赈饥，活民（数）万"；"景德四年，创南津（桥），建华林书院，捐稻田（租八）百石"，养四方来学之士。其弟胡仲容，也效仿乃兄，出资"置养士田"。明正统年间，胡仲容17世孙胡应麟亦承祖上余风，捐粟千石赈济饥民。[14]对于这样的有德乡绅，华林草根社会在感情上也是十分崇敬的，所以演绎出"会仙桥"的传说，以资怀念。

3. "仙女"崇拜情结和浪漫爱情的渴望

如前文所述传奇，华林草根社会崇拜"九龙仙女"。就是这位仙女，教夏子清学会了"救难降魔"的法术。华林浮云宫前有一座"仙女庙"，传说时常有仙女降临于此，华林人便在此建庙祀之。

华林草根社会传说中的最浪漫的一位仙女是吴彩鸾。据文献资料，吴彩鸾本是晋代新吴（今奉新）神道吴猛之女。

传说晋宁康二年（374年），她随父亲乘白鹿车升天成仙。到了天宫后，她尘思未断，常常感觉到仙界不如尘世有趣，于是不时偷偷地下临凡界游玩。大约过了近500年后，也就是唐大和（827~835年）年间某一个秋日，吴彩鸾又一次下凡到洪州（今南昌）西山故居游玩。在西山游帷观，与钟陵书生文箫邂逅相遇，一见钟情，两人便在山间追逐嬉戏，以致触犯天条，被"谪为民妻一纪（按：一纪等于12年）"。

吴彩鸾跟文箫缔结良缘后，生活十分艰难，两人的生活只是靠吴彩鸾写字换钱为生。为了生存，吴彩鸾每日需写孙缅《唐韵》一部（指一个韵部），换得钱五贯，才能满足一天的生活需要。就是这样艰难的生活，他们过了10年。

10年后，夫妻俩移居到新吴（今奉新）越王山。当地一个叫邹举的人收留了他们。邹举是个穷人，本来就缺衣少食的，还欠下不少官家租税。吴彩鸾就连夜为他织锦，一个晚上，就织成了140尺，帮助他缴完了官租。两年后，罚期满了，夫妇两人便各跨一虎腾云驾雾升天了。临别之际，吴彩鸾还给邹举留下一粒长生不老的"仙丹"。吴彩鸾预料到回天宫之后，自己的爱情可能还会遇到更多意想不到的困难，在升天之前，又作诗一篇明志：

> 若能相伴陟仙坛，应得文箫驾彩鸾。
> 自有绣襦并甲帐，瑶台不怕雪霜寒。

国乱思良相，家穷盼贤妻。在中国古代历史上，草根社会流传着许许多多"仙女嫁凡男"的传奇故事，如董永和七仙女、牛郎织女的传说、田螺姑娘的传说等，不一而足。这些传奇演绎的都是一个亘古未变的主题：在屈尊嫁凡的"仙女"努力和帮助下，仙女和幸运男过上了美满的"男耕女织"的世外桃源生活。

但是，吴彩鸾和文箫的"仙女凡男恋"与其他的仙凡缔良缘故事有很多不同的地方。

其一，仙女吴彩鸾，不是什么田螺精、花精之类的东西，也不是天生的外来仙女，原本是个真实的凡身，是个有根有蒂的本土历史人物，许多地方文献有其传记。

其二，吴彩鸾和文箫的仙凡配不是中国传统的"牛郎织女"结构（即"男耕女织"式），过的不是"你耕田来我织布，我挑水来你浇园"（黄梅戏《天仙配》唱词）、子女围着一大圈的生活。"凡男"文箫是个书生，不以耕田为生计；吴彩鸾尽管也会织锦，但她只是在救济恩人时才显露一手。她的助夫之技，竟然是擅长书法，以卖书帖换食。这种婚姻家庭结构与中国传统社会的现实经济基础和男女有别的社会分工方式完全不相匹配。

其三，吴彩鸾和文箫缔结良缘12年间，吴彩鸾没有像七仙女和田螺精那样为自己钟情的"凡男"生儿育女，两人组建的不是一个中国传统的完整家庭，而是一个极现代的"丁克家庭"——只有爱情，无子无女。两人过着小两口、小家庭、不食人间烟火的甜蜜生活，完全无视宗法制的大家庭制度。这一点是最为神奇的。

其四，在中国传统的传说中，"仙凡配"是为天条所不允许的。历来"仙凡配"的故事中，天宫神灵多会百般阻挠这种门不当、户不对的婚姻，往往会派出"天兵天将"或者土地爷之类的仙灵出来软硬兼施，千方百计地拆散爱得死去活来的痴情鸳鸯。但是，吴彩鸾和文箫一见钟情后，天庭却只是"略施薄惩"："谪为民妻一纪"，反而是促成两人缔结良缘，让其过着穷蹙困厄的生活，似乎也只是考验其爱情的忠贞而已，最后文箫都连带成仙了。整个故事，除了贫穷的遗憾之外，没有生离死别的痛苦，自始至终，只有爱情、欢乐、幸福和永恒。这与其他的"仙女凡男恋"后仙还是仙、凡还是凡，最终只能是"仙凡"两隔的结局是截然不同的。显然，"吴文配"里的天宫还是非常人性化的，对不对等的"仙凡配"和男女私欲都是抱宽容态度的，"门第"界线是淡薄的。

从以上几个方面来看，"吴文配"绝不像其他任何"仙凡配"，它虽然不乏世俗的因素，但绝不是一般普通意义上的中国传统农业社会的田园牧歌，而是超现实主义的、超浪漫的、极富创造力和想象力的爱情传奇故事。这种浪漫传奇产生于农业社会的下层，本身就是一件十分神奇之事。

总之，华林草根社会的仙女情结，联系传统的"男耕女织"社会背景来解析是十分困难的。

4. 尊崇"救世主"的情结

千百年来，道法非常的吴猛和许真君是华林草根社会最为尊崇的"救世主"。

据文献资料，吴猛，字世云，晋代新吴（今奉新）人。许逊（239～374年），字敬之，东汉汝南人许由后裔，其父许肃在汉末避乱移居豫章。吴猛幼以孝闻，先在吴地为官，后任豫章西安（今江西修水）县令。40岁时，拜上高县蒙山隐士丁义学习医道和仙术。后复师南海太守鲍靓，学秘法云符。晋泰始年间（265～274年）传道术于许逊，并与许逊同至丹阳（今江苏镇江）谒见谌母，学得净明忠孝大法。晋永和年间（345～356年），与弟子许逊入奉新华林山修炼；晋宁康二年（374年），在西平乘白鹿车，偕弟子四人得道升天。后人将吴猛在华林山的修炼之所称为"吴仙坛"或"吴仙观"。宋朝皇帝曾封吴猛为"神烈真人"，封许逊为"神功妙济真君"。在历史的长河中，弟子许逊的名声逐渐大过了师父吴猛，后人尊称他为"许真君"，还在南昌西山建"万寿宫"祀之。因他曾任过旌阳（今四川德阳县）令，又有"许旌阳"之号。华林山的浮云宫也立有一尊许真君的塑像，塑像龛座上题有516个字的碑记，记载了他的生平事迹。

《奉新县志》记载了吴猛、许逊师徒很多美妙动人的传说。这些故事在华林的草根社会（如会埠镇、赤田镇、宋埠镇等地）广为流传。

一日，吴猛自丹阳还豫章，江波甚急，众人不敢过江，吴猛遂以白羽扇朝江水一挥，江水立即变顺流为横流，变成了一条人可步行的陆路，众人最终得以从容过江，事后，江水复还顺流。

豫章海昏县有大蛇，常兴风作浪，拦路伤人，吴猛与许逊决计为民除害。大蛇见两位神道到来，便避入洞中藏匿。吴猛喝令豫章土地神逐蛇出洞。蛇出，昂首足有数丈之高，吴猛勇往直前，以一足踏蛇尾，一足踏蛇首，以手控蛇背。许逊趁机挥剑，将蛇劈为两段。

有关许逊辗转千里勇斗祸国殃民的蛟蜃精、为民医病施药、不求闻达而成仙的神话传说更多，流传更广，更是脍炙人口。

时下有不少的学者认为，"救世主"的崇拜情结是一种奴性人格或者说是一种草根社会对权威的崇拜依附与他们对权威的造反意识交织而成的东西，"是集体无意识的一种原型意象"。这种情结在我们原始时代祖先的意识中就已经有了，史载："上古之世，人民少而禽兽众，人民不胜禽兽虫蛇。有圣人作，构木为巢以避群害，而民悦之，使王天下，号曰有巢氏。""民食果蓏蚌蛤，腥臊恶臭而伤害腹胃，民多疾病。有圣人作，钻燧取火以化腥臊，而民悦之，使王天下，号之曰燧人氏。""中古之世，天下大水，而鲧、禹决渎"，禹后来得了天下。这就是证据。

凡事不可一概而论。华林草根社会对吴猛和许逊的崇拜，虽然也不外乎是一种对"救世主"的尊崇，却说不上是一种奴性的体现。

据学者们研究考证[15]，许逊是晋代著名的道教大师、医药学家、水利专家，在四川做官时，廉洁奉公，政惠百姓；灾疫横行之际，又充分发挥自己的医术特长，广施利济，活人无数。他弃官回乡（今南昌）后，抱着为民除害的宏愿，充分发挥自己水利知识的特长，领导家乡人民修水利、抗洪灾，大大减轻了鄱阳湖周边区域的洪涝水患，为人民造福不小，功不可没。

由此可见，许逊（包括吴猛）完全不同于我们经常在小说和戏剧里看到的那些救民于水火的君主，也不同于伸张正义的包青天和替天行道的侠客之类的人物，也不像那些只是以沟通天神为自己立威、专施法咒的神道，而是一个"能御大灾，能捍大患"[16]（王安石：《重建许旌阳祠记》）、非威权人格的、为民办实事的"平民式大众人物"：他救民于水火，反对王霸之道；他以积极的姿态、利用自己的水利和医药知识济世，却以淡薄的心态对待官位，不愿树威于世，济世功成即隐；为了治理水患，他不远千里奔波，百折不悔，具有坚忍不拔的品格；为了弥补人性的缺陷，他创立净明忠孝大法，倡导行善积德，心术端正，力修"方明气术"，首善"阴功"。这些品格和思想，完全是草根社会的价值取向。正因为如此，他和他的思想，得到了草根社会的广泛认同和尊崇。这种尊崇，绝不是奴性的崇拜，实际上是对自己善良的人性及人类自身尊严一种充分的尊敬和崇拜。正是有了这种自尊，赣地先民才能披荆斩棘，奔赴天下各地，将"万寿宫"建在世界的各个角落。

许真君是华林的，是属于整个赣民的，也是属于整个中华民族的。

七、崇儒读书风气

中国两千余年的封建历史中，统治者一直奉行外儒内法的治国之术，以儒家的礼教秩序为治世圭臬。因此，每逢历代昌明之世，崇儒之风必炽，读书之风必浓。所谓"崇儒之心，一邑风化之本"，是有见识的士大夫的通识。

华林地区的读书崇儒风气早在唐宋时期就风闻天下了。唐朝中期，国子监祭酒幸南容辞官回家（790年），在祖居地华林山西南麓的桂岩辟地百余亩，创办书院。当时来此求学和讲学的人络绎不绝。这是江西境内最早的书院。该书院数次兴废，存续千余年，培养了不少封建国家的治世人才（《江西教育志》）。就幸氏子孙就读书院而中进士者，有50余人（《幸氏宗史》）。

华林历史上的名望之族胡氏将华林地区的崇儒之风和读书之习推到了极致。华林胡氏一世祖胡城，唐天祐年间中进士，授国子监博士，官侍御史，封徐国公。唐亡后，悬车不仕，在华林祖地建"潜园"隐居，创建家塾"华林书堂"，督课子孙。南唐时，胡城长子胡珰将家塾发展成华林学舍；五代周世宗时，胡赟由进士第任潭州都督，致仕归家，广创重楼，贮书万卷，里人名其楼曰"书楼"；北宋初，华林五世祖胡仲尧、胡仲容兄弟，在华林山南元秀峰下，扩建华林书院。一时"学聚四方人，道致青云富，名随白日新"，来华林的文人墨客络绎不绝。《四库全书·骑省集》卷28录宋代徐铉撰《洪州华山胡氏书堂记》：胡仲尧"奕叶儒学，蝉联簪绂"。"君以为上古之风，可以驯致，由六经之旨可以化成也。乃即别墅华林山阳玄秀峰下，构书堂焉。筑室百区，聚书五千卷，子弟及远方之士从学者数千人，岁时讨论，讲习无绝。"[17]宋相王钦若、王禹偁等先后肄业其门。

《奉新县志》卷二上"学校·学宫"引宋代胡旦《儒学记》："宋兴以来，官无横敛，人无异趣，大江以南，豫章之境，风俗淳厚，士人儒雅，家崇孝悌，户习诗书，弦歌之教，讲诵之声，无时或息。"光禄寺丞胡公仲容，志在礼乐，不惜家资捐金捐粟，访求孔庙遗址，鼎建更新，创祠30间，建生徒讲舍百余号，"于是新吴之墟，人文为盛，谈经肄业，敦儒信道，彬彬然也"。宋雍熙二年八月初二日，王钦若奏称胡仲尧兄弟一门孝友，百忍传家，筑室聚书，招贤纳士。上嘉之，诏下，敕旌为义门。仲尧兄弟诣阙谢恩，敕授本州助教，赐白金器200两，许以香稻果充贡。

胡氏世亲儒道，衣冠辈出。《华林书堂诗集》（1322年编）载：宋代的华林胡氏"儿孙多力学"，"儒业未曾虚"，"书楼藏六籍，讲席聚诸生"，以致家族孝义知名天下，"四远来名士"，"官序新春拜，门阁往岁旌"。康熙版《奉新县志》载：北宋元丰七年（1084年），苏轼前往高安探望其弟苏辙，路过奉新，应胡氏之邀，"曾过华林书院来"，受到书院主人的热情接待。他看到书院诸生纷纷到九龙剑池去洗涤笔砚，竟然将池水也染黑了，于是诗兴大发，作诗以颂其盛。其实，诸生所洗之墨远不止洗黑了池水。史载，池水灌入稻田，稼谷俱黑，时谓天赐其瑞。

最为可敬的是，胡氏家族的崇儒之风得以世代延续。在后来的历史发展中，胡氏族人在奉新一地单凭家族的力量就创办了郁竹书院、南垣书院、东坪书院、九贤书院、文陶书院、华厦书院等七所书院。外迁的各支系也承继了这个传统，他们的后裔在中国学术史上也代有雄起之人。在宋、元、明诸学案中，华林胡氏后裔就有胡瑗的"安定学案"、胡安国的"武夷学案"、胡寅的"衡麓学案"、胡宏的"五峰学案"、胡宪的"刘胡学案"、胡大时的"岳麓学案"、胡居仁的"崇仁学案"等七个学案。

明代末年，华林胡氏族人"因被寇"，迁居各地，星散杳远，但"浮云宫产"作为"仲尧兄弟八人聚族招贤读书讲业处"仍被视为"朝廷香火"而受到地方官府的保护。[19]

清代华林胡氏已至衰落，但子孙多承祖风，仍能继承前人留遗嘉谟懿范，并且继长增高。清康、乾之际，杉林胡邦科五子各敛钱数百文，首设"祭读会"，"上为宗祖祭祀之费，下为子孙诵读之资"，后经数代承先启后，置田数10余亩，钱已贰百数十千文，"会以渐扩"，至嘉庆年间，仍称鼎盛。清嘉庆十九年甲戌冬月邑庠生胡氏裔孙钺撰《杉林邦科公祭读会记附约》[20]。

胡氏世代"读书居先"的习气依然如故（图5.31）。清乾隆五十九年，胡举上父子立《养贤遗嘱》：因慕"古来世家官族未尝分产之日，先存赡学之田"之义，将"杨溪田一庄存为公业，永为赡学之田，资补英俊之士，文武一体"。"所以俾（胡氏子孙）有志者益坚，无志者亦励，人文蔚起，科甲蝉联。"清嘉庆十九年甲戌冬月胡钺撰《太学生杉林大斋公学田记附嘱》[21]。

清嘉庆十九年甲戌岁冬月立胡氏《家训》："子弟无贤愚，书断不可不读。……不可娇养溺爱，使之出就严师，日甄月陶，颖异者望取功名，顽钝者将来不失为循良子弟。即贫乏之家，亦不得藉口于束修无措。苟有心教子，虽供送菲薄，为师者自必见谅。昔人云：宁可失婚，不可失读。诚格论也。"[22]

为了"鼓励后嗣，踊跃观场，荣光宗祖，光大门闾"，胡氏家族的女人也往往"志识超伟"，不让"须眉丈夫"。清嘉庆七年壬戌岁三月，胡阿氏熊孺人，"立合同遗嘱"，"将夫手遗下，杨溪早晚田一庄，我私置本姓杂姓田，悉载号亩，田名列后（共五十余亩），存为赡学田"，以"永绍诗书之香"，辅助"国家重兴贤之典，庠塾隆养士之文"[23]。

清光绪八年壬午孟春月胡阿焦氏，将夫"勤俭半生，薄有遗产（壹进计三榻二间门面二重相连店屋）"，"缴与本族亲睦堂大宗祠内，以为合族兴立义学之资，以竟夫主素志"。"又恐其用不敷，难以垂之于久远，复助足钱五十串文。"其识高，虑远，有非寻常闺阃所能及者，乡人因此尊其堪称《诗经》中"女士"[24]。

图5.31 华林周岭古建筑上的明堂构件体现了"士为席上珍"之习气

华林胡氏家族的世代崇儒之风和读书之习也深深影响了周邻地区，明、清时期奉新县已不乏"读书世其家"的书香门第。在三年一试的乡试中，奉新县参加科举考试的秀才们经常会出现出类拔萃的人物，与全省其他县相比，上榜率也较高。有些年份，进京会试的奉新籍举人会有三四名中进士。这样的录取名额数在全国来说也是名列前茅的。这种历史现象与该地的读书风气的浓厚不无关系。

中国民间历来有"书中自有黄金屋，书中自有颜如玉"的说法（图5.32）。其实，在中国历史的现实中，努力读书，可能会赢得一定的荣誉，但不必然会带来雄厚的财富。即使是科举考试成功，也是如此。历史上有不少穷死的秀才、举人，甚至状元，但没有饿肚子的厨娘、屠夫。对于这种现实，无论上流社会还是

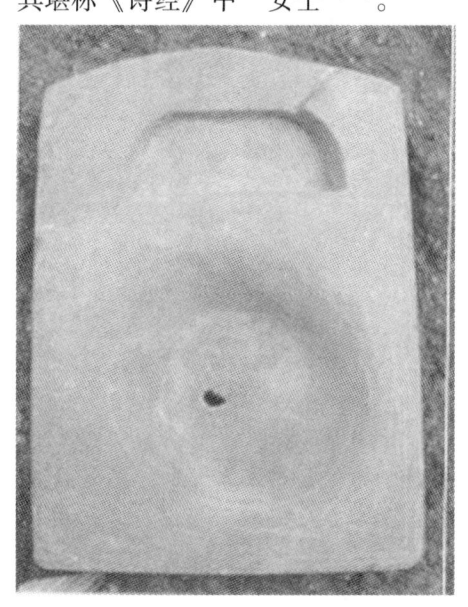

图5.32 华林周岭村出土的石砚反映华林读书人"水滴石穿"的决心

草根社会的认识都是清醒的。例如，古代江西民间就流行着这样一首民歌："相公不必把口夸，几个读书享荣华；我夫虽是农家子，早在田间晚在家。"又有一句颇为流行的俗话，也是一句大大的白话："三日风，四日雨，没有文章锅里煮（南音'举'）。"

既然读书之途对当时大多数人来说是种得不偿失的选择，为什么主流社会仍不遗余力地造势呢？因为中国古代推行的是一种儒学教育，兴办教育是一种治国理念的需要，

与生产劳动毫不相干,与个体的谋生之技也就毫无关系。正是草根社会的读书之风稀薄,主流社会才会大力造就崇儒之风,草根社会受其熏染,也会有部分人激情追风或倾家荡产办学,以博美名,以邀美誉;或沾上读书之习,皓首穷经,沉浮科考,不能自拔,最后于国、于民、于己,毫无半点益处,落得"百无一用是书生"的笑柄。

八、家族规约文书

华林胡氏家族是华林地区延续千年的望族名阀世家,留存地方方志文献和其家族族谱中的胡氏家族文献十分丰富。这些家族文献有各类族规家训,有民间私立契约,有官府谳案公文。从这些文献中,我们可以更全面、更切实地体会华林地区的古代民间风气(图5.33)。

图5.33 奉新县随湖村胡氏宗祠匾额

(一)华林胡氏的"族规""家训"

汉代以前,中国就已经出现了各式各样的警戒性的家训,如周公戒伯禽、孔夫子庭训孔鲤、孟母断机杼教子、曾参杀猪教子,乃至汉高祖手书敕文教子,等等。当时的家训,都是针对子辈中某一个人,就具体某一件事有感而发,并无系统性、针对整个家庭、整个家族的箴规式表述。约在南北朝时开始出现系统的家规、家范,内容包括伦理、道德及具体家事处置原则各个方面。至宋代,随着家谱编修的兴起,族规式的家训勃然而兴,但宋元与后来的明清家谱中的族规还是有显而易见的差别的。现将华林胡氏部分家规族训选录如下。

1. 直孺传家录[25]

> 传曰:"六十而耳顺,七十而从心。"礼曰:"六十称耆,乃指使也。七十曰老而传家也。"人生十五而后,四十不惑而后仕,五十知命而服官政。至于六十,则

贯通于理，不以事累其心，以耳顺听之。其于事也，指使而已。七十而从心所欲，志肆而体胖。出仕，则致其事于朝；处家，则传其事于子，子而嫡，是宜传者也。一家之事，靡不付焉：祀飨之四时，岁戚之五服，舍宇之缮修，井灶之污洁，臧获之劳逸，衣服、牛羊、晨昏、畜牧，农事之春秋，园蔬之早晚，人情之施报，予舍之有无，金谷出入，岁时聚散，与夫薪水之劳。洒扫帷簿，必以肃，所以消患于不测；闺门必以静，所以保安于无穷。仁乃有恩，义乃有济。夫然从修色养之孝，助以甘旨。立身扬名，以显父母，则子道足矣。施之政事，有弗理者，吾未之信焉。诗书文章，仕宦忠义，此自传家，不当懈且怠也。其余兄弟雁行而立者，当自勉力资助，不可以市井存心，坐视弗顾，如秦人之视越人之肥瘠，则非所望。书示杞以下，吾将传焉。

宋绍兴七年十月朔

通议大夫、刑部尚书兼侍读直孺录

胡直孺（1073～1149年），生活于北宋末、南宋初，为华林胡氏八世祖。绍圣四年进士，历官刑部、兵部、吏部尚书，受封"开国公"。其妻为世家吕氏中书令吕居仁之女，受封"和国夫人"，吕夫人生7子。胡直孺后续弦饶氏，又生4子。直孺11子皆有功名，其中，长子胡杞，绍兴二年进士，官至淮东总管，所以该《传家录》末云："书示杞以下，吾将传焉。""宋绍兴七年"为1137年，"绍兴"为南宋高宗赵构使用的第二个年号。

2. 《空青先生宅相三十六善论》[26]

居家尚礼义，一也；
子孙耕种，二也；
勤俭，三也；
无峻宇雕墙，四也；
六婆僧道不入门，五也；
无俊仆艳妾，六也；
每闻纺织声，七也；
睦邻族，八也；
早还官税，九也；
庭除洒扫，十也；
与士君子往还，十一也；
闺门严肃，十二也；
尊师重医，十三也；
宴客有节，无长夜之饮，十四也；
不延优妓至家，十五也；
不暴殄天物，十六也；
居丧循礼，十七也；
圣经器皿完整，十八也；
不藏戏具闲书，十九也；
交易分明，廿也；
妇女不烧香入庙，廿一也；
祭祀必恭必敬，廿二也；
幼者举动禀命于尊长，廿三也；
故旧穷亲在坐，廿四也；
阍人谦婉，二十五也；
小子无鲜衣恶习，二十六也；
不喜争讼，二十七也；
不信祷赛，二十八也；
不听妇人言，二十九也；
寝兴以时，三十也；
不闻嬉笑骂詈，三十一也；
婚娶不慕势利，三十二也；
田宅不求方圆，三十三也；
主人有先机远虑，三十四也；
座右多格言庄论，三十五也；
常畏清议、畏法度、畏阴隲，三十六也。

3. 胡氏家规序及家规[27]

尝谓，欲治其国者，先齐其家，惟修身家可教。然则，齐家之道，自古为难，即古帝王，未有不先齐家克臻平治者也。故典诵雍和，先乎亲睦。《诗》言王化，始自《周南》，凡化洽闾阎，俗臻醇朴者，靡不自齐家始。自《小弁》之怨兴，不孝者有矣；自《角弓》之刺起，不悌者有矣；自《绿衣》之作，则嫡妾之分不明；《芄兰》之赓，则长幼之节失序。甚至卑逾尊，下犯上，强凌弱，众暴寡，不无其人。不能齐家，乌能治国？又乌足称为世家？称为名阀？

今吾族重修谱牒，特设家规十数条矣，为族人训，每于元旦或暇日，令族之俊秀子弟，聚讲家庭；贤者举行，不肖者遵焉；智者顺守，愚者勉从焉。则家皆孝悌，俗皆仁义；宁复有不孝于亲、不悌于长、嫡妾之分不正、长幼之节不明者乎？岂复有卑逾尊、下犯上、强凌弱、众暴寡者乎？宁复有愚顽不化、强梗不遵者乎？有则以告，告则依家法而重惩之。则孝成于家，而国可治，化行于近，而俗可醇矣。即称为世家名阀，又何愧焉！

一曰敦本笃行：为人以孝弟为本，勿论富贵贫贱，皆所当先。

二曰务农守分：四民之业，莫重于农；三事终于厚生，八政先之。

三曰严教勤读：养子不教父之过，教而不学子之惰。

四曰惩恶劝善。

五曰择婚谨始。

六曰饬法防盗。

七曰节酒杜淫。

八曰完粮奉国。

九曰忍忿息争。

十曰慎终追远。

十一曰庆吊相通。

十二曰灾难相救。

十三曰尊贤重士。

以上十三条释文省略；以下七条省略部分释文。

雍穆第一：

家众相聚，是非得失，争端所由起；苟主家者，无法以莅之，鲜不戾焉！大约公而有恩，严而不褻焉。张公艺九世同居，历齐、隋、唐，皆旌其门。高宗幸其宅，召见，问睦族之道，公艺取纸笔，书"忍"字百余以进。知保家以"忍"为尚；苟不能相忍，而乖争之祸所由起焉。江东陈氏宗族七百口，每食设广席，长幼以次坐，而共食之。有犬百余，亦共一牢，一犬不至，众犬不食。谓之义门。

礼教第二：

卑幼禀家长，家长御子弟，子弟娴妇女，以睦家族，家乃不败。司马温公曰：凡诸卑幼，事无大小，毋得专行，必咨禀于家长；凡为家长，必谨守礼法，以御群子弟，分之以职，授之以事，而责其成功。制财用之节，量入为出，称家有无，以给衣食，及吉凶之费；省裁冗用，禁止奢华，常存有余，以备不足。

郑氏家训：凡为子者必孝其亲，为妻者必敬其夫，为兄者必爱其弟，为弟者必敬其兄。毋徇私以妨大义。毋怠惰以荒厥事。毋纵侈以干天刑。毋听妇言以伤和气。毋为非横以挠门庭。无耽曲蘖，以乱厥性。有一于此，既殒尔德，复隳裔眷。兹祖训实系兴废，言之再三，尔宜深戒！

嫁娶第三：

男女婚姻，家门兴替之所系，族属观感之所由，不可轻忽。司马温公曰：凡议婚姻，当察其婿与妇之性行，及家法如何？勿苟慕富贵。婿苟贤矣，今虽贫贱，安知异日不富贵？苟为不肖，今虽富贵，安知异时不贫贱？妇者，家所由兴衰也；苟慕富贵，而轻娶之，彼悍妇多挟其富贵，鲜不欺夫而傲其舅姑，养成骄妒之性，异日为愚庸有极乎？假使由妇财以致富，依妇势以致贵，有丈夫之志气者，能无愧乎？

谨慎第四：

惜分阴，戒游乐，慎气质，勤课功，子弟之切务；知所知，则知所兴矣！诸葛武侯《戒子书》曰：君子之行，静以修身，俭以养德；非淡泊无以明志，非宁静无以致远。夫学须才也，才须学也，非学无以广才，非才无以成学；慢则不能研精，险躁则不能理性。年与时驰，月与岁去，遂成枯歇，悲叹穷途，将复何及？

俭德第五：

清而俭者，始于保命，终于保家，极于保族，保子孙，至要至切者也。温公曰：先公为郡牧判官，客至，未尝不渔七行。果止梨、栗、枣、柿，肴止脯醢菜羹，器用磁漆。当时士大夫皆然，人不相非也。会散而礼勤，物薄而情厚。

阴骘第六：

君子力学，非以求福；积善而福自至，亦天理之必然者也。窦禹钧，蓟州渔阳人，为谏议大夫，三十无子。家僮盗用钱千二百；有女十二三，写券系女臂云："卖此女偿钱，自是遁。"钧怜之，焚券，属其妻抚之；既长，以千二百择良配。僮仆闻之，图禹钧像，晨昏祀祷。元宵于延庆寺阶侧，得遗银二百两，金三十两；旦过寺，一人涕泣至曰："父罪大辟，贷金银赎之。昨暮忽失去。"钧询实，还之。凡姻宗有丧，不能举者，予钱葬之；丧孤遗妇不能嫁者，予钱嫁之；故旧之窘困，贷以金帛，俾事贩鬻。四方寒士，赖以举火者，不可胜数。自家惟俭素，无衣帛之妾。于宅南建书院十四间，聚书数千卷，聘文行硕儒，延之师席，凡孤寒之士，有志于学者，听其自至。彼梦其祖父曰："尔三十无子，寿旦促数，今天曹以尔有阴德，特延寿二纪，赐五子显荣。"从生仪，礼部尚书；俨，礼部侍郎；侃，左补阙；偁，谏议大夫；僖，起居侍郎。钧年八十八。孙皆贤。

蒙养第七：

家家兴，由子弟之多贤；子弟之贤，由于蒙养。蒙养以正，定维保家，且以作圣；即贫贱之家亦不少也。童子良知未丧，于其能知能行之时，坐必教之让坐，行必教之让行，晨见长则令肃揖，应对教其恭谨，凡对尊长要尽礼节，坐、立、行，俱以齿序；步趋皆在范围之内。至于敬师友，谆切谕之，毫不苟且。凡待稚子，必导之以诚信，自不至于虚妄；非僻之心，亦无可投间，而良知有以致矣。……坐必正，立必中，行必安，寝必恪，作圣之功，不外于是。

续编又跋（以下略）

4. 清嘉庆十九年甲戌岁冬月立胡氏《家训》（图5.35）[28]

图5.34 奉新县随湖村民国民居　　　　图5.35 奉新县后港村民居

今将举涣然不一之人，合智愚贤否之异，欲其皆敦伦饬纪、守礼畏法，亦甚难矣。然亦何难之有，世之庸妄自处罔知讳忌者，大抵习俗使然，未经训迪耳。苟喻之以理，怵之以法，诱之以孝弟，忠信示之以礼义廉耻，自必皆知愧奋勿蹈于非，而流漓之习免矣。予族自分居以来，生齿甚繁，人心不古，苟无训迪之方，何由使人皆为善去恶乎？兹特立家训十条，岁时伏腊共相晓谕。俾族人重礼教，崇信义，不至有放僻邪侈之行，岂不幸哉。于是作家谱。

天理不可不循，天即理也，人能循理便是顺天。第庸人不知天理，庸人未始无本心。本心者，天理之所在也。强暴作奸犯科为物欲所累，始念必有不自安处，而此不安之始念，是本心之未泯，即天理之未泯也。其肆行无忌而时当清夜默念，必有知自悔处。而此知悔之默念，是本心之发见，即天理之发见也。人能于本心未泯处，与本心发见处，固而存之扩而充之，则心无不安，而理无不得矣。不然本心丧尽，天理灭绝，必为天地所不容，王法所必诛矣。可不戒哉。

王法不可不守，国法森严，稍知自爱者，未有不畏。然法所已及，则畏之，法所未及则玩之。玩乎法自必罹于法，罹于法而始畏乎法，则晚矣。试观作奸犯科之人，冥顽不悛及陷于罪，囹圄桎梏，亲友不得一见，刑具加身呼号动地，有殒身丧命而已。凡我族众一切私铸私宰，赌博奸窃，不孝不友，拖欠钱粮等事，一概禁绝，毋致自取罪戾。

祖宗不可不敬，万物本乎天。人本乎祖，是祖即天也。然人往往畏天而忘祖者，天近也，风雨雷霆显为承也，祖远也，音容謦欬勿之接也。不知祖虽远，古人有追远之礼在，而追远之礼，时祭、月祭，其事不一。而总以敬为主，所用仪物既随分自尽，亦随家丰约。甚至一羹一饭，亦可自尽其诚，吾族巳有春冬二祭，虽不敢谓能敬祖宗，而祖宗焉知不于我乎。欲格而无怨恫也，后日子孙，宜守此二祭于勿替。至各门私祭，有扯散其会者定为不昌。

第五章 风俗民情

父母不可不孝，夫孝道至大，未易言尽，彼显亲格亲，先意承志之事，愚庸固不及知，然亦当随分自尽，竭力耕田，以供子职，一菽一蔬当先奉父母，以得父母欢心，亦可谓之孝。况有四等父母，待孝尤甚，曰老曰病曰贫乏曰鳏寡。老则举动甚艰，疴痒抑搔，服侍不可无人。鳏寡则形单影只，赖有子孙以娱晨昏。贫乏则心无穷而力有限，宜竭力以稍遂其怀。至疾病则坐卧不安，子所尽孝惟此时，父母赖子亦惟此时，虽有事出外，闻病必归，敢居家而不留心侍奉乎？我族宜共凛之。

兄弟不可不爱，兄弟手足也，人未有不爱手足者。独于兄弟，往往视为路人，漠不相识，甚或争财争产，入室操戈，自相鱼肉，是自戕其手足耳。此姜家布被所以为千古美谈焉。节孝朱先生有云，人家兄弟当作二想，则无不为兄友弟恭矣。二想者何？当养生送死时，作父母少生一子想，当分产受业时作父母多生一子想。真至论也，吾愿与族人共知之。

夫妇不可不别，闺门为风化之始，必男正位乎外，女正位乎内。外言不入于阃，内言不出于阃，斯为家道之正。古梁鸿孟光所以相所如宾也。近世夫妇一伦，有渎狎者，有反目者，有干事者，是乃不知所以别也。又有一种性甚躁悍之妇，虽有宾客在堂，肆意咒骂，为夫者欲禁而不能，是皆由素日放肆狎亵所至耳。方正学四箴有云："夫以义为良，妇以顺为合。和乐休祥生，乖戾祸灾至。举案必齐眉，如宾互相敬。牝鸡一晨鸣，三纲何由正。"此语人当三复。至男婚女嫁，不可贪财轻许，必择其门户，顺其拜礼与众酌量而后行。

齿序不可不敦。齿者，年数也。序者，派行也。行长、年长，则必推而崇之，以为子孙统率。故族有族长，房有房长，尊卑不同。其为长，上则一也。岁时燕会，长者居上；道路徐行，长者居先。或有家事相商，长者出言，自宜敬从，即出言欠妥，亦不可陡促凌辱，仍婉言酌量而已。近日礼教不明，少年豪气自负，咸鄙昔之人为无知，以故藐视存于心，礼节略于外，势必至父子并坐，叔侄交拜，成何家风乎？此齿序所以当明也。

子孙不可不教。人家子孙之不肖，虽因习俗渐染，毕竟父兄之教未先。故子弟无贤愚，书断不可不读。古人所以十年出就外傅也。其在素封之子，不可娇养溺爱，使之出就严师，日甄月陶，颖异者望取功名，顽钝者将来不失为循良子弟。即贫乏之家，亦不得藉口于束修无措。苟有心教子，虽供送菲薄，为师者自必见谅。昔人云：宁可失婚，不可失读。诚格论也。若不知教诲，虽有聪明子弟，幼时任其朝夕谑浪，必至嘴唇轻薄，性情粗浮。长则礼义不知，廉耻亦丧，赌博奸淫，玷宗辱族，逞凶斗狠，招灾致祸，所必至矣。有子弟者知之。

宗族不可不睦。周礼云，宗以族得。民是有宗，则必有族。有族虽疏远以祖宗论之，不啻一身一家也，苟隔膜相视，则喜不相庆，戚不相吊，疾病患难不相恤。甚至以富凌贫，以强暴弱，以众残寡，以智欺愚，岂先王亲亲睦族之道乎？吾族自迁居以来，吊死问疾，庆贺酬答，患难相救，祭祀同福，岁时伏腊，彼此馈遗，贫者亦有一段情意助周旋，稍有抵牾，一见顿释，此种风俗尚有义门遗规存焉。故特表之以为后人式。

乡邻不可不和。古者同井之人，出入相友，守望相助，疾病相扶持，何其恩明谊美如斯也。近世人烟稠密，枇比而居，凡畜养之侵害，儿童之笑詈，言语之乘忤，行事之错误，皆所不能无者；稍相触犯，便生嗔怒，至于经中构讼，恃其财力智谋，必欲求胜，吾恐相报无了时，势必不能两存。所愿待乡邻者，相接以礼，相处以谦，不以势相倾，不以利相竞，纵有争辩道在，以心体心，可已则已，不必求全责备，庶不失古者同井之义焉。

  时

清嘉庆十九年甲戌岁冬月   毅 旦

清嘉庆十九年甲戌岁为1814年。

  从以上选录华林胡氏各代数则族规家训可以看出，宋代胡直孺的《传家录》仍然具有浓厚的"古风""古貌"，以"一家之事"为主"相付"，嘱咐对象也只是"书示杞之下"，告诫自己的儿子而已，《传家录》也就是一个诸葛亮式"诫子文"——家训而已，绝对谈不上什么"族规"。到了清代乾隆、嘉庆年间，"家规""家训"就成了正式的"族规"了。胡氏乾隆六年所修族谱不仅收录了胡直孺的《传家录》、《空青先生宅相三十六善论》，新立了族规，还将"上谕十六条"和江西藩台刘榰的"直解"收录谱中，"皇命"已与族规并刊，内容及精神高度一致，这与当时的时代特征是相符合的。因为，至清代时，封建皇权已经达到了极致。以下附上"上谕十六条"（刘榰的"直解"，内容省略）：

    一曰敦孝弟以重人伦；二曰笃宗族以昭雍睦；三曰和乡党以息争讼；四曰重农桑以足衣食；五曰尚节俭以惜财用；六曰隆学校以端士习；七黜异端以崇正学；八曰讲法律以儆愚顽；九曰明礼让以厚风俗；十曰务本业以定民志；十一曰训子弟以禁非为；十二曰息诬告以全良善；十三曰诫窝逃以免株连；十四曰完钱粮以省催科；十五曰联保甲以弭盗贼；十六曰解仇忿以重身命。

  当然，帝皇上谕、世家名阀的"家范"所要求的礼法秩序"标准"虽然高，但这也只是他们一厢情愿而已，现实生活中的草根社会可能是另外一回事，另外一番景象，与他们的期待会相差甚远。嘉靖版《奉新县志·序》云：正德五年至七年（1510～1512年）胡雪二领导华林农民起义后，其余部"啸聚剽掠十余年始散，民风至是一大变矣"。

  与历史的时空已有相当隔膜的今天的人们，在见到各式各样的古代"族规""家训"之后，一是惊叹古人的智慧，二是慨叹，封建国家的政治体制和封建社会的生产关系有其痼疾，所以，每隔一个或长或短的周期，社会就会有一次爆炸，封建文人称之为"礼崩乐坏"，看到了质变，但认识不到和平时期的量变，认识不到"礼崩乐坏"的因素一直在"礼""乐"之中潜伏着。"圣哲"朱熹认为一切源于"人欲"，所以提出"长治久安之策"——"存天理，灭人欲"。

  现在中外学者根据子贡说的一段话："夫子之文章，可得而闻也；夫子之言性与天道，不可得而闻也。"（《论语·公冶长》）认为孔子讲道德文章，是讲躬行实践的文章，是实践哲学；而宋代理学大多空言性与天道，是纸上文章，都认为朱子的"理学"是唯心主义，是形而上学。笔者认为，他的"理学"针对管理国家的人来说是唯物主义，是形而下学，是实践哲学。因为，他的思想可以转化成家规族训之中的细则，具有可操作性，理论与实践高度结合。毫无疑问，他的思路和理念是对的，惟其如此，后代统治者会尊崇他为"圣哲"。

然而，依照朱子理学构建的"礼法""成宪"，为什么不能在中国造就一个"良风美俗"的太平世界呢？这是因为朱子理学思路和理念虽对，然而其内涵有缺陷，他没有严格区分"善欲"、"正当欲望"和"恶欲"、"非正当欲望"的差别，把一切"人欲"一概灭之。其实，"人欲"中的"善欲"、"正当欲望"就是"天理"，"天理"与"人欲"不是截然对立的概念。在这方面，西方的哲学家们把概念理得很清，道理讲得很明，所以能为人们普遍认同。但是，朱子理学忽视"人欲"中"善欲"、"正当欲望"成分的存在，将其和"恶欲"、"非正当欲望"一同灭之，不近人情，加以朱子理学曾经长期作为"统治阶级的思想武器"，与政治过于"亲密"，所以，当封建体制和社会生产关系走到尽头的时候，朱子理学也成了悲哀的殉葬品，最终不但没能存下"天理"，没能使天下太平，反而使中国传统文化中好的"良风美俗"、"朝野（共有的）风规"在近现代历史发展中遭遇毁灭性打击。20 世纪"五四"运动以来，在打倒"孔家店"（实则是"朱家店"）的大纛挥舞下，一切"族规""家训"在燎原烈火中化为灰烬，"把婴儿与脏水一同泼掉了"，极端偏执的东西必然会得到极端偏执的报复，也许这就叫做"宿命"。

（二）明、清两代有关华林胡氏一世祖母耿氏夫人墓维护问题的法律、契约文书[29]

从以下文书中可以看出："侍死如侍生"，葬卜风水，为华林民风；富凌弱，官压富，为宋、明华林社会现实（图 5.36）。

祖坟山禁约

宋淳祐[30]丙午春，新吴富民侵占夫人茔地。华林子孙画图，经县得理其事，多出于十二世孙逸驾之力。明洪武间，又被人侵占。宗伯濚公奉命来巡江右，祭奠先茔，仍经本邑官长清查退还，后县复给禁约为据。南昌府奉新县为禁事奉钦差侍郎胡有同宗华林祖茔一所，坐落奉新同安二乡十三都十六都界，地名南栎九皋。近年以来，为因族人住居星散杳远，看

图 5.36 耿氏夫人墓园新落成的祭堂

管不及，以致往往被人在山樵采薪牧、掘坑取土，非惟触践坟茔，抑且有伤风水，不便奉此，参照前事，合行备榜禁约，仰本处乡都里老坟邻，务宜用心守护。如有无知小人，仍前于本山取土、樵薪、牧牛、踏践，许诸人捉获赴官，或指实陈告，定将犯人依律治罪。须至榜者

右榜通知
明永乐十五年八月十二日
张挂奉新、同安二乡

照 后 约

　　立照后约人李承德、承龙等，今立照后约一纸，为因徐国夫人胡母耿氏夫人墓山在守坟里居地之前，李承德、承龙等因创造房屋，急需石用，有人将耿氏夫人墓山石挖卖，李承德、承龙等不合误买。现经胡府支裔经公理论，只得请中向胡府言情，建醮禁山，赔情息事。嗣后有在胡山动一石一草者，须得代为照管，专人向胡府报信。如有隐瞒，即难辞咎。除央中和息外，立此照后约存

　　据

　　见约人：余薇垣　　名用中生员
　　　　　　余砺堂　　名泰和举人
　　　　　　李悟斋　　名杜举人

同治九年冬月　　日立李本立亲笔　　即承德之子
此约原底存省垣大宗祠
清光绪十三年岁次丁亥冬月　　　　　　　　　　　　　　亲睦堂谨梓

看 山 约

　　立看山约人李、涂二姓众，李正兴、涂义和支裔等，今看到

　　徐国夫人胡母耿夫人墓山全嶂，缘因胡氏支裔去墓杳远。李正兴、涂义和支裔等居住守坟里，切近墓前。现因挖石及误买事，胡府支裔经公理论，两姓请中，赔情建醮，立约息事。今经众劝息，李涂二姓众等情愿管墓山。嗣后倘有在胡府墓山动一草一石者，即为李、涂二姓众等是问。除经中和息外，立此

看山约存

　　据

　　见约人：余薇垣　　名用中生员
　　　　　　余砺堂　　泰和举人
　　　　　　李悟斋　　名杜举人

同治九年冬月　　日立涂文质亲笔
　　此约原底存省垣大宗祠
清光绪十三年岁次丁亥冬月　　　　　　　　　　　　　　亲睦堂谨梓

（三）有关华林"浮云宫产"文书[31]（图5.37）

浮 云 宫 产

华林唐侍御史二十五世孙南昌举人胡良臣等刻布奉新

冯县尊审语小引[32]

　　奉新浮云宫即华林书院，予祖（左"高""早"上下结构，右"成"）公五世孙仲尧兄弟八人，聚族招贤读书讲业处也，因被寇改名浮云宫。李八百洞右，即尧公墓，以山上山下付宫使护先茔也。当日名贤碑记通志之载，与家谱之载一字不讹。我胡氏孝友文章，风声天下。至今新吴人犹榆杨其事。嗟乎！盛不能无衰，萃不能无涣，其丘亩悉为土豪有力吞并，盖以欺子姓之迁徙也。幸冯父母因首士之告，亲临查勘，仅存其百中之一二。用是鸠我族属，将邑志家谱，及冯父母招断刊

列，庶几先朝文献犹存，且当代三尺凛然矣。不然，我族自华林分派，科名相望，袭先人崇儒重道之灵，忍令首丘之地荒烟惨澹，反为他族所窃据？岂仁人孝子之心哉？

"冯县主招断"

奉新冯县尊亲勘浮云宫田产，总断

审得浮云宫产之废而不复存也，则土豪之害大也。始焉，李应星以折屋骗价告李秦六，而随着宋巡检查出

图5.37 浮云山景

秦六之霸占者一十三石之外，又有三十五石。后复该李显熊以百计解占告刘辰二等，而着四衙查出邹佑二等之侵占者，又不啻百余石。及本县亲诣本山周围详览，则邹佑二之侵占者犹屑小偷，而同安李秦六等侵蚀其前，法成、刘黄一等剥削其后，千金之产一旦并吞，以致

朝廷香火敢行尽毁，而胡尚书山上八百、山下八百之租，尽满土豪之腹，而不留其余。可痛恨矣。今若但将拘到邹二等成招，而纵令渠魁漏纲於外，亦非所以示法之平也。李秦六、刘辰二等念系无知，姑以杖惩，所侵产业，已经清出者，入册申报。其余两院未到犯人刘黄一一干人等，严提官另结。

（四）有关华林"解元脑山"产权纠纷文书[33]

华林胡氏契约文书是在华林特殊的地域条件和特定的历史条件下形成的历史资料，它真实、细致地反映了历史上华林地区民间生活的概貌，体现出华林地区数百年历史发展的特点，具有重要的学术价值：

其一，作为数百年来华林地区先民物质生活的一种历史遗存，华林契约文书的本体具有重要的文物意义，以这批契约文书的特点而论，其具有重要的文物标本价值。

其二，作为数百年来华林地区民间社会民事交往、经济交易活动的原始文字记录，华林民间契约文书具有重要的历史研究价值。

其三，作为数百年来华林地区民间社会民事交往、经济交易活动的法律文书凭证，华林民间契约文书具有重要的法学研究价值。

其四，作为数百年来华林地区民间社会民事交往、经济交易活动的原始文字记录，华林民间契约文书具有重要的社会学研究价值。

其五，华林民间契约文书是数百年来华林地区民间社会民事交往、经济交易活动的最原始和最真实的文字记录，它除了如实反映民间社会的经济生活外，还能够如实反映华林地区的风俗习惯、社会思潮、社会心理、世俗观念和人情动态等诸多方面的社会问题。

此外，华林民间契约文书是在华林特殊的地域条件和特定的历史条件下形成的文书资料，它除了真实地、细致地反映了历史上华林地区民间生活的概貌外，还体现出华林地区特有的语言习惯、方言特点，反映出华林地区行政区划演变、地理名称的沿革。所以，华林民间契约文书也具有语言学和历史地理学的重要研究价值。

山　契

　　四十二都胡永泰、杨虎等，今立卖山文契一纸。为因无谷食用，情愿凭中将祖手土名解元脑山一所，坐落杉林胡姓，来龙托山，令开四至於后：东至田路，西至田坑，南至得业人大龙潭左手岭，北至西塘、园直路为界。以上四至分明。今将其山，尽行出卖与胡适众等名下为业，当日三面议定，卖得目今时价谷拾贰石，入手讫。立契之日，卖业两相交付，更不别立领价文约，所卖其山，系是二比情愿，正行交易，并非逼抑准折之类。如有重契不明，出卖人自管，不干买主之事。言定后各不许反悔，悔者甘罚契内价谷一半。恐后无凭，立此卖山文契永为照用。

大明嘉靖七年十二月十四日立　卖山文契人　胡永泰

　　　　　　　　　　正契为业

　　　　　　　　　　　　　　　　　　　　　同　杨　虎
　　　　　　　　　　　　　　　　　　　　　　　杨受庆
　　　　　　　　　　　　　　　　　　　　　　　胡　青
　　　　　　　　　　　中见人：胡同观　费用真

高安县正堂蔡爷审语

　　审得邬端与胡适所争之山，在邬以为，盘头冈系其来龙也，而实在胡之族居龙背，胡指以为解元脑也。本县一至亲蹈，邬胡相距数里，中隔孔道，分水向别，邬在东之上，逆向；胡在西之下，顺向，形势实不相侔，未有邬姓龙脉倒行掇寄于胡居之势后，而可强以相属也。况本县登高一望，其地岗峦错处，逐一细问，凡平起者，皆谓之冈，独此所争之山圆峙挺出，俨然一脑，则是此山之为解元脑，而非盘头冈也，明矣。且其势之所趋，紧与胡居环抱，则其明为胡之护龙，而非他属也，又不待言矣。查胡契，嘉靖七年买自胡永泰，印税已久，因邬端于孔道夹隔之傍开垦荒山数亩，上年请粮升科，此山与解元脑相毗，又与胡居切近，本月初八日，胡萃三有牛践食邬端垦耕之麦，两相角竞端，以为远近之不相知，后来难逼处此，遂归而谋之族人，而恃强之意遂逞，而种种戈矛间架俱起矣。他不具论，最可异者，狡计既张，布局愈险，先于十三日诬告萃三等砍伐其山树；越十四日午，拥众并集解元脑及胡居背山，松木肆行砍伐以归。本县往勘，发不胜指，尤最狼毒不休者，既砍后山之树，仍强牵胡适耕牛一头，邓胜现证。盖其强横伎俩。必欲展尽而后甘心。有此无法无天，不几中华夷虏乎？当时邬姓数村之众，鼓噪齐来，姓名难以尽列。本欲诛之则不可胜诛，查起构者邬端也，主盟唱首者邬恭、邬志、邬细也，牵牛者邬纪，即邬端也。本应逐名而律，庶几有儆，但念胡适一族之孱弱，不足以胜邬端合族数村之鱼肉，穷邬以法，胡奚能久居此乎？姑行平恕以福胡，杖治邬端、邬恭、邬志、邬细，以小惩当大戒可矣！所砍树约计百株，每株价值五分，量断银五两，就数犯名下追给；牛就邬端名下追还；胡萃三纵牛起衅，临审，胡适又令胡蓉以登杀人命，无端枝节具控，每名薄拟。至胡姓之解元脑，照契管业。邬姓毋得混争，自投法网也。

明崇祯庚辰冬月

　　　　　　　　　　　　　　　　　　　　　　　日午堂审语

高安县正堂蔡爷杜后告示

高安县正堂蔡　为赏示杜后事，据本县四十二都民胡适状呈前事，内称土豪邬纪、邬酉等，万烟济孽，雄凶极恶谋山，鼓众强伐孤凄来龙树木，枪伤胡岳额肋而死，感　宪亲蹈神审，断山还管，追原牛，断树价，合郡诵明。该恶族大人强，喊要洗巢掘灭，男女针毡，全家鼎沸。春耕在迩，薪水两裁，恳赏准示杜后，不遭籍灭。衔　恩等情呈县。据此，案照先据，邬端、胡适等，各因争山起衅，具词告县，随经押发二比犯证，亲诣告争山所，蹈勘明白，亲验伐树，木迹森然，押带各犯回　县详审，看得邬姓族众人繁，胡姓人力单寡，邬端等恃强争占胡山，伐伊护居松树，约计百株，且又强牵耕牛一头，种种不法，勘审明确。本应按律重惩，但念胡适一村屏弱，难胜邬端等合族数村之鱼肉，穷邬以法，胡其能久居此地乎？姑行平恕以福胡，杖治邬端等四名，以小惩当大诫可矣。所砍树百余株断追给价五两，牛就邬端名下追还，取供定案。外据呈前，因合再出示晓谕，为此示抑二姓尊族人等知悉，此后各宜教训子孙，毋得仍前恃强欺弱，以众暴寡，敢有故违公断，复蹈前非，定行尽法究处。该都保甲地方，亦当互相劝诫，毋得仍前集众逞凶，敢再挠断，许保甲地邻指名直首，以凭拿究。阿纵容隐，一并连坐，其胡适解元脑等山，胡姓照契管业，不许他混行争占。如违重惩，断不姑恕，须至示者

右仰知悉

大明崇祯十二年庚辰仲春月　日给

断　案

跪禀人胡选等，为势占片言已折再颁棠阴千秋事仔族基后祖山，地名解元脑，契清界楚，葬祖护基，前案谳示，永存选据，惨遭势豪邬国等造茔栽占。控　宪犀审验据确凿，豪改山名"张雪"，自呈族谱。宪天电明，新添字样，并仔基左护山尾林罔，一同新栽，印据所文契并无印信，显灼伪造，当堂　金笔批其谱上新添"张雪山"三字，又批尾林罔亦是新添，毁销伪契，断照原案管业，乡城观者如堵，无不欢跃称神。仔族微懦穷民，兹承　恩断，惟有祝天仰颂，曷敢再渎。但思钦取台垣在即，葛邻侵噬难忘，若非铁谳长垂，浮屠终未结顶。号　宪赏谳，恩垂永久，墨雨数行，千层宝塔。上告

县主青天老爷台前

两造争山，土名各别。在胡选，犹有印契告示为凭；而士泰新所呈之契，既无印信，又新刻"张雪山"字样添入谱内，希图掩饰妄占，可谓今之愚者，诈而已矣。本应邬责惩，而姑念二姓毗邻，而居从宽释逐。其解元脑断与胡选，照旧管业。如邬士泰再敢控饰多事，重究不贷。

合同杜后约

立杜后约字人昴溪邬、杉林胡姓众等，为因孔道左右，山界相连，屡次混争，二比尊斯商同族众人等，请凭中人踏明界址，凡孔道以北上下，均系胡姓众山，邬姓并无寸土；孔道以南上下，均系邬姓众山，胡姓并无寸土。当即凭中立约，一样拾七纸，邬姓共十三村，计得议约十三纸；胡姓共四支，计得议约四纸。自后各管各业，任从开垦砍伐，毋得混争。倘有藉端滋事，闻公处究，断无异言。恐口无

凭，立此合同永远

存据

见立山界中人：葛少韩　熊雅堂　邹稚松　皮鹏云　刘斐成

同立议约昴溪邹姓人姓名列后

尊长：景宋、景宗、象思、象茂、增凤、象瑞

斯文：宠之、邦彦、增富、象燕、书升、芷升

　　　朝选、辉鹏、辉昱、增泰、振芳、增满

　　　增林、孟仁

知事：增业　增禧　盛业　象赞　盛禧　辉荣

　　　辉烈　增杠　辉琢　忠廷　增有　象弼

　　　增臣　玉成　增发　象杰　炳文　辉有

　　　盛榜　大　增贵

同立议约杉林胡姓人名列

尊长：登雷　秀纯　伦秀　仕秀

斯文：敬时　正衡　和衷　丹成　采臣

　　　俊坤　汝安　干馨　秀恒　秀辉　宣臣

知事：景清　秀文　寿元　秀聪

　　　依口代笔人雷鼎卿

清光绪二年岁次丙子三月初一日立议约人杉林胡、昴溪邹姓众等合时

亲睦堂梓

清光绪十三年丁亥冬月

（五）有关华林胡氏捐产兴学文书[34]

杉林邦科公祭读会记附约

　　从来嘉谟懿范，每赖前人为留遗；继长增高，又在后人之缵续。我祖名邦科，字松谷，行英五，乃古之隐君子也。香桂四茁，长孟荣，生艮选。艮选生子六，长举仁，次举义，三举礼

　　敕赠儒林郎，即钺之曾祖也。四举智，五举信，皆一世方人。幼举善，早捐馆舍。兄弟有怀光泽，思殷祀典，各敛钱数百文，勃成一会，名曰"祭读会"，上供祀事，下资诵读，甚盛举也。递我　先大父司马香亭公，昆季十余人，承先启后，置田十余亩，钱数十千文，会以渐扩。先君子承诸父之后续而理之，矢公矢慎，不辞劳瘁，复置田四十余亩。又有先伯祖，讳著登，殁者而无嗣。先君子辈为之滨葬，外遗田二亩，亦附入于会。且虑生齿日繁，不无箕毕之异，用费无节，难为出入之量，复与兄弟叔侄等，邀请族之尊长斯文，立约一样四纸，酌为一定之规。又十余年，而　先君子衰矣。乃将簿账钱文等项，一一核明，付于后辈收理。总而计之，田已五十余亩，钱已贰百数十千文。较之子昔，固数倍焉。凡我后人，其可不体先人之遗志而扩充之乎？至祭读各规，已载约内，予不复赘。是为记。

附 约

嘉庆二年八月十二日,立公杜后约。英祖支人等,今立合同议约一样四纸,为因祖遗祭祀教读一会,上为宗祖祭祀之费,下为子孙诵读之资。自昔至今,历管无异。近因人心不古,罔念先人志气,不思作养人才,各怀私见,意欲分肥。今特请凭族房斯文等,见得祭祀教读,此乃大典,断不可泯。从公妥议,仍照前规,并立条件,凡属会内之人,合口允诺,俱自心情愿。嗣后不许再蹈前辙,别生枝节。如有违议不遵者,执此闻公究治。今欲有凭,立此合同议约,永远存照。议:发蒙者,会内出俸钱一千文;二年者,出俸钱一千五百文;三年者,出俸钱二仟文;四、五、六年者,给俸钱二千五百文。读至赴考者,出俸钱四千文。不从师赴考者,每次盘费二百文。乡试者,盘费五千文。文武皆同。

会内人借钱,务依期纳利。如过期不清,依前议,酒肉坐分,一应无分。后将本还清,仍旧有分。耕种本会田地者,临期租谷不清,与利息不到者同。

当凭族房:举能

斯文:勿亢 名驰

见立:君佐 服圣等

时

清嘉庆十九年甲戌冬月 毂 旦

邑庠生裔孙铖顿首　谨识

太学生杉林大斋公学田记附遗嘱

语云:一等人,孝亲敬长两件事,读书居先。然求其克全而无憾者,其惟我太祖大斋先生乎!先生讳浩,派举上字"勿亢","大斋"其号也。忆叔高祖仕选公商楚,即具有大志。高祖妣王端庄,不减钟郝休风。生丈夫子二,长举智,习举业,师友群以远到,推之幼即先生也。随父商楚,雅慕陶朱,无何兄年念四,构疾以终。先生复弃商为儒,奋志诗书,营立家塾,笃课弟子。府县试辄前茅,而芹终未获采,爰是贡人成均,希展鹏翅。且念谱牒之未修也,则倡众族以纂辑之;感霜露之怵惕也,则建祭会以享祀之;思伯氏之乏嗣也,则立继二子以承祧之;欲书香之永绍也,则特设学田以培养之。俾世世子孙,长守勿替。他如龙溪桥为往来之衢街,先生见其倾圮,纠众修葺,散方给药,恤灾弭患,善行固不胜纪,德配氏邓氏梁,白首相敬如宾。嗣君五,三泰交,幼应魁,皆游泮水。先生不诚一等中人乎?铖不敏,师事者七年,一字一句,皆其所授。今悉附先生三嗣君泰交,纂修家乘。夫泰交,亦铖师也。铖故敢以浅言聊表先生之素行于万一云。

附 嘱

清乾隆五十九年,立养贤遗嘱。父胡举上,今立合同遗嘱一样五纸。窃见夫人才每因有所资而成,学业更因无所藉而废,成废悉由于资藉之有无者也。所以古来世家官族,未尝分产之日,先存赡学之田,俾有志者益坚,无志者亦励,人文蔚起,科甲蝉联,岂非有赡学田之一验乎?予窃欲效之,特请凭族房斯文中亲等,将我父名下杨溪田一庄,存为公业,永为赡学之田,资补英俊之士,文武一体。一人在庠,一人得其租;二人在庠,二人得其租。余照人数平分。如无人在庠,或商议资补读书者考试盘费，或延名师造就人才。其余仍存买田增租，使肄业者更无他岐之惑，每有发奋之思。德成名立，言杨行举，此自然不易之理，无烦再决者。后之世世子孙，尤宜谨遵遗命，毋负先人之志，切教子永绍诗书之香，以则予之所至愿而愉快者也。倘或贤愚不等，于中有起妒食之心，怀私已见与夫恃已力强，暗行典卖，藐视字命，侵渔

等情者，执此闻

公究治

尊长：举能　荣高　百顺　琦章　胜茂　君佐　服圣

中亲：陈延奏

斯文：德义　鸣万

时

皇清嘉庆十九年甲戌冬月　　　　　　　　　　　　　　　　　　　毂　旦

门下曾侄孙钺顿首　拜撰

杉林曾祖母熊孺人立瞻学田记附遗嘱

夫国家重兴贤之典，庠塾隆养士之文，诚以人才之奋兴，必由资藉之有自。所以世禄代耕，自古维昭后世学田之设，此物此志也。夫然而难言之矣，往往有须眉丈夫，家拥厚资，求其出微产兴一善举，为子孙作上进之阶者，盖硁硁然有吝色，而况巾帼中乎？懿哉！惟我曾祖母熊孺人有足风者，淑德性成，志识超伟。不幸曾祖不禄，中道溘逝。曾祖母经纪出入，条理井井，贤声溢内外，乡人咸归德焉。晚年尤勤教读，志存裕后，于嘉庆七年，将早晚田共计五十五亩一角，置立学田，为作养后嗣计。自时厥后，镛等昆季，先后食德已数十年于兹矣。向立遗嘱一样二纸，昭示来兹。第恐湮代远，或致遗忘。兹因家乘告竣，爰缀数语以彰先德，以垂不朽。俾世世子孙永守勿替，其无堕曾祖母之贻谋焉可。

曾孙振镛　谨识

附　遗

立瞻学田胡阿氏熊，今立合同遗嘱一二纸。盖闻争名一途，有资藉者，易坚其志；无资藉者，难以为力。上观往昔，下验当今，往往然也。予尝窃慕其名，亦欲鼓励后嗣，踊跃观场，荣光宗祖，光大门闾。因将夫手遗下杨溪早晚田一庄，我私置本姓杂姓田，悉载号亩、田名列后，存为瞻学田。俾无家训之虑，早遂凌之志，世世子孙永为公业，文武一体，有能在庠者，一人得其租；二人在庠，二人平得其租。再多照依人数，派分其租，设或无人在庠，方可资补读书者考试盘费，或延名师造就人才。其余仍存留买田增租，使肄业者更无他岐之惑，每有发奋之思，德成名立，言扬行举，此自然不易之理，无烦再决者。后之子孙，尤当谨遵遗命，毋负祖婆之志念，切教子永绍诗书之香。能则予之所至愿而愉快者也。倘或贤愚不等，於中有起妒食之心，怀利己之见，与夫恃己力强，暗行典卖，藐视遗命、侵渔等情者，执此闻

公究治

见立遗嘱人族房长：天顺　举能　君佐　国风

中亲：女婿梁启柱　　内侄熊寿

斯文：德义　司升　名驰

血侄：联元　胜茂　隆吉　勿亢　依口代笔

清嘉庆七年壬戌岁三月址

毅　旦

立赡学遗嘱祖婆胡阿氏熊立

时

清咸丰七年丁巳岁冬月

曾孙振镛刊

按此田已由该支子孙出售，仍登之以志前人

贻谋之善七修附志

胡焦氏义学记

诗称厘尔女士。夫所谓"女士"者，女子而有贤士之行也。其识高，其虑远，有非寻常闺阃所能及者，此予于焦氏所以深有取也。氏为吾子定之侧室，故家太平因乱而归于子定。事嫡能尽礼，嫡亡，遂独理家政，生女一。子定常商於汉，光绪戊寅年在旅次遘疾，势甚危。氏闻信下即奔而往，已不及相见。乃扶榇归，安厝于祖墓之旁。因思主之志未竟者多，爰适其要而行焉。夫古人之教育人材也，自国家递推而下，则有乡学焉，是即义学之所由仿也。氏因商之家老，愿以主所置店屋一所，为一族赡读之资，又恐其用不敷，难以垂之于久远，复助足钱五十串文，诚善举也。子定家仅小有，氏乃能体主之志以为志，而慷慨若此，可不谓贤乎？他如睦宗族，待宾客，周人之急，过于己私亲党，以此益重之。易曰："有孚，盈缶氏其有焉。"因援笔而为之记云。

清光绪十三年丁亥岁冬月

毅　旦

亲睦堂梓

缴店归族约

立缴店归族约，据人胡阿焦氏，缘氏夫子定勤俭半生，薄有遗产，氏因特继其志，情愿捐资为族贫穷设立义学，以端蒙养。爰是请凭合族尊斯暨亲支人等，公同商议，除田地屋宇等业，概与嗣子敦善平分度日外，其所遗高邮市前街马头上西边，坐西向东，店屋壹进计三榻二间，门面二重相连，今将其业一并缴与本族亲睦堂大宗祠内，以为合族兴立义学之资，而垂久远。所有夫手原买红契壹纸，以及租约、租摺，均已交族收执。自缴之后，任凭族内照契管业，按季收租无阻。此系自心情愿，以竟夫主素志，永无异说。恐口无凭，立此缴店字约永远存照。

　　仕秀　论秀　登云　子亮

　　寅葵　秀文　子骏

　　见立缴店约字人：子厚　价人　训镒

　　　　　　　　　　煦人　秀惠　秀辉　秀绳

　　　　　　　　　　宣三　训奉　汝叫

依口秉笔人知事廷会

时

清光绪八年壬午孟春月胡阿焦氏

今将六至开列于后：

东至街心；西于邬、章二姓地基公墙；

北至邬姓店屋；南至翰塘胡姓地基；

上至青天，下连龙土。

时

清光绪十三年岁次丁亥冬月

亲睦堂梓

从胡氏亲睦堂刊印的以上胡氏捐资兴学的一系列文书中可以看出，捐资兴学的义举并不多见，也不是有许多人有这么高远的"见识"的，胡氏的族内人等意见也不一致。人们从办学中也得不到什么具体实惠，只是为了"争名"，光耀门庭，在心理上产生一种曾经是历史上的"世家大族"的满足感而已。

注　释

[1]　本编未另作特别说明的部分图片引自程北平主编《千秋华林》等系列资料，万基耀先生摄。

[2][5][20][21][22]　（清）嘉庆十九年甲戌岁（1814年）冬月立胡氏《家训十条》，引自《华林胡氏九修宗谱》第二篇"历修"第四章"契约、审语、断案、里地及各支迁徙考"中收录文书，1996年。

[3]　事见乾隆六年《西江胡氏大成谱·便录》。

[4]　《西江胡氏大成谱·传家录》（乾隆六年）。

[6]　（民国）吴宗慈：《江西棚民始末记》、刘纶鑫：《江西客家方言概况》，江西人民出版社，2001年。

[7]　奉新县志编辑委员会编印：《奉新县志》，1960年。

[8]　潘吉星：《中国造纸技术史稿》，文物出版社，1979年，第203页。

[9]　奉先堂一九九四年十二届续修《安定胡氏族谱》卷二引乾隆辛酉年（1741年）胡盛泰撰《华林祖居图记》。

[10]　《诗经》卷六《大雅·公刘》。

[11]　高安伍桥蔡溪胡村所保存的乾隆年间《胡氏家谱》。

[12]　（明）王直：《华林胡处士墓表》，《四库全书·抑庵文集》后集卷27。

[13]　（清）同治年间修《高安县志》、《瑞州府志》、《艮山熊氏族谱》均有载。

[14]　转引自叶青：《从叙事特征看民间牌坊的功能指向》，《江西社会科学》，2008年第12期，第34页。

[15]　任继愈编：《中国道教史》，上海人民出版社，1990年。

[16]　李放主编：《江西历代杰出科技人物传》，江西科学技术出版社，2000年，第3~5页。

[17]　（宋）王安石：《重建许旌阳祠记》，同治年间修《新建县志》。

[18]　（宋）徐铉撰：《洪州华山胡氏书堂记》，《四库全书·骑省集》，卷28。

[19]　《华林唐侍御史二十五世孙南昌举人胡良臣等刻布奉新冯县尊审语小引》，引自《华林胡氏九修宗谱》第二篇"历修"第四章"契约、审语、断案、里地及各支迁徙考"中收录文书。

[23]　（清）嘉庆七年壬戌岁三月胡振镛撰《杉林曾祖母熊孺人立赡学田记附遗嘱》，引自《华林胡氏九修宗谱》第二篇"历修"第四章"契约、审语、断案、里地及各支迁徙考"中收录文书。

［24］ 清光绪十三年丁亥岁冬月亲睦堂梓《胡焦氏义学记》，《缴店归族约》，引自《华林胡氏九修宗谱》第二篇"历修"第四章"契约、审语、断案、里地及各支迁徙考"中收录文书。

［25］ 录自乾隆六年《西江胡氏大成谱·直孺传家录》。

［26］ 录自乾隆六年修《西江胡氏大成谱·善论》。

［27］ 录自乾隆六年修《西江胡氏大成谱·家规序》。

［28］［29］［33］［34］ 转引《华林胡氏九修宗谱》第二篇第四章《契约、审语、断案、里地及各支迁徙考》。

［30］ "淳祐"为南宋理宗赵昀的第五个年号，"丙午"为1246年。胡濮生平事迹详见第四章。

［31］ 引自嘉庆庚午《华林胡氏重修宗谱》。

［32］ 此为明末之事。

第六章 文献汇编

一、谕诏赋赞

（一）皇帝诗赞

《宋真宗赞胡氏兄弟》诗之一
黄河曾见几番清，罕见人间有此荣。
千里朱幡迎五马，一门黄榜占三名。
文星昨夜朝金阙，瑞气今朝拥朕庭。
最喜状元并榜眼，探花俱是弟和兄。
（清嘉庆间修撰《华林胡氏家谱》）

《宋真宗赞胡氏兄弟》诗之二
一门三刺史，四代五尚书。
他族未有闻，朕今止见胡。
（清嘉庆间修撰《华林胡氏家谱》）

《宋孝宗赞华林胡氏诗》
朕笔亲题烂锦霞，满封官职遍天涯。
名垂万古应难朽，庆衍千秋宰相家。
（清嘉庆间修撰《华林胡氏家谱》）

扇书《杜诗》
明·徐火勃

宋高宗绍兴元年，赐经筵官扇，皆书杜甫诗句，亲书与之。
赐学士王绚曰："霖雨思贤佐，丹青忆老臣。"
赐尚书胡直孺曰："文物多师古，朝廷半老儒。"
赐舍人胡交曰："相门韦氏在，经术汉臣须。"
高宗之光宠儒臣如此。
（文渊阁四库全书：明·徐火勃《徐氏笔精》卷六）

（二）皇帝谕诏

1. 刑部尚书兼侍读胡直孺辞免，昭慈献烈皇太后攒宫桥道顿递司结局，转两官依所乞奖谕诏

子贡却赎人之金，当时恐其难继，晏婴还邶殿之邑，后世以为美谈。盖君子于辞受之间，惟其义之所在，乃者遣车之役，卿实有劳。朕惟孝养送终之，诚哀功当渥，而卿以军兴遴赏之戒，陈义甚高，控避之章，再三莫夺。岂惟见卿养恬之素，亦足律时贪进之。夫勉徇冲怀，何胜嘉叹，所乞宜允，其告令合门缴申。尚书省。

（文渊阁四库全书：宋·汪藻《浮溪集》卷13）

2. 新除吏部尚书卢法原、新除礼部尚书谢克家、新除刑部尚书胡直孺，并赴行在供职诏

朕履此多难，期于小愒，寤寐簪缨之隽，维持宗社之安，乃眷迩僚久居外服。爰锡赞书之宠，进班常伯之尊，想闻图旧之诚，共奋扶颠之志，乃心存阙。即日问涂，冀不惮于暑行，庶速闻于辰告。

（文渊阁四库全书：宋·汪藻《浮溪集》卷13）

3. 新除刑部尚书胡直孺辞免恩命，乞除台、严一州差遣，不允诏

朕以中台常伯之选，处厚德老成之人，非责之有司之事，而程其岁月之劳也。顾秩高地，近论思献纳，朕有助焉。兹者递迁，肆颁新命，非恩数之过也。而卿乃援以求外，岂朕志哉！当艰危之会，不与人同忧，后天下而先一州，卿安取此？所请宜不允。

（文渊阁四库全书：宋·汪藻《浮溪集》卷13）

4. 通议大夫试刑部尚书胡直孺辞免恩命兼侍读不允诏

朕执古以御今，取人而为善，居广厦细旃之上，必洽闻殚见之儒。以卿学造古人，言垂当世，潜心载籍，虽老不衰，擢置经帷，日资启沃，抗章祈免，岂朕意哉？所请宜不允。

（文渊阁四库全书：宋·汪藻《浮溪集》卷13）

5. 通议大夫试刑部尚书兼侍读胡直孺辞免，昭慈献烈皇太后攒宫桥道顿递司结局，转两官恩命不允诏

朕提黜陟之权，以劝多士稽勤偷之实，以辑庶功，班序虽隆，彝章可废。卿昨因园寝之役，祗奉輴车之行，凡挽绋之所经，举川途而皆办，厥劳甚著。予赏则宜谓即拜于衰迁，奚尚形于逊避。所请宜不允。

（文渊阁四库全书：宋·汪藻《浮溪集》卷13）

6. 通议大夫试兵部尚书兼侍读胡直孺赠端明殿学士

敕生有体貌之恩，殁有追赠之典，所以崇阶庞之势，而成忠厚之政焉，故具官。某识虑忠深，才猷通敏，文知体要，学有本原。既荐历于浩繁，亦备尝于险阻，召自南服，率属中台，鸣玉在廷，掌五兵九，伐之政籍，笔入侍读，《三坟八索》之书法，从之英莫如尔旧。云亡之叹有尽予怀。惟秘殿之华资，实迩臣之极选，爰申异数，加贲老成。尚其有知歆，我休命可。

（文渊阁四库全书：宋·程俱《北山集》卷26）

（三）先祖像赞

壮侯藩公像赞
勇略过人，威名震世。
佐帝成功，削平夷裔。
锡土豫章，带砺永世。
天报我公，椒蕃不替。

侍御史城公像赞
张孝隆
方仪毓秀，圆像萃精。
明经济世，家声著闻。
螽斯衍庆，麟趾云仍。
芳名赫赫，万古攸存。

徐国夫人耿氏像赞
梁震
淑哉我母，德合坤贞。
相夫名就，训子多方。
簪缨累世，科第蝉联。
俎豆血食，亿万斯年。

膳部员外郎珰公像赞
熊禾
命世奇才，山斗重望。
贵贯烈日，威凛秋霜。

尚书员外郎令严公像赞
吴征
龙跃鹰鸣，经纬邦国。
维孝维忠，其人如玉。

尚书员外郎元凤公像赞
王禹偁
堂堂胡公，周困急穷。
义方训子，诰赠被荣。
羡胡有凤，愧荀无龙。
传家诗礼，福禄来崇。

监簿仲尧公像赞
黄庭坚
炎宋初兴，胡运昌隆。
延徒设学，降诏旌门。
同居五代，共爨千人。
久而弥盛，世登科名。

光禄寺丞仲容公像赞
李迪
伯埙仲篪，声达皇京。
华林有学，大宋诏旌。
入贡天朝，献规帝钦。
赞诗附谱，德重名馨。

户部克顺公像赞
张泳
公生有为，公出不偶。
三司绩著，两榜名标。
富而好礼，贵而不骄。
令闻令望，久而弥昭。

御史用庄公像赞
杨时
翩翩公子，聪角能文。
探花声重，御史权尊。
兄弟同捷，宗祖咸钦。
真宗有赞，名显都京。

开国公尚书直孺公像赞
黄庭坚
讳矣胡公，益稷赞褒。
房庭抗节，耻僭邦昌。
杖义归国，叔夜齐彰。
帝恩维渥，进爵封疆。

（清乾隆庚子年修撰《华林胡氏宗谱》）

二、谱序叙引

(一) 胡氏源流

源流说

夫为人子孙，不能识祖宗源流，使后人不得瞭然其序次，罪莫大焉。然世远年淹，凭臆揣合，贻误后人，罪又甚焉。予于吾族家乘，曾于雍正辛亥，从诸君子赞襄其事。今复（与）南昌汉芳、敬文、循伯、登于、若文等，会集省祠，其校大成。上稽唐宋之谱，细阅各支之系，从中参订。噫，此何事也。予敢任之，奈诸君子勉勉，不敢以固陋辞。因率管见，以表其源流。

盖胡氏出自有虞，周武王得天下，求舜后以奉祭祀，得阏父之子讳满者，以元女大姬配之，赐姓曰胡，封国于陈，兴诸国并峙。满生申，传位二十五君，历世二十代，八百余年，与周祚相等。夷至闵公，失国嫡以承祧，备载史记。衍讳法章，自陈州迁阳武户牖，子二，琠、玙。琠顶爵为陈，玙顶谥为胡。澄子贵，贵子鳞，鳞子宏，宏子武。武为陈胜司马，子怀，怀生安。安子鉴，文帝主爵都尉，治绩著闻。子源，源生景，景子昭，昭子建，元凤间为渭城子涵。涵生文，文生敏，敏生崇，崇生惠，惠生元城。子聪，聪生崇禧，禧子贤，贤生辉，辉生广，博通今古，练达政事，有"万事不理问伯始"之颂。子平，平生班，仕献帝，时执吾大将军。子辛，辛子贞，贞子质，历仕四朝，帝常嘉之，封关内侯。子威，字伯武，咸宁中为徐州刺史，父子清贞，朝野称美，安定名郡，自此始也。威生宪，宪子彪，彪生奋，奋生华，华子哲，哲子明之，明之子德基，基生怀宁，宁生隋。

隋生仲任，任生藩，仕刘宋，元嘉中为太子左卫将军，锡土豫章，爱华林山水之秀而居焉，是华林之号，实由此也。藩公有子六十人，历仕齐、梁、陈、隋、魏，多有显宦。长子镇，字伯定，任西阳太守。镇子谐之，谐之子时显，显子真。真生颖，颖生湛，湛生兴，兴子宣，宣子秉。唐贞观时，命秉公同高士廉纂修天下族氏，我胡已得一百第八姓。秉子机，机子晟，晟子元，元生曦，曦子杰，杰子珣，珣生钲儒，儒子钊，钊子克礼，克礼子明德，明德子应民，应民子舜臣。

舜臣子清献，闻望昭隆，基址克拓，显诗书之门第，振仕宦之宗风，源远流长，本秀枝茂。有子七人，魁、勉、魑、魀、魌、魍、魎。我祖城公，小字勉，字汤老，登天祐四年进士，位至侍御。夫人耿氏，子五，珰、瑜、琼、珆、球。创构华林书院，四方贤士不惮险阻，负笈来学，造就多方。一时学士、士大夫咸出其门，洗砚于池，其水皆黑，灌溉稻田，稻米成乌，其书声振美有如此。夫人耿氏，取烹以励诸子，命曰"黑精饭"。五子皆贤，俱登高第。珰官膳部员外郎，赠少保，世居华林；瑜任陈留太守，复迁建宁；琼任常州刺史，因宦遂家焉，今毗陵是也；珆居九江，散骑常侍节度使；球授武宁散骑将军，遂居武宁住田。时逢朱温篡唐，契丹作乱，各带安抚招讨之职，久羁仕路，因家焉。

珰独居华林，承祀先祖，子二，长令严，次令赞。严生元凤、元麟。凤生仲尧、仲宣、仲华、仲容、仲雅、仲甫、仲先、克顺。仲尧五世同居，共爨八百余人，建浮云书院，招贤造士，尽饩禀之。有王钦若就学，登第感激，请旨敕旌义门。仲宣子用讷，徙高安斜下。仲华端拱进士，大理寺卿。仲容入贡，御书百轴，以光私第，满朝公卿，赋诗赞美者，七十有二。仲雅徙居燕山。仲甫居华山之阳。仲先徙宁州三峰水口。克顺登端拱二年进士。

元麟生仲达，达居稻田。仲尧子用之、用庄。用之生凝、况，凝生良孺，孺生椿，任新昌令，宜居石溪。况生僧孺、直孺。僧孺生子三，长柏、次南、幼杰。柏子三。长绍先，名功，由南昌横冈之东徙敖登邑瀛坊，至念九公，复迁泗溪；次炜，炜生世兴，兴生二子，濬、沧。沧生楹权，权生士秀，秀生一龙，由横冈居灌城四都胡家坊；柏幼子叔荣，迁雄田。僧孺次子南薰，薰生绍祖，祖生纯清、纯瑜，纯清徙丰城小华山胡家岭下。僧孺幼子杰，杰生绍福、绍庭，同徙宿迁而居焉。

次子直孺公，字少汲，登绍圣四年进士，吏兵刑三部尚书，封开国公。长子杞、次相、三栝、四楫、五枞、六根、七朴、八櫺、九樑、十樣、十一椐。杞公，字茂标，居稻田允丰万石庄，登绍兴进士。子五，彦辅、彦德、彦昭、彦佐、彦弼。彦辅公长子孟金，次孟珍、三孟璧、四孟绍、五孟鉴。孟金子五，子荣、子华、子俊、子材、子成。荣生三子，德耀、德辉、德明。耀生从龙，迁湖广。龙生子猛，猛至名潮者，徙安庄卫。德辉生从虎、从豹。

虎生子五，仪中、仪汉、仪瑞、仪记、仪讲。中子七：启泰迁同安乡尚港桥；启洪十九世清宗，迁奉新上富，清月徙体埈上坊；启明徙浙江严州府寿昌县；启连迁港畔，子贤四居土陂。启清徙洛城；启显生子文贞，居宣政乡段里，二十世正梧、正桐同迁白湖；启祖徙高安县进龙池上正、德正，雅德迁四十二都益埔。

仪汉子六：启良至九清，徙赤砂路；启能居西山；启敌居镇远府；启元居上三门，子玉海，海生茂叔，子学文。文生胜礼，礼生钦益、钦谅。益居丰垅，子仲贵，生木秀，子大义、大信。义生来吉，居坳上。信生来泰，居小城。谅居古家渡，子仲成，成生文元，子必广。广生延保，居洪塘。启敬居龙高。

仪瑞生俊卿、龙卿，迁蒋家园；仪记迁通城；仪讲子三：以清居蕲水，以湖迁鸭儿塘，以明居比坪。从豹生臣尧、师尧。尧徙天宝堆上，子启仙，仙生玉石，子九棘，棘生清国，国生尚、忠、恕、厚、仁、义。厚生顼、顯、顺、颖。顺子三，幼居安，安子新刚。刚子三，本直徙黄沙堆上，本质、本真徙黄沙毛洞。

德明子从彪，彪生戴春、戴胜。春子四：启准迁衣袋坑，再兴、再盛同居尚港店上，再龙迁瓦溪。胜子二：启净迁麻城，启道迁湖广换稻桥，子华。华子四：宇、宥、容同迁山东，宜迁后坪，子尚义，义生一贵，贵生仕达，荣达徙双溪，荣徙峰溪。子俊子四；达翁迁阴村湖头，达志居稻田湖下，允安徙靖安杞林巷，允柏迁竹垣。子材子五：本昌迁黄沙荷；本荣迁高安竹垣；显秀迁乾州石子冈；复迁夏皮大源；显华徙靖安富仁都，子三：五一、念六、十七。五一迁同安乡澡口官源楼下，十七至保二迁田东坳上，二十二世伯遂由坳上徙湖塘。

德清居感古唐宅，子成子五：允敬居桥南，景宜迁江下，允学迁北门外大路口，景义迁直隶英山东乡，景念迁高安万硕乡鲤鱼上塘。辅次子孟珍，珍生子贵。贵生子二：汉卿、惠卿。汉迁新建泉珠，惠迁湖广黄州府蕲水县允福乡。圻湖生子四：德渊、德昭、德仍、德源。德昭徙罗田鸭子陂；德源徙大孚冲，至荣卿迁白莲河城角桥等处。辅三子孟璧，璧生四子：子允、子远、子千、子秋。永生文寿，由稻田徙进城乡白鹭树下，传五世，讳通者，隐于双溪，遂家西岭，徙居横山。子千迁黄沙石狮里。子秋迁同安乡黄塘，生子宾，宾生四子：梦麟、梦麒、梦凤、梦凰。梦凰传七世，志福徙南坑，志禄迁杏坊，志贤迁㙛下，塽贤支下复迁楚地。

辅四子孟绍，绍生子四：子富商游直隶英山县柳树荷坪；子林迁甘坊坪；子枢商游碛溪，复迁居高安讨下，后又迁新建候溪，是为候溪祖；子巘居吉安府泰和县前村。辅幼子孟鉴，鉴生三子：子开、子辟同居高安蔡溪；子际生宗夔，夔生燥，燥生南远，远生三子：朝俊、朝宗、朝礼。传八世，楚迁枣阳；簪居南皮；诚琳居岳州天平，所宗显；赘居袁坊。

杞公次子彦德，德生三子：宏叔居直隶光山。成叔居后港，升叔子五，长勤、次宜、三绍、四荣、幼节。节生五子，徙南乡前坊，长子均茂，居南乡石湖。茂生二子：时夫、明夫。时生三子：伯考分居上黄城，至济淋，徙斩蕲水，伯敏、伯攸。明夫生伯胜，迁南乡石湖，均佐徙白石里，至十九世名广徙湖乡。均祥迁界牌，均美居罗塘前坊。子源远，远生宏一、宏二。二生仲三，居下黄城，仲四居祖基，仲五徙随湖，禄卿徙随湖上保。

杞公三子彦昭，生五子：长元章，迁建昌敕仓。次茂叔、三元礼、四安国、幼汝霖。霖迁招宾，生子四：从道、贵全、济川、希远。道生克勤、克明、克忠。忠生贵明，明生南秀，秀生文炳、文昌、文尉、文定。定迁斛埔，二十世石峰迁新昌花桥。济川允诚，诚迁南京新市街米巷口。允诚子大椿，复归南昌，徙塘口。子二：应麒、应麟。

麒生元恺、元恢、元性。恺生希会，会迁樟树下；恢生希圣、希名、希文、希孟、希周。文生良辅，迁巷西；希孟生良雄，迁枫树下；元性生希俊、希闵、希吕、希恭，吕生良成，赘迁省城西大街帅家巷。麟生元惆，惆生维贤，贤生良材，居中南房，良继居上南房。材生克宪，居花门楼。

杞公四子彦佐，佐生桌，迁大洲。

杞公幼子彦弼，弼生公亮，亮生钦、鉴、铃。钦生仲质，质生商卿、献卿、常卿。常生晋伯、申伯、禹伯。禹应凤，凤生淳四、淳生。华叔生成翁，翁生仁，迁进城乡石下，至存节，迁菱湖洞上亮。次子鉴，幼子铃。铃生椿，椿生滢、溥，溥迁城塘。滢生煊，迁青山梓塘。溥生敬齐、伏齐。伏生朝佑、朝俸。佑居乌桥。俸生二子：季远居瓦桥，季演居桐江。

相公子三：彦明改名绍闻，徙江西省橡桥，复居洪城大石门。子文庆，名璧，迁南昌车塘。璧生仲安，安子德辉、德明。辉子四：宗贤、宗显、宗远、宗允。允子以岳，岳子思材、思齐。材子景德，德子志和，和因赘徙南昌北梅。

彦辉，改名明道，道子五：璠、玙、琬、琚、瑛。璠生守仁，徙白湖，复迁丰城龙雾洲。仁子二：权、炳，炳迁河塘。权二子：东昇、东阳。昇生百川、百行。川生凌云、凌霄。云生春甫，甫生朝用，朝后。用子庭芳，芳生叔瑗，瑗生德华，华生经淮，淮生嵘冈，冈生远堂，由龙雾洲徙南昌漳湖渡。朝俊子廷琛、廷珲。珲子叔玕，玕生从儒，迁大阳树。珲生叔珊，珊子春儒，儒生孔亨，亨子南雄，雄子肃振，振子惟荣，荣子鸥，鸥子桂，桂生道传，传迁邬坊渡。柄生章豹，豹生君佐、君佑，佑居临江。佐生玉玺，玺子德元，元生仁卿，卿子元亨，亨生孔庸，庸生日叙，叙子傅良，良子俊彦，迁洋泮洲。朝宗迁刘家隔，复迁荆州草萍。

彦耀名绍本，本生日新，徙南昌廿七都六图塘头。

栝公子六：纯泰、纯仁、纯礼、菜、菝、蕖，蕖迁长岭。

泰生二子：长仕谦，谦迁南昌水南湾溪，前族之祖；次仕让，让生笋，笋生均绍，绍生延寿、延仲。寿居店头，仲徙湾溪，后族之祖。

纯礼生璩，璩居建昌小蟹，子八：湧、湍、泓，洸、澄、淮、汶、渊。渊生六子：鼎如、申如、相如、穆如、翼如、肃如。翼迁南昌，车塘之祖，子洪镇、洪伯。伯子克恭、克敬，敬徙浣溪。肃子元甫，徙进贤安泰。

纯礼次子璙，璙生諰，諰生守祖，祖生天民，民生溫，溫生戴显，显生重芳、重庸。芳子子四：真一、真二、真四、真七，迁土目；重庸子五：真三、真五、真六、真九。九自土目迁康济桥。

纯仁子五：璲、琠、珽、玙、琦。琠迁南昌先贤里，子安炳，炳生万金、显宗。宗生诚仁、诚信。仁生启凤、启鹏；信生启龙。

榨公生彦益，仲昭。益子季玉、季明。玉子八，长鉴，鉴赘靖安黄氏，筑室于龙江，今江潮是也。生子宗华，华生干六，子天祐，祐生明，三子德宏，宏生政卿、荣卿、贵卿。荣卿迁孟田，锴、钧、锐、钺、锡、锷。宾于锡生三子：涧、溶、潜。溶生廉雍，雍生说道，分居大塘，宾迁义宁州带溪。季明生南贵，贵生鼎，鼎生文炳，炳生邦祥、邦贵。贵徙居塘边，祐胜居塘边。邦贵生友直、友谅、友信、友闻。闻生俊卿、仁卿。俊生孟诚、仲诚、学诚、真诚。孟诚生祉，祉生昱，昱生胜春。胜春迁阴村楼前，生眉寿，寿生友文。友文迁居阴村墩上。仲昭生季杰，杰生时可，可生英玉，玉生贵诚，诚生远，远生升、昂。昂生善关，迁南昌刘城。

枞公生彦读，居望江宿松。彦讷、正文同居南京直隶池州府铜陵县。

根公迁双峰，子彦记、彦讲、彦诸。记生博，博生启良、启泰、启洪。良生中顺、中馨、中详，详徙湖广大冶县。顺生庆，庆生光伏，徙进贤白沙，光武、光宸同徙湖广蕲水县。启泰迁浙江严州府寿昌县。启洪子中显，显迁九江湖口矶。彦讲居高坪。彦诸迁新昌梅湾。

朴公子四：叔罕居高安龙口；叔易居高安麂日；叔布居淦口象老，孙迁直隶常州府政城乡五牧。

罕生子五：长仕诚，诚生宗先、宗广、宗义。先生彦庸、彦果。果生少一、少三、少四、十一。少四生小五，徙新昌英塘；十一生小九，迁高安曲塘。宗广子彦达、彦端、彦良。达生五子：元庆、元用、元鼎、元佐、元罂。庆生克俊、一新。俊生应祥、应梦、应期。至十七世仕达徙高安稠溪，十八世龙跃居高安塔水。俊卿迁高安固始。一新子积中，十八世幼迁安岳，十九世汝贤居高安月塘，二十一世存器复居龙口。允谅分居高安石街，二十四世德胜迁丰城。德明迁常德府，恕徙公安。爱迁新化崇溪。元用生日严、日升。严生仲云、仲霖。云迁高安市上，十八世德均徙陈家湖，二十一世渊迁新昌灵源。津分居三塱湖西，头世常基夷陵州。仲霖迁新建石湖下。瑞商居荆州，元佐迁下车，子日章，章生季渊，二十二世居简迁宝云石下，二十三世立云迁巴东。立材、立松同居长阳。元翊生日允，允徙良田。彦端迁横江，端生元常、元海。常生从龙、友龙。二十五世以诚迁上高集溪埈胜。权迁上高垱口。彦良生元盛、元政。政生之绩，绩徙蒲圻。宗义生彦洪、彦京、彦允、彦英。洪生元臣、元端、元振。振迁高安下赤岸，京居庐陵山观，子元美生南杰，二十世志广居新淦梓州萧宅，二十五世立仪、立宗居新化。彦英生元贤，贤迁水比春乡。

罕次子仕祥，生子五：宗旦、宗周、宗杰、宗佑、宗武。周生彦保，保生元进，进生泾，泾生九德，德徙华阳。宗杰生彦克、彦谦、彦谟。克徙岛湖。冈子元麐、元育、元宥。育生文蔚，蔚生三一，十八世胜六迁石山。宥生文郁，郁子桂龙，居高安罗家塘。骧龙迁高安荷叶塘。文涣居高安下赤岸，二十世澄支下迁安化沙山，二十五世尧爵迁宝庆。彦谟居严上，子元辅、元德、元直。直生天与，与生子四：必中、必达、必俊、必升。达支十九世伯明、伯平居新昌华坑。俊支二十一世九节居碧溪庄。九皋居下滑埠，二十二世汉洪仍居岩上，汉广居石下，汉英、汉同居高安湖背屋后，汉宣居湖背。二十四世资禧居高安南坪，资董分迁滑埠，资偶分迁溪坎上，二十五世国民分迁熊脑。宗祐迁横坑。

罕三子仕璋，璋子三：宗谅、宗铨、宗孟。谅子彦，彦生元恺、元寿、元衡、应雷。雷生泳、湣、激。激生六一、福二。六一迁高安尉山，福二迁高坪。诠子彦发，发迁高安菱湖。东孟生彦尹，尹生元愈，愈生应龙，龙生喆、珏、兢，二十四世万福徙上富铺，仲文、仲武徙浏阳，二十六世廷佑徙南关一笑桥，二十八世本程徙居府下，二十九世一照迁鏝头岭。

罕四子仕龙生宗烈、宗礼。烈生彦高、彦鹔、彦荣、彦嵩。荣生元章、元伯。章自龙口塘尾迁湖西西炉下，子克勤，勤生铁万二，二十一世元昌迁江陵，二十二世昊迁荆州。元伯迁鸭公塘，子德甫、祥甫。祥甫生师旦、景星、景元、景仁，二十三世子槐、子升同迁新化，模商居湖广。宗礼子彦兴、彦华、彦弼、彦信。华生元智、元实。智生庆大、庆二、震发。大生八歌，居新喻水北下塘，十九世义叔居古塘，二十六世宗章居城南观背，二十八世立亢、立杰徙西乡，庆二迁段水桥。

罕幼子仕甫，子宗昭、宗尚、宗道。尚生彦忠、彦俊、彦琛、彦琮。琛生元佐、元良。良生四五、四九、千六，徙高安栅前。易长子友闻，闻生国谏、国器、国珍、国宝。珍生大极、大元、大行。极生登任，任徙丰城赤冈口泉塘居焉。子碧源、碧澈、碧涧，涧迁高安独城。源生胜荣，荣生珍仲，仲生贵文，文生九龄，龄生孟烈，烈生万仁，仁生献，献生时泰，泰生清琥，琥生显祥，由丰城泉塘，徙高安县坦湖。

叔俙长子仕谦，谦生节，节生均用，用生玉山，居石马胡坊，子焕甫、宏甫。焕生德辉，辉生文昌、世昌、贵昌，世昌迁南岭。贵昌生益孚，孚生济海，海迁居象湖，宏甫迁居厚渥。俙幼子友直生兴，兴生定忠，忠生瑞祥，祥生钦，钦生信，信生坚，坚生重参，迁瑶溪。

檦同椿居月山，兵寇避乱，迁百洁塘。椂徙九江潘源口，子年、月、日、时。年居武宁山口，月迁武宁水口，日居建昌石口，时归奉新稻田。橄迁月山。椐迁南昌白湖，顺之迁后岸。

　　用庄生泽，泽徙未详。仲宣长子用讷，讷生浑、淑、湜。浑生信孺，信生樗、枥。樗生卿，卿生彝，彝生友端，端生通，通生叔辉，辉生荣翁，翁生尧文、尧政。文支下溥、流、涧同居新昌猪屎巷。杰徙东竹冈，综迁新里冈，宜新迁湖广新化驲前，宜宇迁栎港渡头，宜才迁宝庆，宜章、宜表、宜绍俱迁杭桥。思朴居常德府，转之迁徐坊。政支下十八世泰安迁邵阳，十九世演广居邵阳，二十世齐迁居奉新早禾坑，街居湖广，巢迁丰城。淑生宗隆，隆生协，协迁武宁。湜生彦杲、彦忠，宪徙斜下。次用记徙浙江会稽，三用讲迁上高楼江铺，四用诸居上高上塘，五用读居苏州。

　　仲华子用时，时生渐、汴、涛、溱、沿。渐居新建茅冈，复居华门；汴生玘珍，珍生必先，先生守中、守正。中居东湖，复迁沙埠塘。守正子发，发生拱，拱居南昌北梅。

　　仲容长子用礼，礼生深、澥、湘。深生易从、云从。云生炜、辉、烨，同父居南昌东湖。澥生文从、德从。文从徙成都，德从迁楚地。湘生仕沂、仕清。沂生戴昌、戴兴。昌生天福、天寿。福生智一郎、智三郎。三郎生念一、念三。念一生三十七郎，三十七郎生四十一郎，一郎生民望，望生绍文、绍爽、绍旦。文徙上高界源坑，至二十八世海南居湖广大竹山，三十世化聪居萍乡县江背洞，三十一世崇楼、崇台同迁袁州府。绍爽居靖安白鹭树下。绍旦支下十九世菜翁迁富儿坑，二十世廷实居上潭溪，二十一世子重迁院山左，二十二世思和迁松山，思城徙桐江，三十世化钱徙赣县排头街。念三生三十四郎，迁新昌县左，子七一郎。七一郎生贵亮、贵荣。荣生益翁，是为新昌县前始祖，其后九文支裔昌盛蕃衍，遂分九房，环邑之四门而居焉。

　　天寿子智二郎，子念六，迁竹垣东溪。戴兴生天禄，禄生智四郎。智四生念七、念九，居新昌东港，子三十七郎、三十八郎。三十七郎生四三郎、四六郎。六郎生公启、公远、公仲。仲生时俊、时忠、时敏，复迁新昌下东溪。三十八郎徙新昌上东溪，生子四四郎、四五郎。五郎子平可。可生志夫、质夫、明夫。质生德芳，芳生均衡，衡幼子志凯。凯子八，五子同济居藤桥，七子同沂居新昌。仕清生戴盛，盛生天贵、天华。华生智五郎，五郎生念二、念四。二迁新昌南楼下，生子六：长稔迁新昌教桥；次穆分居新昌良田；三秪、四秾分居新昌楼下；五秘、六稻同居新昌樟溪。秪生六六郎，六郎生南金、南逸。金生子六：小二郎迁梅溪东塘，即古梅源口。

　　仲容次子用晦，晦生混、沔、洵。

　　仲雅长子用简，迁燕山，次用方，方生四子：渭、淙、澄、泾。渭生公寀，任新义军节度判官，遂居焉。淙生公明，同子徙雄溪。澄生公旦、公行、公佐。泾生公师。

　　仲甫长子用涉，迁华山之阳。次用砺生四子：滔、涤、济、瀍。瀍生惠，惠生倬，倬生四子：长嗣立，迁建头湖皇恩塘。

　　仲先长子用文，迁义宁州带溪。次用廉，居义宁州三峰水口。

　　克顺长子用舟，徙高安斜溪。次用锡，任高安令，遂家于彼，子三：长湛居沙井铺；次澈迁建昌新塘；三清，清生仲彦、大明。明生时万，万生润。润子仕龙，龙生子三：德高、太亨、逢甲。德高居枧溪，子雷发，发生国佐、国宝。佐子四：长应龙、次从龙迁洗马池；三攀龙迁湖广蕲州；四起龙迁星子象湖嘴。国宝迁安义磨下，子季云，云生三子：渭、泾、信谦，谦居湖口柘矶。大亨子霆发，发生世贤、世隆。隆子四：长尧珍，迁建昌县水坑；次舜珍，居河垅；三德珍，迁建昌滩头；四孟珍，居竹港。至三世大本、端本，自三墩分居灌江。逢甲子宏道，居安义三㘵，升云生允中，中生三子：伯源、伯谦、伯琛。谦居本乡芳树基，子希仁，仁生本彰，彰生世安，安迁雅溪，子三：幼光、惠光、启光。启徙高坪。

仲达子用拱，拱生清，清生极，极生端常，常生京，京迁南昌黄台，子安勤。勤生善祖，祖生雄，雄生良臣、清臣、伯臣。清赘虎栏喻居焉。

赟公，世宗时，仕潭州都督，致仕归华林，路经西山，见白鹿伏野，爱山水之胜，遂驻马而居。广构重楼峻阁，贮书万卷，与华林书院媲美焉。弈叶科名，迤逦数十里。子四：崇、志、证、训。

崇生五子：一、二、解、邦、五。一生安罕。二生皎晓，晓生宠，徙进贤南台及竹源之健武，子三：继祖、显祖、荣祖。继生宣，宣生小一、小二、一生、千六。六生万七，万生成二、成生、祥一。祥生端卿，徙都昌县。顯生权，权生道在。在生四：作礼、定礼、义礼、明礼。作居塘家坑，定礼徙进贤南山，子元吉，吉生泰安、泰生、尚叟、尧叟。尚生三子：子富、子贵。贵迁冶塘，子超徙进贤明溪。尧生子华、子荣。荣迁进贤健武。义礼子元庆，乾道三年，由塘坑迁龙泉溪南岸。明礼迁福建千羊街。荣祖生衡，衡道明，明生定仪，仪生璋、琇，琇生世昌，居进贤十六都南台路。

解长子宙，宙生信，信生仕奇，奇迁建昌钓台城山之鹊巢，次子寀，寀生笙，笙迁库下。三子宰，名宠，登宋绍兴进士，任西蜀都统，迁南昌之库前，子仲峻，峻生允执、允中。执生偆，偆生大宁、大靖。宁生绶，绶生则荣。荣生三子：尊奇居库前老基；尊政分居新房；尊彦分居龙山司。彦子景彰，彰生高可，可生以任、以贤。任生楚俨，俨生子华，徙南昌武阳中洲。解四子廉，廉生文清、文靖。清迁武宁，靖迁靖安脑上。

邦长子捷，捷生七子，吉诜、吉甫、吉谐、吉詠、吉祥、吉讽、吉譔，分徙未详。邦次子袭，袭生子五，吉让、吉谐、吉询、吉谏、吉谟。让生仲盈、仲兴、仲远。远生新、能、祈。新迁吴城丁家山，能居柏树，祈居楼下栖霞观下。新子四：经、赠、允升、允蹈。蹈生云从、云昕。从生友谅，迁昌邑。能支逸驾公，登宋嘉定进士，族联毗陵及南邑之东湖，为东湖世兴铭墓，名存勒石，扫华林祖墓。祈子择，择生子三，燧、炳、晔。燧生兴祖、万选，选仍居栖霞观下。兴祖生处厚，厚生必元，徙东岸塘北，子福山。山子钦五、钦六。六生善一、善二。二生臻致，臻生五子：克昭、克曦、克明、克旺、克晖，迁郭下，为郭下始祖。袭次子克谐，谐生仲珪、仲拱。拱徙东岸，三子吉询，询子仲宗、仲宣；四子吉谏，谏生仲臣，臣生七子，安平、缜、安世、作明、璘、瑞、琥。平生四子：杞、椿、权、犬儿。杞生臬，臬生惟敬、惟敏。敬生四子：师益、师尹、师稷、师孟，迁凤岐比垅磨盘山一带。惟敏生一惆，徙皇岐南垅罗坊一带。

文炳迁大喜，尚智、尚愚迁鸦州。椿生桀，桀生惟知，知生师诚，居楼下祖居。安世生枢，枢六子菜，菜生煜、炬。煜登进士，任江夏令，因以江夏云。炬生四子，均、城、圻、墉，居东岸吁咸里。仲臣五子璘，璘生四子：植、松、隆、柏。次松生架、果，架生三鼎，鼎生可行、可复。行生天寿，迁浒而居焉，复入赘允峰，遂居新建孙坑而居焉。子三：天锡居建昌；次天与，徙庐州；幼天相，生子一清。清生四子：长权、次柄、三枢、幼机。枢生三子：炫、辉、璨。辉徙居西垣；璨徙居建昌丰安乡，其后裔又徙星子。机支下二十二世箕，迁湖广柳州。荣居允兴西门。果生三德，德生可宗、可兴、可人。人生天树，树生一澄，澄生竣远，十八世觉济居昌邑。觉元、觉真同居大坪。

　　仲臣六子瑞，瑞生模、梓。模迁金城垅子，定居新建田坪；梓迁洛城之鹊嘴。志居楼下，及赤岸之后。垅子四：立、郊、益、鄂。郊生拒，拒生宗伦、宗盈、宗浩。伦生德瞻，瞻生忠旺，旺生才、泽、毅。毅生三子：竦、翊、靖。竦生銎垢，垢生霆发，发生文虎、云卿。卿迁南昌观厦。翌生塾，塾生镕、鑑、镇。镇生士贵、士贤、士贡。贤居神湖西岸，子庚龙、兴龙。庚生志贤、志德，德居神湖。证生澈邵，训生举恩谷二公，分迁未详。

　　瑜公迁陈留，又迁建宁，子三：令仪、令濬、令熊。仪生绍，绍生美弼，弼生罕濬，濬生以仪，仪迁崇安，子休徽，徽生良弼，任工部尚书，子光岳，岳生世用，用生二子：建国、安国。安国精于春秋，乃以左传付之，登绍圣进士，擢太学博士兼侍读。上时政二十二篇，加黄门给事，卒谥文定公。长子寅，号致堂，批评朝纲。鉴次子宏，号五峰先生，究心经史，朝夕不辍，朱子亦从，授学迁居广丰乡胡坊。幼子宪，绍兴时太常寺丞。作《正字》、《正蒙》，诸书号籍溪先生，父子配享圣庙，名光史册。令熊生宗谅、宗文。谅徙丰城厚墩。宗文徙丰城旗塘，子宇明、宇初、宇仁。仁居荆州江，传三世。仁楚居氾坊，四世宗武居麻城，宗礼居黄埂，梦新居茶湖渡。

　　琼公任常州刺史，因官遂家于本州安上乡，今毗陵是也。子持，持生修、微、徽、从、循。从徙宗城。徽生五子：宏、寔、宁、寐、密。寐生子五：禀、宿、馀、实、宾。宿生宗尧、宗路、宗质、宗炎、宗厚。尧生八子，六说修，修生坚常、大成、大任、大椿。任生潭，潭生弼，弼徙居南昌大垅。三宗质，质生安修，修生纶、纺、繐。纺生琢，琢生珠涧、冲涧，生子中立，立生子招，招生君用，用生子四：长裕卿、次宝峰、三原祥、四原理。裕卿生四子：彦诚、彦通、彦能、彦文。彦能子四：鸾徙居吾桥；凤、鹤、鹏三人俱迁福建。原祥生彦德，德生瀚、滢。滢字原洁，登永乐二年进士，任吏部都给事，官至礼部尚书，谥忠安。公扫华林祖墓，合修大宗谱。孝慈著绩，班班谱牒间矣。子锐、釬、𨥤、锏。锐生子二：泰、谦。泰生恺、恪、怀、怿。恺生铭，铭生永勋，勋生元，茂徙居进贤金盆。

　　琯公子四：长性，迁靖安南溪，子宾甫，甫生中立，立生亮；次则，任工部侍郎，仍居九江，子六丛，迁分宁，其后有至师文者，迁高邮，松年者迁海州，天爵迁新建赵家围；三彭，迁婺女之允康，子瀫，瀫生承师，任工部侍郎学士；幼彬，任江州刺史，迁居杭州，子人爵，爵生瑗，号安定先生。范仲淹荐以白衣人，对授苏湖二州教授，嘉祐升侍讲，太子中允，配享圣庙。子昱迁居南昌巷下，子衡，衡生至实，实生民，民生从照，照生敬珣，珣生用成。成生六子：长兴祖，生子三：时中、梦龙、梦白。梦龙迁熊田中团，子三：谊、詠、诲。诲生珂，珂生希宿、希圣、希贤。贤生惟性、惟和、惟忠。忠生伮，徙居上洛，是为上洛始祖。梦白公徙居土城，是为土城始祖。子二纯诗、纯生,子三:长琦、次珣、幼瑾。瑾生希秩,徙居嘉山,是为嘉山始祖。

球公征讨契丹,忠贞贯日,庙食万世,徙居武宁住田,生子令端。端生聪、聘,聪生迪、遘。迪生廉、雅、珪、瑄。廉居住田厚坊,子舜良,良生安常,常生之屏,屏生元芝,芝徙居淮之黄陂;次雅,雅生舜明、舜弈,明生安时、安修。时生昌宗,宗生大成、大盈,成生仲翼、仲明。翼徙桥岭,复徙茅田,至四世孙政叟,叟生子二:用彰、明彰。用彰自茅田而迁高陂,至七世月轮,而迁苔溪。明彰迁杨坳石坳小塘下黄洞。仲明为黄洞大坪坳口及塘里之祖。聘迁婺山燕窝内宅、外宅,并青林坑南领大山之祖。安修生仁杰,杰生英远,远生珏,珏生至顺,顺生贤仲。仲徙分宁陂山。舜弈生思直,直生纹,纹生贵明,明生季三,三生兴一,迁分宁。珪生舜仪,仪生觉,觉生源,源生元辅,辅生燃,燃生德明,明生哲,徙高坪;瑄生舜谟,谟生郁,郁生忠。忠生二子:长嵩,嵩生如松,松生嵒,徙分宁角头山口;次岑,岑生翔,翔生冕,居义浦。

遘长子谘,谘生舜英、大受。受迁菖蒲坑英,子廷操,操生濬,濬子有成,成子必泰,泰生楠,迁安吉上宅。遘次子说,说生舜宾,宾子完,完子时亮,亮生深,深生必大,大子介迁安吉下宅。遘幼子诜,诜子舜辅,辅子安昌,昌子居中,中子迪立,立子兴福,迁安吉中宅。

遏二子愈、高,愈子舜美、舜恭、舜逢。逢至(子)德俨居罗鼓洞。恭子崇,崇子番然、俨然、浩然。番然居石溪港北,子休复,复子大明,徙石溪内宅;浩然子:克复、可复。可复迁石溪外宅高居巷南北祖,子饶分居婺山,子锐,锐生友,友生元龟,龟徙福州。

五公虽地远派分,昭穆秩然,家乘井井,百世而一日也。此而传载稽述特其大略,庶几华林嫡派阅乘了然,后代仁孝,不致迷其源流也钦。

大清乾隆壬戌岁(1742年)孟夏月

侍御城公三十四世裔孙盛太谨述

(清同治间《华林胡氏重修宗谱·源流说》)

(二)家谱总序

华林胡氏宗谱历代世系序

夫人之生必有祖,有祖必有宗,如河流源,萌蘖有本。考胡氏之先,肇自皇帝轩辕,出有熊氏炎帝而王天下,垂衣裳而法乾坤。后少昊继立颛顼,嗣位六世,云礽帝舜,有虞派分妫汭,枝叶敷荣。夏商之世,纪载莫详。迨武王克商,大封其后子孙,虞思阏父为周陶正。武王赖其利器,以其神明之胄,以元女大姬配其子满,封国于陈,赐姓曰胡。自申公以下,贤德相继,与诸国并峙。闵公为楚惠王所灭,支分裔散。

始自公子澄,澄子贵,贵子鳞,鳞子涣,涣子宏,仕秦为秘书郎。宏子武,为陈胜司过。武子怀,怀子安,安子益,益子鉴,汉文帝后元间,为主爵都尉,以治绩著,闻召赐缣帛。鉴子源,为密县令。源子景,武帝元狩时,为河南尹。景子昭,昭子建,昭帝元凤时,为渭城令。建子涵,为右补阙。涵子文,文子敏,敏子崇,崇子惠,哀平时,为治粟内史,遇莽乱致仕。惠子简,简子元成,后汉建武中,为右扶风。元成子聪,永平中,为副尉。聪子崇禧,元和中,荐班超为校尉,讨平西域,封为武城侯。崇禧子贤，贤子辉，永和中为交趾都尉。辉子广，广子伯始为太尉。父子者，汉之三公也，练达事体，历事六朝，五迁尚书仆射。伯始子平，为沛邑令。平子班，献帝兴平中，为执金吾大将军。

班子辛，辛子贞辅，魏武帝开基，文帝黄初间，为淮西都督，封永宁侯。贞子质，字文德，正元间，历事四朝，赐谷二千石，帛三百匹，封关内侯。质子威，字伯虎，仕晋武，咸宁中为徐州刺史。父子清贞，朝野称美。威子宪，宪子彪，彪子奋，永嘉中为左仆射，卒赠镇宁大将军，世为邳州宿迁人也。奋子华，华子哲，哲子明之，参刘牢之军事加左仆射。明之子德基，为江州刺史。德基子怀宁，为骠骑都尉。

怀宁子藩，刘宋元嘉间为太子左卫将军，卒谥壮侯，封东阳山县男，锡土豫章之西，爱华林山水之美，始就其地而居焉。藩子镇，太始中，为员外郎。镇子谐之，仕齐为都官司员外郎。谐之子时显，显子真，仕梁为宁远节度、容州刺史。真子顺，为怀州判官。顺子颖，颖子湛，仕隋宁，仁寿中，为永宁簿。湛子兴，兴子宣，宣子秉，贞观中为宏文馆讲书，与李孝恭、高士廉，修天下氏族胡氏一百八姓也。秉子机，永徽中，登进士第。机子晟，晟子元，元子曦，开元中，为大鸿胪。曦子杰，为秘书郎。杰子珣，贞元中登进士第，任少府监，多政绩，牛僧孺铭墓，陈鸿渐定谥，韩昌黎述神道碑。珣子钲孺，为执金吾大将军，后迁振武节度使。钲孺子钊，为道州刺史。钊子克礼，盐城令，后迁吏部郎中。克礼子明德，德子应民，为广陵尉，廉谨有威，百姓歌之。应民子舜臣，臣子清献，饶州倅。清献子城，明经跻仕，家声大显著焉。故述始末根由，以为后来凭式。

宋徽宗政和六年（1116年）四月吉旦晦

舟次扬州寿臣书

（清同治间《华林胡氏重修宗谱·世系序》）

华林胡氏大宗碑

武王以元女太姬配妫公满，满有保民耆艾之德，谥曰胡，因谥为姓。豫章之派，起于南宋，壮侯藩公居洪之西属。至二十五世城为李唐侍御，再传五世，建学聚书，广延贤士，庆流繁衍，支别东南。

雍熙中，以义居久，旌表门闾。国初有仲尧国子监簿、仲容光禄寺丞。克顺以端拱二年登进士第，仕至都官员外郎，三司户部判官。用讷校书郎，用之、用庄、用礼并登进士第。在唐末，派分出仕者，各随所寓，九江、寿春、陈留、毗陵，皆同宗。陈留支讳瑜，江州支讳琚，毗陵支讳琼，多历年所，详不可考。江州侍郎名则者居婺女，发运使师文者居高邮，兵部尚书松年者居朐山。陈留支天圣中，淮南转运使弼乃瑜之孙。瑜生令仪，令仪生绍，绍生弼。毗陵支琼始居范桥，乡人名桥曰"胡桥"，后徙宗城之翰林坊，而葬城南，来自洪之华林。常访八世而谱牒已紊断，自祁国公始。序一二以贻后人。

宋绍兴九年（1139年）四月中浣，

前右朝散大夫淮南东路转运判官兼领营田使

侍御八世裔孙纺谨撰

（清乾隆庚子年修撰《华林胡氏宗谱》）

华林胡氏宗谱序

胡氏之先出姚虞，居妫汭，周武克商，求舜帝后得阏父之子妫满，谥胡公，而封于陈，以奉舜祀，其后因以为氏。至平王时，吴王杰使公子光伐陈，取胡沈以归，而国自此替。然子孙之盛，历汉、唐、晋、魏以来，或居南郡，或居河中，或居安定。若汉丞相广、金吾大将军钲儒、魏都督阳宁候质、豫州刺史威，皆其后也。

宋壮侯藩，始家于奉新之华林，齐都官郎中谐之，风雅玉润，为江左之杰，壮侯之裔也。我祖珰为唐侍御城公家子，始仕南唐，兄弟五人：珰、瑜、琼、珦、球，遭时离乱，散处异域。独珰留华林，奉母耿氏夫人。夫人殁，葬邑之九皋村。珰二子：长子令严、次子令赟。严仍居华林，赟徙居西山。令严生元凤。元凤生八子，曰：仲尧、仲宣、仲华、仲容、仲雅、仲甫、仲先、克顺。

仲尧以五世义居，孝弟著闻。太宗二年，诏旌门闾，授本州助教，后迁国子监主簿致仕。仍诏有司免其徭役。仲容以寿宁节修贡，复授秘书省校书郎。兄弟乃于元秀峰之下，大建庠塾，招延贤士，来学者无不显贵，公卿大夫多赋诗称美之，故有华林书院诗集。克顺端拱二年举进士，官至尚书都官，文风自此盛矣。用之、用庄、用时、用礼兄弟俱登甲第。况、凝皆授官职。直孺绍圣丁丑科第，两秉州麾，历任尚书直龙图阁兼除侍读。绍兴初年时，高宗皇帝赐经筵官扇，亲洒宸翰，书"文物多师古，朝廷半老儒"十字赐之，盖用杜老之句也。国子祭酒杨时龟山氏为之铭曰"堂堂胡公"诸句，子孙世世宝藏之。

直孺生十一子。长杞、次相并选入国用；梧假守峡州；枞二政建州；曰楫、曰根、曰朴，并官拜先君之泽也；若杬、樑、橚、楶皆他徙。西山之族，赟生四人：崇、誌、证、训。崇生邦，誌生郊，证生群，训生举，其别有四。邦于所居作藏书阁，贮书万卷，以崇义方；时乡人以其楼曰"书楼"，名其里曰"楼下"。代多显者，皆尚书之泽也。

晋陵之派始祖曰琼。琼生持，自豫章寓居于常州。持生子五：曰修、曰徽、曰徵、曰从、曰循。徽生霖，霖生五子：亶、宿、饰、宾、实。后宿登天圣第，累官至观文殿学士、枢密副使、太子少师、中书令、魏国公。谥文恭。持赠太傅，徽、霖并赠太师，皆魏国公之封也。饰生尚书左丞宗愈；宾生宗；实生宗昭、宗旦。旦为端明殿学士交修，松茂柏悦，入陪侍从，出镇师垣，声名煊赫，不可殚举！

陈留之祖曰瑜，瑜生令仪，令仪生绍，绍生弼，天圣中，授淮南转运使。江州之祖曰珦，其后有侍郎名则者，居婺女。运发使名师文者，居高邮。枢密使名松年者，居朐山。分宁之祖曰球。其后有名敦实，登绍兴进士，擢临贺太守；敦诗者，任清远簿。

切意五季南徙，独珰奉母，瑜、琼、珦、球各以仕路为迁徙，俱有不得其详者，姑述所知，以示子孙，其余以俟知者。

宋乾道丁亥岁（1167年）九月中浣

前侍御公九世孙朝散郎、知峡州军事梧撰

（清乾隆庚子年修撰《华林胡氏宗谱》）

华林胡氏谱序

予尝仰观乾象，北辰为中天之枢；而三垣九曜，旋绕归向，譬犹君之尊，而无敌不拱焉。俯察地理，昆维为华夏之镇；而五岳八表，逶迤顾盼，譬犹祖之亲，而无敌不本焉。此君亲一理，忠孝一道，忘之者谓之逆，遗之者谓之弃，慢之者谓之衰。无将之戒，莫大于不忠；五刑之属，莫大于不孝。为人臣所当鞠躬尽瘁；为人后所当慎终追远，而不可一毫或忽也。

今阅胡氏谱牒，溯姓源之始，下逮继世之宗，明昭穆以尚祖也，系所生以尚嫡也，序长幼以尚齿也，列像赞以尚思也，非大忠大孝而能之乎？噫！世之去祖未远，问其所自而懵然者，愧于胡氏多矣！

宋淳熙二年（1176年）穀旦

龙图阁待制新安朱熹拜书

（清乾隆庚子年修撰《华林胡氏宗谱》）

华林胡氏世系

且夫人之有生，莫不有祖；人之有祖，莫不有宗。有祖有宗，则如河流之有源，萌蘖之有根。抑尝考之胡氏，肇自黄帝、少昊、颛顼。帝舜有虞，派分妫汭，禹汤之世，纪载莫详，难可备述。武王克商，奄有四海，大封帝王之后。帝舜派孙虞阏父为周陶正，武王赖其利用，乃以元女大姬娶其子满，封爵于陈。俾世守封都，以奉舜祀，并赐氏曰胡。历子申公、犀孝公、突文公，围皆有贤德，而国以昌。自是以下，贤以继贤，皆有治绩，与国诸并列而无贬辞。

迨至厉公、佗幽公，宁昏乱弗德，国遂泅微。历八百余年，至闵公而为楚惠王所灭，国遂以亡。其世次名位，具载史册，兹不重述。而公之后子孙，因以国氏为姓，而散处于郡邑。公子澄，澄子贵，贵子鳞。鳞子宏，事秦为秘书少监。宏子武，为陈胜司过。武生怀，怀生安。安子鉴，汉文帝后元间为主爵都尉，以治绩著闻，召赐缣帛。鉴子源，为密县令。源子景，汉武元狩中为河南尹，皆有治行。景子昭，昭子建，昭帝元凤中为渭城令，民怀其惠，立祠以祀之。建子涵，为右补阙拾遗补过，宣帝敬重之。涵子文生敏，敏生惠，仕哀平之世，遇新莽僭乱，致其仕而去。惠子元成，后汉建武中为右扶风，寇盗屏迹，群黎以安。元成子聪明，帝永平中为副尉，从耿恭分屯西域。聪子崇禧，元和中班超荐为校尉，讨平西域有功，封武成侯。崇禧子贤，贤子辉，永初间为交趾都尉，边境以宁。辉子广，字伯始，为太尉，太尉者汉之三公也。历事安、顺、冲、质、桓、灵六朝，练达事体，京师为之语曰："万事不理问伯始，天下中庸有胡公。"年八十，心力克壮，位至太傅，谥文恭。公子平，为沛县令。平子班，献帝兴平中，为执金吾大将军，讨董卓之乱，名标史册。

班子辛，辛子贞，辅魏武开基。魏文黄初中，为淮西都督，封永宁侯。真子质，字文德，正元中历事四朝，出统戎马，人赞庶政，忧国忘私，赐谷二千石、钱三十万，赐爵关内侯。质子威，字伯虎，仕晋武，咸宁中，为徐州刺史。父子清真，为当时推重。威生宪，宪生彪，彪生奋。奋仕晋，永嘉为左仆射，好文学、习武事，时人有文武并足之称，卒赠镇军大将军，世为邳州宿迁人也。奋子华，华子哲，哲子明之，参刘宋之军事，以击符秦，加左仆射。子德基为江州刺史。德基子怀宁，为骑尉。

怀宁子藩，事南朝刘宋，元嘉中为太子左卫将军，封土豫章新吴，爱其山水秀丽，田壤腴沃，始择地华林山麓而居。卒谥壮侯。藩子镇，泰始中为员外郎。镇子谐之，仕萧齐，为都官尚书，风采玉润，识见明达，士多称服之。谐之子时显，时显子真，仕萧梁，为宁远节度侯、容州刺史。直子顺，为怀州判官。顺子颖，仕陈，为临淮太守，忠信果决，郡境清宁。颖子湛，仕隋，仁寿中为允宁簿。湛生兴，兴生宣。宣生秉，仕唐，贞观中，为宏文馆讲书。太宗命高士廉、李孝恭修天下宗姓族系，胡氏乃一百第六系也。秉子机，高宗永徽间举进士第。机子晟，晟子元。元子曦，开元中为大鸿胪。曦子杰，为秘书郎。杰子珣，贞元中登进士第，仕至少府监。卒，牛僧儒铭墓，陈鸿渐定谥，韩昌黎为撰神道碑。珣子征儒有勇力，仕唐为金吾大将军，宪宗元和拜振武节度使，以御党项。征儒子钊，任建州刺史。钊子克礼，文宗太和间登第，擢盐城令，尽心爱民，不受私谒。克礼子明德，明德子应民，为广陵尉。应民子舜臣，舜臣子清献，为饶州判官，闻望昭隆，基址克拓，显诗书之门户，振仕宦之宗风。绩庆有自，贤嗣挺生。

清献子勉，字城，明经出仕，家声显著。夫人耿氏，生子五人：珰、瑜、琼、珸、球。当李唐之祚微，值五李之僭乱，令各避地为家。瑜复陈留，珸居九江，球迁分宁，各宗荣盛、贵显者，代有其人。琼乃宦居晋陵，四世孙有字武平者，宋天圣登第，历翰林端明观文三学士，累官枢密副使、太子太傅。卒赠太师秦国公，谥文恭，追封曾祖持为太师、岐国公祖徽为太师、祁国公考霖为太师兼中书令、沂国公宗炎为太傅，直修为太保，宗贤、宗修、安修、宗回、益修皆为少师，宗哲为少保，宗愈为尚书左丞，谥修简，世将为金书枢密，谥忠献。有宋及元，蝉联簪笏，未能悉举。迨今圣天子嗣登宝位，治致隆平，任台辅之重，竭献纳之诚者，则濙是也。

惟珰独留华林，至仲尧兄弟，义居聚族八百余口，筑室百区，置书万卷，名以华林书院，来学者有如云之盛，洗墨者致黑稻之祥，声闻当代，降诏旌表。仲尧诣阙谢恩，面赐袍笏、犀带，敕授本州助教。仲容光禄寺丞，克顺叔侄同年登第，仕历秘书，职掌户部，出家财以创寺观，发仓廪以赈困乏。直孺登第，绍圣之间，职擢侍御之贵，继调江淮湖浙发运使，进迁兵刑二部尚书。率兵勤王，与张叔夜齐名，不事伪主，耻张邦昌僭号。加封开国公，食邑千户，宝扇御翰之颂，租田、银器之锡，家业益丰克广，租税五十余万，聚爨八百余口，第宅阀阅，迢遥半市。生子十一人，咸被簪笏，宦游郡邑，各适所居。杞任修职淮东总管，楫授宣教峡州判官，仲益位至刑部员外、吏侍尚书，季明谏议大夫，南贵湖南安丞，鼎为都官郎中，文炳文昌县令。其侍从台阁、宰牧、郡县，职掌教铎，经明行修，冠带缙绅，斌斌其盛，莫能枚举。岂非先代积德之深，流庆之远，而致然乎？

吾因华林彦秀、祺等以礼赞归田之野，而请掇笔著其实绩，以藉永久。庸是为之，精考经史，穷搜姓氏，芟繁补遗，条辑成编。使君之孝子慈孙以续于方来者，睹夫斯谱，昭穆世次，条然不紊，亲疏贵贱，灿然可见。必思所以修身慎行，绍休前烈，则华林声誉之重，不为有以显于前，抑亦有以继于后矣。诗曰："子子孙孙，勿替引之。"予有望于他日云。

明正统二年（1437年）岁次丁巳四月中浣
前赐进士出身文渊阁修撰刘敬书
（清乾隆庚子年修撰《华林胡氏宗谱》）

重修华林胡氏总谱序

古人重本始，死徙不出乡，而寓必籍其所由。是以先王之后，可求于百世之下，后世族亦有谱，惟其迁徙不常，纪述多废，遂为途人，况百世乎？所赖子孙之贤者，合其离而保其同也。

有虞至周千余年，武王以元女太姬配阏父之子满，封之于陈，是为胡公，实姓氏所自始也。于是满之后若干世，有藩仕刘宋为左卫将军，居江右。至二十五世孙，仕唐为侍御史，讳城者，居华林，配耿氏，生子五，珰、瑜、琼、球、球。珰居华林，瑜徙陈留，琼迁毗陵，球迁江州，球迁分宁。

今尚书胡公㴾，琼之后也；新吴华林，珰之后也。二族虽世代辽远，而派系昭然可考，其继述者，世有其人。予窃以为，胡氏之先，敷佑后人，固无异同。而徙江州，徙武宁者，亦未必无人也。第显晦离合之间，有幸不幸焉，是亦人事之常欤。是谱之合，胡氏子孙尚体今日宗伯之志，图厥显扬，克敦亲睦，则世世其益昌且大矣。是为序。

时明正统己未（1439年）九月既望
光禄大夫上柱国少保兵部尚书文华殿经筵事杨溥撰
（清乾隆庚子年修撰《华林胡氏宗谱》）

华林胡氏族谱序

明·王直

胡氏居南昌新吴之华林者，实宋太子左卫率藩之后。藩在当时，有孝弟之行，事宋高祖，以材武建大功，具载国史。有子六十余人，故其族为最盛，历二十四世。有曰城者，官至侍御史，生五子：珰、瑜、琼、球、球。珰与琼仍居华林，瑜徙陈留，球徙寿春，球居武宁，皆各为一宗。珰仕南唐，官至膳部郎中。其后有仲尧者，兄弟八人尝合族以居建义学，以延四方之士，皆衣食之使学，王冀公其一也。宋太宗旌其门曰："义门"。

今其孙彦志有四子：一清、万清、叔清、独清，犹以衣冠之望临一乡。琼之后则徙毗陵，实生宋少师文恭公宿，其学通天人之奥，显于庆历、皇祐间，于今为尤盛，礼部尚书源洁公则其裔也。公以清德雅望重当时，永乐中，尝以使命之四方。至华林拜始祖墓，大会其宗族。念珰、琼二祖之亲也，故与彦志最相厚。至是彦志令其子一清，持谱来北京谒尚书公，请参订而合一焉。公笃于族谊，既辑录之，而属予序。

胡氏之先，以德行功业兴其家，而子孙又以奥学笃义继之，此其能久而盛也。譬若嘉植然，据土地之饶，得雨露之润，而屡有封培。维持之者，则大百围，长千仞，枝叶之附，愈滋而愈繁，可以蔽丘原，傲霜雪，历久而常存，理固然也。其胡公之谓乎？

记曰："人道亲亲也，亲亲故尊祖，尊祖故敬宗，敬宗故收族，此仁义之道也。"尚书公行之，而彦志父子继焉。使凡为子孙者，皆能笃于仁义，始于亲亲，又推以及人，而必极其至，则所以厚本益末者，岂有穷哉？虽至于百世未艾也。故为序之，以劝来者。

（文渊阁四库全书：《抑庵文集》后集卷14）

王直（1379～1462年）字行俭，号抑庵，泰和（今江西泰和）人。永乐二年（1404年）进士，正统（1436～1449年）中为吏部尚书，与王英齐名，时称二王。在翰林20余年，稽古代言论编纂纪注事，多出自他的手笔。天顺六年（1462年）卒，年84岁，赠太师，谥文端。善行楷，结构老成，笔法精妙。

华林胡氏族谱序
明·刘球

胡氏家洪之华林千余年,而徙毗陵者半之。予在礼部时,大宗伯示以毗陵谱,自华林支子琼仕唐,为常州刺史始。琼四世至宋太子少师文恭公宿,宿从子吏部尚书宗愈,累传至宗伯,世系为甚详。

今于兵部主事舒君敬所,遇华林后人彦志之子一清,睹其合毗陵之谱。于华林者,盖自刘宋太子左卫率壮侯藩始。藩后二十四世唐御史韶(城)有子五人,琼其一也。兄弟各居名郡,独蒙兄膳部员外郎珰以宗子留华林,三传至国子监簿仲尧,以义门名天下。其子用之,第进士,再传至刑部尚书直儒(孺)。直儒(孺)之后八世,至淮西提干文昌,即彦志六世祖也。其间此昭彼穆,大宗支派,莫不悉著,明于宗伯所示者远矣。

盖彦志父子尝与宗伯参合校订,无所遗失,故其尤详如此。虽然,质之于史,犹有当辩者。史谓,仲尧弟克顺仕至都官员外郎、三司户部判官,而谱没之,且系宗愈,于华林派下,亦与史异,果谱得其实欤?谱云直儒(孺)为尚书,建炎间能遏伪归正,有勤王功,氏族书亦取其诗矣,则史当有传,乃逸其名,非史之失欤?史称,仲尧弟光禄丞仲容,以弟之子用讷后,试校书郎;谱直以讷为其兄子,无后。仲容之说,又以用之为容子,亦与谱不合,是皆史之伪也。谱必有据,至谓壮侯孝友,忠良、仲良兄弟义聚,而有养贤赈乏之德。文恭脱万人于溺,卓然为时名贤,则史与谱有若珪瑄之相合,亦足验德善之有其实,不容自掩也。两宗胄裔久而益振,得非本于此乎?宗伯孜孜于泽被斯世,彦志父子笃行不倦,可谓能增德益善,绵先世庆,以遗其后人矣。

予知胡氏将来必有亢厥宗者,特序其谱,以俟之。宗伯名濙,字源洁,考于谱,盖与彦志为二十世兄弟云。

(文渊阁四库全书:《两溪文集》卷11。乾隆庚子修撰《华林胡氏家谱》录有此序,后题"明正统四年四月既望,翰林侍讲承德郎兼修国史安成刘球撰")

刘球,安福(今江西省安福县山庄乡)人。明永乐十九年(1421年)中进士弟,经胡濙力荐,参与《宣宗实录》的编修,书成后,入侍经筵,任翰林侍讲。正统初,英宗欲征麓川,刘球抗疏力谏,下狱冤死。谥忠愍。球文多和平温雅,撰有《两溪文集》24卷。

华林胡氏族谱序
明·杨士奇

胡氏,春秋时有二:其一,子爵国于颍州汝阴之胡城,后为楚所灭,子孙以国为氏;其一,周封虞舜之后胡公满于陈,子孙以谥为氏。亦曰以国为氏,或曰:命之氏胡。要之云,命之者非。华林之胡,盖出于满。

华林,今南昌奉新之境。其谱云,先世家邳之宿迁,至刘宋太子左卫将军藩,有功于朝,赐土于南昌,乐华林山水而居之,遂终焉。史传以为南昌人,当以谱为正。谱叙所录,秦汉以下胡氏之显者,历历有稽而断。自藩以下著为谱,又二十四世,至唐侍御史城,而下则加详焉。城五子:珰、瑜、琼、玹、球。珰官至膳部员外郎,其后仍居华林,宋尚书直孺所自出也。四支之后皆他徙:瑜之后徙陈留,宝文阁学士、谥文定,安国所自出也;琼之后徙毗陵,太子少师、谥文恭宿所自出也;玹之后徙九江、高邮朐山;球之后徙郡之武宁。今独华林、毗陵二派子孙相往还亲厚,如未尝析者。今大宗伯源洁,毗陵出也,及华林之贤曰应麟,各著其本派谱。宗伯将合之为一,而仍名华林者,统于所自也。二派之后,其子孙之蕃衍,诗书宦达之辉映,谱牒纪载之详明。

凡故家硕宗鲜与拟者,可为盛哉!固本于其先之积,亦必其后之人德,行文学之克敬承者欤。城之下析五派,而其三无闻,盖未必无人,岂非其昧所从出,而汩没于庸俗,且衰落不立,故不相及欤?作谱者非不欲统而合之,顾势不可得,则亦莫如之何已。夫祖者,吾之所从出,族者,吾之所同出,必资谱而后明。有谱,斯水木本源之心存,孝友睦姻之道行,故谱者为仁其家而作也,非有贤子孙不能。

宗伯公方宏其仁于天下,而况于家,斯谱之所以必合也。宗伯上距文恭若干世,清修厚德,卓然于时,名卿有光,文恭者也。谱所录华林若干世、毗陵若干世。既成,华林、毗陵各录一本。宗伯属余为之序,胡氏之后尚益敬,承于来世。

(文渊阁四库全书:《东里集》续集卷12。乾隆庚子年修撰《华林胡氏宗谱》录有此序,后题"明正统己未九月庚申,赐进士弟光禄大夫吏部尚书华盖殿大学士知经筵事")

杨士奇(1364~1444年),名寓,字以行,号东里。今泰和县澄江镇人。建文元年(1399年)入翰林充编修官,修《太祖实录》。永乐元年(1403年)入内阁管理机务。洪熙元年(1425年)长升礼部侍郎兼华盖殿大学士。杨士奇历事五帝,辅佐君王40多年,一直为内阁重臣。杨士奇在文学上也颇有成就,他与杨荣、杨溥形成明代初以"三杨"为代表的"台阁体"诗派,杨士奇为诗派盟主。杨士奇的诗歌雍容典雅,创造了一种辅扬功德、讴歌太平的诗风,左右了当时诗坛。杨士奇著有《东里全集》97卷,《别集》4卷,编有《三朝圣谕录》、《文渊书目》、《历代名臣奏议》等。终年80岁。赠太师,谥文贞。

胡氏族谱后序
明·杨荣

自宗法废而氏族无统,隋唐之世始为谱牒,以明其宗之所自出。然苟非子孙世有贤者,其不至于湮没,而莫考者几希矣。

今户科都给事中晋陵胡君濙,奉使西回,间以其族谱诣予,请曰:"予之族实出于胡公满,乃有虞氏之裔也。自满而下,至周惠王时,几八百年,而其子姓益蕃衍。厥后,有辅于汉,显于晋,建功于宋,著名于唐者,皆历可考。及安定徙宗城,由宗城居合肥,至壮侯藩始迁豫章,遂分为三派。其后有讳琼者,即壮侯之裔,生子持,五代时,占籍常州安上乡,遂为晋陵人。持三传至宿,始以文章仕宋,为枢密副使。继是有登两府,掌丝纶,列侍从,出镇帅府。持使一路,任牧民之寄,居师儒之位者,率皆声光烜赫,不可殚举。迨于濙,幼荷父师训,育长而遭际圣明,由科第发身,悉居侍从。于今有年,感念祖宗之所从来,斯须弗敢忘。谨以图谱装潢成帙,愿一言以贻诸后。"

予览之慨然,因为之言曰:为人子孙,莫重乎知所本;本之所系,莫切于谱牒。谱牒之传否,氏族之显晦,实不在乎言语、文字之间,惟在乎所以自立者。何如尔苟能自立,则族姓虽微,其终必至于著;不能自立,则其初虽盛,而后必至于微。兴替无常,此理势之自然也。

胡氏自周迄今,历二千余年,上溯其本原之所自,下详其支派之所分,益远而益明,愈久而愈盛,非其族属世有贤才者出,畴克尔耶!君亦可谓胡氏贤子孙,而卓然能自立者也,及今独能惓惓致谨于谱系,以尽夫尊祖敬宗之意,此其用心之厚。为何如哉！则其后之蕃衍昌大，其又可以涯涘窥之哉。予因序其世次之概，俾为胡氏子孙者，知所重而不敢忽也。

（文渊阁四库全书：《文敏集》卷15）

杨荣（1371～1440年），原名子荣，字勉仁，建安（今福建建瓯）人。建文二年（1400年）进士。初任编修，永乐时入文渊阁，以多谋能断，为成祖所重，多次随行北巡，升至文渊阁大学士。仁宗、宣宗两朝和英宗初年，都在朝辅政。英宗即位，与杨士奇、杨溥同辅朝政，并称"三杨"。重修《太祖实录》及明太宗、仁宗、宣宗三朝的实录的总裁。正统五年（1440年）卒，诏赠为左柱国太师。著有《北征记》、《杨文敏集》。

燕山胡氏族谱序
明·李时勉

故家大族，不可以无谱，无谱则不知先世之所自来，进四时祀事，无由以致其敬。吾见孝子仁人之失其祖，痛心切骨而无所用，其情者多矣。此何以然哉？或遭兵戈乱离之厄；或遇水火盗贼之灾；或由子孙穷苦困极、流离颠沛之余；是数者皆足以致之，然则为其后人者，宜何如其用心哉？亲戚、故旧记忆之或可征；远宗、疏族纪载之或可考；名贤、硕士文字之或相及；是皆可访求而辑录之。虽未能完具，犹庶足以尽其孝思追远之忱愈于弃，而不为者也。

吉水之燕山，有胡氏世居之。其彦前中书舍人瀔海澄，与其从弟昕，持其世父有初翁所修家谱来，谓予曰：胡氏自吉水令仲雅公以来，家素殷富，世以诗礼相传，文物衣冠之盛，为士大夫所重，而小人则不悦也。元末兵乱，盗贼蜂起，肆行劫掠，乡里咸被。其一日，至燕山，曰：此素以诗礼自高贵者，残毁特甚。先世所藏图籍，尽为灰烬，谱牒遂以不存。国朝平定海内，宗族渐归，规复旧业。稍克就绪，有初翁即有意于修谱，掇拾于煨烬残缺之余，询访于亲故长老之言，而征之以宗党伯叔之所记忆，历岁逾纪，颇有可观，惟县令公以上不知其所从来。

先世相传出自华林，然不相关问，不知华林为何所。适有乡亲云，尝授徒奉新，奉新有华林胡氏，得无是耶？有初翁即遣嗣子昕往参考焉。有元凤者七（八）子，第五子仲雅为吉水令，子用晦、用方、用简，皆从官。仲雅没以兵乱，不能归葬，葬其邑南芙蓉山下，燕山之阳。三子因留家焉，名其山曰燕山，因家山下。华林之谱所载如此，昕遂录以归，报有初翁，会族人道其事，深自喜慰，曰：此岂非祖宗之灵之使然耶！

于是谱遂以成，愿先生为序之。吁，有初之用心，可谓至也矣。夫承先裕后之道，莫大于孝。孔子曰："慎终追远。"盖远者，人之易忘也，而能追之是不忘也。若有初之所为，可谓能不忘乎？其远者矣，不忘乎远，则有以承乎先矣。有以承乎先，则有以裕乎后，使世世相承而不替，岂非孝之大者欤？予于是论其孝之大者，以为之序。若夫其昭穆、亲疏、长幼之次，见于谱者，兹不著也。

（文渊阁四库全书：《古廉文集》卷4）

李时勉（1374～1450年），名懋，以字行，号古廉。安福（今江西省安福县枫田镇）人。永乐二年（1404年）进士。先后参与《太祖实录》、《成祖实录》、《宣宗实录》的编修。历授刑部主事，翰林侍讲，侍读学士，掌院学士兼经筵讲官等职。景泰元年（1450年）四月，77岁病卒。著有《古廉文集》11卷。

华林胡氏族谱序

古者宗有法，家有谱，非法无以统其宗，非谱无以纪其法。故世家旧族，莫不有谱，亦莫不溯流而穷其源。今夫别生分类，莫大乎姓氏。

余读《史记世家》，见往昔才人，上下数千年间，犹能论次其事，错落若指掌。矧宗盟支系，忍令生失名、死失墓，庆吊不相闻，班行不相序，甚至散不相收也。本之谓何？总之弊在无谱。无谱则无征，一二世上，若隔前生矣，况远者乎？无谱则无亲，一二世下，若生异域矣，况其疏者乎？独计古人命谱之义，何居如云？户口是占，则一门之丁册已耳；岁时是记，则一家之齿录已耳。门第是详，则缙绅之便览已耳。

谱之为言，普也，遐迩亲疏，靡人不收；贤愚好丑，佥受其益；少长贫富，各调于适，乃为谱耳。岂世有不谱而普？普而不谱者哉？假令同室，燕秦并门，楚越即属，毛离里涣，不相涉矣，奚谱之足云用是？集诸子弟授成一谱，于前有征，近而可知者祖之，其无征不可知者姑阙之。则各祖各迁，同源一脉，即千秋万祀，知某祖徙某地也，某祖从某出也。班行有次，讳字有辨。升沉相问，族属相收。纵无能方，司马迁以垂不朽，亦或有当于前人之行，为子孝，为臣忠，饬躬砥行而各安其分。念祖宗德而思其本，永其传，则后之所为，皆今之所训。何忝所生，何负作谱者之深意也哉。是为序。

时明正德壬申（1512年）五月五日

赐状元及第翰林院学士舒芬撰

（清乾隆庚子年修撰《华林胡氏宗谱》）

华林胡氏重修族谱序

豫章华林胡氏，妫姚虞帝之裔也。周武王封满于陈，以奉舜祀。满有保民者艾之德，赐氏曰胡。其后中庸显于汉，推缣闻于晋，壮侯立功于宋，少府著名于唐，代有显宦，猗欤盛矣。

豫章派起壮侯藩，居洪都奉新，廿五传生侍御城，公五子：珰、瑜、琼、珪、球。珰生二子，令严、令赟。严生元凤，凤生八子，孝友名天下。太宗敕旌其门，同朝旌奖，孝义诗帙，名公巨卿，七十有二。科甲蝉联，名光史册，华林之族，愈彰赫奕矣。令赟以都督迁新建西山之楼下，可复再徙西山之孙坑，林总一源，各行迁徙，随地官显远。而江州珪、分宁球、毗陵琼、陈留瑜，皆同宗而异域，世远而情睽。

我朝大宗伯公溁，毗陵产，永乐间出使江右，拜奠华林先墓，复合谱于京畿，不忘本也。万历间，吾郡少白，字孟斅者，由进士起家，继而重修之，联疏为亲，集涣为萃，颇称大宗图谱。方今圣明御宇，亲亲仁民，遐迩归王，矧一家乎！

余自公退食之暇，适孙坑，居洪都。胡生讳奉朔者，兴吾儿文学同侪士也，敬持谱牒求序，冠诸谱首，试玩三杨二王之言，梓溪洪阳之语，皆金声玉振，汇集大成。余亦陈其水木之源，冀后之贤者，敬承勿赘，世发其祥而未艾也，故叙。

明崇祯二年己巳岁（1629年）夏月　毂旦

赐进士出身翰华林院光禄大夫吏部尚书太极殿大学士大傅兼太子太保刘一燝拜撰

（清乾隆庚子年修撰《华林胡氏宗谱》）

重修华林胡氏总谱序

尝谓周制作未及谱记，至汉司马氏著年谱世家诸书，而欧苏各出一式，后世遂守其范。而祖考之所自出，子姓之所自分，著代表名，彰爵志氏，子女配婚，生卒葬墓，种种之事，无不书之。其不至混乱淹没者，赖兹急矣。

胡氏自满爵陈，谥曰胡公，为姓氏所由始，历传壮侯藩，自宿迁徙豫章。又念余世至侍御城，生五子：珰、瑜、琼、瑭、球。珰生令严、令赞，徙西山。严生元凤，凤生八子，孝义著闻。雍熙二年，敕旌其门，二支旧谱，联绵不断。其世系固昭详于纪牒间矣，第世数旷远，生齿浩烦，而增修尤不可缓。

于是华林后裔首倡义举，鸠集各族，并会西山之派，重取而增修之。观所编次，典而有法，详而有体，信一时之实录，百代之章程也。闻之穆叔对范宣子曰："太上立德，其次立功，又其次立言"，旨哉言也。胡氏自汉迄明，其德行、功业、文章显于累朝，光于世谱者，班班可考。以故子孙椒衍实蕃，后先辉映。倘所称不朽者，非聊于方沐。新天子命俸侍薇、垣适二支文士，谒余求言，嘉其不忘本也。遂书以为序。

明崇祯二年（1629年）九月中浣之吉

赐进士第前翰林院出使朝鲜钦赐正一品服色特旨起用左春坊左中允姜曰广撰

（清乾隆庚子年修撰《华林胡氏宗谱》）

华林胡氏大宗图序

昔在南郡云曹，甚无事，有客谒余，弹娱棋日，罢则共举。江右名宗，而次第之指必首屈华林，胡实多贤而其族繁，客乃欣然进曰："吾闻之，贤才出，国将昌，子孙贤，族将大。若所云胡氏，其间家声阀阅之盛，与夫万种豪贤之英，可得闻欤。"

余谢不敏曰："萧何入秦，遍知户口；玄龄克敌，收采人物。予谬荷圣天子殊恩，十步之外，不能闻百步之外，不能见负，愧多矣，愿以一言志胡氏之盛。予梓里龙山左峰公者，其先世分自库前。其库前之先世曰解公者，肇自西山，而华林又为西山始基之族也。请以龙山之事，为华林之徵。

公与先君，交称莫逆，早年同修举子业，志弗获售宇太其二郎也，与仲明远床马，同升黉序，不佞倖明，甲第自揣，受益不浅。宇太长公希德，又吾伯氏明达之婿，余忝在葭莩之亲，故获相知之稔。若夫縣公，层累而上之，历若干世为仲明公，伯侄相继登第，为龙山二世之祖。再累而上之，若库前之都统宠公，西山之都督赞公，华林之侍御城公，更进而上之，历前宋豫章壮侯藩公，皆其从出之祖也。其它支分派衍，散居四方，蝉联簪绂，后先继美，载在志传。艺文者彬彬綦盛，犹未易悉数，以对也。"客揖而退。

岁壬申，胡氏有事于家谱，从予索序。予自平台召对，特蒙眷注，简任中枢。时方犯顺于东北，流寇窃发于赣南，疆场告急，羽檄纷驰，无瑕赘一语，为胡氏扬其麻光，爰述向所语于客者，俾勤诸简末云。

崇祯壬申岁（1632年）仲夏月五日

资政大夫、北京兵部尚书、南京刑部尚书、都察院右金都御史、钦差提督操江前兵科给事中署科事眷侍教生熊明遇薰沐拜撰

（清乾隆庚子年修撰《华林胡氏宗谱》）

华林胡氏重修族谱序

豫章多名族，而以谱著者大都十有七八，然或略而不详，或紊而无序，或传而失真，或文而鲜实，若是又何贵于谱为也。夫谱也者，谱其所自出，而传千百世之远也。故高曾祖祢，于是乎载之；亲疏长幼，于是乎别之；存殁迁徙，于是乎纪之。记曰：别

子为祖，继别为宗，纪祢为小宗，有百世不迁之宗，有五世则迁之宗。宗其继别子所自出也，百世不迁者也，宗其继高祖者五世，则迁者也。是故人道亲亲也，亲亲故尊祖，尊祖故敬宗，敬宗故收族，收族故叙谱，则谱所系，岂细故哉？

胡氏之族，肇自华林，则华林固胡氏之鼻祖也。第其世德之昭宣、簪缨之赫奕，与夫世系之源流，先达已叙之详，予无容赘。予独嘉胡氏者，族众而情亲，人繁而志一，故其载诸谱者，体壮而制备，意广而义深。且也宗法森严，非类必黜，家训详尽，不法有禁。盖从一气而分者，又于一气而合，若是乎严且慎也。嗟乎！谱至今日而失其初意矣。冒远祖者每援引乎古初邀余荣者，且妄附于显族。以致吕嬴莫辨，牛马潜移，古称自我作祖，一脉流传者安在耶？

胡氏所修，独以正本清源为首务，于是聚族而谋，求为不刊之典，以信今而传后也。时则有直指公、念麓为之主持，复有孝廉、起商、圣占诸公为之，参酌且笔削。商诸父老讨论，资之青衿，越数月而始告成。故其规模体制，精核详明。其分也，若一源之衍派，而支流井井可按也；其合也，若百川之汇海，而原本一一可寻也。所谓合族联亲，而尊祖敬宗之义可垂千百世之远者非耶？则观斯谱也，而孝敬之心，当有油然而兴者矣。如徒著姓、著氏、著代、著名，凡谱皆然，岂胡谱所贵哉？予今典试江右，撤棘后，即欲报命，彤廷、周生、定祁叩予而请曰："胡氏祁之母族也，方今重修族谱，敢乞一言为重。"予诺，曰："胡氏肇自虞，著于汉晋，盛于唐宋，以迄我明，后先辉映，冠盖相望，为豫章鼎族，岂予言所能重哉？"幸在通家，谊固难辞，敢谢不敏，敬为之序。

明崇祯六年（1633年）癸酉岁菊秋上浣之吉

赐进士第、翰林院编修、奉命简书较士主试豫章方壶杨汝成拜撰

（清乾隆庚子年修撰《华林胡氏宗谱》）

重修华林胡氏合谱

岁秋，值大比士简命主考试西江，鳃鳃然重思为大典光也。欲期此日所举得如王文成、胡端敏辈。一人以报，无逾望矣。及榜发，得百二人，第三名胡生来享，十三名胡生奇伟，三十五名胡生世邻，心私喜之。三人中得无有端敏公其人乎？副榜五名，复得胡生衡，争元未果，且又属名流，心尤异之，此生不即端敏其人乎？择日集四胡生快谈良久，知胡氏在西江实称鼎族，皆侍御公裔，益叹明德达人，非虚语也。

言未毕，生出席再揖，曰："本宗谱牒，累代皆原本。正统年间，宗伯滢公合修之于前；万历年间，司寇汝焕公合修之于次。理学布衣至宾，复于合离萃涣之中，参证编辑，具有苦心。天启年间，父欲梓成，继述前志，力有未及，衡念祖父不能同前作登高之呼，实期此日，祖心父力交有慰焉。幸丙一言，荣于华衮多矣。"

予因嘉而诺之，取其谱牒遍阅一过，其世代森森，英彦鹊起，固不独一端敏已也。胡氏之族，不诚云鼎族乎？至从前文章之著、德业之盛，要皆历朝名公钜卿记述甚备，无容赘也。姑草此，以谢衡生之请云。

明崇祯九年丙子岁（1636年）九月九日

赐进士第翰林院编修周凤翔撰

（清乾隆庚子年修撰《华林胡氏宗谱》）

华林胡氏重修族谱序

上古众庶冯生，樊然淆乱，太昊氏正其姓氏，以重人伦之本，而民始不渎，迨唐虞十六族，世济厥美，至今颂之。夏商不可殚述矣，周道尚亲，同姓为重。故昭公溷吴于子，《春秋》讥之，凡以正本清源，非苟而已经也。周之名族，无逾尹姞。然考其谱纪，则未之有也。至汉史迁氏著年谱、世家诸书，后世师之，而谱系始仿于此。夫谱者普也，或姓或氏，或世或名，或爵或地，或存或殁，罔普载其中。故谱其姓，统祖考之所自出；谱其氏，别子孙之所自分。谱其世，以著代也；谱其名，以表派也；谱其爵，以彰贵也；谱其地，以志处也。谱其存殁，令人生事而死哀。虽种种不同，合之为义，则一也。盖源远则流长，支分则派异。苟不详载以纪之，其不至紊乱湮没者几希。

汉唐以后，谱制之善，必推欧苏，后有作者，不能出二谱之范围。明兴以来，名宗巨族，固不一姓，而胡氏尤豫章望族也。考其源流世系，帝舜之胄，有虞阏父为周陶正，武王赖其利器用，与其神明之后，以元女大姬妻其子满，而对于陈，与黄帝、帝尧之后，共为三恪，是为胡公子孙，遂以国号为氏。

历传至刘宋左卫将军藩，居奉新华林。自藩历二十四世，至唐侍御史城，生子五人：珰、瑜、琼、琯、球。珰与琼世居故第，琼裔徙毗陵，瑜徙陈留，琯徙江州，球徙分宁，俱备自为族。珰生二子；令严、令赟。令严二传仲尧兄弟，八（百）人同居共爨，皆以孝义著声。雍熙朝，特旌其门，以后子孙愈盛，布居南邑，任曰□者仲容公世孙也，曰□者达子也。业举子未遂，乃卜而居焉。是□固为□之始祖，而又华林之所从出也，则世系之详明，固昭然于谱牒间矣。第世数辽远，生齿浩繁，而增修犹不容缓。于是唐口起商，胡坊起莘者，均切源本之思而修之。凡属华林所分之族，具有同志，各出手录世次，以续旧谱之所未载，其著姓氏、著名、著爵、著地、著存、著殁，悉皆仿古遗意，而精核详明，则又集欧苏之成而过之矣。

嗟乎！谱至今日而滥觞极矣。攀附者，忘其所自。始失实者，又文其未备。其何以称信谱哉？昔狄枢密不附梁公之后，君子嘉之；郭崇韬拜子仪之墓，有识者羞焉，往事之得失，已可鉴矣。子观胡氏所修族谱，典而有法，详而有礼，无牵合，无缘饰，匪徒为一世之宝录，信为百代之章程也。则正本清源之意，不可概见乎？尝闻穆叔对范宣子曰："太上有立德，其次有立功，其次有立言，是谓不朽。"若夫保姓受氏，以□崇□，世不绝祀，无国无之，旨哉言也。夫胡氏自汉唐宋以及我明，其德行功业，文章显于累朝，光于世谱者，历历可按。以故子孙椒衍实蕃，后先辉映，倘所称不朽者，非叩《周颂》曰："允文文王克昌。"厥后《商颂》曰："濬哲维商，长发其祥。"则斯谱也，当与殷周二颂并传不朽也。因罗溪亲友持谱来请，属予为序。予嘉其不忘本也，遂书以为序。

赐进士第、翰林院编修、特旨起用左春坊中允、九前纂修玉牒、知经筵展书官

出使朝鲜钦赐一品服色、采访海兵马屯田钱粮国税等务奉天恩枚卜大学士居之姜曰广

（清同治间《华林胡氏重修宗谱》）

姜曰广（1584～1649年），字居之，号燕及，晚号㳛湖老人，江西新建县人。南明大臣，明末文学家。明万历四十七年（1619年）中进士，授庶吉士，进编修。天启六年（1626年），他奉命出使朝鲜国。清顺治五年（1648年），参与江西的反清义事，次年南昌城破，姜曰广携家30余人在南昌投水自尽。其著述颇丰，有《石井山房文集》、《皇华集》、《輶轩记事》、《石井山房语录》等。

重修华林胡氏大全谱总序

余不揣谫劣，承乏广文，一席虽坐，寒无毡德。时友教士大夫，亦良足慰耳。故凡属在宫墙，某也才，某也德，某也藻，可谈天文，堪吐白凤，无不面稔而心识之。

惟胡予宪臣确守卧碑，自岁科二试外，裹足不入市域，即芝眉疏挹，而寄慕殊殷。迨客，夏辑家乘，严于笔削，因以一二襛襫，致鸣于不平。始获叩其中藏，粹如也；接其言论，温如也。隐然皆醇儒，风度备详，其匠心独悴，而中人之产，悉捐以资。其竣是可，于今日士品中求之也哉。头会箕敛，人能也，费产勿惜，非人所能也。计日程工，人所及也，只手匠心，非人所及也。

谱曰："大全洵乎，综无不周，覆无不实。"诸美具备，固无容赞一词者矣。虽在昔，老泉立亭于高祖墓茔之西南，刻石以为族人之劝戒者，又宁过哉？余不能不深嘉乃绩，取为当时士大夫挟富贵之资，藐宗尚如遗者，法虽然，胡子勉乎哉。行将翼岁，槐黄逼眼，其所以光大是业者，尤厚期焉。谨序。

皇清康熙丙寅年（1686年）秋月中浣之吉

高安县儒学司训昌江朱芾谨撰

（清乾隆庚子年修撰《华林胡氏宗谱》）

重修华林胡氏大全谱序

谱者，继宗法而作也。而欧阳、眉山、南丰，虽家自为体，总以收族属，敦一本，笃水木之思，以弘仁孝之意也。

方今圣天子以仁孝治天下，命词臣修《太祖实录》，天璜玉牒，并加意焉。此余于史馆其襄厥成，故一时喁喁向风，士大夫篾不以谱学相尚。谱诚重矣哉！客春以制归，谢职愧然庐坎。

越今秋，适友人胡宪臣袖《华林大全谱》，至微言于余。询之，皆其匠心龟手，破产捐资经营，惨淡一载，于斯者也。矧予家世里第，距华林不下数武，而胡氏之蔓延顾大，绵亘十三郡者，稽知其十之七即远，而三楚闽越诸道，而宪臣皆一一综而核之，以视近代各本所本，各支其支。虽谱也，宁普云乎哉！兹之命曰："大全"已。然非其类者，锄而去之，问有如遥遥华胄，拜他人墓者，在其中乎？曰："无有。"如为同柢，虽微必录。问"有如本支百世，若秦越人之不相及者，存于外乎？"曰："无有。"噫！仁至矣，义尽矣，无复加矣。而宪臣之转瞬雄蜚，振侍御之绪，收久大之报，亦无不裕于斯矣。且宪臣先尊翁于先君子炉灶春风者有年，而宪臣复同予见知于张大宗师，不惟有年家谊，而更有兄弟谊也。即曰"不敏诿，"又乌能至世系源委，缕析条分，与夫亢宗诸君子科第人文，均辈相望，而武相踵，已备列焉，又宁俟余为哉！唯谨以是弁其端云。

皇清康熙丙寅年（1686年）孟秋月中浣之吉、赐进士内翰林院庶吉士

年家眷弟朱珊玉树氏拜撰

（清乾隆庚子年修撰《华林胡氏宗谱》）

华林胡氏重修宗谱序

《礼》云："万物本乎天，人本乎祖。"祖岂可忘哉？余祖始于仲宣，而揆厥由来，要出新吴华林之族。自藩以封土卜居，至城为李唐侍御。四传元凤，生子八人，次曰仲

宣，长曰仲尧。稽余谱载，炳若日星，或为孝义之旌，或为圣殿之创。至昭德观、南津桥，聚贤塾，一时名公巨卿为之赞什者不一，由是人文益盛新吴，鲜与为俦，矧后尚书直孺，功德被于社稷生民，帝恩宠渥，赐以宸翰、祖田，种种芳踪，缠余寤寐，几欲访览一切，以慰素怀。顷者擢职宁州，其与华林不甚相远，而予心窃喜，何图羁理簿书，屡欲命驾而未能。兹叨署篆新吴，而予心不胜愉悦，遂访宗公，拜扫旧垅，凭眺先迹，低徊留之，不忍遽去。

旋阅邑乘，匪独宋代文物之盛，迨夫元、明，世有宦达并隆于予会稽者，难以枚举。予不禁殷殷然。窃愿与新吴族重修世谱，以明系派，庶水木不忘，而族谊益敦，殊力不及，而余心滋戚。适有吾宗尧裔讳盛泰、良竑者，手持一帙，乞挥椽笔，著其实迹，以传永久。爰谨按其新牒，条分络析，井井不混，实与会稽旧辑无毫发爽。抑且嘉其纂辑者，远有所祖，而其祖远祖之祖，近有所宗，而各宗近代之宗。世系支派，详简有法，编端竟委，纲目备具，洵为百代章程，非徒矜乎，名阀以夸里党已也。余因乐为之序云。

皇清雍正八年（1730年）庚戌岁仲秋月

南昌府宁州清军厅署奉新县事加三级

侍御裔孙会稽锡熊谨撰

（清乾隆庚子年修撰《华林胡氏宗谱》）

华林胡氏大成谱序

予奉檄署理南昌印务，甫下车，诉讼者纷纷。及按其状，不过田土、坟墓诸细事，每以妆点而驾成大狱。古语云："柴桑之风俗，细民尚气，敢于争斗。"良不诬也。予方不耐繁剧，欲辞篆去。适门吏持刺入，有云："乡先生胡某进谒。"余延之入，先生徐启曰："弟自解组归田，颇自爱足迹，不履公庭者十数年矣。今来非有私干也。因族修家乘，老父母金马文英，开望尊隆，求一言以弁其首，荣施多矣。"

余辞之不得，问曰："君家修辑谱牒，将以树藩篱而矜侈大乎？抑以重敦睦而崇本根乎？"其必重敦睦而崇本根固也。抑又闻之，古无所谓谱也。自司马氏著世家，而后世遂有谱之名。故欧苏两家仿其意而行之，各有良法以垂世，非苟焉而已也。有谱斯有祖，则必思祖之所自出，如木之由根而干而枝，如水之由源而河、而海，世世宝之，触目警心，所以寄其思也。不但思敬、思哀、思其所乐、思其所嗜已也，必思先人之绪。何以继之？思后人之统，何以开之；思身之所出，何以不愧于毛裹；思家之所成，何以大振其箕裘。推而举之，类而推之：由一身以及一家，而化原何以起；由一家以及一族，而仁让何以生。凡皆谱之所系也。然则谱之为义大矣哉，无谱则文献无考，尊祖敬宗之义无以取证，渺渺然一枝鹿之野人而已。故有子谓："孝弟为行仁之本。"君陈谓："孝友为出治之原。"孟子谓："亲亲长长而天下平。"皆由此意也。是故有谱则诸善毕集，人心平而风俗美，又何有于嚣讼之纷纷也。

至若君族之盛甲于天下，肇自姚虞，洎乎妫满，自秦汉而下，代有伟人，难以悉数。汉有中庸之名，晋有推缣之美。以孝义名门，五世同居，八百口共爨者，仲尧公兄弟也。以道学传世，著书立说，衍圣泽于无疆者，文定公父子也。阐教于苏湖，而安定之师范，肃树勋于枢密，而文恭之臣节。彰劾奸一疏澹庵，与日月而争光，驱虎告庙，若思对神明，而可恪是。皆未可更仆数而炳炳于史册者，人尽知之，亦人尽能言之，予可以不赘。是为序。

时皇清乾隆五年岁在庚申（1740年）仲冬月穀旦

赐进士出身奉政大夫前任翰林院编修纂修国史

后补镇江府同知署南康府印务兼摄南昌县事加三级

年家眷第商盘宝意氏顿首拜撰

（清乾隆庚子年修撰《华林胡氏宗谱》）

华林胡氏大成谱序

窃惟一本而施万殊者，理之所分；万殊而归一本者，理之所合。此太极之妙。蕴以之修己，则顺而祥；以之侍人，则爱而公；以之理天下，国家无所处而不当。岂怀仁孝之思者能外此哉！

今西江胡氏联修大成谱牒，予奉檄署理南昌印务，甫下车，即请序于予。予在新昌习闻胡姓，亦江右名宗，安定望族。兹因其请故，乐为之序。曰：从来国有史，家有乘，此事之常，无足怪者。远溯妫满胡公渊源，肇自少昊，历唐虞、夏、商、周，以迄汉、宋、元、明，世系之远，不胜丽忆，由来旧矣。而揖让之风，与直道并存；忠厚之传，同国运相嬗。禀天地之精英，理学辈出；锺山川之毓秀，豪杰递生。科甲蝉联，簪缨鹊起，方之他族，盖尤盛云。第粤衍庆之祖，由壮侯至清献，生魁、勉、魑、魈、魍、魉、魃，遍处天下，莫可纪极。惟勉之子珰、瑜、琼、珸、球，独盛西江，皆特达明睿，掇巍科，跻膴仕，伯仲相望，史册芬芳，藉非积德累仁，燕翼贻谋，曷克臻此？

然莫为之前，虽美勿彰；莫为之后，虽盛勿传。业已合生，生而联为一体，统远近以系于一编。旷观列祖，涣散之精神时萃；博览众裔，疏逖之伦序时亲。前可千古，后可万年。是其支者，虽贫贱不能弃远；非其派者，虽富贵不能强合。脉络分明，攸往不息，谓非一本而万殊，万殊而一本者哉！享帝享亲之义，自此而著；序昭序穆之礼，从此而彰矣。夫乃知至圣之道，莫大于仁孝。仁孝之理，一以贯之。虽天下可治也，又何人已国家之足云。

时皇清乾隆五年岁在庚申（1740年）仲冬月穀旦

赐进士、文林郎、知新昌县事、署理南昌加七级钱志遥撰

（清乾隆庚子年修撰《华林胡氏宗谱》）

胡氏纂修大成谱序

吾族之有谱由来旧矣，自满公肇基，周室侯爵于陈，赐名为姓，胡氏之族所自昉也。然其苗裔繁衍，散于各省属者，殆难更仆数。今则世远年湮，无从稽考，即我壮侯藩公，食爵新吴，传至城公，而后嗣益盛。由城祖以迄今已历三十余世，其子若孙，散处于各郡县者，不下数千支，要皆忠厚传家，书香继美，克绍前徽，鼎新门第。奈族衍世蕃，不能聚族而居，遂至昭穆莫辨，世系无传。

甚且宗族秦越，伯叔途人，虽各支之属，亦皆修纂谱牒，类皆涣而不萃，散而未合，亦乌能使城公之血脉支支流通，而睹大成之备观也哉。锦质朴性颜，颇念宗亲一本九族之谊，切切萦怀，木本水源之思，殷然在念。故读圣谕第二条，而曰"笃宗族以昭雍睦"，辄不禁喜舞，谓圣天子之纶音雅化，其备至有如此也，敢不服之无斁，以负我朝之明训也乎？爰倡合谱之举，又苦赀囊萧索，不能重助，竭捐银三十余两，聊为起局公用。会集各郡县房族长暨各绅士，亦皆众议佥同，相得益彰，在于会省宗祠，鸠工设

局，而各郡县之共勤其事者，则有敬文、汉芳、蜀思、端士、星阶、循伯、登于、以文、天锡、绍先、义传等，俱皆涌跃经营，不辞劳瘁，是以不越数寒暑，而谱牒告竣。

余览其世系千枝百干，悉本一源之流注，稽其仕宦、忠孝、节义，亦历千载而弥彰，而且里居有志，坟茔有考，炳炳朗朗，晰如列眉。虽居址远隔，聚族他邦，居然一门之雍睦也。以视向之支修分纂者，不大有进焉者乎？愚不敏，得附诸伯叔、兄弟之俦，而共勤厥事，以少酬尊祖敬宗之夙愿，诚厚幸也。敢少有捐助，遂敢诩诩然以为己功哉？是为序。

乾隆壬戌岁（1742年）孟夏月吉旦

城祖三十世裔孙南邑塘口支宏锦字若文敬撰

（清同治间《华林胡氏重修宗谱》序）

重修胡氏清源谱序

从来源远者流长，根深者实遂，故观水源本本，可以悟人，本乎祖之义焉。本乎祖而不忘乎祖，未有不切切于谱者。盖谱以追远祖，贯近宗，一脉所传，罔不支分派别于其际，是可知谱之所系匪轻，而人生不可久而弗修者也。

吾族自司马迁序胡陈世家赞，唐贞观，命吾秉公与李孝恭、高士廉修天下族氏，著吾族全谱，乃天下一百第八姓也。及宋乾道敕九世叔祖亦著是谱，去今不过二十世，何虑荒远莫稽哉？第三十年不再修，恐失次序，合十九修至今已隔四十余载。兼之现奉上谕，一切避讳改正，尤不可缓也。

追溯吾族鼻祖，肇自有周武王得虞阏父之子满，因其为圣人之后，且赖其器利，庸以大妃配之，赐姓妫，封胡公，爵于陈，以奉舜祀。满公二十一世衍，衍琏玙二公，琏顶爵姓陈，玙顶封，姓胡。他如齐母田王，虽各祖其祖，各谱其谱，而圣圣相传，贤贤相继，代不乏人焉。至玙公四十二世孙藩，仕刘宋间，为太子左卫将军，锡土豫章，爱华林山水之秀，始居其地。西至高安吴田洞，东至同安阿弥石，南至高安石壁山，北至进城詹家岭、载牛塘。辛谥壮侯。二十五世孙城，登天祐丁卯进士、国子博士、迁侍御史，娶耿氏，敕封徐国夫人。兄弟有七，惟次弟城独居华林，故凡系出华林者，皆以城公为一世祖。

城子五：珰、瑜、琼、瑎、球，悉属显秩。值朱温篡唐，契丹作乱，有随宦徙，有因乱迁徙。时有曰逢塘、须下、马过口，即安身之。句祖镇天侯。珰仍居华林，承宗祧养诸母，生令严、令赟。赟都督，迁西山楼下。严生元凤、元麟，一门三刺史，四代五尚书。至隋大乱，有罗尚书、武指挥被降小军，奉旨剿寇，明地理，玩华林，有贵少富，因观稻田山环水绕，遂叹曰："明堂容万马，水口不流针。此地堪主万年富贵。"凤麟遂徙居之，生仲尧兄弟，和义聚族八百余口，创浮云书院，招集天下贤士，肆业资斧捐办。汝时洗墨池水灌溉田，稻有黑祥之报，贡献朝廷，供文宣之祠。王钦若赞扬且上奏。至雍熙特诏，旌表义门，授本州助教，迁国子监簿。迨后致仕归家，又创儒学及安惠寺、昭德观，半庄、民粮四十八石、阴陂一所，皆尧公所施也。尧后，科甲蝉联，指不胜屈。至直孺官居尚书、端明殿大学士，谥开国公。上赐御扇，书"文物多师古，朝廷半老儒。"又赐本邑白米田租八百石，以养其家，置买田五百余万。第宅闾阎，迢遥半市，聚族八百余口，东男西女二膳堂，一日三膳，苍蝇击鼓，膳者咸集，男女无混。娶吕夫人，生子七；又娶饶夫人，生子四。俱徙异郡，惟杞梓二公，不舍祖宗故土，仍居稻田万石庄。至元末兵燹，然后散居各郡邑焉。

此我华林源流本末可溯者也。今浮云、昭德观且共维持，不敢失坠。况谱之所关，为何如而敢置之度外耶！是以鸠集各支，统十四代裔孙等，共勷斯举，应镌者镌之，应讳者讳之。俾后之子若孙一展卷而源流可溯，本末可喻，并例避讳之，故亦可释然无疑也。是为序。

皇清乾隆庚子年（1780年）冬月榖旦

侍御城公裔孙等谨撰

（清乾隆庚子年修撰《华林胡氏宗谱》）

（三）家谱合序

重修华林昆陵合谱序

余生长毗陵，幼承儒业，常恐不能继，前闻人赖祖宗，余庆父师之教，底于成立，悉登科第，给事黄门，掌户、兵二曹几廿载，夙夜战兢。惟念我祖文恭公居官四十余年，尝曰："宿以诚事主，今白首矣，不敢毫发欺君，以丧平生之节。"用是服膺，思欲景行，以无忝厥世，周敢怠逸。荷蒙圣眷恩命，日隆宠以宗伯之寄，溯厥所由，皆吾祖宗积德深厚之使然也。

尝观谱系，由鼻祖藩世居邳州之宿迁，仕南宋。元嘉中，为太子左卫将军，封土豫章新吴，卜筑于华林山麓，卒谥壮侯。历隋、唐间，擢巍科跻，腾仕者先后相望。至唐末，有字城者，研穷六经，登第天祐，擢国子博士，转侍御史。配耿氏，生子五人：珰、瑜、琼、珸、球，皆文学科第，荣被簪笏。五季僭乱，各令避地。瑜复陈留，珸居九江，球迁分宁，珰独留华林，惟琼派分晋陵，族渐蕃衍。至文恭公天圣科第，历翰林端明观文三学士，累官枢密副使，至太子少师致仕。卒赠太傅，封魏国公，谥文恭，加赠太师，封秦国公。高曾祖考，并追封如其爵号。厥后名登虎榜，位列台衡者，蝉联相继，代不乏人。

其奉新之族，迨仲尧兄弟，累世义居，聚族八百余口，于元秀峰下，大建庠塾，宾礼师儒，以训子弟。故科甲相承，非他族可及。又广延四方游学之士，给其衣食，勉其进修，江右文人，多所造就，遂成邹鲁。凡游于其门者，咸登显仕，其尤显者，钦若王冀公也。雍熙二年，诏旌门闾，仲尧诣阙谢恩，面赐袍笏、犀带，授国子监主簿。仲容秘书省校书郎，进光禄寺丞。克顺户部判官。僧孺河北提举。直孺绍圣登第，首擢江淮湖浙发运使，入为户侍，工部尚书，建炎改通议大夫，兵、刑二部尚书，绍兴进封金紫光禄大夫，开国公，食邑九百户。高宗书"文物多师古，朝廷半老儒"十字于白团扇，并赐白米田租八百石，以养其家。卒赐端明殿大学士，开国公，累世封荣，乡邑鲜俪，此华林之族所由盛也。

永乐丁酉，余奉使，道经华林，访求宗属，得谱系之详，喜文献之不泯。于是躬率少长，敬诣九皋之傍南栖大安山祖陇，设奠拜扫，加培冢土。宗人咸谓："此地司马头陀钳记，云：'南栖傍一穴地，山平水善浑不畏；下及子孙多仁义，久年方信读书贵。'"于今信有征矣。余复曰："古云：'欲求滕公之佳城，当积叔敖之阴德。'夫自吾始祖而下，积累之久，以至有今日之盛，而符宅兆之应，地之美不足恃也。故曰，以德遗后者昌；又曰，积善之家必有余庆。然自古名门巨族，莫不由祖宗忠孝勤俭成立之。吾宗自妫满而下，经史所书，谱牒所载，传世之久，而积累之渐，班班可考者如此。为其子孙者，其可不以祖宗忠孝勤俭成立之难，为心修身，慎行战兢，自持为务，以绍隆先业而垂裕于后昆哉。若然，自今以往，愈久而愈贵盛，胡氏之昌，盖未艾也。"众皆曰："诺"。

既而宗人麟、祺等又谓余曰："谱系与先世公卿大夫赠遗诗文，年远漫没，今欲重锓以示方来，不可无记，以垂不朽，抑亦华林今日之庆幸也。"余嘉其用意之远，故并录其实，以告宗人之贤者，使知族属枝叶之广，仕宦不绝，光远而有耀者，其来，自有诗曰："无念尔祖，聿修厥德，其助之哉。"

予前滨行率尔书此，未常存稿。今于正统戊午，华林族裔名祺者，不远数千里，录昔日所书册末之语，诣北京南寓拜谒，恳请重书，欲归绣梓，惟愧不文，勉为书之，以纪岁月云耳。

明正统三年岁次戊午（1438年）四月下浣

前太子宾客兼国子祭酒资德大夫正治上卿礼部尚书

毗陵远孙濙识

（清乾隆庚子年修撰《华林胡氏宗谱》）

重修华林毗陵合谱序

胡氏居南昌之新吴者，实前宋左卫将军藩也。藩在当时有孝弟之行，事宋高祖，以材武建大功，具载国史。有子六十人，故其族属最盛。历二十五世，有唐侍御史城，生子五人：珰、瑜、琼、玤、球。珰居奉新之华林，瑜徙崇安，琼迁晋陵，玤徙寿春，球徙武宁，皆各自为宗。

珰仕南唐，官膳部员外郎。三传仲尧，兄弟八人，尝五代同居，八百口共爨，又建华林书院，以延四方文学之士，尽廪饩之学士，王冀公其一也。宋雍熙旌孝义之门。今城一十九世孙曰彦志、曰道谦，一自稻田徙邑之塘边，一自稻田徙邑之招宾，俱能好礼敦义，不失当时之望。濙任常州刺史。五世孙宋少师文恭公宿，学通天人之奥，显于天圣之间，而于今为尤盛。礼部尚书源洁公，其裔也。

公清德雅望，永乐中，尝以使命之四方，至华林拜祖墓，大会其宗人。故与彦志、道谦最相结也。至是，则志之长子一清与道谦，奉谱系来京师，就源洁公合一焉。公笃于族谊，既辑录之，而属予序。予以胡氏之先，以得行功业兴其家，而子孙又以笃义奥学继之，此其所以久而盛也。譬若嘉植，然据土地之饶，得雨露之润，而屡有封培维持之者，则大百围，长千仞，枝叶之附愈滋而愈繁，可以蔽丘园，傲霜雪，历久而常存，理固然也。其胡氏之谓乎？

记曰："人道亲亲也。"亲亲故尊祖，尊祖故敬宗，敬宗故睦族，此仁义之道也。尚书公行之，而彦志、道谦继焉。使凡为子孙者，皆能笃于仁义，由亲亲以及人，而必极其意，则所以厚本益末者，岂有穷哉。虽至于百世未艾也，故为序，以劝来者。

明正统三年（1438年）拾月上浣

侍读学士泰和王文端撰

（清乾隆庚子年修撰《华林胡氏宗谱》）

华林毗陵重修宗谱序

盖闻物本乎天，人本乎祖。苟或为人，而不知其本之所自祖之所出，则其为不智也。孰大焉？予尝窃念我祖自妫满受封于陈，子孙享有其国八百余年。厥后，瓜瓞绵绵，隆于汉唐之间，盛于有宋之时，衣冠功名之贵，典章文物之美，历历可数。

谱系图籍，掇拾元末煨烬之余，乃欲重新以传来世，力未暇及，曩承礼部尚书毗陵宗长公㴾，奉命来使江右，拜扫先垅，拳拳以修复谱系为嘱。于是芟繁补漏，汇集成编。自妫满至城，世代辽远，记录莫详，乃效诸苏老泉谱例，系之不敢妄增，所以减乎繁而明其宗之一也。自城以下，世次昭穆，载籍详明，乃效诸欧阳公谱例，分支系之罔敢遗漏，所著其实而明乎派之分也。

是岁，往京师复携是谱，以质正于尚书公。公跃而喜曰："此吾之宿念也，子能如是，能副吾之志矣。"且蒙目为序文，及以俸赐之余，俾归匠氏之资，刻梓以传。于此见公之克念祖宗仁厚之至，为何如哉！今也锓工既毕，先以天字号谱书三帙，献于尚书公，以分诸毗陵之族。次以地字号一十五帙，散于各处同宗。又虑是板之存，后之子孙轻视，宗祢妄与他族，遂付烈焰之中，所存诗集而已。

嗟乎！后之人观是谱者，则当念夫宗庆之绵延，衣冠之荣显，起其孝敬之心，广其进修之志。庶几有以增光前列，启迪后昆，毋徒恃斯谱以矜名阀，荒淫怠慢以忝于前也。诗曰："无念尔祖，聿修厥德。"又曰："昭兹来许，绳其祖武。"幸相与勉之，是为序。

正统三年戊午（1438 年）一阳月上浣

侍御公壹十九世孙塘边祺顿首拜书

（清乾隆庚子年修撰《华林胡氏宗谱》）

华林毗陵胡氏合谱序

正统四年秋九月，奉新族子一清，奉其父应麟命，赍华林谱系诣北京南宫，谒余言："昔永乐年间，宗长为亚卿时，巡历江右，尝诣南栎大安山祖陇拜扫，及以毗陵华林二谱相较，不爽毫发。"其时应麟等欲以宋时诸名公赠遗华林诗集板刻重刊，恳求序谱，图垂不朽。

迨今未克就绪，又恐历年寖远，子孙忘其所自，彼此各视为途人。欲请毗陵之谱与华林之谱牒统而为一，锓梓以传，俾后人知水木本源之义。余喜应麟父子有尊祖敬宗之心，能继志述事，而绍承先世创业垂统之意，甚可嘉也。遂以毗陵谱系，俾一清录归，复徵同朝交谊之笃者，少师、少保、尚书、侍郎、庐陵、建安、南郡三杨公，泰和、临川二王公等，各为序文，以明统疏合离，敦宗睦族之义，详且备矣。

余复何言，第以应麟不远数千里，令其子一清诣京师，求合宗谱，可谓宗人之贤，而能知所本者。盖其虑夫支之分，而求其本之一，故尊祖合族，所系甚重，不特继美于前，抑且施及后人。其成已物之功，固为远且大矣。俾后之人，继继承承，咸知尊卑，有分亲疏，有别不昧。其本源者，由其世系明而谱牒备也。自兹以往，蝉续绵延，子孙世守而不遗。虽千百世之远，安得相视如途人也？故亦勉之序，俾归刻梓以永其传焉。

时维正统四年（1439 年）岁次己未九月二十二日

前太子宾客兼国子祭酒资正大夫正治上卿礼部尚书

毗陵㴾源洁书于南宫之轩

（清同治间《华林胡氏重修宗谱》序）

华林毗陵胡氏族谱合序

　　胡为大姓，世多显闻。而居豫章者，自刘宋左卫将军藩始，其后子孙众多。珰居华林，琼仕为常州刺史，遂家毗陵。琼之后文恭公宿著显，今礼部尚书洁庵公，实文恭公十世孙。公以进士起家，给事中累升至尚书。永乐中，奉使江右，至奉新，访族人以叙亲谊，且考订谱牒，奠拜先世坟墓。族之老者、少者翕然相亲、相庆。自是往来两京者，必趋拜公以笃亲亲之礼，如是二十余年矣。

　　呜呼！一族始于一人也。至于子孙蕃多，聚族既久，势必分析离散，不知其初本于一人也。是以族之派系不明，亲疏莫辨，非但相视如路人，甚至以忿戾争斗相残害者，盖多有之。俗化之薄，莫甚于此，而仁人君子则究心焉。必欲合宗族，惇亲爱，相和睦，使知本源之所自出，而不沦于薄俗者也。惟公其能之，岂非所谓仁人君子也哉。

　　华林族之贤者曰彦志，又增修族谱，遣其子一清拜公，请加考详焉。公喜甚，属英为序，呜呼！公仕历四朝，有文章德望，而笃厚于宗族如此，故彦志有所兴起焉，若公之子孙又将何如哉？必克承公之志，以敦夫雍睦，以大厥家声。毗陵、华林之阀阅相尚，簪缨相传者，岂有已哉。遂以为序。

　　明正统四年己未岁（1439年）九月十九日

　　嘉议大夫礼部左侍郎兼翰林侍讲国史总裁兼经筵官临川王英序

　　（清乾隆庚子年修撰《华林胡氏宗谱》）

重修华林毗陵合谱序

　　族之繁也，势不得不分，既分则不可复合。合其离而可以究统宗，明派系者，惟谱耳。此华林与毗陵两谱胡氏之合，所以为可尚也。盖华林旧谱，起前宋之元嘉，二十四世至唐天祐，凡一十九世，曰彦志、曰道谦，有隐君子之风焉。毗陵一十六世，则礼部尚书公源洁也。尚书公究所自出久矣，而谱始合于今上之。四年朝绅诸钜公各为文序之，盛事也。彦志子一清，文炳裔孙。道谦与刑部主事舒君敬交善。舒君属余跋其尾末，余谊不获辞。

　　按毗陵之先，自唐常州刺史琼始。琼四传为宋太子少师文恭公。文恭又几传，为今大宗伯，余不暇悉数。真可谓显华莫与敌矣。华林之族，自琼兄膳部员外郎珰始。珰子尚书员外令严。令严子职方郎元凤。元凤八子，长国子主簿仲尧，有高义，宋太宗表其门，曰"孝义之门"。次光禄寺丞仲容，季进士克顺，位至三司户部判官。孙用之、用庄、用时、用礼皆举进士，历显官。再传至刑部尚书直孺。直孺长子杞居稻田，第四子楫居稻田，后为刑部员外，为都官郎中，为文昌县令，显宦代有其人。其簪绂之盛大，既不减毗陵。况珰与琼其初兄弟五人，皆出唐侍御史城。城而族之所宗也。溯城而上二十四世，为前宋太子左卫将军壮侯藩。藩居南昌新吴，乃又华林始祖也。

　　胡氏之盛，所从来固远哉。夫有所宗者，必宜有所承之者，行与艺之谓也。修行与艺，以培植先德，则蕃显继，继不绝矣。予知两宗子孙皆能懋之。而华林在南昌之奉新，南昌与吾庐陵，皆江右名郡也。他日倘幸南还，尚能访而得之。

　　明正统四年（1439年）冬十月丙申

　　永乐状元、侍进学士、奉训大夫兼修国史泰和曾鹤龄撰

　　（清乾隆庚子年修撰《华林胡氏宗谱》）

（四）家谱支序

重修尚讲店上支大全谱序

粤稽世系，无有萃而不涣者也。有萃而无涣，无以征后裔之蕃；有涣而无萃，曷以显子孙之孝。此谱牒之修，所以不可缓焉也。

榜愧未能绍前世科甲，仅入文武二庠，不肖固甚。然于谱牒，固尝有志未逮焉。兹遇讨下尚斌，邀榜同修大全，榜实不胜欣幸也。因溯我祖元凤、元麟，乃侍御城公曾孙也，由华林而同徙稻田。元凤生仲尧兄弟八人，俱登科第。至直孺绍圣丁丑进士，官五尚书，谥开国公，娶吕夫人，生子十一，杞、相、栝、楫、枞、根、朴、樗、檀、橚、櫖。杞登绍兴丁丑进士，任淮东总管。自是人文蔚起，高官显爵，代有伟人。

传至十三世，宜公同男竹野由山东始徙尚讲店上。竹野生一贵，贵生仕达、仕荣。达徙双溪。荣居店上，生钦。钦生澄、清、湍。澄登永乐甲申进士，任行人司，升湖广道御史，娶刘夫人，生子二，源静、处静。处生礼仪、表仪。清生性静。性生舜仪、凤仪。湍生子三，克守、仁静、克典。仪景泰四年选拔，登成化乙酉举人，任柳州上林令尹。十六世再兴、再盛，接居尚讲店上。盛生秀甫、秀实。实生景元，元生志静，此榜支三房之祖也。至真卿、晋侯、价公，进士仲衡。解元生允任、学礼、海轻，迁回老居。传至拱同，男应文徙居北梅。此榜支萃而涣者也。

兹当谱牒告竣，特循旧谱之所载，详其世次，以明始祖之萃者。著大源之一本，述支祖之涣者，见脉络之分明，庶使后之览者，循流溯源，可以识其支派之所自也。云尔。

清康熙丙寅岁（1686年）仲秋月中浣之吉
侍御城公二十五世裔孙店上乙榜熏沐拜记
（清乾隆庚子年修撰《华林胡氏宗谱》）

绕湖重修支谱序

谱者仿于史，而尊于经。经之言曰："祖远而宗近。"祖远者必祖其远祖之祖，宗近者必详其近代之宗。

我胡氏远祖藩，邳州宿迁人也，仕南朝为太子左卫将军，锡土豫章新吴，卜筑华林山麓。至唐末及五季，有讳城者，研究六经，登天祐元年第，擢国子博士，转侍御史。配夫人耿氏，生子五：珰、瑜、琼、珪、球。五季候瑜等避地，惟膳部员外郎珰独留华林。传六（八）世至宋绍圣，尚书直孺生子十一人，各宦所居，长子杞居稻田。自宋及元，蝉联簪笏，难以枚举。而吾支之一脉，杞长子彦辅，辅长子孟金，金三子子俊。俊子四，达翁、达志、允安、柏各有所居。惟达翁公迁于我绕湖焉，是俊为绕湖之鼻祖。达翁公乃绕湖之基祖也。

吾宗家乘传自晋宋，后刻于大明正统，再辑于万历乙酉，经今未逞者百余年矣。不有以新之后之未登者，将来无所考据，且旧牒难存，不免蠹鱼之弊，其何以垂裕后昆哉！此重修之役，宜亟亟也。独是世之论谱法者，不宗欧，则宗苏，不宗苏，则宗欧，今吾家谱合二氏而成之。达翁公以上，远有所祖而不失之泛也；达翁公而下，近有所宗而不流于隘也。先以世系吊清，后以支派详列，序分几世，行亦仍几世者，志同辙也。

凡书名，必大书二字，细注行名与号，而冠书某人子者，明有承志易晓也。曰长、曰次、曰幼者，明有序也。

尧有义门之奖，八传直孺，有尚书之荣。长子杞卜迁稻田，传四世，子材之子显华。显华之子五一公，复由稻田徙浮云山麓，因名其地，曰官源楼下。此支派所由始乎？余闻令赟公之徙西山也，见白鹿伏于野，遂驻马而居。于是大创重楼，广延硕彦，里人名其楼为书楼，里为楼下。楼下之胡，比迹于华林，追迹于列祖，一时科名阀阅，华林称盛于本邑。楼下发迹于西山，五一公之居于此，岂仿令赟公之遗意而名之欤？又考华林轶事，书院之故壤，即今浮云旧基。当年仲尧公聚徒讲学，牙竿玉轴，何减二酉之藏？经史坟籍，宁逊虎观之贮耶？即不名书楼，而楼下之名似可相埒。五一公居于官源，离书院五里，意不忘祖德，大启厥后。因以西山之名而名之，是皆未可知也，厥后子孙绵延，代有伟人，或为筠阳教授，或为皇厂执事。虽未如华林昔日之盛，然忠厚孝友，克衍祖庆，是亦五一公之厚德不爽也。

语曰：有志者事竟成。乌知官源之后，纯祖武继，书声不有如昔日者乎？余以友谊，因览官源谱系，具悉其始末，故知之深，而纪之详。如此敢曰："言之无文，行而不远。"遂不以付之梓哉。是为序。

清康熙己亥岁（1719年）夏月

筠阳弟章珂拜撰

（清乾隆庚子年修撰《华林胡氏宗谱》）

重修塘溪支谱序

胡氏出于有虞，而蔓延于天下，人所称为世美者，非其孝友、节义之谓哉！禹汤之世，纪载莫详，有周克商，封满于陈，以存舜祀，贤以继贤，代有其国。

至南宋时，藩以孝著，徽为左仆射将军。越廿五世，城为侍御，时当季乱，以义退食，屡徵不起。五传仲尧，八百共爨，孝义陛闻，宋帝旌表。八传直孺，抗节房庭，耻僭邦昌，加封开国，率赠端明，生子十一，各随宜居。惟公四子讳楫者，与家兄杞公，徙稻田。楫以孝友科第，授宣教郎金书，生子仲益，擢职刑部员外，进吏侍尚书，自矢清廉，为政明决，人皆信服。子季明为宋谏议大夫，生子南贵，任湖南安丞。南贵生鼎，为元都官郎中，曾编《华林书堂诗集》，将复义学故址。鼎生文炳，登元至治进士，授潮州文昌县令，治行专尚孝友，群黎莫不为善。仕未跻于显秩，而治几绍于先猷，不独为鼎公肖子，即以质于尚书侍御诸先公，当必含笑于九京矣。公次子名邦贵者，卜徙祖居之塘溪，配谌氏，子四人，友闻其幼也。越三世，而祺辑毗陵之帙，惠贻百世之远。九世而兴云、兴爵，力清浮云之产，至今香火有供。非其以孝相尚，而以义相率有如是乎。

今谱告成，聊述华林世美与夫塘溪佚事，弁于篇首，尚翼后人勉为缵绍，以无忝于祖德，斯可矣。

大清雍正九年（1731年）月中浣

前元进士、文昌令、文炳公十六世孙盛玑拜撰

（清乾隆庚子年修撰《华林胡氏宗谱》）

重修湖塘支谱序

闻之能言其祖，剞子见称，不识其先，籍谈贻笑，则知谱之不可不作也，明矣。稽

我胡氏，来自邳州，藩公受南宋之封华林，开百世之业，历年三百。侍御城公，大振家声。至宋初时，则有义门之旌，义学之赞。南渡时，则有食邑之赐，宸翰之颂，华林声誉几甲海内矣。厥后，庆流蕃衍，派别东南，难以备述。

惟尚书少汲公长子，讳杞者，卜居稻田，职任淮东总管，出统戎马，人赞庶政，人皆称服。四传显华公，博学鸿才，时当祚微，停车不仕。子三人，幼曰十七，自稻田徙靖安之富仁都龟山为家。越二世，三十九公复徙奉新之大分里，又越四世，保二公再徙田东。三传伯遂、伯文，始居湖塘坳上。遂文兄为湖塘之始祖也。

杞为始祖之所自出也，以杞公而上溯之，则知祖之所自来，而尊祖睦宗之念，有勃然自起者。以杞公而下推之，则知派之所由分，而合敬合爱之心，有油然自生者。孰谓敦本睦族之道，有不赖于谱牒之作欤？

予距公家二十有余里，以族谊往来，稍为稠密，常与诸公蜚觞论文，时切雅爱。因获纵观世谱，知与吾支藏本合一。兹又蒙公不弃，复授增修新帙。见其条分络晰，井井不混。自吾身以至高远，昭穆了然可观；自吾身以至会元，世次昭然在目。兼之文献无不备具，实为百代章程，非徒藻绘之工已也。予甚嘉其用意之远，因述胡之世美，并于简端，尚冀其后人益敬承于来世云。

大清雍正九年辛亥岁（1731年）四月中浣

前侍御公裔孙、筠阳邑庠裕美谨撰

（清乾隆庚子年修撰《华林胡氏宗谱》）

重修华林胡氏官源楼下支谱序

余毗陵胡氏，代有显人，光于史册。既为江南右族，且与余家世缔婚姻，间尝过其庭，阅其谱系，出豫章新吴之华林。而前明大宗伯忠安公，奉旨巡江浙道，经新吴，祭其始祖、侍御史城公暨祖母耿氏夫人墓。因与华林应麟等合修世系，其科甲蝉联，亦与毗陵争烈而同朝。三杨二王诸公作序，以志其盛。则是余方伏处时，固已知新吴华林胡氏又为西江右族矣。

岁在庚戌，予以乙未外翰膺我朝孝廉方正之选，特简署新吴县事。甫下车，谒圣庙，则见乡贤祠内，受享于学宫者，胡氏之祖若宗，实居其半也。复稽邑乘，则又载文宣庙、冯川桥及华林书院，皆仲尧、仲容所创建。而人物官秩，胡氏之炳耀于邑乘者，十且七八也。更询诸缙绅先生，其见在列诸庠，隽于乡，绕拔成均，键户诵读，足不履公门。为予当父事而兄事者，尤指不胜屈也。景仰维殷，蓁苓其远。

忽见书史中，有循循雅饬，举止谈对具书卷气，类大家子。胡其姓，良孟其名者，手持一帙，距而请曰：我华林胡氏杞公、梓公两支下，共修家乘，诸绅士已恳前任宗侯合序之矣。今谱将竣，良孟亦与首事，恳乞我侯序官源楼下支谱以增光。余受而读之，而知楼下之胡，则始于十三世显华之子五一公，由稻田徙居浮云山麓而名之者也。复追而溯之，又知稻田则由八世，尚书直孺公长子杞公，自华林而迁毗陵，皆出侍御史城公后，而官源楼下则又华林之条分而缕析者也。夫华林谱，先达言之已详，余复何赘。

余按，五一公之迁官源楼下也，距华林甚近，距华林书院尤近。盖浮云宫者，即华林书院旧址也。宜乎华林之钟秀，祖宗之默佑。自近而及远，何以考其人文？自五一公三传至云公，为筠阳教授。八传至神监，为皇厂执事。既远不及侍御之三子琼公，徙居毗陵者，勋名史不绝书；近亦不能如侍御之孙令赟公，徙居西山楼下者，簪笏相望。岂祖宗之默佑有厚薄？华林之钟秀有偏全欤？抑或者发之迟而其盛，益莫可量欤！

余又按，楼下谱系有五一公九世孙曰政，家于湖广荆州监利县，今已人文蔚起；十世孙秀春，家于贵州铜仁府填桥坪，今已科名鼎盛。则楼下之发祥已兆其端，乌知后日之盛不媲美毗陵，较胜于西山楼下？而亦如宋时之诸名公巨卿，作诗赋以赠送华林者，赠送官源楼下乎？

予甚喜良孟之请，乐为之详其支系，且喜得览胡氏之大全，而与毗陵谱不爽毫末，益叹世家文献有足徵云。谨序。

时皇清雍正辛亥（1731年）仲春月谷旦

特简孝廉方正、乙未科岁进士、署奉新事毗陵孙谟谨撰

（清乾隆庚子年修撰《华林胡氏宗谱》）

重修店上支谱序

尝读《程子家训》有曰："子孙五世不修谱，即为不孝。"此谱牒之修所由亟也。欧阳忠公激昂其事，眉山苏氏发明其时，两者各创为谱牒。是由贤士大夫之家莫不有谱，而尊祖敬宗，收族之谊，遂大畅于天下。

吾宗之谱留传已久，后之科名仕宦、忠孝节烈，以及生卒年月、婚配葬向，虽各有据，无从稽考，泰甚惧焉。去年春，祭拜年祠内，因与合族尊长共相商榷，将原刻旧本先行重锓，凡后增入者，属之各房，分董其事，汇送入祠，序次详明，考核确据，然后镌板。众口一词，俱吾宗衍绪，肇自有虞，传至壮侯，封土豫章，始家华林。越在侍御城公，支虽蕃盛，世次详明，故尊为一世祖。八传而至直孺公，迁葬稻田，长子杞公随墓守服，遂居于稻田。越三世，子华迁居山东。宜，子华幼子也，男竹野，志欲光前裕后，因览山川形胜，见尚讲店上，飞鹅个嶂，穿田渡脉，亥龙到头，山青水秀，左抱右绕，后坐巨石，前对米峰，下有螺星、狮石互砥其流，并与华林稻田不甚相远，遂卜居焉。

生子一贵，贵生仕达、仕荣。达徙双溪。荣居店上，生子钦。钦生澄、清、湍三公。澄登永乐癸未乡荐，甲申联捷，任行人司，升湖广道御史，贤声异绩，流传弗衰。今则三支鼎峙，传至典仪公，景泰四年选拔，登成化乙酉举人，任柳州府上林县令。尹宜公侄孙再兴，与弟再盛接居尚讲店上。兴生上义，义生景魁。盛生秀甫、秀实。实生景元，元生志静。志生子七，世续人文，难以悉举。

今幸家乘告竣，合欧苏而为一帙。合者联之，弗以寒微轻弃而失宗亲之谊；异者屏之，勿以华胄滥收而贻先人之玷。泰于此颇费厥心，敢以不文而弁诸谱首。

清雍正九年辛亥岁（1731年）孟夏月

侍御城公二十八世孙盛泰熏沐谨撰

（清乾隆庚子年修撰《华林胡氏宗谱》）

重修后港支谱序

吾邑之有胡氏也，盖千余年于兹矣。溯胡之受氏，始于满公。至晋初，有官刺史，字伯虎者，家安定。迨奋公为左仆射，世居邠州宿迁。越南宋，而藩公封土豫章，筑室华林。又传二十五世，城为李唐侍御。五传仲尧兄弟，有义门之旌。八传直孺公，累官刑兵吏三部尚书，讲禁中论奏十事，致颁宸翰租田之渥旋，封开国公。厥后，支蕃派

析，难以备述。

惟尚书公长子杞公，居稻田，生子五，次曰彦德。德生子四，长曰宏叔，三曰升叔，幼曰达叔，各有所居。独次子成叔公，旷览山川之秀，卜居后港之基。是彦德为后港之鼻祖，成叔乃后港之基祖也。吾宗家乘，传自唐宋，复刻大明正统，再辑万历乙酉，宗条世派，无不昭然。近百余年难于未辑，高与鹤、琪、珏等，窃惧后之未登者，传久而罔据。兹幸吾宗杞、楫二公，共为增新旧帙，甫将世系吊清，后以支派序列，讳行、婚配、生卒年月、葬向、子女，大书小注，纲目备具，世系支派，井井不混。兼之形胜、文献悉载靡遗，不诚为百代实录，而教家经国之大典哉。后之谱者，莫不晓然水木之所自，又莫不勉为缵绪以光前烈。乌知华林之盛业，不复见于兹乎？今谱告竣，敢为数语，以纪重修云。

大清雍正辛亥岁（1731年）仲夏月吉旦
唐侍御城公二十六世孙高举熏沐谨撰
（清乾隆庚子年修撰《华林胡氏宗谱》）

赤砂路支谱序

吾族自有虞衍绪相传，而至满公即谥为姓，则知世远源长。其受氏之由来，越今数千百年矣。虽上世之理学名臣，炳耀史册者代不乏人。然虑夫荒略无稽，非可信之谱，故皆削而不书。惟以启宗于城公为祖，此亦如庐陵之阙，其六世眉山之阙，其八世古君子不敢滥为文饰，以美观听之遗意欤。

自城生珰，华林之著美，珰公值其盛矣。越三世，令严公生子元凤，凤生仲尧，家殷实，好善而乐施，舍祖数百余石于县治上观者，是即其人也。仲尧生用之，用之生况，况生直孺，孺生杞，杞生彦辅，辅生孟金，孟金生子荣，其绵绵相传，盖巳十二世矣。子荣生德辉，德辉生从虎，从虎生仪汉，仪汉生启良，启良生玉贵，皆箕裘相传，世居于稻田也。玉贵生子二，曰九青、九丹，即我赤砂路支之始祖也。

考诸旧谱所载，九青公承乃祖乃父之基，家本素丰，箧有余财，童仆婢使，森然成列，而且赋性英敏，年少嗜学，凡五经、史记、诸子百家诸书，与夫诗、古文辞无不淹通。壮志时，精于举业，雅慕上进。迨屡试不售，始惄怀名途，因而耽山水之胜，善阴阳之术，游京有邸闽洛，阅山川而走风雨。乃循视县治之来脉，有旁支北出者，去县治三里许，曰赤砂。公遂驻足于其间，近而视之，则岗峦萃绿，林木阴翳，田地肥美，土皆黑壤，极目远眺，则岐岭峙其南，邑河绕其东，越山宝峰障其西北也。公因不胜欣喜，遂卜居于此，筑室而家焉。以为后之子若孙，绵远相传之计也，然则如公之图，其迁徙以垂来兹者为始也甚难，百世而下，安享其成者，敢忘其颠末，而没宗功祖德之遗乎。

赋值大成族谱告竣，因循旧谱之悉所载，并详其世次，以明始祖之同者，著大源之一本，述支祖之勋者，见脉络之分明，俾后人披阅。余亦可以识共支派之所自也，云尔。

时皇清乾隆辛酉岁（1741年）仲冬月榖旦
侍御城公三十二世裔孙赋宋谨撰
（清乾隆庚子年修撰《华林胡氏宗谱》）

龙高胡氏重修宗谱序

闻之：万物本乎天，人本乎祖。故凡祖之所自出，与祖之所出，虽历千百世之久，隔千万里之遥，皆宜详载之于谱。盖族谱者，谱其族也。夫生民有初乃有族，族涣而思，所以萃也，乃有谱。孰谓族谱之修可不合同姓而汇为一帙哉？然记有之别，子为祖继别为宗。所以古今称谱之得体，必首欧苏。而老泉族谱引亦曰"亲尽不书"，谱为亲作也。惟仁人孝子远能寻源于受氏之初，以同致其尊，近更能别派于分迁之处，以独深其爱，故谱牒之修，恒汲汲焉。

按奉邑之有胡，盖自我远祖藩公，仕刘宋有功，锡土豫章，爱华林山水之美，遂筑第以居。传二十五世而生城公，为唐侍御史，配夫人耿氏，生子五：珰、瑜、琼、琯、球，兄弟竞爽。自城公八传而至直孺公，生子十一人，杞、相、括、桱、枞、根、朴、槚、櫄、橞、梧。我家派出朴公，数传而迁于新昌。长子杞公，则仍居奉邑之稻田。中间子姓蕃衍，迁徙无常，难更仆数。十六传而至启敬公，偕子玉琼、玉琇，由稻田而徙居龙高，实为龙高始迁之祖。

箕裘相承，绵绵弗替，宗功祖德，彪炳图端。兹幸际圣天子在位，运会升平，生齿益繁，人文益茂。族中诸公惧家乘之久而弗修，前者将湮，后者将紊也，于是乎合志重修编为一册。既成，适予秉铎兹土，龙高诸公特持其谱，而索予为序。余因得以考其世系，按其班行，井然不紊，秩然有条。其自启敬公以上弗多著略，远也；启敬公以下，不厌繁详，近也。而且生娶必书，卒葬必书，俾数百年事了如指掌。以是益叹诸公之厚于所亲，而于老泉所云"亲尽不书"之意相昭合也。岂同乎泛泛滥滥，昧于亲疏之义，而无所区别者哉？抑闻横渠张子有曰："子孙贤，族将大。"诸公之切切，而力图斯举也。是能笃根本贤矣。今其子若孙虽未甚显达，而缘其仁孝之念，知必有起而应山川之灵秀，以绍前徽而光先烈者。予属在同宗，正乐得而观其盛矣。诸公其勉乎哉。

时大清乾隆四十五年庚子岁（1780年）冬月既望穀旦

乡进士捡授文林郎、南昌府奉新县儒学教谕候选知县宜丰宗愚弟驹龙顿首拜撰

（清乾隆庚子年修撰《华林胡氏宗谱》）

重修华林胡氏塘边支序

程子曰："宗谱之修所以奠世系、睦宗族也。"盖昭穆世次，非谱不详第。唐以前辑于官，宋以后则家自为之，是宗谱之由来旧矣。

溯我胡氏，自满封陈，谥曰胡，为得姓所由始。其先世祖居安定，徙宿迁，至壮侯藩，仕刘宋，为左卫将军，锡土豫章，其后遂家新吴之华林。历二十五世，城为李唐侍御，以义退食，屡征不起。五传仲尧，义居八百余口，降诏旌，表门闾。八传直孺，仕至刑兵吏部三尚书，加讨征，抑有宝扇、宸翰、米租之颁。生子十一，咸被簪笏，各随宦居，惟四曰桱，与家兄杞同徙稻田。桱生彦益，益生季明，明生南贵，贵生鼎，鼎生文炳。其荣盛显贵，代不乏人。

炳生子四，邦贵其次也，抱璞含贞，隐居不仕。于元至治三载，睹塘溪山水之胜，风俗之淳，且逼近浮云书院，便于息游，遂卜居焉。是邦贵乃塘溪之鼻祖也。配谌氏，生子四，友真、友谅、龙信、友闻，均有懿行，尝时靡不称颂。越三世，道谦公于毗陵编辑宗谱，厥功甚钜。九世祖兴云、兴爵力清浮云租产，俾前人布施之意复还其旧。裔孙等续道谦公之志，于清雍正庚戌，重辑杞、桱二支谱牒。至今昭穆世次，井井有条，皆其力也。自兹以还，谱之未获重梓也，五十余年矣。不群起而增之，安在宗盟之不等

于途人乎？爰是运光良梓，恒德、森德、钦德等仍鸠集杞、梓二支子姓，各成草序，合纂全编，而讳字、行次、官爵、配婚、生殁、徙葬，昭然不紊，令后之览斯谱者，晓然于祖之所从出，族之所由分，则不惟足以续前征，抑且有以裕后图矣。予于告竣之日，谨质言之，以并诸简端云。

时大清乾隆四十五年岁在庚子（1780年）冬月中浣之吉
元进士、知潮州文昌县令、文炳公十八世孙秀位谨撰
（清乾隆庚子年修撰《华林胡氏宗谱》）

下山支谱序

尝闻万物本乎天人，本乎祖，祖岂可忘乎哉？夫能言其祖，剡子见称，不识其先，籍谈贻笑。人苟不知姓氏之所自出，与支派之所由分，则其为不孝也。孰大焉？然欲究其自出，辨其由分，要必资谱，而后明有谱，斯水源木本之可寻，爰亲敬长之自切矣。

稽我胡氏，起于满公，至居于江右者，由壮侯藩公，受南宋之封，爵土豫章，卜居新吴华林。越二十余世，至唐侍御城公；五传仲尧，敕旌义门；八传直孺，刑兵吏三部尚书，惟公四子，名梓者，同兄杞公居稻田。梓以孝友科第，生仲益公，擢职刑部，子季明，明生南贵，贵生鼎，鼎生文炳。炳登元至治进士，授潮州文昌令尹。

自秦汉以迄唐、宋、元、明，代有显宦，登录史志，旧乘已详。但自城公至十五世邦贵公，由稻田卜居塘溪，配谌氏，生子四，友闻居幼，是邦贵公为我塘溪徙（始）祖也。迨至道谦公曾修毗陵谱帙，累世相承，绵绵弗替，复传谦公。谦之子三，惟济居幼，济为我下山徙祖。济生子二，敬居乎次，是敬为我下山居祖也。今承杞、梓二公支下，商酌同修家乘。稿成，付梓将见。由邦贵而上溯之，则知祖之所自来。由邦贵而下推之，则知派之所由分合存亡。而联为一帙统远近，而系于一编，既条分而缕晰，亦鱼贯而珠联。今而后，子姓兄弟群昭群穆，咸在而不失其伦焉。是为序。

时大清乾隆四十五年庚子岁（1780年）冬月穀旦
侍御三十四世裔孙汝琪、汝达同顿首拜撰
（清乾隆庚子年修撰《华林胡氏宗谱》）

（五）叙引跋记

龙高胡氏宗谱叙

一举而三善备焉者，莫谱牒。若尊祖也，亲亲也，牧族也，俱于是乎？在谱牒之修，顾可缓乎哉？

今龙高胡氏重修家谱，不可谓非善举也。余闻胡氏始于满公，赐姓于周。其本源之胜可不言而喻矣。若胡氏之望于江右者，盖缘壮侯藩公仕刘宋，为元嘉中太子左卫将军，锡土豫章，爱新吴山水之秀，遂居华林。传二十五世，而生侍御城公，配夫人耿氏，生子五：珰、瑜、琼、珪、球，华萼联辉。瑜、琼、珪、球，各居任所，独长公讳珰者，仍居桑梓，承礼宗祧，自时厥后，高官显爵，代不乏人。

自城传十六世，而至启敬公，偕子玉琼、玉琇徙居龙高，去华林仅十余里。盖亦不有忘桑梓之意焉。予尝至其地，水东注，户南向，俗尚浑朴。水口立寺一所，名水月，为之左旋，真胜地也。

兹重修谱帙，俾一脉所衍，尊卑长幼之序，了如指掌，后之视今，如今视昔。尊祖

爱亲之意，一展卷而油然以兴。合族昭穆之伦俱就绪，而秩然不紊，则兹一举也，岂非三善备焉者哉。予既稔知其地之胜，又见其人之笃于一本。因不揣愚昧，妄书数语于其首。第勿以简陋见哂是幸。

皇清康熙乙丑年（1685年）季秋月穀旦

剑邑年家眷愚弟涂旂顿首拜撰

（清乾隆庚子年修撰《华林胡氏宗谱》）

重修后港支谱叙

朱子云：谱以三世不修，为世大戒。善夫为尊祖之意重也，若今之修，岂仅尊祖之意重哉。我皇帝诏曰：金陵、武林、豫章诸省，往往学欧苏式，而谱牒多焉。遂搀舭而侈张其词者有之，甚至庙讳、御名，而不知谨避者亦有之，或妄认华胄分支，冒写缙绅作序，一切干条亟宜删改。

余溯胡自满公受氏以来，至晋、至唐、至宋，擢高科而膺宠渥者，代不乏人。原谱具在，敢妄认欤？其间又各为迁徙，或居于官者数矣。惟我成叔公，于宋宁宗十五年（1222年），见奉新乡后港山水之胜，乃卜居焉，遂为后港之基祖。按其家乘，历自唐、宋、元、明，暨我大清雍正庚戌，屡为修辑，世派固已昭然。

兹奉功令亟宜查改，旋思古训一世宜修，乃论其数则过矣。以其时考之，则可以修矣。用是夙夜彷徨，惧以不法不孝为虑。幸吾宗杞、梓二公子若孙合志同心，共为修改，甫将庙讳、御名一一谨避，碑铭、传赞一一除浮，后以世系、支派、序列、名行、婚配、生殁年月、葬向、子女，大书小注，井井不紊，悉载靡遗，不敢有滥，不敢有僭，谓非一举而两尊哉！令千载下，莫不晓然，尊卑之不逾，亲疏之有辨，水木之所自也。夫今谱告竣，敢为数语，以纪重修云。

时大清乾隆庚子年（1780年）冬月穀旦

成叔公裔孙等谨撰　七烶拜撰

（清乾隆庚子年修撰《华林胡氏宗谱》）

通知华林胡氏重修大全谱引

尝闻家之有谱，犹国之有史。史也者，纪帝王之统系，而明古今之升降者也。谱也者，所以载祖宗之源流，而萃族属之涣散者也。故阅世不修，君子谓之不孝，是谱之所系，顾不重哉！则谱之宜修也，又岂不亟亟也哉。

如吾宗派分妫汭，肇自黄农、虞夏、虞思，膺封往策可考，然代远年淹，姑不具论。迨虞阏父为周陶正，武王赖其利用，乃以元女大姬配其子满，俾候于陈，封曰胡公，实吾姓氏所自始也。越数十传至壮侯藩公，五代刘宋封男爵，锡土豫章，爱华林山水之美，始就其地而居焉。此似近而易知也，而生卒、葬墓卒不可考，故与古初远祖置之略而不详之例，不敢妄为附会，致乖谱体，盖以言乎疑之尚阙也。又越廿余世，至侍御城公，明经登第，为华林显祖，嗣续蕃盛，簪笏相望，其间累朝，恩荣历仕，行实纪之，史牒凿凿，有据故特断。

城公为一世祖，起世次昭穆，支裔迁徙，罔不详具。盖以言乎，信之尚存也？此凡修谱者之大略也。第言修于今日，较之昔时，则倍有难者，何则？昔之族姓未繁，工简用省。今则瓜瓞绵绵，动费千百矣，此其难一；昔之时大家、先达登高而呼，所縻钱钞裕之私橐。今则贫贱从事，力不逮意矣，此其难一；昔之时所修谱牒，或联盛弃衰，或附显遗微，概非全璧。即明宗伯溁公大修合谱于招宾，其时刻期速成，亦有偏而弗全之憾。近而吾支诸族所修宗谱，一家两局，各竖意见，矛盾殊甚，尤非靡用，多金走支，有人不可，此其难又一。

虽然，无难也。夫主局徇私家派户取，则有吝出之难；鸠近合远，坐局刊刻，则有淹久之难。今斌等坚志纂修，捐赀无求。各族祖派约梓世数，修于局中。各族支派任人迟速修于私所，是无敛费之扰，而有易成之功，故曰无难也。第族属散处，速难属稿，恳求各支祖讳当事字行，以便誊录稿成。尚祈名宗核正，付梓钉集，赍上诸宗，其有同志者乎？幸赐受焉否？

皇清康熙甲子年（1684年）季秋月

侍御二十七世裔孙尚斌熏沐书于知祖堂

（乾隆庚子年修撰《华林胡氏宗谱》）

重修店上谱引

尝闻舜生于诸冯姚墟，迁于负夏妫汭，黄帝八世孙也。子义均入商封商，均入夏封有虞君。夏商殷之祖，历历又可徵矣。夏后始立安邑，少康迁有仍，复迁旧都。中兴，商自契封商邱。汤自商邱迁亳，仲丁迁嚣，河亶甲迁相，祖乙迁耿，武丁所以兴殷也。周自后稷始封于邰，太王自邠迁岐，武王迁镐为西周。成王定鼎郏，郿迁洛阳，周道大兴，遂为东周。传于胡以绍我，武王追封舜裔，得虞阏父之子满。武王赖其利器，以元女大妃配之，赐姓妫，封胡公爵于陈，以奉舜祀。定公四年会陈子、胡子于召陵。史云胡子完奔齐，封弟于母邑，曰母氏。因乱经楚地，而改田。田常作乱，恐获，又改王。此享八百年有土之时事也。历后六姓出焉，因各祖其祖，各谱其谱。谱者普也，普于前而不普于后，既失祖脉之传，不足以循源而暨流；普于后而不普于前，复重不孝之罪，曷足以因叶而清本乃柱。

因吾支前辛亥、辛酉二谱修，十七世同世兄弟分作三代迁徙，又不符合老谱。桂查考廿有六年矣，并查唐、宋、元、明、清，金靛老谱，玙顶胡四十二世孙藩，始于安定，复于邳州宿迁，锡男爵，土豫章，爱华林山水之美，始就其地而居焉。止明，自满至城，八十七世，未知遗落。藩公七世孙秀兴生颖，究元、明，正统毗陵合修之谱，止详前其修，徙祖未其修者失之。略阅辛亥谱，既多错落，辛酉谱仍效前愆，更详世次、迁徙、节孝、科名、生殁、葬向、婚配、功名。五公后之分徙讹遗，毗陵合修徙祖多焉。及考丙寅大全谱，似略符金靛各代之谱。

然桂统阅唐、宋、元、明、清十九修之谱与史志等，竟又遗失甚多。一遗失六世孙进士顺之；二遗失七世宗文、宗武、尚卿、冲公；三遗九世櫕、樑、樵、椐；四遗十一世纯瑜；五遗十二世启洪、朝乾；六遗十三世均用、宇宥、容宜；七遗十五世子仁、子纲；八遗十八世九祐、吉凤、岭渊、龄春、良立，共二十九人。子若孙如此，错乱遗□，安得不邀集，原其谱者合而增修之，以为因流溯源之据乎？至于子氏功名，迁徙详者，一一详著。谱首未详者，止载父名，下无容提列，以杜滥收也。将欲合徙陈留、毗陵、九江、分宁五公同修焉，势有所不能；或欲尽玙公支同修焉，亦时有所不得；即欲合杞、梓二公于各郡邑百多支，前合而后各修焉，又难免此是而彼非。不若邀原共修者，念三十年不修不孝之意，以合而汇集之也。桂是以奉遵上谕，邀聚同宗增修。谱中错落删削，以伪混真，体统欧苏二体，既详昭穆于帙中，图合五世线图，更清源流于谱首，复恩二公支下，各誊本支祖宗，著其生前字行功名，详其殁后山名、葬向，明其娶氏，载其儿嗣。庶几付局梓镌，不致正草莫对。桂撰数言，未知有当各支尊长否，是为引。

皇清乾隆庚子（1780）踏青月

侍御二十九世裔孙举桂顿首拜撰

（清乾隆庚子年修撰《华林胡氏宗谱》）

江省大宗祠修辑大成谱牒引

吾胡氏之族，肇自姚虞，距今数千余年。其椒蕃蔓衍，分居不一地，地徙不一方，有其祖，有亲祖，溯源穷流，不啻万叶，前贤论之详矣，不复赘。自后代有纂修，姑约略记之。如：宋徽宗政和七年（1117年）勤公编修大宗图，唐老作大宗谱；元文宗至顺治三年（1332年），天相公与招宾鼎公重修世系；明英宗正统毗陵溙公与新吴应麟公合修华林族谱；宪宗成化十三年（1477年）孙坑孟隽、孟孚二公与岗下允振公、允廉公合修谱系；万历十七年（1589年）胡坊汝焕公重修华林族谱。

清康熙甲子、乙丑、丙寅三年，同各郡邑合修华林族谱。是数公者；或居大位；或召盛德，上念祖宗之传流，下忧子弟之散佚，著其源流，详其迁徙，一一录之于谱。俾百世之下，了如指掌，璨若列眉，知某支者、某公之所出，某地者、某祖之所迁。孝悌之心油然而生，敦睦之谊慨然而起，是皆大有造于祖宗者也。嗣是之后，风稍逊矣。

自康熙甲子、乙丑以来，又六十余年。古人云：族谱三十年不修，即名为不孝。今省中购买大宗祠诸贤哲辈念谱之所关者，大复起局，联修知单，散给各支，云集响应，远近皆有同心。可见仁人孝子之用心，有不约而同者。谱已观成，吊众支之谱而增删之，徵文考献，积卷万轴。志王言，而纶诰、褒封皆并列矣；志科名，而爵位、官衔必特书矣；志迁徙，而方隅、里居所不遗矣；志儒林，而士品知所趋向矣；志节孝，而人心知所崇重矣；志壸范而内教正矣；志苦节而大义表矣；志稼穑而农桑重矣；志学校而礼义兴矣。祖宗之丘墓有图，祭扫便也；祖宗之居趾有图，向往专也。他如家规有条而率履不越服制，有别而隆杀适宜。凡此皆兹谱之所备载者也，吾因之有所感矣。夫周道亲亲，当其盛也；行苇兴歌而谊隆一木，及其衰也。角弓致刺，而恩弛同支。吾族历千百载，而昭穆有序，亲疏有等，一有倡义，兴仁者群起而应之，岂非神明之胄，大圣人之流风余韵。人人之深感，人之速愈远而愈有光哉。是为引。

城公裔孙豪撰

（载清乾隆庚子年修撰《华林胡氏宗谱》）

华林胡氏重修宗谱引

粤稽我华林旧谱，上溯姓源，下详世系，举凡宗功祖德，弈叶簪缨，前贤序列详明，班班可考，无庸赘述。第族谱三世不修，即为不孝，且阅世生人，阅人成世，岁月从则，记载难周，生娶存亡，有不得详者矣。编辑疏，则传闻失实，因草损，益有不足征者矣。欲惩无徵之过，矫不详之弊，以免不孝之愆，断非数辑不为功。

吾宗虽代有纂修，而国朝自康熙迄乾隆，会省大成，递及庚午，庚子聊修而后，距今三十一载。其间生娶、子女、功名、殁葬，不有以编入而增修之，将隔世愈久，遗忘愈多，后人欲条辑而备载焉，何所藉以为考证也。况庚子年间，董其事者，图俭就简，仅修世系，一切祖容、祖墓，祖跡之流传，祖功之彪炳，与夫各支之基址、山图，前人之序、跋、传、赞，概从省约，未付枣梨。揆诸大全之义，殊有未备用。

是杞、楫二支笃亲亲之谊，深水木之思，虽屡遭兵焚，筹费维艰，而合邑近宗有坳上、小城、洪塘、龙高、店上、绕湖、湖塘、官源楼下、后港、菱湖、洞上、石下、墩上、塘溪、下山等支，心志阳孚，不吝赀财。集谱牒以参订，统前后而更新，溯流寻源。审夫本之所自出，一本万殊，别夫支之所由，分俾昭穆世次，若纲在纲，有条不紊。庶览斯谱者，知尊其所尊，亲其所亲，油然而兴孝弟之心者。是皆由祖宗之深仁厚泽，有以佑启我后人也。谱成谨书数语，以弁其首。

皇清同治九年岁次庚午（1870年）季秋月吉旦

楫杞二公支下裔孙等薰沐敬撰

（清同治间《华林胡氏重修宗谱》）

重修店上支谱后跋

今夫家之有谱，凡以传信而示后。故微事必核其真，归美必称其实，惟不涉郭崇韬妄，拜之非一准。吾夫子三代之直，斯足以为世守之珍也。吾宗自受姓以来，由夏而商而周，以迄于今。其间仕宦闻人，世代不绝，笔难罄书。但自城公传至宜公，同男竹野迁居尚讲店上，为店上始迁祖。生子一贵，贵生仕达、仕荣。达徙双溪，荣居店上，生钦，钦生澄、清、湍。宜公任孙再兴，兴生上义，义生景魁。再盛同兄接居尚讲店上，生秀甫、秀实，实生景元，元生志静。静生子七。嗣续益繁。

澄、清、湍三公分为三支，至今鼎立。谱牒虽旧，本源如此。兹复新之，若加拂拭庙堂之上，奕奕有光，其经纬源流，画然在目，观传赞、忠孝、节义，炳若日星，而懿行于是乎彰矣。观山川景物，无缺书焉，而形势于是乎在矣；观祠规条教，一一详明，而家训于是乎严矣；观次序班行，昭不混穆，穆不混昭，而尊尊亲亲之谊，于是乎笃矣。呜呼！谱之义大矣哉！

是举也，始于去春。侄盛泰暨首事，诸君子互相考订，核实辨真，存其旧而增其新，视昔所修较为加详，以之传信示后，而为世守之珍也，庶乎其可矣。机不敏，愧无游忱材，作麟书之赞，何颜之甲，且以舌耕，远出未获，董勤厥事，是又机之憾也乎。爰以数语，跋后以俟将来有志者，再为参订焉。

清雍正辛亥岁（1731年）季四月毂旦

侍御城公二十七世孙郡庠生廷机拜撰

（清乾隆庚子年修撰《华林胡氏宗谱》）

重修华林宗谱后记

或有语玑者曰："谱岂苟且为乎哉。其惟有道德，而能文章者可主之。昔欧阳氏著家谱，用汉年表法；苏氏取礼，大小宗为次，断自五世为始。此道德文章之能兼者也。子其亦能兼之乎？而顾汲汲谱为如是也。"玑应之曰："是非予所敢当也。予惧年遐帙坠，非有继作，无以远稽源流，近考世派，不将木本水源之渐忘哉。重辑有不容诿。"

今日者或曰："子之意良善矣。而第以各族散处，年不丰登，锓费之索，有难猝办之虑。"玑曰："不然。人即至愚，孰无仁孝之心，竦以天良，应有相给之道。矧余杞、楫支下，更有宗谱一会，梓费稍可取资。谱作于今，洵得其时矣，过此岂能有济哉！此吾辈之汲汲于是为也。"或曰："有可为之时，无可为之人。不然也，非有至明之识，不达疏阔之情；非秉至公之心，难绝阿附之念。安在富贵之不援，贫贱之弗弃乎？又安在源流之不紊，文献之弗遗乎？鲁莽者不通其义，流俗者多徇其迹。谱虽作焉，何取于谱哉？子毋谓谱可苟且为也，惟出至明之识而不为事扰，惟秉至公之心而不为势移。一溯前而必条分络晰；一叙后而必支别派详；一录事而必伪黜真收；一载文而必理明辞昌。凡此者谱所宜然也。子之为谱何如哉？果如是，即无比于欧苏，要可告于先祖；不如是，吾知唾言不必在后人矣。子毋谓谱可苟且为也。"玑无以应，惶恐累日，谨书其言，以记予惭。

大清雍正九年岁在辛亥（1731年）三月既望

元至治进士、任潮州文昌令文炳十六世孙塘边缵修盛玑惶恐书

（清乾隆庚子年修撰《华林胡氏宗谱》）

三、人 物 传 志

（一）人物传记

胡藩传

胡藩，字道序，豫章南昌人也。少孤，居丧以毁闻。太守韩伯见之，谓藩叔尚书少广曰："卿此侄当以义烈成名。"州府辟不就，须二弟冠婚毕，乃参郗绲征虏军事。

时殷仲堪为荆州刺史，藩外兄罗企生为仲堪参军。藩过江陵省企生，因说仲堪曰："桓玄意趣不常，节下崇待太过，非将来计也。"仲堪不悦。藩退谓企生曰："倒戈授人，必至大祸，不早去，后悔无及。"后玄自夏口袭仲堪，藩参玄后军军事。仲堪败，企生果以附从及祸。藩转参太尉大将军相国军事。宋武帝起兵，玄战败，将出奔，藩扣马曰："今羽林射手犹有八百，皆是义故西人，一旦舍此，欲归可复得乎？"玄直以鞭指天而已。于是奔散相失，追及玄于芜湖。玄见藩喜，谓张须无曰："卿州故为多士，今复见王修。"桑落之败，藩舰被烧，并铠入水，潜行三十许步，方得登岸。乃还家。

武帝素闻藩直言于殷氏，又为玄尽节，召参镇军军事。从征慕容超，超军屯聚临朐。藩言于武帝曰："贼屯军城外，留守必寡，今往取其城而斩其旗帜，此韩信所以克赵也。"帝乃遣檀韶与藩潜往，即克其城。贼见城陷，一时奔走，还保广固。围之，将拔之夜，忽有乌大如鹅，苍黑色，飞入帝帐里，众以为不祥。藩贺曰："苍黑者，胡虏色。胡虏归我，大吉之祥。"明旦攻城，陷之。从讨卢循于左里，频战有功，封吴平县五等子。寻除鄱阳太守。

从伐刘毅。初，毅当之荆州，表求东道还建邺辞墓。去都数十里，不过拜阙。帝出倪塘会毅，藩请杀之，乃谓帝曰："公谓刘卫军为公下乎？"帝曰："卿谓何如？"对曰："夫豁达大度，功高天下，连百万之众，允天人之望，毅固以此服公。至于涉猎记传，一咏一谈，自许以雄豪，加以夸伐，晋绅白面之士，辐凑而归，此毅不肯为公下也。"帝曰："吾与毅俱有克复功，其过未彰，不可自相图。"至是谓藩曰："昔从卿倪塘之谋，无今举也。"又从征司马休之，复为参军。徐逵之败没，帝怒，即日于马头岸渡江。江津岸壁立数丈，休之临岸置阵，无由可登。帝呼藩令上，藩有疑色。帝怒，命左右录来欲斩之。藩不受命，顾曰："宁前死耳。"以刀头穿岸，劣容脚指径上，随之者稍多。

及登，殊死战，败之。从伐关中，参太尉军事，统别军至河东。暴风漂辎重舰度北岸，魏军牵得此舰。藩气愤，率左右十二人乘小船径往。魏骑五六百，见藩来，并笑之。藩素善射，登岸射之，应弦而倒者十许人。魏军皆退，悉收所失而反。又遣藩及朱超石等追魏军于半城，魏骑数万合围，藩及超石不盈五千，力战，大破之。武帝还彭城，参相国军事。论平司马休之及广固功，封阳山县男。元嘉中，位太子左卫率。卒，谥曰壮侯。子隆世嗣。

藩诸子多不遵法度，第十四子遵世同孔熙先逆谋，文帝以藩功臣，不欲显其事，使江州以他事杀之。十六子诞世，十七子茂世，后欲奉庶人义康，交州刺史檀和之至豫章，讨平之。

（《南史》卷17列传第7）

一世祖唐侍御城公传

祖讳城，字汤老，小字勉，壮侯二十四世孙，世家南昌。父清献，官饶州倅，有惠政。唐僖宗乾符二年乙未二月生，登天祐元年乙丑第，拜国子监博士，迁侍御史。

四年，唐祚移矣，故公之功业不甚表见，奈何当世之末季乎？五代时，悬车不仕，避地新吴西，爱华林山势之美，家焉。子孙传五世，至八百口，此非有隐德不能。

娶耿氏，有内则。今七百余年，新吴人犹能娓娓称耿夫人云。概其家法可想见已。胡氏谱，忠安公以公为一世祖，故称世祖。

（清乾隆六年《西江胡氏大成谱》）

二世祖南唐员外郎珰公传（附瑜、琼、珺、球传）

二世祖讳珰，字可宗，侍御公长子也，以孝著。同光时，仕南唐，为膳部员外郎。子孙世居华林，是为孝义文章之族也。

余皆以仕路为迁徙。瑜字可佩，天成时官陈留尹，徙崇安，是为陈留崇安之共祖。八世为文定公安国。

琼字可尚，天赞时官常州刺史，家毗陵，六世为文恭公宿。

珺字可贵，天显时官江州节度使，徙婺女。六世为集贤学士，工部侍郎，则今永康、汤溪、绍兴、余姚，皆其后。

球字可奇，开运时官武宁倅，果毅正直，殁而为神。子孙家分宁。绍兴进士、临贺太守敦实，弟清远簿敦诗。淳熙进士、朝散大夫元衡，弟福州文学元龟。子孙皆出球后。

（清乾隆六年《西江胡氏大成谱》）

胡敦实传

胡敦实，字观光，靖安人。绍兴进士，金汉阳幕职辰倅。何兑以献言得罪时秦桧，方兴罗织狱，当路承之，以自媒敦实被命，力辞不受，劾褫一官。泸溪王庭珪慰之曰："缘此受责，其芬多矣。"

后知临贺军事，奏减上供之半，请宪司损折苗之直，以宽民力，利及两路。又知全州。敦实学问精粹，深于左氏、班史、诗文，皆简古。有《玉涧集》。

（文渊阁四库全书：清雍正版《江西通志》卷67）

胡敦诗传

胡敦诗，字可兴，靖安人，敦实之弟。绍兴八年，进士时年二十二。与海昏刘氏为姻，不数年，刘顿贫。既登第，刘请离婚，敦诗指日为誓。未几广帅陈棐过南昌，欲妻以女，敦诗力辞，竟寻刘盟。

明年，除广州清远簿，橐雅敬之，留幕中，举裴宽、刘宁事相激勉。或谓之曰："坡仙书刘庭式事，引羊叔子为证，且云功名富贵人也，子其是矣。"敦诗正色曰："东坡书事特厉薄俗耳。夫妇三纲之首，安计富贵乎？闻者贤之。"

（文渊阁四库全书：清雍正版《江西通志》卷67）

三世祖宋膳部员外潭州都督令严、令赟公合传

祖讳肃，字令严，以字行，员外公珰长子也。生有至德，恭俭纯懿。又能行义树敦，和其宗人。五代之季，避地不仕。宋天禧初，以孙克顺贵，赠尚书员外郎。

弟赟，字武伯，周显德初，仕至潭州都督。过西山，见白鹿伏于野而家焉。武伯好读书，而富于二酉之业，缃帙牙签，动以十万。尝于所居地建藏书楼，旁列讲舍数百间，以延四方来学之士，士多依焉。邑人名其里曰楼下。嘉定进士、朝散大夫逸驾其后也。今子甚庶盛，合比艰矣。

（清乾隆六年《西江胡氏大成谱》）

四世祖宋职方公元凤传

祖字天瑞，父员外公，母林夫人感文凤之祥，以梁龙德四年四月浴佛日生公，因以命名。公少有旷度，复丰伟，英英照人。长以孝着，事员外公恭慎无比。母林夫人善病，公侍药饵，备极劳苦，虽浣涤烦琐细事，一切身亲执之，纵寒暑不辍。时员外公阖族同居，已几数百口，而职方公独传甚，不欲烦苦公也。公承颜务先志养，即所持多繁细，不与员外公闻，其孝如此。后以子克顺贵，封职方员外郎。

（清乾隆六年《西江胡氏大成谱》）

胡仲尧 仲容传

胡仲尧，洪州奉新人。累世聚居，至数百口。构学舍于华林山别墅，聚书万卷，大设厨廪，以延四方游学之士。南唐李煜时尝授寺丞。雍熙二年，诏旌其门闾。仲尧诣阙谢恩，赐白金器二百两。淳化中，州境旱歉，仲尧发廪减市直以振饥民，又以私财造南津桥。太宗嘉之，除本州助教，许每岁以香稻时果贡于内东门。五年，遣弟仲容来贺寿宁节。召见仲容，特授试校书郎，赐袍笏犀带，又以御书赐之。公卿多赋诗称美。仲尧稍迁国子监主簿，致仕，卒。

仲容字咸和。咸平三年，复至阙贡土物，改大理评事，屡被赐赉。仲容建本县孔子庙，颇为宏敞。后迁光禄丞致仕，天禧中，特赐绯鱼。卒，年七十九。以弟之子用讷为后，试校书郎。仲容弟克顺，端拱二年进士，至都官员外郎、三司户部判官。仲容子用之洎从子用庄、用舟，并进士及第。

（《宋史》卷456列传第215）

五世祖宋国子簿仲尧公传

公字光辅，职方公长子，开运丙午生。兄弟八人皆贤，惟公与仲容暨末弟克顺最知名。李煜尝闻公行谊，拜士丞，不受。宋雍熙二年，诏旌其门，事见《宋史》孝义传。

公去城祖凡五世，聚族至八百余口，共爨不分，家政简肃，恭俭惠和，有淳古之风。淳化中，岁大侵，公减市直，捐私廪赈济，民赖生全，不啻数万。太宗闻而嘉之，拜本州助教，复迁国子监主簿致仕，仍诏有司免其徭役，诣阙称谢，赐内帑白金二百两，准四时以香稻、时果充贡事。景德修南津桥，至今便之，杨文公亿做记。

宋治方新，人文渐著。公与弟仲容建华林书院，积书万卷，捐稻田八百石以饩四方来学之士。一时居之者，常数千人。内翰王公禹偁、王冀公钦若，皆发迹其地。端拱元年，开洗墨池，稻田粟一夕尽黑，盖天之所以表其瑞也。

二年，弟克顺与子用之，同登进士第。幼子用庄，侄用礼、用时皆及第。自是胡氏文物之盛，与晋陵俱甲海内矣。本邑西城昭德观乃公创建，并施半庄租田民粮四十八石，千古遗惠，未有穷者。

年六十有一卒，葬浮云八百洞右，午向。邑令刘仲先建祠祀之，李兼绩复肖其像于学之西庑（载《一统志》）。

（清乾隆六年《西江胡氏大成谱》）

宋光禄寺丞仲容公传

公字咸和，职方公第四子也。《宋史》与兄仲尧同传。咸平三年，以兄命诣阙贺寿宁节，献华封之祝，寓言国事，召对语多晓畅大体，上深佳之，特授秘书省校书郎。五年，入贡，迁大理评事，赐袍笏、犀带，劳而归之。先是，学士徐铉父卫尉卿延休精《春秋》，公与弟克顺师事之，独得其传。会铉卒郊州，公万里付丧，为之归，葬西山鸾冈，士咸服之。一谓公与克顺兄弟同葬徐公墓侧。各谱所载不同，今以传证。

宋初制，州以下满两百人乃得立学。奉新学，自杨吴时已失故址。咸平中，邑令徐用和谋迁于冯水南，未逮也。景德四年，公始拓地，建孔子庙暨诸门人祠三十间、绘像七十座，旁设诸生讲舍一百余号，笾豆簠簋，钟磬管弦，罔不备矣。又置鲁《论语》、《尚书》、《周易》、《春秋》、《仪礼》、《礼记》诸书，自为臆说，其言大要，主明经而悉轨于孔氏。

新吴文物之盛，风化之美，自公始。天禧赐诰命，迁光禄寺丞，赐御书一百卷、御札行书二卷、白金祭器二百。自司空李文正以下，咏歌其事，七十余家。

寿五十九卒，天圣二年甲子五月葬西山鸾冈，晏元献公铭其墓。娶程氏，封宜丰县君，葬法城水路陂虎山，酉向。邑令刘仲先立祠祀之（《宋史》及《一统志》）。子用礼与从兄子用庄同年进士及第。孙达淇知新昌州事，州之东石埠皆其后也。

（清乾隆六年《西江胡氏大成谱》）

都官郎中克顺公传

公讳克顺，字孝若，职方公第八子也。端拱二年庚寅，与侄用之同登陈尧叟榜进士第。拜宋州虞城簿，迁知许州长社县。有循惠声，王嗣宗漕西，表其治状。秩满迁大理寺丞，历益州郫县，暨宁远、江宁、惠安诸县，人安其政。升秘书丞，会与有司议监主，首以克顺名，上诏可之。车驾东封，知行在三司粮科院，权监二载，增课三十万缗。补闾州刺史，徙眉州，入为三司户部判官，求补外，除宣州太守卒。

公重义疏财，交友以信，故人徐铉殁于郊州，乃为万里付丧，归葬西山鸾冈，终其身祭祀之。公居乡，行谊多似其兄，邑人立祠祀之，绘像学宫西庑，葬西山鸾冈，丙向。杨文公亿志其墓（载《一统志》）。

（清乾隆六年《西江胡氏大成谱》）

六世节度使推官用之、探花用庄传

用之公，仲尧长子也，勋业不甚著。谱称其孝友慈惠，有祖父门风，大安寺、昭德观皆其所施。其识度远矣。宋从祀孔子庙庭。

弟用庄，有凤慧。九岁能诗，父命咏红蕉，立赋七言绝一首：

谢家池馆立芳菲，破绿抽心一片绯。

恰似九衢三二月，绿萝丛里著朱衣。

咸平三年庚子，赐一甲第三人，人以为前诗之谶也。后判江州，卒于官。兄弟有隐德，厥后蕃盛贵显莫比矣。

（清乾隆六年《西江胡氏大成谱》）

胡顺之传

胡顺之，字孝先，奉新人。景德进士。知浮梁县，豪民臧氏素横负租，顺之率吏至其家掩捕，按致其罪。郡遣教练使诣县，入谒甚倨，乃数其罪，械而杖之，郡吏敛迹。历青州从事，大姓麻士瑶阴结贵侍，匿兵械，亲党仆从甚张陵，蔑州县，会杀兄子。事觉，众莫敢捕。顺之尽得其党，有诏鞫问士瑶论死。仁宗初，迁太常博士，再上宰相书，乞太后还政。迁尚书屯田员外郎，数论朝廷事，为范仲淹所知，然挟术尚权，喜纵横捭阖，以失明废。

（文渊阁四库全书：清雍正版《江西通志》卷66。注：胡顺之为胡仲尧次子）

道州刺史用礼公传

祖讳用礼，字敬仲，一名蚕，以孝义著。咸平三年，与从兄用庄、用时，三人同登进士第。

历官道州刺史，为政识大体，不尚小苛。尝自题其治厅曰"平易堂"。民服其子惠之政。于治后建槃桀亭。又三亭，一曰"欣欣"，出白居易道州民歌"老者幼者何欣欣"；一曰"肃肃"，出杜甫道州诗"肃肃秩初筵"；一曰"振振"，出柳文庙碑"振振薛公亭"。且公自为记，其言"王道皆本于人情"。道州俗初近夷，公居三年，民知向风，盖有文翁治蜀之遗焉。

天禧中，会寇莱公罢相，谪。本州司马与公两人相结甚欢，司马旧无厅事，公激劝父老竟荷瓦木，不旬日成之。其治行大略如此。

（清乾隆六年《西江胡氏大成谱》）

胡湘传

胡湘，字达淇，洪州奉新人。祖仲容，从卫尉卿徐延休学《春秋》，得其传。尝创建华林书堂，积书万卷。捐稻田八百石以饩四方学者。王禹偁、王钦若皆发迹其地，官至光禄寺丞，见《宋史·孝义传》。父用礼，咸平三年与兄用时同登进士第，官至道州刺史。湘席先世旧业，发愤自强，卓有父风。大中祥符五年，以朝奉郎来令新昌，凡所设施，皆非常吏所及。任满将去，县民感其恩惠，攀辕乞留，遂卜居县东南石埠家焉。其后子姓繁衍，分为四支，一居治阳，一居棠浦，一居东港，一居梅湾。立飨堂于城中，每岁四支合祭，犹恪守宗法，行古礼，至今不衰。

（清同治版《新昌县志》卷13"政略"）

四世祖崇公传

公幼名元谊，字正其，公居长。弟三人，志、证、训，皆元派。公好学，不求人知异众，不逐名利场。易名崇绿，初名元谊，已在人耳目间也。其如有物有恒，君子以之，而禄在其中矣。

重征之，出授嘉湖邑丞，服官行政，大得民心，黄童白叟，口碑巷歌，洋洋盈耳，彻中外而无间，不亚父武伯公之在潭州也。有子五，长名一，系不可考，或同祖珰公长子承家，仍居楼下乎？仲讳二，徙进贤竹源。叔讳解，生子四，宙、宋、宠、廉。宙徙建昌钓台；宋徙未详；宠致仕，徙南昌库前王坊；廉徙武宁、靖安脑上。季讳邦，徙孙坑及各处等地。五与孟并，系不可考。仲叔季三支，叨显荣而登仕籍，第于朝举，于乡列经，明行修之，科膺辟征，人才之典，在不乏人，代有其人。所称科第蝉联，簪缨奕世，传家诗礼，报国义忠，实非诬也。

宋云盛矣，元不少差，至我明而称盛，皆公之德厚流光也。自宜孙子，绵绵振振之若斯。

进士及第理学梓溪舒公芬撰
（清乾隆六年《西江胡氏大成谱》）

五世祖解公传

公幼命名三，字两参，易名解，字皆甲。传闻易名之意，盖在散逸自适也。辟轩独处，扁颜居易，其志更彰明矣。恒与人曰："学不为己，苟庸心于爵秩？祖职都督，勤劳王事，父任尹丞，和惠宜民，实难为继也。"

绕膝四子，又未成立，父道较子道尤过难之，从而义方之训，往往以名世大儒期。虽仲子之徙未著闻，孟徙建昌，季子二徙武宁与靖安，显达各有其人，功名学术，比比然众见矣。

至叔子宠，登宋绍兴二年进士，官西川都统。孙则荣，河南郡丞、奉议大夫。玄孙俊，铅山尹丞、征仕郎。四世孙景彰，宝祐癸丑进士，录事参军。五世孙霆可，开庆己未进士，铅山令尹。咸著可大可久之德业，若常可辟举芦溪邑丞，以道咸淳丁卯贡士、新安邑教，以经国子监，元同知职事，辈更广而莫及备也。此见之于宋。

然公虽自耽于散逸，以一身届其中，上承先代家学心纶，下启后世经济文章，非学问渊博、知略弘通，孰识凝见？审不少迁散逸中，作倦鼓厌，大有隆于光裕哉！不禁意扬笔飞，爰据所传，追彼居易轩而为之赞。

> 轩前何植，亭然一柏。
> 春叶不花，子结撮土。
> 栖迟百区，环侧一腔。
> 淹贯万卷，贮隔声应。
> 气求四方，无隔居易。
> 以俟天命，来格子子。
> 孙孙学仕，学士垂则。
> 入而理规，仪型不忒。
> 出而服政，猷谋允塞。

进士及第资治尹罗公仑一峰氏撰
（清乾隆六年《西江胡氏大成谱》）

刑部尚书端明学士胡直孺公传

公讳直孺，字少汲，别号西山老人。初，父况易簀公犹未生，嘱其母龚夫人曰："生男则以致仕，官恩之女亦必与良家子已。"而公生，龚夫人与其兄僧孺欲以恩例官之。公方幼，坚辞之，自力为学，长工于诗，语出惊人。黄鲁直一见击节叹赏，表其佳者，刻石记之。好读书，于书靡所不窥。善为文辞，悲壮沉雄，有扛鼎之力，如行云流水，自然成文。

绍圣四年丁丑，擢进士弟。初为洺州户曹，有盗夜杀人于瞽井，不得。归狱于邻之疑似者，公白其冤。顷为《九域志》编修官，议者以元祐党人，责轻将重贬，公力为营救。迁御史，帅漕江西，移两浙发运使，入为户部侍郎。

虏犯中原，奏用种师道献策议合，迁工部尚书，以龙图阁学士知婺州，改洪州，知南京兼京东道总管。虏再至，直孺率兵入援，战雍邱，兵溃见执。久之归国，着《生还录》以见志。钦宗抚谕曰："孤城围闭，天下兵至者，独卿与张叔夜耳。"张邦昌僭号，公叹曰："吾岂事伪主耶！"

高宗即位，赴行在，除之东平府，改洪州，奏虔吉戍兵，削平巨寇。改刑部尚书，讲禁中，论奏十事，推原道德之旨，论古人成败之迹，陈当今世务之要，条画卓然。当上意以所御白团扇书"文物多师古，朝廷半老儒"十字赐之。寻改兵部兼权吏部，封开国伯，加食邑九百户，赐白米田租八百石以养。

其家始居浮云书院，家置租税五十余万，聚曩五百余口。卒赠端明殿学士。敕葬绍兴府云门乡白水塘。所著诗集24卷，号《西山老人集》。户部尚书孙公仲益为序，称其怀宝含章，待昌而发，文其郁郁乎，不可尚已。

夫人吕氏，乃夷简公之曾孙，中书令居仁之女。持家勤俭，内助有道，家业益丰，赀财克广，封和国夫人。有子七人，皆被簪笏。杞任修职淮东总管，居稻田守万石庄。相任西京总管，徙南昌白湖。栝授秘书丞，徙小蟹长岭。梓登绍兴进士，任宣教郎，居稻田；枞授桐陵令，因家于彼。根徙新建潘源口。朴授福建崇安县令，朴子徙龙象三口，并直隶武进县。

公之奕奕，族繁位显，有难枚举者，藉非公，曷克臻之。

（清乾隆六年《西江胡氏大成谱》）

胡僧孺传

胡僧孺，字唐臣，奉新人，直孺之兄。在元祐绍圣间，声称甚著，直孺十诗中，所谓"阿兄惊世才"者是也。陆放翁尝言，胡唐臣，少汲兄弟，俱为江西名士，其朋友亦皆知名，不愧金昆玉友。

（文渊阁四库全书：清雍正版《江西通志》卷66）

八世祖录事公良孺传

公讳良孺，字汉臣，以父恩例补官，令史书诰，偶遗孺字，遂名，而字良夫。仕不过州县。元符末，以汉州录事参军应诏，上封事，论瑶华宫事，有"录衣上僭之"语。崇宁初，入党籍。五年，得旨收录，而良已殁，葬大获林。子椿，字茂才，宋宣和时任新昌州，因官而居，石溪是其后也。

（清乾隆六年《西江胡氏大成谱》）

九世祖修职郎杞公传

公字茂标，行载第十，开国伯之长子。随父招魂葬稻田，守永丰万石庄，因世居之。

宋绍兴，乡进士，任修职郎、淮东总管，为政清廉，郡境安宁，民多称焉。辛葬竹垣山，申向。夫人江氏、任氏，殁，俱葬稻田尖峰，未向。

子五人，长曰彦辅，次曰彦德，三曰彦昭，四曰彦佐，幼曰彦弼。子孙散处本邑者匪一，今店上、楼下、洞上、绕湖诸支，皆其后。远而迁徙他郡者，尤不胜数。

（清乾隆六年《西江胡氏大成谱》）

宣教郎楫公传

祖字茂樾，号清川，尚书公第四子。自幼孝友，本于天怀，虽屡世贵，而居尝敬简澹如也。

登绍兴二年进士第，受宣教郎、峡州军事，治行称善，人俱折服，赐绯鱼袋致仕。尝读父御扇铭"忠贯日月"之语，而不忍忘旦夕，其忠孝之心可想矣。诗曰"世德作求，永昌厥后"。

（清乾隆六年《西江胡氏大成谱》）

胡价传

胡价，字仲藩，奉新人，乾道进士。知湘阴县，大姓以武断相高，吏不敢问。价方按治援者，旁午不听，悉置以法，诸豪始詟服焉。调湖北宪参。提举陈谦平蛮戎务，价告谦郡县兵弱，请召旁路诸军遣将分讨。遂擒首乱，并拒捕者数十，百人余尽降，价之力居多。所著有《尚书要义》、《当世急务》、《湖北利害》、《汉唐治安龟鉴》及《集宋名臣奏议》。

（文渊阁四库全书：清雍正版《江西通志》卷67。注：胡价为胡直孺孙，胡枞子）

十世祖宋刑部员外郎彦益传

祖字集清，金书公长子，少聪颖，好读书，乃于本邑新兴地，名庐州，创建道院，作文序。其祖迹甚详。

绍定中登科第，擢刑部员外郎，进吏侍尚书，有善政，人多服之。辛葬稻田尖峰背，未向。子季明，任知制诰谏议大夫。孙南贵，任湖南公安丞。

（清乾隆六年《西江胡氏大成谱》）

西川都统宰仲胡公传

余生也晚，生平学术之进修，躬行之砥砺，得力于胡氏过半。少从饶郡官舍，奉父嘱曰："胡宪、刘逸之、子翚三人，学有渊源，吾所敬畏，当往事之。"遵而就学。

籍溪先生语默出处，反躬践实，日久油然有获。此皆得于门内者也。他如康侯、致堂、澹庵诸篇集，凡所立言，循天下之至，当为百世之取，衷诚哉。经世大略，传心要典，师范在前，朝夕乾乾，无不足为身心益也。虽然，犹未也。

余生前一岁，成进士，有宰仲宠公焉。生而颖异，举止不常。自幼至壮籍溪先生，予在门日，语之甚悉。甫六岁闻朝，立八行，取士科。乃问长者曰："八云何因？"奇其问，以八详训之。乃又曰："生而为人如此八者，不必读书，便可服官矣。"七岁入学，目数行下，读书一载，卷集盈尺。八岁又传，朝以"商霖"二字赐张尚书。又问同学曰："此独张能言之耶？"曰："然。"遂庸心天文、经济诸书，旁通淹贯几二十年。

绍兴初获第，与张九成同榜。张公对策累言无隐，不事顾忌，谓祸乱之作，天所以开，至人直陈之无不备。胡公对策，书陈所事，引古证今，无不从学问出，字字箴铭。张之第所以次于胡也。绍兴五年，尚书左右仆射并兼知枢密院事赵鼎、张浚交疏，并三上荐，授西川都统。吴玠任宣抚使，相坐对，恒谓："经略中原，关中为要；经略关中，西蜀为要；经略西蜀，荆襄为要。今吾二人岂能筹望他人经略我哉。惟期不失所经略关中而已。"勤劳王事，尽瘁匪躬从，千辛万艰而克其责。富平之败，金人专意图蜀，徵公总其权，玠当其冲，无蜀久矣。何能在祸乱，蜀晏如哉？

至十一年病深，韩公策驴携酒，诸酋酌酒相贺，忠义陷，奸党起，玠死而公孤，感痛致仕，扳攀莫已，建祠而生祀焉。归里之次，仁孝之念，继忠诚而生爱，踵华林祭先茔，访故伯祖支裔，游览至库前，卜居以贻孙子，又谋大而模广。然公虽离仕，英灵在蜀永赫。凡一兵之起、一敌之迎，无不趋祠叩胡爷爷以护之。二十二年，虞允文与吴璘继代兄玠，同任蜀宣抚使，入祠凛其洋洋。虞之像赞、祝文，至今传之。

公在里，闻予《资治通鉴纲目》成，不艰跋涉，造予取览。公之好学，至老不倦也。晤聚旬日，正色庄言，刚大为心，了无惊扰状，神定衷怡，足令人钦。淳熙庚子八月，公卒。是时端坐，呼子至前，惟执《春秋传》一书以授之，他一无所遗焉。公之子鉴泣趋哀请予传，余亟欲传之，奈提举浙东常平茶盐公事，未即如请。鉴请未续，余亦若忘所请也。

阅十四年，余知潭州事，州父老颂歌令赞胡公政教，朝夕盈耳。余骇而异之。赞之先后，夫岂无人？何独至今百十年来颂歌无二也？及览所著军政要略暨条则，用兵总以仁爱为先，其所顾恤，有父母所未及，其所教训，有师保所未详，不必异彼颂歌百年也。遂忆宰仲公叙谈间，曾云赞属其曾祖，并当年提督潭州等事，则恒言盛德之后多名贤，信不诬矣。遂触鉴之前请，不禁怏怏而乐为之传。公生崇宁癸未七月五日寅，殁淳熙庚子八月九日申，享年七十有八。绍兴二年进士，豫章干封人。

绍兴癸丑秋知潭州事朱熹谨撰
（清乾隆六年《西江胡氏大成谱》）

忠献公世将传

公讳世将，字承公。父尝梦金甲二神人告曰："吾唐世老将"，后生二子，因名焉。长唐老，次即世将。同年登进士第，累官兵部侍郎，直学士院。绍兴八年，四川谋帅，上问刑部尚书胡交修，廷臣孰可将者？交修以公荐。遂除四川安抚制置使兼成都府。

始公伯祖修简，帅成都，有治行，父老曰："不图今日再见吾父。"人方之张咏，号小乖崖。吴玠卒，虏陷同州。公驻师河池，有参谋孙渥劝退保，公指所坐帐曰："吾誓死于此矣，毋多言。"乃分遣大将吴璘、田晟、郭浩、杨政出战，数路并捷。朝廷命乘机出兵，师方行于秦国。忱诏起复，公请老，有星陨于营，是夕讣闻，谥忠献。

（清乾隆六年《西江胡氏大成谱》）

楼下三世祖邦公传

祖德之厚者，聚族固昌，分处亦盛。胡公讳邦者，嘉兴二尹，华林都督赞公之嫡孙。随赞祖致仕，归华林，路循西山之水淮，见其山麓地势雄回，山河带砺，驻马卜筑，广创重楼峻宇，形势连云，仓庾壮丽，特辟乾坤，棨戟排衙，聿彰威武。

邦公以为武功虽播，文教宜宣，特创书院百堵，牙签万轴，聚四方文士，作育其中，子弟咸资造就熏陶。既久，文英蔚起，维时有宠公登绍兴进士，佐宋中兴，功著川陕，遂为南邑库前之鼻祖。定礼登绍熙进士，子元吉，登嘉定九年甲科。父子科名，芳传宦谱，遂为进贤竹源之祖焉。邦公五世孙逸驾，亦登嘉定七年进士，与元吉兄弟同朝，扶宋末运，世守西山。孙坑冈下等处，皆其支派。其余科甲蝉联，簪缨奕叶，难以悉数。

孰非邦公构创书堂之遗泽欤？赞祖武功显，缵壮侯之武烈。邦公以文教兴，大显侍御之文谟。邦与华林仲尧居虽异地，谊属同堂之弟兄，气合志同，书院彼此结构，翰墨互相辉映，科名各发，其祥丕显，宜族猗欤盛哉！世人因其楼曰"书楼"，名其里曰"楼下"。至今犹啧啧人口，实由邦公之创始云。

宋大夫杨万里拜书

（清乾隆六年《西江胡氏大成谱》）

崇安祖文定公安国传

公字康侯，建州人，始祖瑜由豫章徙东京，又自东京徙宗城，自宗城徙合肥，自合肥徙崇安之丛籍里家焉。父渊，仕宋为宣奉郎致仕，赠中大夫。母吴氏，故永寿县君，赠令人。

公生于熙宁九月二十二日巳时，少有凤慧，入太学。绍圣四年，同直孺登进士第。初拟状元及第，将唱名，宰执以策中无诋元祐语，降第三。除荆南教授，迁博士，提举湖北路学事。宣和末，除尚书员外郎。靖康初，除太常寺卿，再迁起居郎，累官给事中、中书舍人兼侍讲读，知永州，复提举江州，特进宝文阁直学士。以绍兴八年四月十三日殁，赠左朝议大夫。娶李氏、王氏，皆封令人。谥文定。

子三：寅字明仲，号致堂，先生弟之子也。公以为己子，官左奉议郎、试尚书礼部侍郎、徽猷阁直学士、宁将仕郎，迁礼部郎中。宏字仁仲，号五峰先生，补承务郎。公产崇安，避地楚之南邑，葬潭州湘潭龙穴山。父子兄弟渊源理学，出处大节，史册炳炳如日月。不复书。

（清乾隆六年《西江胡氏大成谱》）

十三世元都官郎中鼎公传

祖讳鼎，字仲珍，湖南公安丞长子。幼循父命，勤于诗书，寒暑不少释卷。长成大儒，学富五车，曾编华林书堂诗集三卷，奉新县令谢恒山为之序，绣梓以传，垂诸不朽。文献足征千古，宛在于此，见公之才不凡，见公之志甚大矣。

元延祐时登第，授都官郎中，执政有道，咸谓家学之传已，自尚书少汲公矣。其子文炳，克承父美，登第，官文昌县令。新吴胡氏文物之盛，科第之显，有历隋、唐、宋、元，弗替者。

（清乾隆六年《西江胡氏大成谱》）

湖州文昌县令文炳公传

祖讳文炳，字伯昭，元都官郎中第二子。少性敏，长好学，侍父鼎公编次华林书堂诗集。时有志先人事业，寝食刻文，长于文辞，有台阁气象，后果登第。知潮州文昌县事，宽赋除苛，折狱明决，子惠之政，民皆咏歌。治行似少汲，识度似光辅。祖去侍御公凡十四世，备先业于一躬，谨守以待来学。

卒葬法城乡下城湖尾。夫人刘氏，卒葬享堂，舒氏葬潭窝大畲麦岭。子四，邦祥、邦贵、邦彦、邦实。塘边、后港、墩上同。

（清乾隆六年《西江胡氏大成谱》）

胡宿，子宗炎，从子宗愈、宗回传

胡宿字武平，常州晋陵人。登第，为扬子尉。县大水，民被溺，令不能救，宿率公私船活数千人。以荐为馆阁校勘，进集贤校理。通判宣州，因有杀人者，将抵死，宿疑而讯之，囚惮棰楚不敢言。辟左右复问，久乃云："旦将之田，县吏缚以赴官，莫知其故。"宿取具狱翻阅，探其本辞，盖妇人与所私者杀其夫，而执平民以告也。

知湖州，前守滕宗谅大兴学校，费钱数十万。宗谅去，通判、僚吏皆疑以为欺，不肯书历。宿诮之曰："君辈佐滕侯久矣，苟有过，盍不早正？乃阴拱以观，俟其去而非之，岂昔人分谤之意乎？"坐者大惭谢。其后湖学为东南最，宿之力为多。筑石塘百里，捍水患，民号曰胡公塘，而学者为立生祠。

久之，为两浙转运使。召修起居注、知制诰。入内都知杨怀敏坐卫士之变，斥为和州都监，未几，召入复故职。宿封还词头，且言："怀敏得不穷治诛死，已幸，岂宜复在左右？"命遂寝。

庆历六年，京东、两河地震，登、莱尤甚。宿兼通阴阳五行灾异之学，乃上疏曰："明年丁亥，岁之刑德，皆在北宫。阴生于午，而极于亥。然阴犹强而未即伏，阳犹微而不能胜，此所以震也。是谓龙战之会，其位在干。若西北二边不动，恐有内盗起于河朔。又登、莱视京师，为东北少阳之位，今二州置金坑，多聚民凿山谷，阳气耗泄，故阴乘而动。宜即禁止，以宁地道。时以为迂阔。明年，王则果以贝州叛。皇祐五年正月，会灵宫灾，是岁冬至，郊，以二帝并配。明年大旱，宿言："五行，火，礼也。去岁火而今又旱，其应在礼，此殆郊丘并配之失也。"即建言并配非古，宜用迭配如初。时议者谓士大夫言，七十当致仕，其不知止者，请令有司按籍举行之。宿以为非优老之义，当少缓其期法：武吏察其任事与否，勿断以年；文吏使得自陈而全其节。及言皇祐新乐与旧乐难并用；礼部间岁一贡士不便，当用三年之制。皆如其言。

唐介贬岭南，帝遣中使护以往。宿言："事有不可测，介如不幸道死，陛下受杀直臣之名。"帝悟，追还使者。迁翰林学士，知审官、刑院。李仲昌开六塔河，民被害，诏狱薄其罪。宿请斩以谢河北，仲昌由是南窜。衮国公主下降，将行册礼。宿谏曰："陛下昔封两长主，未尝册命，今施之爱女，殆非汉明帝所谓'我子岂得与先帝子等'之义也。"

泾州卒以折支不时给，出恶言，且欲相扇为乱。既置于法，乃命劾三司吏。三司使包拯护弗遣。宿曰："泾卒固悖慢，然当给之物，越八十五日而不与，计吏安得为无罪？拯不知自省，公拒制命，纪纲益废矣。"拯惧，立遣吏。韩琦守并州，请复其节镇。宿言："参、商为仇雠之星。国家受命于商丘，而参为晋地。今欲崇晋，非国之利也。宋兴削平四方，并最后服，故太宗不使列于方镇，八十年矣，宜如故便。"议遂止。后琦秉政，卒复之。

拜枢密副使。曾公亮任雄州，赵滋颛治界河事。宿言于英宗曰："忧患之来，多藏于隐微，而生于所忽。自滋守边，北人捕鱼伐苇，一切禁绝，由此常与斗争。南北通好六十载，内外无患，近年边遽来上，不过侵诬尺寸，此城砦之吏移文足以辨诘，何至于兴甲兵哉？今搢绅中有耻燕蓟外属者，天时人事未至，而妄意难成之福。愿守两朝法度，以惠养元元，天下幸甚。"宿以老，数乞谢事。治平三年，罢为观文殿学士、知杭州。明年，以太子少师致仕，未拜而薨，年七十二。赠太子太傅，谥曰文恭。

宿为人清谨忠实，内刚外和，群居不哗笑，与人言，必思而后对。故临事重慎，不辄发，发亦不可回止。居母丧三年，不至私室。其当重任，尤顾惜大体。在审官、刑院，择详议官，有在选中者，尝监征榷，以水灾负课。同列谓小累不足白，宿竟白之，而荐其才足用，仁宗听纳。同列退而诮曰："公固欲白上，倘缘是不用，奈何？"宿曰："彼之得否，不过一详议官。宿平生以诚事主，今白首矣，忍以毫发欺乎？为之开陈，听吾君自择尔。"少与一僧善，僧有秘术，能化瓦石为黄金。且死，将以授宿，使葬之。宿曰："后事当尽力，他非吾所冀也。"僧叹曰："子之志，未可量也。"其笃行自励，至于贵达，常如布衣时。

子宗炎，从子宗愈、宗回。

宗炎字彦圣，由将作监主簿锁厅登第。为国子大宗正丞、开封府推官、考功吏部郎中。旧制，选人改京官，举将小牾吏议，辄尼不行。宗炎请先引见，俟举者罪即追止，从之。

哲宗崩，辽使来吊祭，宗炎以鸿胪少卿迓境上。使者不易服，宗炎以礼折之，须其听命，乃相见。暨还，升为卿。初，父宿使辽，辽人重之。其后宗炎婿邓忠臣迓客，客问："中外尝有充使者否？"忠臣以宿告，且言："前使鸿胪，其子也。"客叹："胡氏世不乏人。"俄以直龙图阁知颍昌府，历密州而卒。宗炎善为诗，藻思清婉。欧阳修守亳，与客游郡圃，或诵其诗，修赏味不已，以为有鲍、谢风致。其重之如此。

宗愈字完夫，举进士甲科，为光禄丞。宿得请杭州，英宗问："子弟谁可继者？"以宗愈对。召试学士院。

神宗立，以为集贤校理。久之，兼史馆检讨，遂同知谏院。修内卒盗皇城器物，宗愈言："唐长孙无忌不解佩刀入东上阁门，校尉论当死。今禁卒为盗，而入内都知不能觉察，愿正其罪。"殿帅直庐在长庆门内，久而自置隶圉。宗愈曰："严禁旅，所以杜奸究也。奈何令私人得为之？万一凶黠者窜名其间，将不可悔。请易募老卒。"

王安石用李定为御史，宗愈言："御史当用学士及丞、杂论荐，又须官博士、员外郎。今定以幕职不因荐得之，是殆一出执政意，即大臣不法，谁复言之？"苏颂、李大临不草制，坐绌；宗愈又争之，安石怒，出通判真州。历提点河东刑狱、开封府推官、吏部右司郎中。

元祐初，进起居郎、中书舍人、给事中、御史中丞。时更定役法，书成，衙校募不足者，听差入等户。宗愈言："法贵均一，若持两端，则于文有害。是乃差法，非募法也。请删之。"

哲宗尝问朋党之弊，对曰："君子指小人为奸，则小人指君子为党。君子，盖义之与比者。陛下能择中立之士而用之，则党祸熄矣。"明日，具《君子无党论》以进。拜尚书右丞。于是谏议大夫王觌论其不当，而刘安世、韩川、孙觉等合攻之，朝廷依违。逾年，出觌润州，而言者愈力。乃罢为资政殿学士、知陈州，徙成都府，蜀人安其政。召为礼部尚书，迁吏部，卒，年六十六。赠左银青光禄大夫。

宗回字醇夫，用荫登第，为编修敕令官、司农寺干当公事、京西转运判官、提点刑狱、京东陕西转运使、吏部郎中。绍圣初，以直龙图阁知桂州，进宝文阁待制。坐系平民死，降集贤殿修撰、知随州，改秦州、庆州，复为待制。

先是，熙河将王赡下邈川有功，帅孙路不乐赡，夺其兵与王愍。朝廷知之，以宗回代路，加直学士。时青唐瞎征内附，而心牟钦毡勒兵立别酋陇拶，还其地，势复张。瞎征大惧，自髡为僧以祈免。王赡怨孙路，因言青唐不烦兵可下。至，则驻宗哥城不进。宗回怒，日夜檄趣之，且戒赡曰："青唐兵甚弱，陇拶稚子，何能为，而怯懦逗遛，吾将以军法从事。"又遣王愍复至逸川，声言代赡。赡惧，乃率步骑掩青唐，据之，陇拶降。诏以青唐为鄯州，逸川为湟州。未几，属羌郎阿章叛，拒官军。宗回遣将王吉、魏钊讨之，皆败死。又遣钤辖种朴往。朴言："贼锋方锐，且盛寒，宜少缓师。"宗回不听，督之急。朴不得已，行，亦败死。于是转运判官秦希甫言湟、鄯难守，以为弃之便。事下宗回，宗回持不可，希甫罢去。会徽宗弃鄯州，于是任伯雨再疏其罪，夺职知蕲州。

还，为待制。历庆、渭、陈、延、澶州。兄宗愈入党籍，宗回亦罢郡。居亡何，录其坚守湟、鄯之议，起知秦州。进枢密直学士，徙永兴、郑州、成德军，复坐事去。大观中卒，赠银青光禄大夫。

胡氏自宿始大，及宗愈仍世执政，其后子孙至侍从、九卿者十数，遂为晋陵名族。

（《宋史》卷318 列传第77）

胡濙列传

胡濙，字源洁，武进人。生而发白，弥月乃黑。建文二年举进士，授兵科给事中。永乐元年迁户科都给事中。

惠帝之崩于火，或言遁去，诸旧臣多从者，帝疑之。五年遣濙颁御制诸书，并访仙人张邋遢，遍行天下州郡乡邑，隐察建文帝安在。濙以故在外最久，至十四年乃还。所至，亦间以民隐闻。母丧乞归，不许，擢礼部左侍郎。十七年复出巡江浙、湖、湘诸府。二十一年还朝，驰谒帝于宣府。帝已就寝，闻濙至，急起召入。濙悉以所闻对，漏下四鼓乃出。先濙未至，传言建文帝蹈海去，帝分遣内臣郑和数辈浮海下西洋，至是疑始释。

皇太子监国南京，汉王为飞语谤太子。帝改濙官南京，因命廉之。濙至，密疏驰上监国七事，言诚敬孝谨无他，帝悦。

仁宗即位，召为行在礼部侍郎，濙陈十事，力言建都北京非便，请还南都，省南北转运供亿之烦。帝皆嘉纳。既闻其尝有密疏，疑之，不果召。转太子宾客，兼南京国子祭酒。

宣宗即位，仍迁礼部左侍郎。明年来朝，乃留行在礼部，寻进尚书。汉王反，与杨荣等赞亲征。事平，赉予甚厚。明年赐第长安右门外，给阍者二人，赐银章四。生辰，赐宴其第。四年命兼理詹事府事。六年，张本卒，又兼领行在户部。时国用渐广，濙虑度支不足，蠲租诏下，辄沮格。帝尝切戒之，然眷遇不少替。尝曲宴濙及杨士奇、夏原吉、蹇义，曰："海内无虞，卿等四人力也。"英宗即位，诏节冗费。濙因奏减上供物，及汰法王以下番僧四五百人，浮费大省。正统五年，山西灾，诏行宽恤，既而有采买物料之命。濙上疏言诏旨宜信。又言军旗营求差遣，因而扰民，宜罢之。皆报可。行在礼部印失，诏弗问，命改铸。已，又失，被劾下狱。未几，印获，复职。九年，年七十，乞致仕，不许。英宗北狩，群臣聚哭于朝，有议南迁者。濙曰："文皇定陵寝于此，示子孙以不拔之计也。"与侍郎于谦合，中外始有固志。

景帝即位，进太子太傅。杨善使也先，濙言上皇蒙尘久，宜附进服食，不报。上皇将还，命礼部具奉迎仪。濋等议遣礼部署迎于龙虎台，锦衣具法驾迎居庸关，百司迎土城外，诸将迎教场门；上皇自安定门入，进东安门，于东上北门南面坐；皇帝谒见毕，百官朝见，上皇入南城大内。议上，传旨以一轿二马迎于居庸关，至安定门易法驾，余如奏。给事中刘福等言礼太薄。帝报曰：朕尊大兄为太上皇帝，尊礼无加矣。福等顾云太薄，其意何居？礼部其会官详察之。"濋等言："诸臣意无他，欲陛下笃亲亲耳。"帝曰："昨得太上皇书，具言迎驾之礼宜从简损，朕岂得违之。"群臣乃不敢言。会千户龚遂荣为书投大学士高谷，言奉迎宜厚，具言唐肃宗迎上皇故事。谷袖之以朝，与王直等共观之。直与濋欲闻之帝，为都御史王文所阻，而给事中叶盛竟以闻。盛同官林聪复劾直、濋、谷等，皆股肱大臣，有闻必告，不宜偶语窃议。有诏索书。濋等因以书进，且言："肃宗迎上皇典礼，今日正可仿行。陛下宜躬迎安定门外，分遣大臣迎龙虎台。"帝不悦曰："第从朕命，无事纷更。"上皇至，居南城宫。濋请帝明年正旦率群臣朝延安门，不许。上皇万寿节，请令百官拜贺延安门，亦不许。三年正月与王直并进少傅。易太子，加兼太子太师。王文恶林聪，文致其罪，欲杀之。濋不肯署，遂称疾，数日不朝。帝使兴安问疾。对曰："老臣本无疾，闻欲杀林聪，殊惊悸耳。"聪由是得释。

英宗复位，力疾入朝，遂求去。赐玺书、白金、楮币、袭衣，给驿，官其一子锦衣，世镇抚。濋历事六朝，垂六十年，中外称耆德。及归，有三弟，年皆七十余，须眉皓白，燕聚一堂，因名之曰"寿恺"。又七年始卒，年八十九。赠太保，谥忠安。

濋节俭宽厚，喜怒不形于色，能以身下人。在礼部久，表贺祥瑞，以官当首署名，人因谓其性善承迎。南城人龚谦多妖术，濋荐为天文生，又荐道士仰弥高晓阴阳兵法，使守边，时颇讥之。

（《明史》卷169 列传第57）

（二）墓志表记

光禄寺丞仲容公墓志
宋·晏殊

公讳仲容，字咸和，豫章奉新人也。昆仲济美，晨昏著称，肆习先王之风，蔚成仁者之富。又且购求坟史，开辟黉宫，集短步之方成，劝青衿之日就，翕然芳润，施及遐迩。于时龟洛艰难，金陵割据，君始就列鼎之养，用慰高堂之欢，蹑屩上书，叩阍获见，释褐乡士，峨冠儒流。既而中国归乎圣人，戈矛珍乎多垒。黄旗夕卷，青盖西还。君眷恋庭闱，退居里闬。

雍熙中，诏下本郡，旌其门间，而君之元兄特受恩秩。严严之阙，迥照于高闳；茕茕之民，咸识于忠孝。重熙在运，哲后继明。君因星渚之辰，入献封人之祝，得召文陛，从容对，赐授试秘书省校书郎，回赐袍笏、犀带，仍颁御书。俾辉乡曲之篇美，怏出天子之龙光。玉匣、宝文同上帝之编册。其为宠渥，绝异等伦。

咸平三叶承祧，八弦知化，君复以方物来朝，上都人拜端围载蒙优敕，狩欤盛哉！夫宇宙淳庞之气，蒸为太和国家雍和之风。酿为至顺，惟公仁不遗亲，真可绝俗。振衣入觐，抗疏献规。折券绝饩羊之欺，望庐销得鹿之讼，不可谓逸民之懿范，学士之鸿钧也哉！

卒之年五十有九，娶陈氏，封宜丰县君。厥后克昌俱登科第，义方有自，大孝无亏。友人晏殊，谨志其墓。

（嘉庆庚午年修撰《华林胡氏重修宗谱》）

唐封徐国夫人胡母耿氏墓碑记
清·胡明垣

胡氏子姓，半天下科名，每榜叠见。独惜其支分星散，历久忘其所自。而渊源一派，同于途人，往往相遇不相识者，岂世德作求之本意哉！垣始因元乱，祖徙楚黄，自儿时习受先父兄言，派衍西江。其先世之隆勋异宠，名阀巨儒，载在史乘者，屈不胜屈，纪不悉纪。

唯耿氏夫人，亲切著忆，明发在怀，地远时艰，瞻望弗及。迨己丑通籍，又以王事役四方，水木有心，耿耿莫遂。兹缘裁缺候补，病假在籍，间关千里，跋涉来访。适大成孙荣捷锦归之日，登堂称贺。详考家乘，晤合族茂才，诸子弟皆彬彬玉立。因相与登浮云，寻华林书院旧址，见台、池、碑、碣俱隐于荆榛中，慨然有盛衰之感。然而峰峦秀峙，虬干苍葱，与人文之气，咸蒸蒸蔚起，信中兴正及此时也。以是伏祖夫人之垅而叩之，英灵不爽，千年如在，当亦欣然色喜乎！

赐进士第、奉政大夫黄陂孙明垣薰沐拜撰

赐进士第、文林郎、知奉新县事陇右黄虞再书册

清康熙元年（1663年）八月吉旦

（清乾隆庚子年修撰《华林胡氏宗谱》）

义民胡有初墓表
明·王直

燕山胡氏，分自奉新之华林，盖宋太子左卫率藩之后。藩有子六十人，多散徙，而华林之族为最盛。其后有讳雅者，官吉水，因家邑之燕山，则公之族也。公曾祖正可，祖发，父谦中，皆不仕。谦中娶刘氏，生二子，其次则公也。自幼喜学，屹然如成人，受业于解先生原恢、张先生伯颖，又从其叔富顺丞某游学，日益有闻，达于义利之辨，未尝苟取。早失二亲，痛不得致养，岁时祭祀，必诚必敬。兄秉初亦早丧，长育其孤女而嫁之，一不异己女。事从兄重初，极爱敬教诸子弟，必勉以经术取科第。里人有不平者，质于公，公为辨别是非，不曲随苟止。见有违于义者，必陈义，面折之，虽始不堪，终皆愧服。

家多积谷，有称贷者，视他人减息之半，凶年则免偿。岁甲寅，大饥。饥民至操兵为盗，柯瑆理县事以为忧。公曰："勿忧也，此但求食耳，赈之，当自定首。"出谷一千石佐县官，柯喜，称公为大丈夫，作诗美之。诸富民稍稍皆出谷，以助赈施。吏部侍郎赵公巡抚至县，又于公劝分，公又出五百石。赵公大悦，上其事，天子嘉之，降敕旌为义民，劳以羊酒复其家。于是，公之义声闻天下，天下富民皆化公所为，争出谷以济饥，而义民之旌亦满天下。晚年营别业以佚老，名曰"贫庄"。谓其子若孙曰："吾非贫者，虑尔曹为富而害义，此所以训也。"

昔洪武初，法制未备，公兄弟早孤，豪横多侵夺其产。及稍长，智略过人，奋然欲有所为。诸豪知不便于己，出力沮抑之。公谓兄秉初曰："必去是，吾乃有宁宇。"秉初奇之，缚其渠，诉之京，皆得罪，而胡氏遂复旧观。由是人皆惮公，至老而笃于义，

厚于施，而人复爱且重焉。公非殊于昔也，皆义之所当然也。

以正统癸亥十月廿四日卒，享年七十有五。两娶龙潭曾氏，皆早世。继以双溪刘氏，有贤行，子男四。其葬以甲子正月四日。其墓在里中大木坑之原。子昕来京师求予文，表诸墓。呜呼！义者，天之所赋，人之所同，得者也，推而行之，岂以为名哉！然而名必归之者上，之人所以劝天下之为义者也。由是人皆赖之，而适自公始，公之惠利，其大小可知矣。孔子曰："君子喻于义。"又曰："君子义以为质。"然则谓公为君子，岂不称情也哉！故表诸其墓。

（文渊阁四库全书：《抑庵文后集》卷27）

华林胡处士墓表
明·王直

华林在南昌奉新，宋左卫将军胡侯藩始居之。其子孙最盛，多散徙。唐侍御史城生南唐膳部员外郎珰，则仍居华林。后有邦本者，又自华林徙南康之建昌，其曰均用。才卿、用成者，则处士之曾大父、大父父也。盖居建昌几世矣，而处士犹以华林自号，不忘本也。处士讳原，字文端，自幼谨敏，喜读书，选为郡博士弟子。以心疾辞，闲居博览载籍，读郭璞《葬书》，有感于乘生气之说。叹曰："凡人居宅，亦犹是也，岂独死者所藏哉？"求之笃，造之深，然不喜自炫。

尝出游，见道旁敝舍主人穷瘁不自聊，怜而视之，曰："地虽善，而弗能乘生气，无怪其若是也。"为辨方、正位，令改作，不通姓名而去。后数年，遇其人于途，拜曰："公为我相宅，令改造之，由是家益裕，思欲报公而未能，今遇于此，幸也！"因邀至其家，处士固拒不往，曰："吾岂为利哉？"

又能以人生年、月、日、时考星辰所值，而论其吉凶，有奇验。然与人言必依于理，以其从逆，为祸福之应，其言引物连类，善开喻人意。虽暴悍者皆服从。爱人惜物，本乎天性。故人有张姓者，负盐粮，官责偿甚急。处士贷以赀，货直万缗。张得释而卒，其子贫甚，处士遂焚券，不复言。尝出市物，遇贫不能存者，悉以所持锾与之，徒手而归。其它解衣推食，以济寒饥，施药物以救疾苦，见有鸎生鱼鸟者，买纵之，此类尤多。然嫉恶殊甚，必去之乃已。尝经武昌，见有恶少年数辈在市攫人财，众莫敢谁何，心愤切焉。明日，使奴持橐装往为市，处士迤而从之。少年出窃其橐，执一人送官，穷治皆伏法，众莫不称快。其行若是，非所谓好仁急义者邪？兄孟端，为蜀府广备仓副使，处士往从之。时某为纪善有女，方择婿，爱处士贤，遂妻之。处士因留蜀中。献王闻之，屡召见，与语辄竟日，赐予甚厚，欲举用之。

复以心疾辞。盖处士之疾久矣，每发则痛楚数日，不能食，竟以是终，洪熙元年九月廿四也，享年五十六。是年十月初一日葬锦城北黄泥沟之原。妻马氏有贤行，生子男二：长曰鼎，次早夭。女三人，孙男二、女一。处士葬已二十年，鼎以才德被荐为都察院检校。至是持处士行状来请，曰："先人之葬，宗丈礼部公铭其墓矣，而未有文表于墓上，惟先叔父佥宪君实与先生同年。鼎尝辱教焉，先生幸哀先人之不遇，而赐之言，得表见于后世，则死而不朽矣。"予惟古之君子之有善也，虽不遇于其身，则必有遇于后。若处士之行，应仁义而不得一命之荣以博其施。庆泽之流，至于鼎而始显，鼎又能以善自治，则其进也，将益大处士之德，岂不于是而可征哉？故表诸其墓。

（文渊阁四库全书：《抑庵文集》后集卷27）

四、华林书院诗集

（一）书院诗序

诸朝贤寄题洪州义门胡氏华林书斋序
宋·王禹偁

吾读两汉书，见制语宣下，未始不以举孝悌、力田为急。宜其风俗淳厚，宗社长久矣。今天子大孝如舜，至仁如尧，耻言霸图，纯用帝道。然而乘五代之疵，国化百年之污俗，以为非孝悌，不足以敦本，非旌表，不足以劝民。

南昌旧都，胡氏大族，一门守义，四世不析。乃降诏命，旌其里闾，声闻于天，风化于下。大哉圣人之于孝治，若是之亟也。自尔胡氏登进士第者二人，授助教者一人。今岁寿宁节，胡氏子有献华封之祝者，上益嘉之。制授试秘书省校书郎，面赐袍笏，劳而遣焉。且颁御书，以光私第。由是有位于朝、有名于时者，校书皆刺谒之。且盛言其别业，有华林山斋，聚书万卷，大设厨廪，以延生徒，树石林泉，豫章之甲也。愿得诗什，夸大其事，自旧相、司空而下，作者三十有几人，诠次绾纪，烂然成编。再拜授予，恳请为序。

夫《南陔》、《白华》，古诗人之美孝子也。有其义而亡其词，仲尼存其篇，子夏序其意，束皙补其文。况身被皇朝之化，目睹孝门之事，有是歌咏，播于声诗，而序引无闻，文士之阙也。且使后之采诗义、观国风者，将何取实焉。

时淳化五年（994年）十月十五日序

（文渊阁四库全书：王禹偁《小畜集》卷19。亦载清同治间《华林胡氏重修家谱·书院序》，标题《华林书院诗序》）

华林书院诗序

元延祐戊午（1318年），余学制新吴，首谒文庙，进章逢事，因问建学始末。佥谓邑五季，芜湮泮洞，荒老芹荒。士大夫人自为学，家自为塾。

至宋景德中，邑人国主簿仲尧、光禄寺丞仲容以私财建庙学数百楹，迄今三百余年焉。虽迁易不常，其创始则胡氏也。胡氏世家华林山麓，累叶义居，聚族数千指，筑室百区，藏书万卷，号"华林书堂"。四方来学者，常数十百人。

雍熙二年，有诏旌表门闾，兄弟一再入觐，宠秩优渥。公卿嘉其行谊，作为歌诗，以华其归。凡得诗三十七首，邮寄者又得三四十首。绍熙中，县令李君兼绩尝刻之县斋。白苍屡变，荡为烟埃，欲求其本而不可得。

越明年，教谕清江君翔偕胡氏裔孙鼎，以其家藏录本示余。静而观之，其孝友敦睦之行，尤可想见矣。因作而叹曰："高山仰止，景行行止。谁谓华高，莫企其齐。"鼎乃谋筑华林故基，以绍先志。余谓："书堂固所当筑，前贤诗集亦不可以待。夫事有大小，功有难易，子盍先其小而易者？则大者可以序举，而不足为难矣！"鼎曰："诺。"而傅君遂加校正，重绣诸梓。不唯可以继李令之遗意，且以着华林之盛事，亦庶几风化之一助云。

至治元年（1321年）初朔

承侍郎、知龙兴路奉新县尹 恒山谢盘序

（清同治间修撰《华林胡氏重修家谱·书院序》）

华林书院诗序

凡事之关于民彝世教者,亘宇宙不可得而泯,岂陵谷所得而变哉?余于华林胡氏书堂,废必有兴,信之矣!华林自雍干旌门颁书,至绍兴侍读赐扇,簪笏相望,其盛至矣。乘除消长,今讯故老见闻,已不可尽得。所不与俱亡者,惟义风忠概凛然,托于名贤碑碣,颂咏以传焉尔。

斌常思,当时一门孝友,聚族八百,同居共爨,保有天知。而聚书构堂,以待来学,胸襟远集,庖廪是供,监簿、侍丞两公伯埙仲篪。是心欲谁为哉?

其后尚书公得君行志,不负所学,其任《九域志》编修日,为元祐党人营解审责。知南京,金人再至,率兵入援,师溃被执,久之归国,至与张叔夜矢死齐名。绍兴初,御书杜诗十字,明明上眷,有悠然哉。

夫胡氏一家之心,一身之教,皆民彝所发,世道所系。华林之麓,浮云之堂,即千百年来,尤当耿耿掩映于残山剩水之间也。

今户部六世孙鼎,汲汲刊诗,将以渐举废学遗址,而重兴之。贤侯恒山谢令又从而赞之,其成盛事。悉请为序,余何敢辞?

方今圣朝,重文崇教,兴学作人,扶植名教,云垂水立,尊信民从,是始有天意矣!昔在绍定间,史师任宰之,弗克究图者,时未至耳。忠义世家之后,继有人矣。闻风兴起者,岂独无其人乎?惟诸君勉之,余又将泚笔以俟。

元至治壬戌(1322年)之秋七月

敕授文林郎江西等处儒学提举翰林院官睢阳滕斌书

(清同治间《华林胡氏重修家谱·书院序》)

义门胡氏华林书堂诗集序

华林书堂国子监簿胡仲尧之家塾也。仲尧字光辅,其先怀宁居宿迁,子藩为南宋左仆射将军,封土豫章,后迁华林。至侍御城公,夫人耿氏生五子,珰、瑜、琼、瑎、球。唐末避地,瑜居陈留,瑎居九江,琼居晋陵,球居分宁。而珰独留华林,生令严,令严生元凤,元凤生仲尧。

仲尧聚族八百余口,义居叶累,于元秀峰下,筑室百区,聚书万卷,名为华林书院。四方之士,肄业其间者,数十百辈,皆饮食于其家,去而仕者多通显。王冀公钦若其一也,去登弟不十年,参大政,秉钧轴,乃以孝义奏闻。

雍熙二年,诏旌门间,仲尧诣阙谢恩,敕授本州助教,赐白金贰佰两,许以香稻、时果充岁贡。五年,遣弟仲容贺寿宁节,特授秘书省校书郎,面赐袍笏、犀带,劳而遣焉,且颁御书以光私弟。于是,在朝公卿,自李文正公昉以下,作诗美之者七十二人。李令兼绩刻于县斋,号《华林书堂诗集》。

咸平三年,复入贡,改大理寺评事,又迁光禄丞寺。季弟克顺与侄用之,同年登弟,仕至三司户部判官。俱笃于名教,爱人利物,郡饥发粟以赈,儒学、南津桥、昭德观、惠安寺,皆其家财创也。兄弟八人,仲尧其长也,曰:仲宣、仲华、仲容、仲甫、仲雅、仲先、克顺。惟仲尧、仲容、克顺知名。

今丞邑令谢公语予,亟将书院诸公赞诗编次成帙,付诸梓刊,以垂不朽。庶先人之盛美弗衰,而书堂遗址自可复兴于他日。予于编次告成,乃为数语冠其篇端,以纪岁月云。

元至治壬戌（1322年）秋月既望
宋户部尚书端明殿学士六世孙都官郎中鼎拜书
（清嘉庆庚午年《华林胡氏重修宗谱》）

（二）书院诗集

1. 王禹偁

寄题义门胡氏华林书院

水阁山斋架碧虚，亭亭华表映门闾。
力田岁取千箱稻，好事家藏万卷书。
旋对杯盘烧野笋，别开池沼养溪鱼。
吾生未有林泉计，空愧妨贤卧直庐。

（文渊阁四库全书：《小畜集》卷10）

王禹偁（954~1001年），字符之，济州巨野（今山东巨野）人。北宋改革派的先驱、倡导古文运动的旗手。宋太宗太平兴国八年（983年）登进士第。咸平二年（999年）被贬知黄州（今湖北黄冈）。咸平四年（1001年），改知（今湖北蕲春）。有《小畜集》30卷。其曾孙王汾裒辑《小畜外集》以补其遗。《宋史》有传。

2. 李昉

孝义冠乡闾，门多长者车。
岁收千顷稻，家贮一楼书。
待客开新酒，留僧煮嫩蔬。
三公老且病，无暇访山居。

李昉（925~996年），字明远，谥文正，深州饶阳（今河北饶阳）人，北宋文学家。后周翰林学士，入宋历太祖、太宗两朝，备承重任，拜翰林学士、文明殿学士，累迁右拾遗、集贤殿修撰。作为宋朝开国文臣，他在太祖、太宗两朝，长期担当重任40余年，政为宰辅，文为魁首。李昉奉敕编撰《太平御览》，《文苑英华》，《太平广记》等书，有文集50卷。《宋史》有传。

3. 张洎

举族敦儒雅，仍同小隐居。
义风行郡国，圣代表门闾。
世积千金产，家藏万卷书。
草堂临洞壑，仙药满庭除。
近接真灵境，时回长者车。
科名钟弟侄，簪绂间樵渔。
楚水环穷谷，华林耸太虚。
他年遂归老，终约置吾庐。

张洎（933～996年），字师黯，一字皆仁，滁州全椒人。南唐时举进士。起家上元尉，累迁礼部员外郎，知制诰。归宋，累官至给事中，参知政事，与寇准同列。后改刑部侍郎。张洎文采清丽，博览道、释书。有文集50卷。《宋史》有传。

4. 钱若水

居近华林对白云，义风深可美人伦。
儿孙尽得诗书力，门间偏多车马尘。
楼上落霞沾笔砚，池边怪石间松筠。
乡间岂独民迁善，阶砌无关鸟亦驯。
朱实垂庭红桔熟，清香袭坐药畦春。
他年好卜为邻住，悔葺吾庐洛水滨。

（注：《明一统志》卷49录有前四句，"间"为"巷"字）

钱若水（960～1003年），字濞成，一字长卿，谥宣靖，新安（今属河南）人。太宗雍熙二年（985年）进士。淳化初，直史馆，三年（992年）为翰林学士。至道元年（995年）同知枢密院事，后改判集贤院事，修《太宗实录》。有文集20卷，已佚。《宋史》有传。

5. 李至

题义门胡氏华林书院

墙头翠色云分岭，林底泉声瀑落崖。
讲席日闻谈俎豆，书厨时见整签牌。
野猿有果频窥槛，山鸟无人忽下阶。
好是鲁儒争就学，不辞千里过江淮。

李至（947～1001年），字言几，真定（今河北正定县）人。举进士，尝师徐铉。起家将作监丞，通判鄂州。太宗时，累拜右谏议大夫，参知政事。旋判国子监。真宗即位，拜工部尚书，参知政事。咸平元年（998年）以目疾求解，授武信军节度使。《宋史》有传。

6. 宋白

君家仙馆带林塘，气象清鲜雅趣长。
千里来客如海纳，一楼书静透山光。
门间旌表芝泥贵，科第联翩桂籍香。
帝里词人多景慕，漫题诗名满修篁。

宋白（936～1012年），字太素，谥文宪，大名（今河北大名）人。宋太祖建隆二年（961年），擢进士第。乾德初（963年），试拔萃高等，授著作佐郎。太宗擢为左拾遗，权知兖州。仕终吏部尚书。与李昉等编《文苑英华》1000卷。有文集100卷。《宋史》有传。

7. 贾黄中

旌阳旧乡曲，书室构山前。
景物尘埃外，轩窗树石边。
宁惟集儒业，兼恐混神仙。
百行家门最，宜当世有贤。

贾黄中（941~996年），字娲民，沧州南皮（今属河北）人。十五岁举进士，仕后周为集贤校理、直史馆。宋太祖建隆三年（962年）为右拾遗，历右补阙。开宝八年（975年）通判定州。太宗太平兴国二年（977年）知升州，五年入为知制诰，八年充翰林学士。端拱初（998年），加中书舍人兼史馆修撰。淳化二年（991年）拜参知政事，五年出知澶州。有文集30卷，已佚。《宋史》有传。

8. 句中正

奕世传仁义，华林振异风。
堂开宾礼盛，门表主恩洪。
荫砌庭槐绿，映窗坛杏红。
何当改乡号，得与郑玄同。

句中正（929~1002年），字坦然，益州华阳（今四川成都附近）人。精字学、古文，工篆、隶、行、草。孟蜀时举进士及第。太平兴国二年（977年），献八体书。太宗素闻其名，召授著作佐郎，直史馆，诏其详定篇韵。又命中正与吴铉、杨文举同撰《雍熙广韵》，凡一百韵，特拜虞部官员外郎。《宋史》有传。

9. 句中正

鎣当烟霞地，林泉景可嘉。
聚徒缑氏学，好客信陵家。
宸翰挥金简，彤章护碧纱。
门闾旌圣代，蕃衍庆无涯。

10. 大常博士直史馆王纶

华林幽胜地，胡氏早门闾。
四远来名士，一家常义居。
素风殊不坠，儒业未曾虚。
何日偕寻访，琴棋万卷书。

11. 陈充

义表衡茅外，儒官沓蔼间。
家风类洙泗，世德有曾颜。
鼓箧岩云际，担簦涧水湾。
华林载图籍，从此是名山。

陈充（944~1013年），字若虚，自号中庸子，益州成都（今四川成都）人。家素豪盛，不愿出仕，为邑人敦促，方赴京师，擢进士甲科。起家孟州观察推官。寇准荐其文学，得召试，授殿中丞。累迁工部、刑部郎中。太中祥符六年（1013年），以足疾不任朝谒，出权西京留守、御史台以卒。有文集20卷。《宋史》有传。

12. 著佐郎直史馆赵赴

家隐西山下，华林地绝尘。
门旌千古义，学聚四方人。
道致清云富，名随白日新。
他年应许我，猿鹤一相亲。

13. 吴淑

高隐仙山下，依山构草堂。
穷年乐石水，切意玩缣缃。
竹径来嵇阮，鱼梁集惠庄。
论文探致极，寻古袭遗芳。
沉意诗书苑，游心翰墨场。
海鹏潜羽翼，雾豹郁文章。
浃洽千门庆，联翩百桂香。
恬和资胜景，变化得神方。
虚槛临寒水，平皋占夕阳。
溪云蒸柱础，岚气润衣裳。
露叶飘书幌，风花落酒觞。
往还乘月喜，酬歌为春忙。
宗族传雍睦，门闾被宠光。
高情谁可及，积善不能量。
顾我为何者？多年别故乡。
他时归计遂，依附葺云房。

吴淑（947~1002年），字正仪，润州丹阳（今江苏丹阳）人。属文敏速，善书，尤工篆籀，以荐试学士院，授大理评事。预修《太平御览》、《太平广记》、《文苑英华》。献事类赋百篇，诏命注释，分注成30卷，上之。迁水部员外郎。至道二年（996年）兼掌起居舍人事，预修《太宗实录》。再迁职方员外郎。有文集10卷、《江淮异人录》3卷、《秘阁闲谈》5卷、《说文五义》3卷。《宋史》有传。

14. 王钦若

文明尊北极，孝友播南昌。
礼法儿孙睦，雍和道路扬。
地灵浮喜气，山近接岚光。

　　　　投辖添宾榻，鸣銮启食堂。
　　　　纸窗蓣酒响，竹径焙茶香。
　　　　克己甘藜藿，矜贫济稻粱。
　　　　时平安九族，家计庆千箱。
　　　　每听游僧说，神清鬓未霜。

　　王钦若（962～1025年），字定国，临江军新喻（今江西新余）人，谥文穆。太宗淳化三年（992年）进士。官历三朝，曾前后三次为宰相（一次为副宰相）。大中祥符元年（1008年）奉命与杨亿、陈彭年等人编纂《册府元龟》1000卷。著有《天书仪制》、《五岳广闻记》等书，校刊道书数百卷。《宋史》有传。

15. 李虚己

　　　　聚族逢修偫，垂绅偶会昌。
　　　　里间师重厚，门阀诫轻扬。
　　　　木垅堆云秀，书帷积雪光。
　　　　清名传异域，丽句出中堂。
　　　　玉蕴山还润，兰生谷更香，
　　　　友朋敦布素，童稚味膏粱。
　　　　铸剑归农器，休牛见服箱。
　　　　斋心常拱极，端简中秋霜。

　　李虚己，生卒年不详，字公受，建州建安（今福建建瓯）人。太宗太平兴国二年（977年）举进士。累迁殿中丞，知遂州。入为龙图阁待制，历判大理寺，迁右谏议大夫、出知河中府。召权御史中丞，后进给事中。真宗天禧五年（1021年），知洪州。又知池州，求分司南京。真宗称其儒雅循谨。有《雅正集》10卷，已佚。《宋史》有传。

16. 李虚己

　　　　绿池寒竹绕书斋，鼓箧横经任往回。
　　　　积善原从千里应，表门恩自九天来。
　　　　文章卷里蟾枝秀，礼义乡中棣萼开。
　　　　记得浮云深处景，岩深应长栋梁材。

17. 李虚己

　　　　美君修慎值升平，祖业田园不废耕。
　　　　力学古人行孝事，非同浮俗养虚名。
　　　　联翩科第儿孙贵，旌表门闾孝弟荣。
　　　　更有伴闲尘外物，西山一片画难成。

18. 李虚己

　　　　部符南粤转轺车，三宝新题表义间。

药石好携灵连句，素筠留得蔡邕书。
平原架上衣无主，过客堂中食无鱼。
见说下帷多俊士，共瞻司马慕相如。

19. 晏殊

西斋辉赫亘山隅，嘉致清风世莫如。
乡党名流依绛帐，烟萝幽境似仙居。
趋庭子弟皆攀桂，弹铗宾朋总食鱼。
汗简传经亚邹鲁，粉牌留咏尽严徐。
杯盘互进先生馔，门巷庆多长者车。
坟籍岂惟精四部，弦歌常见习三余。
玳瑁朱履延豪士，缥帙牙签列赐书。
碧沼暮凉浮菡萏，纱窗秋静漏蟾蜍。
闲庭潇洒移泉石，华表峥嵘冠里闾。
我恨羁游在芸阁，不陪诸彦曳长裾。

晏殊（901～1055年），字同叔，抚州临川（今江西进贤）人，谥元献。著名词人、诗人、散文家。累迁右谏议大夫，加给事中。预修《真宗实录》，进吏部侍郎，枢密副使。他唯贤是举，范仲淹、孔道辅、王安石等均出自其门下。韩琦、富弼、欧阳修等经他栽培、荐引，都得到重用。晏殊在文学上有多方面成就和贡献，能诗、善词，文章典丽、书法皆工，而以词最为突出，有"宰相词人"之称。所写诗文大都散佚，仅存《珠玉词》与清人所辑《晏元献遗文》行于世。《宋史》有传。

20. 陈从易

世居江表卧烟霞，致政官资美莫加。
圣代旌门崇孝义，御书堆阁绝生涯。
衣冠济济皆稽古，儿侄熙熙尽克家。
我忝转输巡按暇，因留诗句记荣华。

陈从易（966～？年），字简夫，泉州晋江人。好学强记，博览经史，精通诗赋。及进士第，历为彭州军事推官。召为秘书省著作佐郎，预修《册府元龟》，改监察御史。累擢太常少卿。出知广州，入为左司郎中，知制诰。景德后，文士以雕靡相尚，而从易独守不变。与杨大雅相厚善，皆好古笃行。时朝廷矫文章之弊，故并进二人，以风天下。历迁龙图阁直学士，知杭州。有《泉山集》20卷、《西清奏议》2卷、《中书制稿》5卷等。《宋史》有传。

21. 陈靖

卓尔西山百里强，累年家有桂枝香。
万株松竹封三径，数世儿孙食一堂。
客舍远连芦席密，县衙斜引闬门长，

就中好是华林墅，别种梧桐养凤凰。

陈靖（948～？年），字道卿，字巨源，兴化军莆田（今福建莆田）人。以父任补官，授阳翟县（今河南禹县）主簿。历事太宗、真宗，官至左谏议大夫，以秘书监致仕。太宗时，陈靖建议殿试实行糊名制，以防舞弊。契丹犯边，上奏抗战五策，太宗视其为异才，改官将作监丞，不久为御史台推官，迁太常博士等职，史称其"平生多建划，而于农事尤详"。工笔札，其迹杂见《凤墅续法帖》中。《宋史》有传。

22. 舒雅

江外力为儒，荣华表里间。
后生多折桂，数世必同居。
筑室寒留谷，穿池夏养鱼。
买山添胜境，移席讲新书。
竹鸟邻僧刹，溪亭入野蔬。
姓名喧魏阙，行止到公车。
雇我曾游此，多年尚忆诸。
未能重得去，寄咏一踌躇。

舒雅，生卒年不详，字子正，旌德（安徽歙县）人。好学善属文。南唐元宗显德六年（959年）（一说保大八年）状元。归宋，为将作监丞。后充秘阁校理，编纂经史，与吴淑齐名。累迁职方员外郎。求出，得知舒州。加主客郎中，改直昭文馆，转刑部。为西昆体诗人之一，所作于《西昆酬唱集》中可见之。

23. 李宗谔

华林有胡氏，孝义共知名。
宅对千峰秀，家传双桂荣。
书楼藏六籍，讲席聚诸生。
官序新春拜，门间往岁旌。
儿孙多力学，兄弟亦躬耕。
一院松篁影，满山猿鹤声。
傍溪挑蕨煮，就树采茶烹。
客恋琴樽乐，僧依水石清。
官途空扰扰，尘世自营营。
他日林泉约，何当遂此情。

李宗谔（964～1012年），字昌武，深州饶阳（今河北饶阳）人，李昉之子。耻以荫父职得官，中进士，官至右谏议大夫。通晓典章制度，精音律，工隶书。真宗时，李宗谔等纂修《祥符州县图经》凡1566卷，及《图经》98卷、《图经》77卷等。为西昆体诗人之一。有文集60卷，内外制30卷，预修《太宗实录》、《续通典》，又作《家传谈录》。《宋史》有传。

24. 杨亿

闻说华林院，名将阙里偕。
生徒似东鲁，书籍胜西斋。
俎豆儒风盛，埙篪乐韵谐。
门间双桂茂，编帙九流排。
讲学搴纱幔，题诗挂粉牌。
荀陈传旧族，游夏结同侪。
红实洲生桔，清阴世种槐。
夜蟾穿户牖，晴瀑泻岩崖。
远客来千里，新恩出两阶。
横径定何日？凭此寄幽怀。

杨亿（974~1020年），字大年，卒谥文，人称杨文公。北宋诗人、文学家。建州浦城（今福建浦城）人。雍熙初（985年），太宗诏送阙下试诗赋，授秘书省正字。后赐进士及第，迁光禄寺丞。博览强记，尤长于典章制度。参预修《太宗实录》，主修《册府元龟》。他在史馆修书时，曾与钱惟演、刘筠等人唱和。他将唱和诗编为《西昆酬唱集》。官工部侍郎，翰林学士，受诏注释御集。又兼史馆修撰，判馆事，权景灵宫副使。亿著作多佚，今存《武夷新集》20卷。《杨文公谈苑》15卷，记述平生见闻，已佚。《宋史》有传。

25. 吕佑之

几朝旌表映门闾，更赏林园入画图。
庭沼总宜名让水，树巢多恐是慈乌。
花迎客馆清香远，竹绕书堂翠节殊。
我直紫垣无路到，乱云芳草隔洪都。

吕佑之（947~1007年），字符吉，济州钜野（山东巨野）人。太平兴国初（976年）举进士。起家大理评事，通判洋州人。历迁起居舍人，副吕端使高丽。还献海外覃皇泽诗19首，太宗嘉之。累官殿中侍御史。真宗时，拜工部侍郎，翰林侍读学士。寻为集贤院直学士，并迁刑部侍郎卒。有文集30卷。《宋史》有传。

26. 和㠑

累叶聚居旌孝行，一斋崇讲待儒流。
满堂书史胜金玉，入槛峰峦逼斗牛。
墨客四来深慕义，木奴千树等封侯。
南昌旧令曾羁宦，悔不当初命驾游。

和㠑（951~995年），字显仁，开封浚仪（今河南开封）人，和岘之弟。太平兴国八年（983年）擢进士第。累迁光禄寺丞。召试中书，擢为太子中允。淳化初（990年）太宗亲试贡士，㠑预考校，作歌以献。帝甚称赏，遂以本官知制诰。不一年，加水部员外郎，知理检院。至道元年（995年），与王旦同判吏部铨。《宋史》有传。

27. 梁周翰

> 知有英儒伯始孙，聚书讲学贲邱园。
> 征搜合副求贤诏，旌表宜题遍德门。
> 举族为人俱孝弟，深幽何草不兰荪。
> 少冠初夏来相示，诗版因凭寄竹轩。

梁周翰（929~1009年），字符褒，郑州管城（今河南郑州）人。五代宋初文学家。后周广顺二年（952年）举进士。授虞城主簿，辞疾不赴，改开封府户曹参军。入宋直史馆。乾德中，献拟制20编，擢右拾遗。累官翰林学士，工部侍郎。周翰以词学为流辈所称，与高锡、柳开、范杲等提倡恢复古代淳实文风，开宋代古文运动之先声，时有"高梁柳范"之称。有文集《翰苑制草集》50卷，《续因话录》，均佚。《宋史》有传。

28. 朱昂

> 数峰岚翠朝昏见，一径莓苔出入疏。
> 宗炳不离庐岳社，戴逵原在剡州居。
> 篱边旧种千竿竹，架上新添百帙书。
> 弟侄一科双折桂，不劳人问道何如。

朱昂（925~1007年），字举之，潭州（今湖南长沙）人。真宗时，累官翰林学士。以工部侍郎致仕、诏赋诗践行，缙绅荣之。昂前后所得奉赐，以三之一购奇书。闲居以讽诵为乐，自称退叟。著《资理论》3卷上之，诏以其书付史馆。晚岁自为墓志，门人谥曰正裕先生。昂著有文集30卷。《宋史》有传。

29. 吕文仲

> 世世趋庭列雁行，烟萝泉石绕书堂。
> 分题月下联书版，聚宴花前献寿觞。
> 旌表异恩逢圣代，隐居佳致接仙乡。
> 因知孝治垂风化，青史留名道允光。

吕文仲（？~1007年），字子藏，歙州新安（今安徽歙县）人。南唐时进士及第。入宋，历少府监丞。参与编修《太平御览》、《太平广记》、《文苑英华》。太平兴国中，太宗每观古碑刻，常召文仲与舒雅、杜镐、吴淑读之。真宗时，累官至刑部侍郎，集贤院学士。咸平三年（1000年）任工部郎中、翰林院侍读学士，奉诏选集太宗歌诗30卷。次年，改刑部侍郎、集贤院学士。富词学，有文集10卷。《宋史》有传。

30. 吕文仲

> 簪缨几世住南昌，讲学旌闾映日光。
> 旧里葛山同井邑，远方庐阜出门墙。
> 康成业自诗书显，卜世家由孝弟彰。
> 二院昔惭联懿分，同将姓字列东堂。

31. 吕文仲

　　君家高义冠南州，旧辑书堂聚九流。
　　酒饭未尝轻下客，名园曾不羡封侯。
　　挂冠令有陶彭泽，访道人希许远游。
　　他年濯缨江海去，终期此日把浮邱。

32. 右谏议大夫姚秘

　　南纪仙乡景最佳，林泉幽致有儒家。
　　门旌孝义为人范，殿试贤能是国华。
　　物象四时供野兴，图书万卷益生涯。
　　遥思竹阁凭虚槛，下瞰章江浸晓霞。

33. 朱台符

　　白云深处旧生涯，东指名都百里赊。
　　万卷诗书堆曲槛，四方宾客到儒家。
　　峰峦卓立多奇石，草木丛芳半异花。
　　胜概无由一寻访，只凭幽梦绕烟霞。

朱台符（965~1006年），字拱正，眉州眉山（今四川眉山）人。少聪颖好学，10岁能属文。淳化三年（992年），进士登甲科，累迁工部员外郎。景德初，为陕西转运。历知洪州。台符著有文集30卷，《宋史》有传。

34. 孙何

　　六阙旌门事若何？诸生常不绝弦歌。
　　鲤庭共禀诗书训，阮巷齐登俊造科。
　　宗族有光传孝弟，乡间无诉化淳和。
　　芝兰子弟相熏习，金石交朋互切磋。
　　遥傍楚江波回急，却分庐阜影偏多。
　　题名石鼓围松桂，讲易堂高绕菱荷。
　　采药路从洪井出，买书船自儒亭过。
　　我惭已在瀛州直，不得西山隐薜萝。

孙何（961~1004年），字汉公，蔡州汝阳（今河南汝阳）人。文学才能受到王禹偁器重。曾作《两晋名臣赞》、诗20篇等，誉闻于时。淳化三年（992年），举进士甲科。累迁两浙转运使。景德初，判太常礼院，命知制诰。有文集40卷。《宋史》有传。

35. 陈尧叟

华林书堂

　　旌阙书亭焕水乡，四时烟景似沧浪。

玉浆寒色连莎砌，金障秋阴覆草堂。
田里雍容应逊畔，儿童游戏亦成行。
吾君孝礼风天下，谁识讴歌辍乐章。

（文渊阁四库全书：清雍正版《江西通志》卷145）

陈尧叟（961～1071年），字唐夫，赐文忠，阆州阆中（今四川南部县）人，宋太宗端拱二年（989年）状元，后累官至宰相。陈尧叟卒后，皇上特为之辍朝二日，加赠侍中官衔。善写草隶，有《请盟录》3集30卷。《宋史》有传。

36. 右赞善大夫贾宜

滕王阁畔斗星傍，此处幽人构草堂。
鹤散窗含松岛露，客来衣带橘洲香。
诏旌门第殊恩沛，教被乡闾抑讼藏。
小圃花时三径雪，朝昏谁共对琴觞。

37. 殿中丞张孝隆

烟霞缥缈锁仙乡，万卷诗书一草堂。
孝义声华闻北阙，门闾显赫耀南方。
千寻瀑布侵肌冷，四季闲花扑鼻香。
胜似人间无独处，王公诗版砌红梁。

38. 职方员外郎王洞

桃李清阴旧著行，门旌高映郁诜堂。
乌衣里巷钦风化，曲水杯盘乐羽觞。
客馆昔邻徐孺宅，仙居今似武夷乡。
家声传得细缫事，后裔扬名道更光。

39. 师颃

满架高峰隐史书，英儒冠盖会仙居。
云霞满屋光难掩，松柏森庭景有余。
累世子孙传孝义，一时旌表在门闾。
要知感伏休征处，次第鸾凤上碧虚。

师颃（936～1002年），字霄远，大名内黄（今河南内黄）人。太祖建隆二年（961年）进士。真宗咸平三年（1000年），召为翰林学士，五年（1004年），知审官院、通进银台封驳司。有文集10卷，已佚。《宋史》有传。

40. 起居舍人张素

圣主临朝重义门，紫泥旌表示优恩。
广延墨客收经籍，已见朱丹及子孙。

池馆宴时花满槛，烟霞吟处酒盈樽。
清闲官叙清闲景，千户封侯未足论。

41. 孙迈

浔阳风景接洪都，传说胡君四世居。
诗句满朝皆诵咏，君王旌孝表门闾。
数闻过客谈多惠，几欲凭僧去借书。
若把公卿名刻石，共瞻驷马慕相如。

孙迈，生卒年不详。太祖乾德元年（963年）授赤县尉。太宗太平兴国五年（980年），以太常博士知扬州，次年改知池州。至道间知江州。

42. 镇南军节度使彭城郡王刘继元

熙朝圣代表门闾，胡氏新吴累叶居。
兄友弟恭如众宝，四林五党是慈乌。
华林闻道连山谷，水阁皆言接太虚。
留客旋开瓶内酒，延僧时煮圃中蔬。
山前橘熟红成颗，窗外林阴翠有余。
家备自收千顷稻，堂高唯架百家书。
闲庭旧种如篁竹，清沼频观在藻鱼。
说尔林塘佳景丽，宜将彩笔画成图。

43. 赵惟和

华堂高启集儒英，地接仙乡景气清。
苔径静铺修竹影，松窗虚透读书声。
云笼吟阁诗怀冷，泉落层崖客梦惊。
孝弟门风传祖德，圣朝清史独留名。

赵惟和（978~1013年），字子礼，宋宗室，太祖孙，燕王德昭第五子。太宗端拱元年（988年），授右武卫将军。真宗大中祥符元年（1008年）知澄州。诗清丽，工笔札，优游典籍。真宗尝录其稿22轴，亲制序，藏于秘阁。《宋史》有传。

44. 宋琪

贤良肄业文方盛，孝友承家族更豪。
旌表异恩门第贵，御书新赐姓名高。
贻孙有道荣非数，待士无疏众岂劳。
我想华林终未到，只因气慨属仙曹。

宋琪（917~996年），字叔宝，范阳蓟（今北京大兴）人。契丹会同四年（941年）进士。宋乾德四年（966年），召拜右补阙、开封府推官，为宋太宗幕僚。太平兴国五年（980年），判三司勾院，后通判开封府。八年为参知政事，拜平章事。雍熙二年（985年）罢相。素有文学，诙谐辨捷。《宋史》有传。

45. 张齐贤

胡氏华林书堂

一百年来烟爨同，衣冠江左慕家风。
儿孙歌舞诗书内，乡党优游礼让中。
孝弟筠编争纪录，门闾天语赐褒崇。
莫将六阙方朱氏，叶叶蒸尝奉始终。

（注：朱氏指朱敬则，家门孝友，三叶旌表，门标六阙。文渊阁四库全书：《宋元诗会》卷1，亦见于文渊阁四库全书：清雍正版《江西通志》卷145）

张齐贤（942～1014年），字师亮，赠司徒，谥文定，曹州冤句（今山东菏泽）人。宋代著名政治家。太平兴国二年（977年），应进士举，有司误置下第，太宗赐一榜尽及第。其先后担任过许多重要职务，为相前后21年，对北宋初期政治、军事、外交各方面都作出重要贡献。著有《洛阳缙绅旧闻记》，凡5卷21篇，《书录解题》传于世。《宋史》有传。

46. 张秉

孝义门中四叶昌，圣朝旌表事非常。
世亲儒道衣冠古，家近仙山草木香。
洪井已为攀桂里，华林兼是读书堂。
南陔诗什无人继，谁探新诗入乐章。

张秉（952～1016年），字孟节，歙州新安（今安徽歙县）人。太平兴国五年（980年）进士。仪状丰丽，言辞敏速，太宗嘉之，擢置第二。累官枢密直学士，知并州，徙相州。《宋史》有传。

47. 冯起

华林仙墅近南昌，闻道幽奇景异常。
竹翠松寒笼药圃，水清山秀绕书堂。
嗣登科第名尤振，恩表门闾道愈光。
我恨方为簪组累，莫同吟啸白云房。

冯起，生卒年不详。太宗淳化元年（990年）官右正言、直史馆、西川转运使，召入守本官，知制诰，知濮州（河南范县）。淳化四年（993年），为诸路巡抚。至道二年（996年），迁祠部郎中。真宗咸平三年（1000年），知梓州，徙襄州。景德二年（1005年），知澶州。大中祥符七年（1014年），以户部侍郎致仕。《宋史》有传。

48. 陈象舆

孝弟扬芳累世传，书斋云锁碧峰前。
轩窗翠滴松筠接，砌槛清涵水石连。
旌表华门诚积善，褒崇令族懿敦贤。
义高管郑徽猷远，名重曾颜德行全。

  弟侄登科常景远。公卿纪美全佳篇。
  华林胜概终寻访，旧约依稀已数年。

 陈象舆，生卒年不详。淳化五年（994年）知洪州。咸平元年（998年）徙知饶州。大中祥符七年（1014年）权西京御史台。

49. 刁衎

  沙井地多异，华林景最幽。
  溪声常到枕，山色正含秋。
  树密苔封径，庭虚月满楼。
  清辉光奕世，高义集名流。
  孝弟家风贵，儿孙学业优。
  皇恩旌特重，朝达咏篇留。
  糈溢千钟禄，荣过万户侯。
  宦途惭未息，何日遂经游。

 刁衎（945~1013年），字符宾，升州（今江苏宁县）人。仕南唐为秘书郎，集贤校理。归宋，授太常寺太祝。太平兴国中（980年左右），诏群臣言事，衎上谏刑书，授大理寺丞。真宗时，献所著《本说》10卷。预修《册府元龟》，书成，授兵部郎中。为西昆体诗人。著作今仅见于《西昆酬倡集》中。《宋史》有传。

50. 黄夷简

  桐轩潇洒远尘机，伯始英风世不衰。
  千亩自封轻渭叟，五经同拜重宣尼。
  衣无常主门多义，食有余粮俗共熙。
  仁智眼前从所乐，利名身个更何思。
  琴清善召云中鹤，床稳高著世上龟。
  茶煮玉泉僧至日，酒刍金蚁菊芳时。
  往来虚席宾朋盛，朝暮过堂子弟奇。
  万卷诗书归腹笥，地仙踪迹少人知。

 黄夷简（935~1011年），字明举，福州（今属福建）人。尝仕吴越，为明州判官。太宗端拱元年（988年）入宋，累迁都官郎中。大中祥符初迁秘书少监，三年（1010年）授检校秘书监。夷简喜谈论，善属文，尤工诗咏，老而不辍。《宋史》有传。

51. 李巽

  孝义门风奕世修，帝恩旌表耀南州。
  藏书不特延多士，贡币仍闻亚列侯。
  高阁声寒慈竹雨，水池香老瑞莲秋。
  人来辱示朝贤什，吟咏浑消万斛愁。

李巽,生卒年不详,字仲权,邵武光泽(今福建光泽)人。宋太平兴国八年(983年),中进士,官江西提刑。后官至度支部郎中、两浙转运使。

52. 曾致尧

华林书院集群英,讲诵兴来里巷荣。
宾友尽为文苑客,子孙多是帝门宾。
九重下诏亲旌义,四相留题自署名。
致使举家任霄汉,更将忠孝答皇明。

曾致尧(947~1012年),字正臣,抚州南丰(今江西南丰)人,北宋散文家、诗人。太平兴国八年(983年)登进士第。官至尚书户部郎中。好纂录,长于诗文,著作颇富。散文多为论治乱得失兴废,文风隽美,长于讽喻。一生著述甚多,有《仙凫羽翼》30卷,《广中台纪》80卷、《清边前要》30卷、《西陲要纪》10卷、《为臣要纪》3卷、《直言集》10卷、《文集》10卷等,共达176卷(篇)之多。其孙曾巩唐宋散文八大家之一为其集得诗文20卷,名曰《凫绎集》行于世。《宋史》有传。

53. 李建中

山绕华林气象和,此心犹恨未相梭。
门间世表曾颜德,榜帖人登晁董科。
春老花香飘几砚,晚归云影挂松萝。
公卿无限新诗什,雅咏悠然地益华。

李建中(945~1013年),字得中,自号严夫民伯,京兆(今陕西西安)人。北宋书法家。曾任太常博士、金部员外郎、工部郎中等职。曾作西京留司御史台,被人称"李西台"。谓其"善书札,行草尤工,多构新体。草、隶、篆、籀、八分亦妙,人多摹习,争取以为楷法"。有墨迹传世。《宋史》有传。

54. 乐史

能为孝义复为文,惟有君家事惭新。
旌表已迎金殿敕,子孙常宴杏园春。
亲情广阔追随久。鼓笛喧腾嫁聚频。
更置草堂书万卷,不辞延待四方人。

乐史(930~1007年),字子正。抚州宜黄黄陂镇人。北宋地理学家、文学家。官至水部员外郎。乐史学识渊博,毕生勤奋著述,著作浩如烟海,涉及诸多门类。他所撰巨著《太平寰宇记》200卷,卷帙浩博,考据精核,是一部采撷繁富的地理总志。他的传奇小说多达200余卷。《宋史》有传。

55. 何蒙

满眼烟霞与宅连,义高孝弟代相传。
形廷召对曾承诏,内府颁书特奉宣。

　　　　　　学古一门遵法度，礼宾群仆尽精贤。
　　　　　　竺斋月夜招琴客，花院春风恣饮筵。
　　　　　　乘兴访僧因挂褐，傍秋买鹤不争钱。
　　　　　　半空山色长供望，彻晓清泉缓醒眠。
　　　　　　残暑就溪开尚槛，晚凉观稼入平川。
　　　　　　神仙药术亲留写，朝达诗牌自把悬。
　　　　　　携手漫思为好伴，此身方恨未归田。
　　　　　　忆君几度西南望，遥想情风寄一篇。

　　何蒙（937～1013年），字叔昭，洪州（今江西南昌）人。仕南唐为录事参军。入宋，授洺州（今河北）推官。太宗太平兴国五年（980），调遂宁令。真宗时，出知梧州，改太平州。大中祥符五年（1012年），知袁州，徙濠州。六年，以光禄少卿致仕。《宋史》有传。

56. 阮思道

　　　　　　北阙重旌表，西斋盛讨论。
　　　　　　高阳荀爽里，通德郑玄门。
　　　　　　选胜开松院，凭幽敞竹轩。
　　　　　　灵泉飞洞壑，荒树蔽郊原。
　　　　　　露滴栖松鹤，风传隔岭猿。
　　　　　　庭兰香醉步，山月冷吟魂。
　　　　　　几时清赏玩，啸咏与琴樽。

　　阮思道，生卒年不详，字符恭，建阳（今属福建）人。颖异绝人，读书一览成诵，中南唐进士。归宋为检讨，终驾部员外郎。

57. 刘鹭

　　　　　　徐孺亭边水石连，高名频见野僧传。
　　　　　　篚中书满思安世，楼上诗成忆仲宣。
　　　　　　已说烂柯忘意远，定知焦尾用心专。
　　　　　　寒溪乘兴云迎棹，秋夜娱宾月照然。
　　　　　　曲槛静宜开木笔，短墙幽称聚苔钱。
　　　　　　延评官小无余俸，致仕身闲得昼眠。
　　　　　　梅少也须绕越岭，竹多宁肯让湘川。
　　　　　　樽前白玉杯常在，腰底黄金带未悬。
　　　　　　清露暖空滋菊圃，紫云垂荫养芝田。
　　　　　　仍闻旌表门闾后，朝士褒称过百篇。

　　刘鹭，生卒年不详，潭州长沙（今属湖南）人，一作湘乡人。太宗雍熙二年（985年）进士，除潭州教授。真宗咸平二年（999年）以秘书丞直集贤院，六年，出知衡州。

58. 茅山布衣许坚

尽说灵踪好画图，幽奇高尚义群居。
山林总是神仙隐，礼乐爰修周孔书。
解驾十年推壮士，担簦千里结名庐。
功成霄汉非常事，对此堪惊不我欺。

《中国人名大辞典》载："许坚，江左（庐江）人，有异术。早岁以时事干江南李氏（南唐后主李煜），不见礼，拂衣归隐茅山。（宋太宗）太平兴国间，游庐山及洪州西山、吉州玉笥山。后，不知所终。"宋真宋景德中，卒于金陵。

59. 魏野

寄题洪州华林胡氏书斋

江僧昨夜访茅斋，曾向华林挂锡来。
因说故家宗族盛，御书楼对义门台。

（文渊阁四库全书：《东观集》卷7）

魏野（960~1019年），字仲先，号草堂居士，陕州（今河南陕县）人。宋初著名隐士，一生未仕，自筑草堂，隐居于陕州东郊。他学晚唐贾岛、姚合，风格与林逋相近，为宋初"晚唐体"诗人的代表。原有《草堂集》10卷，其子闲重编为《巨鹿东风集》7卷。《宋史》有传。

60. 段少连

陈蕃徐孺旧江山，胡氏今来继昔贤。
旌表门闾传孝弟，辉华簪绂耀乡川。
雕弓鹄箭连绵中，雁序莺乔次弟迁。
鹓鹭满朝真茂族，鳌宫又驾重青钱。

段少连（994~1039年）字希逸，开封（今河南开封）人。试秘书省校书郎，累迁龙图阁直学士。《宋史》有传。

61. 向敏中

岑楼高架郁嵯峨，几度凭栏发浩歌。
春树鸟声当户巧，夕阳山色卷帘多。
花凝玉勒含烟露，酒泛金樽醉绮罗。
自是梁园知好客，不妨车马日相过。

向敏中（948~1019年），字常之，谥文简，开封人（今河南开封）。太平兴国五年（980年）进士。起家将作监丞，通判吉州。真宗朝，拜右仆射。有文集15卷，《宋史》有传。

62. 高绅

玄秀峰前累世居，圣朝旌表振门闾。

> 四方来客多登第，一邑为儒喜读书。
> 诗阁夜闻吟木狱，水亭晴见戏荷鱼。
> 石桥华表溪山里，晚景寒烟画不如。

高绅，江东人，太宗至道二年（996年），官秘书丞、直史馆。真宗天禧元年（1017年）出知越州。三年，致仕。

63. 王随

> 旌表人皆仰，家声世罕如。
> 一门忠孝义，万卷聚诗书。
> 云集来宾友，风行化里间。
> 功名若我就，泉石约邻居。

王随（生卒年不详），字子正，谥章惠，后改文惠，河阳（今河南孟县）人。登进士甲科，历知州郡。真宗年间（997～1022年）领任京西转运副使。明道间（1032～1033年）为参知政事。性喜佛，慕唐裴休之为人，乃学其书。《宋史》有传。

64. 钱惟演

> 待宾开室碧峰前，岁给午箱负郭田。
> 家有赐书儿侄贵，衣无常主弟兄贤。
> 鸟犹感义养巢接，竹为名慈翠干连。
> 一似远乘未履客，夜深弦诵杂飞泉。

钱惟演（？～1034年），字希圣，谥文僖，钱塘（今浙江杭州）人。吴越忠懿王俶次子。历官知制诰、翰林学士、枢密副使、工部尚书等。博学能文，是西昆体的代表诗人，与杨亿、刘筠齐名。参与编修《册府元龟》，著作甚丰，见于记载的有《典懿集》30卷、《枢庭拥旄前后集》、《伊川汉上集》、《金坡遗事》、《飞白书叙录》、《逢辰录》、《奉藩书事》等。另集吴越国五代国君之诗，合编为《传芳集》，多已佚失。《宋史》有传。

65. 钱易

> 旌表华林盛，儒宫寄翠微。
> 科名新伯仲，孝弟旧光辉。
> 云影笼书幌，松花湿道衣。
> 自惭方试吏，争得去忘机。

钱易（生卒年未详），字希白，临安（今浙江杭州）人。为吴越王钱倧子，钱惟演之从弟。真宗朝（997～1022年）举进士，累迁左司郎中、翰林学士。学识渊博，善书大字。其主要著作有《金闺瀛洲西垣制集》150卷、《青云总录》、《青云新录》、《南部新书》、《洞微志》130卷。现存仅《南部新书》10卷。《宋史》有传。

66. 宋湜

> 纷纷游客豫章回，俱道华林就学来。

>门第昔年旌阙耸，主人长日讲筵开。
>化行乡党浑无讼，教得儿孙尽有才。
>好是诸生游息处，四时花木绕书台。

宋湜（950~1000年），字持正，谥忠定，京兆长安（今陕西西安）人。太平兴国五年（980年）进士。起家将作监丞，通判梓州。咸平元年（998年），累官至给事中，枢密副使。从真宗北巡，卒于澶州。湜好学美文词，善谈论，又晓音律，妙于弈棋，书法遒媚。有文集20卷，《宋史》有传。

67. 刘筠

>华林家声世不渝，云礽次第秉鱼须。
>乌头门大容高盖，蝌蚪书多聚硕儒。
>里巷当今为甲族，风烟从古是仙都。
>岂惟一榻留徐孺，食客三千兼鲙鲈。

刘筠（971~1031年），字子仪，大名（今河北大名）人，谥文恭。咸平元年（998年）进士。官至翰林承旨兼龙图阁直学士。曾参编撰《图经》及《册府元龟》。刘诗精于声律对偶，多用典故，词藻丰赡，结构缜密，是西昆体的重要诗人，与杨亿齐名，时称"杨刘"。所著诗文甚多，今仅存《肥川小集》一卷，见《两宋名贤小集》。《宋史》有传。

68. 宋绶

>六阙表门荣，华林地炳灵。
>乌衣王氏族，玉树谢家庭。
>邹鲁多涵丈，荀陈更聚星。
>怡神虚室白，讲学夜灯青。
>篇籍巾箱满，弦歌里巷听。
>兰台时会宴，槐市正谈经。
>丹井通仙穴，西山接翠屏。
>烟萝皆胜概，何日叩岩扃。

宋绶（991~1040年），字公垂，谥宣献，赵州平棘（今河北赵县）人。大中祥符元年（1008年）赐同进士出身。累迁翰林学士兼侍读学士，中书舍人，尚书工部侍郎。仁宗时为兵部尚书，参知政事。笔札精妙，帝多取其书字藏禁中。倾朝学之，号曰"朝体"。黄庭坚云："宋宣献用徐季海（浩）摆落右军（王羲之）父子规模，自成一家。"《宋史》有传。

69. 谏议大夫柳植

>华林茂族蔼清芬，族本重华远裔孙。
>弟侄声光攀郄桂，君王恩渥表于门。
>书帷月鉴琴横席，吟阁云残树隔原。

多感朝英寄诗什，永留风雅贲丘园。

70. 梁灏

奕世旌闾荷紫皇，义风千古冠南昌。
子孙英秀诗书府，里巷雍和孝悌乡。
砌下芝兰长映室，门前桃李旧成行。
大儒栖息多宏博，屡见飞腾振耿光。

梁灏（963～1004年），字太素，郓州（今山东东平）人。自幼专志好学，拜王禹偁为师。雍熙二年（985年）中状元。曾任翰林学士、宋都开封知府等职。又与钱若水等人同修《太祖实录》及《起居注》。词辩明敏，见地高远，备受赏识，时论称赞。有文集15卷。《宋史》有传。

71. 工部郎中邱雍

大易谈庆余，胡君世聚居。
家声先孝弟，庭训首诗书。
百堵环堂宇，千箱助岁储。
荣逢不治日，天监表门闾。

邱雍，生卒年不详。景德末，丘雍与陈彭年等奉旨重修《广韵》。《广韵》是宋代的官韵，也是我国第一部官修的韵书。

72. 职方员外郎宋堤

门籍偏彰孝友名，书斋高启集群英。
池光冷射缥缃帙，竹簌清含弦诵声。
养鹤亭连栽药圃，驻僧房近煮茶铛。
江山胜地文章盛，岁岁人看出谷莺。

五、胡氏诗文

（一）诗

送 春
宋·胡直孺

冷酸梅子渐生仁，莺老花飞迹巳陈。
一夜南风摇斗柄，明朝烟柳不关春。

（厉鹗编《宋诗纪事》卷34，原载《能改斋漫录》）

同官倡和用山字韵章句
宋·胡直孺

章句飘飘续小山，古风萧瑟笔追还。
海鹏共击三千里，铁马同归十二闲。

功业会看钟鼎上，声华已在缙绅间。
他年记忆怜衰老，为报西川引一班。

《桐江诗话》："少汲宣和间，在河朔作漕日，同官陈亨伯辈倡和山字韵诗，少汲最后成，人皆叹服。《苕溪渔隐》曰：'元丰间王平甫有"海鹏未举三千里，天马须归十二闲"之句，甚为一时所称道。'鹗按此诗当属少汲。"

（文渊阁四库全书：厉鹗编《宋诗纪事》卷34）

春 日
宋·胡直孺

风云吹絮柳飞花，睡起钩帘日半斜。
四海随人双燕子，相逢处处作生涯。

（文渊阁四库全书：宋张邦基撰《墨庄漫录》卷6）

赠刘邦直
宋·胡直孺

梦魂南北昧平生，邂逅相逢意已倾。
楚国山川千叠远，隋堤烟雨一帆轻。
我无健笔翻三峡，君有长才肃五兵。
同是行人更分首，不堪风树作离声。

山谷跋："胡少汲后生中豪士也，读书作文殊不尘埃，使之不倦，虽竞爽者未易追也，'同是行人更分首'佳句也。'邂逅相逢意已倾'已道了刘三十一矣。"

（文渊阁四库全书：《山谷集》卷26）

八百石洞
宋·胡僧孺

八百遗踪石室存，神仙杳邈事难论。
云浮绝顶人常见，龙起深潭昼亦昏。
信有林泉闲日月，好将名利付乾坤。
他年栖隐山畴下，咫尺烟萝再可扪。

（清同治版《奉新县志》卷1）

郡署九日牡丹
明·胡澄

春葩何事向秋红，幻出酡客斗汉宫。
香园贤王仍丽态，冰衔太守自清风。
良辰巧会芳如许，玉露时寒艳满丛。
总是湛恩流百卉，名花两度放途雄。

（清同治版《高安县志》卷26）

公祭祖因阅谱
明·胡源洁

捧观花牒起遐思，南北家乘续旧支。
一派祖祢无别族，千年昭穆似同时。
蒸尝共守唐封祀，金石犹存宋诰词。

惟愿后昆起孝敬，莫将身世负君师。

（清同治间《华林胡氏重修家谱·诗》）

（二）文记

合祭天地议

绍兴初，权礼部尚书胡直孺等言：

"国朝配祀，自英宗始配以近考，司马光、吕诲争之，以为诎祖进父，然卒不能夺王珪、孙抃之诐辞。其后，神宗谓周公宗祀在成王之世，成王以文王为祖，则明堂非以考配，明矣。王安石亦对以误引《孝经》严父之说，惜乎当时无有辨正之者。今或者曰：后稷为周之祖，文王、武王是为二祧。高祖为汉之祖，孝文、孝武特崇两庙。皆子孙世世所奉承者。太祖为帝者祖，太宗、真宗宜为帝者宗。皇祐以一祖二宗并配，议出于此。直孺等闻前汉以高祖配天，后汉以光武配明堂，盖古之帝王非建邦启土者，皆无配天之祭。故虽周之成、康，汉之文、景、明、章，其德业非不美也，然而子孙不敢推以配天者，避祖宗也。有宋肇基创业之君，太祖是已。太祖则周之后稷，配祭于郊者也。太宗则周之文王，配祭于明堂者也。此二祭者，万世不迁之法。皇祐宗祀，合祭天地，固宜以太祖、太宗配。当时盖拘于严父，故配帝并及于真宗。今主上绍膺大统，自真宗至于神宗均为祖庙，独跻则患在于无名，并配则几同于袷享。今参酌皇祐诏书，请合祭昊天上帝、皇地祇于明堂，奉太祖、太宗以配，惟礼专而事简，庶几可以致力于神，万世行之可也。"

（《宋史》卷101 志第54。标题取自清同治版《奉新县志》卷8）

越王山宝莲院重兴记

宋·胡晋侯

记礼者曰："山林、川谷、邱陵，能出云为风雨者，神也。"乾坤清淑之气，扶舆磅薄，结而为山阜，融而为川渎，必有神异主宰其间，故有祀典之所崇，释老之所宅，水旱疾疫于是乎祷焉。

此越王山为新吴之镇里，父老相传有无量神通，是以使人信向者，其是之谓欤？尝考《豫章职方》及新吴旧志，皆有名见于裴硎传奇是矣。然误以传奇之越为药，反指越山之称为药，语传声讹，遂以药王名之，而使此山失实。孔子曰："名不正，则言不顺。"故不容不辨而正之。予按，宋元祐间，洪玉父题越王山诗云："越王昔何时，税驾宅此山。"旧志固载之矣。玉父丰无所据而言耶？至乾道中，县令陈寅记真常观道士邹文旻语："以为春秋时，越王伐楚，屯师此山，城堞尚存。"考《史记》则谓："越兵横行江淮间。"岂不信然？今观山巅平旷，地势辽廓，真若区卫，至今人呼为"越王城"。名其出入之途，曰："城门口"。又有点军坪、走马岽，皆非俚俗创说，是为越王车辙马迹之所经行也。明矣！

此山绵亘数十里，特立奇峰中始焉。榛莽蒙翳，磴路险塞，樵牧所不到，云气舒卷，人候为晴雨之占，真若有司其造者。邑之隐士刘大盈，以活人为业，喜方外交，讲明修炼长生法，慕文吴跨仙之异，披剃蠲疏，穷极幽渺，采山茹美，若将老焉。宋嘉定丁丑，有僧崇可，奉其教曰："灵济师"，疗病有声，欲求卓锡妥神之所，搜奇抉怪，似与神谋求地于刘，一语而合，诛茅药屋，屡出灵响，缁素咸集，相与鸠工，施畚插得佛像，高可五六寸许，非金非石，光泽坚润，背镌岁月莫可名。

由是，士庶恳祈无远弗届，神道设教，是何祥耶？前参相西山真公帅洪曰："岁大旱，苗欲槁。"士民蹙额相告，大命近止，奈何？乃相率登山请祷，应不旋踵，遂为有年。民免于莩，群诣帅府，以感应神速，乞褒表之。且曰："寺无敕额，曷永其传？愿移宝莲旧额，以名此山。"公愈其请，噫，佛已废于彼，而兴于此，凡所知闻，莫不欢喜，赞叹可。乃又请曰："山半旧有寺额，曰'金容'。名在瓦砾，无一粥之资，愿结庵其址，为往来息肩之地，人得其便，趋者欢然。"可之，用心悉力为开创，计劳矣。规模未就，一旦登堂，示偈趺坐而逝。绍明祖浩相继苴理，食指，日伙持钵，孔艰四传而坚师，人天协顺似有宿。因课无积，有植产安众，钟鱼动地，得以不匮一方香火之感，通乎四界矣。

岁在丁酉，坚入涅已十年，不戒于火，诸相皆空，岂天下事当以满盈为忌耶？抑魔能害道，不可逃者数耶？其明年，前往持法，昌不忍坐视领众往山，愿与经理，其徒道成克迎厥志，竭衣盂求檀施，首建大殿一区，竖立法轮宝藏，饰以黄金丹碧，诸天、菩萨、地行、空飞、相好之妙，辉煌焕发。且裒同衣，收四大部经，永实其中，鎏刻四大天龙，为之环卫，首聚瓜奋，真如背负出海者。捏塑佛像神圣，百种庄严，色身具足，修创僧寮，廪庾庖湢，靡不完具。

经始于戊戌之春，落成于是岁之夏。又二年，成躬领院事，增创法堂。其为间也五，为厦也一。以为寅奉开山祖师之地，而神赖以妥，如是功德，不可思议。岁在丁未，续创一阁，于中鎏刻千手千眼观音菩萨，及天王、龙女、婆罗门等，而为之侍从，及造东西殿，天宫龛帐。而且生平节身缩口，置到新安乡田地，岁收百余斛，及山地之利，永舍充于宝殿。长命灯炬，灯灯相续，殆与此山相为无穷，可谓明远也矣。昌广其前规，创造三门及东西廊庑，开山祖师龛帐，幻出天宫之境。规样壮丽，于前有光，非山君川后精神贯通，呼吸变化于寂感之际，能如是欤？夫玄奘之松回指，生公之石点头有人焉。疑者无尽诿山川之盛可也。地有兴废，道有晦明。开基于先，重兴于后，非偶然之故，大书特书，不一书宜矣。宝莲旧无石志，昔地主刘公，予之外大父也。髫齿尚闻创始之概，予今八帙有八，咸以予齿宿辞核，可信于后，请为之记。予不得辞云。

（清同治版《奉新县志》卷4。县志卷8"人物"记，胡晋侯，用时孙。元祐六年进士，官剑南节度使推官。）

儒 学 记
宋·胡旦

汉魏以来，奉祀孔子，惟曲阜阙里。至唐开元，始诏州县置庙，并像十哲七十子。春秋释奠，载于典章，我宋因之。

奉新隶豫章，在杨吴、李唐时，学校沦废久矣。宋兴以来，官无横敛，人无异趋。大江以南，豫章之境，风俗淳厚，士人儒雅，家崇孝弟，户习诗书，弦歌之教，讲诵之声，无时或息，猗欤盛哉！

宗人光禄寺丞胡公仲容，奉新人也，南昌望族，德业灵昌。皇帝雍熙敕旌孝义，若弟若子，文章策名；亡长亡幼，礼让崇训。乡县渍于皇泽，家门霭于素风，近古以来所未有也。惟公身表人伦，志在礼乐，乃捐资若干金、粟若干石，访求孔庙遗址，鼎建更新，创祠三十间，塑像自宣尼十哲以下七十余座，又建生徒讲舍一百余号，堂寝、膳具、豆笾、篮簋，鲜不备举。二仲释菜，遵访成规，刊为令典，令佐行礼如仪。于是新吴之墟，人文为盛，谈经肄业，敦儒信道，彬彬然矣。

呜呼，先圣以天纵之资、睿作之性，诞兴文教，卓为世程，广厚同乎天地，照临齐于日月，浸润列于江海。此所谓圣人之道，大哉！昔人称之，仁功迈于尧舜，性理接于羲皇，享配比于禹稷。诚哉是言也。况伏羲之马牛、神农之谷药、黄帝之轩冕、孔子之诗书，又皆民生日用之常，大道至德之要，一日不可阙焉者也。三王五帝，庙有定处，祀有常时。孔子之庙，在先朝且诏州县并建，与社稷同，独令文物之邦、治平之世，此为缺典，呜呼可哉？我宗人之是举也，厥志伟矣！

某月日会邑侯刘君率师生折币征文，属余记之，且以表寺丞崇儒之心。一邑风化之本，庶后之兴起于斯文者，皆知水木之所自也。余谊不容辞，因得附书。

（清同治版《奉新县志》卷2上"学校、学宫"。注：清乾隆庚子修撰《华林胡氏家谱》亦录入，题"宋景德四年二月 侍御十二世孙德安 旦谨撰"。县志卷10人物载："胡旦，字从道，新兴乡人，以文学荐仕谏议大夫。"其为胡瑜的曾孙。）

绕 湖 记
清·胡大业

余尝当春夏之交，旋游绕湖之岸，绿遍郊原，波涛涌縠。适有长老，其貌古，其言倨，若知余，若不知予者。属予而言曰："子亦知绕湖之所自来乎？"予故为弗识也者，应之曰："不知。"长老因道往事，曰："此胡氏祖发迹稻田，子姓繁衍，欲为子孙计宅。尝叹曰：'安得一水带山襟之所，使吾子若孙聚族其间，得以澡身浴德，绳其祖武，为天下苍生霖雨，吾愿毕矣。'爰是高张考卜之眼，深探山川之灵，而托足于是焉。因名之曰'绕湖'。此土著父老之所流传，而予缘得以耳而闻之者。子其识之！"

已而长老去，余亦归，考之家乘。按之钳记，有云居是湖之中，破浪而乘风，益信长老之言为不虚。且叹我祖之迁，固大有造于湖也。易曰："见龙在田。"又曰："飞龙在天。"昌黎有言曰："天地之滨，大江之濆，有怪物焉。其得水变化，风雨上下于天不难也。"余因是言，而益知我祖之迁于是也，逆知其后必有嘘气成云者，而假是湖变化风雨于以上下于天也。于是乐与宗人士日往来于湖之畔，但见：湖之左，屹然者有华峰；湖之右，耸然者有凤山。自湖数十余里，见有遥相峙而两相望者，其前之百丈邪，后之越岭邪，至于微声细响，潺潺长鸣而与湖相为呼应者。倘所谓七星墩水触石而鸣者，非耶。

余与宗人士顾而乐甚，叩弦而歌。歌未竟，忽闻牛背笛声，两两来归，真乃所谓可以舞幽壑之潜蛟者也。维时宗人士曰："日之久矣，盖往归乎？"遂相与携手同归，篝灯夜坐，不敢忘所迁之意。因援笔而为之记。

时皇清雍正辛亥岁（1731年）季春月

侍御公二十二世裔孙大业谨题

（清乾隆庚子年修撰《华林胡氏宗谱》）

华林祖居图说

华林，吾家之祖居也。昔南宋时有藩公之居邳州者，封土新吴，见其田壤腴沃，山秀水丽，遂卜为家。厥后侍御之贵，益振家声。五传仲尧，聚爨致义门之表，兴学来朝卿之什。八传少汲，更有宸翰之赐、米租之颁。其为簪缨累世，实有不能枚举者。斯固宗族功德之所致也，抑由华林英灵之所钟乎？

　　余于辛亥之春，与族秀诸公追寻旧迹，一切隐于草莽，谁不为之心恻哉。然事虽已往，而势犹有可像形者，其龙来自黄山，西起数峰，浮而又起。二峰而后，结为华林，象若凤形，上有罗武二仙古庙坛石现存。稍下数十武，其山之中落者，俨若凤体。其山翼夹护者，恍如双翼，俗云冲霄凤形是也。按毗陵谱载，二世祖可宗公葬于凤脑之下。前则正为祖居，正堂尚有义门遗迹，至左右龙脉之曲抱者，皆为基地，东西异向，相对夹居，抑且环居皆山，无不峻山。秀水则东出西转，方里五六，而有下注案山之外。谓非洪之奇观乎？吾邑各区之传，诚有莫过于此者，家声地望，并著千秋于不朽。

　　为胡之后者，有不为之图其形，以纪其胜，使后之人顾祖基而奋志，睹先烈而兴思哉！吾宗其共识之。

皇清雍正九年辛亥（1731年）岁季春月下浣前

大唐进士擢国子博士转侍御史城公三十世裔孙塘边盛玑顿首拜撰

（清乾隆庚子年修撰《华林胡氏宗谱》）

六、友人诗文

（一）诗赞

依韵答胡直孺
宋·李复

东蒙野老工何拙，刻楮三年不成叶。
迂途独往自名愚，举足常嫌投险捷。
忽然开口向时人，机士笑惊多脱颊。
半生长饿首慵回，厌见糟醨能腐胁。
惟与孤云静往还，胎仙戏舞琴三叠。
江南墨客貌虽癯，战胜当前轻勇侠。
润身不贮世间珍，别有骊珠光满箧。
北游一见潜魄动，双目烂烂岩光晔。
新诗几幅起秋风，使我静观但嚅嗫。
相逢便欲苦死留，恐跨飞鲸动归鬣。

（文渊阁四库全书：《潏水集》卷12）

和胡少汲游山
宋·晁说之

峭直汉大夫，伊余忝末胄。
出不遇良媒，生本值恶宿。
高曾耀图牒，罪庶辱堂构。
十饥付群儿，万恨阁孤咮。
耻争市井日，雅愿农田寿。
感慨触目新，忠愤平生旧。
欲论国中枢，谁识不下辏。
偶为江湖游，喜见园林茂。
但恨老子迂，难复处士秀。
怀我故时人，识彼往岁绶。
故人多零落，高义或邂逅。
有美中庸才，愿吸金兰臭。

家住灊岳云，赋此小山狄。　　清音可相羊，畏途肯宿留。
才显便官豸，暂处得僧鹫。　　原宪不知贫，季氏徒夸富。
大篇既锦舒，小章亦玉镂。　　既皆百发侵，宜各素心究。
本期古人知，岂急今朝售。　　内不识织纴，外嗜饱饤饾。
又如五色丹，必待九转就。　　一言可酣醉，八月非醇酎。
不近恋洛阳，何惮远勾漏。　　苟适年少场，或落春花圃。
神智此既澄，世网不待透。　　武思挥日功，文欲凌云奏。
明珠雀能衔，黄金鸟解漱。　　懒出枥马嘶，惜笑闺女侑。
遗骨一国珍，死鬐百草斗。　　巧意难幸得，枯胚或遭叩。
果谁真美恶，亦曷定先后。　　君如此攘臂，我此甘缩袖。
食栢莫分甘，种漆要自守。　　归见鲁卫士，未觉风宜陋。
无思梁肉肥，忽厌藜藿瘦。　　每增输心伪，矧非见面骤。
德义难沃怀，情欲为穿溜。　　猿笑识岩穴，鸡鸣知旦昼。
小人窘咫尺，君子狭宇宙。　　吾语虽不媚，厥意岂不厚。

（文渊阁四库全书：《景迂生集》卷4）

闻胡少汲再入省
宋·晁说之

南宫妙极天下选，鸡舌喜君重得香。
既自能诗似前辈，何为不作水曹郎。

（文渊阁四库全书：《景迂生集》卷7）

和直孺夜凉
宋·刘敞

急雨逐云过，微风吹月生。
寥寥天宇阔，粲粲葛衣轻。
展转漏将永，昭回河正横。
秋槎旧有信，忽忆泛沧瀛。

（文渊阁四库全书：《公是集》卷19）

送崔闲归庐山
宋·程俱

吾友胡少汲，结庐皖公城。
灊山有小隐，背负紫翠屏。
前临一溪水，可以濯我缨。
欲分青山半，留我谷口耕。
信美非吾乡，翩然遂宵征。
闻君草堂处，亦复占地灵。
虚檐倚苍崖，下有玉涧鸣。
乐哉不可到，因君怀友生。

（文渊阁四库全书：《北山集》卷1）

和沈和仲同胡少汲河朔道中
宋·傅察

投分缘心合，相从与道俱。
归途联宝勒，佳句握灵珠。
笑语调征赋，间关恤老孤。
独怜抚字谬，本计自疎芜。

（文渊阁四库全书：《忠穆集》卷7）

依韵戏答胡少汲
宋·李复

去年闻君到漳浦，庭树鹊鸣帘燕舞。
今年闻君入战场，眉间黄气如蒸雾。
风霜往回太行道，空解寄声托飞鸟。
南城百里不着鞭，轻逐归云高缥缈。
知君苦吟尚如旧，他日相逢更惊瘦。
明年射策对明光，曾听人歌廞廖否？

（文渊阁四库全书：《潏水集》卷12）

贺兄弟同捷
宋·赵汝愚

秋闱共听鹿鸣歌，春榜同登进士科。
四海二雄今绝少，一门双弟古无多。
蛟龙并起青云表，鸾凤联飞碧海阿。
想得严亲知此地，也应含笑沐恩波。

（清同治间《华林胡氏重修家谱·诗》）

送宗伯归毗陵
明·钟甫

兄为宗伯沐恩光，弟祀先茔孝意长。
守礼已除先俎豆，秉诚宛若见羹墙。
南辞元秀风清爽，北望毗陵路渺茫。
正喜殷勤敦谊族，那堪江上送归航。

（清同治间《华林胡氏重修家谱·诗》）

赐直孺御书扇铭
宋·扬时

堂堂胡公，一世之杰。
词润金石，忠贯日月。
抗节不回，光辅三叶。
粹玉无瑕，至刚不折。
赫赫圣君，使臣以礼。
前席亲贤，虚怀不已。
谠论屡建，嘉献日启。
志合道泰，若石授水。

宝扇宸翰，颁自尚方。
跄然舞凤，宛若龙翔。
帝宠既渥，臣躬有光。
爰袭爰箧，子孙之藏。
伊昔太宗，师古崇儒。
野老咏歌，质而不腴。
一时之盛，万代之模。
君臣相得，异世同符。

（清同治版《奉新县志》卷8"人物"）

杨时（1053～1135年），字中立，号龟山，福建将乐人，宋熙宁九年（1076年）进士。杨时早年师事程颢、程颐，为当时知名的理学家。历知浏阳、余杭、萧山三县，皆有惠政。后曾任荆州教授、秘书郎、武英殿说书兼国子监祭酒等官。高宗即位，授工部侍郎兼侍读，以龙图阁直学士提举洞霄宫辞官，在家乡龟山讲学。终年83岁，谥文靖。有《礼记解义》、《列子解》、《史论》、《周易解义》。等多种著作。

御书扇铭
宋·孙觌

故刑部尚书胡公，讳直孺。绍兴初侍讲禁中，上以所御白团扇亲书，"文物多师古，朝廷半老儒"十字赐之。后十四年，公之子右承事郎桐庐令臣枞属臣孙某为之铭曰：

天厌隋乱，唐室代兴。

于赫太宗，大人继明。

手提三尺，除残禁暴。

日月宣光，风霆布号。

功侔禹甸，德配尧天。

卑宫菲食，吾无间然。

贤路宏开，正真是与。

儒先酋酋，御于帝所。

著为世准，圣圣相因。

稽径问道，如出一人。

伟欤胡公，禺夫之杰。

耆儒宿艾，历宋三叶。

扇出尚方，宝墨未干。

天纵笔妙，宛若龙鸾。

璧月煌煌，光烛蔀屋。

子孙视之，稽古之力。

（文渊阁四库全书：《鸿庆居士集》卷33）

孙觌（1081～1169年），字仲益，号鸿庆居士，常州晋陵（今江苏武进）人。徽宗大观三年（1109年）进士。政和四年（1114年）中词科，为秘书省校书郎。钦宗时，因争论太学生伏阙事，出知和州。建炎二年（1128年），知平江府。建炎三年（1129年），出知温州，改知平江府，因扰民革职。绍兴元年（1131年），起知临安府，又因盗用军钱被除名，遭象州羁管。绍兴四年（1134年）始放还，后居太湖20余年。有《鸿庆居士集》、《内简尺牍》传世。

跋东方朔画赞
宋·陆游

胡唐臣僧孺、少汲直孺兄弟，为江西名士，其朋友亦皆知名，朝议公盖其一也。庆元庚申重九日陆某书。

（文渊阁四库全书：《渭南文集》卷29）

和答胡用之
宋·孙应时

浪喜功名少壮时，发今种种更奚为？
穷通信我心如铁，谤誉从渠口胜碑。
息驾便应追靖节，弄弦宁复待钟期。
烛湖孤屿烟波上，他日重过细说诗。

（文渊阁四库全书：《烛湖集》卷19）

孙应时（1154～1206年），字季和，自号烛湖居士，南宋余姚（今属浙江）人。少时曾从理学家陆九渊学业。孝宗淳熙二年（1175年）进士，调台州黄岩尉。历秦州海陵丞、知严州遂安县。光宗绍熙三年（1192年），应辟入密幕。后知常熟县。宁宗开禧二年（1206年）改通判邵武军，未赴而卒。有文集10卷等，已佚。

喜仲宰同第进士兼志愧
宋·张九成

世第蝉联何足夸，同朝六代独君家。
玄孙已老登元座，曾祖未强看上花。
驱古证今随问涌，引谋就略所陈奢。
春风黄榜无他逊，少伴青灯满五车。

（清乾隆六年《西江胡氏大成谱》）

送仲宰知龙眉邛雅四川宣抚奠丽事
宋·张九成

廷策预筹此地歇，今恩特顾顾君知。
兴除不待来时画，宣奠须教期月熙。
进传（康侯）上封（邦衡）皆我姓，著书（仁仲）构史（明仲）明（少仲）他支。
早旋同正乾坤气，棘剪奚客钉拔迟。

（清乾隆六年《西江胡氏大成谱》）

（二）文牍

与胡少汲书
宋·黄庭坚

某春，未得庄仆回所惠书，即附慰疏。问唐臣窀穸远近，及念九兄弟处丧何如？学问可望否？张氏女得所否？何以书至今未达耶！计是奉新庄夫非有所调发不往，故直留前书在村舍。

尔足下手足之痛，相及在体，于人情岂能堪？然当以承祭祀为重，以道印烦恼为智能之用，知其儿女痛痒则不孤，兄弟所以相期者矣。

惠寄蕲簟，由拳背山中所阙，多感！多感！参前堂，盖取所谓立则见，其参于前耳。此处有前后堂：前堂面竹，竹外修溪，修溪以南，幕阜山重叠无际；后堂北桃李，皆数十尺，盛夏绿阴甚可爱。

二甥误传堂意，致公佳作失。经旨所谓使陈寿不美于史，迁固之罪也。诸诗皆有胜处，知别后不忘学，钦仰！钦仰！所须伯夷庙碑及近文，以盛暑挥汗作书，不复可及。

此物秋凉后或得手抄数篇也。

(文渊阁四库全书：《山谷集》别集卷20)

与胡少汲书（四篇）
宋·黄庭坚

之一

庭坚顿首。辱书勤恳，并惠示参前堂诗词，意深远钦。叹霜后颇寒，不审彼气候，何如？即日想进学不怠，体力清胜。远寄山姜，甚副所须。盖比居山堂中，晨起，常氛雾蒙远近，日高乃相辨，故须此耳。

举道者碑甚佳，不知彼方犹能传举道者语录否？试为寻访，旧于文字中，似见有之耳。公家与不肖薄有瓜葛，又是年契，不但以令兄游从，故为兄弟。丈人行非所以见处，幸改之。百冗奉状，草率。

之二

庭坚叩首。顷得相见，甚爱风度高明，恨未得款语耳。

前年辱寄佳句并蕲簟，适遭大故，哀荒几死。天幸扶护，归次乡里，山川如昔，触绪陨心，多病多故，不复能与人事。又宾客未尝去门，以是去年复辱书，亦未能作答。

然闲独思念，公于不肖，勤勤恳恳，非有他求，特以草木臭味，同尔相求于一世之所弃。故虽淡薄如此，想必不凝滞于胸次也。承以令兄之哀，疾苦复作，幸即轻安，家事所寄，忧责未艾，唯宽怀自重。

之三

庭坚叩头。晁嫂必孝友，解事家居唯雍睦，则不以细故伤大义，亦使亡者无憾于下泉矣。

念兄当此多难，能自奋发否？公道学颇得力邪！治病之方，当深求蝉蜕，照破死生之根，则忧畏淫怒，无处安脚，病既无根，枝叶安能为害？投子聪老是出世宗师，海会演老道行不愧古人，皆可亲近殊胜，从文章之士，学妄言绮语，增长无明种子也。聪老尤喜接高明士大夫，渠开卷论说，便穿得诸儒鼻孔，苦于义理，得宗趣，却观旧所读书境界，廓然六通四辟，极省心力也。

然有道之士，须以至诚恳恻归向。古人所谓"下人不精，不得其真。"此非虚语。

之四

庭坚顿首。辱书逼在邑中，以故未得即归。又当往府中谢诸公，所以未得如前约，录近文奉寄。尔因州中归冬夜长，可手写数篇往也。二年来，尤觉眼力不足，数日来，漫服椒乃似有益。冀渐得力，冬夜可观书耳。年垂五十，百衰相现。故思如少汲政好勤学。尔所报令兄房儿女详悉，甚慰。诲谕存心处，窃愿公如此耳。古人学问亦无别用处，举斯心以加诸彼而已。

(文渊阁四库全书：《山谷集》卷19)

黄庭坚（1045～1105年）。北宋大诗人，书法家。字鲁直，号山谷道人，又号涪翁。洪州分宁（今江西修水）人。治平四年（1067年）进士，以校书为郎为《神宗实录》检讨官，迁著作佐郎。后以修实录不实，遭到贬谪。黄庭坚为"苏门四学士"之一，是江西诗派开山祖师，生前与苏轼齐名。世称"苏黄"。著有《豫章黄先生文集》、《山谷琴趣外篇》。

跋胡少汲小集

宋·陆游

少汲之兄，名僧孺，字唐臣，在元祐、绍圣间，亦知名士也，少汲十诗中一篇所谓阿兄惊世才者是也。周秀，实名蔚，予亡姑之子，及与前佑前辈游，绍兴十六七年犹亡恙，有文集数十集，王性之作序，少伋倡酬最多，班班见于此集。秀实有子，名昙文者，乃翁每称其颖异，自先少师捐馆，两家相去地远，不复相闻，每为之恻怆于怀也。因读少汲小集，并书之。庆元己未七月一日。老学庵书。

（文渊阁四库全书：《渭南文集》卷28）

陆游（1125~1210年），字务观，号放翁，越州山阴（今浙江绍兴）人。一生著述丰富，有《剑南诗稿》、《渭南文集》等数十种存世。他具有多方面文学才能，尤以诗的成就为最，自言"六十年间万首诗"，今尚存9300余首。他在思想上、艺术上取得了卓越成就，在生前即有"小李白"之称，不仅成为南宋一代诗坛领袖，而且在中国文学史上享有崇高地位，是一位伟大的爱国诗人。

与胡少汲尚书

宋·陈渊

窃闻出镇名藩，已遂视事，不胜欢庆。惟豫章于江西为会府，地大物夥，号为难理。异时国家内外无事，犹必以名德之重，为士大夫所推先者临之，然后吏畏民安，奸宄潜息。矧今艰棘之际，选置师帅尤难。其人正，上下延颈跂踵以俟。适得老成卧治，想见号令未行，千里帖然，盗贼狱讼，日益消弭也。渊备员簿领，实在部封十城之内，得以托迹窃食，岂不知幸。所恨拘縻无由，躬听约束，叹仰何已，临风叙情，言不能既。

朝廷以江西一路军民之重，付之麾下，其委任之专，有他日帅司之所不得与者，名实所加，万口交庆。但旧德宿望，久居于外，非今日急贤之意，旦夕必有召节，谓宜阔略细。故凡所施行，先其大者，期以旬月，其源清矣。果遂西归，则后之来者无更革之难，而有遵承之便，其忧不济耶。贺启一通，上浼台严，非独为礼，亦各言其志耳。衰晚僭易，伏幸矜恕。

渊少时，学于叔祖了斋。其后二十五六岁，始获承教于龟山杨先生，因授室焉。凡出入于两公之门者，盖莫如渊之久也。惟执事于两公友善，故渊于师席议论之余，得以略闻盛德高风。固尝想望声光，冀获亲炙，而道路南北，邈不可得。今兹幸接武属吏之后，且复相去不远，天其或者，俾遂见公，以成其夙志耶。喜慰之怀，于是为甚。第未知公未还朝间，渊果无所扼否？鲍系于此，心往形留矣。

（文渊阁四库全书：《默堂集》卷18）

陈渊（？~1145年），字知默，初名渐，字几叟，南剑沙县人。从学"二程"，又师杨时，学者称默堂先生。绍兴五年（1135年）充枢密院编修官，七年，诏举直言极谏之士，九年，除监察御史。寻迁右正言，论秦桧亲党郑亿年尝从贼，乞寝职名。渊著有《默堂集》26卷、词3卷，均录于《宋史艺文志》并传于世。

通议大夫、试兵部尚书兼侍读胡直孺赠端明殿学士
宋·程俱

敕生有体貌之恩，没有追赠之典，所以崇陛廉之势，而成忠厚之政焉。故具官某，识虑优深，才猷通敏，文知体要，学有本原。既荐历于浩繁，亦备尝于险阻，召自南服，率属中台，鸣玉在廷，掌五兵九伐之政，簪笔入侍，读三坟八索之书。法从之英，莫如尔旧。云亡之叹，有尽予怀。惟秘殿之华资，实迩臣之极选，爰申异数，加贲老成，尚其有知，歆我休命可。

（文渊阁四库全书：《北山集》卷26）

程俱（1078~1144年），字致道，衢州开化（今浙江开化）人。以外祖尚书左丞邓润甫恩，补苏州吴江主簿。后举进士，累迁将作监丞。又以撰述荐，迁著作佐郎。宣和二年（1120年），赐上舍上第。三年，任礼部员外郎，以病告归。南渡后任秀州（今浙江嘉兴）知州、秘书少监、中书舍人等，因病退居。秦桧当政，推荐他主管国史馆，他拒不赴任。程俱为人伉直，颇有气节。作诗也能卓然自立。有《北山集》40卷、《文献通考》传于世。

问候胡少汲启
宋·傅察

自违门仪，浸阳岁华。引领望风，徒结摇摇之志；驰函寓意，敢修锁锁之仪。恭惟某官，负卓荦兼人之姿，蕴经纶济时之略，学穿六艺，而不为章句之陋。儒才备众长，而克勤簿书之细务。早陪熙运，亟据要津，振起台纲，奸邪为之敛衽；雍容省户，士交莫不弹冠。

旋将命于畿西，益腾声于朝右。还登宰属，密赞皇猷。虽睿眷甚优，方俟近班之拜；顾朔方至重，孰分当宁之忧。遂参内阁之联，增重外台之寄，平反禁网，人以不冤，总领朝权，民皆足食。岂特百城之畏慕，实为多士之依归。宜褒绂之屡颁，谅赐环之伊迩，当金风之应律，想玉体之安和。

愿谨节宣，益绥福履。

（文渊阁四库全书：《忠肃集》卷下）

傅察（1088~1125年），字公晦，孟州济源人，中书侍郎傅尧俞从孙。历任青州司法参军、永平、淄川服丞、入朝为太常博士、兵部员外郎。宣和七年（1125年）接伴金使。时金将渝盟，察至韩城镇，为金人拥去。道逢金太子干乾离不，使拜，不屈死。谥忠肃。

恭题高宗赐胡直孺御札
宋·楼钥

高宗皇帝垂精翰墨，始为黄庭坚书今戒石铭之类是也。伪齐尚存故臣郑亿年辈，密奏豫方使人习庭坚体，恐缓急与御笔相乱，遂改米芾字，皆夺其真。尝睹写诗，自《周南》至《商颂》全帙，上有帝笔印记。天纵多能，人固莫及，圣度恢然。其视使臣下为拙笔，书者霄壤矣。

徐俯及洪刍兄弟皆庭坚外甥，有酷似之，称俯题双庙诗有云："向使不死贼，未必世能容。"不惟自巡远以来未有此，论盖亦隐永乐之痛。庭坚亟称之且勉诸洪进步，非此舅安得此甥也。然卒致大用。殆亦不喜刘贽之助云。

（文渊阁四库全书：《攻媿集》卷69）

楼钥（1137~1213年），字大防，一字启伯，号攻媿主人，明州鄞县人。南宋隆兴元年（1163年）进士，任温州教授，改任宗正寺主簿，继知温州。光宗继位，擢起居郎兼中书舍人。直言敢谏，言奏不避。继迁给事中。朱熹论事忤韩侂胄被罢官，他上疏要求挽留。宁宗立，韩侂胄掌朝政，不肯依附，遂改显谟阁直学士，出知婺州，移知宁国府。后告老归家，读书授徒。韩侂胄被诛，任为吏部尚书兼翰林侍讲，迁端明殿学士。嘉定初年，同知枢密院事，升参知政事，又授资政殿大学士，提举万寿观。卒赠少师，谥宣献。学宗朱熹，性喜藏书，筑东楼于月湖畔，聚书逾万卷，勤于校雠。著有《范文正公年谱》、《攻媿集》120卷、《乐书正误》等。散文不事雕琢，所作奏议多论治国之道。

西山老人文集序
宋·孙觌

宋兴，文章犹袭五代之弊，自欧阳文忠公起，江右尊明道术于斯文将坠之余，天下靡然从之，一洗老生常谭（谈）腐儒俗学之陋。居亡何，临川王文公、南丰曾公先后继出，怀宝含章，待唱而发，如云从龙、如水赴海、如大吕之协黄钟，气焰相薄，莫较高下，一代之弥文，郁郁乎不可尚已。

元祐中，豫章黄鲁直独以诗名。当是时，江右之学诗皆宗黄氏。逮靖康、建炎间，鲁直之甥徐师川、三洪、驹父、玉父，皆以诗进，入居从官大臣之列，时学士大夫向慕，作为西江诗派，如佛氏传心，录次甲乙，绘而为图，凡挂一名其中，有荣耀焉。

故尚书胡公直孺，字少汲，少工于诗，出语惊人，鲁直一见击节叹赏，指示佳处，述数十语，表而出之，今刻石在焉。然公之学不专于诗，他文皆称是。笔力雄赡，操纸立就，所为赋颂、表启、记序、铭赞之属，盖数万言，如行云流水，自然成文，不见刀尺。

绍兴初，以刑部尚书侍讲读禁中，推原道德之旨，论古人成败之迹，陈今世时务之要，议论卓然，中上意。一日，上以所御白团扇书"文物多师古，朝廷半老儒"十字以赐，示将大用。而公一夕得疾，遂不起。公没后二十四年，公之中子，右宣教郎、通判虔州栝，集公诗为一帙四卷，以书抵执友孙觌，曰："先君与公，同朝为侍从，且厚善，愿有言也。"余尝论三钜公相继出江右，为世大宗师。其外有二刘、三孔、王文公之长子元泽、曾南丰之弟子开，与邓圣求、李泰伯，皆以鸿儒硕学，相望三四州不数百里之间。今胡公又出而与诸作者并江西人物，于是为盛……

县志按：此下有阙文。

（清同治版《奉新县志》卷15）

御书纨扇跋
明·吕爱正

余幼学时，尝聆父师之言，远祖简夷公自襄阳谪居新吴，与华林胡氏有通家之好。云自唐宋以来，缙绅文物事迹，实为江右宦族之最显者，不可枚举也，然非面命耳提之语。

逮登科第，历职通政，遗记其详。幸蒙圣恩，颁赐诰命，得请返乡，祭扫先垅，焚黄倪毕。适于吟溪邹门而过塘溪，观其谱牒，系派有远祖，讳藩者，仕南朝刘宋，为太子左卫将军，择居华林，卒谥壮侯。迨夫仲尧兄弟，义居聚族八百余口，大建庠塾，广育群英。其登高弟而跻膴仕者接踵，由是名闻于朝，降旨旌敕。

至直孺，绍圣登第，而擢江淮湖浙发运使，入为户侍、工部尚书，进赐金紫光禄大夫，兵、吏尚书，加封开国公，食邑三千户。上以所御纨扇御书"文物多师古，朝廷半老儒"十字赐之。又赐白米租田八百石，养其天年，赠端明殿学士。厥后，子孙荣登显秩者步武，相按名门右族之贵盛，未有如胡氏者也。

但以其先世所藏前赐扇出视，世远物古，缣缕虽腐，题句尚鲜。再试老目熟玩，诚为传家之至宝也。请余一言以志之。余亦恍然起希古贤哲之思，嘉其尊祖家我家之意，故述其概，俾胡氏之子孙世世宝之。诗曰："以嗣以续，续古之人。"其勉之哉。

正统三年（1438年）三月上巳前一日

中顺大夫左通议使吕爱正谨跋。

（清嘉庆庚午年修撰《华林胡氏重修宗谱》）

七、名胜古迹

（一）诗

1. 丫口石

丫口石

旧石名传不计年，嵯峨高踞碧山巅。
苔痕翠滴松筠接，癣迹光涵星斗连。
远看三尖分绝顶，近闻峭壁泻寒泉。
曾为罗武修真处，胜概千寻锁暮烟。

（乾隆庚子年修撰《华林胡氏宗谱》）

2. 陶仙观

陶仙观

明·余纫兰

孤峰大石尚巍然，世远难穷炼药年。
铁冶曾传青鸟信，林邱那复赤龙腾。
元符缥缈云霞外，帝象微茫剑鼎前。
嘉尔胸中多逸兴，同来岩下看洪泉。

（清同治版《奉新县志》卷4）

游陶岭

明·谌象贤

突兀层峦倚碧空，登临一啸来天风。
远观山色有无际，远看村烟断续中。
炉石苔封留胜迹，涧泉波静倒苍穹。
安公已乘赤龙去，欲访仙踪何径通？

（清同治版《奉新县志》卷4）

3. 李八百遗迹

题李八百洞
唐·符载

符载，字厚之，蜀人。初隐庐山，后辟西川，掌书记加授监察御史。集14卷，今存诗2首。

> 太极之年混沌圻，此山亦是神仙宅。
> 后世何人来飞升，紫阳真人李八百。

（文渊阁四库全书：《御定全唐诗》卷472）

八百石洞
宋·潘兴嗣

> 八百仙来不记年，剑池丹井尚依然。
> 秀峰插汉含灵气，古洞通真锁瑞烟。
> 竹简漆书何处觅，神符白雪更谁传。
> 芝朝一去人间世，应念沧波又变田。

（清同治版《奉新县志》卷1）

题李八百洞
宋·苏辙

> 洞府山川百里余，洞门藤蔓锁烟霞。
> 神仙不与人间异，弟妹还应是一家。

（文渊阁四库全书：《栾城集》卷10）

八百石洞
宋·舒祯

> 千古神仙窟宅间，洞门流水响潺湲。
> 雨馀樵子窥龙去，日落仙翁驾鹤还。
> 瑶草春深迷远径，白云秋净锁元关。
> 寻真何必游蓬岛，只在华林紫翠间。

（清同治版《奉新县志》卷1）

八百石洞
宋·韩淲

赵主簿以许旌阳李八百像刻来因得二首之一

> 萧萧八百洞，高安尚流传。
> 谓李脱亦可，貌出真神仙。
> 洗我短世悲，遐哉谓之玄。
> 安得从其游，弃置尘垢膻。
> 君能一吊古，摹归遗何偏。
> 涧头霜叶寒，相与知其贤。

（文渊阁四库全书：《涧泉集》卷4）

八百石洞

元·范梈

奉新县楼对月，望浮云山李八百洞，超然有怀。

之一

　　白露浥宵桂，月满浮云山。
　　遥想山中人，与我身俱闲。

之二

　　少日曾陪供奉班，流浪三千随百蛮。
　　海水接天看不足，却归万壑听潺湲。
　　累土成岳谅非艰，早服玄英勘大还。
　　金阙玉清名籍在，不应犹自恋人间。

（文渊阁四库全书：《范德机诗集》卷4）

明·余秉芳

　　仙人竟何之，仙宅在人世。
　　别有蓬瀛天，深藏铅汞秘。
　　环门流水响，曲径阴霾翳。
　　闻道去寻真，白云自开闭。

（清同治版《奉新县志》卷1）

明·余秉芳

　　洞口龙眠紫气多，登临佳趣果如何？
　　草迷古洞仙何在，石磴盘空鸟道过。
　　紫府有名同羽化，白云飞影度岩阿。
　　飞行偶向山前过，天近应闻织女梭。

（清同治版《奉新县志》卷1）

八百石洞

清·潘美

　　为探幽奇好异游，一重继下一奇幽。
　　岩镂石锁身疑画，水荡沙明地欲浮。
　　咫尺有仙仙咫尺，元洲在望望元洲。
　　云迷洞口警来梦，樵子还家那里来。

（清同治间《华林胡氏重修家谱·诗》）

李八百井

雷寅

　　斗极临丹井，元关绕白云。
　　水流石髓静，地阴碧梧曛。
　　谷口寻源远，松根入涧分。
　　劫残兵火后，芳泽尚氤氲。

（清同治版《高安县治》卷26）

炼丹井
宋·苏辙
凿井烧丹八百年，尘缘消尽果初圆。
石床藓凳人安在，绿水团团一片天。

（文渊阁四库全书：《峦城集》卷10）

磨剑池
宋·苏辙
神仙铸剑本无硎，岸古班班尚鐡鉎。
天上少年仍狡狯，不须还尔对方平。

（文渊阁四库全书：《峦城集》卷10）

4. 浮云观（宫）

浮云观
唐·宣宗李忱
道人西蜀来，自谓八百岁。
爱此华林幽，穴居聊避世。
真风度万劫，神仙递相继。
灵岫摩天空，鸟道入云际。
石罅紫苔封，泉泓墨龙憩。
碧桃花未开，白鹿迹已逝。
春风撼山馆，急雪舞林际。
涤除衣上尘，刮尽眼中翳。
何当赠刀圭，岂复便俗吏。
吾不学李宽，盗名取嘲戏。

（文渊阁四库全书：清雍正版《江西通志》卷147）

浮云观
宋·袁陟
为予传语岭头云，如汝无心笑我勤。
我亦暂来称使者，眼看官职似看君。

（清同治版《奉新县志》卷4，亦载清同治版《高安县志》卷26）

文渊阁四库全书：清雍正版《江西通志》卷66有传：袁陟，字世弼，南昌人，抗之子。少有才名，与王介甫、苏子瞻、曾子固善。未冠，登庆历进士，知当涂县。王介甫居金陵，尝手写陟诗一轴，以遗其友。陟读书最苦，竟以癯瘠不起，自为墓志、挽章。有诗文10卷，号《遁翁集》。

浮云观
明·朱云凤
俗吏纷拏乐事悭，公馀投暇强登山。
云浮日色来宫上，石漱泉声在树间。
笑口暂开尘世旷，浮生漫窃岁时间。

况逢宾从都名俊，浪饮何妨一醉还。

（清同治版《奉新县志》卷4）

浮云观
明·余纫兰

山引游人思，间携竹杖回。
风飘日色淡，水发石声哀。
古洞云全锁，颓宫藓半开。
旧时花木谢，别鹤去还来。

（清同治版《奉新县志》卷4）

浮云观
李时应

云到此间定不浮，仙人去住几千秋。
犹龙祖世将无并，请以元元家系求。

（清同治版《奉新县志》卷4）

辞栖真室
宋·杨万里

盖晋仙人李八百故居之址中有遗像云
李真宅子故依然，道院西偏古洞前。
一日身游八百里，三番花落九千年。
剑池丹井俱苍癣，绛节霓旌已碧天。
借问飞仙那用步，步行犹是地行仙。

（文渊阁四库全书：《诚斋集》卷25）

小憩浮云引鹤松下
涂日章

鹤以何年去，松犹阴圮桥。
斑留秦代篆，盖偃汉时条。
有履吾应纳，无书空再求。
素函全不验，黄石亦偏愁。

（清同治版《奉新县志》卷4）

5. 仙坛月佩

仙坛月佩
明·廖楫

翩翩仙子下瑶坛，月满长空听佩环。
宝镜寒光秋杳杳，瑗琚清响夜珊珊。
素娥天上鸣鸾过，金母云中按曲还。
满耳冷风吹不断，尘凡无路得追攀。

（清同治版《奉新县志》卷1）

仙坛月佩
明·阴鏜

元秀峰头夜气清，天峰环佩响青冥。
裾聊玉蕊飞明月，地涌金莲聚列星。
遗玦尚怀仙子赠，鸣珂只许素娥听。
麻姑有约朝真去，遥想灵音彻帝扃。

（清同治版《奉新县志》卷1）

6. 昭德观

昭德观
宋·白玉蟾

我见仙郎不足夸，面颜玉炼灿丹霞。
新开天上图书府，旧是云中鸡犬家。
三十六年心似铁，百年万事眼前花。
如今渐觉逢迎懒，一日两番蜂报衙。

（清同治版《奉新县志》卷4）

7. 崇元观

崇元观
陈后山

琴岭嵯峨八面山，丁王遗迹有无间。
烧丹石上苍苔合，洗药溪边白水闲。
云锁洞门人已去，月明华表鹤空还。
岩扉不掩春长在，老欲青松几枝残。

（清同治版《高安县志》卷28）

白鹤仙迹
熊廷相

见说三山外，曾传十赉文。
青鸾摇桂影，白鹤卧松云。
不独秦楼并，应从少广分。
翩跹如可望，紫气欲成雯。

（清同治版《高安县志》卷26）

白鹤仙迹
陶履中

旧疑华表鹤，重向此山过。
青女丁为姓，丹炉石在阿。
临风怀羽化，落照起渔歌。
愧说神仙吏，凭虚紫气多。

（清同治版《高安县志》卷26）

白鹤仙迹
清·徐尚孝

几年结袂访仙都，谁道梨云有六铢。
为问松花瑶草处，胡麻曾许阮刘无。

（清同治版《高安县志》卷26）

华林灵迹
王一鹗

问此逍遥界，如何少广宫。
白云分瑞到，琼树吐华同。
坛古高承露，林幽爽御风。
只今骑鹤客，恍惚碧霞中。

（清同治版《高安县志》卷26）

华林灵迹
陈廷策

共说西王母，有子跨鹤来。
山深藏窗霭，林静长苺笞。
丹灶泥封旧，元坛劫水灰。
莫云仙迹幻，咫尺有蓬莱。

（清同治版《高安县志》卷26）

华林灵迹
清·徐尚孝

拦罾蓬瀛芝作车，琅玕楼阁是仙家。
沧桑几度人如昔，留取丹田养白鸦。

（清同治版《高安县志》卷26）

8. 华林书院

华林书院
宋·苏轼

曾过华林书院来，芙蓉洞口荔枝阶。
藏书阁俯潆纡水，洗砚池边滑汰苔。
凭远楼中朝对弈，挹清馆内夜衔杯。
八方亭外五株桂，岁岁秋风一度开。

（清乾隆庚子年修撰《华林胡氏宗谱》）

苏轼（1036~1101年），字子瞻，一字和仲，号东坡居士，眉州（即今四川眉山）人。北宋著名文学家、书画家，散文家和诗人。嘉祐二年（1057年）与弟苏辙同登进士第。累官杭州通判，知密、徐、湖三州。他与他的父亲苏洵、弟弟苏辙皆以文学名世，世称"三苏"，唐宋八大家之一。今存《东坡全集》115卷、《东坡乐府》3卷。

9. 华林胡氏祖居八景诗

石梁公署
芳村深处架无关，自辟乾坤墅此间。
怪石枉留千古画，紫薇难载一堂闲。
月悬仙座遗踪在，苔缀丹台绣案斑。
启牖四时云雾岭，天台谁识旧人寰？

云波烟帆
碧波一派涌江头，来往轻横半叶舟。
风送帆扬洲渚动，烟凝棹破浪光浮。
江天寥廓舒鱼鸟，夜宿光浮泛斗牛。
瞬息忽惊过八角，却疑身世在丹邱。

古寺晨钟
清吼灵宫响遏云，蒲牢扣处促残星。
去来人在三千界，断续钟传八百声。
敲落月光香篆细，醒惊诗意梦魂清。
纷纷名利尘寰里，起听何人不系情？

邮亭夜铎
芳村邮馆近江滨，辕节斜晖驻此亭。
书剑风尘频任往，皇华星使不留停。
风传数铎声初断，月满中天酒半醒。
多少古今名利客，留题洒翰几曾经？

渔火明江岸
烟浪生涯任往返，夕阳沽酒醉渔滩。
汀洲坐钓三秋月，蓑笠眠披五夜寒。
隔岸芦花飞小艇，满船蓼露滴长竿。
兴来鼓枻歌声裹，一曲沧浪一弄帆。

山林闹采樵
乔木森森列两行，故家风景不寻常。
丹桂已经随斧砍，紫荆培植旧无伤。
儿童拾采归家晚，宾客炉添兴更长。
但愿广寒宫树美，何愁柯斧不光芒。

南亩勤耕早
合井平原雨泽鲜，一犁翻破垅头烟。
纷纷妇子趋南亩，济济工僚驾北川。
上世剩余千顷稻，于今赢得成箱廛。
宗功祖德多如许，后代儿孙百世耕。

北窗夜读迟
经史生涯祖所留，儿孙今不负先猷。
幽斋独坐三更火，静室还添五夜筹。
丹桂有根生巷底，碧桃多实种荆丘。
诗书满架非无用，世业良田当自求。

（清乾隆庚子年修撰《华林胡氏宗谱》）

（二）记赋铭序

洪州华山胡氏书堂记

宋·徐铉

士君子承积善之庆，服圣人之道。治身修心，义之本也；风行于家，德之充也；教被于俗，人之周也。畴克具举，吾其与之。豫章属邑，世云旧里，山水特秀，英灵所躔，安定胡君籍于是。君名仲尧，字光辅，奕叶儒学，蝉联簪绂，层门标举，焕列宿之华；祖德韬映，戢少微之耀。至于我先人，少好左氏《春秋》之学，研几索隐，儒者宗焉。及君之长，克扬其业，言斯出矣，身则践之。揖让周旋之仪，孝友姻睦之行，修乎闺门之内，形于群从之间，少长有礼，丝麻同爨，乡党率义，人无间然。

君以为上古之风，可以驯致，由六经之旨，可以化成也。乃即别墅，华林山阳，玄秀峰下，构书堂焉。筑室百区，聚书五千卷，子弟及远方之士、从学者数千人，岁时讨论，讲习无绝。又以为学者常存神闲旷之地，游目清虚之境，然后梓和内充，道德来应。于是，列植松竹，间以葩华涌泉，清池环流，于其间虚亭菌合，鼎峙于其上，处者无斁，游者忘归，兰亭、石室不能加也。

又按，图牒云："昔陶丘公、李八百皆修道于此。"是知人境相得，其道乃光，勤而行之，古犹今也。铉钦羡其事，道阻且跻，故述斯文，以垂不朽。年月日记。

(文渊阁四库全书：《骑省集》卷28)

徐铉（916～991年）五代宋初文学家、书法家。字鼎臣。广陵（今江苏扬州）人。早年仕于南唐，官至吏部尚书。后随李煜归宋，官至散骑常侍，世称徐骑省。淳化二年（991年）被贬谪为靖难行军司马，不久死在贬所。文章议论与韩熙载齐名，时称"韩徐"。与其弟徐锴并精文字学，世称"大小二徐"。徐铉文章承晚唐骈俪之风，而体格孤秀。有《骑省集》30卷传世。

洪州奉新县重建阎业观碑铭
宋·徐铉

道之为体也，大大则众，无不容道之为用也；柔柔则物，莫与较南方之强也。故冲气之所萃，异人之所生，坛馆之所宅，景福之所兴。相乎域中，南楚为盛，先圣之论岂诬也哉？

洪州奉新县阎业观者，案方志，西晋邑人刘真君之所居也。真君名道诚，以经明行，修仕至刺史、郡守。金行不竞，仁兽非时，知几之贤，有道之士，惓怀而退，修之于乡，玄德阴功之积，昭受灵贶。故真君辞张郃之禄，追茅许之风，单车还家，勤行不息，以永嘉二年八月十五日，举族上升。蔼尔福乡，依然旧址，锦帷乍降，玉鸟长留。后学瞻望，若仲尼之阙里；遗民思慕，如召伯之甘棠。梁大同元年，乃建为观。尔其豫章垂荫，洪井储灵，华林苍翠当其阳，冯水清泠环其域。烟霞韬映，竹树青葱。居然人境之间，自是仙游之地。载祀四百，朝市三移。封域之间，英灵不泯。鹿巾霞帔之士，往往冥升；搢绅缝掖之流，时时杰出。存诸旧史，是号名区。土德既微，群方构难。城有复隍之患，室多挠栋之凶。乃眷殊庭，俄悲阒户。而琼蕴之所秘，霜钟之所悬，屹尔丽谯，俨然对峙。有道门都监余守微者，剪除宿莽，草创精庐，苦节忘形，五十余载，修心以化俗，传法以度人。入室弟子龚绍元、吴绍甄皆能肃奏真科，祗禀遗训，惟乡人之善者，知岁计之有余。

高士胡君名仲克，延庆簪缨，息机丘壑。师黄老之术以虚方寸；躬曾闵之行以睦闺门。博施济众，斯谓仁智，以为集灵之馆、祈福之场，陋而不度，民将安仰？于是揆时属役，即旧谋新，询谋佥同，诡信咸萃。增湫下为爽垲，易卑室为崇宫。栋宇之设，则因夫故基；制度之中，则考于经法。凡殿堂、门阙、星室、厨廪，延袤周偏，殆且百区。三尊众真，羽仪侍卫，精严肃穆，不可为状。履端闱进广庭，恍然如从汗漫之游；即瑶阶瞻玉座，竦然若奉武夷之会。既而息徒巳事，日吉辰良。明祀以告成功，精意以答真佑。举紫旄之节，摇太霄之佩，燃九华之烛，奏空洞之章，星斗回光，烟云改色，青天白日，夫岂远哉？于时胡君以姻睦之行、慈惠之泽，闾里称举，郡国升闻，诏书褒美，特加旌表。揭以双阙，蠲其追胥，江楚之间，以为盛事。是知玄风之被俗，圣政之化人，变鲁至道，见于今矣。夫如是，则可以传芳金石，垂裕礽云，俾乎好道之徒，益励齐贤之志，云尔其铭，曰：

大道无名，得之为真。矫矫刘君，知几其神。逊尔侯社，上为帝宾。维梓之地，甘棠之人。峙此仙祠，章江之滨。华表未归，桑田已改。旧井谁渫，高台尚在。不见芝英，犹芳兰苣。佳气郁葱，如将有待。彼美胡君，州闾之英。世味道腴，家传义声。归诚玉阙，奉贽全篇。易此颓构，化为殊庭。乃眷福乡，实惟南楚。闲馆相望，飚轮交午。真图秘篆，唯仁是与。刻颂贞珉，永归终古。

（文渊阁四库全书：《骑省集》卷26）

昭德观道藏记
宋·幸元龙

新吴县之阛阓，有西晋刘贞人道成炼丹所，永嘉二年丹成天隐。梁大同元年，其地为阆业观。皇朝大中祥符元年改元，赐今额。及建炎、绍兴，香火不续。逮冲贞大师熊元泽来主观事，支倾庇福，观宇复整，乃图建道藏。鸠工弗竟，唐若仲、陈端一承之。嘉定十有一年藏成，雄伟翚粲，宝轮飞动，镂华饰金，于他所。属记于余。

夫日昃而书，月昃而夕，天地之轮也；春徂而暑，秋徂而寒，四时之轮也。精气为物，游魂为变，死生之轮也。斗北而虚，斗南而盈，万物之轮也。大道禹于一轮，士民观听，醒然有觉，知二气周流，洪钧不息。一元转运，其机不停，推去诸恶，挽回万善，尸居而龙见，渊默而雷声，神动而天随，超出乎醒生梦死，而融天地四时，万物为一，神与无方，易与无体，则轮乎轮乎枯木云乎哉！一动一静，互为其根，阳变会合，而金木水火土生焉。生生不穷，循环无始，则太极之妙，同此一机关也，同此一枢轴也。

世界可藏于一粟，山川可煮于一铛，是藏之立，乾不可以旋乎？坤不可以转乎？形而下者气也，形而上者道也。藏也者，其形而下者乎？端一赤城人也，慕丹霞，仿司马子微之遗风，形而上者，其朗彻焉，以须真觉。

原注：按此陈端一与政和中赐号之陈端一当系两人。

（清同治版《奉新县志》卷4）

桂岩书院记
宋·幸元龙

桂岩书院，在高安郡北六十里，唐国子祭酒幸南容公之旧址也。山之发源，自桂阳池至于慈云，过禄原峦坡，盘旋至于神童，林郁而清，骨秀而丰。一山自右而左者，如笏外蟠两溪；一山自左而右者，如带上有祭酒。幸使君祠在焉，环两山之间。厥地邃而深，水泉清冽，而草木敷茂者，即桂岩也。面凤岭双岫出碧；背慈云千岩竞秀。白鹤峰耸于北，晋宋神仙所宅；幕山虎踞于南，实祭酒之故居。烟云吐纳，明晦变化，丹青莫状。

昔尝卜此山，开馆授业，有孙曰轼，以咸通七年中三史科。中科二年，为太子校书郎，家徙于郡，而书院自是芜矣。予以嘉定辛未，叨春官归，待次林泉，披阅图籍，喟然欲复旧观。乃剪草莱，凿山取径，列以青松，间以冬青，半山创小亭，曰"紫翠"。迂回而行东，至于古松枝叶，婆娑清风，间生殷殷，有鸣琴声，松下有小坡，世传祭酒杖履所憩，村民至今以春秋祀之。路折而西，青杉夹道，至于旧址，兰蕙幽芳，竹柳疏雅。因植桂百株，结草堂数间，为斋者四，讲隶有舍，庖膳有所。益国周公为大书匾曰"桂岩书院"。复得魏公鹤山匾，曰"桂岩精舍"。日与诸弟课书其中，相勉以振祭酒遗绪，庶乎此名之不朽也。

（文渊阁四库全书：清雍正版《江西通志》卷126）

重修华林书院记

由浮云山麓，蜿蜒而下，结秀华林，是为仲尧胡公旌表门闾之旧地。南垣磊落而上，负黄山，面凤凰石，俯临墨池，平眺砚峰，则书堂之遗址存焉。四方秀士，闻风云集，涵泳玩习于其间，尽为当世名流。

公殁已二百余年，其地莽为空烟惨澹之墟。余规故壤，往往为兼并家所冒占，其所以留在人间者，惟有风声话言耳。尔其风声话言，闻者莫不兴起，则公之所以虽亡犹存而可传者，岂有他哉。秉彝好德，万古一心，故贤者之高山景行，虽在百世之下，咸知敬仰。而况公仁义所培植，德厚所推广者乎？宜其隐然在人心者，虽人而不能一日忘也。

今胡氏后裔恻然兴念：华林书院尽为倾圮，为请于县，欲尽括侵地，归胡恢复。邑令喜谓淳曰："是举也，岂惟华林之光，抑亦文教将兴之兆耳。余当捐俸以成厥世美。"因命淳纪其岁月，以见胡氏之后克绍前烈，实新吴之鼎族云。

宋绍定元年（1228年）端午

奉新邑尉汤淳谨撰

（清乾隆庚子年修撰《华林胡氏宗谱》）

送隆兴邹道士序
宋·文天祥

新吴昭德观，或传西晋刘仙人飞升之地。其观前井犹仙人时丹井也。

今邹高士居其观，亦以炼丹名，或曰高士仙人之徒。与予诘其所以为丹，则高士之丹，非仙人之丹也。仙人之所谓丹，求飞升也；高士之所谓丹，求伐病也。仙人之心狭于成已；高士之心溥于济人。

且夫兼人己为一致，合体用为一，原吾儒所以为吾儒也；重己而遗人，知体而忘用，异端之所以为异端也。高士非学吾儒者，而能以济人为心。噫，高士不贤于仙人欤？

（文渊阁四库全书：《文山集》卷13）

南津桥记
宋·杨亿

昔郑子产以乘舆济人，不知为梁之利；薛广德以楼船涉水，不若从桥之安。孟子称其仁，班固纪其直，是知桥梁之利，以济不通，由来旧矣。

豫章郡，三吴之都会；奉新县，五岭之要冲。长江倾湖以东流，横桥逶迤而南渡。先是，邑人胡氏出家财而营创。太平兴国中，山源涨出，长风架浪，巨石磅磕以相推，大木轩昂而杂下，所值者立为虀粉，所赴者荡然藩离，两岸之间，不辨牛马；一邑之人，将化鱼鳖。斯桥飘荡无遗余焉。自是邑人以艇数艘，用济行李。结驷挂辀，殆无虚日，鸣榔鼓栧，疲于奔命。伍胥既为之解剑，陈平亦佐其刺船。羁游者揽辔踌躇，负贩者临川叹息。亭长舣舟而不渡，樵人取箭以空回，往来患之，非一朝矣。

然而工筑至大，用度实繁，县吏不敢赋于人，居民不肯一其力。胡氏慨然奋发，将续嗣于前劳，乃经营于不日。以时斩木，必取梗楠之良；捐金构匠，聿求班输之巧。积百车于断岸，砻一楮于他山。前施朴斲之功，预求缔构之用。及穷冬之水涸，未逾月而桥成。

焕乎维新，恍若灵化。制度之宏壮，已数倍于曩时；基局之固护，必可致于悠久。

畴昔之兴工，仅弥年而事集；今兹之经营，未改火而役收。致兹神速，出于神明，又何必广袤倍于寻常，蔓延几于百步。蜿蜒平视，若牵牛之渡河；天矫亭骧，若黑龙之饮渭。足使行李似安于枕席，王命不壅于置邮，临九江不待驾以鼋鼍，期七夕不待填以乌鹊。招招舟子，悉扣舷鼓枻之歌；憧憧行人，绝濡轨褰裳之患。计工称大，其博施济众之谓乎？

昔齐人延年，愿壅水以注匈奴，惜其志大而无用；始平人宗士美，亲负米以委太仓，嗟其惠小而不孚。胡氏代被圣化，从容素域。腴田力穑，乡里息虞芮之争；方领高冠，子弟成邹鲁之俗；岁若小歉，则为溥廪以活人；官或仰屋，则出红粟以助国。江左高义，天子知名，乃杜缓之出邑金资讨西羌，卜式之输家财助平南越，盖其比也。又岂滔滔鹢浪，非一苇之可航；峨峨虹梁，有千金之浩费。括囊揭产之不顾，善利既济之为心者哉！

胡氏义君数世以上，以孝懿著闻。诏有司旌表其门闾，俾本郡给复其徭役。授其家老仲尧州助教以宠之，又改国子监主簿致仕。其弟仲容以兄命诣阙贺寿，特授秘书郎，后迁光禄寺丞，晏公称其折券绝饩羊之欺，望庐消得鹿之讼。爱人利物，趋若嗜欲。至若县学、佛寺、道观，皆其所创。南津石梁，固其利济之本心也。于是乎记。

（清同治版《奉新县志》卷5"建置"）

元真观记
邓梓

世传许旌阳伐蛟于洪，而洪之封内，往往指其遗迹以为祠观之设。其大者为玉隆万寿宫，次专总奇胜、崇构宏敞者，不可悉数。新吴邑郊之上二十里为芦茨山，山之下溪水黯然，大鱼潜处其中，若有神物呵卫者。然人曰：旌阳尝历是山，折芦为矛，翦茨为镞，以御蛟于此，而山以是得名。

昔祠焉而废，今其址可按而索也。泰定甲子冬，延真观道士胡明德与其徒往观焉，顾视林木、泉石、真仙人居。明德曰："旌阳以大泽施于洪，洪之人戴之祝之，靡不虔矣，而此独废何居？吾闻里有谌君德澄，称乐施长者，可义动之。"于是德澄喜曰："沂有志久矣弗果，为今又得君主之，可立具也"，乃相与度其旧址而经营之。既来请名于教所榜曰"元真"。割田园以养其众，已而叹曰："人以起废属我，而我以卤莽成之，庸可视久远耶？"复搜群材，鸠众工，梗楠豫章，以斧以锯，殿堂、门庑、廪厨以次而庀，黝、垩、漆、剂、刷、雕、镂，百手皆作，崇其像设，备其器用。既数载乃成，大抵规制崇雅，金碧骇观，使人见之，如登蓬莱，如入化成，良可乐也。于是明德悉其始末，请余记之。

余谓旌阳以忠孝得仙，而有德于洪之人大矣。千载之下，苟能创一祠，营一宫，假旌阳以号于人，不旋踵集事，矧兹山之灵迹可徵，而故祠之遗迹犹在，则其兴之也固宜。然不有明德以启其机，德澄之乐施，其兴固无繇也。

或曰：昔旌阳师谌母以得道，今谌君复崇祠宇以祀旌阳，谌氏之有功旌阳哉。旌阳有知其福，谌氏也审矣，又安知明德非八百仙之一人，本为谌氏来耶？噫！是固不可知也。故为记其梗概，使来者有以考焉。

明德族出华林，有儒者气象，教所授以文逸，元同法师之号云。

（清同治版《奉新县志》卷4）

碧落清隐记
明·梁潜

太学生瑞阳梅鼎，尝过予旅邸，道其乡彭君文寿隐居之胜。而予弟本之教瑞时，尝从家君过之，饮酒甚乐，因题其所居曰"碧落清隐"，而属予记之。

盖碧落山在郡治之后，山之下文寿居也。考《瑞阳志》，碧落山不见于纪载，而凤凰山适在郡之后，岂即所谓碧落山耶？山下有李八百洞，苏黄门尝赋诗焉。世传蜀人李多真修真其中，多真年八百岁，故洞以是得名。又云多真尝诣陈图南，及门而返。图南追之不及，遇白鹿先生问焉。先生曰："我神仙李八百也，其行动八百里。"多真女弟明香亦隐于华林山之玄秀峰，凤凰岗乃其故宅，即今所谓碧落山也。其为地虽密迩阛阓然，仰而观之，秀朗明丽，松云竹雾，葱翠森茂，隐然烟霞之表，不出郊坰，而得奇胜，如此可美也。

文寿无所慕于时，休休然尊德而好礼，外物不足累其心，故所居之胜益奇。然神仙之说，荒诞不经，君子所不道者，独世之名山大川，往往藉其迹以取重于世。若碧落山者，使无李八百，其胜固自可尚也。为之记，使览者得其胜，不泥其迹，可也。

(文渊阁四库全书：《泊庵集》卷4)

白鹤山赋
清·吴琇

溯仙迹于晋代，存汞井于崇山，仙归贯月明霞之表，山在衔虹喷雪之间。文传十赉，道并八还。雾留坎虎以俱绿，云隐离龙而共斑。原其瑞毓金闺，名隶丹台。赤斧冶裘之美，洪崖堂构之恢。通形神于离合，行益易于息胎，顶学三花之聚，餐效六气之培。闺中自有绛雪，山上即迩蓬莱，遂乃取金之英，合石之液，融一体于混沌，陶雨情于感激。

初奼女而气索，徐婴儿以声寂。间紫间青，可大可久。气应朝光，神凝夜漏。白华輘而雪惭，黄酥呈而金丑。挺松质于太和，驻玉颜于上寿。于焉凌风欲举，顾鹤在林，谓玉羽之仙客，实胎化之灵禽。精禀金火，气合阴阳，堪控翮以遐骋，可薄霄而遥临。既星云之在御，亦俯仰以随心。晨瑶池兮翻翰，暮紫府兮扬音，则有彩鸾吴姝，扇渡仙派，早谢尘容，洞开识界。从西山以停骖，偕北面而吸澄，玉版金绳，辨析毛髓。琅函琳簶，悟启针芥。皆九转之入神，共寸丝以不挂尔。乃凤去台空，灵标杰阐。华阴芬于石羊，淮南芳及鸡犬。参军落帽而志龙，叔子立碑而传岘。山不名人，人在山中。物以志山，山缘物显。清霜时闻，啸傲朗月，如见游衍。一邱一壑，咸蕴炉香；诸鸟诸花，恍经丹浣。且也群峰拱揖，石径屈蟠，荷山南而子乔驾象，药山北而文箫跨鸾。西望飞霞，可接真人之驾；东顾华林，遂近元秀之坛下。则崇元之宫，紫气如降，中有石圁之井，黄芽欲溥，更玉泉之泻峡，媲明珠之落盘。

盖惟仙姑领袖群真，遂觉兹山耸拔众峦。是以名累代而犹新迹千叶而非故。高士竹杖求登，墨客篮舆思赴。兴争溢于五云，诗竞成夫七步。谢公起问天之吟，杜老摅惊人之句。况复家近名山，人遵道路。愧博物之无能，鄙游谈之废务。情寄霜毫，间抒茧素，恍仙踪之未远，用怀古而作赋。

(清同治版《高安县志》卷25)

官源楼下记
清·涂日炳

新吴之西有同安，同安之西有官源楼下，氏姓胡，地近浮云书院，发迹于华林，森列环拱，景不胜书，如邑志八百洞、九龙池、元秀峰、天师坛，皆聚集于斯者矣。

由浮云山麓蜿蜒而下，有大石坪，不越数武，官源楼下在是焉。询迁居此地者何人？则托始五一公也。询五一公迁居此地者何时？则自元纪随父显华公由稻田而来也。代数相传，于今二十八世。有二十七世孙良孟者，舍弟效贤之叔岳也。继乃祖之屏公，首事新牒，欲详其聚族于斯者，属予记之。

予考楼下始祖五一公，固城公十四世孙也。城公系出藩公，原继藩公居华林，八传尚书直孺公长子，名杞公者，自华林而迁稻田。杞公四传至显华，次子五一公始由稻田宅楼下，是官源楼下，实五一公为子若孙计，安宅而迁此也。按其旧址，原在今之宅西，形如飞凤，水秀山清，故五一公三传有云公，教授筠阳。八传神监公，皇厂执事。代有伟人，克大门闾。宏年间误，为堪舆惑，截去凤首，扞作船形。至康熙癸酉之屏公复鸠工庀材，旁东竖三进栋宇，焕然一新。惟丑未之向，至今尚仍其旧。面南峰岭，坐纱绢石。左有月形之圆山，右有牛象之岗陵。距居数里外，有遥相峙而隐相望者，则东之仙姑坛、西之尖峰岭也。至于往过来续长流于居前者，其又浮云之水，历噪口，赴冯川，流而不息者也。川林淑气，旋绕环集，殆尽乎山水之胜。楼下宅中而居，不诚统华林前后左右之灵秀，独钟其全欤。

今者，子孙繁衍，人文蔚起，莫非楼下舆图国美，即莫非五一公燕翼贻谋积厚而庆长者也。夫本固者枝必茂，地灵者人自杰。五一公发祥于斯，则官源楼下之崛起者，宁可易量欤。爰溯所自来，而为之记。

皇清雍正辛亥年（1731年）季夏月

邑方廪庠涂日炳拜撰

（清乾隆庚子年修撰《华林胡氏宗谱》）

后 记

《华林往事》由江西省人大常委会副主任胡振鹏提出选题,江西省文化厅副厅长曹国庆、江西省博物馆彭明瀚进行总体策划构思,多次组织学者商讨、拟定全书基本框架、主要内容、写作提纲和进行实地调研,并负责全书修改、统稿。胡振鹏、曹国庆同志最终审定。

各章分工如下:第一章,胡迎建(江西省社会科学院研究员);第二章,李江(江西师范大学教授)、王紫林(江西省文化厅副处级调研员);第三、第六章,王宁(江西省博物馆研究馆员);第四章,陈建平(江西省博物馆副研究馆员);第五章,熊贤礼(江西省博物馆副研究员)、刘禄山(江西省博物馆研究馆员)。

江西省文化厅、财政厅和科学出版社的领导给予了大力的关心和支持,谨此一并谢忱。

编 者

2009 年 12 月 5 日于南昌